방송문화진흥총서40
독일연방헌법재판소 판례

독일방송헌법판례

전정환 · 변무웅 옮김

**Entscheidungen
des
Bundesverfassungsgerichts**

J. C. B. MOHR (PAUL SIEBECK) TÜBINGEN

발간사

본회는 방송발전의 기초사업의 하나로 상업성은 없으나 우리 사회에서는 꼭 필요한 책자를 해마다 선정하여 계속 발간해왔습니다. 제1권 『현대방송과 대중』에서부터 올해 발간된 『디지털 방송론』 외 총서 4권에 이르기까지 다양한 분야의 책들을 발간해왔습니다. 그 속에는 시의적인 주제들도 있지만 방송학계에서 필요하나 연구가 미진했던 주제들도 포함되어 있습니다.

이제 총서의 권수도 40권을 넘기고, 세월도 10년을 넘기고 있습니다. 한 해도 빠짐없이 4~5권 정도는 계속 출간한 셈입니다. 그 세월의 무게와 발간된 권수가 본회의 진흥사업의 역사를 보여주고 있어 본 사업이 다소 부담으로 다가옵니다. 한편으로는 보람이 되기도 하지만, 또 한편으로는 이제 그 책들이 한국의 방송계에 얼마나 보탬이 되고 있는가 되돌아보고 평가를 받아야 한다는 떨리는 심정입니다. 나름대로 국내 방송계에 좋은 책을 소개하고 한국적인 이론을 축적하고자 시작한 본회의 저술번역사업이 여러분들에게 조금이나마 보탬이 되기를 바랄 뿐입니다.

올해 발간되는 책은 1권의 저술서와 3권의 번역서입니다. 저술서는 최근 우리 방송계의 발전과 관련된 현안 주제인 디지털 방송에 대한 내용이며, 번역서 중 한 권은 대통령선거와 그에 관한 토론에 관련된 내용이어서 시의적으로도 매우 중요한 두 권의 책이 발간된다고 생각합니다. 나머지 두 권의 번역서는 미디어와 여성에 관련된 서적과 독일 방송관련 판례에 대한 서적입니다. 미디어와 관련해서 여성과 법을 다룬 이 두 권은 앞서 언급한 2권과는 달리 시의적이지는 않지만 한국의 방송상황을 비추어볼 때 앞으로 지속적으로 연구되어야 할 부분이라서 매우 기대되는 책들이라는 생각이 듭니다. 특히 방송관련 독일의 헌법 판례는 방송의 공영성을 생각해볼 때 한국방송계에는 타산지석으로 삼을 만한 내용이 아닌가 합니다. 우리 방송의 공익성을 보강하는 데 많은 도움이 될 것으로 기대되는 책입니다.

국내 방송연구의 업적을 정리함과 동시에 국내 연구자에게 필요한 해외서적을 소개하고자 하는 이번 총서가 방송을 사랑하는 많은 방송인들에게 유용한 자료로 활용되기를 바라며, 이를 위해 본회는 앞으로도 한국방송의 과제들을 심층적으로 다루는 책들을 발간하는 데 더욱 노력해나갈 것을 약속드립니다. 책이 나오기까지 노력해주신 연구자 여러분들께 감사드리며, 널리 읽힐 수 있도록 출판에 노력해주신 도서출판 한울 관계자 여러분께도 이 자리를 빌려 감사의 말씀을 드립니다.

2002년 9월
방송문화진흥회 이사장 김용운

머리말

　독일연방헌법재판소가 독일 각 주의 방송법이 헌법과 합치하는지 여부에 대하여 심판한, 이른바 방송헌법판결은 지금까지 8차례에 걸쳐 이루어졌다. 이 책은 이를 모두 완역한 것이다. 물론 그동안 이미 여러 논문에서 독일연방헌법재판소의 방송헌법판결을 부분적으로 인용하여 중요 부분은 대개 알려져 있다. 하지만 이런 논문의 필자들이 주장하려는 이론적 시각에서 판례는 재처리되어 인용되거나 소개되었다는 한계가 있었다. 그로 말미암아 이들 판례를 통하여 독일연방헌법재판소가 보여준 실무의 상당한 폭, 즉 현실적 융통성의 너비가 확연히 드러나지 않은 채 단편적인 차원에 머무르게 되었다. 때로는 판례를 너무 추상적으로 소개함으로써 현실적인 문제가 어떻게 그러한 이론으로 전개되었는지 살피지 못한 경우도 적지 않았다. 따라서 이러한 한계를 벗어나기 위해서는 판례가 비록 현실 전반에 이르지는 못한다고 할지라도 어느 정도까지는 그 전모를 자세히 살펴야 한다. 그래야 비로소 우리 스스로 우리의 상황을 판단할 수 있는 생각의 기반을 마련할 수 있기 때문이다.

　다른 한편으로 언론법 분야에 관한 한 우리나라는, 현재는 물론이려니와 전통적으로도 미국 언론법의 지대한 영향을 받아왔다. 이 분야에 대한 단행본, 논문, 현실적 고찰 등 어떤 측면을 살펴보아도 가히 도도한 흐름이라고 부를 만하다. 그러나 첫째로, 미국은 공영방송 분야가 2%를 넘지 않는 상업방송 주도형의 나라인 반면에, 우리나라는 공영방송과 상업방송이라는 2원적 체제를 추구하고 있다. 따라서 우리나라와 상당한 거리가 있지만 2원적 방송 체제를 구축하고 있는 독일 쪽을 살피지 않을 수 없다. 둘째로, 헌법에 관련된 법체계의 차원도 상당히 달라서 문제 분야를 구별하여 검토해야 할 필요가 있다. 현재 우리나라의 경우 언론 분야에 관한 한 개별 영역에서 그 문헌이 대개 미국계의 것이다. 이 현상의 원인은 미국의 현실적인 영향력 자체이기도 하지만, 지금까지 무시해왔던 다른 한 측면, 즉 양국의 법체계가 상이하다는 데도 있다. 우리는 이 책에서 후자에 주목하기를 촉구한다. 미국에서는 오래된 헌법의 단순한 조문의 문구를 기반으로, 그리고 이미 확립된 일방적 상업방송 체제를 전제로 그 문제가 어떤 분야에 속하든 직접 헌법적 차원에서 문제를 다루지 않으면 안 되는 듯한 인상을 준다. 예컨대 선거방송, 명예훼손, 음란성 따위를 그 예로 들 수 있다. 반면에 독일의 경우 상대적으로 짧은 연륜의 헌법이기 때문에 비교적 자세하게 헌법조문의 문구를 형성할 수 있었고, 이를 바탕으로 개별 분야의 문제를 대부분 단순한 법률 차원에서 다룰 수 있다. 따라서 헌법적 차원에서 어떤 문제를 다룬다면 이는 법체계상 예외적으로만 일어날 수 있는 사태라는 수준을 유지하고 있다. 그에 따라 방송체제라는 특수한 분야를 헌법차원에서 다른 많은 개별 분야와 분리하여 다루게 되고, 그 결과로 연방헌법재판소의 8개 방송헌법판결이라는 성과를 거두어들인 것이다. 그렇기 때문에 일반적으로 기대하고 있을 전통적 언론법제 분야의 제 문제가 여기 8개 판례에 거의 언급되지 아니한 까닭은 너무 당연하다. 이러한 차이는 우리 논문이나 책에서 인용하고 있는 문헌에도 그대로 반영되어 있다. 다루는 문제 분야가 무엇인가에 따라 어떤 나라의 문헌이 주로 인용되고 있는가 하는 것도 결정되고 있다. 물론 필자들의 관심영역도 원인의 하나겠지만, 그와 더불어 법체계 자체의 구성에도 분명히 또 하나의 원인이 있는 것이다. 우리나라 헌법이 비교적 최근에 개정을 거쳐 오히려 독일 법계에 가깝기 때문에 이 점도 배려해야 한다. 하지만 우리나라와 독일의 거리 또한 결코 만만치 않다. 특히 정당민주주의의 한계를 분명히 의식하여 직접적인 정당관련성을 배제하기 위해 인적 구성의 비율을 조정한 예는 주목받아 마땅하다. 그런 의미에서 우리나라 방송체제의 조직 전체를 검토해야 할 필요가 있다. 방송위원회 - 공영방송 - 상업방송 상호관계의 조율문제나 방송위원회 자체의 인적 구성 문제 등이 바로 그것이다.

　또한 지적하고 싶은 것은 판례가 보여준 유연한 태도의 변화이다. 독일은 제2차세계대전 패전국으로서 연합국의 강력한 영향하에 새로운 방송체제를 확립한다. 세월이 지나면서 각 시기에 따라 각 재판도 자연스럽게 독일연방헌법재판소의 태도변화를 반영하고 있다. 제2차세계대전 이후 공영방송이라는 일원적 체제에서 공영방송 - 상업방송 2원적 체제로 바뀌었지만, 상업방송의 실제 도입시기는 1980년대 중반까지 미루어졌다. 하지만 판례는 아예 처음부터 상업방송을 허용할 수 있다는 융통성 있는 태도를 과시했던 것이다. 이와 같이 독일연방헌법재판소의 재판례는 최고 실무차원에서 방송체제의 문제에 관해서도, 각 진영의 이론으로는 서로 용납하지 아니할, 그리하여 불가능하다고 할 수준까지 절충하는 기능을 수행해왔다. 바로 이러한 점은 우리나라 헌법재판소가 모범으로 삼아 실무유형의 하나로 활용할 여지가 있다고 본다. 재판례의 실무적 중립성은 그 문면에 구현되어 있다. 그래서 이론적인 측면에서 서로 상반된 견해를 피력하는 진영에서조차, 비록 자신에게 다소 유리하게 처리하기는 하지만, 동일한 재판의 동일한 부분을 자신의 지지 근거로 원용할 정도이다. 이런 판결문 구성의 폭은 판결문을 원문 전체로 검토해야 할 필요성을 더더욱 일깨워준다. 주관주의로부터 객관주의에 이르는 폭넓은 이론적 논의들, 특히 방송체제에 관하여 자신의 입지를 바탕으로 상대방의 장점까지 다스리며 안아들이려는 노력은 치열하다. 그리하여 방송 분야에 고유한 문제로서 헌법의 기본권 일반 이론에까지 이 논의가 미치는 영향력의 파장은 상당하다. 이른바 전후 50년 독일 헌법학의 제1업적이라고 스스로 평가하는 기본권의 객관적 가치질서 측면의 개발도 방송 분야의 논의에 힘입은 바 크며, 거꾸로 그로 말미암아 방송 분야의 논의가 확연해지기도 하였다. 그리하여 방송을 둘러싸고 이른바 제도적 보장, 입법형성의 자유, 비례원칙 적용의 폭과 강도를 결정하는 기준 따위의 문제가 바로 방송법 분야에 얽혀 있으며 논의도 여전히 진행중이라는 점을 지적해둔다. 물론 이들 분야의 쟁점이 독일 특유의 이론적 차원의 것이라고 비판하기도 하나, 그런 한정이 언제까지 유효할지는 누구도 확언할 수 없다. 독일과 미국 상호간의 논의 역시 상당히 진전되고 있는 것이 작금의 현실이기 때문이다. 우리로서도 역시 이론체계상 그리고 실무상 반드시 해결해야 할 문제가 틀림없이 있는 이상, 어떤 이론이든 그 뿌리까지 확연히 살펴야 할 요구는 상존할 것이다. 이러한 현실적 요구가 이 책을 통해서 다소나마 충족되기를 기대한다.

  끝으로 이 책의 번역이 이렇게 세상에 나올 수 있도록 지원해준 방송문화진흥회에 감사드린다.

2002년 4월
역 자

차례

발간사 / 5
머리말 / 7

■ **연방헌법재판소 제1차 방송판결** ·· 13
　BVerfGE 12, 205ff. - 독일텔레비전방송 사건

■ **연방헌법재판소 제2차 방송판결** ·· 70
　BVerfGE 31, 314ff. - 부가가치세 사건

■ **연방헌법재판소 제3차 방송판결** ·· 112
　BVerfGE 57, 295ff. - 자를란트 방송법 사건

■ **연방헌법재판소 제4차 방송판결** ·· 150
　BVerfGE 73, 118ff. - 니더작센 주 방송법 사건

■ **연방헌법재판소 제5차 방송재판** ·· 234
　BVerfGE 74, 297ff. - 바덴-뷔르템베르크 주 매체법 사건

■ **연방헌법재판소 제6차 방송판결** ·· 292
　BVerfGE 83, 238ff. - 노르트라인-베스트팔렌 주 방송법 사건

■ **연방법재판소 제7차 방송판결** ·· 394
　BVerfGE 90, 60ff. - 방송수신료 사건

■ **(부록) 연방헌법재판소 방송재판** ·· 443
　BVerfGE 59, 231ff. - 방송종사자 사건

연방헌법재판소 제1차 방송판결[1]
BVerfGE 12, 205ff. - 독일텔레비전방송 사건

제23건(Nr. 23)[2]

판결요지[3]

1. 각 주(州)간의 국가조약인 "조약법"도 규범통제절차에서 헌법적 심사의 대상이 된다.[4]
2. 연방의 기관이 주법(州法)을 "존중하지 않은" 경우 기본법 제76조 2호에서 의미하는 주법을 "적용하지 않은 것"에 해당된다.
3. a) 기본법 제73조 7호가 의미하는 우편 및 통신은—방송물의 수신을 젖혀놓는다면—이른바 스튜디오 시설을 제외한 방송의 송출기술 분야만을 포함한다.

   b) 기본법 제73조 7호는 연방에 대하여 방송의 조직과 방송물을 송출하는 방

---

[1] 이 판례는 1961년 2월 28일자 연방헌법재판소 제2재판부의 판결문으로서, 연방헌법재판소 판례집 제12권 205쪽(BVerfGE 12, 205ff.)부터 264쪽까지 60쪽에 걸쳐 수록되어 있다. 간혹 판결문 원문에 쪽수를 참조하도록 표시하고 있으므로, 원문의 쪽수를 역주로 표시해두었다.

  * 방송판결은 지금까지 여덟 차례 나왔다. 차수를 정하는 것은 저자마다 조금씩 달라서 여기에서는 대표적으로 "Bonner Kommentar zum Grundgesetz"에서 기본법 제5조 1항 및 2항을 주석한 Chr. Degenhart의 견해를 따른다[Art.5 Abs.1 u. 2 Rdnr.526, in: Bonner Kommentar zum Grundgesetz] — 역주.

[2] 연방헌법재판소 판례집 제12권에 실린 23번째 판례란 뜻이다 — 역주.

[3] 원문에는 "판결요지"라는 제목이 붙어 있지 않으나 편의상 붙였다 — 역주.

[4] 독일연방국가에서 각 주 역시 국가이다. 낱말 자체는 민법상 계약이란 용어와 전혀 구별하지 않아 주간(州間)계약이라고도 번역할 수 있지만, 주체인 주가 국가라는 점을 강조하기 위해 조약으로 번역했다 — 역주.

송사의 조직에 관해 규율할 권한을 부여하고 있지 않다.
4. 통신 분야에 대한 연방의 입법권한(기본법 제73조 7호)에 의하면, 방송 목적의 무선시설을 설치하여 운영할 배타적 권리를 연방에게 유보한다고 규율해도 이 또한 허용된다.
5. 기본법의 체계구조상 연방의 입법권한은 연방의 행정권한이 미칠 극단적인 한계를 표시한다. 따라서 기본법 제87조 1항의 "연방우편"[5]은 기본법 제73조 7호의 "우편 및 통신"[6] 이상의 의미가 포함될 수는 없다.
6. 연방우편은 방송시설의 설립 또는 운영을 허여(許與)할 때(통신시설에 관한 법 제2조), 그리고 이와 같은 시설의 사용에 관한 조약을 체결할 때 오로지 송출기술의 관점만을 고려하는 데 그쳐야 한다. "부담(負擔)"이 이 영역을 이탈하면 이는 허용되지 않는다.

(원문 S. 206 – 역주)

7. a) 방송물의 송출은 독일법이 발전해온 역사에 비추어 보면 공공의 과업이다. 국가가 어떤 형태로든 이 과업에 관여하는 경우[국가가 사법(私法)의 형식을 이용하는 경우에도 역시], 이는 기본법 제30조[7]가 의미하는 "국가의 과업"이 된다.

b) 기본법 제83조 이하의 조항과 관련하여 제30조에 따르면, 연방에 의한 방송물의 송출은 다음과 같은 주장, 즉 방송물의 송출이 "초지역적"인 과업이라든지, 또는 기본법은 대내적으로 국가의식을 확인하는 데 이바지하고, "영속성을 유지하게 하는 전통을" 보존하는 데 이바지하는 방송물을 연방이 송출하는 것을 허용했다는 주장 등에 의해 정당화될 수 없다. 이에 대하여 사안의 본질에 의하더라도 연방은 어떤 권한도 없다.

8. a) 공공 과업을 법률에 따라 이행하거나 또는 "법률로부터 자유롭게"(gesetzesfrei) 이행할 때에도 마찬가지로 기본법 제30조는 효력을 미친다.

b) 기본법 제8장은 법률에 따른, 즉 부수적인 행정은 물론 "법률로부터 자유로운" 행정에 대해서도 기본법 제30조가 의미하는 "달리 정한 바"에 해당된다.

---

5) 연방 고유행정의 권한범위 규정 – 역주.
6) 연방의 입법권한 범위 규정 – 역주.
7) 기본법 제30조: 기본법에 달리 정한 바가 없으면, 국가권한이나 국가과업은 연방이 아니라 주에 속한다 – 역주.

9. 연방과 각 주간에, 그리고 각 주 상호간에 헌법생활을 함에 있어 협상할 필요가 생기는데, 이때 협상의 절차와 방식에 관해서는 역시 연방친화적으로 행위해야 한다는 원칙을 준수해야 한다.
10. 기본법 제5조에 따르면 방송사를 조직하는 법률이 요구되는데, 이때 고려의 대상이 되는 모든 세력으로 하여금 방송사의 기구에 영향력을 가질 수 있도록, 그리고 전체 프로그램에서 발언할 수 있도록 하고, 나아가 전체 프로그램의 내용에 대하여 최소한의 내용적 균형성, 객관성, 상호존중성을 보장한다는 기본원칙에 구속력을 부여해야 한다.

1961년 2월 28일자 연방헌법재판소 제2재판부 판결로서,
1960년 11월 28일, 29일, 30일의 구두심리를 근거로 하여
— 2 BvG 1, 2/60,

1955년 2월 16일자
북독일방송에 관한 국가조약
제3조의 위헌 여부에 대해 심사한 절차이다.

(원문 S. 207 – 역주)

청구인: 자유도시이며 한자도시인 함부르크의 주정부, 대리인은 주수상과 그의 소송대리인…이며,

헌법적 분쟁의 내용은,

연방정부가 1960년 6월 25일 독일텔레비전유한회사를 설립했다는 점이 기본법 제5조, 그리고 제87조와 관련된 제30조, 그리고 연방친화적으로 행위해야 할 의무를 위반하였는지의 여부에 관한 것이며,

청구인: 자유도시이며 한자도시인 함부르크를 위해서 주정부가, 그 대리인은 주수상, 그리고 그의 소송대리인…, 헤센 주를 위해서는 주정부가, 그 대리인은 주수상, 그리고 그의 소송대리인…,

피청구인: 독일연방공화국을 위해서 연방정부, 그 대리인으로 연방 내무부

장관, 그의 소송대리인…,
 그밖의 참가자: 니더작센 주를 위해서는 주정부, 그 대리인은 주수상, 그의 소송대리인…, 자유한자도시 브레멘을 위해서 주정부, 그 대리인 주수상, 그의 소송대리인… 이다.

주문:

 1. 북독일방송에 관한 국가조약을 다룬 1955년 6월 10일자 함부르크 주법률(법률행정공보 I, S. 197)은 국가조약 제3조 1항에 관련된 범위 안에서는 기본법 제73조 7호와 합치되지 않으며, 따라서 무효인데, 그 범위는 국가조약 제3조 1항이 라디오방송과 TV방송의 송출기술시설을 설립하고 운영한다는 내용의 배타적인 권리를 북독일방송에 유보해준다는 데 한한다.
 그외의 점에 관해서 이 법률은, 국가조약 제3조 1항에 관련되는 한, 기본법과 합치한다.

 2. 연방은 독일텔레비전유한회사를 설립함으로써 기본법 제8장과 관련한 제30조, 연방친화적으로 행위해야 한다는 원칙, 그리고 기본법 제5조를 위반한 것이다.

(원문 S. 208 - 역주)

이유:

A- I.

 1. 독일에서 방송이라는 대중의사소통수단, 즉 대중매체의 역사는 1923년 베를린의 "라디오-시대-주식회사"가 처음으로 방송을 하면서 시작되었다. 그 전에 방송은 단지 기술적 실험의 대상일 뿐이었다. 이에 대한 개발은 독일바이마르연방체신청(DRP)에 맡겨져 있었는데, 이 또한 사법상(私法上) 지역 방송물회사의 설립을 지원했던 것이다. 이들 회사의 과업은, 매체수단인 우편 보유의 시설에 입력시켜 다시 널리 출력시킬 방송물을 제작하는 것이었다.

2. a) 바이마르연방체신청과 방송물회사 사이의 법적 관계에 관해서는 1926년 3월 최초로 통일적으로 그리고 포괄적으로 규율한 바 있는데, 이것도 방송물회사에 바이마르연방체신청이 발급한 "오락방송의 목적으로 독일 바이마르연방체신청의 방송송출시설을 이용한다는 데 대한 허여였으며, 거기에는 특정한 "조건"이 붙어 있었다(이를 재차 게재한 문헌으로는, Schuster, Archiv für das Post- und Fernmel-dewesen 1(1949) S. 309〔315f.〕). 이렇게 규율하게 된 근거는 바이마르연방과 각 주 사이에 이루어진 협상 결과이었고, 그에 따라 권한문제에 관해서는 확정하지 않고 의도적으로 열어두었다는 것이다.

이들 조건에 따르면 방송물회사의 과업은 방송제공물을 조달하는 것이었다. 뉴스나 평론을 편성할 때 방송물회사는 특별한 "지침"에 구속되는데, 바로 이 지침이 조건에 부가되어 있었다. 방송물을 정치적인 시각에서 감시할 목적으로 어떤 방송회사에든 감시위원회를 투입했으며, 그 구성원 중 일부는 바이마르연방에서, 일부는 이에 관하여 관할권한을 지닌 주정부에서 선정했다. 방송물에 관한 문화적인 문제에 대해서는 심의회를 두었는데, 그 구성원은 관할권한이 있는 주정부가 연방 내무부장관과 협의하여 임명했다. 감시위원회 및 심의회의 활동과 권한에 관한 자세한 내용은 "규정"에 있는데, 이 규정은 마찬가지로 조건에 부가된 것이었다(RT III/1924 Drucks. Nr. 2776; Schutser, aaO, S. 330f. 참조).

(원문 S. 209 – 역주)

송출시설의 설립은 바이마르연방체신청의 과업이었다. 그 운영에 관한 조건(條件) 제4조 3항에 규정한 바에 따르면, "독일바이마르연방체신청과 송출회사가 공동으로 실시하되, 방식에 관해서는 독일바이마르연방체신청이 기술에 관한 운영을 맡으며, 반면에 송출회사는 논의한 부분에 관해… 마련한다."

b) 각 방송물회사는 – 바이에른 주의 경우는 예외였지만 – 바이마르연방방송회사로 합병되고, 그 결과 일련의 경제적, 조직적 및 법적 과업이 모두 중앙에서 처리되었다. 1926년 2월에 바이마르연방방송회사 사업지분의 100분의 51을 바이마르연방체신청이 인수하였다. 이로써 바이마르연방체신청은 각 방송물회사를 지배하게 되었는데, 이들은 "면허(免許)"를 발급받기 전에 자신의 의무로서 주식자본의 17%를 바이마르연방방송회사에 인수시켜야 했

던 것이다. 이들 주식의 내용은 복수의 의결권을 허락하였다. 이로써 바이마르연방체신청은 방송물회사의 모든 의결권 가운데 53.3%에 대한 처분권을 확보하였다. 바이마르연방방송회사와 방송물회사에 대한 바이마르연방체신청의 이익은 1926년 6월부터 방송전문위원에 의해 수행되었다(Bredow, *Vier Jahre deutscher Rundfunk*, 1927, S. 29ff.; Pohle, *Der Rundfunk als In-strument der Politik*, 1955, S. 42ff.; Bausch, *Der Rundfunk im politischen Krä-ftespiel der Weimarer Republik*, 1956, S. 55ff. 참조).

3. 1932년 방송부문의 조직은 대폭적으로 개편되었으며, 그 결과 "국가방송"의 방향으로 더욱 가깝게 진전되었다. 개혁의 원칙은 "방송을 새롭게 규율하기 위한 주요 원칙"에서 확정되었는데(Pohle aaO, S. 124f. 참조), 이 주요 원칙은 다시 바이마르연방과 각 주 사이에 이루어진 협상의 결과였다. 아직 사인(私人)의 손에 있던 바이마르연방방송회사와 방송물회사의 지분을 바이마르연방과 각 주가 인수하게 하고, 바이마르연방방송회사의 과업영역을 확장하며, 방송물회사에 대하여 바이마르연방과 각 주의 영향력을 개입시킬 가능성을 더욱 강화한 것이다(1932년 개혁에 대해서는, Pohle aaO, S. 118ff., 그리고 Bausch aaO, S. 85ff. 참조).

(원문 S. 210 - 역주)

4. 1933년 방송은 국가사회주의자들의 선전도구가 되었다. 이에 관한 관할권한은 바이마르연방 인민계몽 및 선전담당부 장관이 맡았다. 방송의 기술적 사항에 관한 것은 바이마르연방체신청에 있었다.

II.

1. 제2차세계대전이 끝난 뒤 독일이 방송시설을 운영하는 것은 금지되었다. 그렇게 압류한 송출시설을 운영하던 독일 점령군 쪽에서 그후에 조금씩 이를 다시 독일의 손에 넘겼다. 서방 점령군이 추구하던 목표는 방송에 대한 국가의 영향력은 어떤 것이든 차단하는 것이었다. 군사정부의 명령으로 또는 각 주의 법률로, 물론 그 내용에 대해서는 점령군이 결정적으로 영향력을 미

쳤는데, 3개의 서방 점령지역에서 공법적 방송영조물8)을 창설했다. 이들은 자치행정의 권리를 보유하고, 일부 협의의 법적 감독을 받게 되었다. 방송편성에 관한 원칙 그리고 이들 영조물의 과업, 조직, 재정운영에 관한 규정은 이 영조물을 국가로부터 독립시키고, 그리고 정치적인 중립성을 확보하려는 목표에 이바지하였다. 후에 점령군의 영향력 없이 법률 또는 국가조약으로 설립된 방송영조물에 대해서도 마찬가지였다.

방송영조물을 체신청으로부터 온전히 독립시키기 위해서, 점령군은 새로 창설한 방송영조물에 대하여 바이마르연방체신청의 방송재산을 전부 양도했다. 그리하여 방송영조물은 모든 스튜디오시설과 송출시설에 대한 소유권자가 된 것이다. 체신청의 권한은 상당히 축소 제한되었다. 방송물편성 그리고 스튜디오기술과 송출시설은 방송영조물의 관할사항이 되었다. 이 점은 오늘날도 마찬가지다.

(원문 S. 211 - 역주)

2. 현 시점에서 독일연방공화국에는 9개의 공법적 방송영조물이 존재한다. 지난날 미국 점령지역에 자리잡은 (바이에른방송, 헤센방송, 남독일방송, 라디오브레멘의) 이들 영조물은 주 법률로 설립되었고, 당시 프랑스와 영국이 점령했던 지역에서는 (남서방송, 북서방송은) 군사정부의 명령으로 설립되었다. 남서방송의 점령법적 근거는 대개 바덴, 라인란트-팔츠, 뷔르템베르크-호엔촐레른 따위의 여러 주가 체결한 국가조약으로 대체되었다. 북서독일방송은 1955년에 해체되었다. 그 대신에 노르트라인-베스트팔렌 주에 주법률을 근거로 서부독일방송 쾰른이 등장했고, 자유와 한자도시인 함부르크와 슐레스비히-홀슈타인에서는 1955년 2월 16일자 국가조약을 근거로 북독일방송이 나서게 되었다. 함부르크 주의회는 이 조약의 승인요청에 대해서, 1955년 6월 10일자 "북독일방송에 관한 국가조약에 관한 법"(법률명령공보 I, S. 197)으로 긍정적으로 대응했던 것이다.

국가조약 제3조를 보면,

1항: 북독일방송의 과업은 일반공중을 대상으로 말, 음향, 영상으로 뉴스와 기타

---

8) 공영방송사를 말한다 - 역주.

제공물을 널리 전파하는 것이다. 니더작센, 슐레스비히-홀슈타인, 그리고 자유도시이며, 한자도시인 함부르크 따위의 각 주에서(송출지역) 이에 필요한 라디오방송과 텔레비전방송의 시설을 설립하고 운영하도록, 나아가 유선방송의 시설도 확보하도록 북독일방송에 대하여 배타적인 권리와 의무를 유보해준다.
2항: 북독일방송은 자신의 송출지역 전체에 고르게 전파력이 미치도록 자신의 기술적 시설을 운영할 것을 확실하게 담보해야 한다.

1948년 10월 2일자 헤센방송에 관한 법률(법률명령공보, S. 123) 제2조에서 규정한 바를 본다.

헤센방송의 과업은 교양교육, 실무교육 및 오락 등과 같은 종류의 방송물과 뉴스를 널리 전파하는 것이다. 헤센방송은 바로 이런 목적으로 방송시설을 취득하여 운영한다.

(원문 S. 212 – 역주)

자를란트방송과 자유베를린방송은 주법률로써 – 마찬가지로 독립적인 공법적 영조물로서 – 설립되었다.

3. 방송영조물들은 "독일연방공화국 공영방송연합체(ARD)"로 합병하였다. 이들의 텔레비전영역 공동작업은, 1953년 3월 27일 체결되고 1956년 3월 24일 현재 유효한 "텔레비전조약"에 근거를 두고 있다. 각 주가 1959년 4월 17일 체결한 "제1텔레비전방송물에 협력하는 데 대한 협약"은 이 영조물의 공동방송물에 대한 법적 근거를 확보해준다고 한다.

III.

기본법이 효력을 발생한 이후 연방법률을 정립하는 방법으로 때로는 각 주 간의 또는 각 주와 연방 간의 합의로 새로운 방송질서를 추구해왔다.

1. 방송문제를 연방법률로 규율하려는 노력은 처음에는 성과를 얻지 못했다(방송영역에서 공통적인 과업을 수행하기 위한 법률의 초안, 연방의회 I/1949 유인물번호 4198- BT I/1949 Drucks. Nr. 4198 참조). 그러다가 결

국 "1960년 11월 29일자 연방법에 따라 방송영조물을 설치하기 위한 법률"(연방법률공보 I, S. 862)이 성립되기에 이르고, 그에 따라 각각 "독일전파(Deutsche Welle)"와 "독일방송(Deutschlandfunk)"이라는 이름을 지닌 2개의 공법상 영조물을 설립하되, 다만 이들은 외국에 대한, 그리고 독일과 유럽에 대하여 방송물을 송출하도록, 그 법률관계를 규율하는 것에 국한되고 말았다. "연방법상 방송영조물에 대한 일반적인 조항"(제23조부터 제32조까지)에는 방송물편성, 뉴스보도, 반론, 공시권, 정당의 방송시간에 대한 청구권, 송출물에 대한 책임, 정보제공의무, 청소년보호 및 증거보전에 관한 규정을 포함되어 있다.

(원문 S. 213 - 역주)

이 법률에 대한 정부초안(BT III/1957 Drucks. 1434)은 그밖에도 "독일-텔레비전"이라는 이름으로 공법상 영조물을 설립한다고 규정했는데, 여기에서 송출하는 내용은 "독일 전체와 유럽을 대상으로 독일에 관한 포괄적인 이미지를 제2방송으로서 전화한다는 것이었다.

영조물 측에서는 이 송출의 실시업무를 일단 사법상 회사에게 맡기려 했다고 한다(초안 제22조). 그 방송물은 송출기로 출력하는데, 이 송출기는 연방체신청이 연방정부의 결정을 근거로 - 나아가 함부르크와 헤센 주에서 또한 - 이미 설립한 것이었다. 체신청 소유의 이 송출기를 또한 연방체신청 자신이 운영해야 한다는 것이다(초안의 제60조에 대한 이유서와 연방 언론정보청의 소식지 1959년 8월 12일자 제145호, S. 1473과 1960년 8월 16일자 제151호, S. 1498 참조).

초안에는 그밖에도 방송요금에 대한 규정이 포함되어 있었고, 나아가 초안은 점령군법의 그리고 헌법제정 이전 주-법의 여러 조항들을 폐지하려는 것이었다. 현재 존재하는 방송영조물의 법적 관계는, 예외를 젖혀놓으면, 주법에 따라 규정한다고 했다(초안 제49조). 모든 방송영조물에 대해 구속력을 지닌 조항에는 또한 "일반적인 조항"들(초안의 제1조부터 제11조까지)도 포함된다. 이들은 대개 현재 오직 연방법상 방송영조물에 대해서만 효력을 미치는 "일반적인 조항"들(법률 제23조부터 제32조까지)에 상응하는 내용이다.

2. 연방과 각 주는 조약으로 방송의 질서를 확립하려고 노력한 바 있다.

1955년 연방과 각 주의 대표자로 구성된 위원회가 일반적인 방송조약에 관한 그리고 3개의 부가조약(단파조약, 장파조약, 그리고 텔레비전조약)에 관한 초안의 작성을 완료했다. 하지만 이들 초안은 연방정부의 승인을 얻지 못했다. 그리하여 조약은 체결되지 못했던 것이다.

연방정부가 1958년 2월 연방법률로 규율하려고 했을 때, 그 내용에 관해 여러 차례 각 주의 대표자와 논의했다.

(이하 원문 S. 214 – 역주)

1960년 1월 각 주의 정부수반은 위원회를 설치하고, 이로 하여금 연방정부와 협상을 더욱 진전시켜나가도록 했다. 여기에 속한 사람으로는 라인란트-팔츠 주수상인 알트마이어와 슐레스비히-홀슈타인 주의 주수상 폰 하셀(두 사람 모두 기독교민주연합당 소속), 헤센 주의 주수상 친과 베를린의 주수상 클라인(두 사람 모두 독일 사회민주당 소속)[9]을 들 수 있다. 그러나 이 위원회는 연방정부와 협상단계에조차 이르지 못했다. 그런데도 1959년 6월부터 이미 기독교민주당과 기독교사회당 연합에 소속된 주수상들과 연방정부의 구성원 사이에 논의가 이루어졌고, 이 정당 소속 연방의회 의원이 한때 가담하기도 했다. 협상의 대상은 특히 제2텔레비전방송물의 송출을 법률, 국가조약, 행정협약 중에서 어느 것으로 규율해야 할 것인지의 문제였다.

제2텔레비전방송물을 송출하기 위해서 연방과 각 주가 유한회사를 설립한다는 계획은 1960년 7월 8일 처음으로 연방수상과 기독교민주당과 기독교사회당의 연합에 소속된 주수상 몇 명이 논의하는 중에 다루어졌다. 설립계약(Gesellschaftsvertrag)의 내용은 1960년 7월 15일 재차 행해진 논의에서 다루었는데, 이 논의에는 연방정부의 구성원과 더불어 위에 언급한 정당의 주수상, 장관, 그리고 연방의회 의원만이 참여했다. 이 설립계약을 서명하는 날은 1960년 7월 25일로 예정하고 있었다.

(이하 원문 S. 215 – 역주)

독일사회민주당에 소속된 각 주의 정부수반은 유한회사를 설립하기로 예정했다는 소식을 주수상 알트마이어로부터 들었지만, 이는 1960년 7월 16일자 서면에 의한 것으로, 본래 1960년 7월 8일과 15일의 협상결과를 따져보자는 취지의 1960년 7월 22일 논의에 초대한다는 내용이었다. 각 주의 정부

---

9) 이에 관해서는 뒤 원문 256쪽 이하 참조.

연방헌법재판소 제1차 방송판결: BVerfGE 12, 205ff.

수반은 이 제안에 유보 없이 승인한 게 아니라, 오히려 반대안을 내놓았고, 주수상 알트마이어는 이 점을 연방수상에게 이미 1960년 7월 22일자 편지로 알렸던 것이다. 연방수상은 토요일, 즉 1960년 6월 23일자 편지를 통해서,10) 예정하고 있던 회사설립의 약정일자를 다시 미룬다는 점에 관해서 대답할 수 없다고 밝혔다. 다만 회사조약은 체결하지만 각 주의 가입과 참여가 언제든지 가능하도록 작성할 것이라고 말했다.

3. a) 1960년 7월 25일 연방수상으로 대표되는 독일연방공화국과 연방장관 셰퍼는 쾰른에 소재를 둔 독일텔레비전유한회사(이하 회사)를 설립했다. 총 23,000마르크에 달하는 기본자본 중에서 12,000마르크를 독일연방공화국이 인수하고, 11,000마르크는 연방장관 셰퍼가 인수하되, 그는 "연방공화국 소속 각 주의 이익을 이들이 회사에 가입할 때까지 보전해야" 한다는 것이다(회사정관 제6조). 연방장관 셰퍼는 "어떤 주이든 독일연방공화국과 이 회사에 참여한다는 데 대하여 행정협정을 체결하면 명목가액 1,000마르크의 부분사업지분을… 그 주에게 양도할 의무를 부담한다"(회사정관 제7조)는 것이었다.

연방의 어떤 주도 이 회사에 참여할 용의가 없음이 드러나자 연방장관 셰퍼는 1960년 8월 25일 자신의 사업지분을 독일연방공화국에 넘겼다. 이로써 독일연방공화국은 모든 사업지분의 보유자가 되었으며, 그와 동시에 정관을 개정했다. 정관 제7조는 계속해서, 연방의 각 주가 독일연방공화국과 이 회사에 참여할 것에 대해 행정협정을 체결하면, 부분사업지분을 그 주에 양도한다고 규정했다. 지금까지 이런 종류의 협약이 성립된 예는 없었다.

(원문 S. 216 - 역주)

b) 회사의 과업은 "텔레비전 방송물의 송출이며, 독일 전국과 외국의 방송가입자에게 독일에 관한 포괄적인 이미지를 중개해야 한다"(정관 제2조)는 것이었다. 회사는 방송물 전체에 대해 혼자서 책임을 부담한다. 회사는 방송물을 스스로 제작하든지 또는 위탁하여 자신의 책임으로 제3자에게 제작하게 할 수 있다(정관 제4조). 정관에는 "방송물편성의 기본원칙"을 포함되어

---

10) 이에 관해서는 아래 원문 257쪽 이하 참조.

있다. "독일전파"와 "독일방송" 두 개의 방송영조물에 대한 조항은 "유추하여 적용해야 한다." 광고방송의 전체 방송물에 대한 비중은 10%를 넘어서는 안 된다(정관 제3조).

c) 회사의 기관은 총회, 감사평의회, 업무집행자이다(정관 제8조). 개정된 정관 제10조에 따르면, 감사평의회는 최소 10명, 최다 15명으로 총회에서 선출한 구성원으로 이루어진다. 구성원 10명까지는 연방정부가 지명하되, 이를 넘는 인원으로 1명씩, 개신교 교회, 카톨릭교회, 독일의 유대인총평의회, 사용자협의회, 노동조합이 각각 지명한다. "이들 사원은 위와 같이 지명한 사람을 선출해야 할 의무를 진다"(정관 제10조). 감사평의회는 업무집행자를 임명하고, 업무집행을 감독한다. 감사평의회는 그에게 방송물편성 문제에 관해 권고하며, 이에 대해 지침을 부여하고, 이를 존중하는지 여부를 감독한다. 특정한 업무에 관해서는 감사평의회의 승인이 필수적이다(정관 제11조).

업무집행자는 사장이라는 명칭을 사용하며, 재판에서 그리고 재판 외에서 회사를 대표한다. 그는 "방송물편성을 포함하여 회사의 업무를 지휘한다"(정관의 제15조).

B-I.

자유도시이며 한자도시인 함부르크 그리고 헤센 주의 견해에 따르면 연방은 이들의 헌법상 권리를 침해했다고 한다. 자유도시이며 한자도시인 함부르크는 기본법 제93조 1항 3호, 연방헌법재판소법 제13조 7호, 제68조 이하에 따라 심판해줄 것을 청구했다.

(원문 S. 217 – 역주)

"연방정부는,
a) 1960년 7월 25일 독일텔레비전유한회사를, 텔레비전방송물을 조달하고 제작할 목적으로, 설립하고,
b) 텔레비전방송이 사용해야 할 주파수로 스스로 방송물을 송출하거나, 또는 그런 주파수를 사용할 권리를 각 주의 방송영조물이 아닌 다른 방송물사업 주체에게 부여하고자 하는 따위의 그 행위를 개시함으로써,
자유와 한자도시 함부르크에 기본법 제30조에 따라 허여된 권리를 침해했다."

연방헌법재판소 제1차 방송판결: BVerfGE 12, 205ff.

헤센 주도 다음과 같은 점에 관해 확인해줄 것을 청구했다.

"연방정부는 1960년 7월 25일 독일텔레비전유한회사라는 기업으로 회사를 설립했고, 이 회사가 텔레비전방송물을 송출할 수 있도록 그에 관한 조처를 취함으로써, 기본법 제5조, 그리고 제87조 3항과 관련된 제30조, 그리고 또한 연방국가적 구조에서 생성되는, 각 주에 친화적으로 행위해야 한다는 의무 등을 위반하였다."

나아가 자유와 한자도시 함부르크의 주정부는 기본법 제93조 1항 2호, 연방헌법재판소법 제13조 6호, 제76조 이하의 여러 조항에 따라 다음과 같이 확인해줄 것을 요구했다.

"1955년 2월 16일자 북독일방송에 대한 국가조약 제3조는 기본법 제73조 7호에 합치하지 아니한다."

이들 청구의 이유를 갖추고자 청구인은 다음과 같이 상세하게 주장한다.

1. 국가조약 제3조는 기본법 제73조 7호에 합치한다고 하면서, 그 이유로, "우편과 통신"에는 오직 방송물중개의 기술만 포함될 뿐, 송출주체의 조직과 방송물의 편성은 들어가지 않는다고 한다. 방송물의 송출을 북독일방송이 독점할지라도, 이는 기본법 제73조 7호뿐만 아니라 제5조에도 배치되지 않는다고 한다. 국가조약 제3조에 규정되어 있는 ─ 그리고 기본법 제5조가 요구한 바이기도 한 ─ 방송물을 송출할 방송주체를 설립하고 운영할 북독일방송의 배타적인 권리는 기본법 제73조 7호에 합치한다고 주장한다. 통신질서에, 연방체신청 스스로 송출국을 운영한다는 것은 포함되지 않는다.

(원문 S. 218 — 역주)

2. 연방은 회사를 창립함으로써 연방친화적으로 행위해야 한다는 원칙을 위반했다고 하면서, 그밖에도 주의 권한(기본법 제87조 3항과 관련된 제30조), 그리고 현재 효력을 미치고 있는 주법률(1948년 10월 2일자 헤센방송에 관한 법률, 법률명령공보, S. 123)을 침해했다고 한다. 연방이 취한 조치의 종류와 방식도 이 원칙에 합치하지 않는다고 한다.

3. 나아가 연방은 회사를 설립함으로써 기본법 제5조에서 나오는 청구인의 권리를 또한 침해했다고 한다. 기본법 제5조는 국가가 방송을 주도하거나 영향력을 미치는 것을 금지한다. 회사설립은 청구인의 권리를 침해했다고 하면서, 또 하나의 이유로 송출주체의 조직에 대한 법률의 유보를 전혀 존중하지 않았다고 한다. 기본법 제5조가 요구하는 바에 따르면 방송의 자유에 대하여 제한을 가하는 법률적 질서는 정치적으로 중립을 지키며, 독립적인 방송주체를 보장해야 한다. 방송주체는 반드시 공법적으로 조직되어야 하며, 또한 이들의 방송물을 송출하는 데 필요한 기술적 시설을 확보해주어야 한다. 따라서 연방체신청은 처분의 여유가 있는 방송주파수를 각 주의 방송영조물에 대하여 분할해주어야 할 의무를 진다.

자신의 견해를 뒷받침하기 위해 자유와 한자도시 함부르크의 주정부는 크뤼거, 말만, 마운츠, 리더 교수의 평가서를 제출했다.

II.

연방정부는 이 신청에 대해 기각시켜줄 것을 청구했다.

1. 기본법 제73조 7호에 따르면 방송을 전체적으로 규율할 권한을 연방이 보유한다는 것이다. 특히 연방은 기본법 제5조에서 도출되는 원칙들에 이바지하도록 규율하는 데 대해 관할권한을 보유한다고 한다. 국가조약 제3조는 방송의 영역에서 독점을 금지하는 기본법 제5조를 침해한다. 이 규정들은 연방체신청의 행정권한을 침입한다는(기본법 제87조 1항) 이유 때문에도 또한 무효라고 한다.

2. 각 주의 권리는 침해된 바 없다고 한다. (원문 S. 219 – 역주)

방송물의 송출은 공행정의 과업이 아니다. 회사의 설립은 따라서 기본법 제30조의 범위에 해당되지 않는다. 왜냐하면 이들 조항은 어쨌거나 단순한 행정으로 파악해야 할 문제로서 결코 국고행정은 아니기 때문이다. 그밖에도 연방은 회사의 설립에 관해서 "사물의 성질"에 힘입어 권한을 보유한다고 한다. 송출시설의 설립은 연방체신청의 과업영역에 속한다고 한다(기본법 제87

조 1항).

 헤센 주법률은 침해된 바 없다고 하면서, 그 이유로 헤센 방송에 대한 법률은 배타적인 권리를 규정한 바 없으며, 그밖에도 그런 권리는 기본법 제5조에 위반될 것이며 그에 상응하는 내용의 규율은 - 만약 이를 유효하다고 볼지라도 - 연방법이 될 것이라고 한다.

 연방은 연방친화적으로 행위해야 한다는 원칙에 위반한 바 없다고 한다. 각 주와 공동으로 회사를 설립하자는 의도로 연방은 각 주가 참가할 길을 열어놓고 있었다.

 기본법 제5조가 침해되었다고 하려면, 이는 오직 사회 내에 자유로운 공공의 의사형성 과정을 연방이 침탈했을 경우이어야만 한다. 이렇게 생각할 단서라고는 하나도 없다.

 연방정부는 쇼이너, 한스 슈나이더, 슈파너 교수의 평가서를 제출했다.

III.

 니더작센 주 정부와 자유와 한자도시 브레멘의 주정부는 연방과 각 주 간의 분쟁절차에서 자유와 한자도시 함부르크 쪽에 당사자로서 참가했다.

 연방헌법재판소는 법원에 계속된 절차를 1960년 10월 5일과 12월 7일자 결정으로 공동으로 심리하여 재판하고자 병합시켰다. 구두변론의 과정에서 청구인의 증거신청을 근거로 회사의 업무집행자, 즉 연방수상청 국장인 메르커 박사로부터 다음과 같은 문제에 대해 증언을 받았다.

1. 어떤 점을 고려하여 연방수상청에서는 텔레비전방송의 송출을 위한 유한회사를 설립하자고 결단을 내렸는가?

(원문 S. 220 – 역주)

2. 어떤 성질의 자격으로 연방법무부장관 셰퍼는 이 회사의 설립에 참여하게 되었는가?
3. 사원 셰퍼는 그 자신의 이름으로, 하지만 각 주를 위해서 입금분을 인수한다는 내용으로 설립협약서를 작성했는데, 무슨 뜻인가?
4. 기본입금분의 절반이 현금으로 지불되었는가?
5. 사원 셰퍼의 입금분이 예산재원에서 나온 것인가, 또한 연방수상청의 개별계획부문 목차 300항목에서 추론된 것인가? 그렇지 않다면 어떤 항목에서 추론된 것인가?

C-I.

이들 청구는 제2재판부의 관할사항이다. 이들의 심판청구는 허용된다.

1. 자유와 한자도시 함부르크와 헤센 주가 여러 청구를 연방과 주 간의 분쟁절차에서 제기했는데, 이들은 기본법 제93조 1항 3호, 연방헌법재판소법 제13조 7호; 제64조에 관련하여 "제68조와 제69조"의 요건을 충족시켰다. 이는 기본법 제5조가 침해당했다고 비난하는 범위 안에서도 역시 마찬가지다(아래 E III 참조).11)

2. 자유와 한자도시 함부르크의 주정부가 추상적 규범통제의 절차(기본법 제93조 1항 2호)에 낸 청구 또한 허용된다.
 a) 외국과 맺은 조약에 대해 승인하는 법률(기본법 제59조 2항), 이른바 조약법률도 규범통제절차에서 헌법적인 심사를 받는다고 연방헌법재판소는 이미 판시한 바 있다(BVerfGE 1, 396〔410〕; 4, 157〔162〕; 또한 BVerfGE 6, 290〔294f.〕 참조). 각 주 사이의 국가조약에 대해서도 반드시 이를 준용한다고 해야 한다.
 함부르크 주의회는 함부르크 주헌법 제43조 3문에 따라 주정부가 체결한 국가조약의 비준에 대하여 승인했다. 이 조약은 조약법률 제2조 1항에 따라 "공표되어 법률효력을 지니게" 되었다. 이 조약법률은 기본법 제93조 1항 2호에서 의미하는 주법이다. 주법의 실체법적 내용은 그것에 부가되어 있는 국가조약에서 우러나온다(BVerfGE 4, 157〔163〕 참조).

(원문 S. 221 - 역주)
 그러나 형식적인 면에서 이 법률은 헌법적 심사의 대상이 되지만, 국가조약 자체는 그렇지 않다. 자유와 한자도시 함부르크의 주정부가 제출한 청구는 바로 이런 이유 때문에 이에 상응하게 의미를 새겨야 한다.
 b) 조약법률이 기본법 제73조 7호에 합치하는지 여부에 대하여 견해가 갈리는데, 이는 국가조약 제3조에 관계되는 범위에 한한다. 자유와 한자도시

---

11) 본문 쪽수 S. 259ff - 역주.

연방헌법재판소 제1차 방송판결: BVerfGE 12, 205ff.

함부르크의 주정부는 이 규정이 유효하다는 견해를 유지한다. 이에 반해서 연방내무부장관은 1955년 3월 22일자 주정부에 보낸 서면에서 이미 자신의 견해를 밝힌 것처럼 이 규정은 기본법과 현재 계속 유효한 연방법에 모순된다는 것이다. 이렇게 견해가 다른데, 이는 이론적인 문제가 아니라 오직 구체적인 문제일 뿐이다. 따라서 이 청구에 대한 심판을 허용하는 전제요건은 기본법 제93조 1항 2호에 따라 이미 갖추어졌다.

연방헌법재판소법 제76조 2호에 따르면 추상적인 규범통제에 대한 청구는 청구인이 어떤 규범이 기본법과 합치하는지 여부를 확인해주기를 요망할 경우에 대하여 오직 "연방의 기관이 어떤 법규가 기본법에 합치하지 않는다고 하여… 적용하지 않았다는 일이 벌어진 뒤에"만 허용되는 것이다. 이런 요구조건을 이 사건에서는 충분히 충족시켰다.

하지만 연방정부가 생각하는 바에 따르면 사후심사해야 할 규범이 이를 고권적으로 집행할 관할권한을 가진 지위주체에 의해서 적용되지 않았을 경우, 그때에만 오로지 청구권한이 주어진다는 것이다. 연방정부가 바로 국가조약을 집행해서는 안 된다는 이유 때문에 이를 "적용하지 않았다"고 할 경우라면 처음부터 배제된다고 한다. 연방헌법재판소법 제76조 2호에 대한 이런 해석이 옳다면 이 조항은 기본법 제93조 1항 2호에 불합치하며, 그렇다면 이를 존중해서는 안 된다. 그러나 연방정부의 견해는 타당치 않다. 연방의 기관은 주-법의 집행에 관한 한 고권적으로 집행할 관할권한을 한 번도 가진 적이 없었다(Zeidler, DVBl. 1960, 573 참조). 연방정부는 이런 규범을 오직 위반하거나 또는 "존중하지 않을" 수 있을 뿐이다. 여기에서 연방정부는 이 규범을 "기본법 또는 그밖의 연방법에 불합치한다"고 본다는 점이 아주 뚜렷하게 표현되어 있음을 알 수 있다. 이런 종류의 "적용하지 않는다는 것"은 연방헌법재판소법 제76조 2호에 따른 청구를 허용할 요건을 충족시키기에 충분하다.

(원문 S. 222 – 역주)

연방정부가 자유와 한자도시인 함부르크 지역에서 연방체신청으로 하여금 송출시설을 설치하도록 하면서, 이 시설을 독일텔레비전유한회사의 방송물을 송출시키는 것으로 특정한 것은 국가조약 제3조 1항을 존중하지 않은 것이다. 이렇게 한 데에는 연방내무부장관의 1955년 3월 22일자 서면에서 확증

되듯이 다음과 같은 견해가 바탕에 깔려 있는데, 즉 국가조약 제3조 1항은 기본법에 불합치하며 그에 따라 무효라는 것이다. 연방의 기관은 따라서 주법률을 "존중하지 않았으며" 이로써 연방헌법재판소법 제76조 2호의 의미대로 "적용하지 않은" 것이다.

c) 함부르크의 주정부는 국가조약 제3조 1항과 2항에 대해 사후심사해 달라고 했지만, 그렇다고 할지라도 이 헌법적 심사는 조약법률에 제한되며, 그것도 조약의 제3조 1항과 관련된 한도에 그친다. 제3조 2항에 따르면 북독일방송은 자신의 기술적 시설이 자신의 송출영역 전체에 고르게 전파력을 미치도록 조처한다는 점에 관해서 확실하게 보장해야 한다. 하지만 이런 조항은 그것 자체로는 독자적인 헌법적 의미를 전혀 지니지 못한다.

d) 주정부의 청구에 반하지만 국가조약 제3조 1항이 기본법 제73조 7호에 합치하는지의 여부에 대해서만 심사하는 데 그치지 않는다. 기본법 제93조 1항 2호에 따르면 연방헌법재판소는 주법이 기본법에 합치하는지에 대해서 재판한다. 헌법적 사후심사는 이에 상응하게 확장되어야 한다.

II.

자유와 한자도시 함부르크의 주정부는 추상적인 규범통제에 관한 청구(기본법 제93조 1항 2호, 연방헌법재판소법 제13조 6호)뿐만 아니라, 연방과 각 주 간의 분쟁의 절차에 대한 청구(기본법 제93조 1항 3호, 연방헌법재판소법 제13조 7호)도 제기하였는데, 그가 생각하는 바에 따르면 이 두 개 청구는 한 개의 절차에서 재판될 수 있다고 한다. 이에 반대하여 연방정부는 우려를 표명한 바 있다.

여기에서 문제는 이들이 다른 종류의 절차로써 서로 다른 절차원칙이 효력을 미친다는 것이다.

(원문 S. 223 – 역주)

이렇게 다르다고 할지라도 추상적 규범통제의 절차는 연방과 각 주 간의 분쟁절차와도 공통적으로 심리하고 재판하도록 병합할 수 있다. 연방헌법재판소법 제66조와 제69조는 절차를 언제 병합할 수 있는지를 한정해서 열거하는 식으로 규정한 것은 아니다. 이들 조항에는 오히려 일반적인 원칙을 표

연방헌법재판소 제1차 방송판결: BVerfGE 12, 205ff.

현한 데 그쳐서 목적에 합당하게 보인다면, 다른 경우에도 역시 절차를 서로 병합하라고 재판소에 허락하는 내용인 것이다. 대부분 같거나 또는 서로 종속적인 문제에 관해 분쟁이 벌어졌다면 오히려 절차를 병합하라고 명령하는 것이다. 여기와 같은 경우가 바로 이런 예에 속한다. 재판소는, 그밖에도 연방헌법재판소법 제66조, 제69조를 넘어 지금까지 이미 다른 종류의 절차를 서로 병합해온 바 있다(BVerfGE 10, 185 참조).

물론 이런 종류의 절차를 병합하는 요건으로 각 절차종류에 따른 절차조항을 충분히 충족시켜야 한다. 여기에서는 이 요건을 이미 충족시켰으며, 나아가 법률로 이 두 가지 종류의 절차에 각각 규정한 바를 뛰어넘는 수준까지 충족시킨 것이다.

D.

국가조약 제3조 1항에 따르면 니더작센 주, 슐레스비히-홀슈타인 주 그리고 함부르크 주에 (송출지역) 말, 음향, 영상형태의 뉴스와 제공물을 일반인을 대상으로 널리 전파하는 방송물의 송출에 대한 배타적인 권리(방송물송출의 독점)를 북독일방송에 유보했다. 이 규정에 따르면 그밖에도 북독일방송은 자신의 송출지역에서 방송물을 송출하는 데 필요한 라디오방송과 텔레비전방송의 시설을 설치하고 운영할 배타적인 권리(송출시설 설치와 운영에 대한 독점) 또한 부여받고 있다.

북독일방송에 관한 국가조약과 관련된 함부르크 주법은 국가조약 제3조 1항에 관한 한, 이들 조항이 북독일방송에 라디오방송과 텔레비전방송의 송출시설을 설치하고 운영할 배타적 권리를 인정하고 있다는 범위 안에서 기본법과 합치하지 않으며, 따라서 무효이다.

(원문 S. 224 – 역주)

그밖의 점에 관해서 이 조항은 기본법에 합치한다.

I.

1. 연방정부의 견해에 따르면 국가조약 제3조 1항은 그 범위 전부가 무효

이다. 이 조항은 통신에 대하여 규율한다는 연방의 배타적 입법권한(기본법 제73조 7호)에 불합치한다는 것이다.

연방정부는 "우편과 통신"이라는 개념은 역사적으로 구성되어온 것이라고 주장한다. 이 개념은 바이마르공화국 헌법 제6조 7호와 제88조 1항에 있는 "우편과 원거리전신"의 개념에 해당하는데, 이들 조항의 내용을 보면 무선통신과 – 이 무선통신이 발생한 이래로 또한 – 방송도 포괄하고 있었다. 당시 바이마르공화국 연방체신청은 방송물회사에 "인허"를 부여하여, 오락방송 목적으로 바이마르연방체신청의 전파송출시설을 사용할 수 있게 하되, "송출방송물이 정치적으로 당파성을 띠지 않도록, 그리고 송출회사가 조직상 중립성을 지키도록 보장한다는 관점에서 이 인허에 광범위한 부담을" 결합시켰다는 것이다. 인허의 내용을 낱말 그대로 따라 읽으면 더욱 또렷하게 다음과 같은 점이 부각된다. "바이마르연방체신청은 기술적인 측면뿐만 아니라 조직 측면도 역시" 처분대상으로 파악하고 있었으며, "전신 분야에 대한 고권(전파고권)이라는 기준의 힘을 빌려, 더 나아가 방송영역의 문제 전체에 대해서도 장악"했다는 것이다(Scheuner, *Gutachten*, S. 45f.). 1928년 통신시설에 관한 법률이 이와 같은 법적 상황을 추인하였다고 할 것인데, 방송 분야에 대한 바이마르연방의 영향력을 그대로 법률의 일부로 규정해 넣었기 때문이다 (Scheuner, *Gutachten*, S. 46).

통신이라는 개념에 관해서도 이 개념에 방송을 포함시켜 파악할 경우에는 실제로 기술 측면, 조직 측면, 방송물 측면으로 이 개념을 분할할 수는 없다고 하면서, 이는 방송 자체가 입법자 편에서 보면 통일된 전체로서 나타나기 때문이라는 것이다. 인허발급에 관하여 규율하면서 그 의미를 제대로 지켜나가려면 방송의 방송물과 조직에 관해서 부담을 가하지 않고서는 제대로 실행할 수 없을 것이라고 한다.

(원문 S. 225 – 역주)

따라서 연방정부는 기본법 제73조 7호에 따른 입법권한은 방송을 전체로서 포괄하여 파악한다고 본다. 본래 기본법 제5조는 방송의 자유를 보장하려는 목적으로 주요 원칙까지 포함하여 파악하는데, 그의 주장에 따르면 이 주요 원칙을 법률로 규범화하는 것에 대해서도 역시 연방이 관할권한으로 보유하게 된다고 한다. 따라서 북독일방송에 방송물의 송출에 대한 독점을 인정한 것은 기본법 제5조에 모순된다고 한다.

2. 국가조약 제3조 1항에 따라 북독일방송에 유리하게 규율한 내용은 만약 "통신"이라는 표현을 연방정부와 같이 그렇게 포괄적으로 이해해야 한다면, 이는 그 범위 전체에서 기본법 제73조 7호에 불합치하게 될 것이다. 국가조약 제3조 1항에서 북독일방송에 유보해준 송출시설을 설립하고 운영해나갈 배타적 권리는 물론이고, 방송물의 송출에 대한 독점권도 역시 이 범주에 들어가게 되는데, 이 범주에 대해 법률로 규율하는 관할권한은 연방정부의 견해에 따르면 기본법 제73조 7호에 따라 연방이 배타적으로 보유한다고 한다.

II.

1. 연방정부가 기본법 제73조 7호에 부여한 해석은 옳지 않다. "우편 및 통신"은 이른바 방송의 송출기술 분야만을 포함하되 스튜디오 기술을 배제한 것이어서 결코 방송을 전체적으로 파악한 것은 아니다. 기본법 제73조 7호에 따르면 방송의 조직과 방송사의 내부조직에 관해서 규율한다는, 또는 방송물과 관련된 법조항을 제정한다는 등의 권한을 특히 연방에게 부여한 바 없다. 기본법 제5조가 요구하는 것은 방송의 자유를 보장하고자 동 조항에 내포된 실체법적 측면뿐만 아니라 조직적인 측면에서(아래 E III 참조)[12] 주요 원칙을 법률로써 규범화하는 것도 각 주의 입법권한에 속하는 것이며, 연방이 예외적으로 특별한 종류의 방송물송출의 권한을 가지는 경우에만 연방의 입법권한에 속한다(아래 III 2[13] 및 E I 5 참조).[14]

(원문 S. 226 – 역주)

2. a) 기본법 제73조 7호에 따르면 연방은 "우편과 통신"에 대해 배타적인 입법권한을 보유한다. 방송은 오직 그 조항에서 의미하는 통신에만 귀속시킬 수 있다. 기본법 제73조 7호의 유래는 제법 오래 된 과거로 거슬러올라가는

---

12) S. 259ff.
13) S. 241.
14) S. 250.

데, 그 당시 문구에 따르면 우편, 즉 이들이 전통적으로 넘겨받아온 업무영역 뿐만 아니라, 원거리전신을 할당했던 것이다(1849년 제국헌법 제41조 이하 여러 조항; 1867년 북독일연맹의 헌법과 1871년 제국헌법의 제4조 10호; 바이마르공화국 헌법 제6조 7호 참조). 따라서 기본법 제73조 7호에서 전통적인 용역 분야를 "우편"이라고 표현했는데, 이는 당시 "새로운" 과업영역이었던 "통신"과 대칭시키려는 의도였던 것이다. 이 두 분야 모두 기본법 제87조 1항이 뜻하는 "연방체신청"에 속한다.

b) 방송(여기에서 그리고 이 뒤로는 라디오방송과 텔레비전방송, 이 둘을 합쳐서 지칭한다)은 방송물, 즉 프로그램을 무선으로 전달하기 위해 전기적 파장인 전파를 사용하는데, 이 전파는 송출기를 통해서 방사된다. 바로 이 방송송출기는 전파시설이며, 그러므로 통신시설이다(통신시설에 관한 법률 제1조 1항). 이들은 기본법 제73조 7호가 뜻하는 통신에 포함된다. 낱말의 뜻을 자연스럽게 이해하며 일반적인 언어관습을 좇아서 해석하면, 통신이라고 하는 데에는 오로지 방송제공물을 보내는 기술적 과정만 속한다. 통신은 신호전달의 과정만을 목표로 삼는 기술적인 개념에 지나지 않는다. 통신이라고 하면 이는 통신시설, 즉 기술적 설비와 관련될 뿐이며, 바로 이 설비의 도움으로 신호를 "먼 곳으로" 보내거나 중개할 수 있다. 이 점을 1928년 통신시설에 관한 법률이 확인하였는데, 그 법률의 조항은, 물론 여기에서 인용해야 하는 범주에 한하지만, 그 조문과 의미상 무선시설의 설치와 운영, 즉 기술적인 과정의 규율에 제한되어 있다. 그의 정치적, 문화적 중요성을 과소평가할 수 없는 대중매체인 방송은 이러한 통신설비의 일부가 아니라, "이용자(Benutzer)"이다(Moser, DÖV 1954, 389〔390〕; Lademann, JIR 8〔1957/ 1958〕 S 307〔310〕; 또한 Haenel, *Deutsches Staatsrecht*, 1892, Bd. 1 S. 415 참조).

(원문 S. 227 - 역주)

통신기술상의 측면들이 방송의 초기에는 방송의 본질을 규정할 정도로 우세한 의미를 지녔을 수도 있다. 그러나 이 같은 통신기술상의 설비는 - 방송을 전체적으로 고찰하면 - 이미 수십 년 전부터 부차적이며 봉사적인 기능만을 부여받고 있다.

c) 통신이 일반적인 언어관습에 따라 단지 신호전달에만 이바지하는 무선기술적 과정만을 포함한다면, 그로부터 이른바 스튜디오기술은 통신에 속

하지 않는다는 결론이 나온다. 통신은 송출될 수 있게 처리된 소리나 영상의 신호를 방송스튜디오로부터 한 개 또는 수 개의 송출기(유선 또는 무선 방식의 중개)로 전달됨으로써 비로소 시작된다. 그리하여 통신은 방송물의 송출과 방송물의 수신에 이르는 기술적인 과정을 포괄하게 된다.

기본법 제73조 7호에서 뜻하는 통신에는 방송물 송출기의 운영과 방송물의 수신이 제대로 이루어지도록 하기 위해 규율해야 할 기술적인 전제조건들이 속한다. 송출자에게는 다른 송출자의 주파수대와 조정을 거친 특정한 주파수대가 부여해야 한다. 겹치거나 방해하는 일을 피할 수 있도록 송출시설의 소재지와 출력강도에 관해 전파기술적 관점에서 확정해야 한다. 이런 주파수 대역과 출력 강도를 준수했는지 여부에 관해서 반드시 감독해야 한다. 방송물의 송출과 수신이 한편으로는 다른 통신시설이나 전기적 시설물에 의해 방해받지 않도록, 다른 한편으로는 일반의 무선교류를 방해하지 않도록 하는 예방조치를 취해야 한다. 음향이나 영상 신호를 스튜디오로부터 송출시설로 전달하는 유선 또는 무선 교류에 대해서도 이에 상응한 효력을 미친다.

이들 사항은 통신에 속하는 것들이다. 이와 같은 사항에 대해 법규가 마련되어야 할 경우 연방만이 규율권한을 갖는다.

(원문 S. 228 – 역주)

3. 기본법 제73조 7호가 기본법의 다른 조항들과 이루는 맥락을 살펴보아도 역시 통신에는 단지 방송의 송출기술만이 속한다는 결론이 나온다.

a) 기본법 제5조 1항 2문에서 "방송"이라는 표현을 사용하는데, 이때 방송은 제도라는 의미를 가진다. 물론 기본법의 다른 조항들이 방송의 부분영역을 사안에 더욱 근접한 다른 명칭을 사용하면서 규율하고 있다는 점을 배제하는 것은 아니다. 그래도 기본법 제5조 1항 2문에 "방송"이라고 언급함으로써 통신이라는 표현이 방송 전체를 포괄하는 것으로 인정하지 못하도록 금지한 것이다. 통신이 단지 방송의 부분영역만을 의미한다고 할 경우 이는 방송제공물의 전달에 기여하는 영역만을, 즉 오로지 송출기술만을 의미한다고 볼 수 있다.

대중의사소통의 수단으로서 방송은 신문과 영화의 인접영역에 속한다. 기본법 제5조 1항 2문은 이 세 가지 대중매체수단을 모두 하나의 문장에서 언급하고 있다. 연방의 입법권한은 명문으로 오로지 신문과 영화의 일반적인 법률관계에만 미친다고 규정되어 있다(기본법 제75조 2호). 방송은 기본법 제75조 2호에 언급되어 있지 않다. 기본법 조항의 상호연관성을 존중하여 해석하면 결코 "연방이 신문과 영화의 일반적인 법률관계에 대해서는 단지 기본틀에 관한 규정만을 정립해도 된다고 하지만, 반면에 방송에 대해서는 그 전체에 대한 배타적 입법권을 연방이 가졌다"고 인정할 수는 없게 된다.

b) 기본법은 연방과 각 주의 입법권한을 정할 때 주의 권한이라는 원칙에서 출발한다(BVerfGE 10, 89〔101〕). 연방은 단지, 기본법이 연방에 입법권한을 부여하는 한도 안에서만, 이를 보유할 뿐이다(기본법 제70조 1항). 따라서 일반적으로 연방의 입법권한은 오직 기본법에서 명백하게 부여해준 때에만 근거를 얻을 수 있다. 연방의 관할권한에 대해 의심스러운 경우, 연방의 권한에 유리한 방향으로 추정해서는 안 된다. 나아가 기본법의 체계적 구조에 따르면 오히려 기본법 제73조 이하 여러 조항에 대해서는 엄격하게 해석할 것을 요구한다.

(원문 S. 229 — 역주)

방송은 또한 문화적 현상이라는 사실도 첨가된다. 문화적인 사안에 관해 국가가 관리하고 규율할 수 있다고 할지라도(BVerfGE 10, 20〔36f.〕 참조), 이들에 관해 기본법이 내린 근본적인 결정에 따르면(기본법 제30조, 제70조 이하 및 제83조 이하), 이들은 기본법이 특별규정을 두어 연방에 유리하게 한정하거나 예외를 둔 경우가 아니라면 각 주의 영역에 속한다(BVerfGE 6, 309〔354〕 참조). 특히 효과적인 권력분립이라는 관점에서 연방적 국가구조를 위한 판단인 이 같은 헌법의 근본적인 결정은 바로 문화적 사안의 영역에서야말로 명확하게 기본법이 예외규정을 두는 경우가 아니라면 연방이 관할권한을 가진다고 인정하는 것을 금지한다. 그런데 문제의 사안에서는 바로 이 같은 예외규정을 두고 있지 않다.

c) 기본법 제87조 1항이 규정한 바에 따르면 연방체신청은 연방의 독자적 행정으로 운영된다. 이로부터 연방의 입법권한의 범위에 대한 결론을 도출할 수는 없다. 이렇게 보는 것이, 연방의 입법권한이 그 행정권한보다 범위가 더 넓다는 독일헌법의 기본원칙에 부합한다(Scheuner, *Gutachten*, S. 48 참조). 기본법의 체계구조에 따르면 연방의 입법권한은 연방의 행정권한에 대한 극단적인 경계선을 표시하는 것이다(Krüger, *Der Rundfunk im Verfassungs-*

gefüge und in der Verwaltungsordnung von Bund und Ländern, 1960, S. 78과 Zeidler, DVBl. 1960, 573〔579〕참조). 다시 말하자면 이는 연방의 행정권한이 연방의 입법권한을 따른다는 것을 뜻할 뿐이며, 반대로 입법권한이 행정권한을 따른다는 뜻은 결코 아니다. 따라서 기본법 제87조 1항에 따라 외관상 연방체신청의 권한이라고 할지라도 여기에서 추론하여 연방의 입법권한에 대한 범위를 도출할 수는 없는 것이다. 그밖에도 기본법 제73조 7호의 "우편 및 통신"과 기본법 제87조 1항의 "연방체신청"은 동일한 사안영역을 의미한다. 연방체신청이라는 사안영역의 범위는 "우편과 통신"을 어떻게 이해하는가에서 드러난다.

(원문 S. 230 – 역주)

방송을 "연방체신청"의 관할사항으로 보는 것도 또한 옳지 않다. 연방정부는 방송에 대한 사항을, 일단 기술적인 문제를 제외한다면, 우편과 통신을 담당하는 연방체신청이 아니라 연방내무부로 하여금 주도적으로 취급하게 하고 있다. 이로부터 연방정부는 스스로 방송이 통신의 사안이 아니라는 점을 인정하고 있는 것이다(1953년 7월 24일자 우편행정에 관한 법률 제1조 – 연방법률공보 I, S. 676 참조).

4. 공공의 이익은 단지 연방에 의해서만 효과적으로 수행될 수 있는 무선교류의 질서를 요구한다. 이는 또한 방송에도 마찬가지다. 송출기의 주파수 대역 분배 및 획정, 무선기술적 관점에서 송출기의 소재지와 출력강도의 규정, 이른바 유선기술, 무선교류의 감독, 광역 및 지역 장애로부터 무선교류의 보호, 그리고 국제적인 합의사항의 시행에 대해서는 무선교류에서 혼선이 야기되지 않으려면 사안상 오직 통일적으로만 규율할 수 있을 뿐이기 때문이다.

기본법 제73조 7호가 기여하려는 목적은 이런 사항과 이와 비슷한 사항에 대해서 없어서는 안 될 통일적인 규율이 가능하게 길을 열어두자는 것이었다. 그렇다고 해서 이 목적으로 말미암아 무선기술 특히 송출기술적인 문제의 범위를 넘어, 단지 연방이라는 이유로 방송물의 송출을 법적 규범화에 종속시킬 것을 요구하는 것은 결코 아니다. 그러므로 기본법 제73조 7호의 목적에서 보아도 방송의 경우 송출기술적 사항에만 제한시키라는 결론이 나온다.

5. 통신이라는 표현을 역사적으로 해석해도 다른 결론에 이르지 않는다. 바이마르연방체신청의, 행정실무적으로 바이마르연방의 관청들이 1926년부터 1933년초의 기간에 방송사의 조직과 방송물의 편성에 대해 결코 적지 않은 영향력을 행사한 것은 사실이다(Bausch aaO, S. 11ff.의 설명; Pohle aaO, S. 27ff. 참조).

(원문 S. 231 – 역주)

하지만 기본법 제73조 7호에서 뜻하는 통신이 방송 전체를 포괄한다는 결론을 내릴 수는 없다.

a) 1933년까지의 시기에는 방송에 대해 법률로 규율한 바 없다. 1924년 3월 8일자 무선교류 보호에 관한 명령(바이마르연방법률공보 I, S. 273)은 – 무선명령 – 물론이고, 1927년 12월 3일자 "통신시설에 관한 법률"이라는 명칭하에 전신법의 개정을 공표한 전신법 개정법(바이마르연방법률공보 I, S. 331)에도 방송이라는 단어는 등장하지 않았다. 이 개정법률에 관한 이유설명서(RT III/1924 Drucks. Nr. 3682)에서도 단지 방송수신시설을 설치하고 운영하는 것에 대하여 수수료를 징수한다는 맥락에서만 방송을 언급하고 있다. 전신법률을 개정하는 목적은 이 이유서의 설명에 따르면 전파기술이 발전한다는 점을 감안하여 국가적 전파고권을 확정해야 한다는 것이었다(aaO, S. 5). 이 법률은 바이마르연방의회에서 모두 3차에 걸친 협의의 과정을 거치면서 전혀 토론 없이 인정되었다(RT III/1924, Verhandlungen Bd. 394 S. 11719 und 11732; Stenographischer Bericht über die 346. Sitzung am 24. November 1927).

통신시설에 관한 법률의 조문을 아무런 편견 없이 해석할 경우 무선기술적인 문제를 규율하는 것으로 제한되고 있다. 즉 이것이 방송 전체가 바이마르연방 헌법 제6조 7호와 제88조 1항에서 의미하는 우편과 전신에 귀속된다는 지침이 될 수는 없다. 이 법률초안에 대한 제안설명서에서도 사정은 마찬가지다. 1919년 바이마르연방 헌법에 대한 여러 주석서에도 마찬가지로 방송을 제6조 7호에서도 그리고 제88조 1항에서도 우편과 전신에 포함시키기는커녕 방송이라는 낱말 자체가 언급조차 되지 않았다.

b) 따라서 연방정부가 통신이라는 개념을 "역사적으로 틀을 잡아왔다"고 주장하더라도, 이것은 입법과 관련해서가 아니라 오로지 1933년에 이르

연방헌법재판소 제1차 방송판결: BVerfGE 12, 205ff.

는 시기까지 바이마르연방체신청과 바이마르연방내무성의 행정실무의 관행에만 관련시킬 수 있을 뿐이다. 연방정부는 특히 통신에 대해 규율할 권한이 기본법 제5조의 주요 원칙을 법률로 규범화할 권한도 포함한다는 자신의 견해에 대한 근거로 끌어들이고 있다.

(원문 S. 232 - 역주)

어떤 수단을 바이마르연방뿐만 아니라 각 주도 방송물의 송출에 영향력을 행사하기 위해 쓸 수 있다면, 그것은 무엇보다 1926년 이래로 익숙해진, 일정한 조건과 결합한 조건결합형 "인허"로서 오락방송의 목적으로 바이마르연방체신청의 무선송출시설을 사용하겠다는 내용인데(조건), 여기에 뉴스와 평론 따위의 방송물에 대해서는 지침을(지침), 그리고 감독위원회와 자문회에 대해서는 일정한 규정을(규정) 부가시켰던 것이다.

방송물의 송출에 대한 바이마르연방과 각 주의 영향력 행사가 "정치적으로 당파에 얽매이지 않게," "방송회사 조직이 중립적으로 이루어지게" 그리고 방송영역에서도 자유로운 의사표현의 권리(바이마르연방 헌법 제118조)를 확실히 보장하는 데 기여했다고 하지만, 이는 제한적으로만 옳을 뿐이다. 이에 대한 근거로 단지 지침의 1호만 인용할 수도 있는데, 그 규정내용을 보면, "방송은 어떤 정당에도 봉사하지 않는다. 따라서 방송의 뉴스나 평론 내용은 모두 엄격하게 초당파적으로 편성되어야 한다"(이와 비슷한 것으로 1926년 자문평의회에 대한 규정 10호와 1932년 방송에 대해 새로이 규율하는 데 대한 주요 지침 제1c호, 이들은 Pohle, aaO, S. 124ff.에 실려 있다). 이것은 규정에 지나지 않았다. 그밖에는 오히려 조건이라는 수단을 활용하여 검열에 가까운 국가의 영향력 행사와 감독이라는 체제가 실현되었다.

방송물회사, 즉 프로그램회사는 정치적인 뉴스의 경우 "보도담당부서," 즉 "서적과 신문을 위한 무선용역회사"로부터 취득한 것만을 전파할 수 있었는데, 이 회사 주식의 51%를 바이마르연방이 장악하고 있었던 것이다(지침 2호). 비정치적이며 지역적인 뉴스는 다른 부서에서 확보할 수 있었다. 보도담당부서나 관할권한을 지닌 해당 주정부가 "의무부담-뉴스"라고 표시한 뉴스는 지체 없이, 축약 없이 그리고 변경 없이 전파되어야 했으며, "의무부담-평론"도 마찬가지였다(지침 3호, 5호 및 7호). 보도담당부서로부터 중개받은 뉴스와 평론을 전파했는지 그 "이행" 여부에 대하여 이들 회사는 지속적으로 통보해야 했다(지침 8호).

(원문 S. 233 - 역주)

뉴스와 평론에 대한 감독위원회는 통상 바이마르연방의 대표자 1명과 관할권한이 있는 주정부의 대표자 2명으로 구성되며, "방송물 즉 프로그램 편성과 관련된 정치적 문제에 대하여 결정해야 할 문제라면 어떤 것에든" 개입했다(조건부관 제3조 1항). 방송물회사 곧 프로그램회사들은 "프로그램 편성의 정치적 문제라면 감독위원회에 연락한 뒤 결정을 기다려야 할" 의무를 진다(위원회에 대한 규정 3호). 방송물은 감독위원회 위원에게 지속적으로 제출해야 하며, 방송물을 상당한 정도 변경할 때에도 반드시 위원에게 통지해야 한다. 결국 이 위원회는 예술, 학문, 대중교육 문제를 제외한 방송물의 어떤 부분에 관해서든 이의를 제기할 권리를 보유하였다(규정 5호와 6호). 자문평의회도 이와 비슷한 권한을 보유하는데, 그 구성원은 관할권한이 있는 주정부가 방송물 곧 프로그램회사로부터 청문한 뒤 바이마르연방내무성의 동의를 받아 임명한다. 자문평의회 위원은 "예술, 학문, 대중교육 분야에서 방송제공물과 관련하여 방송물 편성 곧 프로그램 편성에 공동협력한다는 임무를 이행케 할 목적으로" 임명한다(조건부관 제3조 2항). 자문평의회 위원 역시 방송물, 곧 프로그램에 대해 이의를 제기할 권리를 보유한다(자문평의회 규정 7호).

감독위원회와 자문평의회는 1927년에 벌써 "검열기관"이라고 불렀다(Dencker, *Handwörterbuch der Rechtswissenschaft*, Bd. 2, 1927, S. 547〔550f.〕). 이와 같은 행정실무 관행이 바이마르연방 헌법 제118조에 의해 보호받는 자유로운 의사표현의 권리와 합치하는지에 대한 의문이 일어났다. 헨첼(HdbDStR II, 651〔668〕[15]))은 감독위원회의 검열활동을 바이마르연방 헌법 제118조와 합치한다고 보았는데, 그 이유는 그의 견해에 따르면 방송시설의 운영은 전혀 고권적인 분야가 아니며 오히려 국고적, 다시 말해서 영리를 목적으로 삼는 우편행정의 분야라는 것이다.

(원문 S. 234 - 역주)

그의 견해에 따르면 방송운영이 국가적 고권의 대외적 행사라고 보일 경우라면, 이때 방송검열은 "의심할 여지 없이 위헌"이 될 것이다(aaO, S. 668

---

[15] HdbDStR=Handbuch des Deutschen Staatsrechts - 역주.

Anm. 38). 그러나 그 당시에도 오늘날과 마찬가지로 의심의 여지가 없는 사실은 바이마르연방체신청과 방송물회사, 곧 프로그램회사 사이에 맺은 법적 관계가 1926년부터는 공법적인 종류의 것이었다는 점이다.

참조: 바이마르연방의회의 의결에 대한 바이마르연방 내무부장관의 1926년 12월 2일자 서면응답, RT III/1924 Drucks. Nr. 2776; Neugebauer, *Archiv für Post und Telegraphie 53*, 1925, S. 46(47); derselbe, *Fernmelderecht mit Rundfunkrecht*, 3. Aufl. 1929, S. 699f.; derselbe, *Archiv für Funkrecht* 3, 1930, S. 155(166 und 203) sowie S. 627(628); Bredow aaO, S. 20; Freund, *Der deutsche Rundfunk*, 1933, S. 54; Schuster, *Archiv für das Post- und Fernmedewesen 1*, 1949, S. 309(314); Lüders, *Die Zuständigkeit zur Runfunkgesetzgebung*, 1953, S. 12f.; Peters, *Die Zuständigkeit des Bundes im Runfunkwesen*, 1954, S. 6f.; Steinmetz, *Bundespost und Rundfunk*, 1959, S. 11ff.

여기서 이와 같이 공법적인 관계라고 볼 근거를, 무선시설의 **공동운영**에 대하여 부담(조건)과 결합해서 주어진 "인허" 또는 "특권"(1924년자 전파명령 제1조, 통신법률 제2조)에서 찾아야 하는지 여부,

이런 견해로는 바이마르연방 내무부장관, 노이게바우어, 브레도프, 프로인트, 슈스터 각각 위에서 인용한 곳; 또한 조건 제4조 3항 참조.

또는 단지 무선시설의 **이용**만을 규율하는 공법적 관계를 다른 종류의 것이라고 인정해야 하는지 여부(이와 같은 견해로는 뎅커, 페터스, 슈타인메츠의 각각 인용한 곳)의 문제는 이 맥락에서 전혀 중요치 않다.

바이마르연방체신청과 바이마르연방 내무부의 행정실무 관행이 바이마르연방 헌법 제118조와 합치했는지 또는 합치하지 않는지와는 무관하게 조건의 힘을 빌려 실현한 "방송 제공물에 대한 관청의 영향력 보장"(Bredow aaO, S. 20)을 종합적으로 평가한다고 해도 방송의 영역에서 검열금지까지를 포함하여 자유로운 의사표현에 대한 기본권을 보장하려는 목적의 것이었지만, 어쨌거나 이런 영향력이 이 목적에 이바지하였다고 확정할 수는 없다. 나아가 바이마르연방이 바이마르연방 방송사를 통해 개별적인 방송물회사에 대해 창출하려고 했던 바로 그 개입효력가능성에 대해서도 마찬가지로 평가할 수 있다(Bredow aaO, S. 41f. 참조).

(원문 S. 235 – 역주)

방송에 대한 정당정책적 중립성이 어느 정도 실현되었다고 할지라도 이와 같은 평가는 본질적으로 달라지지 않는다. 방송 분야에 대한 기본권 제5조의 주요 기본원칙을 법률로써 규범화할 수 있다는 가능성 역시 통신을 규율할 권한범위에 근거하여 연방에 부여되었다고 연방정부가 주장한다면, 이때 연방정부는 1933년까지 이루어진 행정실무의 관행을 논거로 들고 있는 셈인데, 이는 결코 옳은 견해가 아니다.

방송과 관련된 바이마르연방체신청과 바이마르연방 내무부의 행정실무 관행이 합헌인지 여부는, 또한 다른 측면에서 논란이 되고 있다. 1925/26년의 방송질서 재편과 마찬가지로 1932년 여름의 개혁은 모두 바이마르연방 상원과 그 위원회에서 바이마르연방과 각 주 사이에서 장기간에 걸쳐 이루어진 협상의 결과였다(Bausch aaO, S. 40ff. und S. 91ff. 참조). 각 주는 이 협상에서 방송 전체에 대한 질서를 확립할 만한 범위의 권한이 바이마르연방에 주어진 것인지에 대해 다투었던 것이다. 각 주는 특히 바이마르연방체신청이 아니라 프로그램 편성에 대한 정치적 영향력을 행사하려는 바이마르연방 내무부장관의 시도에 대해 반대했던 것이다. 그러나 바이마르연방과 각 주 사이의 견해차이에 관해서는 타결되지 못하고, 절충안에 합의하는 데 그쳤다. 그에 따라 각 주는 방송물의 송출에 대해서 적지 않은 영향력을 인정받게 되었다. 그런데도 각 주는 1926년에도 그리고 1932년에도 바이마르연방이 요구하고 나선 포괄적인 권한을 문제시하면서, 경찰과 문화에 관한 고권을 기초로 방송에 관해서도 스스로 규제할 권리가 있다는 점을 강조했다(Bausch aaO, S. 55, 102f. und 199f. 참조). 바이마르연방과 각 주 사이에 이와 같이 원칙적인 견해의 차이가 존재한다는 점을 감안한다면, 바이마르연방의 권한범위에 관한 의미의 "헌법의 관습법적 보완"이라는 (이런 견해로, Scheuner, *Gutachten*, S. 47) 논점에 대해서는 논의의 여지조차 있을 수 없다는 것이다.

마지막으로 "방송에 대한 관청의 영향력"(Bredow aaO)은 바이마르연방체신청장이 아니라, 바이마르연방 내무부와 각 주의 정부로부터 발생했다는 사실에 유의해야 한다.

연방헌법재판소 제1차 방송판결: BVerfGE 12, 205ff.

(원문 S. 236 - 역주)

1933년을 전후해 "바이마르연방체신청은 방송물, 곧 프로그램 측면에서는 전혀 관여한 바 없으며, 오히려 자신의 관여범위를 오직… (방송의) 기술적 측면에 스스로 제한시켰"던 것이라고, 슈스터(Schuster aaO, S. 320)는 특히 강조했는데, 이는 맞는 말이다. "방송법"이 방송의 기술적 측면만을 규제한다는 바로 그 범위에 한해서만, 방송법이 통신법에 귀속되었다는 점도 이와 부합한다(Krause, *Die Zuständigkeit zur Ordnung des Rundfunkwesens in der Bundesrepublik Deutschland*, 1960, S. 80ff. 참조. 특히 거기서 인용하고 있는 바이마르연방체신청의 국장 노이게바우어 박사의 발언내용).

1933년까지 바이마르연방체신청, 바이마르연방 내무부, 각 주정부의 행정실무관행에 따르면, 방송 전체를 하나로 포괄하는 통신이라는 법개념의 틀을 짰으며, 이를 기본법제정자 곧 헌법제정자가 수용할 수 있었다고 주장하지만, 전체적으로 보아 이를 인정할 수는 없다.

c) 1933년부터 1945년까지의 기간은 고려대상에서 제외된다. 1945년부터 1949년의 기간에 이루어졌던 방송의 발전은 방송 전체를 포괄하는 통신이라는 개념을 공고화하는 쪽으로는 기여할 일말의 여지도 없었다.

d) 기본법 제73조 7호의 생성역사를 보더라도 통신이 방송을 포괄하지 않는다는 점을 입증해준다. 헌법제정평의회의 논의에서 분명히 인지할 수 있는 사실은 한편으로 헤렌킴제 제헌회의에서 나온 제안에 반해서(Bericht, *Darstellender Teil*, S. 32) 방송의 기술적인 측면은 통신에 귀속되었다는 점이요, 다른 한편으로 "문화적 측면," 그러니까 방송물의 내용은 각 주의 관할사항이 되어야 한다는 점이었다. 통신에 방송 전체의 조직도 속하는지 여부의 문제는 미해결상태로 남겨 두었으며, 송출기술과정의 조직과 방송물송출의 조직에 대한 구별도 이루어지지 않았다. 당시 자료들로부터는 이 문제에 대한 근접한 해결책을 찾아낼 수가 없다.

(원문 S. 237 - 역주)

참조: 생성역사에 대해서는, JöR 1(1951) S. 476ff., sowie ParlRat, Ausschuß für Zuständigkeitsabgrenzung, Wortprotokoll über die 2. Sitzung am 22. September 1948, SS. 4-8, 44-52; Wortprotokoll über die 8. Sitzung am 6. Oktober 1948, SS. 30-33; Wortprotokoll über die 12. Sitzung am 14. Oktober 1948, SS. 37-40; Verhandlungen des Hauptausschusses, 29. Sitzung am 5. Januar 1949, S. 351f.

헌법제정평의회가 "문화적 측면"을, 그러니까 방송물, 곧 프로그램을 통신에 포함시키지 않고 오히려 각 주의 관할사항으로 보았다고 한다면, 헌법제정평의회는 통신이 방송 전체를 포괄한다는 그런 통신개념을 기본법에 수용하였다고는 볼 수 없다. 기본법 제5조에 의해 요청되고 허용되는 법률 규율 사항은 주로 방송물의 내용, 즉─헌법제정평의회의 용어를 빌면─방송의 "문화적 측면"이다. 헌법제정평의회가 확고하게 의도한 바에 의하면 이와 같은 규율은 결코 통신에 귀속시킬 수 없는 것이다.

6. 그러므로 기본법 제73조 7호에 따라 통신에 대해 규율할 권한은 송출기술적인 사항에 국한된다.
 a) 또한 사안의 연관관계라는 기준의 힘을 빌리더라도 방송에 대해서는 그 범위를 넘는 입법권한을 연방에 부여한 바(BVerfGE 3, 407〔421〕; 8, 143〔149〕 참조) 없다. 스튜디오 기술에 관해서는 물론이고 또한 방송물송출과 관련된 문제에 관해서도 이들에 대하여─가능하며 요청되는 범위 안에서─규율한다는 것이 방송의 송출기술적 사항을 규율하는 데 필수적 전제조건이라고 볼 수 없다(BVerfGE 3, 407〔421〕 참조). 송출기술과 방송물의 송출은 상호 구분되며, 그에 따라 각각 별도로 규율되어야 할 사안영역이다. 바로 이런 점에서 "방송"은 단지 연방이라는 이유에서 통일적으로 규율되어야만 의미를 가지는 전체(全體)가 결코 아니다.
 b) 기본법 제73조 7호에 따라 연방이 방송의 사항을 규율할 수 있다면, 연방은 또한 방송의 "조직"을 법률로 규범화할 수 있다.

(원문 S. 238 ─ 역주)

그러므로 연방은 방송송출기술시설의 조직에(그 이행주체에) 관한 규율을 정립할 권한을 갖는다. 이에 대한 연방의 입법권한이 직접적으로 기본법 제73조 7호에서 도출되는 것인지, 아니면 사안의 연관관계라는 기준에 따라 동 조항에서 도출가능한 것인지, 아니면─행정이 문제가 되는 한─기본법 제83조 이하 여러 조항에서 도출될 수 있는 것인지에 대해서는 단언할 수 없다. 그러므로 연방은 예컨대 법률에 의해 권리능력이 있는 공법상 영조물을 설립하고, 이 영조물로 하여금 방송부문과 관련해 연방의 독자적인 시설을 건립하고 송출기술적 측면에서 운영하는 일 따위를 인수하게 할 수 있을 것이다

연방헌법재판소 제1차 방송판결: BVerfGE 12, 205ff.

(기본법 제87조 3항).

　연방이 이런 공법상제도에 대해 조직에 관한 규정을 정립할 수 있지만, 그 범위는 오직 송출시설을 설립하여 기술적으로 운영한다는 범위에 국한된다 (그러나 아래 III 2[16])과 E I 5 참조).[17] 방송과 방송사에 대한 조직 분야의 규율은 주-입법기관의 관할사항이다. 그와 같은 규율내용은 - 이미 기본법 제5조로 말미암아 - 송출시설을 설치하고 기술적으로 운영하는 조직에 관한 규정들보다는 훨씬 더 중요하다. 방송물의 송출과 송출시설의 운영을 하나로 통합하는 공법상 제도가 되어야 하고 이 제도의 조직에 관한 종류의 법조항을 정립해야 할 경우라면, 사안의 연관성을 따져볼 때 송출기술적 사항에 대한 권한은 주 입법기관에 귀속된다.

　c) 송출기술적 사항이라는 영역을 넘어서면 방송의 그밖의 사항에 관해 규율할 권한을 기본법 제73조 7호에 따라 연방에 부여한 바 없다. 이는 통신시설에 관한 법률 제2조에 따라 무선시설의 설치 및 운영에 관한 "특권부여"와 이와 같은 시설의 이용에 관한 조약은 기본법 제1조 3항과 관련된 제5조를 보전하기 위해서 방송물송출의 조직과 방송물의 내용이라는 면에서 부가될 부담(조건)과 반드시 결합시켜야 하기 때문이다(방송에 관한 법률의 정부초안 이유서, BT III/1957 Drucks. 1434 참조).

(원문 S. 239 - 역주)

　방송과 관련한 통신에 대한 권한이 송출기술적인 사항이라는 범위로 제한된다면, 이와 같이 인허를 부여하거나 협정을 체결할 때 연방체신청은 오로지 송출기술적 측면만을 고려해야 하는 것이다(아래 E I 4 참조).[18] "부담"이 이 영역을 벗어나면 이는 허용되지 않을 것이다.

　7. a) 통신에 대한 연방의 입법권한은 방송목적의 무선시설을 설치하고 운영하는 배타적 권리를 연방에 유보하는 규율도 허용한다. 1928년 통신시설에 관한 법률에 규정되어 있던 바이마르연방의 무선전권(無線全權)은 전신전권과 더 나아가 결국 우편전권에서 그 유래를 찾을 수 있다.

---

16) S. 241f.
17) S. 250f.
18) S. 248ff.

참조: 1892년 4월 6일자 독일제국의 전신 일체에 관한 법률 제1조(RGBl. S. 467)와 1908년 3월 7일자 이에 관한 개정법률(RGBl. S. 79), 그리고 1924년 전파명령; 그밖의 것에 관해서는 Krüger aaO, S. 5ff..

이런 면에서 보면 기본법은 전통적으로 물려받은 연방의 권한에 관하여 아무런 변경도 가하지 않고 있다. 따라서 통신시설에 관한 법률 제1조는, 여기에서 관련되는 부분에 대해 규율한다는 범위 안에서는, 연방법인 것이다.

기본법 제5조는 이에 모순되지 않는다. 왜냐하면 방송사가 반드시 송출기술적 시설에 대해서도 처분권을 누려야 하며, 이러한 시설을 스스로 운영할 가능성을 또한 보유해야 한다고 - 청구인의 견해와는 달리 - 기본법 제5조가 요구하는 것은 아니기 때문이다(아래 E III 참조).[19]

b) 그러나 연방친화적으로 행위해야 한다는 원칙을 연방은 반드시 존중해야 한다(BVerfGE 4, 115〔140〕; 6, 309〔361f.〕; 8, 122〔138ff.〕그리고 아래 E II 참조).[20] 만약 연방이 자신의 무선전권을 근거로 오늘날 통신에 관하여 규율할 권한을 행사하면서 급기야 범위를 넓혀 기존의 공법상 방송영조물이 자신의 소유물로서 스스로 운영해왔던 송출시설에 관한 처분권한을 박탈하는 데까지 나간다면, 이는 연방친화적으로 행위해야 한다는 원칙을 침해하게 될 것이다.

(원문 S. 240 - 역주)

만약 연방이 법률로 이들 방송영조물로부터 이들이 사용하는 주파수대역을 박탈할 경우 현재 또는 향후 처분 가능한 주파수대역을 배분할 때 방송사에 대하여 주법률로 규율한 기준에 따라 이들 영조물에 대해 적절히 배려하지 않았을 경우 역시 연방친화적으로 행위해야 한다는 원칙을 침해한 것이다.

8. 그러므로 기본법 제73조 7호에 따르면 방송송출시설의 설립과 운영에 관하여 규율할 권한을 연방이 부여받고 있다. 각 주간의 국가조약 제3조 1항이 이와 같은 송출시설을 설립하고 운영할 수 있는 배타적 권리를 북독일방송에 유보해주는 한, 동 조항은 배타적인 연방의 입법권한이라는 영역에 속

---

19) S. 259ff.
20) S. 254ff.

연방헌법재판소 제1차 방송판결: BVerfGE 12, 205ff.

한다. 그 범위 안에서 국가조약 제3조 1항은 기본법 제77조와 관련한 제73조 7호에 합치되지 않으며, 이에 따라 무효이다. 국가조약 제3조 1항이 북독일방송에 방송물을 송출하는 배타적 권리를 유보해주었다는 범위 안에서, 이는 기본법 제73조 7호와 합치한다.

국가조약 제3조 1항은 오직 송출시설의 설립 및 운영 그리고 방송송출에 관해서만 규율할 뿐이지, 이를 수신하는 것에 대해서는 규율하지 않는다. 그러므로 방송수신시설 및 이와 같은 시설을 운영함에 대한 수수료에 관한 규율을 연방이 정립할 수 있는지의 여부와 어느 범위까지 정립할 수 있는지, 그리고 이 수수료가 어떤 법적 성질을 갖는지의 문제에 대해서는 여기서 판단하지 않기로 한다.

III.

북독일방송에 방송물의 송출에 대한 배타적 권한을 양여했다고 할지라도 이는 기본법 제73조 7호 이외의 다른 기본법 조항에서 생겨날 수도 있는, 방송에 관한 연방의 입법권한과 모순되지 않는다.

(원문 S. 241 – 역주)

1. 이와 같은 종류의 규정으로서, 예컨대 기본법 제21조 3항(정당법), 기본법 제73조 1호(주민에 대한 방어와 보호), 기본법 제73조 9호(저작권법), 기본법 제73조 10호(특히 국제적 범죄퇴치), 기본법 제74조 제21호(특히 영해, 연안 및 내수 선박운행, 수로, 기상 서비스), 기본법 제74조 제22호(도로교통)를 들 수 있다. 하지만 연방의 이런 권한은 단지 방송물, 곧 프로그램의 일부(특히 방송시간을 각 정당에 배분해준다든지, 특정 소식을 직접 보도한다는 등)만을, 또는 방송의 개별적인 법률문제(예컨대 저작권법에 관한 종류의 것)만을 규율하는 정도를 허용하는 데 그친다. 그밖에도 연방의 다른 권한은 사안의 연관관계라는 기준의 힘을 빌려, 예를 들면 국방, 관세, 연방범죄청의 관할사항과 같은 관할권한에서 도출할 수도 있다. 이들 연방의 권한은 어디를 살펴보아도 - 또한 종합적으로 보아도 - 방송물의 송출을 규율하기 위한 입법권한이 도출되지 않는다. 이들 권한은 북독일방송이 연방법률의 개별 규정들을 준수해야 할

의무가 있음에도 불구하고 주법률로 규정한 북독일방송의 배타적 독점을 침해하지 않는다. 이와 같은 연방의 입법권한에서 배타적 권한이 어느 정도에 이르는지, 그리고 경합적인 입법권한의 영역에서 연방이 자신의 권한을 어느 정도 활용했는지 따위와 같은 점에 대해서는 유의하지 않아도 된다.

2. 대외적인 사항이나 독일 전체 문제에 대한 연방의 관할권한은 방송물, 곧 프로그램의 부분적인 측면과 방송의 개별문제만을 규율할 수 있도록 허용하는지 여부, 또는 이런 관할권한이 더 넓은 영향을 미쳐 외국인과 독일연방공화국 이외의 독일영역에 사는 독일인을 대상으로 하는, 방송송출에 대하여 포괄적인 규율을 정립하도록 연방에 허용하는지 여부에 대해서는 판단하지 않고 나아갈 수 있다. 뿐만 아니라 대외적인 사항이나 전체 독일에 관한 문제에 대하여 연방이 관할권한을 보유한다는 이유로 연방이 법률로 방송물의 송출을 위한 연방관청 또는 공법상 영조물을 설립하고, 더 나아가 이 관청이나 영조물에 대하여 또한 법률로 주요 원칙을 규범으로 정립하되, 이 주요 원칙이 방송물의 송출과 방송물송출자에 대해 기본법 제5조로부터 도출되는 내용인지의 여부에 대해서도 판단하지 않고 나아갈 수 있다.

(원문 S. 242 – 역주)

왜냐하면 본 심리에서는 재판할 수 없는 연방의 이 같은 포괄적인 권한들은 전적으로 또는 주로 독일연방공화국의 외부에 있는, 곧 재외독일인 또는 외국인을 대상으로 하는 방송물의 송출과 방송사에 관계하는 것이기 때문이다.

북독일방송은 국가조약 제3조 1항에 의해, "일반인을 대상으로" 방송물의 송출에 대한 배타적 권리를 유보받은 것이다. 이때 일반인은 – 전적인 것은 아니라고 할지라도 일차적으로는 – 독일연방공화국의 "일반인"을 의미한다. 따라서 북독일방송에 양여된 독점권이라고 할지라도 특수하게 외국인 또는 독일연방공화국 외부의 독일인을 대상으로 하는 방송송출에 관하여 규율하도록 연방에 권한을 부여하는 권한범위의 획정에 모순을 일으키지 않는다.

3. 기본법 제5조로부터 연방은 어떤 관할권도 도출할 수 없다. 기본법 제5조는 권한규범이 아니라 방송물의 송출을 규율해야 할 자를 기속하는 것이다.

IV.

 연방은 – 연방정부의 견해와는 달리 – 사안의 성질상 대내적으로 지역을 뛰어넘어 국가를 대표해야 할 과업, 다시 말해서 독일연방공화국 국민을 대상으로 한 국가의 자기표현에 봉사하는 방송물의 송출에 대해서 이를 규율할 권한을 확보한 바 없다. 그와 마찬가지로 연방은 이에 상응할 행정권한도 부여받은 바 없다. 연방은 또한 기본법 제87조 3항에 따라 이와 같은 목적을 위해 법률로써 연방고등관청이나 공법상 영조물을 설립할 수 없다(아래 E I 6 참조).21)

(원문 S. 243 – 역주)

 따라서 연방의 배타적 입법권한에 관한 문제인지 여부, 그리고 국가조약 제3조 1항에서 규정된 북독일방송의 방송물의 송출에 관한 독점권이 연방의 이와 같은 권한에 합치하는지 여부에 대해서는 심사할 필요가 없다.

V.

 북독일방송의 방송물의 송출에 관한 배타적 권리는 또한 기본법 제5조와도 모순되지 않는다(아래 E III 참조).22)

VI.

 북독일방송에 관한 국가조약과 관련하여 함부르크 주의 법률은 국가조약 제3조 1항에 관한 한, 라디오방송과 텔레비전방송의 송출기술적 시설을 설립하고 운영할 배타적 권리를 북독일방송에 유보해주었다는 점에서만 기본법과 불합치하며, 따라서 그 범위에서 무효이다.

 그밖의 점에 관해서는 이 법률은 국가조약 제3조 1항에 관련되는 범위 안에서는 기본법에 합치한다.

---

21) 원문 S. 250ff – 역주.
22) S. 259ff.

E-I.

연방은 독일텔레비전유한회사(Deutschland-Ferensehen-GmbH)를 설립함으로써 기본법 제83조 이하의 여러 조항과 관련한 제30조에 위반했다. 방송물의 송출은 독일법의 발전상황에 비추어보면 공공의 과업이다. 국가가 이 과업을 어떤 형식으로든 구현할 경우 이는 일종의 "국가의 과업"이 되며, 이 과업의 수행은 기본법 제30조에 따르면, 기본법이 달리 특별한 규정을 두거나 허용한 경우가 아닌 한, 각 주의 관할사항이다. 기본법은 방송물의 송출에 대해서 연방에 대하여 유리하게 어떤 다른 규정을 정했거나 허용한 바 없다 (그러나 아래 5 참조).[23]

(원문 S. 244 – 역주)

1. a) 우리[24] 헌법질서의 연방국가적 구조에 대해 기초를 이루는 조항인 기본법 제30조에 어떤 국가활동이든 모두 포함되는지 여부에 관해서는 판단치 않고서도 논의를 펴나갈 수 있다. 어쨌거나 이 권한규범에 포함되는 국가의 행위라면 공공과업을 수행하는 데 기여하는 내용이어야 하며, 공법상의 수단이든 사법상의 수단이든 고려하지 않는다. 이와 다르게 해석할 경우, 특히 비간섭적 행정의 규모가 나날이 증가하는 추세에 있다는 점을 감안하면, 기본법 제30조의 의미와 부합하지 않을 것이다. 다른 해석은 또한 이 조항의 생성역사에도 모순될 것이다.

참조: JöR 1(1951) S. 295ff., 그리고 의원 라포레트 박사의 Abgeordnete Dr. Laforet 발언내용, Parl.Rat, Ausschuß für Zuständigkeitsabgrenzung, Wortprotokoll über die 5. Sitzung am 29. September 1948, S. 124, 127f., 135 und 145; 또한 Parl.Rat, Verhandlungen des Hauptausschussen, 48. Sitzung am 9. Februar 1949, S. 626.

b) 독일에서 방송물의 송출은 1926년 이래 전통적으로 공공행정의 과업에 속한다. 방송을 공공의 과업에 포함시키게 된 결정적인 이유는 "방송이 예전이나 지금이나 순위 제일의 대중매체이자 뉴스공급 주체"이며, "정치적

---

23) S. 250f.
24) 독일 – 역주.

공간에서 작용한다"는 사실에 있다(Hans Schneider, *Gutachten*, S. 8 참조). 방송제공물의 일부가 "공공의 과업과 전혀 내적 연관성"을 갖지 않는 "자유로운 개인의 활동"으로 규정될 수도 있다는 점(Scheuner, *Gutachten*, S. 21 참조)은 오래 전부터 국가와 방송 간의 관계를 살필 때 부차적인 역할을 했을 뿐이다. 넓은 의미에서 뉴스를 제공한다는(Hans Schneider aaO 참조) 점이야말로 방송물의 송출을 공공과업의 범주에 포함시켜야 할 계기이며, 정당화의 근거로서 방송이 태어났을 때부터 활용되어왔던 것이다.

바이마르연방헌법하에서 사법상 회사가 방송물송출을 주관하여 사업했다는 점도 이에 대해서 배치될 바 없다.

(원문 S. 245 – 역주)

이와 관련해 결정적으로 중요한 점은 방송물의 송출이 사경제적 활동의 사항이라는 견해가 아니라 오히려 무엇보다도 다음과 같은 사실, 곧 바이마르연방체신청이 인플레이션으로 말미암아 재원이 고갈되어 이와 같은 과업을 스스로 수행할 수 없었다는 것이다(Bredow aaO, S. 12 und 19; Bausch aaO, S. 19 참조). 그러나 바이마르연방체신청은 독자적인 재정지출 없이도 방송회사의 조직 안에서 과반수의 투표권을 확보하려고 노력을 기울였다. 1926년 그해 드디어 바이마르연방체신청은 이 목표를 달성할 수 있었다(위에 A I 2 b,[25] 그리고 Bredow aaO, S. 29f.; Pohle aaO, S. 39f. und 48f.; Bauch aaO, S. 31ff. und 58 참조). 1932년도 개혁으로 민간자본은 완전히 배제되었다. 바이마르연방방송회사와 아직도 민간의 수중에 남아 있던 지역의 방송물, 곧 프로그램회사에 대하여 모든 지분을 바이마르연방과 각 주가 인수하게 되었던 것이다(위에 A I 3[26] 그리고 Pohle aaO, S. 124ff.; Bausch aaO, S. 90ff. 참조).

이런 맥락에서 보면 바이마르연방이 이미 요구하여 행사한 관할권한이 과연 바이마르연방과 각 주 사이의 권한범위 배분에 합치하는지, 그리고 바이마르연방과 각 주가 **함께** 방송에 대해 휘두른 영향력(위에 D II 5를 보라)이[27] 자유로운 의사표현의 자유와 검열금지의 원칙(바이마르연방헌법 제118조)에 합치했는지의 여부는 전혀 중요하지 않다. 여기에서 중요한 것은, 다만

---

25) S. 209.
26) S. 209f.
27) S. 230ff.

이런 영향력의 행사가 방송물의 송출이 공공의 영역에 속하는 것임은 물론 공공과업의 영역에 속한다는 견해에서 나오는 효과라고 평가했던 것이다.

1933년부터 1945년까지의 기간은 여기에서 또한 반드시 제외시켜야 한다. 1945년 이후 방송이 공공과업이라는 견해는 훨씬 강력하게 떠오르는 듯이 보였는데, 이는 방송사로서 공법상 영조물이 속속 설립되었기 때문이다. 또한 1960년 11월 29일자 연방법률도 두 개의 공법상 영조물을 설립했고, 이 법률의 초안도 또한 제2텔레비전방송물, 곧 프로그램을 위해 그와 같은 영조물 1개를 규정해두었다.

(원문 S. 246 - 역주)

공법상 방송영조물이 이행하는 과업은 공행정의 영역에 속한다(BVerfGE 7, 99[104]).

c) 요약해보면 다음과 같은 점을 확인하게 된다. 독일에서 방송은 이미 공적인 시설제도가 되었으며, 공적인 책임을 맡고 있다. 만약 국가가 어떤 형태로든 방송에 관여하게 된다면, 국가는 이로써 공행정의 과업을 이행하는 것이 된다.

결론이 위와 같은 것으로 OVG Hamburg, Urteil vom 10. Juli 1956 III 11/56 - DVBl. 1957, 67(68); Ipsen, *Die Runfunkgebühr*, 2. Aufl. 1958, S. 40f.; Krause aaO, S. 106ff.; Krüger aaO, S. 16 und 78; Maunz, BayVwBl. 1957, 4(5); Quaritsch, JIR 8(1957/1958) S. 339(341f.); Weber, in: Der Rundfunk im poli- tischen und geistigen Raum des Volkes, S. 67, Ridder, *Kirche, Staat, Rundfunk*, 1958, S. 42f.; 이와 다른 견해로는, OLG München, Urteil vom 24. Oktober 1957 - 6 U 1010/57 - NJW 1958, 1298(1299f.); Apelt, *Festschrift für Nawiasky*, 1956, S. 375(381); Peters aaO, S. 33.

그러므로 연방정부의 견해와는 달리 방송물의 송출은 공행정의 과업으로서 연방과 각 주 사이의 권한한계를 설정함으로써(기본법 제30조) 파악되는데, 나아가 국가가 이 사건에서 그랬듯이 사법적 형식을 이용하는 경우에도 사정은 마찬가지다.

2. 연방정부는 사법상의 수단으로 공행정의 과업을 이행함으로써 법률의

시행이 문제될 경우, 이는 기본법 제30조에 의하여 파악된다는 견해를 갖고 있다. 독일텔레비전유한회사의 설립은 법률의 시행이 아니라고 하면서 그렇기 때문에 기본법 제30조가 개입하지 않는다고 한다.

그러나 기본법 제30조는 공적과업을 법률에 따라 곧 이에 부수하여 이행할 때는 물론이요, "법률로부터 자유롭게" 이행할 때에도 효력을 미친다. 이와 같은 결론은 기본법 제8장(기본법 제83조부터 제91조까지)에 대한 기본법 제30조의 관계로부터 불가피하게 도출되는 것이며, 또한 이 장에서는 연방행정에 관해서, 그것도 그 범위가 법률에서 자유로운 행정인 한도 안에서만, 규정한다는 점에서 도출되는 것이다.

기본법 제83조부터 제86조까지에서는 독일연방국가법의 독특한 고유성에 따라 연방법률의 정립과 시행에 관한 권한을 별개로 분리한다는 이유 때문에 연방법률의 시행에 관해서 다루고 있다.

(원문 S. 247 – 역주)

제8장의 제목에서 "연방법률의 시행"과 "연방행정"을 대치시켜놓은 것은 아무리 그에 규정된 각 조항이 단지 법률부수적인 행정만을 모아놓았다고 할지라도 전혀 이해할 수 없을 것이다. 기본법 제87조에서 제90조까지, 그리고 특히 제87조 1항에서 열거한 연방 고유행정의 사안영역에 대해서는 상당부분이 "법률에서 자유로운" 행정으로 이루어진다. 이는 대외적 업무, 연방철도 및 연방체신청에는 물론이고, 그에 못지않게 또한 연방고속도로, 연방도로 및 연방수로의 행정에도 또한 마찬가지다. 기본법 제87조 1항, 제89조, 제90조는 연방에 법률을 시행할 권한범위 이외에, 다시 연방 고유의 행정 하부구조를 조직하여 운영하는 따위로 유지할 권한에 국한하는 것은 아니다(특히 기본법 제89조 2항 2문과 제87b조 1항 2문 참조. 거기에서 연방행정의 과업에 관해서 더 자세하게 규정한다). 그리하여 기본법 제83조 이하 여러 조항에서는 또한 법률을 시행하는 것이 아닌 연방행정에 관해서도 규율하는 것이다.

위와 같은 견해로, Laforet, DÖV 1949, 221 ff.; Nawiasky, *Die Grundgedanken des Grundgesetzes*, 1950, S. 122; Peters, *Festgabe für Erich Kaufmann*, 1950, S. 281(290); Hans Schneider, *Gutachten*, S. 18f. und S. 36; 다른 견해로는 Köttgen, *JÖR 3*, 1954, S. 67(73, 78 und 80).

하지만 기본법 제8장이 법률로부터 자유로운 연방행정도 다루고 있다면, 그로부터 도출할 수 있는 결론은 - 이 점에 관해서 연방정부는 오해한 바 없다 - 기본법 제30조의 원칙은 또한 이와 같은 행정에도 유효하다는 것이다. 그러므로 독일 텔레비전유한회사의 설립은 비록 어떤 법률을 시행하여 이루어진 행위는 아니라고 할지라도 기본법 제30조에 따라 판단되어야 한다.

3. 연방정부는 기본법 제30조의 원칙이 - 원칙적으로 주의 관할사항이다 - 이 기본법 제8장에서는 오로지 기본법 제83조에서만 반복되고 있으며, 이곳에서도 단지 법률을 시행하는 행정에 대해서만 반복되고 있다는 견해를 보이고 있다. 바로 이 점을 근거로 주 우선의 원칙(기본법 제30조)이 법률로부터 자유로운 행정에는 효력을 미치지 않는다는 결론을 정당화한다. 이런 행정에 대해서 기본법 제8장은 일반적으로 기본법 제30조가 의미하는 "다른 규정"에 해당된다고 한다.

(원문 S. 248 - 역주)

그러나 기본법 제30조에 대한 기본법 제8장의 관계를 규명하면서 오로지 기본법 제83조만을 전제로 삼아 논의를 펴나갈 수는 없다. 기본법 제8장은 법률에 부수적인 연방행정뿐만 아니라 이미 위에서 살펴보았듯이, 법률에서 자유로운 연방행정도 규율하고 있다. 법률에서 자유로운 행정에 대해서도 또한 이 장은 개별적으로, 기본법 제30조에서 말하는 "다른 규정들"에 해당된다고 하는 것이다. 그러므로 기본법 제8장은 법률로부터 자유로운 행정에 대해서 일반적으로 "다른 규정"에 해당된다고 판단하는 것은 아니며, 그 결과 이런 행정이 기본법 제30조에 명문으로 확정한 각 주의 우선권에서 제외되는 것도 아니다.

4. a) 기본법 제73조 7호의 "우편과 통신"이라는 낱말과 기본법 제87조 1항의 "연방체신청"이라는 낱말은 동일한 사안영역을 표시한다(위 D II 3 c 참조).[28] 기본법 제73조 7호에 따르면 연방은 방송송출시설의 설립과 기술적 운영에 관해 규율할 수 있다(위 D II 2 참조.[29] 3, 4, 6, 7 und 8). 이에 부응하여 연방체신청은, 기본법 제87조 1항에 따르면, 이와 같은 시설을 스스로

---

28) S. 229f.
29) S. 226ff.

설립하고 운영할 수 있다. 그러므로 연방은 제2텔레비전 프로그램의 송출에 기여할 우편 고유의 송출시설을 설립한다고 해도(위 A III 1 참조)[30] 기본법 제83조 이하 여러 조항에 관련된 기본법 제30조에 위배한 바 없다.

b) 이에 반해서 방송물의 송출은 기본법 제73조 7호가 뜻하는 "우편 및 통신"에 속하는 것이 아니다(위 D II 참조).[31] 이에 대해서 기본법은 "연방체신청"을 연방 고유의 행정으로 취급한다는 제87조 1항을 통해서 기본법 제30조가 의미하는 "다른 규정"을 명문으로 구현한 것은 아니다. 그런 까닭에 독일텔레비전유한회사의 설립은, 직접적이거나 또는 사안의 연관성이라는 기준의 힘을 빌린다 하더라도(위 D II 6),[32] 기본법 제87조 1항에 의해 정당화하지 못한다.

c) 우편 및 통신을 규제한다는 권한범위에는 기본법 제5조에서 실체법 그리고 조직이라는 면에서 방송물의 송출과 방송사에 대해 요구하거나 허용하는 주요 원칙을 법률로 규범화할 권한이 포함되어 있지 않다(위 D II,[33] 특히 3,[34] 5 und 6, sowie D III 참조).[35]

(원문 S. 249 – 역주)

이로부터 추론한 바에 따르면, 연방은 통신시설에 관한 법률 제2조에 따른 인허부여와 연방(체신청)이 직접 보유한 방송시설의 사용에 대한 조약을 송출기술적 사항의 영역을 넘어서는 "부담"에 종속시켜서는 안 된다.

연방정부의 견해와는 달리 기본법 제1조 3항을 참조해 보아도 광범위한 행정권한을 연방에 귀속시킬 수는 없다. 이 조항은 기본법 제5조와 마찬가지로 결코 권한규범이 아니기 때문이다. 연방과 각 주는 기본법이 각각 구분해 준 관할권한을 좇아 기본권을 보전하는 임무를 맡는다. 방송자유의 보장은 각 주의 관할사항이다. 연방은 각 주가 기본법을 존중하지 않은 경우 기본법이 연방에 허용한 영향력을 행사할 가능성을 보유하는데, 연방은 그런 범위로 자신의 영향력 행사가 제한되는 것이다.

---

30) S. 212f.
31) S. 225ff.
32) S. 237ff.
33) S. 225ff.
34) S. 228ff.
35) S. 240ff.

독일방송헌법판례

d) 따라서 방송물의 송출에 관한 입법권한과 행정권한은 각 주에 부여된다. 방송물, 곧 프로그램의 송출에 필수적인 송출기술적 시설은 연방의 입법권한의 범위 아래 들어간다(그러나 위 D II 6[36]) und 7 참조). 연방은 기본법 제87조 1항에 따르면, 이에 상응하는 행정권한도 또한 보유하며, 특히 송출자에게 주파수대역을 배분하는 일을 관할사항으로 맡는다. 그러나 연방은 이와 같이 배분하거나 연방의 독자적 송출시설의 이용에 관한 조약을 체결하거나 오로지 송출기술적인 면에서만 실시해도 될 뿐이다. 그에 따라 필수적으로 연방과 각 주는 서로 협력해야 하며, 이를 위해서 연방친화적으로 행위해야 한다는 원칙이 반드시 양쪽에 결정적인 기준으로 작용해야 한다. 이는 이른바 "유선기술" 분야에도 마찬가지로 효력을 미친다.

연방친화적으로 행위해야 한다는 원칙(아래 II)[37] 참조)에 합치하지 않는 사례를 들자면, 연방이 기존의 방송영조물로부터 이들이 사용하고 있는 주파수대역을 박탈한 경우, 현재 또는 향후 처분할 수 있는 주파수대역을 배분할 때 방송물송출자에 대해 주법률이 규율한 바에 따라 이들 방송영조물에 적절히 배려하지 않은 경우이다.

(원문 S. 250 – 역주)

연방이 무선전권을 기초로 자신의 행정권한을 행사하면서 급기야 범위를 넓혀 기존의 공법상 방송영조물로부터 이들이 자신의 소유물로서 스스로 운영해왔던 송출시설에 관하여 처분권한을 박탈하는 데까지 나가는 경우, 이 또한 연방친화적으로 행위해야 한다는 원칙을 침해하게 될 것이다.

5. 독일텔레비전유한회사의 설립은 기본법이 동 기본법 제87조 1항에서 대외적 사안과 전체 독일의 문제에 대해 연방의 권한을 규정하거나 허용했다는 이유로 기본법 제30조와 제83조 이하 여러 조항과 합치하는 것은 아니다.

이러한 관점에서 연방에 방송물의 송출에 대한 행정권한을 어느 범위까지 부여해야 하는지의 문제에 대해서는 판단하지 않아도 될 것이다. 행정권한의 범위가 입법권한의 범위보다 더 넓지는 않을 것이다(위 D III 2 참조).[38] 따

---

36) S. 237ff. und 239f.
37) S. 254ff.
38) S. 241f.

연방헌법재판소 제1차 방송판결: BVerfGE 12, 205ff.

라서 연방의 행정권한은 기껏해야 전적으로 또는 주로 외국을 대상으로 하거나 재외 독일인을 대상으로 하는, 방송물의 송출을 담당하는 기관을 창립하는 경우 이를 정당화해줄 것이다. 독일텔레비전유한회사가 전적으로 또는 주로 이와 같은 목적에 봉사하는가 하는 점은 더 이상 규명할 필요가 없다.

6. a) 마지막으로 독일텔레비전유한회사의 설립에 대해서는, 기본법 제30조와 제83조 이하의 관점에서 방송물의 송출이 "지역초월적 사항"이라든지, 기본법은 대내적으로 국가의식을 확인하는 데에 기여하는 내용의 방송물송출에 대해서는 연방을 통해 허용해야 한다든지 따위의 주장으로써도 정당화할 수 없다. 연방은 사안의 성질상 이에 대해 어떤 행정권한도, 어떤 입법권한도 보유한 바 없다.

(원문 S. 251 - 역주)

b) 사안의 성질에서 나오는 권한범위의 근거를 살펴보면 "명문으로 나타나지는 않지만, 사물의 본질이 그렇다는 것으로써 근거를 이미 확보한, 그러므로 별도로 바이마르연방 헌법에서 명문으로 인정될 필요가 없다는 법원칙인데, 그에 따르면 어떤 사안영역은 그 성질에 따라 부분적으로 주 입법의 관할사항으로 맡길 수 없다고 선험적으로 떼어놓아 가장 특유한 바이마르연방의 사안에 속함이 드러나서 이에 대해서는 바이마르연방이, 그리고 오직 바이마르연방만이 규율할 수 있다"고 한다(Anschütz, HdbDStR I, 367; siehe BVerfGE 11, 89〔98f.〕 und 11, 6〔17〕). 이렇게 자연적인 연방권한의 인정을 위한 전제조건은 오늘날에도 여전히 유효하다. 사안의 성질에서 추론하여 결론을 끌어내자면, 이는 반드시 개념적으로 필연성을 가져야 하며, 그 사안에 적절한 다른 해결가능성이 전혀 없는 가운데 어떤 특정한 해결책을 어쩔 수 없이 채택할 정도로 강한 요구가 있어야 한다.

본 사건에는 해당사항이 없다.

c) 무선전파는 주 경계선에서 멈추지 않는다. 이러한 점에서 방송프로그램의 송출과 전파는 "초지역적"이라고 표현할 수 있는 효과를 발생시킨다. 하지만 이런 물리적인 "초지역성"은 자연적인 연방 관할사항의 근거로서 작용하기에 적합치 않다.

방송의 송출, 특히 텔레비전방송의 송출에는 상당한 재원의 출연이 요구된다. 따라서 현재 송출되는 제1텔레비전 프로그램은 절반 이상의 많은 부분이 공동프로그램으로서 각 방송영조물이 기여하는 것이다. 1개 텔레비전의 방송물, 곧 프로그램을 모두 생산하는 데 드는 비용이 워낙 커서 각개 방송영조물의 재정적인 한계를 넘어설 수도 있다. 이러한 점에서 재정적인 면에 한정된 방송송출의 "초지역성"을 거론할 수 있다. 그러나 지역적인 재원동원의 수준을 초과한다고 해서, 이로써 사안의 성질에 따라 연방이 관할권한을 보유하게 된다는 가정을 정당화할 수는 없다(Köttgen, "Die Kulturpflege und der Bund," in: *Staats und Verwaltungswissenschaftliche Beiträge*, 1957, S. 183〔191〕 참조).

자연적인 연방관할권은 다음과 같은 사실에서 도출할 수도 없다. 어떤 과업(예컨대 텔레비전 프로그램 송출)을 각 주가(개별 방송영조물이) 개별적으로 실행하는 것이 아니라, 여러 주가(여러 방송영조물이) 공동으로 또는 더욱 상세한 협정에 따라 실행한다.

(원문 S. 252 - 역주)

여러 주가(여러 방송영조물이) 공동으로 또는 협력하여 하나의 과업을 이행한다는 사실은 그렇게 공동작업을 하게 된 동기가 어떤 종류이든지 물을 필요도 없이 그것 자체로는 자연적인 연방관할권을 정당화할 근거가 되지 못한다. 각 주가 서로 합의했는지 여부, 연방이 여러 주 또는 각 주의 의사에 반해서도 역시 어떤 사항에 대하여 규율하고 행정할 수 있는지의 여부에 따라 연방국가의 경우 결정적으로 중요한 차이가 벌어진다.

d) 대내적으로 국가의식을 확인해야 할, 곧 독일연방공화국 주민 앞에서 국가를 스스로 그려보아야 할 필요성으로부터 방송물송출에 대한 자연적인 연방권한이 도출될 수는 없으며, 또한 "영속성을 보존하는 전통"의 보호라는 명령으로부터도 역시 마찬가지다. 물론 국가의 목적상 이와 같은 사안들을 촉진하는 것은 반드시 필요하다. 그러나 이 같은 사안들과 함께 좀더 상세한 규정에서 벗어난 것도 과업으로 지칭된다는 사실 또한 오해의 여지 없이 분명하게 드러난다. 대내적으로 국가의식을 고취하는 데 기여하도록 특정된 문화적 종류의 많은 기관들과 송출물이 있다. 특히 일반교육과 직업교육 전체가 "영속성을 보존하는 전통"을 보전하는 것으로 이해할 수 있다.

방송물을 송출하여 이런 과업을 지원한다고 해도, 이에 관해서 역시 기본

연방헌법재판소 제1차 방송판결: BVerfGE 12, 205ff.

법은 연방과 각 주의 관할사항에 한계를 두고 있다. 연방은 사안의 성질상 주들의 관할권에서 처음부터 벗어나며, 오직 연방에 의해서만 구현될 수 있는 연방의 독자적인 사안임이 드러나는 경우에 한해서만, 이와 같은 방송물의 송출에 대해 관할권한을 갖게 될 것이다. 그러나 여기에서는 이런 요건이 결여되어 있다. "대내적인 국가의식의 확인"이나 "영속성을 보존하는 전통의 보전"이라는 과업의 성질을 따져보면, 그로부터 개념상 필연적으로 연방이 방송을 송출하여 이 과업을 지원해야 한다고 할 만큼 강한 명령이 이루어진 다는 것이 추론되지는 않는다(BVerfGE 11, 89〔98f.〕 참조).

(원문 S. 253 – 역주)

기본법 제5조가 방송물의 내용에 대한 국가의 영향력 행사에 대해 엄격하게 제한을 가하고 있으며, 방송물의 "국가의식의 확인" 및 전통보존적 성격이 방송내용을 제외하고는 달성되기 어렵다는 점을 감안하면 더욱 그러하다.

e) 기본법 제135조 4항은, "연방에 통상수준을 넘는 중요한 이해"가 걸려 있는 경우 기본법 제135조 1항부터 3항까지 규율한 재산이전에서 벗어날 수 있도록 허용하고 있는데(BVerfGE 10, 20〔36ff.〕 참조), 이 조항 역시 연방정부의 견해를 지지하는 데 도움이 되지 않는다. 기본법 제135조 4항은 "특별권한"을 포함하고, 연방은 이 권한을 연방의 직접행정조직을 설치할 때 행사할 수 있으며, 이때 기본법 제87조 3항의 요건(연방의 입법관할 사항)에 기속되지 않는다(BVerfGE 10, 20〔45〕). 이 조항을 바탕으로 연방은 "국가를 대표할 만큼 중요한 것인데도 전쟁의 와중에서 참화를 입은 박물관이나 도서관을 이들이 각기 지닌 특정한 목적에 따라 조직상의 연관성을 복구하고, 본래 이들이 수행했던 독일 전체에 관한 과업을 지속적으로 유지시킬" 그 가능성을 열어갈 수 있어야 한다"(BVerfGE 10, 20〔47〕). 오직 기본법 제135조 4항에서 그에 부여된 권한을 기초로 해서만 연방입법자는 "프로이센 문화유산"재단으로 하여금(Gesetz vom 25. Juli 1957, BGBl. I S. 841) 프로이센 문화유산을 장차 관리하도록 위탁할 수 있었던 것이다(BVerfGE 10, 20〔45f.〕). 기본법 제135조 4항은 예외조항이다. 기본법의 다른 조항에서 이미 연방에 국가의식을 확인하며 전통을 보존하라는 권한을 부여했다면, 이 조항은 불필요했을 것이다.

따라서 독일텔레비전유한회사의 설립은 기본법 제30조의 적용범위에 들어간다. 이에 대해 기본법은 연방에 유리하도록 이 조항이 의미하는 "또 다른 규정"을 정립한 바도, 허용한 바도 없다. 따라서 독일텔레비전유한회사의 설립은 기본법 제83조 이하 여러 조항이 관련된 제30조에 위배된다.

(원문 S. 254 – 역주)

II.

독일연방국가에서는 전체국가와 그 지체 간의 전체적 헌법관계 그리고 지체 상호간의 헌법관계는 연방과 각 주가 연방친화적으로 행위해야 한다는, 상호간의 의무인 불문(不文)의 헌법상 기본원칙에 지배된다(Smend, *Ungeschriebenes Verfassungsrecht im monarchischen Bundesstaat*, Festgabe für Otto Mayer, 1916, S. 247ff. 참조). 연방헌법재판소는 이로부터 일련의 구체적인 법적 의무들을 발전시켰다. 이른바 수평적 재정조정이 합헌인지 여부와 관련해서는 다음과 같은 문장이 있다. "연방국가의 원리는 그 본질상 권리뿐만 아니라 의무의 기초가 된다. 이와 같은 의무 중의 하나로 재정이 강한 주는 약한 주에 대해 어느 특정한 한도 내에서 반드시 지원을 제공해야 하는 것이다"(BVerfGE 1, 117[131]). 이 헌법상 기본원칙은 나아가, 법률이 연방과 주들 간 합의를 요구하는 경우에도 모든 참여자에게 더욱 강화된 협력의무를 지게 하는 기초가 되며, 그 결과로, 한 참여자가 그밖의 모든 참가자의 일치된 합의에 반대하면서 객관적이지 못한 이의를 제기하는 경우, 이런 이의제기는 법적으로 존중받지 못하게 하는 기초가 되기도 한다(BVerfGE 1, 299[315f.]). 공공부문 근무자에 대한 성탄상여금 보장에 관하여 결정할 때 각 주는 연방신의를 반드시 준수해야 하고, 그에 따라 연방과 각 주의 전체적인 재정상황을 고려해야 한다(BVerfGE 3, 52[57]). 연방에 대한 신의라는 사상에서 비롯되는 이와 같은 법적 제한은 입법권한을 행사할 때 더욱 강력하게 모습을 드러낸다. "어떤 법률로 규율한 결과 나타나는 외부적 효력이 그 주의 영역에 한정되지 않을 경우 반드시 주 입법자는 연방과 다른 주의 이해를 고려해야 한다"(BVerfGE 4, 115[140]). 친연방적 행위의 의무라는 헌법상 기본원칙으로부터, 나아가 각 주는 연방이 체결한 국제조약을 준수해야 하는 의무가 발생할 수 있다(BVerfGE 6, 309[328, 361f.]).

연방헌법재판소 제1차 방송판결: BVerfGE 12, 205ff.

(원문 S. 255 – 역주)

　기초지방자치단체(Gemeinde)가 그들의 처분으로 배타적인 연방권한에 침입하였을 경우, 때에 따라서 최종적으로 각 주는 연방신의에 대한 자신의 의무를 고려하여 지방자치적 감독이라는 수단으로써 기초지방자치단체에 개입할 의무를 부담할 수도 있다(BVerfGE 8, 122[138ff.]). 방송 분야에서 연방권한을 구현할 때에도 역시 위에서 기술했듯이(I 4 d[39]) und D II 7 b[40]) 참조) 연방친화적으로 행위해야 한다는 기본원칙은 그대로 원칙적인 중요성을 지닌다.
　지금까지 나온 판결례를 살펴보면 이 원칙으로부터 연방국가의 헌법에서 명문으로 규범화한 헌법적 의무를 넘어서되, 구체적인 각 주의 연방에 대한 부가적 의무, 그리고 연방의 각 주에 대한 의무가 발전해왔음은 물론이고, 이로부터 또한 기본법에서 연방과 각 주에 인정해준 권한이 행사될 때 지켜야 할 구체적인 제한이 있을 수 있다는 점을 또한 알 수 있다.
　본 재판의 대상이 된 사건은 연방친화적으로 행위해야 할 의무라는 헌법상 기본원칙을, 또 다른 측면으로 더욱 발전시키는 계기를 마련해주었다. 협상의 절차와 양식에 관해서는 역시 연방과 그 지체인 각 주 사이에, 그리고 각 주 상호간에 헌법생활에서 이런 협상이 요구되는 경우라면 연방친화적 행위라는 상위명령에 복종해야 한다. 독일연방공화국에서 연방의 각 주는 하나같이 동일한 헌법적 지위를 보유한다. 이들은 각각 국가이며, 이들은 연방과 거래할 때 평등한 처우를 요구할 청구권을 가진다. 각 주가 모두 관심을 기울이며 참여하는 헌법생활에서 어떤 문제가 발생하여 연방이 헌법적으로 중요한 합의를 도출하고자 노력할 때면, 어떤 영역이든 불문하고, 연방은 바로 연방친화적으로 행위해야 한다는 의무로 말미암아, 각 주에 대하여 "분할하여 지배하라"(divide et impera)는 원칙을 적용하여 행위하는 따위가 금지된다. 다시 말하자면 연방이 각 주를 일단 분열시킨 뒤에 그중 몇 개 주와 합의에 이르고자 노력한 다음, 나머지 다른 주에 대해 여기에 동참하도록 강요하는 행위를 금지한다는 것이다.

---

39) S. 249f.
40) S. 239f.

(원문 S. 256 - 역주)

또한 이 원칙이 금지하는 것은 연방정부가 모든 주에 관계되는 사항에 관해 협상하면서 각 주의 정부를 어느 정당 쪽으로 기울었는지 곧 정치적 성향에 따라 서로 다르게 취급하는 행위, 그리고 특히 정치적으로 결정해나가자는 협의에 오로지 정당정치적 시각에서 보아 연방에 가까운 주정부의 대표만을 불러들이는 행위, 나아가 연방 차원의 야당 쪽에 가까운 주정부의 대표들을 이 협의에서 아예 배제해버리는 행위 등이다. 여기에서 따져본 종류의 사안인 경우 어떤 정당에 소속되어 있든 정치가로서는 연방에서든 각 주에서든 상관없이 연방과 모든 주가 관심을 기울이는 문제의 해결방안에 대해서 먼저 정치적 대화의 장에서 자신의 견해를 밝힌다든지, 서로 다른 견해차이를 조율할 수 있다든지, 뿐만 아니라 연방과 각 주가 협상하는 동안에도 역시 장차 어떻게 공동보조를 취해나갈 것인지 그에 대해 의견을 주고받는다든지 하는 따위에 대한 떳떳한 권리를 보유한다. 그리하여 연방과 각 주 사이에 필수적인 협상, 즉 정부와 이들의 대변인 사이에 필수적인 협상은 위에서 기술한 원칙에 반드시 부합되는 것이어야 한다.

방송에 대하여 새로 규율하려고 수년에 걸쳐 노력해오다가 이제 새로운 단계에 접어들었다고 하는데, 이는 연방정부가 1958년 초에 연방법률로 규율하겠다는 전망을 밝힌 것에서 비롯되었다. 1959년 연방법률의 초안을 여러 차례 각 주의 대표와 논의한 뒤 연방의 각 주는 1960년 1월 4자위원회를 구성하기로 합의하고, 그 위원에 두 명은 기민당(CDU) 소속으로 다른 두 명은 사민당(SPD) 소속으로 모두 각 주정부의 구성원을 임명했던 것이다. 그리하여 이 위원회는 주정부들을 위해 연방정부와 협상을 벌이기로 했다. 하지만 연방정부는 이 위원회와 한 번도 협상한 적이 없다. 이들 4자위원회의 위원 중 오직 한 사람만, 곧 기독교민주당(CDU) 소속인 라인란트-팔츠 주의 수상만이 -위원의 자격이 아니라 자신의 정당소속 당원 자격으로- 일련의 협상에 참여했는데, 본래 이 협상은 기독교민주당(CDU)과 기독교사회주의 정당(CSU)의 연합정당의 정치가와 연방의회 의원들 사이에 이루어진 것이며,[41] 여기에는

---

[41] 기사당은 바이에른 주에서, 기민당은 기타 주에서 각각 정당조직을 가지며, 서로 상대방의 주에는 입후보를 내지 않음으로써 전국적으로는 자매정당으로 활동한다. 따라서 전국적인 차원에서 보면 거의 하나의 정당인 셈이다- 역주.

연방정부의 구성원 또한 참여하고 있었다(이에 관해서는 라인란트-팔츠 주의 주수상이 연방장관 슈뢰더 박사에게 보낸 1960년 11월 17일자 서면 참조).

(원문 S. 257 – 역주)

 그는 이 논의의 참여자들이 그에 관해 합의에 이를 경우에 한하여 4자위원회와 그밖의 주정부에 이를 통보해주는 일도 담당했다. 이 논의에서 제안과 계획을 고안하고 작성했지만 이들 계획과 제안을 연방정부는 주정부와 또는 주정부들이 구성한 위원회와 협상하면서 그 의제로 다룬 적이 없었다. 이에 해당되는 주제 중에서 특히 주목할 만한 것은 1960년 7월 6일자 논의에서 처음으로 등장한바, 제2텔레비전 프로그램 송출을 위해 연방과 각 주가 유한회사를 설립하자는 안이 그 하나이며, 그리고 1960년 7월 15일 이 논의의 모임에서 다시 한 번 전적으로 기민당·기사당 소속 정치가들만 참여한 가운데 상세히 평가했던 회사설립조약의 초안이 그 둘인데, 이 회사설립조약에는 1960년 7월 25일자로 서명했다고 한다. 사회민주당(SPD) 소속의 주수상들이 이끄는 주정부들은 이 계획에 관해 라인란트-팔츠 주수상의 1960년 7월 16일자 서면으로 통보받았고, 그와 동시에 이들은 그밖의 주수상과 함께 1960년 7월 22일 그 계획에 대한 자문에 초청받게 되었는데, 이렇게 했다고 해서 연방정부가, 자신이 작성한 계획에 대해 모든 주정부와 직접 협상해야 한다는 의무에서 벗어나는 것은 아니다. 바로 이 의무를 연방정부가 이행하지 않았으므로 연방친화적으로 행위해야 할 의무를 연방정부는 위반한 것이다.

 그런데 회사를 설립하기 며칠 전에 연방이 각 주를 어떻게 처우했는지 그 방식도 이 의무에 불합치한다. 연방과 각 주가 공동으로 설립하는 유한회사로 하여금 제2텔레비전 프로그램을 송출하게 한다는 계획에 대해 각 주의 수상들이 바로 그 공직자격에서도 겨우 1960년 7월 22일에야 처음으로 논의할 기회를 얻게 되었다는 사실을 연방정부는 이미 잘 알고 있었다. 주수상들은, 거기에는 기민당과 기사당의 자매정당에 소속된 주수상도 포함되어 있었는데, 연방정부의 제안을 유보없이 수용한 것이 아니라 오히려 반대안을 낸 것이었다.

(원문 S. 258 – 역주)

 이 자문회의의 결과를 연방정부는 1960년 7월 22일자 서면으로 통보받았다. 그런데도 연방정부는 1960년 7월 25일 이 회사설립조약에 자신이 규정한 형태 그대로 서명해야 한다고 고집했다. 연방정부의 서면에는 1960년 7월 23일의 일자가 찍혀 있는데, 본(Bonn)에서는 1960년 7월 24일 17시에 발송되었고 수신자인 라인란트-팔츠 주수상에게는 1960년 7월 25일 16시15분에 도착했는데, 그러니까 이 시점은 회사설립조약이 이미 공증받은 뒤였다(이에 관해서는 라인란트-팔츠 주수상의 1960년 11월 17일자 서면 참조). 이와 같은 연방정부의 처리양상은 연방친화적 행위라는 명령에 정면으로 불합치한다— 이는 각 주가 또는 몇 개의 주정부가 끈질기게 저항하는 데 대해 차분히 대처하지 못할 만큼 연방정부가 근거를 갖추고 있다고 할지라도, 사정은 마찬가지다. 여기서 문제가 되는 것은 연방정부가 각 주와 치른 협상을 완전히 실패한 것으로 보고, 자신의 확신에 따라 헌법적으로 허용된다는 방안 곧 각 주의 참여 없는 회사의 설립방안을 선택할 수 있었는지의 여부가 아니라, 오히려 다른 문제 곧 독일연방공화국의 지체국가인 각 주의 헌법기관인 주정부가 새로운 계획에 대응할 만한 각 주의 반대제안에 대해서 이미 확정된 사실만을 근거로 들면서—적절치 않게 짧은 시간 안에—답변하기를 연방정부로부터 기대해도 되는 것인지의 문제였던 것이다.

마지막으로 회사설립의 종류가 연방친화적으로 행위할 의무에 모순을 일으킨다. 여기서도 다시 연방정부가 자신의 견해에 따르면 헌법적으로 우려할 필요가 없는 이 회사의 설립계획을 실현해도 좋은지 여부는 문제가 아니다. 다음과 같은 상황, 즉 연방이 각 주의 이익을 고려하여 회사를 창립하되, 그 회사에는 연방 이외에도 각 주를 위한 "수탁인"이 사원으로 등장하는 상황을 설정해볼 수 있겠다. 그러나 여기에서와 같이 각 주들에 연방이 의도한 유한회사에 참여할 의지가 전혀 없다는 점이 분명한 경우 연방 스스로 각 주를 위한 "수탁인"을 찾고 이들의 도움을 얻어 각 주가 이미 거부한 회사를 설립한다면 결국 연방은 연방친화적 행위의 명령을 위반한 것이다.

(원문 S. 259—역주)

연방정부의 행위는 회사의 존재에 생명을 불어넣은 설립행위에서 정점에 이른다. 절차의 위헌성은 이런 절차를 거쳐 이루어진 상황이 바로 같은 이유로 말미암아 회사의 목적에 부합하게 헌법적으로 허용된 활동의 출발점이 되지 못하는 등 설립행위에서도 계속되고 있다. 이러한 의미에서 회사의 설립은 연방친화적 행위라는 헌법적 명령에 위반한 것이다.

III.

　어떤 주가-연방친화적 행위의 원칙을 고려하건대-연방이 연방국가의 지체국가인 주들의 이익을 침해하는 방식으로 공동의 헌정질서를 경시할 경우 이렇게 행위하지 말 것을 내용으로 하는 헌법적 청구권을 연방에 대해서 행사할 수 있는지 여부, 그리고 또한 어디까지 요구할 수 있는지의 정도에 대해서는 판단치 않고 지나갈 수 있다. 어떤 경우이든 기본법 제5조의-아직 더 서술해야 할-내용과 그 안에 포함된 방송자유의 연방헌법적 보장은, 연방소속 각 주의 공적 생활 전체에, 그리고 정치적 및 헌법적 생활에 근본적으로 중요하므로, 연방이 방송 분야에서 기본법이 보장하는 자유에 간섭하지 말도록 각 주는 연방에 요구할 수 있는 것이다. 각 주는 연방에 대하여 연방국가 내에서 지체국가가 차지하는 이와 같은 헌법적 지위를 기본법 제93조 1항 3호와 연방헌법재판소법 제68조 이하의 여러 조항에 따른 헌법적 분쟁절차에서 방어할 수 있다. 따라서 지금 이 법적 분쟁에서 또한, 연방은 유한회사를 설립함으로써 기본법 제5조를 위반했다고 비난받을 수 있다.

　기본법 제5조는 개인이 국가에 대해 자신의 의사를 방해받지 않고 표현할 수 있는 자유영역의 존중을 요구하는 개인의 기본권 이상의 것을 담고 있다.

(원문 S. 260 - 역주)

　기본법 제5조 1항 2문으로 특히 정보수집으로부터 뉴스와 의사의 전파에 이르기까지 출판의 제도적 독자성도 보장받고 있다(BVerfGE 10, 118〔121〕). 출판 또는 그의 일부를 직접 또는 간접적으로 국가 측에서 규제하거나 조종한다면, 이와 같은 헌법적 보장에 위배될 것이다. 국가의 영향력 행사는 국가로부터 독립적인 신문과 잡지들의 무수한 경쟁으로 인해 자유로운 출판이라는 상황에 본질적으로 아무런 변경을 가하지 않은 경우에 한해서만 이와 같은 헌법적인 출판의 자유와 합치할 것이다.

　기본법 제5조가 방송에 대해 갖는 의미는 방금 언급한 기본법 제5조의 내용을 고려하지 않고서는 제대로 평가될 수 없다. 방송의 특수성에 대해서는 또 다른 논의가 필요하겠지만 방송은 출판과 마찬가지로 공공의 의사형성에 영향력을 미치며, 이와 같은 의사형성에 참여하는 현대의 필수불가결한 대중 의사소통의 수단에 속하게 되었다. 방송은 공공의 의사형성에 대해 단순한

"매체" 이상의 것이다. 즉 방송은 공공의 의사형성에 대해 중차대한 "요소"이다. 공공의 의사형성에 대한 방송의 참여는 결코 보도, 정치적 논평, 현재·과거·미래에 대한 일련의 정치적 문제에 대한 연재물에 국한되지 않는다. 그와 마찬가지로 의사형성은 방송극, 음악 프로그램, 정치풍자, 만담 등의 방송물은 물론이고, 방송물의 연극적 편성까지 다양하게 이루어진다. 어떤 방송이든 전체 내용은 개별 방송물을 선정하고 편성하면서 어느 정도 일정한 경향성을 띠게 되는데, 어떤 것을 방송하지 말아야 하는지, 어떤 것에 관해 시청자의 관심을 유발할 필요가 없는지, 어떤 것을 공공의 의사형성에 해를 끼치지 않으면서 내버릴 수 있는지, 같은 내용이라도 방송물을 어떻게 구성하고 표현해야 하는지 등의 판단이 중요하다. 이와 같이 고찰함으로써 분명해지는 것은 신문에 버금가는 공공의 의사형성에 필수불가결한 현대적 대중의사소통수단의 매체와 요소로서 방송에 대한 제도적 자유가 신문에 대한 제도적 자유 못지않게 중요하다는 사실이다.

(원문 S. 261 – 역주)

기본법 제5조는 1항 2문에서 출판의 자유와 나란히 "방송과 영화에 의한 보도의 자유"를 보장하면서 이 점을 분명하게 보여주고 있다.

그렇다고 해도 기본법 제5조를 충족시키려면 일반적으로는 이런 방송의 자유를, 그리고 특수하게는 방송에 의한 보도의 자유를 반드시 보장해야 하는데, 이에 대한 방법에 대해서 아직 모두 밝혀진 것은 아니다. 이와 관련하여 방송이 신문과 구별되게 갖는 특수성이 중요하다. 하지만 신문발행사, 신문인쇄소, 신문들을 임의대로 숫자를 늘려 새로 설립하고 유지할 수 있다고 본다면, 이는 결코 타당치 않다. 그렇다고 해도 신문과 방송의 차이점은 독일 신문 분야에서는 상당히 많은 수의 독립적인 경향이나 정치적 성향, 세계관적 기본태도에 있어 서로 경쟁관계에 있는 신문생산물들이 존재하는 반면, 방송 분야에서는 기술적인 이유뿐만 아니라 방송제공물 송출에 소요되는 고비용이라는 재정적인 이유에서 이와 같은 송출의 주체가 상대적으로 소수로 남을 수밖에 없다는 것이다. 방송 분야의 이 같은 특수한 상황으로 말미암아 기본법 제5조에 보장된 방송자유를 실현하고 유지시키기 위해서는 특별한 예방조치가 요구된다. 이 목적에 이바지하는 수단 중의 하나가 기존의 방송영조물의 조직을 형성하는 원리이다. 방송물을 송출하기 위해서 법률로써 공법상 법인을 창설하는데, 이 법인은 국가의 영향력으로부터 벗어나 있거나 또는 기껏해야 일정하게 제한된 국가감독을 받을 뿐이다. 실제로 이들의 합의제 조직은 중요한 정치집단, 세계관적 집단, 사회집단의 대표자들을 적절한 비율로 섞어 구성하게 된다.

(원문 S. 262 – 역주)

이 법인은 방송물, 곧 프로그램 편성에 대하여 척도를 제시할 만큼 강력한 또는 공동으로 결정할 세력들을 통제하거나 교정할 권력을 갖되, 그 기준은 방송에 이해관계를 가진 모든 이들에게 적절한 지분을 주어 관여시키기 위해, 법률에서 지적한 기본원칙들을 충족시킨다는 것이다. 이와 같은 안전장치를 갖추게 한 기관으로 하여금 현재 기술적 수준에서 그리고 각 주의 차원에서 방송제공물의 송출에 관해 독점하도록 허여한다고 할지라도, 이는 기본법 제5조에 모순되지 않는다. 그렇다고 해서 주의 한 기관에 대해 그와 같은 독점권을 인정해야 할 필연성이 기본법 제5조로부터 도출되는 것은 아니다.

물론 기본법 제5조가 방송 분야에서 자유를 보전한다는 목적에서 주방송법률에서 발견되며, 연방법상 방송영조물에 대하여 수용된 그런 형태를 요구하는 것은 결코 아니다. 특히 연방헌법이 오로지 공법상 영조물만이 방송물 송출자가 될 수 있다고 특정한 것은 아니다. 사법상 권리능력을 갖춘 회사도 그 조직형태상 내부적으로 공법상 영조물과 유사하게 사회적으로 중요한 모든 세력들이 발언할 수 있도록, 그리고 보도의 자유가 침해받지 않도록 충분히 보장한다면, 그도 또한 이런 종류의 송출에서 주체가 될 수 있을 것이다. 예를 들면 법률로써 우선 방송의 특수한 목적을, 특히 그 제도적 자유를 보전해주는 특별한 종류의 회사형태를 확보하였으며, 그리고 위에서 지적한 요구사항을 충족시켰다면 어떤 회사이든 방송물을 송출하게 할 수 있으며, 여기에서도 은행이나 보험 분야의 감독과 비슷하게 국가의 감독을 받게 한다면 결국 이와 같은 회사에 대해서는 헌법 자체의 시각으로 보아 전혀 우려할 바 없는 것이다.

기본법 제5조는 어쨌든 의사형성의 이러한 현대적 수단을 국가나 어떤 사회집단에 맡기지 말라고 요구한다. 그러므로 방송사는 고려의 대상이 되는 모든 세력들이 그의 조직 안에서 영향력을 미칠 수 있고, 방송물 전체에서 발언할 수 있으며, 그리고 방송물 전체의 내용에 대하여 최소한의 내용적 균형, 객관성, 상호존중성을 보장하는 기본원칙이 구속력을 발하도록 조직되어야 한다.

(원문 S. 263 – 역주)

이와 같은 조직적인 그리고 실체적인 기본원칙이 일반적인 구속력을 지니도록 법률로써 조처해야 한다는 점을 확보하는 수밖에 없다. 따라서 기본법 제5조는 이와 같은 법률을 정립하라고 요구하는 것이다.

방송사가 반드시 송출기술적 시설에 대한 소유자 또는 처분권자이어야 할 것이라든지, 방송사라면 이런 시설을 운영할 권리도 반드시 보유해야 할 것이라든지 따위의 추론도 기본법 제5조로부터 도출할 수는 없다. 국가의 대리인 역시 이미 송출의 "중립화된" 주체의 조직 안에서 적절한 지분을 확보하는데 이 점에 대해서도 기본법 제5조가 저지한 바는 없다. 이에 반해서 방송물을 송출하는 영조물이나 회사를 국가가 직접 또는 간접적으로 지배하는 것은 기본법 제5조가 배제한다.

1960년 7월 25일자로 공증받은 조약으로 설립한 독일텔레비전유한회사는 그 목적을 "독일 전역과 해외의 시청자들에게 독일의 전체적인 모습을 전달해줄 텔레비전 프로그램을 송출해야 한다"는 데 두었는데, 이는 본래 독일연방공화국과 연방장관 셰퍼를 사원으로 구성되었다. 사원 셰퍼는 "독일연방공화국 각 주를 위해" 기초투자분을 인수했는데, 그가 탈퇴하고 난 뒤 독일연방공화국이 단독사원이 되었다. 따라서 이 회사는 전적으로 국가의 수중에 들어갔다. 이 회사는 연방의 수단적 도구이며, 이를 연방정부와 연방수상은 자신의 합헌적 권한의 힘을 빌려 지배한다. 설립조약의 내용을 살펴보거나 오직 조약의 구성부분을 이룰 뿐인 회사정관의 내용을 살펴보아도 이 같은 확인은 달라질 바 없다. 나아가 회사조직, 특히 감사평의회와, 사장이 상대적인 독립성을 갖고 일하고 있으며, 회사정관에 따른 방송물 곧 프로그램 편성에 관한 기본원칙들이 기본법 제5조의 명령, 곧 방송의 제도적 자유에 관해 지금 상황으로서 고려하고 있다는 것을 인정해준다고 할지라도 여전히 결정적인 기준으로 작용하는 것은 회사법과 회사정관이 회사의 현재 형태가 변경되는 것을 막아줄 어떤 보장도 제공하지 못한다는 점이다.

(원문 S. 264 – 역주)

사원 셰퍼의 탈퇴가 계기가 되어 정관이 변경된 것과 마찬가지로, 그밖의 다른 사유로도 정관은 언제나 변경이 가능하다. "사원총회"는 무엇이든 변경하겠다고 의결할 수 있으며, 결국 회사를 해산한다거나 새로운 조직을 갖춘 회사를 새로 창립한다고(이와 결합될 인적 변경도 포함해서) 의결할 수 있다. 방송의 자유를 확보한다는 목적으로 위에서 지적한 조직적 예방조처와 실질적인 주요 원칙들을 법률에 또는 회사조약에 포함시켰는지의 여부는 기본요소라고 할 정도로 큰 차이를 일으키는 것이다.

독일텔레비전유한회사의 창립과 존속은 이에 따라 기본법 제5조를 위반한 것이다. [42]

---

[42] 가명령, 본문 쪽수 앞 36쪽 이하 참조 — 역주.

연방헌법재판소 제2차 방송판결[1]
BVerfGE 31, 314ff. - 부가가치세 사건

제30건(Nr. 30)[2]

판결요지[3]

1. 공영방송의 활동은 공법적 영역에서 이루어지는 것이다. 공영방송은 공적 책임을 지며, 공행정의 과업을 실현하고, 국가 전체를 위한 통합적 기능을 수행한다. 공영방송의 활동은 상업적 또는 직업적 종류의 것이 아니다.
2. 연방이 비록 거래세 및 소비세에 대한 경합적 입법권한을 원용하여 의제(擬制)한다고 하더라도 공영방송의 방송물 송출이라는 활동을 부가가치세법의 영역에서 상업적 또는 직업적 종류의 활동으로 전환해석할 수는 없다.

(원문 S. 315 - 역주)

1. 1967년 5월 29일자 매출액기준세법(부가가치세)(연방법률공보 I, S. 545) 제2조 3항 2문에 대한 헌법적 심사 - 헤센 주정부의 1968년 9월 27일자 제소, 그리고 2. a) 바이에른방송, b) 헤센방송, c) 북독방송, d) 라디오 브레멘, e) 자를란트방송, f) 남독방송, g) 남서방송, h) 서부방송이 1967년 5월 29일

---

1) 이는 1971년 7월 27일자 연방헌법재판소 제2재판부의 판결문이며, 연방헌법재판소 판례집 제31권 314쪽부터(BVerfGE 31, 314ff.) 357쪽까지 44쪽에 걸쳐 수록되어 있다. 연방헌법재판소는 제7차 방송판결문(BVerfGE 90, 60ff.) 원문 72쪽에서 이 판결을 제2차 방송판결이라고 명시하였다. 또한 판결문 원문의 쪽수는 역주로 표시해두었다 - 역주.
2) 연방헌법재판소 판례집 제31권에 실린 30번째 판례란 뜻이다 - 역주.
3) 원문에는 원래 제목이 붙어 있지 않았다. 편의상 역자가 붙인 것이다 - 역주.

연방헌법재판소 제2차 방송판결: BVerfGE 31, 314ff.

자 매출액기준세법률(부가가치세)(연방법률공보 I, S. 545) 제2조 3항 2문과 제12조 2항 7a호를 대상으로 제기한 헌법소원에 관한─1)과 2)에 대한 소송 대리인은 변호사이자 교수인 아돌프 아렌트 박사, 그의 주소는 카셀-빌헬름스회에, 임드루젤탈 12번지─, 절차에서

1971년 5월 18일자 구두변론에 근거한
1971년 7월 27일자 연방헌법재판소 제2재판부 판결
─2 BvF 1/68, 2 BvR 702/68─

주문:

1. 1967년 5월 29일자 매출액기준세법(부가가치세)(연방법률공보 I, S. 545) 제2조 3항 2문은 기본법과 합치하지 않으며, 무효이다.

2. 독일연방공화국은 헌법소원의 청구인인 공영방송에게 필요적인 소송상 실제경비를 상환해주어야 한다.

이유:

A.

이 절차의 대상으로 다루는 문제는, 1967년 5월 29일자 매출액기준세법(부가가치세)(연방법률공보 I, S. 545)─이하에서 1967년 부가가치세법─제2조 3항 2문에 따르면 공영방송의 활동은 이 법률에서 의미하는 영업적 또는 직업적 활동이라고 평가하는데, 과연 이런 평가가 기본법과 합치하는지 여부이다. 이하에서 방송이라 함은 라디오방송과 텔레비전방송을 가리키는 것으로 이해한다.

I.

1. 부가가치세가 적용되는 범위는 어떤 기업자가 국내에서 일정한 대가를 수령하며 그 기업의 영역 안에서 행하는 물품공급 그리고 그밖의 용역제공에 미친다. 이때의 기업자는 영업적으로 또는 직접적으로 독립하여 활동하는 자를 의미한다(1967년 부가가치세법 제1조 1항 1호 1문과 제2조 1항 1문, 그와 동일한 규정으로는 이미 1934년 10월 16일자 부가가치세법의 1951년 9월 1일판〔1951년 부가가치세법〕 - 연방법률공보 I, S. 791).

(원문 S. 316 - 역주)

1951년 부가가치세법에 따르면 공권력의 행사는 결코 영업적이거나 직업적인 활동이 아니며(제2조 3항), 그에 따라 매출과세의 대상영역에 속하지 않는다. 이에 관하여 부가가치세법 시행규칙 제19조 1항 1문은 연방, 각 주, 기초지방자치단체, 지방자치단체조합, 목적단체, 기타 공법상 단체는 이들이 공법적 과업을 이행하는 한도 내에서는 결코 영업적이거나 직업적인 활동이라고 평가받지 않는다고 규정하였다.

1951년 부가가치세법 제4조 7호에서는 방송을 포함하는 우편과 통신거래 영역에서 연방의 매출에 대하여 조세를 면제한다고 선언하였다. 이 조항의 유래를 찾아 올라가면 1934년에 이르고, 그 당시 방송에 대하여 바이마르연방의 관할권한으로 획정한다는 내용이었는데, 이를 1957년에 와서 1957년 부가가치세법(1957년 10월 18일자 부가가치세법률에 관한 제9차 개정법률 〔연방법률공보 I, S. 1743〕) 제4조 22호로 보완했던 것이다. 이 조항에 따르면 공영방송의 매출수입에 대해서 부가가치세는 면제되는데, 이는 라디오방송 청취자와 텔레비전방송 시청자에 대한 수신료에 포함되어 있어야 한다는 한도 안에서만 가능하다.

2. 1967년 5월 29일자 총매출액대비세(부가가치세)법으로 부가가치세 체계를 도입하면서 공영방송의 매출액과세에 대하여 새롭게 규율하였다.

1967년 부가가치세법 제2조 3항을 보면,

공법상 단체가 영업적으로 또는 직업적으로 활동한다면, 이는 오직 영업적 종류의 사업(법인단체세법 제1조 1항 6호)과 농업 또는 산림업 분야 사업의 범위에 한한다. 공영

연방헌법재판소 제2차 방송판결: BVerfGE 31, 314ff.

방송의 활동은 이 법률에서 의미하는 영업적 또는 직업적 활동이라고 간주한다.4)

1967년 10월 18일자 1967년 부가가치세법(연방법률공보 I, S. 991) 제12조 2항 7a호에 따르면 공영방송의 역무에 대한 세율은 방송수신료에 관한 한 5.5%에 이른다.

(원문 S. 317 — 역주)

II.

1. 헤센 주정부는 1968년 9월 27일자 문건으로 추상적 규범통제절차에서

---

4) (가) 공법상 단체(Körperschaft im öffentlichen Rechts): 1) 이는 공법상 법인으로서, 인적·물적 시설을 갖춘 영조물과는 달리, 인적 결사양식으로서, 주로 그 소속구성원을 중심으로 조직되어 있다. 2) 소속구성원의 자격획득은 (예컨대 의사협회, 치과의사협회, 약사협회, 변호사협회 따위와 같이 그 자격의 보유가 그대로 가입을 의미하는 것처럼) 강제적이거나 임의적인 것과는 무관하다. 하지만 이런 소속구성원의 변동과 상관없이 존속하는 단체이다. 이 점에서 소속구성원의 변동이 주요 요소인 조합과 구별된다. e.V.(=eingetragene Verein)는 등록을 마쳐 공시수단을 갖추어 독립된 법적 인격을 획득한 민법상 사단법인을 뜻한다. 3) 공법상 단체는 주로 지역적 단체(지방자치단체, 그 조합, 이때 소속구성원 자격은 주소), 인적 단체 또는 사단적 단체(직업인협회, 강제가입이든 임의가입이든 자격은 직업), 연맹단체(Verbändekörperschaften, 예컨대 지방자치단체가 일정한 목적 아래 형성한 연맹, 곧 지방자치단체조합; 구성소속원은 오직 공법상 법인에 한한다)로 분류한다. 그밖에 수공업자, 사회보험주체, 수렵인, 대학, 종교단체도 여기 속할 수 있다〔여기까지 Creifeld-Stichwort: Körperschaften des öffentlichen Rechts〕. (나) 공법상 단체와 구별해야 할 몇 개의 개념이 있다. 1) Verbände는 연합체로서 그 구성주체가 자연인이든 법인이든, 사법상 연합체이든 공법상 연합체이든, 나아가 활동 분야도 경제·사회·문화·정치 어디에 속하든 가리지 않는다. 특히 경제 분야에서는 각 영역별로 연합체가 조직되어 있는데, 부정경쟁방지법 제20조 6항에 경제와 직업 분야의 결사체는 상위조직에 가입하기를 거부해서는 안 된다(가입강제)고 규정하여, 연방적 차원의 연합체가 성립할 근거를 확보한다〔Creifeld-Stichwort: Verbände〕. 2) Vereinigung은 일반결사라는 더욱 추상화된 개념으로 헌법상 결사의 자유를 가리킬 때 쓰는 용어이다〔Creifeld-Stichwort: Vereinigung〕. 3) 법인단체세법(Körperschaftssteuergesetz)의 상대방에는 법인은 물론이고 권리능력 없는 사단(nichtrechtsfähige Vereine)도 포함되며, 공법상 단체도 영업적 종류의 사업을 운영하면 여기에 해당된다〔Creifeld-Stichwort: Körperschaftssteuer〕 — 역주.

1967년 5월 29일자 매출액기준세법(부가가치세)(연방법률공보 I, S. 545) 제2조 3항 2문을 무효로 선언해줄 것을 청구했다.

이 법률의 입법절차에서 작성하여 보고되었던, 쾰른 변호사 발터 에카르트, 하이델베르크 교수 한스 슈나이더 박사, 뮌헨 변호사 발터 조이페르트의 감정평가서를 청구인이 원용하면서 주장한 바를 살펴본다.

독일연방공화국의 연방국가적 구조로부터 도출되는 내용은 다음과 같다. 각 지체국가, 즉 주는 상호간의 비종속성과 독립성을 각 주 사이뿐만 아니라 연방에 대하여 보유하며, 나아가 종래부터 지켜온 원칙으로 국가적 과업을 이행한다는 의미의 공권력 행사에 대해서 조세를 부과할 수는 없다. 주가 어떤 과업을 국가적인 것으로 이행해야 하는지의 여부에 대하여 연방은 연방헌법에 규정하는 경우를 제외하고 스스로 결정할 수 없다고 한다. 방송 분야에 관한 권한도 송출기술을 제외하고 연방헌법재판소의 텔레비전-판결(연방헌법재판소 판례집 12, 205)에서 이미 자세히 서술한 것처럼, 모두 전속적으로 주가 보유한다고 한다. 독일에서 방송에 관해서는 관할권한을 보유한 주입법자가 고권적으로 조직한다고 한다. 어떤 주가 국가로서 자신이 보유한 관할권한의 범위 안에서 공법상 단체에게 법률로 어떤 과업을 할당했을 경우, 그 공법상 단체는 이 할당받은 것에 근거하여 그 범위 안에서 일종의 공적인 과업을 이행해야만 하며, 이는 즉, 그가 공권력을 행사하여 활동한다는 의미라고 한다. 주입법자의 이런 결정에 연방은 기속된다고 하며, 연방은 자신의 부가가치세에 관한 권한을 근거로 삼는다고 하더라도 부가가치세영역에서 이에 대한 의제라는 방식으로 공영방송의 고권적인 활동을 영업적 또는 직업적 활동이라고 그 의미를 전환시킬 수는 없다고 한다. 주법에 따르면 공영방송에게 할당되어 있는 방송청취료 및 시청료 역시 각 주의 재원이라고 한다.

(원문 S. 318 – 역주)

각 주는 방송의 재원을 확보해야 할 의무를 부담한다고 한다. 공영방송으로 유입되는 취득재원에 대하여 부가가치세규정을 확대적용하려고 연방이 시도하는데, 이는 근본적으로는 연방이 각 주에 대해 세금을 부과하는 셈이라고 한다. 연방이 이런 시도를 감행하는 것과 방송이 주법으로 조직되었다는 측면을 존중하지 않는 것은 연방과 주가 상호 연방친화적으로 행위해야 할 의무를 부담한다는 헌법상 기본원칙을 위반한 것이라고 한다.

연방헌법재판소 제2차 방송판결: BVerfGE 31, 314ff.

연방의 권한유월은 또한 다음과 같은 점에서 도출해낼 수 있는데, 현재 취소를 다투는 규정이 세법이 아니라 실제로는 방송법에 속하기 때문이라고 한다. 라디오방송과 텔레비전방송의 수신료에 대해서 세금을 징수한다면, 이는 결코 부가가치세가 아니라고 한다. 공영방송은 결코 부가가치세법이 의미하는 기업자가 아니라고 한다. 공영방송은 방송물을 전파하되 이를 수신하는지 여부, 각 공영방송에 분할배당된 지역을 넘어가는 다른 지역에서 누가 이를 수신하는지 따위에 종속되지 않는다. 이 수신료는 원래 대가성이 없는 방송물에 관련된 것이 아니고, 방송물의 송출 자체에 관련된 것이라고 한다. 실제로 이 방송물의 송출은 어떤 수입을 얻자는 목적으로 행하는 것이 결코 아니며, 오로지 법률로 공영방송에 대하여 할당된 "최광의의 뉴스전달"이라는 공적 과업을 이행하는 데에 기여하자는 것뿐이라고 한다. 나아가 부가가치세에 본질적인 구성요건적 요소인 물품인도와 대가수령 역시 결여되어 있다고 한다. 결국 부가가치세는 그 특성상 부담을 이전시킨다는 목표를 지녔다고 한다. 법률로 규정한 수신료에 다시 부가가치세로 부담을 가중시킨다면, 이것을 결코 법적으로 어떤 부담이전을 목표했다고 볼 수는 없다고 한다.

여기에서 문제의 조항은 그밖에도 방송의 자유라는 기본권(기본법 제5조 1항)에 위반된다고 한다. 방송의 자유는 또한 그 재원을, 특히 공영방송에게 주법을 근거로 처분할 수 있게 제공되는 재원을 보호한다고 한다. 이는 방송영역의 특수상황으로부터 필연적으로 도출되는 결론이라고 하면서, 그로부터 제5조 1항에 보장된 방송의 자유를 실현하고 유지하기 위하여 특별한 조처가 요청된다고 하며, 이런 결론과 요청은 각 주가 이런 보장에 대해 위임받은 것으로부터 또한 도출된다고 한다.

(원문 S. 319—역주)

오로지 각 주에 이를 보장하라고 위탁했다는 이런 전속성이라는 관점에서 볼 때 연방은 수신료의 다과에 대해 영향력을 미칠 어떤 권리도 보유한 바 없다고 한다.

2. 바이에른방송, 헤센방송, 북독방송, 라디오 브레멘, 자를란트방송, 남독방송, 남서방송, 서부방송은 1968년 10월 10일자 문건으로 직접 1967년 부가가치세법 제2조 3항 2문과 제12조 2항 제7a호에 대하여 헌법소원을 제기

하였다. 이같이 헌법소원을 제기한 여러 공영방송은, 연방에 대하여 기본권 능력을 보유한다는 입장에서, 1967년 부가가치세법 제2조 3항 2문으로 말미암아 연방친화적으로 행위해야 한다는 원칙과 관련한 기본법 제5조 1항, 제3조 1항과 제2조 1항에서 도출되는 이들의 기본권을 침해당했다고 한다.

III.

1. 연방정부를 대신하여 연방 재무부장관이 자신의 견해를 밝혔다. 그는 헤센 주정부의 소 제기와 공영방송의 헌법소원에 대하여 함부르크 교수 콘라드 츠바이게르트 박사의 감정평가서를 원용하여, 이유없는 것으로 본다고 하면서 다음과 같이 세세하게 논리를 들었다. 1967년 부가가치세법 제2조 3항 2문은 어떤 내용을 의제한 바 없으며, 오직 한 가지 공영방송의 활동은 부가가치세법이 의미하는 영업적 또는 직업적인 것에 해당된다는 점만을 분명하게 확인했다고 한다. 라디오 또는 텔레비전 방송수신료에 대하여 징수하는 세금은 그의 본질상 부가가치세이며, 이에 대해서는 연방이 입법권한을 보유하고 있다고 한다. 특히 부가가치세법에서 뜻하는 공영방송과 방송청취자 내지 텔레비전 시청자 사이의 급부교환이 인정되어야 한다고 한다. 부담을 이전시킬 법적 가능성을 보장한다는 점이 부가가치세의 본질적 요소에 속한다는 견해에 승복한다고 할지라도 공영방송에 대하여 부과되는 조세는 부가가치세로서 보유한 그 성질을 상실하지 않는다고 할 것이며, 세금부담을 계속 이전시키는 데 실패했다고 하여도 이는 결코 법적인 원인으로 발생한 것이 아니라 어디까지나 정치적인 원인으로 발생한 것이기 때문이라고 한다.

(원문 S. 320 - 역주)

연방친화적으로 행위해야 한다는 헌법적 의무로부터 기본법에서 연방과 각 주에 부여한 입법권한을 행사할 때 역시 준수해야 할 제한 중 하나가 도출된다고 한다. 이 법적 의무를 침해하면 그 자체로 헌법위배적인 행위가 될 수 있는데, 이때에도 입법권한을 요구하여 행사한 바가 남용에 해당될 경우에만 헌법위반이라고 인정할 수 있다고 한다. 문제된 조항의 문장내용을 살펴보면, 방송의 송출에 관하여 어떤 조직형태를 취하게 하든지, 이로 말미암아 관할권한 있는 주입법자의 결정에 어떤 장애를 일으키지도 않는다고 한

연방헌법재판소 제2차 방송판결: BVerfGE 31, 314ff.

다. 이 조항의 효력은 연방입법자의 관할권한영역에 속하는 부가가치세법에 국한된다는 점이 1967년 부가가치세법 제2조 3항 2문의 문구로부터 혼동될 여지없이 일의적으로 도출된다고 한다. 그러나 연방입법자가 실천가능성이라는 이유를 들어 자신의 권한 범위 안에서 자신이 세운 법률의 제한된 목적을 달성하기 위하여 어떤 가설적 의제를 활용하기로 결단을 내렸다면, 주입법자가 자신의 관할권한영역에 대하여 확정했던 바에 대하여 반대되는 사항을 바로 이런 가설적 의제로 발언한다고 하더라도 이는 어디까지나 자신의 입법적 자유영역 내의 것이지 이를 남용한 것은 아니라고 한다. 연방에 충실하게 행동해야 할 의무에 위배했다는 점에 관해서도, 공영방송을 무엇보다도 부가가치세 부과의 대상에 포함시켰다고 해서 당장 그에 해당되는 것은 아닐 것이라고 한다. 라디오와 텔레비전의 방송수신료는 공영방송의 재원조달수단일 뿐이지, 주의 재원조달수단은 아니라고 한다. 이에 따라서 결코 연방이 주에 대해 조세를 부과한 바는 없다고 한다. 그뿐만 아니라 주의 공법적 기능에 대해 조세를 부과한 바 있는지 여부가 문제되는 것이 아니라, 기본법이 각 주에게 인계한 과업을 이행하는데, 이를 연방이 징수하는 조세가 위협하는지 여부가 오히려 결정적인 문제가 된다고 한다. 그러나 공영방송에 대하여 부가가치세의 부과를 확장함으로써 연방이 각 주의 방송송출에 대하여 전혀 기대할 수 없는 방식으로 어려움을 야기시켰다고 말할 수는 없을 것이라고 한다.

(원문 S. 321 - 역주)

기본법 제5조를 위반했다고 인정할 수 없다고 하면서, 라디오와 텔레비전 방송수신료에서 징수하는 부가가치세는 공영방송의 경제적 기반을 침해하지 않았으며, 그 결과 그의 비종속성이나 중립성 또한 그대로 유지된다고 한다. 마지막으로 기본법 제3조 1항 또한 침해한 바 없다고 하는데, 이는 객관적으로 정당한 내용으로 위에서 문제된 조항을 정당화할 수 있기 때문이라고 한다. 방송수신료에 대한 과세는 공영방송과 사적인 대중매체수단 사이에 등장하기 시작한 경쟁왜곡의 정도를 완화시키기에 오히려 적절한 수단이라고 한다.

2. 바이에른 주정부, 바덴-뷔르템베르크 주정부, 노르트라인-베스트팔렌 주정부, 라인란트-팔츠 주정부는 헤센 주의 규범통제의 제기가 이유를 갖춘 것이라고 보고, 헤센 주정부가 주장한 바에 가담한다고 통지해왔다.

3. 재판부는 1971년 5월 4일 헤센 주정부의 소제기에 따라 규범통제절차를 공영방송의 헌법소원에 관한 절차와 함께 심리하고 재판할 수 있게 병합하기로 결정하였다.

4. 재판소의 부소장 조이페르트는 1967년 부가가치세법이 정립되기 전에 공영방송 측에 대한 변호사 자격으로 라디오와 텔레비전 방송수신료의 부가가치세의무에 관한 문제에 대하여 감정평가서를 작성·보고한 바 있다. 그러므로 그는 연방헌법재판소법 제18조 1항 2호에 따라 이 사건에서 판사직 수행으로부터 제척되었다.

B.

헤센 주정부의 소 제기가 허용될 것인지 그 적법요건에 대해서는 전혀 우려할 바 없다. 공영방송의 헌법소원 역시 허용된다.

1. 헌법소원을 제기한 공영방송은 권리능력 있는 공법상 영조물이다. 기본법 제19조 3항에 따르면, 기본권은 국내법인에도 그의 본질상 기본권이 적용될 수 있는 한도 내에서 역시 효력을 미친다.

(원문 S. 322 – 역주)

하지만 기본권은 공법상 단체에게는, 이들이 공적 과업을 실현하는 한, 원칙적으로 효력을 미치지 아니한다. 헌법소원이라는 권리구제수단은 그 범위 안에서 이들에게 부여되지 않는다(연방헌법재판소 판례집 21, 362〔369ff.〕). 예외적으로 해당 공법상 법인이 기본권으로 보호되는 생활영역에 직접 소속되는 경우라면 사정은 달라진다(연방헌법재판소 판례집 21, 362〔373〕). 바로 이런 이유로 연방헌법재판소는 기본법 제5조 3항 1문에서 나오는 대학교와 단과대학의 기본권능력을 인정했던 것이다(연방헌법재판소 판례집 15, 256〔262〕). 공영방송에 대해서도 이를 준용한다. 공영방송은 국가의 시설로서, 그가 국가에 종속되지 않은 영역에서 자신의 기본권을 방어한다. 바로 이 방송의 자유라는 기본권의 구현을 가능하게 하기 위해서는 국가에 종속되지 아니하며, 자치행정으로 운영하는 공영방송을 법률로 창설했던 것이다. 이들의 조직도 국가의 영향력이 지배적으로 미치지 못하도록 구성되었다. 이런 법률을 정립하고 국가로부터 독립하도록 공영방송을 조직한다는 것은 기본법 제5조 1항이 직접 요구하는 바이다(연방헌법재판소 판례집 12, 205ff.). 따라서 공영방송은 헌법소원을 통하여 방송의 자유에 관한 기본권이 침해되었음을 주장할 수 있다.

2. 헌법소원을 제기한 공영방송은 1967년 부가가치세법 제2조 3항 2문으로 말미암아 자기관련성, 현재성, 직접성을 충족했다(연방헌법재판소 판례집 1, 97〔101ff.〕). 1967년 부가가치세법의 기술적인 일반조항과 관련하여 이 조항으로부터 직접 공영방송의 의무가 발생하므로, 이 의무발생에 대해 새삼스럽게 집행행위가 필요한 것은 결코 아니다.

1967년 부가가치세법 제2조 3항 2문에 따르면, 공영방송은 기업이라는 성격을 보유하고 있고, 따라서 이 조항은 라디오와 텔레비전 수신료 수입에 관해서 마치 조세부과의 구성요건과 같은 효력을 미친다.

(원문 S. 323 – 역주)

1967년 부가가치세법 제16조와 제18조에 따르면, 공영방송은 역법(曆法)에 따라 1년이 지난 때 납세신고를 해야 하고, 역법에 따라 1개월이 지나면 10일 안에 사전세금신고를 해야 하며, 그와 동시에 사전납부액을 납입해야 한다. 사전세금신고는 납세신고로 간주된다. 조세부담을 납세신고한 바로부터 벗어나지 않고 그대로 확정했다는 전제요건이 충족되며, 공영방송이 납세고지의 수령을 스스로 포기할 경우 납세고지를 발급하지 않아도 된다. 이 납세고지는 따라서 세액사정절차에서 통상의 요소가 아니며, 오히려 공영방송 측에서 조세채무의 근거와 세액에 관하여 다툰다는 따위로 유발해야 비로소 편입되는 요소에 지나지 않는다. 이런 "유발적 행정행위"는 오직 납세의무자가 요구한 바에 따라서 행해지기 때문에 연방헌법재판소의 판례에서 의미하는 집행행위, 즉 법률의 집행에 필수적으로 요구되는 집행행위는(연방헌법재판소 판례집 1, 97〔101ff.〕 참조) 결코 아닌 것이다.

C.

1967년 부가가치세법 제2조 3항 2문은 무효이다. 이는 연방이 공영방송의 방송물 송출이라는 활동을 영업적 또는 직업적 종류의 활동으로 보아 부가가치세 부과대상에 포함시킬 권한을 보유한 바 없기 때문이다(개정전 기본법 제105조 2항).

I.

연방 재무부장관의 견해를 살펴보면, 이 사건에서 문제된 조항은 공영방송의 활동이 부가가치세법에서 의미하는 상업적 또는 직업적 활동에 해당된다는 점을 명확히 해주는 의미를 지니는 데 불과하다고 한다. 1967년 부가가치세법 제2조 3항 1문 역시 공영방송에 대하여 적용되는데, 이에 대해 별도로 해명할 필요도 없다고 한다. 그러나 이는 올바른 견해가 아니다.

1. 1967년 부가가치세법 제1조 1항 1호 2문을 보면, 부가가치세는 오직 한 기업인의 매출액을 기준으로 산정하는 세금이다. 누가 기업인인가 하는 것은 부가가치세법 제2조 1항이 규정한다. 공법상 영조물도 포함하는 공법상 단체에 대해서는 오래 전부터 특별규정이 존재해왔는데, 그 이유는 그런 단체가 공법적 영역에 속하는 과업을 수행하는 것과 영업적으로 활동하는 것을 명확히 구분해야 할 필요가 있기 때문이다.

(원문 S. 324—역주)

따라서 1951년 부가가치세법 제2조 3항도 종전부터 법률에 규제해온 바에 연계시켜서 "공권력의 행사는… 결코 영업적 또는 직업적 활동행위가 아니"라고 규정하는데, 그 반면에 1967년 부가가치세법 제2조 3항 1문에 따르면, 공법상 단체는 "오직 영업적 성격의 사업인 경우에 한하여… 영업적 또는 직업적으로 활동한다고 보아야 한다"고 그 한계선을 긋고 있다. 쟁점이 된 1967년 부가가치세법 제2조 3항 2문의 영향력으로 말미암아 공영방송의 활동을 특별히 세분하지 않음으로써 그 전체를 하나로, 특히 송출활동 역시 상

연방헌법재판소 제2차 방송판결: BVerfGE 31, 314ff.

업적이라고 인정하게 된다. 공영방송이 처분할 수 있는 재원 전체 규모의 절반을 훨씬 넘는 부분, 즉 대개 3/4 정도가 라디오와 텔레비전 수신료 수입인데, 이와 같은 수신료를 재무부장관은 과세대상의 매출이라고 보고, 그에 대한 근거로 공영방송의 방송 서비스에 대한 반대급부가 수신료라는 점을 든다. 따라서 공영방송의 어떤 활동이 – 예를 들자면 영화필름의 유상공급 또는 과잉재고품의 이용이 – 상업적 종류의 것인지에 대해서는 판단하지 않고 논의를 펴나갈 수 있다. 그밖에도 공영방송이 별도로 설립한 유한책임회사를 통해 운영하는 라디오와 텔레비전의 방송광고에 관한 영역 전체도 논의에서 제외된 채로 남는다. 광고방송의 송출재원은 수신료로 조달하지는 않는다. 결국 핵심적인 문제는 공영방송의 본래적 활동, 즉 방송물의 송출이 상업적 종류의 활동인가의 여부이다. 왜냐하면 1967년 부가가치세법 제2조 3항 2문이 단지 선언적 조항인지의 여부는 바로 이것에 달려 있기 때문이다. 이 방송물의 송출은 결코 상업적 종류의 것이 아니라고 해야 한다.

연방 재무부장관은 공영방송을 이미 상업적 종류의 기업체로 보고 있는데, 공영방송이 경제적 거래에 개입하며, 그 내용으로 보아 일반 사적 영리를 추구하는 기업과 본질적으로 차이가 없는 활동을 펴나감으로써 외견상 상업적 기업의 형상을 드러낸다는 것을 그 이유로 들고 있다.

(원문 S. 325 – 역주)

물론 공영방송은 송출할 방송물을 준비해야 한다. 이들은 자재를 조달하며, 녹화하고, 강연자를 섭외하며, 필름을 스스로 제작하거나 타인에게 제작을 의뢰해야 한다. 이를 위해 이들은 민법상 수단을 이용한다. 널리 민법상 계약을 이들은 체결한다. 반면에 이들 공영방송은 단지 최종 소비자로서 구매자, 주문자, 의뢰자, 임차인이기도 하다. 이런 면에서 공영방송의 활동은 국가의 그것과 별다를 바 없다. 국가도 자신의 – 예컨대 경찰인력이나 연방군의 경우 특히 대규모로 – 필요에 충당할 소요물자를 민법상 수단을 이용하여 조달한다. 이와 같이 "경제교류에 개입"한다고 해서 그로부터 공영방송이 자신의 과제를 본질적으로 충족시키면서 영업적 활동을 전개하고 있는지의 여부에 대한 결론을 도출할 수 없음은 명백하다. 이 여부에 대한 판단은 방송이라는 시설제도에 대해 효력을 미치는 헌법상 기본원칙과 그밖의 공법(公法)을, 여기에는 각 주의 방송법뿐만 아니라 각 주 사이에 체결된 국가조약도 포함되는데, 기준으로 판단할 수 있을 뿐이다.

2. a) 방송은 그밖에도 텔레비전 기술의 발전에 힘입어 가장 강력한 의사소통수단이자 대중매체로 부상하게 되었고, 그에 따라 넓은 설득효과와 그 가능성뿐만 아니라 여론에 일방적으로 영향력을 행사할 목적으로 남용될 위험 때문에, 이를 결코 사회적 세력의 자유로운 거래에 맡길 수 없게 되었던 것이다. 연방헌법재판소는 1961년 2월 28일자 판결(연방헌법재판소 판례집 12, 205〔259ff.〕- 이하 TV판결)에서 방송의 특수성에서 드러나는 기본법 제5조의 의미에 관하여 상론한 바 있다. 그에 따르면 기본법 제5조의 요구내용은 이 "현대적인 의사형성의 수단"을 국가에 맡겨서도 안 되고, 사회적 집단 어느 하나에 맡겨서도 안 된다는 것이다. 물론 기본법 제5조 1항 2문은 방송에 의한 "보도(報道)"만을 언급하고 있다.

(원문 S. 326 - 역주)

그렇다고 해서 이 조항이 방송을 중립화하는 조치를 단지 뉴스 송출이나 이와 유사한 활동에 국한해야 한다는 의미는 결코 아니다. 방송은 본래적인 정보전달이나 정치보도 이외의 방송물에 의해서도 역시 의사형성에 참여한다. 이렇게 여론형성에 대한 방송의 참여는 결코 뉴스방송, 정치논평, 현재·과거·미래의 정치적 문제에 대한 연속방송물에만 제한되지 않는다. 방송극, 음악방송 등을 통해서도 여론은 형성되는 것이다(연방헌법재판소 판례집 위의 곳, S. 260). 무엇을 방송해야 하는지를 선정하고 편성하는 양식 역시 방송 참여자(시청자)를 특정한 방향으로 유도하는 데 적합하다. 따라서 방송프로그램은 개별적인 부분으로 해체될 수 없으며, 반드시 통일적인 방송 전체로서 인식해야 한다.

기본법 제5조 1항 2문은 방송의 제도적 자유를 보장해준다. 연방헌법재판소가 TV판결에서 상론했듯이, 어떻게 방송의 자유를 보장해야 할 것인가 하는 문제를 심사할 때, 방송의 - 특히 신문과 비교한 - 특성이 중요하게 작용한다. 방송 분야에서는 - 어떤 경우이든 우선적으로 - 기술적인 이유뿐만 아니라, 방송사업운영에 소요되는 대규모 경비라는 이유 때문에 신문 분야와 같은 상호 경쟁적으로 공급하는 정보의 다양성을 확보하기는 불가능하다. 이와 같은 이유로 기본법 제5조가 보장하는 자유를 실현하고 유지하려면, 일반적 구속력이 있어야 하고, 그래서 법률로 규정해야 할 특별한 조처가 요구된다. 고려의 대상이 되는 중요한 세력이라면 누구든 반드시 방송의 활동에 영향력을 가져야 하며, "최소한의 내용적 균형성, 객관성, 상호존중성"에 따라 규정해야 할 프로그램 전체에 반드시 참여할 수 있어야 한다(연방헌법재판소 판례집, 위의 곳, SS. 261-263).

(원문 S. 327 – 역주)

이와 같은 원칙은 오늘날에도 여전히 유효하다. 이들 원칙에 다수의 조직형태, 때에 따라서는 어떤 특정한 조직형태가 부합될 수 있는지 여부의 문제는 여기서 더 이상 논구할 필요가 없다. 이는 현재 유효한 방송에 관한 법적 형성의 양태에 따라 사태가 전면적으로 달라지기 때문이다.

b) 1945년 이후 최초로 점령군이 방송운영을 개시했다. 그 뒤에 독일 서부지역에서는 독일 측으로 관할권한이 이양되었는데, 부분적으로는 군사정부의 명령에 의해, 부분적으로는 그 사이에 새로 창설된 연방 각 주가 제정한 법률에 의해 자치행정권을 보유한 공영방송을 설립하는 방식으로 이루어졌다. 점령군의 영향력을 강하게 받아 이와 같이 방송을 조직함으로써 각 공영방송에 국가로부터 독립성과 정치적 중립성을 보장했던 것이다. 그후 모든 연방의 주에서는 해당 주의 공영방송에 관하여 법률을 제정하든지, 또는 몇 개 주에서 함께 창립하는 공영방송에 대해서는 이들이 체결한 국가조약에 대한 승인법률을 제정하게 되었다. 어쨌거나 자치행정의 권리를 지닌 공법상 영조물이라는 공영방송의 법적 형태는 어디에서나 준수됐다. 그리하여 방송물에 대하여 구속력 있는 기본원칙과 개별 공영방송의 조직에 관하여 법률로 규율한 것은 근본적으로 일치했던 것이다.

방송은 "공물(公物)"이다. 방송은 완전한 독립성을 확보하고 초당파적으로 운영되어야 하며, 어떤 영향력 행사이든 그로부터 자유로워야 한다. 방송내용은 "보도와 논평, 오락, 교양과 교육, 예배와 교화(敎化)를 중개하며, 평화, 자유, 국제이해에 기여해야 한다." 다양한 세계관적·학문적·예술적 조류가 고려되어야 한다(예컨대 1948년 10월 2일자 헤센방송에 관한 법률 제3조〔법률명령공보, S. 123〕와 1955년 2월 13일자 북부독일방송에 관한 국가조약 제3조〔슐레스비히-홀슈타인 법률명령공보, S. 92〕).

공영방송 내부기관에 관하여 주방송법에는 사회적으로 중요한 모든 세력이 광범위하게 참여하여 공동으로 영향력을 행사할 수 있도록 보장해야 한다는 규정이 포함되어 있다.

(원문 S. 328 – 역주)

특히 중요한 것은 "방송평의회(Rundfunkrat)"로 방송 분야에서 일반인의 이익을 대변하는 공영방송의 최고기구이며, 그에 따라 거의 모든 공영방송에서 이 기구의 과업은 방송사 사장(Intendant)의 선출, 선출의 추인, 방송물에 부과된 기본원칙이나 지침의 준수 여부에 대한 감독, 예산안의 승인 따위이다. 방송평의회의 구성에 관해서는 방송법에 부분적으로 규정한 유형부터 아주 상세하게 규정한 유형까지 폭이 넓은데, 과거 미국과 프랑스가 점령했던 지역이 이에 해당된다. 그밖의 각 주에서는 방송평의회 구성원을 주의회가 비례선거의 원칙에 따라 선출한다.

마지막으로 일반인에게 의무를 부담하는 송출이라는 방송의 특수한 성격은 공영방송간 협력과 관련하여 각 주가 내린 조치에서도 나타난다. 이에 따르면 공영방송은 1959년 4월 17일자 제1공영TV 프로그램 조정에 관한 주간협약(예컨대 노르트라인-베스트팔렌 법률명령공보, S. 151 참조)에 의해 공동으로 TV프로그램 하나를 편성할 권한을 부여받고 또한 그에 관한 의무를 부담하게 되었다. 그리고 각 공영방송은 1969년 공영방송간 재정조정에 관한 협약(예컨대 바이에른 법률명령공보, 1969, S. 380 참조)으로 적절하게 재정조정을 시행할 권한과 의무를 지니게 되었다. 1961년 6월 6일자 공법상 영조물인 "제2공영TV(ZDF)" 설립에 관한 국가조약(예컨대 바덴-뷔르템베르크 법률명령공보, S. 215 참조)에서 연방의 각 주는 조약을 체결한 각 주의 영역에서 징수되는 수신료 수입의 30%를 이 공영방송에 배정하기로 하고, 이 중에 지출분을 초과하여 남는 부분은 연방 각 주가 문화목적에 사용하도록 주정부에 반환한다고 결정한 바 있다.

각 주의 법률에서 방송에 관해 규정한 것은 TV판결에서 기본법 제5조로부터 개발한 여러 원칙을 실현하고 있으며, 나아가 이와 같이 여러 안전장치가 마련된 공영방송에 대하여 기존의 여건하에서 방송물의 송출에 대해 독점을 허용한다고 하더라도 이와 같은 여러 헌법규범에 모순되지 않는다.

(원문 S. 329 – 역주)

3. 전술한 방송제도의 기본원칙과 기본구조로부터 공영방송은 결코 상업적

또는 직업적 활동을 행사하는 기업이라고 할 수 없다는 점이 도출된다. 공영방송은 실제로 공법적 과업을 이행하고 있는 것이다.

헌법상 연방의 각 주는 보도나 방송물을 "공공을 대상으로 전파하는 행위"인 방송이 국가로부터 자유롭게, 그리고 중요한 사회세력은 모두 참여한 가운데 이루어지도록 일반적 구속력이 있는 규범을 통해 보장할 과업을 부과받고 있다. 연방의 각 주가 이와 같은 과업의 이행을 해당 목적을 위해 설립한 공영방송에 할당했으며, 그에 따라 현재 위탁한 상태다. 방송은 국가로부터 자유로워야 한다는 명령으로 인해 각 주 스스로 직접 이행할 수 없는 "공행정의 과업"(연방헌법재판소 판례집, 위의 곳, S. 246)을 공영방송에 위임한 것이다. 이에 따라 공영방송의 활동은 공법적 영역에서 이루어진다. 공영방송은 공적 책임을 지며, 공행정의 과업을 실현함으로써, 그와 동시에 국가 전체를 위한 통합적 기능을 수행한다. 공영방송의 방송활동은 결코 상업적 종류의 것이 아니다.

개별 공영방송이 각종 방송물을 제공하되 "수신료"를 대가로 받는데, 이런 방식으로 방송참가자, 즉 시청자와 상업적 종류의 관계를 맺는다고 해서 공영방송의 활동이 상업적 종류에 속하지 않는다는 점에 배치되는 것은 아니다. 수신료 규정 관련 국가조약 제1조 2항에 따르면, 수신할 수 있는 수신기기를 갖춘, 즉 일반적인 방송송출을 이용하는 데 참여할 수 있는 자는 누구든지 방송참가자, 즉 시청자라고 한다. 방송 전체를 하나로 통합해서 취급하는 정도가 얼마나 되는지는 각 주가 다양하게 체결한 국가조약에서 각 공영방송 사이에 공동작업을 한다든지, 재정의 과부족을 상호조정한다든지, 제2공영TV(ZDF)에 대하여 공동으로 재원을 조달한다든지 따위로 규정했다는 점에서 특히 분명하게 나타난다.

(원문 S. 330 – 역주)

TV의 경우에는 각 주의 공영방송이 서로 협력하기 때문에, 그리고 라디오 부문에서는 넓은 수신범위로 말미암아 방송참가자 측에서 보면 자신이 속한 주의 공영방송에만 제한되어 있지 않다. 수신기구를 보유하고 있다는 이유만으로 해당 주의 공영방송에 납부해야 하는 "수신료"는 전술한 상황을 고려하면, 이는 어떤 서비스 하나에 대한 반대급부가 아니라 방송송출 전체에 대한 재원을 조달하기 위해 각 주가 도입한 재정수단인 것이다. 그 결과 "시청료"

가 존재한다는 점으로부터 방송물제공의 성격을 상업적인 것이라는 결론을 도출한다면 이는 결코 정당하다고 할 수 없게 된다.

이와 같이 광범위하게 형성의 자유를 인정한다면, 연방소속 각 주가 다른 공법상 단체 역시 1967년 부가가치세법 제2조 3항의 효력범위에서 벗어나게 할 수 있을 것이라고 이의를 제기할 수는 있겠지만, 이것도 위와 마찬가지로 그리 큰 타당성을 인정받지는 못한다. 방송이 속한 영역은 특수해서 각 주의 입법자가 기본법 제5조의 몇 개 강제적 명령에 기속되어 있다. 공영방송이 공공의 과업을 구현하며, 결코 상업적 또는 직업적 종류의 기업이 아니라는 것은 아직은 유지되고 있는 방송질서와 공영방송의 조직으로부터 또한 도출된다. 공적으로 생존에 배려하는 다른 서비스의 경우 비록 그를 위해 공적 단체, 특히 지역적 단체가 참여한다고 하더라도 위와 같은 헌법상 결론을 도출해낼 수 없다는 것이 오히려 통상적인 예에 속한다.

II

1. 위의 I 부분에서 기술했듯이 공영방송의 활동은 실제로 결코 상업적 또는 직업적 종류의 것이 아닌데도 1967년 부가가치세법 제2조 2항 2문이 규정한 바에 따르면, 공영방송을 부가가치세법영역에서 마치 상업적 또는 직업적 활동에 종사하는 것처럼 취급하고 있다. 그렇게 처리한 결과 공영방송은 실제로 전혀 상업적 종류의 기업이 아닌데도 부가가치세법상 기업으로 "간주"되고 있으며, 수신료는 결코 급부를 교환하자는 의미에서 공영방송이 제공하는 급부에 대하여 그 대가로서 시청자가 납부하는 것이 아닌데도 이를 부가가치세의 과세대상으로 파악하고 있다.

(원문 S. 331 - 역주)

물론 이와 같은 의제(擬制)를 법기술적 수단으로 적용하는 예는 드물지 않다. 그렇다고 하더라도 입법자가 이런 의제를 임의로 사용할 수 있게 그대로 방치하는 일이 없도록 결코 주의를 게을리해서는 안 된다. 입법자에게는 다른 무엇보다 특히 주목해야 할 특정한 한계가 설정되어 있는데, 즉 헌법정립자는 일반적인 법질서로부터 차용해온 개념에 직접 또는 간접적으로 연관시키게 될 경우 이와 같은 개념의 내용을 임의로 채울 수는 없다는 것이다.

연방헌법재판소 제2차 방송판결: BVerfGE 31, 314ff.

이 사건에서는, 그것도 1969년 5월 12일자 제21차 기본법 개정법률(財政改革法律)(연방법률명령공보 I, S. 359)이 아직 효력을 발생하기 이전 시기에 유효했던 기본법 제105조는 세법규정에 대한 특수 권한규범으로서(연방헌법재판소 판례집 16, 147〔162〕에 그밖의 증거와 함께) 소비세 및 유통세 분야에서 그리고 그의 주된 적용영역인 부가가치세에 대해서도 특정한 몇 개 요건을 충족시켜야 하겠지만, 연방에 경합적 법률정립의 권한을 부여하였고, 이는 이 영역에 관한 한 전형적인 것이었으며, 그래서 이 영역의 특수한 면모를 형성해왔던 것이기도 했다. 아무리 이와 같이 근거를 갖춘 연방의 법률정립의 권한이라고 하더라도 법률정립자에게 기본법 제105조 2항에서 언급한 여러 종류의 세금 중 하나에 기속적 효력이 있는 구성요건을 임의로 설정할 수 있도록 권한을 부여한 것은 결코 아니었다. 이런 세금의 종류를 헌법정립자가 스스로 정의한 것은 결코 아니었던 것이다. 헌법정립자는 이런 세금종류들을 일반적 법질서에서 차용했기 때문에 바로 이런 개념에 내재적인 객관적 기준들은 입법자의 권한에 대해서도 넘어서는 안 될 제한을 가하고 있었던 것이다.

이 사건에 적용되는 부가가치세의 본질을 규정하는 특성은 이미 오래 전부터 확립되어 있었으며, 또한 경제생활에서 나타나는 모든 급부의 교환에 대하여 과세함으로써 일반적으로 소비에 대한 부담을 형성한다는 것이었다 (Popitz, *Umsatzsteuer*, in *Handwörterbuch für Staatswissenschaften*, Bd. 8, 1928, S. 373f.; Haller, *Umsatzsteuer*, in *Handwörterbuch der Sozialwissenschaften*, Bd. 10, 1959, S. 433; Alfred Hartmann, *Umsatzsteuer*, in *Staatslexikon*, Bd. 7, 1962, S. 1105).

(원문 S. 332 – 역주)

이와 같은 원칙이 전통적인 독일 세법에도, 나아가 이 세법영역에서 현재 입법자가 실제로 정립해온 모든 규율사항에도 관철되고 있다는 점은 결코 우연이 아니다.

1919년 12월 24일자 부가가치세법 제1조 1호(바이마르연방법률공보, S. 2157)에서는 국내에서 자영의 상업적 또는 직업적 활동으로서 유료의 대가를 받고, 상품인도와 용역제공에 대하여 납세의무를 부과한다는 원칙을 전제로 하고 있었다. 여기에 포함시키지 않았던 것이 바로 공법적 단체에 의한 공권력의 활동이었는데, 이로써 이들이 상업적 또는 직업적 활동과는 본질적으로 다른 그 무엇을 지니고 있다고 인정해왔던 것이다(Popitz-Kloß-Grabower, *Kommentar zum Umsatzsteuergesetz*, 3. Aufl. 1928, Anm. B I 2〔S. 291〕und B V 7〔S. 343〕zu §1 Nr. 1). 1934년 10월 17일자 부가가치세법도(바이마르 연방법률공보 I, S. 942)- 이 법의 제2조 1항과 관련하여 제1조 1호 참조 - 동일한 노선을 유지했다. 나아가 동 법은 공권력의 행사를 직업적 또는 상업적 영역에서 구분해낸다고 제2조 3항에 명문으로 규정했던 것이다. 따라서 공법상 단체는 이들이 사경제적 영역에서 활동할 경우에 한해서 부가가치세의 부과대상이 되었다(Hartmann-Metzenmacher, *Das Umsatzsteuergesetz*, 1935, Anm. D I zu §2). 1951년 9월 1일자의 부가가치세법은(연방법률공보 I, S. 791)-1967년 부가가치세법도 마찬가지라는 점을 지적해두거니와(동 법 제1조 1항 1호 1문, 제2조 1항과 3항 1문 참조)- 전술한 바와 같이, 이 같은 원칙적인 구별에 아무런 변경을 가한 바 없었다. 문헌에서도 공적 과업의 수행에 관한 한, 공법상 단체의 존재목적이 사경제적 활동이 아니라 고권적 활동을 지향하며, 문제가 된 활동이 그와 같은 단체 자신의 존재활동이라고 획정할 수 있는 영역에 속한다면 이를 긍정했다. 법률 또는 명령이 직접 어떤 활동에 대하여 명확하게 권한을 배정했다면 더욱 이런 본질에 가까울 것이라고 강조한 바 있다(Hartmann-Metzenmacher, *Umsatzsteuer*, Kommentar, 5. Aufl., §2 Nr. 231).

(원문 S. 333 - 역주)

법발전 양상에서 확인할 수 있듯이, 개정전(a.F.) 기본법 제105조 2항에서 도출되는 부가가치세법 정립의 권한은 그 본질상 한계가 설정되어 있다면, 연방입법자는 오로지 사경제적 급부교환에 대해서만 조세를 부과할 수 있는데, 이런 제한을 단지 "...라고 간주한다"는 조항만으로 파괴할 수는 없다는 것이다. 그렇게 규정함으로써 연방입법자는 부가가치세법의 영역을 이탈했고, 1967년 부가가치세법의 체계에서 벗어난 것이다. 연방입법자는 의제를 설정함으로써 부가가치세를 도입하려고 시도했지만, 이는 헌법정립자가 잠재적으로 인수해온 부가가치세 개념이라는 내재적 실체적 기속성과 일치하지 않아 개정전(a.F.) 기본법 제105조 2항에 근거하여 볼 때 연방이 보유하지 아니한 권한을 행사한 결과에 이르게 된다.

연방헌법재판소 제2차 방송판결: BVerfGE 31, 314ff.

2. 1967년 부가가치세법 제2조 3항 2문은 이미 연방의 입법권한의 범위를 유월함으로써 무효이며, 그렇기 때문에 문제된 조항이 다른 헌법규범도 위반하고 있는지 여부에 대해서 더 이상 규명할 필요조차 없다.

III.

1. 일단 헌법소원이 적법성의 요건을 갖추어 심판이 허용되면, 문제의 조항에 관하여 모든 헌법적 관점에서 심사하게 된다. 특히 연방헌법재판소는 연방법률에 대한 헌법소원절차에서, 연방의 입법에 관한 관할권한의 존부에 관하여 직권으로 심사할 수 있다(연방헌법재판소 판례집 1, 264〔271과 재판요지 1〕; 그로부터 확립된 판례임; 그밖에 연방헌법재판소 판례집 3, 58〔74〕; 6, 376〔385〕; 17, 319〔329〕 참조). 이미 위에서 규명한 바와 같이 1967년 부가가치세법 제2조 3항 2문은 공영방송이 행하는 방송물의 송출활동을 연방의 입법자가 상업적 또는 직업적 종류의 것이라고 전환해석할 수 있는 권한을 갖고 있지 않다는 이유 하나만으로 이미 무효이다. 이런 주변사정을 살펴보면 공영방송이 제기한 그밖의 다른 관점에 대하여는 더 이상 심사할 필요도 없다. 문제된 조항에 대하여 헌법소원과 병합된 규범통제절차에서 무효라고 선언함으로써 공영방송이 추구하는 결과도 그와 함께 달성되었으며, 그가 제기한 소에 관해 본질적인 논점에 대해서도 충분히 다루었던 것이다. 이에 관해 특별히 더 언급할 필요는 없다고 본다.

(원문 S. 334 – 역주)

2. 공영방송은 헤센 주정부가 규범통제를 제청한 범위보다 더 광범위하게 1967년 부가가치세법 제12조 2항 7a호도 무효선언해달라는 것이었다. 이 조항은 단지 세율만을 규정하고 있을 뿐이며, 1967년 부가가치세법 제2조 3항 2문과 다른 독자적 의미를 전혀 갖지 못한다. 1967년 부가가치세법 제2조 3항 2문의 무효선언에 따라 1967년 부가가치세법 제12조 2항 7a호의 규율대상 역시 소멸하게 된다.

3. 필요적 소송비용의 상환에 관한 재판의 근거는 연방헌법재판소법 제34

조 4항이다. 공영방송이 승소함으로써 헌법위반의 책임을 지게 된 독일연방공화국은 소송비용 상환의 의무를 진다.

IV.

이 C 부분에 대한 재판의 표결결과는 4 : 3으로 이루어졌다.

(서명재판관)

  라이프홀츠 박사 겔러   폰 쉴라브렌도르프 박사
  룹 박사   가이거 박사 링크 박사
         반트

  1971년 7월 27일자 연방헌법재판소 제2재판부 판결의 이유에 관해
  다수의견과는 다른 재판관 겔러와 재판관 룹 박사의 견해
     — 2 BvF 1/68, 2 BvR 702/68 —

우리는 C II[5] 부분의 판결이유에 동의하지만, 문제된 조항이 무효인 것은 연방이 각 주에 대하여 입법권한을 보유한 바 없다는 이유 때문이라고 보는 견해를 주장한다.

1. 법률이 의제한 바라면 통상적인 경우 인정해주어야 한다. 다시 말해서 입법자가 어떤 새로운 구성요건에 대하여 어떤 특정한 법규를, 또는 다수 법규의 복합체를 적용할 수 있도록 규정할 경우, 즉 입법자가 이 구성요건에 대하여 그 자체의 진정한 성격에 위배하되 달리 논파할 수 없을 정도로 분명하게 "사고의 전환"(에넥케르스〔Ennecerus〕의 표현)을 강행하여, 이를 어떤 법규 아래 또는 다수 법규의 복합체 아래 귀속시켰을 경우, 이를 인정해주는 것이 통상의 예라는 것이다.

               (원문 S. 335 — 역주)

이런 종류의 의제를 법기술적 수단으로 적용하는 예는 드물지 않다. 민법,

---
[5] S. 330.

특히 민법전에는 입법자가 의제를 이용한 수많은 예가 있음은 잘 알려진 사실이다. 입법의 관할권한이라는 문제는 이 경우 전혀 제기되지 않는데, 이는 규율대상인 사안뿐만 아니라 규율내용을 지배하는 법규 자체가 동일한 관할영역에 귀속되기 때문이다. 그에 반해서 이 두 영역이 서로 괴리될 경우, 다시 말해서 규율되어야 할 (진정한) 사안과 이런 전환으로 준수하게 될 법규가 각각 다른 관할영역에 속하게 될 경우였다면 사정은 전혀 달라졌을 것이다. 그런 경우 연방국가적 구조 아래에서 연방과 각 주의 입법권한을 엄격하게 분리한다는 점을 감안할 때 "의제라는 샛길"로도(에쎄〔Esser〕의 표현) 극복할 수 없는 한계였을 것이다.

1967년 부가가치세법 제2조 3항 2문의 경우 그 구성요건을 살펴보면, "사고의 전환"이 일어났으며, 새로운 구성요건 아래 귀속되어야 한다는, 몇 개 법규의 복합체가 존재하여 이들 구성요건과 법규복합체는 각각 다른 영역에 속한다. 이에 반하여 방송영역에서는 오직 이른바 스튜디오기술을 제외한 송출기술적 영역에 대하여 규율할 권한만 연방에게 부여되어 있다. 방송사의 내부조직과 방송 자체의 조직에 대해 규율할 권한에 관한 한, 연방은 전혀 부여받은 바 없다(연방헌법재판소 판례집 12, 205〔225ff.〕). 그래서 이 사건에서 제기되는 문제는 방송에 관한 구성요건에 대해 의제를 통해서 사고의 전환을 행하여 이 요건을 부가가치세법 아래 귀속시키는 결과를 일으킬 수 있는 그런 권한을 연방의 부가가치세 권한이 또한 포함하고 있는지 여부인 것이다. 이 질문에 대해서는 부정적으로 답해야 한다.

의제라 함은 어떤 사안이 실제로 처한 바를 그와 달리 보아야 한다는 따위의 방식으로 단순한 사고적 과정은 결코 아니다.

(원문 S. 336-역주)

의제한 결과 사안이 이제는 새로운 연계상황에 자리잡게 되고, 그에 따라 다른 법적 효과를 낳게 되는 것이다. 이로 말미암아 원래 사안이 변경된다. 바로 이런 점이 1967년 부가가치세법 제2조 3항 2문의 경우 오해의 여지없이 확연히 드러난다. 각 주는 공영방송을 형성하면서 이들이 영업적 또는 직업적 종류의 사업을 행하지 않도록 하고, 그와 함께 확실하게 획정한 법적 지위를 마련해주었던 것이다. 그런데도 이를 마다하고 공영방송이 영업적으로 또는 직업적으로 활동한다고 보는 규정을 두었다. 이로써 공영방송에 관하여 근본적으로 변환·형성한 것은 아니지만, 어쨌거나 부가가치세법영역에 관한 한 공영방송의 법적 지위에 변경을 가함으로써 각 주가 창출한 방송질서에 침입한 것이다. 사정에 따라서는 이런 변경이 그밖에도 또한 공영방송이 자신의 과업을 수행하는 방식에 대해 일정하게 영향을 끼치게 된다. 법률정립의 절차에서 이 조치가 경제정책적으로 합병을 저지하는 효과를 발휘한다는 점을 강조하면서, "그와 동시에 조세납부의 의무가 있는 방송으로 하여금 이전단계 조세부담을 인수할 이익도 확보하려고 할 것이며(연방의회유인물 V/1581, S. 4 부분에), 따라서 제작물을 외부에서 인수해올 것이라는 데 원인이 있다고 지적했던 것이다. 그러나 공영방송의 법적 지위를 변경시키는 것이라면, 비록 일정한 부분영역에 지나지 않는다고 하더라도 공영방송의 행위에 대하여 유도하고 조성하는 조처와 마찬가지로 각 주에 유보되어 있다. 결과적으로 불복대상인 연방법률의 규율은 각 주의 방송법에 관한 전속적 관할권한을 침입한 것이다.

2. 연방 재무부장관은 츠바이거트의 감정평가서에 일치된 견해로서 지적하기를, 1967년 부가가치세법 제2조 3항 2문의 조문작성 문구가 결정적인 문제가 아닐 수 있다고 하는데, 이는 연방입법자가 공영방송의 매출액에 대해서 명문으로 과세할 수 있다고 선언하는 것으로 자신이 원하는 결과를 어렵지 않게 이룰 수 있었을 것이기 때문이다.

그에 반하여 이런 주장은 공영방송에 대해서 기타 공법상 단체와는 달리 이들이 영업적으로 또는 직업적으로 활동하지 않는데도 그 범위까지 또한 부가가치세를 부과할 수 있을 것이라는 뜻이다.

(원문 S. 337 – 역주)

이같이 체계에 위배되며 공영방송에 대해 불평등하게 처우하는데, 이를 어떤 객관적인 사유로 정당화할 수 있는지에 대해서는 여기에서 논의하지 않고 넘어간다. 왜냐하면 어떤 경우이든 입법자가 이런 방식을 채택한 바 없기 때문이다. 그는 부가가치세법의 체계를 파괴하는 일은 이미 피했으며, 오히려 그 대신에 부가가치세 조항에 연계시킬 수 있는 의제적 사태를 창출함으로써 부가가치세 체계를 유지했던 것이다. 이런 의제를 적용하여 행사한 규제 자체만이 이 사건에서 비로소 사후심사의 대상으로 삼을 수 있다. 1)에서 전술

연방헌법재판소 제2차 방송판결: BVerfGE 31, 314ff.

했듯이, 이와 같은 규제에 대한 연방입법자의 권한을 부가가치세법에 관한 입법 관할권한으로부터 도출할 수는 없다.

(서명재판관)   겔러 룹 박사

1971년 7월 27일자 연방헌법재판소 제2재판부의 판결에 대한 다수의견과 다른
재판관 가이거 박사, 링크 박사, 반트 등의 견해
— 2 BvF 1/68, 2 BvR 702/68 —

1967년 부가가치세법 제2조 3항 2문은 기본법과 합치하지 않는다.

I.

1. 라디오나 텔레비전방송물의 송출은 공적인 과업이다. 이것은 1961년 2월 28일자 연방헌법재판소의 판결에서(연방헌법재판소 판례집 12, 205〔243, 246〕) 확인되었다. 기본법 제5조에 따르면 방송물의 송출은 결코 국가의 관할사항이 아니며, 직접으로든 간접으로든 국가적인 과업으로 될 수 없다. 기본법 제5조는 이를 사회의 영역에 자리잡게 하고 있다. 또한 방송물의 송출은 전속적으로 또는 일방적으로 사회의 어떤 한 집단에 양도되어서는 안 된다. 기본법 제5조는 오히려 사회적으로 중요성을 갖는 집단으로 하여금 자신의 관념, 확신, 견해, 평가를 유지한 채 이 공적 과업에 참여하고, 서로 균형적 관계 속에서 발언하도록 요구하고 있다.

(원문 S. 338 — 역주)

바로 그런 이유 때문에 이 과업에 관한 독점이라면 피할 수 있는 것일 경우, 어떤 것이든 모두 기본법 제5조와 불합치한다고 할 것이다(연방헌법재판소 판례집 12, 205〔262f.〕).

2. 라디오방송과 텔레비전방송의 송출에는 어떤 주체, 즉 기술적으로 경제적으로 급부능력이 있는 기관이 필요한데, 이 주체는 가능한 범위 안에서 공

적 과업을 위에 열거한 기본법 제5조의 요구사항에 부응하도록 이행할 것을 보장할 수 있어야 한다. 그런 시설제도를 설립하는 일은 라디오방송이나 텔레비전방송이 워낙 특유한 종류의 것이라는 이유 때문에, 그리고 특히 기술적 상황(이런 목적에 처분가능한 주파수의 숫자가 제한되어 있다는 점과 전파방해 없이 수신할 수 있게 배려해야 한다는 점), 스튜디오 기술에 들여야 할 큰 비용, 방송물제작에 소요되는 상식을 넘는 투자금액 때문에 현재로서는 개인이나 어떤 집단의 임의에 맡길 수 없는 형편이거니와, 그런데도 만약 맡긴다면 머지않아 자본동원력이 큰 이해관계자 몇 개가, 또는 사회적으로 강력한 집단 한쪽이 또는 다른 한쪽이 일방적으로 이 공적 과업을 점령하는 결과가 필연적으로 나타날 것이기 때문이다. 이에 관심을 갖는 모든 집단에게 또는 협력할 의지가 있는 집단의 모든 공동체에게 주파수를 하나씩 할당해줄 수 있다면, 그리고 이와 같은 방식으로 견해와 세계관의 다원주의를 출판영역처럼 또한 라디오방송과 텔레비전방송의 영역에서도 창출하게 할 수 있다면 사정은 달라질 것이다.

그런 까닭에 기본법 제5조는 대중적 의사소통수단영역에서 자유를 지키기로 결정한 것이다. 그에 따라 나타나는 요구를 다시 살피면, 현재로서는 아직도 **입법자가** 라디오방송과 텔레비전방송의 주체를 조직하는 특수한 법적 형태를 창출하며, 위에 열거한 위험을 방지해야 한다는 것이다. 하지만 그 결과 라디오와 텔레비전 방송의 송출 및 내용의 편성, 그리고 방송물 자체에 대해서, 다시 말하면 또한 이런 공적 과업을 이행하는 방법에 대해서 직접 영향력을 행사할 국가적 권한은 아예 존재하지 않으며, 그 반면에 짐작컨대 — 필수적인 범위 안에서 — 그 공적 과업의 주체를 이룰 **조직형태에** 관하여 법률로 규율할 국가적 권한은 존재하는데, 그것도 언제나 그리고 전적으로 기본법 제5조라는 시각에서 라디오와 텔레비전방송물 송출을 국가로부터 자유롭게 유지하며, 동시에 사회적으로 중요한 집단이 하나같이 모두 방송물 전체라는 면에서 상호간 적정한 균형관계를 이루며 협력하며 발언에 나설 수 있도록 보장해야 한다는 내용인 것이다.

(원문 S. 339 — 역주)

그와 같이 라디오와 텔레비전 방송 분야로 적용대상에 제한을 가한 입법관할 권한은 원칙적으로 독일연방공화국 내에서는 각 주에 부여되어 있다. 연

연방헌법재판소 제2차 방송판결: BVerfGE 31, 314ff.

방헌법재판소는 기본법 제5조를 충족시키는 라디오와 텔레비전 방송물 송출 주체의 조직형태 중의 하나로서, 현재 법률로 확정되어 있는 바와 같이 공영방송을 인정했다. 공영방송의 이런 형태로서도 다양한 사회적 세력과 집단이 참여하고 발언해왔는데, 그렇다고 해서 연방헌법재판소가 현재까지 익숙했던 바와는 다른 양식으로 이를 구현할 수 있음을 배제하지는 않았으며, 나아가 연방헌법재판소는 이런 송출의 주체를 특히 사법(私法)에 따라 조직하더라도 이 역시 기본법 제5조와 합치한다고 명시하여 선언한 바 있다(연방헌법재판소 판례집 12, 205[262]).

주체의 조직형태에 대하여 한 종류 또는 다른 종류의 것으로 입법자가 결정한다고 하더라도, 이로써 공적 과업의 법적인 성격에 변경이 생길 바는 전혀 없다. 이는 이미 1)에서 살펴보았듯이 기본법 제5조가 정한 바이기 때문이다. 공영방송이든—각종 사회적 세력과 집단의 균형잡힌 참여를 구체화하는데 어떤 형태를 채택할 것인지, 그와 상관없이—그리고 사법적(私法的) 시설제도이든 법적으로 동일한 공적 과업을 바로 기본법 제5조가 명한 바 그대로 동일한 방법을 써서 구현할 뿐이다. 기본법 제5조는 라디오와 텔레비전 방송의 송출로 제공하는 이 공적 과업을 국가로부터 자유롭게 이행해야 하며, 기술과 경제적 이성의 진전상황에 따라 그때마다 이 영역에서 가능한 자유의 실현을 보장해야 한다고 요구하는데, 그렇다면 국가의 입법자는 이에 필요한 모든 조직형태를 활용할 수 있도록 제공해야 한다. 방송물의 수준에 관한 한 사회적으로 중요한 집단은 그 임무를 맡아 임명된 대표적 주체기관을 거쳐서, 이들이 협력하고 참여할 수 있는 정도에 따라, 그리고 이런 시설제도의 외부에서는 라디오와 텔레비전 청취자와 시청자들이 이런 주체시설에 대하여 개인적으로 또는 집단적으로 활동함으로써, 그리고 이들 방송물 중에 어떤 것을 선택하고 선별함으로써 이를 정하며 또한 그에 대한 책임을 감수하는 것이다.

(원문 S. 340—역주)

이런 모든 면을 살펴보면, 공적 과업을 이행하는 주체가 라디오와 텔레비전의 "진정한 주인"은 아니며, 그 주체 내부에서 직업적으로 활동하는 사람들도 그 주인으로 이해되어서는 안 된다. 오히려 이들 주체는 오직 수단적 기구라는, 그리하여 이를 통해서 사회적으로 중요한 세력과 집단이 공적 과업을 이행할 수 있게 한다는 결론이 도출된다. 방송의 자유는 사회적으로 중요한 세력과 집단이라면 누구든지 방송물의 편성에 자유롭게 참여한다는 뜻인데, 이를 오로지 이 주체조직의 특정한 내부구조를 통해서만 실현시킬 수 있다고 본다면 이는 기본법 제5조에 포함된 방송자유 원리의 본말을 전도시키는 것이 될 터이다. 본래 이 방송의 자유 원리에 따르면 내용은 사회적으로 중요한 세력과 집단을 방송제공물의 형태, 내용, 편성에 관해서 결정하는 자로 보지만, 그렇다고 해서 이들에게 방송주체의 자리를 내주어 이들이 이를 이용할 수 있게 해야 한다는 뜻은 아니다. 그렇게 하는 대신에 이들과 다른 어떤 주체를 세우고, 이 주체가 독자적으로 또는 주인의식을 가지고 이 과업과 이 과업의 이행이 과연 무엇인지 그리고 무엇이 정당한지 자신이 파악한 그런 견해를 기준으로 삼아 어떤 특정한 과업을 공적 과업이라고 이해하게 한다는 것이다.

독일의 공영방송이 헌법적으로 특이한 점은 다음과 같다. 통상 그렇듯이, 이 분야 역시 공적 과업을 국가적 과업으로 할당하지 않고, 목적의 타당성이라는 근거로 이를 국가의 일부를 이루는 공영방송에, 따라서 국가의 간접적 행정에 소속시켰으며 - 바로 이를 금지시킨 것이 연방헌법재판소가 종전에 이미 기술한 것처럼 기본법 제5조이다 - 오히려 공적 과업을 국가에는 전혀 낯선 과제로서 어떤 주체에게 책임지도록 인수시키고, 이 주체는 자신의 조직형태로서, 사회적으로 중요한 집단이 서로 균형된 관계를 유지하며 라디오와 텔레비전 방송에 의한 방송물 제공에 참여할 수 있게 보장하게 한다는 것이다.

(원문 S. 341 - 역주)

공적 과업은 공영방송이 이에 기여하고 있고 또 이를 반드시 이행해야 하지만, 그 방송사의 손에서 공법적 과업이 되고 그리고 간접적 국가행정의 한 분야가 된 것으로 받아들인다면, 결국 이는 1961년 2월 28일자 연방헌법재판소의 판결(연방헌법재판소 판례집 12, 205)을 오해한 것이다. 이 판결의 재판이유의 E-I. 부분에서(연방헌법재판소 판례집 12, 205〔243ff.〕) 재판소가 판시한 것은 기본법 제30조에 따라 연방국가에서 연방과 각 주 사이에 어떻게 권한을 배분할 것인가의 문제만을 다룬 것이다. 이런 맥락에서 그리고 오로지 이런 맥락에 대해서만 서론적으로 언급할 수 있었다. "만약 국가가 이 과업을 장악했다면, 이는 "국가적 과업"이 되었을 것이고, 이의 이행은 기본

연방헌법재판소 제2차 방송판결: BVerfGE 31, 314ff.

법 제30조에 따라 각 주의 관할사항이 될 것이다." 이때 "국가적 과업"이라는 낱말에는 우려되는 바가 있으므로 인용부호를 붙였던 것이다. 이 문장이 말하는 바는 뚜렷하다. **오로지 그럴 경우**— 말할 것도 없이 오로지 그 한도 내의 것임은 너무나 자명하다— 다시 말해서 오로지 국가가 권한을 보유하는 경우에만 그리고 그 범위 내에서만, 이 권한에 따른 조치(예컨대 조직법률을 제정한다든지, 라디오와 텔레비전 방송을 제공하는 주체의 조직에 관하여 제한된 법적 감독을 실시한다든지, 방송수신료를 법률로 확정한다든지)는 국가적 과업이 된다는 것이다. 논리적으로 일관되게 그 다음 단계로 계속된다(같은 곳, S. 244). 기본법 제30조의 권한규범 아래 속하는 것은 "국가의 바로 그런 활동, 즉 공적 과업의 이행에 이바지하는 활동이지만, 그렇다고 해서 공법적 수단이든 사법적 수단이든 어떤 것을 쓰든 고려할 필요는 전혀 없다." 요약하자면, "방송은 공적인 시설제도가 되어버렸고, 그래서 공적인 책임을 담당하게 되었다. 국가가 어떤 형태이든 방송을 장악하게 될 경우 국가는 이로써 공행정의 과업을 실현하는 것이다"라는 것을 확인할 수 있다(같은 곳, S. 246).

(원문 S. 342 — 역주)

공영라디오와 텔레비전방송의 주체에 대한 형식적 조직은— 이들이 예외적으로 한때 매우 주변적인 실체법적 관점에 대해서만 관철되었을 뿐이라는 (1968년 10월 31일자 방송수신료의 규율에 관한 국가조약 제3조 1항에 규정한 자치규칙제정권한, ARD-Handbuch 1970, S. 299; 선거운동기간에 정당에 대한 방송시간의 배분을, 헌법소원으로 공격할 수 있는 공권력의 행위로서 평가, 연방헌법재판소 판례집 7, 99〔104〕; 14, 121〔129f.〕) 점에 대해 전혀 해를 끼치지 않더라도— 이들의 구조, 기관 및 업무처리를 보건대, 특수하게 공법적인 요소라고는 하나도 없다는 점을 결코 무시할 수 없다. 이들에게는 심지어 공무원 또는 공법상 관청직원이 없다. 이들은 국민에 대해서 전혀 고권을 지닌 바 없다. 이들 과업도 국가에 유보해두었던 과업이 결코 아니다. 이들은 헌법개정론에 따르면 잠재적으로 사적 주체와 경합한다. 그러므로 이런 점에서 이들은 오히려 다른 임의의 대기업과 유사하다.

3. 전술한 바와 같이 대중의사소통매체가 이행하는 이 공적 과업에는 방송물로 제공하는 모든 것이 포함되며, 예컨대 현실적 정치사건, 사회적 제과정

및 넓은 의미의 문화적 사건에 관한 정보, 비판, 평론, 그리고 문화적 또는 재현형성적 예술 – 연주회, 텔레비전극, 연극, 학문적 발표회 –, 그리고 교육방송과 성인교양방송(예컨대 학교교육 방송)과, 오락물의 제공(영화, 정치풍자, 연예계일람, 스포츠쇼, 쇼쇼쇼 등)을 들 수 있다. 이런 과업의 이행은 방송물의 기본적 흐름을 잡는 것도 포함하며, 이 흐름 잡기의 일환에 방송물 전체 중에 위에 열거한 제공물에 각기 종류에 따라 어떤 지분을 할당할 것인지, 이를 방송순서 중 어디에 편성할 것인지, 그리고 개별 방송물의 형태와 내용을 개발하며 특정계획을 실현하는 것, 다시 말해서 방송물로 제작할 수 있는 텔레비전 극화물, 기록필름, 오락방송물 구성의 대본을 "생산"한다든지, 이런 일을 통합하여 계획을 수립하거나 결정을 내린다든지 하는 것도 포함된다는 것이다. 과업의 이행에는 포괄적, 복합적 및 다대한 비용소모적인 제작과정이 요구되며, 이 모든 과정의 마지막 단계에는 완성된 방송물을 송출하게 된다.

(원문 S. 343 – 역주)

이런 활동은 전체적으로나 개별적으로도 고권적이라고 할 요소는 하나도 없다. 하지만 이는 공적인 관심을 불러일으키는 용역이며 사회적으로 중요한 용역이어서 순수하게 상업적인 시각으로만 평가할 수는 없는 것이다. 이들의 표준적 수준은 공공이익을 고려해야 획득될 수 있는 것이며, "공적 과업"이라고 특성을 평가함으로써 도출되는 특수성은 공적인 이익에 관련된 다른 용역제공이나 활동(예컨대 전력의 공급에서 시작해서, 수준 있는 병원의 유지 운영, 자유로운 출판제도, 공증인의 문서원본 공증활동을 거쳐, 노동조합의 활동까지)과 공통적인 내용을 보유한다. 라디오와 텔레비전 방송의 주체는 거대한 용역제공형 기업으로 현재 사회적·정치적 관계하에서는 도저히 없어서는 안 될 요소인 것이다.

4. 라디오와 텔레비전방송의 주체를 통해서 이 같은 공적 과업을 이행하는 데에는 상당한 재원이 필요하다. 독일연방공화국의 모든 공영라디오와 텔레비전 방송의 전체 투자소비액은 1970년 10억 마르크를 훨씬 상회할 것이다. 이들 수입의 대종을 이루는 것이 라디오와 텔레비전 방송 수신료이며, 이 재원이 공영방송으로 유입된다. 1969년(라디오와 텔레비전방송 수신료를 인상하기 전에) 공영방송의 경우 수신료로 거둬들이는 순수입액이 7억 8,600만

연방헌법재판소 제2차 방송판결: BVerfGE 31, 314ff.

마르크이고, 광고로부터 얻는 순수입이 1억 1,700만 마르크에 달했다(재원부문 통계인 표 3과 17, 18, im ARD-Jahrbuch 1970, S. 252, 267).
라디오와 텔레비전방송 수신료는 다음 사항의 범위에서는 확실하다. 방송수신료는 수신기를 "수신시설"로 설치하고 가동시키는 데 대한 허가수수료가 결코 아니다. 방송수신료는 확정되어 있으며 1970년 1월 1일부터 인상되지만, 이는 라디오와 텔레비전 방송 제공의 주체에 필요한 재원이 얼마나 되는지를 고려하여 결정된다. 방송수신료는 연방체신청에 일부 유입되지만, 이는 수신기의 설치 및 가동에 대하여 허가를 발급해주는 행정관청의 자격으로 받는 것은 결코 아니다. 연방체신청은 오로지 이 수신료의 "납입장소"에 지나지 않는다. 이 방송수신료의 채권자는 공영방송이며 결코 주가 아니다.

(원문 S. 344 – 역주)

그렇지만 방송수신료를 인상하거나 확정하는 결정은 주가 내리는데, 그 근거는 라디오와 텔레비전 방송 분야에 관한 주의 관할권한이다. 수신료 또는 공영방송에 유입되는 수신료지분이 그밖에 법적으로 어떤 성격을 갖는지, 이를 어떻게 평가해야 하는지에 대해서는 여기에서 상세히 논의하지 않고 지나간다. 실질적인 면에서 보면 이는 법률로 근거를 갖춘, 라디오와 텔레비전 수신자가 공영방송에 대해 지급하는 급부로서, "그의 방송물을 수신하고 지급하는 유료의 대가이며, 그로 하여금 방송물을 송출할 수 있도록 지급하는 사소한 금전적 급부"이다(Oppermann, *Kulturverwaltungsrecht*, 1969, S. 502). 방송수신료를 각 주의 수상은 "정치적인 가격수준"으로 이해한다는 점, 그래서 정치적(사회적 그리고 사회정책적) 이유로 말미암아 가능한 한 낮게 책정해야 한다는 점이 이런 대가적 성격에는 전혀 영향을 미치지 않는다. 방송수신료는 극단적인 방법으로 일괄처리한 수준이므로, 과연 이 방송을 수신했는지의 여부나, 어떤 범위에서 어떤 방송물에 대하여, 실제로 라디오와 텔레비전 방송을 청취했는지 혹은 시청했는지 그 범주를 전혀 고려하지 않는데, 이 점도 반드시 지적해야 하지만, 그렇다고 해서 방송수신료의 대가적 성격에는 위와 마찬가지로 전혀 영향을 끼치지 않는다. 다른 면에서 살펴보면 비교해볼 만한 것이 있는데, 예컨대 연극관람에 관한 일괄계약 또는 연방철도에 대한 일년일괄계약표가 그것이다.
라디오와 텔레비전 방송 제공의 주체에 대한 재원확보는 자신의 방송물을 송출하는 경우(그러니까 카세트 테이프 기술이나 유선방송 형태가 아니므로) 헌법적으로 우려할 바 없으며 실천가능한 형태로는 실제로 단 하나의 방법일 뿐이다. 각 주의(또는 연방의) 공공예산으로부터 재원을 확보하는 것은 기본법 제5조가 요구하는, 모든 잠재적인 주체의 – 즉 공영방송 역시! – 국가로부터 자유롭고 독립해야 한다는 면에서 볼 때 허용될 수 없는데, 이는 정당이 공공예산으로부터 무제한으로 또는 절반 넘게 재원을 확보하는 것이 허용되지 않는 것과 마찬가지다. 왜냐하면 그렇게 할 경우 공영방송은 (법적으로 어떤 형태를 택하든 모두) 라디오와 텔레비전 방송물을 제공하며 송출해야 한다는 그의 공적 과업이라는 각도에서 볼 때 국가에 종속되는 나락에 빠져들 것이다(연방헌법재판소 판례집 20, 56〔97-112〕참조). 공영방송에 대해 광고수입으로 재원을 확보하는 것을 중지해야 한다고 할 경우, 이는 라디오와 텔레비전 방송의 일방적인 상업화로 말미암아 공적 과업을 이행하자면 당연히 요구되는, 일반인과 공공의 이익에 대한 배려와 모순을 일으킬 수 있기 때문이라고 하는데, 그렇다면 남은 길은 시민의 금전급부로써 재원을 확보하는 길이고, 이때 시민은 라디오와 텔레비전 방송이 제공한 바를 받고, 송출된 방송물을 수신하기에 참여한 경우이다.

(원문 S. 345 – 역주)

 여기에 "수신료"라는 수수료의 징수와 부응하는 바가 있는데, 바로 공영방송이 연방체신청을 통해서 징수하게 하는 것이다. 수신료의 다과(多寡)는 국가로부터 자유와 독립의 원칙에 부응한 것인데도, 공영방송의 기관이 아닌 국가에 의해서 확정된다. 각 주의 수상은 방송수신료에 대해 합의하며, 각 주는 그에 상응하는 국가조약을 체결하고, 이에 대하여 주의회는 승인한다. 그에 내재적으로 국가로부터 자유와 독립을 확보해야 한다는 원리가 제한된다. 이를 정당화하는 근거로서 사실적으로 독점적 지위를 점하고 있는 대기업이면 누구이든 가격이나 재원수단을 인상해서 얻고자 할 이익은 또한 그것 자체로 위험을 내포하고 있으며, 수신료의 수준을 정할 때 가능하면 최대한 절약해야 한다는 원칙에 따라 절차가 진행되는 것도 아니고, 독점적 지위를 악용할 수도 있으며, 라디오와 텔레비전 방송 수신자의 이익을 등한시할 수도 있다는 것을 든다. 다른 한편으로는 방송수신료를 국가가 확정하는 것이 공영방송의 국가로부터 자유와 독립을 확보해야 한다는 기본원칙과 합치하려면, 국가가 자신의 결정에 관한 관할권한을 넘어 방송물에 대한 영향력을 행사하지 않고, 공영방송에 대하여 충분한 재원을 확보해주어야 한다.

II.

1. 독일의 부가가치세 체계에서는 이미 오래 전부터 공법적으로 조직된 기업에 대해서도 조세를 부과할 수 있었다(Popitz in Popitz-Kloß-Grabower, *Kommentar zum Umsatzsteuergesetz*, 3. Aufl., 1928, S. 100, 342ff.). 어떤 기업이 공법적 조직을 갖는다는 이유로 조세부과를 금지하는 헌법조문은 전혀 존재하지 않는다.

(원문 S. 346 – 역주)

공법상 단체가 부가가치세의 납부의무를 부담해야 하는지 여부와 이를 긍정한다면 부담하는 정도를 어떻게 정할 것인지의 수준에 대한 문제는 먼저 합목적성, 경제적 이성 그리고 재정정책의 문제이다. 이를 원칙적으로 긍정하고 난 뒤에 공법상 단체에 대한 부가가치세 의무를 형성한다는 문제를 다룬다면 상황에 따라 헌법적 문제가 일어날 수도 있다(예컨대 평등원칙이라는 시각에서). 부가가치세법을 규율하면서 여기에 공법상 단체를 포함시킬 것인지 제외시킬 것인지는 특히 일반적으로 세법 분야에 대한 또는 특수하게는 부가가치세법 분야에 대한 연방의 입법권한의 한계 문제가 결코 아니다. 연방은 당연히 부가가치세법을 정립할 권한을 보유하며, 이 권한의 범위 안에서 공법상 단체가 어떤 조건하에서 부가가치세 부담을 지는지 여부와 수준을 정할 수 있다. 처음부터 바이마르연방의 입법자도, 그리고 현재 연방의 입법자도 부가가치세법에 관한 한 약간 변동의 폭이 있긴 했으나 공법상 단체에 부가가치세 납부의무를 부담케 해왔으며, 반대로 변동의 폭이 있긴 했지만 이들에게 명문으로 부가가치세 면제를 보장해왔던 것이다. 이는 특별히 방송에 대하여도 해당되거니와 한동안 수수료 수입에 대해 부가가치세를 부담하다가, 한동안 부가가치세를 면제받았던 것이다. 본 법이 연방에 부가가치세법의 정립에 관하여 부여한 권한의 한계라는 그 시각 하나에서만, 영조물의 수수료 수입에 대하여 부가가치세를 부담하게 하는 이 규정이 헌법위반이라는 점을 도출하려고 해서는 안 된다.

2. 공법상 단체(영조물과 재단)를 납세의무가 있는 기업이라고 보는 한, 납세의무의 한계설정이라는 문제가 발생한다. 공법적 단체는 공적 과업을 이행한다는 맥락에서 가능한 한 최대로 다양한 방식으로 수입을 확보하자는 목적을 지녔다. 행정재산을 양도한다든지(자동차, 기계, 집기, 공공간행물 기타), 용역을 제공한다든지(은행이나 저축금고의 거래, 냉장시설의 임대, 묘역의 장기임대, 전기·가스·물의 공급, 연극오락, 시청지하실의 공용식당, 공공수영장), 특허에 대한 계속적 그리고 일시불적 수수료나 부담금을 취득한다든지 하는 따위가 그 수단이다.

(원문 S. 347 – 역주)

따라서 공법상 단체의 과업은 다음과 같이 바꾸어 표현할 수 있으며, 그와 같은 수입은 오로지 이들 과업의 특정한 부분을 이행할 경우에만 이런 수입이 발생한다. 공적 단체가 갖는 과업의 한계선을 전체적으로 보아 대가를 받고 이행이 이루어진다는 내용으로 획정할 수 있다. 단체의 가능한 수입원이 다양하다는 점에서 볼 때 부가가치세법에서 "공권력의 행사"와 "영업적 또는 직업적 활동"을 준별하려고 입법자가 애초부터 기울여왔던 노력이 드러난다. 이를 위해 그때마다 법률조문을 달리 작성하면서 계속 시도해왔던 것이다. 이 한계선은, 바이마르공화국의 재정원이나 연방공화국의 연방재정원이 되풀이하여 분명하게 표현한 바 있는데, "유동적"이라는 것이다. 이에 관한 판례와 학설은 예나 지금이나 안정되어 있지 못하며, 불분명할 뿐만 아니라 늘 논리적으로 일관된 것도 아니다. 이런 어려움은 지금까지 역시 시행명령과 행정규칙으로도 완전히 극복할 수는 없었다. 명확한 한계선을 설정하려는 노력을 살펴보면 어디에서나 지향목표로서 제기하는 질문이 있는데, 행정행위가 그 종류에 따라 서로 접근하여 영업적 또는 직업적 활동에 비교할 정도에 이른 것은 아닌가의 여부, 이런 방식으로 동등하게 평가해야 하는 한 단체의 권한 전체 범위 내에서는 이런 한계선 설정이 의미가 있는 것인지 여부, 나아가 단체의 특성 자체가 윤곽이나마 유지하며 존재하는지 여부가 그것이다.

1967년 부가가치세법은 – 과거로부터 기울여온 이런 노력의 일반적인 경향에 부응하여 – 공법상 단체에 대한 부가가치세의 의무부담이 있는 활동과 부가가치세의 의무부담이 없는 활동 사이에 획정할 한계선에 관해 규정하되, 새로운 문구로 조문을 작성하였는데, 공법상 단체는 "오직 영업적 종류를 사

연방헌법재판소 제2차 방송판결: BVerfGE 31, 314ff.

업으로 경영하며(법인단체세법 제1조 1항 6호), 농업과 산림업을 영업적으로 또는 직업적으로 경영한다는(1967년 부가가치세법 제2조 3항 1문) 범위 안에서만"이라고 한다.

(원문 S. 348 — 역주)

그러므로 부가가치세법 제2조 3항 1문에 따르면, 공법상 단체는 "영업적 종류의 사업"을 보유할 수 있으며, 또는 이들의 과업이 전체적으로 보아 이를 정당화할 경우라면 영업적 사업체이어도 된다("공법상 단체의 영업적 종류의 사업" 법인단체세법 제1조 1항 6호; 법인단체세법시행령 제6조). 법인단체세법 시행령에 따르면, 공법상 단체의 영업적 종류의 사업에는 "수입을 확보하려는 목적의 지속적인 경제적 활동에… 이바지하는 모든 시설제도"가 속하게 된다. 하지만 이익을 얻으려는 의도 자체는 요구되지 않는다(제1조 1항). 시설제도는 반드시 (만약 단체가 그밖에 다른 과업을 가질 경우) "단체의 전체 활동 내부에서 경제적으로 분별해야만 하며" 나아가 어느 정도까지 경제적인 자립성을 보유해야 한다(제1조 2항). 하지만 법인단체세법 제2조에서 도출되는 바에 따르면, 이런 시설제도가 "수입을 목적으로 지속적으로 경제적인 활동을 행하는 데" 이바지해야 한다고 요구하지만, 제1차적으로 수입을 목적으로 삼아 이런 시설제도를 운영해야 한다는 의미는 아니다. 만약 이들이 자신의 과업으로부터 우선적으로 그리고 무엇보다 먼저 특정한 공적인 목적에 기여하는데 (물, 가스, 전기, 난방, 공공교통, 또는 항구운영을 통해서 주민의 생존요구에 배려하는 따위의) 대가를 받고, 그러니까 또한 "수입을 목적으로 하여" 이런 급부를 제공할 경우라도 역시 영업적 종류의 사업인 것이다. 법인단체세법 시행령 제4조가 부가가치세법 제2조 3항 1문과 법인단체세법 제1조 1항 6호를 법률에 부합되게 해석한 것인지 여부는 여기서 다루지 않고 넘어갈 수 있다. 아무튼 "고권적 사업"에 특징적 표지를 확정할 때 쓰는, "반드시 공권력의 행사에 압도적으로 기여해야" 한다는 공식을 "고권적인 행위" 또는 "공적 과업을 이행하는 행위"보다 반드시 더 좁힌 것이라고 이해해야 한다. 뒤에 나올 문장에서 드러나듯이, 적어도 국가의 명령적 강제를 투입한 고권적 행위가 문제되는 경우여야 한다("어떤 급부이되, 그 급부수령자가 이를 부여받기 위해서는 법률 또는 행정관청의 명령을 근거로 의무를 부담하는 경우"). 1967년 부가가치세법 제2조 3항과 제15조 1항에 따라 공법상 단체에 조세를 부과하는 점에 대한 1968년 1월 3일 회보 역시 여기에 부합한다.

(원문 S. 349 - 역주)

행정이라 할지라도 하향식 명령으로(하명, 명령, 강제를 투입해서) 행위하는 경우만을 가리키며 "단순히 고권적으로" 행위하는 경우는 부정되는데, 이들이 부차적으로 수입을 목적으로 할 때라도 마찬가지다. "영업적 또는 직업적 활동이라는 개념과 모순을 일으키는 것은 공권력을 행사하면서 이루어지는 공적 단체의 활동이다. 그 범위 안에서 수수료 또는 기타 형태의 지급으로 대가를 징수할 뿐 납세의무가 발생하는 것은 아니다"(Popitz, 같은 곳, S. 101). "원칙적으로 부가가치세의 의무로부터 배제되는 것은 비영업적이나 비직업적인 것으로서 공법적 단체의 활동인데, 이는 공법적 권력의 발현상태이기 때문이다… 공법적 권력 대신에 국가의 사회적 활동에 대응하는 국가의 지시·명령적 활동(von obrigkeitlicher Tätigkeit)이라고 말할 수 있을 것이다 (Jellinek, *Recht des modernen Staates*, 3. Aufl. 1919, S. 606 참조)… 결정적인 식별표지로서 행정행위의 효력 하나만 보면 알 수 있다. 이는 반드시 공법적 효력의 발생을 지향하고 있어야 한다. 이 효력은 언제나 직접적이든 간접적이든 오로지 공권력에만 본질적인 권력, 다시 말해서 강제로써 자신의 의사를 표현할 수 있는 권력과 결합되어 나타난다…"(Popitz a.a.O., S. 343f.).

3. 공법상 단체에 대하여 어느 범위까지 부가가치세를 부과해야 하는지의 한계선을 설정하는 문제는 난항을 거듭하고 있음이 지금 더욱 뚜렷해졌는데, 이 어려움을 라디오와 텔레비전방송에 관한 한 부가가치세법 제2조 3항 2문이 제거한 바 그 규정내용을 살펴본다. "공영방송의 활동은 이 법률에서 의미하는 영업적 또는 직업적 활동으로 본다." 입법자는 여기에서 법기술적인 형상인 의제를 사용했다.

(원문 S. 350 - 역주)

에쎄(Esser)가 "법적 의제의 가치와 의미"에 관해 연구한 이래 법에서 극단적으로 다양한 종류의 의제가 존재함이 인정되었을 뿐만 아니라, 나아가 법적 의제이면 (어떤 종류의 것이든) 인식이론상 의제와 다소 다른 것이라고 확정되었다. 법에서 의제는 언제나 원용한다는 의미인데, 이로써 서로 다른 사안을 법적으로 (각 경우에 각각 다르게, 개별사안에서는 더욱 섬세하게 정

연방헌법재판소 제2차 방송판결: BVerfGE 31, 314ff.

해야 한다는 범위 안에서) 동등하게 평가하고 처리해야 한다는 것이다. 다시 말하자면 "법적 의제에서는 다른 것을 사실적으로 동일화하는 것이 아니라, 오히려 다른 구성요건을 법적으로 동등하게 평가하라는 요구를 뜻할 뿐인 것이다"(Esser, a.a.O., S. 32). 그러므로 의제로써 실제적인 사안의 의미가 바뀌는 것은 결코 아니며, "현실을 폭력으로써 전환시킨다"는 뜻이 아니고(Esser, a. a.O., S. 32), 현실적 사안의 윤곽을 변형시킨다는 뜻도 아니며, 오직 어떤 특정한 (변경을 가하지 않은 채 그리고 의제에 의해서도 전혀 영향력을 가하지 않은 채) 사안을 특정한 맥락으로 법적으로 동일하게 판단해야 한다는 것으로, 즉 그와 다른 또 하나의 좀더 상세한 법률로 규율된 구성요건이라고 해야 할 것이다. 여기 사건에서는 에쎄(Esser)가 열거한 여러 가지 법적 의제 가운데 "정의적 의제"가 문제된다(Esser, a.a.O., S. 98ff. 참조). 생활언어의 사용법에서 벗어나는 법적 개념인 "영업적 종류의 사업"은 제2조 3항 2문의 의제로 말미암아 더욱 분명해졌는데, 이 조문에 공영방송의 활동은 수수료의 형식으로 수입을 얻으려는 목적을 유지하는 한, 부가가치세법 분야에서는 영업적 종류의 사업과 동등하게 처리해야 한다고 특정했으며, 그리하여 그와 함께 이에 관련된 의심을 제거해낸 것이다. 입법자는 짐작컨대 (자신이 사용한 의제형식으로 표현하려고 했던 바에서 법적으로 조금도 다른 의미가 생기지 않도록 하면서도) 그와 동등한 효과의 문구를 작성할 수도 있었을 것이다. "공영방송의 활동은 이 법률에서 뜻하는 영업적 또는 직업적 활동이다." 또는 "공영방송의 활동은 이 법률에서 뜻하는 영업적 또는 직업적 활동으로 보아야 한다" 또는 별도의 문단으로 "공영방송은 그의 수신료 수입이라는 면에서 이 법률에 따른 부가가치세의무를 부담한다"는 것 등이다.

(원문 S. 351 – 역주)

부가가치세법을 정립할 연방입법자의 관할권한이라는 각도에서 보아도 이 사건에서 문제되고 있는 의제는 헌법상 전혀 문제가 없다.

4. 이 조항이 헌법적으로 우려할 바가 있다면, 이런 규율이 부가가치세법의 구조체계에 불일치하기 때문에 내용적으로 자의적이라고 할 수 있을 경우이어야 한다. 그런 우려는 전혀 없다. 종전의 것이나 새로운 것이나 부가가치세법의 체계적 구조는 일의적이라 할 만큼 뚜렷해서, 제2조에 일반적으로

세법상 파악된 기업의 범주가 특정되어 있고, 제4조에 이 범주에 속하는 일련의 기업에 특정한 정도까지 조세면제를 보장하고 있다. 그러므로 1957년 10월 18일자 부가가치세 개정법률에 따라 제4조 22호에서 "공영방송의 매출액, 하지만 그것이 오로지 라디오방송 청취자와 텔레비전 방송 시청자의 수신료로써 이루어지는 한" 조세면제라고 선언된 경우 이는 오직 다음과 같이 이해할 수 있다. 1957년 부가가치세법의 구조체계에 따를 때도 역시 공영라디오방송과 텔레비전방송은 그 자체로 부가가치세를 부과할 수 있는 기업군에 속한다. 그리고 또 이것은 과거 여러 가지로 다르게 정립되었던 부가가치세법의 구조체계에 비추어보아도 실질적으로 일치한다. 이는 "기업"을 출발점으로 삼았으며, 매출은 대가를 받고 물품공급이나 기타 급부를 제공함으로써 이루어진 것이다. 라디오와 텔레비전 방송은, I 부분에서 전술했듯이, 바로 여기에 해당된다.

5. 연방입법자는 제2조 3항 2문의 조항으로 라디오와 텔레비전 방송 질서에 대해서도 역시 침입한 바 없다. 하나의 동일한 구성요건이라고 하더라도 다른 법적 맥락이라면, 이를 또한 다르게 평가할 수 있다. 어떤 제도에 법률로 근거를 갖춘 어떤 부담을 부과할지라도, 그 제도가 자신의 법적 특성을 상실하는 것은 결코 아니다. 예컨대 정당이 등록법상 사정에 따라 사단법인으로 처리되어야만 할 경우라 하더라도, 그로 인하여 정당의 성격에는 아무런 변경을 일으키지 아니한다. 연방입법자가 공영라디오와 텔레비전 방송에 대해서 수신료협정을 근거로 부가가치세 납부의무를 부담시키면서, 공법상 영조물이라는 이들의 조직형태에는 간섭하지 않았고, 주법률로 확정한 이들의 권리와 의무도 전혀 손대지 않았으며, 이들의 공적 과업 역시 이를 이행하는 방법까지 포함해서 전혀 손대지 않은 채 그대로 두었다.

(원문 S. 352 — 역주)

라디오와 텔레비전 방송 질서에 관한 주입법자의 자유와 관할권한이, 이에 관하여 기본법 제5조에 따라 오로지 주입법자로 하여금 법률로 규율할 범주를 확보해둔 경우라면, 여기서 문제되고 있는 조항에 의해서는 어떤 방법으로든 결코 제한을 받지 않는다. 그러므로 라디오와 텔레비전의 영역에 대한 연방과 주의 입법사항이라는 관점에서 보면, 1967년 부가가치세법 제2조 3

연방헌법재판소 제2차 방송판결: BVerfGE 31, 314ff.

항 2문은 헌법적으로 전혀 우려할 바가 없다.

만약 연방이 공영라디오와 텔레비전방송에 대하여 부가가치세를 부과함으로써 어떤 "방송정책을 추진했다든지," — 이른바 목 조르기식 과세와 같이 — 공영라디오와 텔레비전 방송의 업무를 난항에 빠지게 하거나, 또는 공영방송이 자신의 방송프로그램을 적정하다고 보는 규모와 비용을 들여 구현하는 일에 장애를 일으키거나 하는 등의 시도를 했다면 사정은 달라질 것이다. 그러나 이에 관하여 우려할 사항은 전혀 나타나지 않는다. 부가가치세로 말미암아 "통상적인" 부담을 지게 되었다면 이는 누구에게든, 그리하여 공영라디오와 텔레비전방송에도 기본법 제5조에 보장된 이들의 자유에 대하여 허용되지 않을 제한을 결코 가한 바 없다고 하겠다.

6. 만약 헤센 주가 주장하듯이, "공영라디오와 텔레비전방송의 매출액에 대하여 조세를 부과함으로써 연방의 불간섭이라는 헌법상 기본원칙을 위반했다고 한다면," 이는 결코 연방국가에서 법률관할사항의 배분이 문제된 것이 아니라, 오히려 연방의 입법권한에 대한 한계문제가 제기된 것이다. 이 사건에서 헌법원칙으로 이해될 수 있는 것은 연방이 필요하다고 여기는 것을 각 주가 스스로 자신의 공법적 영조물에게 구속력 있게 명령하도록 종용하거나 혹은 그렇게 하도록 각 주에 맡기지 않고, 연방이 입법의 방법으로 각 주의 내부에 개입하여 연방이 각 주에 소속되어 있는 공법적 영조물에 대하여 직접 어떤 구속력 있는 명령을 내리는 것을 금지해야 하는 것이다.

(원문 S. 353 — 역주)

이 기본원칙으로부터 연방은 원칙적으로 자신의 입법관할 권한에 해당되는 사항일지라도 결코 관통장악(Durchgriff)이라는 방식으로 직접 기초지방자치단체에 과업으로 지정해서도 안 되며, 직접 기초지방자치단체에 위임행정사항 또는 자치행정사항으로(자신의 또는 위탁받은 영향력권의 관할사항으로서) 위탁해서도 안 된다는 내용이 전개되었다(또한 연방헌법재판소 판례집 22, 180〔209f.〕참조). 하지만 이 원리가 연방입법자에게 절대적인 제한을 포함하고 있는 것은 결코 아니며, 오히려 원칙으로서 (그러므로 규율한다는 헌법의 명문규정이 있어야 한다는 유보가 붙지만) 연방이 각 주의 내부적 조직(즉 조직권력)에 개입을 금지하도록 제한을 가했던 것이다. 이에 따라 이 기본원칙은 연방입법자가 일반적인 조세법률을 정립할 자신의 관할권한의 범위 안에서 주법상 단체, 영조물, 재단에 대하여 납세의무를 부과할 때에도 전혀 장애가 되지 않는다.

7. 마지막으로 1967년 부가가치세법 제2조 3항 2문에서 규율하는 것은 평등원칙(기본법 제3조 1항)과 결코 불합치한다고는 할 수 없다. 평등원칙은 연방헌법재판소의 확립된 판례에 따르면 자의를 금지하는데, 즉 정의사상의 지향에서 이탈되는, 그리고 실제로 객관적인 근거를 충분히 갖추지 못한 평가를 금지한다. 법률로 규정한 것이라고 하더라도, 만약 그에 대하여 객관적으로 하나의 견해를 이룰 만한 납득할 만한 근거를 확보하지 못하였을 경우 이 또한 자의적이라고 할 것이다. 그렇다고 해서 평등원칙이 입법자의 해결방식이 가장 좋은, 가장 완전한, 그리하여 이상에 가장 가까운 해결방식이어야 한다고 요구하는 것은 결코 아니다. 어떤 구성요건 하나에 대하여 객관적으로 하나의 견해를 이룰 만큼 설득력 있는 규율이 각기 다른 내용으로 다양하게 있는 경우, 입법자는 이에 관해 선택하고 결정할 자유를 누린다. 1967년 부가가치세법 제2조 3항 2문의 규율이 부가가치세법의 상황에 비추어 체계정당성을 갖추었다는 점에 대해서는 이미 전술한 바 있다. 그밖에도 이 규율에 대하여 긍정적인 근거로 들 수 있다면, 입법자가 의도한 바에 따를지라도 공영라디오와 텔레비전방송을 그와 동등하게 공적 과업을 이행하며, 그와 동등하게 자신의 급부(자신의 기여)에 대하여 대가로 취득하는 바로써 경제적으로 활동해야 할, 이와 비슷한 기업보다 더 나쁜 것도 아니며 더 좋은 것도 아닌 지위를 얻어야 한다. 무엇보다도 출판은 민주주의에서 라디오와 텔레비전 방송에 못지않게 중요한 공적 과업을 이행하지만 부가가치세를 납부한다. 연극공연극장 같은 문화적 시설도 (이들에게 부여된 세금면제 혜택의 범위를 넘는 한) 이와 유사하다. 공적 과업을 이행하는 것으로는 또한 기초지방자치단체의 생존배려사업, 변호사, 공증인을 들 수 있다. 이들은 모두 부가가치세 납부의무를 부담한다. 공영라디오와 텔레비전방송의 수신료 수입에 대해서는 경쟁, 즉 부분적으로 경쟁관계에 있는 사업에 대해 독점했다는 이유로 말미암아, 또는 경제적으로 초기상태가 평등해야 한다는 이유로 말미암아, 그리고 이와 비슷한 기타 이유로 말미암아 조세부과를 명한다는 것인데, 결코 이

점이 결정적으로 작용하여 그 결과가 달라지는 것은 아니다. 뿐만 아니라 입법자는 원칙적으로 부가가치세를 부과하는데, 이에 대해 예외를 인정할, 즉 공영라디오와 텔레비전방송에 부가가치세를 면제해줄 충분한 이유가 있다는 점 또한 결정적인 의미를 지닌 것은 결코 아니다.

(원문 S. 354 – 역주)

전술한 바와 같이 공영라디오와 텔레비전방송의 부가가치세 납부의무를 긍정한다는 입법자의 결정은 실체 자체에 포함된 설득력 있는 이유가 확보된 경우라면 그것으로 충분한 것이다.

8. 연방입법자가 자신의 입법권한의 범위 안에서 행하였으며, 그렇게 규율한 바가 실체법적으로 기본법과 합치할 경우 – 아무리 헌법적으로 우려할 바 없는 규율 중에 하나라고 하더라도 – 이 규율하는 바가 연방국가에서는 아직도 연방충성의 헌법원칙에 충돌할 수 있고, 즉 연방친화적으로 행위해야 한다는 연방입법자의 의무에 불합치할 수도 있다는 것이다. 이 원칙은 연방국가의 전체국가와 부분국가 사이의 고유한 기본관계에서 도출된다. 이는 특수한 연방국가적 헌법법규이다. 이 원칙은 또한 이 맥락에서 이탈할 수 없다. 그의 기능은 연방국가를 더욱 공고히 하려는 것이다. 그래서 연방이나 각 주나 모두 반드시 이에 기여해야 하는 것이다.

(원문 S. 355 – 역주)

연방과 각 주는 모두 자신에 부여된 권한을 근거로 다른 데 "전혀 배려함이 없이" 자신의 생각에 따라 이 권한의 자유와 가능성을 실현에 옮기며, 그러면서 오로지 자신들의 고유한 이익만을 추구하려 하는데, 이러한 점에서 이 원칙은 연방과 각 주의 이기주의를 일정한 한계선 안에 묶는 것이다. 이 원칙은 연방과 각 주가 이들의 권한의 범위 안에서 이들의 권한을 행사하는 방식에 대하여 기속하는데, 이 원칙이 요구하는 내용을 살펴보면, 연방과 각 주는 일정한 한계 안에서 상호원조해야 한다는 것이며(연방헌법재판소 판례집 1, 117〔131〕 참조), 이들이 반드시 협력해야만 하는 분야가 무엇이든 공정한 협상양식의 최소한을 확보하도록 성심껏 노력해야 하며(연방헌법재판소 판례집 12, 205〔255〕 참조), 또 이들은 다른 상대방에 대하여 계약을 파기하게 될 만큼 혼란에 빠뜨려서는 안 되며, 자신의 권한을 자유롭게 실현할 가능성에 대해 장애를 일으켜서도 안 되며(연방헌법재판소 판례집 6, 309〔328, 361f.〕; 8, 122〔138ff.〕 참조), 자신의 영향력으로 말미암아 각 주(또는 연방)에 기대가능성이 없을 정도로 크게 재정적인 부담을 주거나, 연방과 각 주 예산의 전체적인 규모 중 민감한 부분에 장애를 일으키거나 붕괴를 야기하는 행위를 하지 말아야 한다(연방헌법재판소 판례집 3, 52〔57〕; 4, 115〔140〕). 따라서 연방충실의 원리를 연방이나 각 주는 자신의 어떤 권한을 실현하든 언제든지 존중해야 할 것인데, 그에 따르면 자신한테 이익이 될 사항에 대한 배려뿐만 아니라, 그와 나란히 연방국가의 다른 부분의 이익에 대한 배려도, 바로 이런 의미에서 좋은 뜻으로 이해해야 할 연방국가의 전체적 이익에 대한 배려도 요구하게 되는 것이다. 그러므로 연방과 각 주의 이익이 일치되지 않고, 나아가 한 부분이 (그래서 간접적으로는 전체가) 손해를 보기에 이르며, 다른 부분은 배타적으로 자신의 이익에만 부합되도록 자신의 조치를 (자신의 법률로 규율하여) 채택하기에 이른 경우에는 이 원리는 언제나 관여하게 된다.

연방충실의 헌법원칙은 또한 세법 분야에서도 역할을 한다. 예컨대 연방이 부가가치세의 세수 배분에 관하여 규율하면서 일방적으로 자신의 지출을 보전하려는 목적만을 고려하고, 이로 말미암아 각 주가 자신의 필수적인 과업을 충분히 이행할 수 없는 상태로 몰려나게 되었다고 할 경우이다.

(원문 S. 356 – 역주)

그러나 이 사건에서는 연방충실의 원칙을 전혀 해친 바 없다. 그 동기부터 연방이 1967년 부가가치세법 제2조 3항 2문으로 규율하여 자신의 이익을 관철하면서 각 주의 특수한 이익을 고려하지 않거나 무시한 것과 같은 연방국가의 연방 – 각 주 – 관계에 특유한 이익대치현상은 그 존재조차 찾아볼 수 없다. 연방은 다만 매출이 있는 기업(수신료 납부를 받는 공영라디오와 텔레비전 방송)에 대하여 납세의무를 부과했을 뿐이다. 연방과 각 주의 세금에 관한 이익은 이로써 전혀 침해당한 바 없다. 이들은 그밖의 부가가치세의 세수와 마찬가지로 이 세금수입에 대하여 공동참여한다. 이들은 이 같은 규율로 말미암아 그밖의 세수원천도 전혀 상실한 바 없다. 조세를 징수할 수 있는 어떤 기업이 바로 이 규율로 말미암아 자신의 주소지를 다른 주 또는 다른 나라로 이전할까 두려워해야 할 우려도 전혀 없다. 심지어 공영라디오와 텔레비전방송에 부가가치세를 부담하라는 결정을 연방은 포기해야 한다고, 각 주는 이를 특별한 자신의 이익으로 주장할 수도 없는 형편이다. 부가가치세를 부과해야 한다는 이익은 연방국가에서 각 주의 이익에 속하는 것이 아니요, 오히려 공영라디오와 텔레비전 방송 자신의 이익이라고 하겠다. 각 주가 자신의 공영라디오와 텔레비전 방송을 공법상 영조물로 조직한다고 결정했는데, 이 결정 역시 부가가치세를 면탈하기 위해 내린 것은 결코 아니다. 이 결정은, 전술한 바와 같이, 전혀 달리 숙고한 바에 그 근거를 둔 것이다. 이렇게 다른 숙고사항은 ─ 즉 기본법 제5조의 요구사항에 부합되도록 라디오와 텔레비전 방송을 송출할 과업이 국가로부터 자유로워야 한다는 것으로서, 결코 강력한 개별 사회세력의 수중에 들어가서는 안 된다는 것이고, 오히려 사회적으로 중요한 모든 세력이 적절하게 그리고 균형 있게 참여한 가운데 이행되어야 한다는 것인데 ─ 이는 각 주의 이익인 동시에 연방의 이익이며, 그래서 연방과 각 주의 공통적인 이익이고, 바로 그 점을 염두에 두면 각 주와 연방은 전혀 모순적 투쟁의 상황에 빠질 수도 없으며, 그래서 연방은 1967년 제2조 3항 2문으로 규율함으로써 이런 공통적 이익에 대하여 침탈할 수도, 또는 위협을 가할 수도 없는 것이다.

(원문 S. 357 ─ 역주)

 (연방 또는 각 주에서) 법률로 규율한 것이 과연 옳은지, 지혜로웠는지, 목적에 합당한지, 그 외부적 효과가 경제적으로 유해한지, 또는 문화적으로 유익한지의 여부와 같이 연방과 각 주의 일반적인 "정치적 견해"는 더욱 다양한 유형으로 발전하는 중인데, 만약 이런 이유로 연방과 각 주가 이익갈등에 돌입할 경우 결코 그런 일반적인 내용 자체가 무엇인가 근거를 갖추리라고 기대할 수 없을 것이다. 만약 이런 이익갈등이 일어나면 연방국가에서는 연방충실원리를 원용하여 이를 조정할 것이며, 그에 따라 연방 또는 각 주는 자신의 권한행사에 관해 억제해야 하며, 나아가 특정한 규율을 포기해야 할 헌법적 의무를 부담하게 되는 것이다.

(서명재판관)

　　　　　　　가이거 박사　　　　링크 박사　　　　반트

연방헌법재판소 제3차 방송판결[1]
BVerfGE 57, 295ff. - 자를란트 방송법 사건

제14건(Nr. 14)[2]

판결요지[3]

1. 기본법 제5조 1항 2문이 요구하는 바에 따르면, 민영방송송출의 경우 방송의 자유를 보장하기 위한 예방조치를 법률로 규율해야 한다. 방송물 송출에 송신주파수가 충분하지 못하며 대규모 재원이 소요된다는 사정으로 말미암아 제한당할 수밖에 없다는 방송의 특수상황이 현대에 이르러 기술이 발전되면서 소멸했다고 하더라도 이같이 규율해야 한다는 요구는 상존한다.

2. 입법자가 규율해야 할 문제 중에는 방송질서에 관한 기본지침에 관한 결정도 포함된다. 기초가 되는 질서모형의 틀 속에서 입법자는 주 내에서 제공되는 프로그램 전체가 현존하는 의사의 다양성에 본질적으로 부합하도록 보장해야 한다. 나아가 입법자는 최소한의 내용적 균형성, 객관성, 상호존중성을 보장하는 지도원칙이 구속력을 지닐 수 있도록 조치해야 한다. 입법자는 국가감독권에 관하여 일정하게 제한되도록 규정해야 하며, 민영방송송출의 진입에 관하여 규율하고, 나아가 모든 지원자에게 민영방송의 진입을 허용할 수 없을 경우 선정규정을 마련해야 한다. 민영방송의 재원조달에 관해서도

---

1) 이는 1981년 6월 16일자 연방헌법재판소 제1재판부 판결문인데, 연방헌법재판소 판례집 제57권 295쪽부터(BVerfGE 57, 295ff.) 335쪽까지 41쪽에 걸쳐 수록되어 있다. 판결문 원문의 쪽수는 역주로 표시해두었다 - 역주.
2) 연방헌법재판소 판례집 제57권에 실린 14번째 판례란 뜻이다 - 역주.
3) 원문에는 "판결요지"라는 제목이 없다. 편의상 붙인 것이다 - 역주.

연방헌법재판소 제3차 방송판결: BVerfGE 57, 295ff.

법적 규율이 필요한가에 대해서는 반드시 판단해야 하는 것은 아니다.
(원문 S. 296 – 역주)
3. 자를란트 주에서 방송물의 송출에 관한 법률이 독일어로 송출하는 민영방송에 관하여 규정한 조항은 본질적으로 이와 같은 헌법상 요구조건을 충족시키지 못했다. 따라서 이 조항들은 무효이다.

— 1978년 8월 21일자 자를란트 행정법원이 재판을 중지하고 선결문제에 대한 재판을 제청한다는 결정(5 K 915/76)에 따른 — 1967년 6월 7일자 자를란트 주 방송물의 송출에 관한 법률(GVRS)의 제2차 개정 및 보완법률(공보, S. 478) 제1조 1호의 제C장 제I절과 제II절(제38조부터 제46e조까지)에 관한 헌법적 심사의 절차에서

1981년 3월 24일 실시한 구두변론에 근거하여 내린
1981년 6월 16일자 연방헌법재판소 제1재판부의 판결이다.
— 1 BvL 89/78 —

주문:

1967년 6월 7일자 자를란트 주 방송물의 송출에 관한 법률(GVRS)의 제2차 개정 및 보완 법률(공보, 478쪽) 제1조 1호의 제C장 제I절과 제II절(제38조부터 제46e조까지)은 기본법 제5조 1항 2문과 제3조 1항에 불합치하여 무효이다. 단 이는 독일어로 내보내는 민영방송의 송출에 관하여 규율한 범위에 한한다.

이유:

A.

이 절차에서 문제된 대상은 독일어로 내보내는 민영방송의 송출에 관하여 규정하고 있는 자를란트 주의 방송물의 송출에 관한 법률(GVRS)의 조항으로, 이 조항들이 기본법에 합치하는지 여부이다.

I.

자를란트 주는 얼마 전까지만 해도 민영방송의 송출(라디오방송과 텔레비전 방송)에 대하여 그 허용요건을 법률로 규정한 유일한 주였다. 1964년 12월 2일자 자를란트 주의 방송물의 송출에 관한 법률 제806호(공보, S. 1111)에는 "민영방송의 송출"이라는 제목을 단 제C장이 있는데, 이 장을 1967년 6월 7일자 법률 제844호(공보, S. 478; 자를란트 주의 방송송출에 관한 법률의 새로 정리한 판의 공시: 공보 1968년, S. 558)를 개정하고 보완하려고 한 것이었다.

(원문 S. 297 – 역주)

이 장의 제I절(제38조부터 제45조까지)에서는 민영방송의 송출에 관한 일반적인 문제에 관하여 규정하고 있다. 제II절(제46조부터 제46e조까지)에서는 독일어방송의 송출에 관해서, 제III절(제47조부터 제47b조까지)에서는 외국어방송의 송출에 관해서 규정하고 있다.

사법상(私法上)의 방송사로서 독일어로 방송물을 송출하기를 원하는 자는 면허를 받아야 하며(제38조), 이 면허는 주정부가 발급한다(제39조 1항 1문). 면허발급에 대한 청구권은 존재하지 않는다(제39조 1항 5문). 일정한 요건이 충족되면 면허를 취소할 수 있다(제45조). 방송사는 제40조 1항에 따르면 반드시 자를란트 주에 주소를 둔 주식회사의 법적 형태를 갖추어야 하며, 이 주식회사에 대해서는 같은 조 다른 항에 규정한 바에 따르면 기타 특정한 조건 역시 효력을 미친다. 방송물을 편성할 때 이 주식회사는 자를란트의 공영방송과 동일한 기본원칙에 기속되며(제46a조 1항), 국가의 감독을 받는다(제41조, 제42조). 면허는 오직 회사에 대해서만 발급되며, 회사정관을 살펴보면 제46c조에 따라 구성된 방송자문평의회에 대해서는 이 법률에 규정한 참여권을 확보해주었고, 감사평의회의 구성원 두 명을 선임할 수 있도록 보장했다(제46조). 방송자문평의회는 최대한 13명으로 구성된다. 이때 주정부, 카톨릭교회, 신교회가 각 1명씩의 구성원을 선임해야 한다. 주의회는 원내 교섭단체별로 1명씩 선임해야 한다. 그밖의 구성원은 주의회에서 선출한다. 방송자문평의회는 제46조 1항에 따르면 방송사에 대해서 일반공중을 대표한다. 방송자문평의회는 법률에 규정한 바와 이에 해당되는 정관의 조항이 준수되

연방헌법재판소 제3차 방송판결: BVerfGE 57, 295ff.

는지 감시한다. 방송자문평의회는 방송사에 대하여 기초적인 의미를 지닌 모든 문제를 조사하고, 방송물편성에 관하여 방송사에 자문한다. 그밖에도 방송자문평의회는 자신의 업무에 관하여 일반공중에게 정보를 제공해야 한다(제46조 3항).

(원문 S. 298 – 역주)

일정한 요건이 갖추어졌을 경우 주정부에 의한 면허의 취소에는 방송자문평의회의 승인이 필요하다(제46b조 4항). 감독관청은 방송자문평의회으로부터 그밖의 사안에 대하여 일반적으로 또는 개별적으로 자문을 구할 수 있다(제46조 5항).

이 사건에 대하여 기준을 제시해줄 주요한 조항은 다음과 같다.

제1절
총 칙

제38조
기본원칙

사법상의 방송사로서 방송물의 송출을 원하는 자는 이에 관한 면허를 받아야 한다.

제39조
면허의 발급과 내용

(1) 면허는 주정부가 발급한다. 면허장의 집행관청은 주수상이다. 면허에는 부담부 부관(附款)을 붙일 수 있다. 면허는 양도할 수 없다. 면허의 발급에 대한 청구권은 존재하지 않는다.
(2) 면허장에는 반드시 방송송출로서 허용되는 바에 관하여 그 종류와 기간을 정확하게 표시해야 한다.
(3) 면허는 면허에 기록된 기간 동안 유효하며, 그런 기록이 없을 경우 발급한 때로부터 10년 동안 유효하다.

제40조
특별한 조건

(1) 제46조에도 불구하고 민영방송사는 자를란트에 주소를 둔 주식회사라는 법적 형태를 반드시 갖추어야 한다.

(2) 주식의 양도는 감사평의회나 주주총회의 승인을 받도록 정관으로 기속해야 한다. 단 양도로 인하여 자본 또는 주주총회 표결권의 50% 이상이 한 사람 또는 하나의 통일체에 소속된 인적집단에 집중되는 경우 승인을 정관으로 배제할 수 있다.
(3) - (5) …

(원문 S. 299 – 역주)

제41조
국가의 감독

(1) 민영방송사는 국가의 감독을 받는다.
(2) 국가감독은 주정부가 정한 부서(감독관청)가 실시한다.
(3) 감독관청의 권한은 다음과 같다.
   1. 방송물이 법률에 규정한 바를 준수했는지 감시한다.
   2. 방송사가 반드시 충족시켜야 할 조건의 지속적인 유지(제38조, 제39조, 제40조, 제46조, 제47조)와 면허에 포함되어 있는 부관을 감시하고 보장해야 한다.

제2절
독일어방송의 송출

제1관
총칙

제46조
특별한 조건

면허를 발급받을 상대방은 회사로서 제46c조에 따라 구성한 방송자문평의회에 대하여 이 법률에 규정한 참여권을 정관으로 확보해주고, 또한 방송자문평의회 구성원 중 2인을 감사평의회가 선임하도록 보장해주어야 한다.

제46a조
기본원칙

(1) 방송물편성에 관해서는 제10조와 제11조를 준용한다.
(2) …

연방헌법재판소 제3차 방송판결: BVerfGE 57, 295ff.

제2관
방송자문평의회

제46b조
과업

(1) 방송자문평의회는 방송사에 대하여 일반공중을 대표한다. 방송자문평의회의 구성원은 의무로서 방송사와 방송수신자의 전체적인 이익을 고려해야 한다.

(원문 S, 300 – 역주)

방송자문평의회의 구성원은 어떤 위임이나 지시에도 구속되지 아니한다. 방송자문평의회는 방송의 송출을 실시하면서 법률에 규정한 바를 준수했는지, 정관 중에 방송자문평의회에 해당되는 조항을 준수했는지에 대해 감시한다. 방송자문평의회는 이에 상응하는 위반사항이 있을 경우 방송사와 감독관청에 통지한다. 방송자문평의회는 방송사에 기본적인 의미가 있는 문제라면 무엇이든 조사한다. 방송자문평의회는 방송물 편성에 관하여 방송사에 자문한다.

(2) 방송자문평의회는 운영규칙을 제정한다.

(3) 방송자문평의회는 일반대중의 대표자라는 자신의 지위에 상응하게 자신이 활동한 바에 관하여 일반공중에 홍보한다. 이에 관한 자세한 사항은 운영규칙에서 규율한다.

(4) 제45조 7호에 따른 주정부의 조처에는 방송자문평의회의 승인이 있어야 한다.

(5) 감독관청은 기타 사안에 관하여 방송자문평의회로부터 일반적으로 또는 개별적으로 자문을 구할 수 있다.

제46c조
방송자문평의회의 구성, 구성원의 지위와 임기

방송자문평의회는 최대한 13인의 구성원을 둔다. 그밖에 방송자문평의회의 구성, 구성원의 지위와 임기에 대해서는 제14조 2항과 3항, 제16조 및 제17조를 준용한다. 제14조 2항 b자(字)를 적용하되, 다른 독일어방송의 영조물에 소속될 수 없다는 배제조건을 지켜야 한다. 제14조 2항 c자에 따른 예외에는 방송자문평의회 재적위원 3분의 2의 승인이 있어야 한다.

제46e조
방송자문평의회의 절차

(1) - (5) …

(6) 방송사의 감사평의회 내의 방송자문평의회 구성원은 방송자문평의회의 지시에 기속되는데, 단 주식회사법에 따라 허용되는 범위에 한한다.

(7) …

자를란트 주 방송송출에 관한 법률(GVRS)의 기본원칙에 관한 조항(제46a조)에서 이 법률 제11조의 청소년보호에 관한 규율과 함께 제10조를 원용하고 있는데, 이를 보면,

(원문 S. 301 - 역주)

제10조
방송물에 관한 기본원칙

(1) 자를란트 공영방송은 합헌적·자유주의적·민주주의적 질서의 틀 안에서 자신의 방송물을 편성해야 한다. 방송물은 독립적인 의사형성을 가능하게 해야 하며, 어떤 정당, 종교, 세계관, 직업적 집단, 이익공동체, 기타 집단에 일방적으로 이바지해서는 안 된다. 방송물은 자를란트 주 주민의 종교적, 풍습적 및 문화적 요구를 고려해야 한다.
(2) 자를란트 공영방송은 국제적인 이해를 증진시키며, 평화와 사회적 정의의 목적으로 경고하며, 민주주의적 자유를 수호하며, 오직 진리에 대해서만 의무를 진다.

자를란트 주 방송송출에 관한 법률(GVRS) 제16조를 제46c조에서 원용하고 있는데, 이 조항은 1975년 7월 16일자 법률 제1034호로써 개정되었으며 (공보, S. 890, 이에 대한 정정공고는 공보, S. 994에), 이것을 보면,

제16조
구성

(1) 방송평의회는 파견회원과 선출회원으로 구성된다. 각 구성원에 대하여 각각 대리인을 선임해야 한다. 방송평의회의 활동은 명예직으로 한다.
(2) 방송평의회의 구성원에는 주정부, 카톨릭교회, 신교 교회가 직접 파견하는 회원이 포함된다. 종교적 소수파와 관련된 문제에 관해서는 자문받을 목적으로 그 종교의 대리인을 초치할 수 있다.
(3) 주의회는 원내 교섭단체별로 1인씩 회원을 파견할 수 있다.
(4) 방송평의회의 그밖의 회원 20인은 주의회가 문화, 교양, 체육 부문 각 위원회의 제안을 받아 선임한다. 이때 공공생활상 특히 문화, 사회, 경제 제 영역에서 활동하는 대규모 공동체의 의견을 들어야 한다.
(5) 어떤 구성원이 자진 퇴임하고, 그 임기가 적어도 6개월 남은 경우 보궐선거를 실시한다. 어떤 구성원을 퇴직시키는 경우 임기가 남은 경우에도 이와 같다.

(원문 S. 302 - 역주)

II.

1. 원심절차의 원고, 즉 설립중인 자유방송주식회사는 1967년 이래로 면허

를 받으려고 노력해오고 있었다. 자를란트 주 정부는 원고의 요구에 대하여 결정하지 않고 있었기 때문에 원고는 1971년 행정법원에 부작위소송을 제기했다. 그 청구취지에 따르면, 광고방송을 포함한 방송을 송출할 권리를 자신이 보유하고 있으므로, 주정부는 자신에게 이에 관한 면허를 발급할 의무를 지고 있다는 것이다. 행정법원은 이 소를 이유없다고 기각했다. 항소절차에서 행정고등법원은 이 절차를 중지시키고 기본법 제100조 1항에 따라 1974년 4월 25일자 결정으로 이 사건을 연방헌법재판소에 위헌법률심사를 제청했다. 행정고등법원은 자를란트 주 방송송출에 관한 법률 제38조, 제40조 1항, 제46조, 제46b조 1항을 위헌이라고 보고, 그 결과 이 법률 제C장의 제1절과 제2절이 독일어 민영라디오방송의 송출에 해당하는 한, 전부 무효라고 판단했다. 이 제청을 연방헌법재판소는 1976년 3월 24일자 결정으로 부적법하다고 각하했다(연방헌법재판소 판례집 42, 42).

그에 이어 행정고등법원은 1976년 5월 20일자 판결로 소송상대방인 주정부에게 원고의 면허신청에 관하여 재판소의 법적 견해를 존중하여 결정통지하라는 의무를 부담시켰다. 그에 대한 가장 주요한 근거를 살펴보면, 동 법원이 연방헌법재판소에만 부여된 위헌결정독점권을 존중한다면 자를란트 주 방송송출에 관한 법률 조항이 유효하다고 전제해야 한다고 했다. 그런 기반 위에서 항소는 일부 이유를 갖추었음이 증명되었다고 한다. 원고는 자신의 면허신청에 대하여 정당한 재량에 따라 결정해달라고 요구할 청구권을 가졌다고 한다. 이에 관하여 결정할 때 주정부는 원고가 면허의 발급에 관한 법률적 요건을 충족했다는 점을 존중해야 한다고 한다. 그 문제영역에 관하여 주입법자가 이미 결정한 바 있다는, 전적으로 일반적인 언급이 있었다고 해서, 그것으로 면허신청 거부를 정당화할 수는 없다고 한다.

(원문 S. 303 - 역주)

전체적으로 보아 불명확한 사실관계를 근거로 이루어진 언명에 관해서도 마찬가지다. 그에 관해서는 면허에 부담을 부과하거나 일정 기간을 설정함으로써 사안에 적절하게 그리고 충분할 정도로 그에 상응할 만한 공공이익을 실현할 수도 있었다고 한다.

2. 자를란트 주 정부는 이 면허신청을 1976년 10월 26일자 통지로 거부했

다고 한다. 그에 관하여 제시된 주요한 이유를 보면, 법률의 의미와 목적에 맞추어진 주정부의 방송정책적 방향에 따르면 당시로서는 그와 같은 조치를 취하는 것이 허용될 수 없었다고 한다. 법률에 민영방송사에 관한 규정이 있다고 하더라도 법률은 여전히 공법적 방송의 원칙적 우위를 유지한다는 굳건한 태도를 보이고 있었다고 한다. 이렇게 단계적 형성이라는 장애로 말미암아 주정부는 자를란트 공영방송의 존속에 심각하게 어려움을 야기시킬 수도 있을 이런 행위를 할 수 없었다고 한다. 그로 말미암아 자를란트 공영방송 측에서 상실하게 될 광고수입이라는 어려움에 관해 모종의 조처를 취해야 하는데, 달리 이를 보상할 방법이 없었다고 한다. 그밖에도 당시 각 주가 합의한 새로운 대중매체형식에 관한 시험 프로젝트를 주정부로서는 더욱 주도해 나가야 하는 장애에 부딪혀 있는 상태이었다고 한다.

3. 이 통지에 반대하여 원심절차의 원고는 다시 행정법원에 소를 제기하였다. 그 청구취지를 보면, 문제의 통지를 주정부는 폐기해야 하고, 나아가 원고에게 면허를 발급해야 할 의무를 부담하고 있으며, 원고는 그 면허로써 상업장부에 등록한 때로부터 케이블방송과 광고방송을 포함한 라디오방송을 송출할 권리를 얻게 된다고 하고, 이에 대한 보조적 청구로서 등기법원이 상업장부에 등록한 이후 즉시 자신에게 면허를 발급해주어야 함을 선언하도록 선결문제로 제청해야 할 의무를 주정부가 부담한다는 내용이었다. 이에 대하여 주정부는 소 각하의 청구취지를 주장했다.

행정법원은 1978년 8월 21일자 구두변론을 근거로 하여 기본법 제100조 1항에 따라 같은 날 결정으로 이 절차를 중지시키고 제청하였다. 그것은 자를란트 주 방송송출에 관한 법률 제38조, 제40조 1항, 제46조, 제46b조 1항이 독일어 민영라디오방송 송출에 관하여 규율한 것인 한, 기본법과 합치하는지 여부와, 이에 합치하지 아니한 경우 무효로서, 제C장의 제I절과 제II절이 위에 표시한 내용의 방송송출의 범위에 해당하는 한, 모두 무효인지 여부의 문제였다.

(원문 S. 304 – 역주)

a) 행정법원은 이 제청문제를 재판의 전제가 된다고 판단했다. 심사대상으로 제기된 조항들이 유효할 경우 행정법원은 이 소에서 주된 청구를 인용

하려는 의도를 가지고 있었다. 이런 요건하에서 원고의 청구취지는 이유 있는 것이 증명되었다고 하는데, 이는 면허신청에 대하여 하자 없는 재량으로 거부한 것에 대하여 사안에 적절한 근거의 확보 여부가 확실하지 않았기 때문이라고 한다. 더구나 이 경우 쟁점은 재량의 수축에 관한 것이었다. 이에 따르면 결정으로서 오직 면허발급 그 이상의 것만이 유일하게 허용된다고 한다. 행정법원은 행정고등법원의 기판력이 발생한 결정통지판결의 기준이 된 법적 견해에 기속되므로, 행정법원은 원고가 면허의 법률적 요건을 충족시켰다는 점과 입법자가 민영방송의 원칙적인 가능성을 통해서 확정적으로 결정한 바 있다는 이런 일반적인 생각이 거부를 정당화할 수 없다는 점을 전제로 하고 재판해야 한다고 한다. 재량행사는 적합한 방식에 따라야 한다는 척도를 적용하면, 소제기 대상이 된 1976년 10월 26일자 주정부의 결정통지는 법적 사후심사에서 그대로 유지될 수 없다. 민영방송사의 허용으로 인하여 자를란트 공영방송의 존속이 위협당할 수 있다는 논거에 대해서도 마찬가지라고 한다. 면허거부를 정당화하는 다른 관점은 제기된 바도 없거니와 있는지 여부도 확실치 않다고 한다. 이런 정도의 상황이라면 면허를 발급하는 이외에 어떤 결정을 내리더라도 재량에 흠을 야기시킬 뿐이라고 한다.

(원문 S. 305 – 역주)

그에 반하여 심사의 대상이 된 조항이 법적인 효력이 없는 경우 원고의 청구권이 부인되어야 한다고 한다. 이 경우, 헌법적으로 보장된 방송의 자유를 보전하기 위해서 법률적 규율이 필요한 것처럼, 법률에 규율된 바 없기 때문이라고 한다.

b) 그리하여 내용적으로 심사의 대상이 된 조항은 – 이 범위에 관한 한 행정법원 역시 1974년 4월 25일자 행정고등법원의 제청결정과 같은 견해라고 했다 – 기본법 제5조 1항 2문에 보장된 방송의 자유와 합치하지 않는다고 한다. 법률로 확정된 방송사의 조직을 살펴보면, 사회적으로 주요한 모든 집단이 이들 방송사의 기관에 영향력을 행사할 수 있으며, 방송물 전체에서 발언할 수 있어야 하는데, 이에 대하여 충분히 보장하고 있지 않다고 한다. 방송자문평의회에 구성원을 파견할 수 있는 사회적 세력으로서도 그 권한은 법적 조항을 준수했는지, 위배사항에 관해 통고한다든지, 기본적인 의미가 있는 문제만 조사한다든지, 방송물편성에 자문한다든지 하는 따위로 제한되

어 있다고 한다. 방송자문평의회에게 자를란트 공영방송의 방송평의회와는 달리 직접 또는 간접적으로 일반공중을 대표해야 한다는 지위는 부여하면서, 그에 따라 자신에게 주어진 기능을 스스로 관철시키고 실현해야 할 권한은 부여하지 않았다고 한다. 따라서 방송권력을 어떤 사회적 집단 하나[4]가 장악할 위험에 대하여 충분한 안전장치를 확보하지 못했다고 한다. 방송의 자유의 헌법적 보장에 의해 요구된 이런 안전장치는 바로 민영 주체에 대해서 필요하다고 할 것인데, 민영적 재원확보와 결합되어 있는 영리취득의 노력 때문에, 그리고 일방적 영향력 행사의 가능성이 한층 더 크기 때문에 이는 특별한 위험에 노출되어 있다고 해야 하기 때문이다.

조직 면에서 이런 헌법적인 결함은 이 법률의 다른 조항으로도 보정되지는 않는다고 한다. 감사평의회의 구성원 2인을 이 방송자문평의회에서 대리시켜야 한다는 것으로는 유효한 영향력행사가 보장되지 않을 뿐더러, 주식이전의 경우 이 법률 제40조 2항에 규정한 기속력 역시 일방적인 권력분포를 예방할 수 없다고 한다.

(원문 S. 306 – 역주)

국가감독 또는 면허취소라는 규율도 위에 지적한 사회적 대표의 결함을 제거하기에는 적합하지 않다고 한다. 해당 조항을 헌법에 합치되도록 해석해서 방송의 자유의 요건을 적절하게 충족시키는 것도 불가능하다고 한다. 그 결과 행정법원의 재판에 대하여 위에 서술한 헌법적 문제에 관해 해명할 필요가 있다고 한다.

III.

이 제청에 대하여 연방 내무부장관과 – 이는 제청의 적법성 여부에 한정되어 있으며 – 원심절차의 원고는 자신의 태도를 밝힌 바 있다. 그밖에도 니더작센 주의 정부도 전직 연방헌법재판소 재판관이며 교수인 가이거 박사의 법적 감정평가서를 제출하여 자신의 견해를 밝혔으며, 여기에 헤센 주의 정부도 자유한자도시인 브레멘의 주정부와 자유한자도시인 함부르크의 주정부의

---

4) 원문에서 이탤릭체로 강조하고 있음 – 역주.

연방헌법재판소 제3차 방송판결: BVerfGE 57, 295ff.

동의를 얻어 자신의 태도를 표명한 바 있다. 여기에 교수 베트게 박사의 법적 감정평가서가 동봉되어 있는데, 이를 헤센 주정부는 자신의 법적 평가로 제출한다고 주장했다. 그밖에도 연방행정법원 제7재판부, 독일연방공화국 공영방송연합체(ARD) — 이는 교수 바두라 박사의 법적 감정평가서를 원용하였으며 — 자를란트 공영방송과 독일신문발행인연방총연맹 사단법인도 자신의 견해를 밝힌 바 있다. 하지만 자를란트의 주의회와 주정부는 이에 대해 견해를 밝히지 않았다.

1. 제청의 적법성 여부에 대해 밝힌 견해에 관한 한, 일부는 긍정하고 일부는 부정한다. 연방 내무부장관과 독일연방공화국 공영방송연합체는 이 제청은 적법성을 갖추지 못한 것으로 본다고 하면서, 그 주된 근거로, 행정법원의 견해에 따르면 원심절차의 재판은 심사의 대상이 된 조항의 헌법적 판단 여부에 따라 달라진다고 하는데, 이는 유지될 수 없는 것임이 명백하다고 한다.

(원문 S. 307 — 역주)

행정법원은 주정부에 재량의 여지를 전혀 인정하지 않았는데, 입법자가 주정부로 하여금 자유롭게 처리할 것을 규정했다고 충분히 생각할 수 있는 자를란트 주 방송송출에 관한 법률 제39조 1항에 정면으로 배치되는 견해라고 한다. 입법자가 명문으로 거부한 청구권을 판사의 해석으로 구성한다는 것은 하나의 견해로 인정할 정도의 설득력을 지니지 못했다고 한다. 원심절차의 원고는 이 제청을 또한 부적법하여 각하라고 보았는데, 그 이유는 1976년 5월 20일자 행정고등법원의 판결의 기판력으로 말미암아 연방헌법재판소를 포함한 모든 재판소를 기속하며, 그 결과로 원심절차의 양 당사자에 대해서 심사대상이 된 조항이 유효하다고 전제해야 한다고 한다.

이에 반하여 헤센 주정부는 이 제청을 적법하여 허용할 수 있다고 본다. 행정법원의 견해에 따르면, 이 제청문제는 원심절차에 대하여 재판의 전제가 된다고 하는데, 이는 최소한 하나의 견해로 성립할 만한 설득력을 지녔다고 볼 수 있다. 행정법원이 — 이 법률의 민영방송조항이 효력을 미친다고 상정하고 — 재량수축이 "영(零)에" 이르렀다고 전제하며, 그를 근거로 의무화판결을 내려야 한다는 의도였다면 이는 유지될 수 없는 경우는 결코 아니라고 한다.

2. 내용에 관한 한 이런 태도표명이나 감정평가서 모두 위와 마찬가지로 각각 다른 결론을 내리고 있다.

　　a) 원심절차의 원고는 니더작센의 주정부와 독일신문발행인연방총연맹인데, 이들은 심사대상이 된 조항이 합헌이라고 본다. 니더작센 주정부의 견해에 따르면 기본법상의 자유의 보증은 독점적 공영방송과 병행해서 민영방송사에게도 면허를 발급하라고 요구한다고 한다. 기본법 제5조는 방송의 자유를 객관적인 원리로서 뿐만 아니라 개인의 자유권으로도 역시 보장하고 있으며, 이 자유권은 방송에 진입할 권리를 포함한다고 한다.

(원문 S. 308 - 역주)

이 권리를 지금까지 실현한 바 없었다고 하더라도 이는 단지 그의 이용에 붙은 조건에 기인한 것이어서, 기본권이라는 고유한 성격 자체에 어떤 영향력을 미치는 것은 아니라고 한다. 방송송출에 대한 사인(私人)의 진입권은 그 밖에도 기본법 제12조 1항에서 추출된다고 한다. 아직 이런 "직업형상"은 존재하지 않는다고 하더라도 이 점은 중요하지 않다고 한다. 이 두 개의 기본권은 방송기업을 설립할 자유에 관한 한 통일적인 제한을 받게 된다고 한다. 방송물을 송출할 권리에 대한 침입은 목적과 수단의 비교형량을 거쳐 필요함이 증명될 경우에만 그리고 그 범위 안에서만 허용되는 것이라고 한다. 이 척도를 감안하고 사안을 살피면, 공영방송의 독점을 장차 계속해서 유지한다는 태도를 더 이상 고집할 수 없다고 한다. 방송의 다원적 중립성과 객관성은, 이는 사실상 특히 중요한 공동체의 법익이라고 하면서, 더 이상 사인의 방송사를 배제하라고 요구하지는 않는다고 한다. 니더작센의 주정부는 이에 대한 근거로서 ─ 내용에 관한 한 원심절차의 원고와 독일신문발행인연방총연맹 측의 견해와 일치하거니와 ─ 주파수 부족이라는 특수상황이 소멸했다고 하면서, 이를 연방헌법재판소도 1961년의 텔레비전 판결(연방헌법재판소 판례집 12, 205〔261f.〕)에서 전제하고 있다고 한다. 제2독일텔레비전방송을 도입했으며, 그 뒤에 제3방송을 설립했다는 것으로 이미 상황에 상당한 변화가 초래된 것이라고 한다. 특히 기술적 요건이라는 영역에서는 이미 결정적인 발전을 성취한 바 있다고 한다. 최근 몇 년 사이의 기술적 발전으로 말미암아, 특히 초단파영역과 기가헤르츠영역의 경우 활용할 수 있는 송출주파수의 숫자가 상당히 증가하였다고 한다. 그밖에도 라디오방송과 텔레비전방송

의 전송선도 광대역케이블과 직접위성(Breitbandkabel und Direktsatelliten)
으로 말미암아 확대되었다고 한다. 그런 수준을 넘어 현대 통신기술은 전파
영역을 서로 날카롭게 분리할 수 있어, 지금까지 이용하던 송출가능성을 수
배로 확대할 수 있다고 한다. 비록 출판 분야에 비견할 만한 다양성은 기대
할 수 없다고 하더라도 기술적 발전은 이제 주파수 희소라는 병목현상은 이
미 극복했다고 한다.

(원문 S. 309 – 역주)

상황이 이렇게 변경되었는데, 민영방송사에 면허를 미루면서 송출주파수의
숫자를 한정 없이 확보할 수 있는 이상적인 시대가 도래하기만을 기다릴 수
는 없다고 한다. 민간부문의 수요가 기술적 공급의 수준을 넘는다고 하더라
도 이런 부족상황에 대해서는 - 예컨대 주파수 하나를 여러 주체가 공동으로
이용한다는 따위를 통하여 - 기본권을 풀어나가는 것이 기본권을 행사하지
않는 상태로 묶어놓기만 하는 것보다 훨씬 온당하다고 한다. 그뿐만 아니라
다양한 의사의 폭을 전면적으로 반영하는 데 공영방송의 독점이 도대체 적합
성이나 갖추었는지에 관한 의심이 점차로 일어나고 있다고 한다.

민영방송사에 면허를 부여함으로써 자를란트의 법률은 기본법 제5조 1항
이 명한 바를 고려했다고 한다. 이 법률로 규율한 바는 민영방송사에 주식회
사 형태를 부과하면서 그 기관에 사회적으로 중요한 세력들이 진출하여 대표
할 수 있도록 충분히 배려하지 않았다는 이유로 위헌인 것은 아니라고 한다.
연방헌법재판소가 텔레비전 판결에서 요구했던 다원적 내부구조는 사법적
주체에 대해서도 요구된 것으로서, 이는 기본법 제5조 1항의 요구사항을 충
족시킨 다른 조직형태와 마찬가지이긴 하지만, 그렇다고 해서 그 방식과 정
도가 동일한 것은 아니다. 이는 방송의 자유의 변함없는 영속적 요소가 아니
고, 방송의 자유를 보전하기 위한, 그리고 단지 시대와 상황의 조건에 따른
수단에 지나지 않는다고 한다. 이런 이유만 보아도 이 법률상의 민영방송조
항에 반대하는 헌법적인 우려를 제기할 수는 없다고 한다. 그밖에도 법률적
으로 보전한 내용 전체를 살펴보면, 다양한 방향의 의사를 고려한 방송물을
송출하도록 충분히 보장하고 있다고 한다.

원심절차에서 원고의 주장도 이와 같은 방향의 것이다. 방송을 민영화하는
것만으로 이미 일반적으로 국가에 종속될 위험, 즉 방송의 자유를 위협하는

가장 큰 위험을 예방할 수 있다고 한다.

(원문 S. 310 - 역주)

또한 민영방송은 청취자나 시청자를 가능한 한 최대로 확보하여야 한다는 의존성 때문에 보도내용에 관하여 편파성과 종속성을 벗어나야 한다는 강압을 더욱 심하게 받는다고 한다. 이 법률의 민영방송 조항은 연방헌법재판소가 1961년 텔레비전판결에서 제시한 그 방향을 준수한 것이라고 한다. 특히 사회의 척도를 세울 만한 사회적 세력이 방송자문평의회를 거쳐 행사할 수 있게 한 영향력은 어느 면으로 보나 결코 텔레비전 판결의 요구사항에 못 미칠 바 없다고 한다.

독일신문발행인연방총연맹은 이 범위를 넘어 강조하거니와, 보도뉴스영역에서 라디오방송과 텔레비전방송은 인쇄매체부문을 직접적인 시사성이라는 면에서 축출했다고 한다. 뿐만 아니라 신문과 정기간행물의 가장 중요한 생존근거인 광고사업부문도 이들이 점령하기 시작했다고 한다. 이런 위험을 고려할 때 일간신문은 스스로 이 전자매체부문에 언론활동과 광고의 주체로서 활동할 수 있어야 비로소 자신의 존재를 관철할 수 있을 것이라고 한다.

b) 이에 반대하여 헤센의 주정부와 독일연방공화국 공영방송연합체(ARD)의 주장과 베트게 교수와 바두라 교수의 감정평가서, 연방행정법원 제7재판부와 자를란트 공영방송이 표명한 견해에 따르면, 심사대상인 조항들이 기본법과 합치하지 않는다고 한다.

헤센 주정부와 독일연방공화국 공영방송연합체(ARD)가 주장하는 바에 따르면, 연방헌법재판소가 1961년과 1971년에 확인한 방송에 관한 기술적 측면 그리고 재원조달 측면의 "특수상황"은 연방체신청장관의 공적인 보고서에서 드러나듯이 그 이후로 근본적으로 변화한 바 없다고 한다. 초단파영역에서 추가적으로 확보할 주파수는 1980년대 말에 가서야 비로소 이용할 수 있다고 전망한다. 위성에서 방사용으로 사용하게 될 12기가헤르츠영역의 이용도 1983년부터 시험단계에 돌입할 것이라고 전망하며,[5] 그 결과 연방공화국에 할당된 5개 텔레비전 회선은 일러야 1986년부터 일반적으로 사용될 수 있을 것이라고 한다. 독일연방공화국의 광대역케이블망의 설치는 기술적으로

---

[5] 이 판결이 나온 때는 1981년이었다 - 역주.

연방헌법재판소 제3차 방송판결: BVerfGE 57, 295ff.

가능하기는 하다고 하지만, 일단 실험단계를 거친 뒤 단계적으로 실시될 수 있을 뿐이며, 2000년에 이르기까지 실현되리라고 기대할 수는 없다고 한다.

(원문 S. 311 - 역주)

그러나 이런 "특수상황" 여부와 상관없이, 어떤 경우일지라도 방송을 여러 세력 사이의 자유로운 협상에 맡길 정도로 방치할 수는 없다. 기본법 제5조 1항 2문으로 보장한 방송의 자유로부터 방송물의 송출에 대한 조직적 그리고 실질적 요구사항이 도출되는데, 이에 따르면 - 설사 부분적일지라도 - 국가, 사회, 민간 부문의 어떤 권력집단에게도 과도하게 책임을 넘김으로써 매체를 남용하는 일은 원천적으로 금지된다고 한다.

이 맥락에서 헤센 주정부와 그를 대변하는 베트게(Bethge) 교수와 바두라(Badura) 교수는 방송 자유의 제도적 요소를 강조한다. 기본법 제5조 1항 2문에서 보증하는 방송보도의 자유는 일차적으로 자유로운 방송의 객관적 보장이라고 이해해야 한다고 한다. 이 기본권은 국가의 자유제한적인 침입에 대하여 방어적으로 대응하며, 그와 동시에 실체법적 조치와 조직법적 조치로써 방송의 자유를 보전할 의무를 국가에 부과한다고 한다. 방송의 자유는 의사표현의 자유와 정보의 자유에 대하여 독자적인 지위를 지니며, 나아가 방송이 이 과정에 참여하는 한, 자유로운 공적인 견해, 즉 여론과 의사의 형성을 보호한다고 한다. 방송의 자유의 목적은 방송이 국가로부터 자유롭고 종속되지 않는 독립적인 지위를 확보하는 데 있으며, 정치, 경제, 언론의 어떤 세력이든 그의 도구로 전락되지 않도록 하자는 데 있다. 방송물을 송출할 권리에 대하여 방송의 자유로서는 오직 이 기본권의 객관적인 자유내용이라는 척도에 따라서 근거를 확보해줄 수 있을 뿐이라고 한다. 기본법 제12조 1항 역시 그 범위 내에서는 방송의 자유의 보호로 말미암아 한정된다고 한다. 그러나 사인(私人)에 의한 방송송출은 가능하다고 하며, 다만 이때 갖추어야 할 전제조건이 있으니, 입법자는 방송의 자유를 보장하기 위해 충분한 정도의 의무를 국가가 부담한다는 내용의 규율을 정립해야 한다고 한다.

(원문 S. 312 - 역주)

입법자는 반드시 조직에 관한 조항을 두어, 고려의 대상이 되는 여러 사회적 세력이 영향력을 유지하며 발언할 수 있도록 보장해야 할 것이다.

이런 기반 위에서 헤센 주정부, 베트게 교수와 바두라 교수, 연방행정법원

제7재판부가 도출한 결론에 따르면, 이 법률의 민영방송에 관한 조항은 헌법적으로 결함을 지녔다고 한다. 면허에 관한 결정에 대하여 아무 기준도 없는 권한의 부여는 행정의 법률적합성 원칙을 침해했다고 한다. 주식회사로 그 형태를 확정짓고 방송자문평의회에 관하여 규정함으로써 입법자는 자유로운 방송이라는 요구조건을 충족시키려고 했다고 한다. 하지만 본래 입법자는 "다원적 내부구조"라는 조직모형을 일관되게 그리고 충분히 효율을 확보하도록 형성하지 못했다고 한다. 방송자문평의회를 수단으로 하여 의도했던 사경제적 행위에 관한 사회적 통제는 충분하지 못하다고 한다. 이런 결함은 이 법률의 다른 조항으로도, 다시 말하자면 국가감독에 관한 제 규정으로도 보완될 수 없다고 한다.

독일연방공화국 공영방송연합체(ARD)는 나아가 지적하기를, 심사대상인 조항은 자를란트 주의회의 운영규칙에 규정되어 있던 기간을 줄여서 겨우 하루 만에 제안하여 제1독회, 제2독회 및 제3독회까지 마무리하여 가결하기에 이르렀다고 한다. 이런 처리방식은 민주주의와 법치국가의 원칙에 합치하지 않는다고 하면서 이런 절차를 거쳐 성립된 법률은 헌법에 위반된다는 결과를 초래한다고 한다. 뿐만 아니라 자를란트 주는 이렇게 독주함으로써 그밖의 주의 이익을 고려해야 한다는 원칙을 무시하고 있다고 한다. 이에 대해서는 연방친화적으로 행위해야 할 의무를 진다는 헌법상 기본원칙에서 볼 때 헌법상 상당히 우려할 근거가 있다고 한다 — 자를란트 공영방송은 이밖에도 지적하기를, 자를란트 주에서 민영 방송사를 허용하면 자신의 재원확보의 기초가 위협당하게 된다고 한다.

(원문 S. 313 — 역주)

IV.

1981년 3월 24일자 구두변론에서 견해를 표명한 이는 다음과 같다.

연방정부를 위하여 국장 쉬퍼 박사, 원심절차의 원고를 위해서 변호사 타이젠 박사, 헤센의 주정부, 자유한자도시 브레멘의 주정부, 자유한자도시 함부르크의 주정부를 위해서 교수 데닝어 박사와 교수 베트게 박사, 니더작센의 주정부를 위하여 교수 슈타르크 박사, 독일연방공화국 공영방송연합체(ARD)와 자를란트 공영방송을 위해서 변호사 마셴 박사와 교수 바두라 박사.

연방헌법재판소 제3차 방송판결: BVerfGE 57, 295ff.

B.

제청은 허용된다.

I.

1. 행정법원은 자를란트 주 방송송출에 관한 법률(GVRS) 제38조, 제40조 1항, 제46조와 제46b조 1항이 기본법과 합치하는지 여부에 대해 심사해줄 것을 제청하였다. 이에 해당되지 않는다고 하더라도 행정법원의 견해에 따르면, 독일어 라디오방송의 송출에 관한 한, 이 법률의 제C장 제I절과 제II절이 모두 무효인지 여부에 관하여 해명할 필요가 있다고 한다. 따라서 행정법원의 견해에 따르면, 한편으로 심사대상이 된 조항은 직접 기본법에 위반되며, 다른 한편으로 이 법률 제C장의 제I절과 제II절은 적시된 범위 안에서 무효라는 추론이 도출되거니와, 이는 심사대상인 조항이 소멸할 경우 남아 있는 조항이 독자적으로 방송의 자유를 유지하는 데 필요한 법률의 규율이라는 기능을 충족시킬 수 없는 범위 안에서 그렇다고 한다.

이렇게 확보한 근거 위에서 제청문제는 제C장의 제I절과 제II절 모두 더 자세히 규명되어야 할 범위 내에서 심사대상이 된다고 해석해야 한다. 이때 연방헌법재판소는 명백하게 심사대상으로 제기된 조항에 대해서만 기본법과의 합치성 여부를 심사하는 것이 아니고, 오히려 이 두 개의 절(제I절과 제II절) 내의 다른 조항 역시 심사할 권한을 가진다.

(원문 S. 314-역주)

2. 행정법원이 제청문제를 사인(私人)의 독일어 라디오방송의 송출로 제한하고, 이를 원심절차에서 청구한 면허라는 관점에서 보면 사인이 오직 그런 종류의 송출에 관한 권리만 보유했다고 할 수 있을 경우에만 논리가 일관되었다고 할 것이다. 만약 심사와 재판을 오직 라디오방송에 한정한다면, 법률에 민영방송조항을 두면서 라디오방송과 텔레비전방송을 전혀 구별하지 않고, 오직 방송이라는 개념만을 사용하여 이 두 가지에 대해 동일한 내용으로 규율했다는 점을 오히려 간과하게 될 것이다. 그밖에도 그와 같이 한정한다

면 객관적으로 하나에 속하는 사항을 아무 필연적인 이유 없이 분리하게 될 것이다. 왜냐하면 라디오방송의 송출에 해당되는 바는 민영방송에 관하여 실체, 조직, 절차에 관한 법적인 요구사항을 법률적으로 규율해야 한다는 측면에서 보면 텔레비전방송의 송출에 대해서는 반드시 이보다 몇 배가 더 강한 효력을 미치게 해야 하기 때문이다. 객관적 상황이 이렇다면 심사대상이 된 규율에 대해서는 이 조항이 텔레비전방송의 송출을 포괄한다는 범위에서 역시 재판해야 한다.

이에 반해서 헌법적 심사와 재판을 독일어 방송송출에 제한해야 한다는 행정법원의 견해는 인정해야 한다. 이 법률 제C장 제III절은 외국어 방송송출에 관한 특별조항이 들어 있는데, 원심절차에서 이에 관해서 다룬 바 없다. 이 장의 제I절에 총칙조항을 두어 독일어방송뿐만 아니라 외국어방송에도 효력을 미친다고 하더라도 이런 체계만으로는 이 법률이 외국어 방송송출에 관해 규율한 것을 심사대상에 편입시키기에는 충분하지 않을 뿐더러, 헌법적으로 제기된 문제가 그 범위 안에서 독일어 방송송출의 문제와 반드시 겹치는 것은 아니라는 이유를 살피면, 그 충분하지 않다는 점이 더욱 확연히 드러난다.

(원문 S. 315 — 역주)

II.

제청한 문제는 재판의 전제가 된다. 이렇게 심사대상에 오른 법률의 조항이 유효한지 여부에 따라 행정법원의 재판이 달라지게 된다(기본법 제100조 1항 1문).

1. 기본법 제100조 1항 1문에 따른 제청은 제청법원이 그 사건에서 심사대상으로 제기한 조항이 유효한 경우 그 조항이 유효하지 않은 경우와 다른 결론에 이를 경우와 이런 결론의 근거를 어떻게 확보하는지를 명백하게 인식할 수 있도록 밝힌 경우에만 재판의 전제가 된다(연방헌법재판소 판례집 37, 328〔331〕그밖의 전거와 함께 참조). 제청한 규범이 일정하게 재량을 허용할 경우 재량조항을 해석할 때 어떤 결과에 이르렀는지, 그리고 무엇을 고려하여

연방헌법재판소 제3차 방송판결: BVerfGE 57, 295ff.

이런 결론에 이르게 되었는지에 관하여 제청법원이 판시하였다는 점은 재판의 전제성 심사에 필요불가결의 것이다(연방헌법재판소 판례집 36, 258〔263f.〕).
제청한 문제의 재판전제성에 관하여 판단할 때 원칙적으로 제청법원의 법적 관점을 표준으로 삼는다. 만약 이 법적 견해가 유지할 수 없는 것임이 명백할 때라면 사정이 달라진다(연방헌법재판소 판례집 7, 171〔175〕 그밖의 전거와 함께; 확립된 판례). 제청법원이 제청대상인 규범을 해석할 때뿐만 아니라 사실을 평가할 때 역시 마찬가지다(연방헌법재판소 판례집 13, 31〔35f.〕)

2. a) 행정법원은 심사대상이 된 조항이 효력이 없을 때 법적 근거가 결여되어 있다는 이유로 소를 각하하지만, 반면에 효력이 있을 경우 주정부는 재량이 "영으로" 축소되었다는 이유로 원고가 요구하는 면허를 발급하도록 재판하려는 의도를 지니고 있었다. 이런 두 개의 대안을 바탕에 두고, 행정법원은 깊이 근거를 살피는데, 바로 이 점에서 제청문제의 재판전제성은 이미 확보되어 있다.

b) 제청할 권한과 의무는 탈락되지 않거니와 이는— 원심절차에서 원고가 밝힌 바와 같이— 심사대상으로 제기된 조항의 합헌성은 이미 행정고등법원이 긍정했기 때문이라고 한다.

(원문 S. 316-역주)

원심절차의 상황은 환송할 것에 해당되지는 않았고, 그 결과 독자적으로 행정법원이 적용해야 할 법률을 헌법적으로 심사할 가능성이 전혀 없었다(연방헌법재판소 판례집 29, 34〔38〕, 그밖의 전거와 함께 참조). 행정고등법원에서 결정통지판결이 나왔던 절차에 대하여 원심절차는 전혀 새로운 절차라고 하는데, 헤센 주정부가 강조한 바와 같이 이는 타당하다. 이 점을 제외하고 보면 행정고등법원은 이 재판에서 자를란트 법률의 민영방송조항의 합헌성을 긍정하지 않았다. 오히려 행정고등법원은 그 판결에서 명백하게 나타나듯이 예나 지금이나 같은 견해로서, 이 조항은 무효라고 한다. 그런데도 행정고등법원이 심사대상으로 제기된 조항을 기초로 하고 있다면, 이는 어디까지나 1976년 3월 24일자 연방헌법재판소의 결정에 따라 거기에서 법률의 해당 조항을 인정하고 그 위에서 비로소 논의를 펴나가야 한다고 강제되기 때문이다. 이들 조항의 합헌성을 선언할 재판권한을 행정고등법원은 보유하지 못하는데, 이는 기본법 제100조 1항에 따른 위헌결정은 오직 연방헌법재판소에만 유보되어 있기 때문이다.

심사대상으로 제기된 조항에 대해서 결정통지판결의 기판력이 미친 효력의 결과로 나타나 행정법원을 기속하므로 결국 합헌이라고 확인하게 되었다는 주장에 관해서는 위와 동일한 이유로 논의할 가치조차 없다. 본래 행정고등법원은 헌법적인 문제를 스스로 그리고 자신의 고유한 책임으로 재판할 수 없기 때문에 기판력을 이룰 만한 것인 한, 그 어떤 것도 자신의 판결에 포함시킬 수 없다. 이 점을 원심절차의 원고는 오해하고 있다. 1976년 3월 24일자 연방헌법재판소의 재판에 따르면 합헌성의 문제는 오히려 판단치 않고 열어두고 있었다.

c) 연방 내무부장관 및 독일연방공화국 공영방송연합체(ARD)의 견해와 배치되지만, 심사대상으로 제기된 조항의 재판전제성이 결여되어 있다고 할 것은 아니다. 문제의 조항이 유효한 경우 소송을 제기당한 주정부가 면허를 발급하도록 재판해야 한다는 행정법원의 견해는 명백히 유지될 수 없기 때문이다.

(원문 S. 317 – 역주)

행정고등법원의 결정통지판결에 기속된다는 점을 인정하고, 그 범위 안에서 행정법원이 추론한 결과는 그 자체로 하나의 견해를 이룰 만한 설득력을 지녔다. 어쨌거나 행정법원은 이 기속력에 하자 있음이 명백하다는 식으로 오해한 바는 결코 없다. 내용에 관한 한 행정고등법원의 견해에 따르면 주정부의 재량은 이 사건의 경우 "영으로" 축소되었다고 하는데, 이 견해가 유지될 수 없음이 명백한 경우는 아니라고 할 것이다. 그렇지만 연방 내무부장관과 독일연방공화국 공영방송연합체(ARD)의 견해를 인정해야 할 측면도 있는데, 면허의 발급에 관한 청구권을 명백하게 배제한다는 자를란트 주 방송송출에 관한 법률(GVRS) 제39조 1항 5문의 문언을 기준으로 하면 이 같은 견해는 당황스러운 것이라는 점이다. 하지만 그와 같이 배제한다고 해도 그 뜻이, 법원이 흠 있는 재량행위라고 확인했지만, 그로부터 법적으로 명해진 어떤 결론을 끌어내서는 안 된다는 것은 아닐 수도 있다. 행정법원이 언급한 바에 따르면, 주정부가 마지막 기반으로 원용하는 관점은 입법자가 이미 그에 관해 고려한 바 있다고 하며, 그런 까닭에 신청을 거부하는 데 재차 그 기초로 인용해서는 안 된다고 하는 것인데, 이런 견해는 이 법률의 해석과 적용에 대하여 하나의 견해를 이룰 만한 설득력 범주 내의 것이다. 그리고 면허의 거부를 정당화할 수 있는 그밖의 근거는 제출된 바도 없거니와 확연하게 드러난 바도 없다는 것을 인정한다는 점에 대해서도 마찬가지다.

d) 하나의 사건을 둘러싸고 일어난 문제라고 해서 그런 점이 내용판결에 배치될 바는 없다. 이런 요건하에서 연방헌법재판소는 1976년 3월 24일자 결정에서 지금까지 충분히 논의되지 못한 표준적인 매체법적 그리고 매체기술적 관점을 논급하며, 우선적으로 해명하고 내용에 관해 결정할 목적으로 사전에 지정되어 있던 기관을 제쳐놓고, 연방헌법재판소 스스로 앞서서 무엇인가 확정한다는 것은 결코 자신의 과업이 될 수 없다고 적시하였다(연방헌법재판소 판례집 42, 42[52]).

(원문 S. 318-역주)

하지만 연방내무부장관과 독일연방공화국 공영방송연합체(ARD) 측에서는 이런 관계가 지금까지 전혀 변화한 바 없다고 주장했는데, 이는 적절한 지적이었다. 하지만 원심절차에 대해서 제청문제는 재판의 전제성을 지니고 있기 때문에 이런 관점 하나만으로는 제청을 허용하지 말아야 한다는 결과에까지 이르게 할 수는 없었다.

C.

자를란트 주 방송송출에 관한 법률의 제C장 제1절과 제2절에서 독일어 방송송출에 대하여 정한 규정은 기본법이 기존에 명한 바를 본질적인 부분에서 충족시키지 못하고 있다. 따라서 이들 조항은 무효이다.

I.

자를란트 주 입법자는 심사대상이 된 조항을 통해 민영방송을 원칙적으로 허용했다. 따라서 자를란트 주 방송송출에 관한 법률 중 민영방송에 관한 규정이 유효한지의 여부는 의견서, 감정평가서, 구두변론시의 주장 등에서 논의된 여러 문제, 즉 공영방송사에 유리하도록 민영방송사를 배제하는 것이 현재 그리고 장래의 기술여건하에서 과연 기본법과 합치하는지 여부, 그리고 이와 관련해 민영방송을 도입해야 할 의무가 헌법상 성립하는지 여부와는 무관할 수 있다. 오히려 헌법상의 심사는 자를란트 주의 법규가 기본법에 합치하는지 여부를 심사하는 데 제한된다. 이를 위해서는 구두 또는 서면상 다루었던 문제, 즉 민영방송의 송출에 관한 기본권적 청구권의 문제에 대하여 재판할 필요는 없다.

앞에서 설정한 범주 내에서는 심사대상이 되는 조항들이 성립하기에 이른 과정에 관하여 헌법적으로 이의제기할 바가 있는지 여부 역시 판단하지 않고 논의를 펴나갈 수 있다.

(원문 S. 319 - 역주)

독일연방공화국 공영방송연합체(ARD)의 수임인이 자를란트 주의회가 성급하게 의결했다고 우려를 제기한 바 있는데, 이와 상관없이 이들 조항의 위헌성은 구체적인 기본권적 기준, 특히 기본법 제5조 1항 2문에 보장된 방송의 자유라는 기준에 위반했는지 여부에서 비롯되고 있기 때문이다.

II.

기본법 제5조 1항 2문은 민영방송의 송출에 대하여 법률로 규율할 것을 요구한다. 이를 통해 방송의 자유를 보장하기 위한 예방조치를 취할 수 있다.

1. 기본법 제5조 1항 2문에 헌법적으로 보장된 방송의 자유라고 하더라도 그 효력을 발하기 위해서는 법률에 의한 형성이 필요하다. 이는 방송의 자유를 보장하라는 과업과 독특한 고유의 성격으로부터 발생한다.

a) 기본법 제5조 1항이 보장한 바가 모두 그렇듯이, 방송의 자유 역시 동일한 임무에 봉사한다. 개인과 공공의 자유로운 의사형성의 보장으로서 단순하게 뉴스보도나 정치적 견해의 중개에 국한되는 것이 아니라, 어떤 형태이든 정보제공과 의사전달이라면 모두 포함한다는 포괄적인 의미로 파악해야 한다(연방헌법재판소 판례집 12, 205〔260〕- 독일 텔레비전방송 사건; 31, 314〔326〕- 부가가치세 사건; 35, 202〔222f.〕- 레바흐 사건 참조). 자유로운 의사형성은 의사소통(커뮤니케이션) 과정에서 이루어진다. 이는 한편으

로 자신의 견해를 표현하며 전파할 자유를 전제로 하며, 다른 한편으로 그렇게 표현된 견해를 인식할 자유, 다시 말해서 스스로 정보를 수집할 자유를 또한 전제로 한다. 기본법 제5조 1항은 의사표현의 자유, 의사전파의 자유, 정보의 자유를 인권으로 보장하면서, 그와 동시에 이 과정을 헌법적으로 보장하고자 노력하고 있다. 이러한 점에서 기본법 제5조 1항은 주관적 권리에 대한 근거가 된다. 이와 관련된 맥락에서 기본법 제5조 1항은 의사의 자유를 전체 법질서의 객관적 원리로 규범화하는데, 이때 이 주관적 권리의 요소와 객관적 법적 요소는 서로 조건부로 제약하며 서로 근거를 주어 의존하는 관계에 있다(연방헌법재판소 판례집 7, 198〔204f.〕 - 뤼트 사건 참조).

(원문 S. 320 - 역주)

헌법적으로 보장되는 자유로운 의사형성의 과정에서 방송은 그 "매체"이면서 "요소"이다(연방헌법재판소 판례집 12, 205〔260〕). 이에 따르면 방송의 자유는 일차적으로 주관적 권리이며 객관적 법이라는 요소로서 의사형성의 자유에 기여하는 자유이다. 즉 방송의 자유는 현대적 대중매체라는 여건하에서 이 자유를 보완하고 강화해야 할 필수적인 부분에 해당된다. 방송의 자유는 방송을 통해, 자유롭고 포괄적으로 의사가 형성될 수 있도록 보장해야 한다는 과업에 기여한다.

이 과업으로 말미암아 방송의 자유에 고유한 특성과 의미가 규정된다.

방송을 통하여 개인과 공공의 자유로운 의사형성을 확보하려면, 우선 국가의 지배와 영향력으로부터 방송의 자유가 요구된다. 이러한 점에서 방송의 자유는 고전적 자유권과 마찬가지로 방어적 의미를 지닌다. 그러나 이것만으로는 보장해야 할 바가 완전히 보장되었다고 할 수는 없다. 왜냐하면 단지 국가로부터 자유롭다고 해서 방송을 통한 자유롭고 포괄적인 의사형성이 가능한 것은 아니기 때문이다. 단지 부정적인 형성을 통해서는 이와 같은 과업에 부응할 수 없기 때문이다. 이외에도 현존하는 의사의 다양성이 가능한 한 폭넓고 완전하게 표현되고, 이를 통해 포괄적인 정보제공이 이루어지는 것을 보장하는 적극적 질서가 필요하다. 이를 달성하기 위해서는 방송의 자유라는 과제를 지향하며, 기본법 제5조 1항이 보장하고자 하는 바를 실현하기에 적합하도록 실체·조직·절차적 측면에서 규율할 필요가 발생한다.

b) 이로 말미암아 요구되는 법적인 형성은 법률유보원칙의 지배를 받는

다(연방헌법재판소 판례집 47, 46[78f.] - 성지식교육 사건; 49, 89[126f.] 그밖의 전거와 함께 - 칼카 원자력발전소 사건). 필수적으로 내려야 할 결정은 본질적인 결정인데, 이는 방송이 오늘날 개인과 공공의 삶에 대해 갖고 있는 실질적인 의미와는 무관하게 이와 같은 결정들은 기본권에 관한 중요한 영역에 해당되는 것이며, 여러 기본권을 실현하기 위하여 본질적인 것이기 때문이다(연방헌법재판소 판례집 47, 46[79]).

(원문 S. 321 - 역주)

특히 여기서는 서로 충돌관계에 빠질 수 있는 다양한 기본권적 지위가 조우하는데, 한편으로는 진실에 부합하며 포괄적인 정보의 청구권이 정보의 자유로부터 도출되며, 다른 한편으로 프로그램을 제작하거나 방송물에서 발언하게 되는 사람들이 의사표현의 자유를 누리는 것이 그것이다. 이와 같은 충돌을 어떻게 조정하느냐 하는 것은 입법자가 담당해야 할 사안이다.

이 같은 법률의 유보는 (주)의회의 유보사항이다(연방헌법재판소 판례집 47, 46[79] 참조). 즉 방송의 자유를 보장하기에 본질적인 것은 반드시 의회가 결정해야 한다. 부담을 붙일 권한까지 포괄하는 일반적인 권한위임의 형태라든지, 또는 비록 명백하게 드러나지는 않으나 실체를 살피면 충분하게 특정했다고 할 정도에 이르지 못한 규범화의 방식으로, 이 같은 결정을 의회가 행정부에 내맡겨서는 안 된다. 마찬가지로 방송의 자유를 보장하는 것을 방송사의 정관에 의한 규율이나 계약에 의한 규율에 내맡겨져서도 안 된다.

기본법 제5조 1항으로부터 도출되는 방송의 자유를 법적으로 형성하라는 과업이 기본권의 제한으로 나아가서는 안 된다. 이런 기본권의 제한은 오직 기본법 제5조 2항에 의거해서만 허용되며, 이에 따르면 기본법 제5조 1항의 여러 권리는 일반적인 법률 조항, 청소년 보호에 관한 법적 규율, 개인의 명예권에 의한 제한을 받는다.

입법자가 자신의 과업을 어떻게 수행할 것인가 하는 것은 입법자 자신이 결정할 사안이다. 기본법은 입법자에게 방송조직에 관하여 어떤 특정한 형태를 선택하라고 규정한 바 없다. 단지 중요한 것은 전술한 의미에서 자유롭고, 포괄적이며, 진실에 부합되는 의사의 형성이 보장되어야 한다는 것과 이들이 침해되거나 왜곡된 방향으로 발전하지 않도록 하는 것이다.

연방헌법재판소 제3차 방송판결: BVerfGE 57, 295ff.

(원문 S. 322 – 역주)

입법자는 특히 방송이 어떤 하나의 또는 어떤 개별적인 사회집단에 의해 장악되지 않도록 하고, 고려의 대상이 되는 여러 사회세력들이 방송 전체에서 의사를 표출할 수 있도록 하며, 보도의 자유가 침해받지 않도록 보장하는 예방조치를 취해야 한다(연방헌법재판소 판례집 12, 205〔262〕; 31, 314〔325f.〕).

c) 불충분한 방송주파수와 고도의 경제적 비용에 의한 제한을 받는 방송의 특수한 상황이 현대 방송기술의 발전과정에서 사라진다고 하더라도, 이렇게 법률적 형성으로 규율할 필요성은 여전히 존재한다. 연방헌법재판소는 이제까지 내린 판례에서 이런 특수상황의 존재를 전제하고 있었다(연방헌법재판소 판례집 12, 205〔261〕; 31, 314〔326〕); 이런 특수상황이 사라질 경우에 어떤 내용으로 변경된 효력이 나타날 것인지에 관해서는 단정하지 않고 열어두었다(연방헌법재판소 판례집 31, 314〔326〕 참조). 하지만 특수상황이 사라진다고 하더라도 방송의 자유를 보장하기 위해서 법률에 의한 예방조치를 취해야 한다는 것은 헌법적으로 요청되는 사항이다. 물론 방송의 송출을 소수의 주체에게만 허용할 수밖에 없는 제한을 가해야 하는 상황의 경우 더욱 폭넓게 이런 예방조치를 취할 필요가 생길 것이며, 이런 제한이 더 이상 존재하지 않는 상황에서 취해야 할 바와는 다른 모종의 수단이 요구될 것이다. 그러나 전술한 의미에서 방송의 자유를 보장하기 위해서 법적인 예방조치를 취해야 할 필요성은 여전히 남아 있다고 할 것이다.

기존의 제약성이 사라지는 경우에도 방송물의 공급이 전체적으로 보아 경쟁의 자기법칙성이라는 힘에 의해 방송의 자유가 요구하는 조건에 부응하리라고는 충분히 기대하기 어렵다. 기존의 제약성이 사라지면 오늘날 대개 일간신문의 전국지영역이 그런 것과 마찬가지로 방송의 영역에서도 일정하게 한정된 다양성이 자리잡게 될 것을 예고해주는 사실이 분명히 적지 않게 존재한다. 그렇지만 이것은 여전히 하나의 가능성에 머무는 것이다.

(원문 S. 323 – 역주)

인쇄매체의 영역에서는 역사적인 발전을 거쳐 현실적으로 상당한 균형상태에 이르렀고, 그 결과 오늘날 인쇄매체를 통해서 포괄적 정보의 제공과 의사의 형성을 확실하게 확보하기 위해서라면 현실로 존재하는 것을 보장해주는 것만으로도 원칙적으로 충분하다고 하겠지만, 그 반면에 민영방송 분야의 경우 적어도 아직은 이런 상황이 이미 확보되었다고 전제할 수는 없는 형편이다. 따라서 과연 주 내부에서 송출되는 모든 방송물의 총칭으로서 "프로그램 전체"에서 지금까지 존재하던 흠결을 제거할 때 모든 또는 적어도 언급할 만한 사회집단과 정신적인 조류가 발언권을 갖게 될 것인지, 이와 더불어 다양한 의사가 축약됨이 없이 표현되는 이른바 "의사의 시장(Meinungsmarkt)"이 발생할 것인지는 불확실하다. 게다가 방송과 같이 중요한 의미를 지닌 매체의 경우, 어떤 의사를 대변하는 하나의 세력으로 결집될 가능성과 여론에 대한 일방적인 영향력 행사를 목적으로 오용될 위험성을 반드시 고려해야 한다(연방행정법원 판례집 39, 159〔167〕. 바이에른 헌법재판소 판례집 30, 78〔97〕 참조). 이 같은 사정을 감안할 때 단지 국가적인 간섭만 배제한 채 방송을 각종 세력의 협상에 내맡기는 경우 방송의 자유를 보장하라고 헌법이 명한 바를 적절하게 이행한 것은 아니다(연방헌법재판소 판례집 31, 314〔325〕 참조). 이는 한번 오류적 사태발전이 이루어지면 사후에 이를—가능하다고 하더라도—일정한 조건 아래에서만 그리고 상당한 어려움을 감수해야만 원상회복이 가능할 것이라는 점을 감안하면 더욱 그렇다. 자유 민주주의의 구성요소인 의사의 다양성이 표현되는 그런 방송물 전체가 현실로 존재하도록 조치하는 것이야말로 바로 입법자의 책임사항이라고 할 것이다. 그리하여 전파의 대상이 되는 의사가 공공의 의사형성에서 배척된다든지, 의사의 주체가 방송주파수와 재원조달 능력을 지녔다고 해서 공공의 의사형성에 압도적으로 지배적인 영향력을 행사한다든지 하는 따위의 위험에 대해 입법자는 반드시 대처해야 한다(OVG Münster, DVBl. 1977, S. 210 참조).

(원문 S. 324 – 역주)

물론 이를 확실한 수준까지 확보한다는 것이 불가능하다는 점 역시 분명하다. 그렇지만 적어도 법률에 의해 규정된 방송체제에서는 이와 같이 균형 있는 다양성이 제자리를 잡아갈 것이라는 충분한 개연성은 반드시 확보해야 한다.

방송의 자유를 위한 요구사항들이 최소한 기존의 공영방송에 의해 충족되었다고 간주할 수 있고, 그에 따라—어쨌거나 청구권이라는 측면에서 볼 때—모든 중요한 사회집단과 여론향방이 공영방송의 방송물이라는 틀 속에서 자신의 의사를 표현할 수 있으며, 방송수용자도 포괄적으로 정보를 제공받을 수 있는 경우에도 이런 필수적 요구사항이 존재한다는 점에는 전혀 변함이 없다. 왜냐하면 민영방송에서 어떤 개별적인 양상의 견해만 추가적으로, 일방적으로 배려하는 것은 개별 방송참가자가 접근할 수 있는 주 내 프로그램 전체에서 각 사회집단의 "발언"이 이루고 있던 균형의 본질이 제거되지는 않는다고 하더라도 이에 장애는 초래할 것이기 때문이다.

2. 전술한 바와 같이 기본법이 법률에 의한 민영방송의 규율과 관련하여 구체적으로 어떤 요구들을 하고 있는지에 관해서 이 사건에 관한 절차에서는 확정적으로 규명할 필요는 없다. 예를 들면 민영적 방송송출의 재원조달 문제는 - 이는 프로그램의 형성이나 다른 언론매체 특히 인쇄매체의 상황에 미칠 반작용 때문에 - 본질적인 요소이므로 법률로 규율해야 할 필요가 있는가 여부의 문제가 그것이다.

    a) 어쨌거나 방송질서의 기본지침에 관한 결정은 본질적인 사항으로서 입법자가 반드시 규율해야 할 사안이다. 따라서 민영방송의 도입은 법률적인 근거와 의회의 결정이 필요하게 된다. 이는 시간적 그리고 지역적으로 제한된 시도에도 해당되는데, 이는 이에 대한 확정적 규정과 같은 정도의 기본권 관련성을 지니기 때문이다. 물론 이와 관련하여 입법자에게는 상당히 커다란 형성적 자유가 부여되는데, 이런 시도는 경험축적이라는 과업에 기여하기 때문이다(연방헌법재판소 판례집 54, 173〔202〕, 그밖의 전거와 함께 참조).

(원문 S. 325 - 역주)

    b) 하지만 입법자가 이 같은 기본적인 결정을 내리는 것만으로 만족할 수는 없다. 기초적인 질서모형의 틀 안에서 방송이 하나 또는 소수의 사회집단에 장악되지 않게 하며, 그리고 고려의 대상이 되는 여러 세력이 제공된 방송물 전체의 차원에서 자신의 의사를 발언할 수 있도록 확실하게 보전하기 위하여 그밖의 사항에 관해서도 법률로 규정하는 것이 필요하다.

    입법자가 - 텔레비전 판결에 따라(연방헌법재판소 판례집 12, 205[262]) 헌법상 이론의 여지가 없는 - 방송사의 "다원적 내부" 구조를, 즉 고려의 대상이 되는 여러 세력의 영향력이 내부적으로 각 방송사의 기관을 통해 중개되는 구조를 채택했다면, 특히 사실에 부합하며 현존하는 다양성을 원칙적으로 고려하여 중요한 사회세력들을 확정하고 비중을 부여하는 작업이, 그리고 이들 사회세력이 참가한 기관의 효과적인 영향력을 행사하도록 보장하는 것이 필요하다.

그러나 입법자는 또한 적합한 예방조치를 통해 주 내 프로그램 전체라는 측면에서 현존하는 의사의 다양성이 사실상 기본적으로는 반영되도록 보장했다면 이와 다른 형성적 형태를 선택할 수도 있다. 입법자가 외부적("외부다원적") 다양성을 통하여 방송의 자유를 창출하고 보존하려고 할 경우에도 규율하는 것 자체를 포기해서는 안 된다. 자유의 보장은 여전히 입법자가 책임져야 할 사항이다(위의 1 c).[6] 충분한 수의 주파수가 확보되지 못한 경우에는 다수의 의사주체들이 동일한 주파수를 각각 시간적인 제한하에 사용하도록 규정함으로써 이 같은 책임에 부응할 수도 있을 것이다.

c) 이외에도 입법자는 반드시 방송물 전체의 내용에 대하여 구속력 있는 기본원칙을 정립하여 최소한의 내용적 균형성, 객관성, 상호존중성을 보장해야 한다(연방헌법재판소 판례집 12, 205〔263〕).

(원문 S. 326 - 역주)

방송사의 "내부다원적" 구조에서는 이런 요구는 각 방송사의 프로그램 전체에 효력을 미친다. "외부다원적" 모형 아래에서 각 방송사는 균형의무를 지지 않는다. 그렇지만 각 방송사는 사실에 부합하고, 포괄적이며, 진실에 부합하는 정보를 제공하며, 상호 존중해야 할 의무의 최소한도를 지켜야 한다는 점에는 변함이 없다. 그밖에도 모든 방송사는 기본법 제5조 2항의 제한에 기속된다. 그리하여 특히 방송법률의 경우 청소년보호에 관한 조치를 마련해야 하는 것이다.

d) 마찬가지로 민영방송과 관련하여 요구되는 법률적 규율사항에는 국가감독권을 일정하게 한정하여 규범화하는 것도 포함되는데, 이런 국가의 감독권은-오직-방송의 자유를 보장하기 위해 정립된 규정들이 준수되도록 확보하는 과업에만 기여해야 한다(연방헌법재판소 판례집 12, 205〔262〕 참조).

e) 마지막으로 방송에 관한 법률적 질서에 관하여 어떤 형태의 것을 채택하든 그 사전적 심사의 대상으로 방기할 수 없는 것은 민영방송의 송출을 수용할 때 또는 그밖의 다른 방송사가 추가적으로 진출할 때 위에 서술한 요구사항이 충분히 이행되었는지 여부이다. 입법자가 방송조직에 관하여 민영방송도 허용하기로 결정하였을 경우, 그는 경우에 따라서 진입(Zugang)의 금

---

6) S. 322.

지를 포함하여 진입의 심사를 확보하는, 그리고 심사와 결정을 위한 법치국가적인 절차를 규정하는 진입규정을 마련해야 한다. 이 같은 허가절차는 신청자의 사업능력이나 신뢰도와 같은 일반적인 요건 이외에는 오직 방송의 자유를 보장하는 데에만 기여해야 하는데, 허가절차는 바로 이런 목적 때문에 헌법상 명해졌기 때문이다.

이때 입법자는 허가의 발급이나 거부에 대한 요건을 스스로 확정해야 할 의무를 진다. 민영방송의 송출에 관한 결정권을 행정부에 위임하는 것은 의회유보의 원칙상 입법자에게도 허용되어 있지 않다(위의 1 b).[7] 이 같은 의회유보와 권력분립의 원리는 입법자에게 국가가 조치할 수 있는 법영역에 대해 스스로 한계선을 그을 것을 명하고 있다. 법률은 행정부의 활동을 반드시 내용적으로 규범화해야 하며, 일반적인 원칙만을 제시하는 정도로 제한을 가해서는 안 된다(연방헌법재판소 판례집 52, 1[41] - 작은 농장 사건). 허가를 철회할 경우도 이와 마찬가지다.

(원문 S. 327 - 역주)

f) 가용(可用)의 전파수단이 모든 신청자에게 민영방송의 진입을 허용할 수 없는 경우 이 진입규정은 신청자의 선정에 관한 규율도 포함시켜야 한다. 이는 평등원칙이 명하는 바이다(기본법 제3조 1항).

따라서 제한적인 프로그램 송출의 가능성을 누구에게 유리하게 부여할 것인가 하는 문제는 우연이나 각 세력의 자유로운 협상에 내맡겨서는 안 된다. 이 같은 결정권한을 행정부의 비기속적인 재량에 위임하는 것도 결코 충분히 고려한 조치는 아니다. 그렇게 할 경우 법률의 유보와 합치하지 않을 것이다(연방헌법재판소 판례집 33, 303[345f.] - 정원제한 사건). 오히려 입법자는 진입의 허용 또는 거부와 관련한 전제조건을 규정하여야 하며, 나아가 입법자는 이것을 결정할 때 거쳐야 할 법치국가적 절차를 반드시 마련해야 한다. 방송시간을 배분할 수 있는, 그리고 긴급한 경우 이미 배분된 방송시간을 각 지분에 따른 비율로 줄일 수 있는 체계를 채택하면 이들 신청자를 평등하게 처우해야 한다는 과업은 큰 어려움 없이 달성할 수 있을 것이다. 이렇게 해도 무엇인가 불충분할 경우, 또는 입법자가 각 방송사에 종합 프로그램에 관

---

[7] S. 320f.

한 허가만을 부여하는 체계를 채택하였을 경우 입법자는 신청자들에게 반드시 동등한 기회를 보장하는 선정원칙을 확정해야 한다(연방헌법재판소 판례집 33, 303〔345〕 참조). 이런 기회의 현실화 정도는 객관적으로 사실에 부합하며 개별적으로 보아도 기대가능한 기준에 의해 결정되어야 한다(연방헌법재판소 판례집 43, 291〔316f.〕 참조).

III.

심사대상이 된 이들 조항은 이런 헌법적 요구조건을 본질적인 부분에서 충족시키지 못하고 있다.

(원문 S. 328 – 역주)

하지만 자를란트 주 민영방송의 송출에 관한 법률 제C장 제1절과 제2절의 조항들은 기본법 제5조 1항에서 도출되는 필수적 요구사항, 즉 방송질서에 관한 기본지침은 법률로 규정해야 한다는 바에 부응한 것이다. 즉 이들 조항은 민영방송 도입에 관한 법률적 기초를 창출하고, 제10조, 제11조와 관련한 제46조에서 방송물편성에 관한 지도원칙을 규범화하며, 제41조 이하에서 국가감독에 관하여 규정한다. 그러나 이들 조항은 독일어 민영방송송출의 진입에 관해서는 합헌적인 규정을 갖추고 있지 못하며, 선정문제 역시 전혀 규제한 바 없이 방치하였고, 방송자문평의회에 관해서도 사회적으로 중요한 세력들이 방송사의 기관에 충분하게 영향력을 미치며 방송물전체에서 발언할 수 있도록 보장해야 하는데, 이런 조항 또한 전혀 없다.

1. 자를란트 주 방송송출에 관한 법률(GVRS) 제39조는 면허의 부여와 그와 결합하여 부과할 부담에 대하여 규정하고 있는데, 이들을 법률 자체에서는 더 이상 상세하게 규정하지 않고 주정부의 재량에 맡기고 있다. 이 조항은 1항 5문에서 면허발급에 관한 청구권을 명백하게 배제하고 있다. 이로써 이 조항은 허가의 부여 또는 거부와 관련한 요건을 정하는 문제를 행정부의 재량에 맡기는데, 그 정도가 지나쳐 기본법 제5조 1항 2문에서 도출되는 법률유보와 권력분립의 원칙에 더 이상 합치하지 않는다.

하지만 자를란트 주 방송송출에 관한 법률 제40조와 제46조는 "특수한 조

연방헌법재판소 제3차 방송판결: BVerfGE 57, 295ff.

건"을 설정해두었고, 주정부는 이 조건의 준수 여부에 대하여 면허를 부여하기 전에 반드시 심사해야 한다. 8) 여기서 도출되는 결론은 이런 조건을 충족하지 못한 경우 면허를 거부할 수 있다거나 거부해야 한다는 것이다. 그러나 입법자는 지원자가 문제의 조건을 충족시켰을 경우 어떻게 사태를 처리해야 하는지에 관하여 전혀 규율하지 않았다는 부작위를 범하고 있다. 본 사건에서도 주정부는 면허를 거부할 수 있는데, 심지어 방송의 자유의 보장과는 전혀 무관한 이유를 근거로 삼을 수도 있다는 것이다. 이로써 본질적으로 기본권을 실현하기 위해 설정된 문제인데도, 입법자가 이에 관하여 결정하기를 방기했다는 결과에 이른다(연방헌법재판소 판례집 47, 46〔79〕).

(원문 S. 329 – 역주)

그리하여 자를란트 주에서 어떤 체계로 방송을 형성할 것인가를 결정하는 것은 결과적으로 의회의 입법자가 아니라 주정부이다. 이로 말미암아 허가의 발급 또는 거부의 요건을 입법자 스스로 규정하고, 이같이 국가의 조치에 개방되어 있는 법영역에 대하여 입법자 스스로 한계선을 설정해야 한다는, 헌법이 입법자에게 명한 바를 위반하게 된다(연방헌법재판소 판례집 52, 1〔41〕).

2. 그밖에도 주파수 상황을 바탕으로 할당할 수 있는 숫자보다 더 많은 지원자가 면허를 얻고자 원하는 경우, 어떻게 대처해야 하는지에 관한 규율이 결여되어 있다는 것도 헌법적으로 이의제기의 대상이다. 이와 관련해서도 전술한 바와 마찬가지로 최소한 각 지원자에게 동등한 기회를 보장한다는 내용을 **법률로써** 규율하라고 헌법은 명하고 있다. 이 문제는 심사대상이 된 조항

---

8) 지금까지 나온 용어만 보아도 허가(Erlaubnis), 허용(Zulassung), 면허(Konzession) 따위가 보인다. 학문상 개념이 아니므로 같은 수준의 같은 사항을 가리키는 용어를 전부 동원하는 인상을 준다. 이런 양상은 통설·판례에 관한 법과대학 학생들 학습용 문제집과 판례 따위에서 흔히 보인다. 그 목적은 뚜렷하다. 엄격한 학문적 용어를 기반으로 한 복잡다기한 학설에 대하여, 판례는 자신의 필요를 충족하는 한도 안이라면 느슨하게 용어를 채택함으로써 여러 학설이 함께 더욱 발전할 수 있는 근거를 제공한다는 것이요, 학습용 문제집에서는 너무 섬세한 학문적 용어에 사로잡히지 말고, 이론의 대체적인 흐름, 나아가 전체에 대한 개관을 대범하게 얻을 수 있게 가르치자는 것이다. 외국인 독자로서는 판례를 읽을 때 개별용어에도 물론 유의해야 하겠지만 거기서 그치지 말고 더욱 글의 흐름을 파악하는 데 관심을 기울여야 하겠다 – 역주.

이 주의회에서 의결되었던 시점(1967년)에서 고려하기에 불가능한 것은 결코 아니었다. 자를란트 주의 경우 아직 주의 전역을 덮는 케이블망을 확보하지 못했기 때문에, 그리고 전통적인 송신기술의 영역에서도 가용주파수가 대폭적으로 확대되리라 예측할 수는 없는 형편이기 때문에 오늘 역시 이 문제는 유명무실한 것이 결코 아니다. 현재는 물론이고 가까운 장래에도 누구든 지원하기만 하면 민영방송을 송출할 수 있는 길이 열릴 수 있다는 점을 논의의 전제로 인정할 수는 없다는 것이다. 따라서 입법자는 이에 관한 결정을 보다 구체적으로 제한이 가해지지 않은 주정부의 재량에 위임하지 않았어야 했다. 단지 소수의 사람만이 신청할 것으로 전망된다고 해서 이와 관련된 규정이 미비되어서는 안 된다.

3. 마지막으로 방송자문평의회의 구성 및 권한과 관련된 조항들을 살펴보아도, 자를란트 주내 민영방송의 송출이 방송의 자유가 요구하는 바를 충족시키기 위한 충분한 보장을 마련하지 못하고 있다(Fuhr/Konrad, UFITA 50〔1967〕, S. 562〔564ff.〕; Schmitz, DÖV 1968, 2. 685ff.; Stern/Bethg *Öffentlich-rechtlicher und privatrechtlicher Rundfunk*, 1971, S. 67ff.).

(원문 S. 330 — 역주)

자를란트 주 법률이 방송의 자유를 보장하고자 각 방송주관 사업자마다 기존의 공법상 영조물 형태의 공영방송사와 유사한 "내부다원적" 구조를 보장하려고 시도하고 있다면, 이는 기본적으로 헌법상 제기된 과업을 수행하는 한 방법임에 틀림없다(연방헌법재판소 판례집 12, 205〔262〕). 그러나 이런 조직형태에서는 사회적으로 중요한 모든 세력들이 자신의 영향력을 중개해 줄 기구에 참여하고, 이 같은 영향력이 효과적인 것이 되도록 하는 것이 특히 중요하다. 이 모형의 기본구상에 따르면 바로 이렇게 함으로써, 방송이 결코 오직 하나의 경향, 하나의 이해관계, 특히 운영주체회사 측의 기업적 이해관계에 기여하지 않도록, 그리하여 방송의 자유를 통하여 보호하려는 요청사항에 불리하게 작용하지 않도록 결정적인 보장을 하려는 것이었다. 따라서 이런 맥락에서 보면 민영방송에 관하여 규율할 때 위와 같은 엄격한 요구조건들이 제시되어야 한다.

a) 방송자문평의회의 구성에 관한 법률은 이와 같은 요구조건에 부합하

지 않는다. 이 방송자문평의회는 제46c조 1문에 따르면 최고 13명으로 구성된다. 그밖의 사항에 관해서는 2문에서 자를란트 주 방송평의회(공영방송 내부기관인 - 역주)의 해당 조항을 준용한다고 규정했다. 이에 따르면 법률로 확정한 것은 주정부, 카톨릭교회, 개신교 교회, 그리고 주의회의 각 정당별 교섭단체로부터 각 한 명씩 구성원을 파견하도록 한다는 단순한 내용이다. 따라서 법률 자체에서는 국가의 대표 외에 오직 2개의 "사회적으로 중요한 집단"만이 규정된 것이다. 방송자문평의회의 다른 구성원들과 그 대리인은 문화정책 및 청소년문제 위원회의 제안으로 주의회가 선출하는데, 이때 문화정책 및 청소년문제 위원회에서는 공공생활, 특히 "문화, 사회, 경제 영역"의 규모가 큰 단체들의 "청문"이 이루어진다(자를란트 주 민영방송송출에 관한 법률 제16조 4항과 관련한 제46c조 2문). 이 같은 조항은 고려의 대상이 되는 사회세력들에 대하여 필요한 안정성에 비추어 적절히 고려할 능력이 없다.

(원문 S. 331 - 역주)

좀더 자세한 언급이 없이 공적 생활영역의 규모가 큰 단체의 의견을 듣는다는 단순한 의무화가 구체적인 기준을 대신할 수는 없는 것이다. 게다가 방송자문평의회 구성원의 수가 13명을 채우지 않을 수도 있다는(자를란트 주 민영방송송출에 관한 법률 제46c조 1문) 점을 감안하면 방송자문평의회 구성에 관한 이 법률의 조항은 방송사에 대해 일반인을 대표해야 하는 방송자문평의회(자를란트 주 민영방송송출에 관한 법률 제46b조 1문)가 사실상으로도 - 다원적으로 - 일반인을 대변하는 것을 더 이상 충분히 보장할 수 없을 정도로 불충분한 것이다.

b) 그밖에도 방송자문평의회로 하여금 필요한 효과적인 영향력을 행사할 수 있도록 조치해야 하는데, 이에 관한 법률조항이 미비하다. 공영방송의 해당기관과는 달리, (민영방송의 내부기관인 - 역주) 이 방송자문평의회는 스스로 일정한 비중을 지닌 영향력을 행사하거나 효과적으로 통제하는 등의 가능성을 열어주는 어떠한 권한도 갖고 있지 않다. 자를란트 주 방송송출에 관한 법률 제46b조 1항 4문부터 7문까지에 따르면, 방송자문평의회는 방송송출에 관한 법률의 규정이 준수되는지, 또한 방송자문평의회 자신에 관련되는 자치규칙의 제 규정이 준수되는지를 감시한다. 이에 해당되는 위반사항이 있으면 이 사실을 방송사와 감독관청에 적시한다. 방송자문평의회는 방송사에

근본적으로 중요한 모든 문제를 논의한다. 방송자문평의회는 방송물의 형성에 관하여 방송사에 자문을 한다. 이런 모든 사항에 관하여 방송자문평의회의 활동은 자문, 논의, 권고 따위로 그 역할이 제한되어 있다. 자를란트 주 방송송출에 관한 법률 제46b조 4항의 경우를 제외하면, 방송자문평의회의 결의는 구속력을 갖지 않는다. 그밖에도 방송자문평의회는 어떠한 제재가능성도 보유한 바 없다. 이미 제청결정에서 상설한 바와 같이, 이런 상황하에서는 효과적인 영향력이 행사될 수 없다고 할 것이다. 방송자문평의회의 지위는 기업이나 기타의 사업적 이해관계에 맞서 일반인의 이해관계를 효과적으로 관철하기에는 너무 취약하다. 따라서 방송사의 "다원적 내부" 구조를 통하여 방송의 자유를 보장하는 데 결정적으로 중요하고, 법률로써 창출해야 하며, 유효성을 확보해줄 그런 요소가 결여되어 있다고 할 것이다.

(원문 S. 332 – 역주)

c) 특히 원심절차의 원고가 상정하듯이, 사경제적 매체기업은 이들이 추구하는 광고수입 때문에 가능한 한 최대로 청취자나 시청자를 확보하는 것에 의존하지 않을 수 없으며, 바로 그런 까닭에 결코 어떤 한 집단만을 고려하는 그런 방송물을 제공할 수는 없을 것이라고 하는데, 이것으로써 위에 지적한 흠결이 보완되는 것은 아니다. 이 같은 기대는 충분히 보장된 것이 아니다. 법률이 규정한 바와 같이 방송사를 주식회사 형태로 조직한다고 해도 마찬가지로 보완적 기능을 거의 하지 못한다. 왜냐하면 주식회사 형태의 조직은 근본적으로 민영방송기업을 경제적인 측면만 파악할 뿐이요, 일반인의 이해관계를 효과적으로 실현하려는 목적에 적합하다고 하기는 매우 어렵기 때문이다. 방송자문평의회 대신 고려될 수 있는 감사위원회는 법률상 그런 과업을 부여받은 바 없다. 게다가 감사위원회는 주요한 사회세력을 대변한다는 것과는 전혀 다른 관점에서 조직을 구성한 것이다. 자를란트 주 민영방송송출에 관한 법률 제46조에 따라 방송자문평의회의 구성원 2명이, 이들이 여전히 자문평의회의 지시에 구속된다고 하더라도(자를란트 주 민영방송송출에 관한 법률 제46e조 6항) 감사위원회에 소속되어야 한다면, 이는 방송자유를 보장하는 데 적합치 못한 감사위원회의 구성과 감사위원회의 관할권한에 있어 본질적인 면에서는 전혀 변화를 초래할 수 없는 형편이다. 게다가 정관에 따르면 기초자본이 300만 마르크를 넘을 경우 감사위원회를 구성하는 감사

위원의 수를 늘릴 수 있으며(주식회사법 제95조), 그에 따라 방송자문평의회에 소속하는 감사위원회 구성원과 그들의 견해가 다수가 될 가능성이 열려있다. 따라서 이러한 점에서도 중요한 사회적 세력의 영향력이 법적으로 충분히 보장되지 않았다.

주식을 이전할 때 감사위원회나 총회의 동의에 기속되며, 50% 이상의 주식자본이 병합하여 하나의 주체에 집중되는 것을 저지하게 하는 자를란트 주 민영방송송출에 관한 법률 제40조 2항도, 이미 제청결정에서 적확하게 설시했듯이, 위에서 서술한 결함을 보완하기에 충분한 기능을 행하지 못한다. 왜냐하면 이로써 주주 한 사람이나 주주집단 하나의 지배적 영향력의 행사는 배제할 수 있다고 하더라도, 영향력을 보장받아야 할 중요한 사회적 세력과 이 주주의 집단이 반드시 동일한 것은 아니기 때문이다.

(원문 S. 333 - 역주)

이 조항이 유효한지 여부는 추상적인 법률이 규율하는 바에 따라 달라질 뿐이지, 결코 개별 사례에서 지분보유자를 어떻게 구성할 것인지에 따라 달라지는 것은 아니라는 점을 제청의 결정에서 강조하고 있는데, 이는 타당하다.

결국 이 흠결은 방송자유의 보호와 발전을 보장한다는 목적에 봉사하도록 행정부가 국가적 차원에서 영향력을 행사할 수 있게 규정한 조항을 통해서도 보완되지 못하고 있다. 이 점에 관한 한 제청결정에서 채택한 견해는 이유있다고 할 것이다.

이는 우선적으로 부담을 부과할 권한과 면허를 취소할 권한의 경우도 마찬가지다(자를란트 주 방송송출에 관한 법률 제39조 1항 3문, 제45조). 이 두 가지는 주정부의 관할사항이다. 부담의 부과는 주정부의 재량에 맡겨져 있다. 하지만 면허의 취소에 대해서는 자를란트 주 방송송출에 관한 법률 제45조는 법률적 요건을 규정하고 있다. 이 요건을 갖추고 있는데도 면허를 취소할 수 있는지 여부 역시 주정부의 재량에 달려 있다. 이런 측면에서 보아도 방송의 자유를 보장하기 위한 예방조치가 **법률**로 충분히 규정되어 있지 않다. 이런 점을 제외하면 면허의 박탈은 방송의 자유를 보장하기 위한 최후의 수단이다(곧 자를란트 주 방송송출에 관한 법률 제45조 5호와 7호). 따라서 면허취소가 가능하다고 해도, 지속적으로 효력을 미칠 사회적 세력의 통제와 영향력 행사를 결코 대신할 수는 없는 것이다.

국가의 감독권한도 마찬가지다(자를란트 주 방송송출에 관한 법률 제41조 이하). 다원적으로 조직한 뒤에 자치(自治)한다는 방법으로 방송의 내부에서 이루어지는 사회적 통제를 외부적 존재에 의한 타율적 통제인 국가의 감독권과 맞바꿀 수는 없는 것이다. 게다가 국가차원에서 행정부로 하여금 감독하게 하는 것은 오직 부가적인 – 그리고 일정하게 한정된 – 확보수단으로서만 고려될 수 있을 뿐이다. 이는 방송자유가 한편으로 편파적인 사회적 영향력으로부터 자유로워야 한다는 의미이며, 그와 동시에 다른 한편으로는 그리고 일차적으로는 국가의 영향력으로부터 자유로워야 한다는 의미이기 때문이다 (연방헌법재판소 판례집 12, 205〔262〕).

(원문 S. 334 – 역주)

그밖에도 국가의 감독권은 법규감독으로서 오직 법적 조항을 준수했는지 여부만을 기준으로 삼는다. 따라서 법적 규정이 존재하지 않으면 국가의 감독권도 유명무실해진다. 따라서 국가감독권이라는 제도적 장치로도 위에서 지적한 흠결을 제거할 수 없음은 마찬가지다.

전체적으로 평가하면 이 흠결로 말미암아 자를란트 주 방송송출에 관한 법률 제46조, 제46b조 1항, 제46c조 1문과 2문의 방송자문평의회에 관한 규정은 위헌이라는 결론에 이르게 된다.

4. 이 법률 제C장 제I절과 제II절을 민영방송송출의 재원조달문제에 관하여 법률에 규율하지 않고 있다는 이유로 비난할 수 있는지 여부에 대해서는 (위의 II 2 참조)[9] 판단하지 않고 논의를 펴나갈 수 있다. 이 문제에 대해 어떻게 결정할 것인지에 상관없이 이들 조항은 일단 독일어 민영방송송출에 대하여 규율하는 것인 한, 모두 무효라고 선언해야 할 것이다(연방헌법재판소법 제78조 1문).

물론 어떤 법률의 조항 하나 또는 몇 개가 무효라고 해서 그 법률 전체가 무효인 것은 아니다(연방헌법재판소 판례집 8, 274〔301〕; 확립된 판례, 이밖에도 연방헌법재판소 판례집 47, 253〔284〕 참조). 그러나 그 법률의 객관적 의미에서 헌법에 합치한다고 할 그밖의 다른 조항이 전혀 독자적인 의미를 갖지 못한 경우, 나아가 헌법에 위배되는 규정이 전체적인 규율의 일부를 이루

---

9) S. 324.

는데, 만약 이 전체적 규율의 여러 구성요소 가운데 하나가 탈락된다면 이 전체적 규율의 의미와 정당성까지 상실하는 경우, 즉 무효인 조항이 다른 조항과 불가분의 통일성을 형성하고 있어서 개별적인 구성요소로 해체하는 것 자체가 불가능한 경우라면 문제는 달라진다(연방헌법재판소 판례집, 위의 곳).

여기 논의되는 이 사건의 사태는 바로 이런 것이다. 심사대상이 되는 조항에 결여되어 있거나 불충분하게 규율되어 있는 것은 본질적인 부분에 해당된다. 헌법상의 요구사항에 부응해야 한다는 측면에서 보면 그 자체만으로는 전혀 독립적인 의미가 없다.

(원문 S. 335 – 역주)

지원자의 진출 및 선정에 관하여 합헌적으로 규율한 바도 없고, 방송자문평의회에 관하여 위헌적으로 규율한 바도 없다면, 문제의 법률은 자를란트 주의 민영방송의 송출을 합헌적으로 규율하는 효력을 전개시킬 수 없는 토르소(Torso)[10]에 불과할 것이다. 다만 그 자체로 기본법과 합치하는 조항들은 장차 새로 합헌적으로 규율한 바와 관련된 맥락에서는 제자리를 차지할 수 있을 것이다. 자를란트 주 법률에 의한 독일어 민영방송에 관한 조항은 그 의미와 정당성, 그리고 특히 과업을 수행하기 위한 능력을 상실시키지 않고 개별적인 구성부분으로 해체할 수는 없다. 따라서 이들 조항은 전체적으로 무효라고 할 것이다.

(서명재판관)　　벤다 박사　　　뵈머 박사　　　지몬 박사
　　　　　　　　팔러 박사　　　헤세 박사　　　캇젠슈타인 박사
　　　　　　　　　　　니마이어 박사　　호이스너 박사

---

10) 미완의 작품 – 역주.

연방헌법재판소 제4차 방송판결[1]
BVerfGE 73, 118ff. - 니더작센 주 방송법 사건

제3건(Nr.3)[2]

판결요지[3]

1. a) 현재 독일의 거의 모든 주에서 새로운 매체법을 기반으로 구축하고 있는 이원적 방송체제하에서 불가결한 "기본적 방송공급"은, 지상파 프로그램으로 거의 독일 전주민에 도달하며, 내용적인 면에서 포괄적인 프로그램을 제공하는 공영방송이 담당해야 할 사안이다. 그리하여 공영방송의 과업은 독일 연방공화국 내의 민주주의적 질서 및 문화적 생활을 위하여 방송이 감당해야 할 본질적 기능을 포함하게 된다. 바로 이런 이유 때문에 공영방송은 그의 특수한 성격을 정당화할 수 있는 것이다. 이러한 과업을 그에게 부여하고 있는 만큼 이 과업의 수행에 필요한 기술, 조직, 인력, 재원조달 등의 여러 조건도 필수적으로 확보해주어야 한다.

b) 공영방송이 위에 적시한 과업을 실효성있게 수행할 수 있는 여건이 확보되어 있는 한, 민영방송에 대하여는 프로그램 제공의 폭이나 균형 있는 다양성의 확보와 관련하여 공영방송에서와 같은 높은 수준의 요구를 하지 말아

---

1) 이 판례는 1986년 11월 4일자 연방헌법재판소 제1재판부 판결문인데, 연방헌법재판소 판례집 제73권 118쪽부터(BVerfGE 73, 118ff.) 205쪽까지 88쪽에 걸쳐 수록되어 있다. 판결문 원문의 쪽수는 역주로 표시해두었다— 역주.
2) 이 판결문은 시간적인 순서와는 달리 미리 수록하는 바이다(판례집에 수록하는 순서의 기준에서 벗어났다는 점을 지적한 것이다— 역주).
3) 원문에는 "판결요지"라는 제목이 붙어 있지 않다. 역자가 통상 쓰는 용어를 편의상 붙인 것이다— 역주.

야 하는 것이 정당하다고 볼 수 있다. 그러나 입법자는 민영방송에서도 가능한 한 높은 수준의 균형 있는 다양성에 도달하고, 이를 확보하도록 규정해야 하며, 바로 이 목적에 적합한 사전예방적 조치를 취해야 한다. 다양성을 확보하기 위해 설치된 (외부적) 평의집단과 법원이 통제를 할 때 중요한 것은 의사의 다양성이라는 본질적 요건을 포함하고 있는 기본원칙이다. 즉 민영방송에서도 모든 경향의 의사를—소수자의 의사도 역시—표현할 수 있는 가능성을 확보해준다는 것, 개별 방송사나 프로그램들이 여론의 형성에 대하여 너무 지나치게 균형을 깨뜨리는 일방적인 영향력을 행사하지 못하도록 이를 배제하는 것, 즉 어떤 의사를 대변하는 지배적 세력의 발생을 저지한다는 것이 그것이다. 이런 맥락에서 입법자의 과업은 이 기본원칙이 실체적, 조직적 및 절차적 여러 규정을 통하여 엄격하게 관철될 수 있도록 이를 확보하는 것이다.

(원문 S. 119 – 역주)

2. 광고수입으로 재원을 마련하는 민영방송체제의 기본구상은 일반적인 최소한의 요구사항 이외에도 헌법이 명한 프로그램의 다양성과 균형성을 확보해야 한다는 전제조건을 분명하게 규정하였으며, 이들 요건을 준수하게 하기 위한 제반조치, 그리고 프로그램의 내용에 대하여 중요한 사항에 관한 모든 결정권을 중요한 여러 사회세력과 경향집단의 영향력하에 있는, 국가로부터 독립된 지위를 지닌 외부의 기관에 부여했으며, 그리고 어떤 의사의 대변세력으로 집중하는 현상이 일어나지 않도록 효과적인 법률적 예방조치를 취하였다. 이 같은 구상은 방송의 자유로부터 나오는 위의 요구사항과 기타 요구사항을 원칙적으로 충족시킨 것이다.

3. 1984년 5월 23일자 니더작센 주 주방송법은 그 기본지침에 있어서는 기본법과 합치한다. 그러나 이 법률의 경우 일련의 규정들은 방송의 자유를 헌법이 명한 방식대로 보장할 수 없다. 그리하여 이들 조항은 전부 혹은 일부 기본법과 합치하지 않는다. 그밖에도 이 주방송법은 방송의 자유를 보장하기 위하여 보완적인 법률규정을 필요로 한다.

1986년 6월 3일 실시한 구두변론을 근거로 하여 내린
1986년 11월 4일자 제1재판부의 판결이다.
— 1 BvF 1/84 —

독일방송헌법판례

이 절차에서 심사의 대상이 된 것은 니더작센 주의 1984년 5월 23일자 주 방송법(법률명령공보, S. 147)이 기본법과 합치하는지 여부로서
— 청구인은 한스 요헌 포겔 박사인데, 그는 연방의회의 의원이며, 그밖에도 독일 연방의회의 의원 200명이 함께 참가했고
— 소송대리인은 교수 볼프강 호프만-리임 박사가 맡았는데, 그의 주소는 함부르크 65의 캐트너길 24번지이다.

주문:

I. 1. 1984년 5월 23일자 니더작센 주 방송법 제3조 3항 4문은(니더작센 주 법률 및 명령공보, S.147) 기본법 제5조 1항 2문과 합치하지 않으므로 무효이다. 이에 따라 이 법률 제3조 3항 3문은 규율대상 자체가 소멸하게 된다.

(원문 S. 120 – 역주)

2. 그밖에도 기본법 제5조 1항 2문과 합치하지 않으므로 무효인 것은 다음과 같다.
 a) 니더작센 주 방송법 제5조 4항과 관련하여 제3조 1항과 3항 1문, 그리고 제6조 3항 1문과 관련하여 제3조 1항은, 심사와 결정에 관하여 국가의 허가관청이 관할권한을 보유하는 한, 무효이다.
 b) 니더작센 주 방송법 제6조 3항 4문은, 방송시간의 할당에 관하여 허가관청이 관할권한을 보유하는 한, 무효이다.
 c) 니더작센 주 방송법 제28조 2항 2문은, 니더작센 주에서 방영되는 프로그램에 해당되는 한, 무효이다.

3. 기본법 제5조 1항 2문과 합치하지 않으므로 무효인 것은 다음과 같다.
 a) 니더작센 주 방송법의 제5조 2항은, 그 조항에서 규율한 내용이 그 주에서 방영되는 종합 프로그램에 국한되는 한, 무효이다.
 b) 니더작센 주 방송법 제15조는, 제2조에 따라 허용된 프로그램의 경우 다른 프로그램과 관련하여 균형성이 보장되어야 한다는 요건에 대하여 좀더 자세히 규율한 조항을 포함하고 있지 않는 한, 무효이다.

c) 니더작센 주 방송법 제44조 3항 1문은, 1항에 따라 그 프로그램에 대하여 사안에 객관적으로 적합한, 포괄적인, 진실에 부합되는 정보를 제공해야 할 의무를 부과해야 하는데 그렇게 하지 않는 한, 마찬가지다.

4. 니더작센 주 방송법 제44조 3항은, 니더작센 주에서 전파되는 외국의 방송물에 대하여 반론권을 확보하는 규정을 두어야 하는데 이를 규정하지 않는 한, 기본법 제1조 1항과 관련한 제2조 1항에 합치하지 않는다.

II. 그밖에도 니더작센 주 방송법 제2조, 제3조 1항, 3항, 4항, 제5조, 제6조, 제8조부터 제10조, 제13조, 제15조, 제23조부터 제26조, 제27조 1항, 제28조 1항부터 4항, 5항 1문, 제44조 1항부터 4항, 5항 1문, 제46조 2항과 3항 등은 — 제6조 1항 2문 3호와 제23조는 헌법이 명한 해석에 따르면 — 기본법에 합치한다.

(원문 S. 121 — 역주)

그러나 입법자는 방송 분야에서 어떤 의사가 지배적인 세력으로 등장하는 것을 저지하기 위해 판결이유(Gründen)에서 적시한 바에 따라 이를 보완할 규정을 마련해야만 한다.

이유:

A.

이 절차의 대상은 1984년 5월 23일자 니더작센 주방송법(LRG)이 기본법에 합치하는지 여부의 문제이다.

I.

1. 방송의 송출은 독일연방공화국에서는 얼마 전까지만 해도 공영방송에 유보되어 있었다. 방송체계에 관한 헌법상의 기본적 조건은 연방헌법재판소의 1961년, 1971년, 1981년 등의 판결에서(연방헌법재판소 판례집 12, 205 — 독일텔레비전방송 사건; 31, 314 — 부가가치세 사건; 57, 295 — 자를란트

주의 민영방송사건) 광범위하게 드러났다. 이들 판결에서 연방헌법재판소는 출판과 비교하여 방송의 "특수한 상황"에 의미를 부여하였는데, 이 상황은 처분가능한 주파수가 희소하다는 점과, 방송의 송출에 통상수준을 넘는 고액의 재원을 출연해야 한다는 점 등으로부터 초래된다는 것이다. 이 상황은 최근에 이르러서도 소멸되지 아니했다. 하지만 상황 자체가 변했다. 특징적인 점을 지적하자면 다음과 같은 사정을 들 수 있다.

a) 방송 프로그램을 송출하고 전파하기 위한 기술적 요건이 "새로운 매체"가 개발됨에 따라 개선되어왔고, 앞으로도 개선되어갈 것이다. 물론 지상파영역에서는 지금까지 희소했던 사정이 거의 변함없이 유지되고 있다. 텔레비전 방송물에 대해서 추가적으로 제공되는 채널은 오직 지역방송 분야에서나 예상할 수 있을 뿐이다.

(원문 S. 122 – 역주)

라디오방송 분야에 관해서는 추가적으로 100-108메가헤르츠의 초단파대역을 활용할 수 있게 되었다. 하지만 이 중에서 104메가헤르츠를 넘는 대역의 주파수는 몇 년 지나야 이용할 수 있다. 수신할 수 있는 텔레비전 프로그램과 초단파 라디오방송 프로그램의 숫자는 광대역유선망이 확보되면 대폭적으로 늘릴 수 있다. 수신지역 전역에 유선망을 설치한다는 것이 지금까지의 의도인 데 반하여, 현재 독일 연방체신청은 연방 전역에 대규모 권역체제로 유선망을 설치함으로써 최대한 80%에 이르는 망설치율을 달성하려고 노력하고 있다. 1985년 12월 31일 연방공화국에서는 470만 가구가 – 이는 18%에 해당되는데 – 유선망에 연결할 수 있는 가능성을 획득한 상태다. 이 중에서 모든 가구의 약 1/3을 넘는 숫자가 실제로 이 가능성을 이용하고 있다. 독일연방체신청은 유선망을 더욱 빠른 속도로 건설하려고 노력하고 있는데, 이는 매체시장의 경제적 존립분기점에 도달한다는 목적을 달성하려는 것으로 대개 440만 가구가 실제로 유선망에 연결되어야 한다고 추정하고 있다. 하지만 이런 방식으로 주파수가 희소하다는 사정을 완전히 해소시킨다는 것은 당분간 기대할 수 없다고 하겠다. 시간이 지나면서 지역에 부분적으로 설치하는 유선망(Kabelinsel)과 전면적으로 설치하는 지역유선망(Flächennetzen)의 숫자가 점차 늘어날 것이다. 모든 유선을 전면적으로 설치하고, 현재 이미 가설되어 있는 각 가정의 또는 공동사용의 안테나시설을 계속 사용하고, 종

연방헌법재판소 제4차 방송판결: BVerfGE 73, 118ff.

래의 수신기기를 유선망에 접속해서 사용한다는 따위에 장애를 일으키는 요소를 장기적이고 점진적으로 제거해나가게 될 듯하다. 그에 반해서 오히려 기왕에 설치된 광대역유선망에 연결할 가능성 중에서 실제로 어느 정도나 사용하게 될지가 불분명하다. 이용할 수 있는 가구 중 현재 1/3 수준에서 멈추지 않는다고 하더라도, 전면적인 접속밀도가 확보되리라고 확신할 수는 없는 형편이다.

그밖에도 위성기술이 본질적으로 중요한 요소로 떠오르고 있다. 통신위성이 점차적으로 늘어나면서 프로그램을 유선망의 방송수신소에 중계시키는 것이 가능하게 되었다. 그에 대하여 방송위성은 지상의 방송송신국과 동일한 기능을 이행한다. 방송위성은 프로그램을 송출하고 누구든지 이를 수신할 수 있다.

(원문 S. 123 - 역주)

독일에서는, 계획한 바에 따르면, 1987년 여름부터 독일 텔레비전위성을 이용할 수 있을 것이라고 한다. 그러면 4개 텔레비전 채널이 가동되고, 만약 계획중인 위성이 차질 없이 하나 더 운행하게 되면 5개 텔레비전 채널이 동시에 가동될 수 있고, 게다가 하나의 텔레비전 채널에 16개 라디오방송 프로그램을 송신할 수 있다고 한다.

이들 프로그램의 수신지역은 어떤 개별 주에 제한될 수는 없다. 수신지역은 독일지역을 넘어선다. 개인 참여자의 경우 수신에 상당한 비용이 따르기 때문에, 오직 일부 가구만이 이런 수신가능성을 이용할 것이라는 예상은 상당히 오랜 기간동안 지속될 것 같다.

따라서 결과적으로 연방의 각 주, 중간규모의 지역, 소규모 지방 등에서 모든 참여자가 수신할 수 있는 프로그램의 숫자는 아직도 상당 기간 지상파 프로그램으로 제한된 채 남아 있게 될 것이다.

b) 방송을 송출하며 전파할 수 있는 기술적 요건은 이로써 이미 개선되었거나 앞으로 개선될 것이라고 하더라도, 경제적 여건까지 그 사정이 동일하다고 할 수는 없다. 즉 텔레비전영역에서 초기투자와 운영, 그리고 프로그램을 전파하는 데 상당한 출연이 필요함으로 말미암아 고액의 비용을 치러야 하는 반면, 재원조달의 가능성은 주로 광고수입으로 제한되어 있다. 널리 인정된 견해에 따르면 연방 전역의 규모로는 2개, 최대한 3개 정도의 민영, 즉 광고수입에 의존하는 종합 프로그램의 제공자가 생존할 수 있으리라고 본다.

라디오방송영역의 비용상황은 이보다 훨씬 유리하다. 하지만 여기에서도 역시 상업적 광고를 통한 재원확보가 문제다. 그러므로 전체적으로 보아 예나 지금이나 적어도 텔레비전방송의 종합 프로그램을 전파하려면, 통상의 수준을 넘는 대규모의 재원을 출연해야 한다는 점에는 변함이 없다. 참여자로서는 방송수신료 이외에 유선망 연결에 드는 비용, 연계지점과 수신기기 사이에 유선시설을 설치하거나, 유선에 연결될 수 있는 가구배분용 시설을 이용하는 데 드는 비용, 유선이용과 프로그램 시청에 지속적으로 치러야 할 비용 등으로 부담을 지게 될 것이며, 그렇지 않을 경우 위성으로부터 직접 수신하기 위해서는 수천 마르크에 이르는 가히 투자라고 불러야 할 비용을 지출하지 않을 수 없다.

(원문 S. 124-역주)

c) 지금까지 펼쳐진 상황에 대하여 새로운 내용으로서 마지막으로 지적해두어야 할 사실은 유럽의 방송시장이, 비록 유럽의 범주를 넘어가진 않겠지만, 생성될 조짐이 보인다는 것이다. 새로운 매체, 즉 위성기술이 대규모 지역에 프로그램을 전파할 가능성을 열었다. 위성이 작용하는 영역은 각 국가의 국경선도 넘어간다. 이로써 외국에서 송출한 텔레비전 프로그램과 라디오 프로그램을 독일연방공화국 전역에서 수신할 가능성이 상당히 높아졌으며, 반대로 위성이나 유선을 통해서 전파된 독일의 프로그램을 이웃 외국에서 수신할 가능성도 역시 상당히 높아졌다. 이는 유럽의 통합을 지원하게 될 발전이라고 할 것이며, 이에 걸림돌이 될 장애를 축소하거나 제거한다는 것은 유럽공동체의 유럽이사회뿐만 아니라 유럽의회, 유럽집행위원회 등이 추구해왔던 바이다. 유럽재판소의 재판도 같은 방향을 보이고 있다(특히 Slg. 1974, S. 149, und 1980, S. 833 참조). 금년[4] 4월 29일에 유럽집행위원회는 유럽공동체의 이사회에 대하여 방송활동의 구현에 관하여 구성국가의 특정한 법조항과 행정입법조항의 상호조정에 관한 지침을 제안했다(Kom〔386〕146 endg.). 법적으로 이런 시도는 유럽경제공동체조약의 개별 조항과 유럽인권선언 제10조에 근거를 두고 있다.

---

4) 1986년-역주.

연방헌법재판소 제4차 방송판결: BVerfGE 73, 118ff.

2. 이런 상황에서 독일 다수의 주가 방송질서를 새로 형성하는 작업에 돌입했다. 새로운 매체법률은 민간부문에 관심 있는 사람이 방송에 진출할 가능성을 열었으며, 이때 기본법 제5조 1항 2문에 보장된 방송의 자유가 요구하는 사항을 헌법판례에서 적시한 바에 따라 고려하도록 조치한 것이다. 여기에 속하는 것 중에서 특히 우리 눈길을 끄는 것은 현재 존재하는 다양한 의사가 방송을 통해 가능한 한 폭넓고 완전하게 표현되어야 하며, 이런 방식으로 포괄적인 정보가 제공되어야 한다는 점을 확실하게 담보해야 한다는 과업이다.

(원문 S. 125 – 역주)

이런 과업에 기여할 법조항이 구체적인 사항에 대해서는 서로 어긋난다. 그에 반하여 기본방침의 수준에서는 다소간 상당히 광범위하게 합의가 이루어져 있고, 이를 더 자세히 살펴보면 국가로부터 독립된 감독기관을 공법상 독립적인 영조물이라는 법적 형태로 둔다는 것이다. 새로운 법률이 지금까지 전수되어온 방송법과 방송에 관한 주간국가조약과 나란히 시행되면 이원적 방송체계의 윤곽이 드러날 것이다. 이 체계에는 공영방송도 포함될 것인데, 그는 지금까지 맡아왔던 수탁과업을 수행하여, 독일주민 전체를 위해 기여하며, 자신의 조직과 프로그램 편성에 관하여 일관되게 "내부다원적" 모형을 좇으며, 그 활동에 필요한 재원을 대부분 수신료로 조달한다. 이 체계의 후발주자로 민영방송이 등장하게 되는데, 그 조직이 달라서 의사의 다양성도 내부다원적 프로그램 편성과는 다른 방식으로 확보하게 된다고 하며, 이들의 주된 사업 분야의 활동도 상업적 광고수입으로 그 재원을 확보하며, 공영방송보다 시장원리의 지배를 많이 받게 된다.

지금까지 언론출판사, 즉 신문발행인이 새로운 가능성을 이용하려고 노력해왔다. 연방 전역을 기준으로 하면 2개의 독일어 텔레비전 프로그램이, 즉 2개의 전국방송이 통신위성을 경유하여 송출되며, 9개 주에서는 유선망이 가설된다. 이들 프로그램 중 하나는 독일 측이 참여한 가운데 룩셈부르크에서 그 나라 법에 따라 방영된다. 연방전역에 전파될 프로그램에 관하여 그밖의 관심을 표명하는 이는 아직은 나타나지 않고 있다. 산발적으로, 그리고 유선 배설밀도가 상대적으로 높은 중간규모 지역에 제한되어 있기는 하나, 소규모 지방 텔레비전 프로그램이, 즉 지역텔레비전방송이 제공되고 있다. 방송사가 누구이든 모두 지상파 대역의 주파수에 관해 큰 관심을 표명하고 있는데, 이는 단기적으로 그리고 유리한 비용으로 시청자 숫자를 크게 늘릴 수 있기 때문이라고 한다.

(원문 S. 126 - 역주)

민영라디오방송 프로그램은 현재 바이에른 주(소규모 지방), 라인란트-팔츠 주(중규모 지역을 넘는 규모) 슐레스비히-홀슈타인 주(주 전역 정도의 규모) 등지에서 송출되고 있다. 니더작센 주에서는 한 출판사집단이 24시간 주(州) 규모의 종합 프로그램에 대한 방송사 허가를 취득한 바 있다.

3. 1984년 5월 23일자 니더작센 주 방송법은 새로운 주매체법 중에서 제일 먼저 제정된 것이다. 정부초안 이유서에 따르면 이 법률의 과업은 민영방송에 관한 포괄적인 질서의 대강을 창출하여, 잘못된 방향으로 진전되거나 자연상태처럼 통제 없이 발전하는 것을 배제한다는 것이다. 그에 따르면 이 법률의 실질적, 조직적 및 절차적 제반 사항에 관한 규율이 공법적 방송독점으로부터 정보공급자나 공급의 다양화로 발전해나가도록 이를 도입하고 지원한다고 한다. 이에 관해서 법률에서도 민영방송이 지속적이고 체계적으로 발전하게, 즉 단계적으로 적은 수의 방송프로그램사업에서부터 장기적으로는 외부적-외부다원적-다양성이 출현하는 상태가 될 수 있는 과도기적 형태를 규정하고 있다. 우선 오직 하나의 프로그램만 개설할 경우 그 자체에서 프로그램 제공물의 균형성을 창출해야 한다고 한다. 다수의 사업자에게 면허를 주게 되면 이 판단기준은 그 의미의 흐름을 좇아 프로그램 전체와 관련된다. 즉 모든 민영프로그램의 총합과 관련된다. 물론 그 안에는 니더작센 주가 아니라 그밖에 기본법의 효력이 미치는 범주 내에서 허가를 받고 니더작센에 전파되는 프로그램도 포함된다(주의회기록 10/1120, S. 25f., 28f.).

주방송법에서 이에 관하여 규율한 것 중에서 가장 중요한 내용은 다음과 같다.

라디오나 텔레비전 방송을 하기 위해서는 허가가 필요한데(제2조), 이는 서면의 신청을 받아 관할 주최고행정관청이 발급한다(제3조). 발급요건은 이 법률 제5조가 규정한다. 그에 따르면 1항에 열거한 사람 또는 단체만이 허가를 취득할 수 있을 뿐이며, 공공근무직의 종사자(4호), 또는 정당과 정당에 종속적인 기업(2문) 등은 불가하다.

(원문 S. 127 - 역주)

그밖에도 종합 프로그램을 송출하는 방송사는 하나의 라디오 프로그램과 하나의 텔레비전 프로그램만 송출할 수 있을 뿐 그 범위를 넘어서는 안 된다. 주식법 제17조와 제18조에서 규정한 의미의 결합기업에 대해서도 마찬가지다(2항). 신청자가 송출을 하면서 법률의 어떤 조항을 위반했다고 인정할 만한 정당한 사실이 확보되었을 경우 허가를 발급해서는 안 된다(4항).

지원자 중에서 선정해야 할 경우 이에 대하여 제6조에 선정에 관한 기본원칙을 규정하고 있다. 우선 라디오와 텔레비전 종합방송을 각각 2개씩 허가해 준다고 한다. 그 범위 안에서 신청자에게 무엇보다도 먼저 기대하는 것은 전문적인 요구를 충족시켜줄 만한 프로그램을 송출할 수 있어야 한다는 점이다(1항). 다수의 신청자가 종합 프로그램에 대한 특별한 요구사항을 이행한 경우 이들 중 선정은 2항에 열거한 기준에 따라(이용할 수 있는 방송시간대를 이미 확보했는지 여부, 다양성과 균형성, 프로그램이 소규모 지방 또는 중규모 지역에 대하여 관련성을 지녔는지 여부) 실시해야 한다. 이 범위를 넘는 프로그램에 대해서는 그 방송규모가 커져서 중계송출할 주파수의 허용가능성을 넘게 되면 개설이 가능한 주파수 하나를 지분으로 나누어 할당한다. 이 경우 방송시간의 할당은 신청자간의 합의로 설정한 척도에 따라 이루어진다. 이런 합의에 이르지 못할 경우 허가관청은 방송시간을 주(週)마다 교대하는 방식으로 할당한다(3항). 어떤 종합방송을 선호한다고 선정할 것인지에 대해서는 주의 방송위원회가 허가관청의 제안을 받아 3개월 안에 결정한다. 이 기간을 허가관청은 연기할 수 있다. 주 방송위원회가 이 기간이 지나도록 선정결정을 내리지 아니할 경우 허가관청이 제안한 바에 따라 결정된 것으로 간주한다(제3조 3항). 상세하게 규정한 요건하에서 허가를 취소하거나(제8조) 철회할(제9조) 수 있다.

(원문 S. 128 - 역주)

프로그램 내용에 관한 조항의 목적은 프로그램이 - 예컨대 헌법의 질서에 기속되어야 하며, 자유민주적 기본질서의 실현에 기여할 의무에 기속되어야 한다는 - 특정한 기본원칙에 위배되지 않으며(제11조), 객관적이고 포괄적으로 보도하며(제13조), 청소년보호를 고려해야 한다는(제14조) 것을 확실하게 담보한다는 것이다. 프로그램은 그 내용적 측면에서 적어도 주 규모 지역에 전파한다는 기본방향을 설정하되, 시간을 할애하여 중간 규모의 각 지역이나 소규모 지방을 대상으로 하는 방송물을 송출하는 것을 배제하지 아니한다(제12조). 제23조에 따르면 이와 같은 방송물은 그 방송의 수신지역에서 출간된 정기간행물로서 지배적인 지위를 차지하는 어떤 한 출판기업으로부터 절반 이상을 공급받아서는 안 된다. 이때 가장 중심적인 기준을 이루는 것이 제15조에 규정되어 있다. 그에 따르면 주 지역에서 설립하고 전파하는 프로그램은 — 후자의 경우5)는 오직 기본법의 적용영역 내에서 면허받은 것이나 그 지역에서 통상적으로 수신할 수 없는 경우인 한 — 이들 프로그램을 전체로 보아 주요한 정치적·세계관적·사회적 세력과 집단이 적절히 발언하게 해야 한다(1문). 이들 프로그램 전체는 어떤 정당이나 집단, 이익공동체, 종교적 집단, 세계관적 집단 등에 일방적으로 기여해서는 안 된다(2문). 면허받은 각 프로그램은 반드시 각개 단위로 이런 요구사항을 충족시켜야 하는데, 단 그 밖의 다른 프로그램과 관련하여 균형성이 보장되는 경우는 예외로 한다(3문).

프로그램에 관한 재원의 확보에 대해서는 제24조 이하에서 다룬다. 재원확보가 가능한 형태로는 방송사 자신의 자금, 수신자의 요금, 기부금, 광고 등을 규정하고 있다. 광고에 대해서는 제26조에 더 자세하게 규정하고 있다. 특히 광고는 블록광고에 한해서 허용된다. 오직 100분이 넘는 규모를 가진 방송물의 경우에만 광고에 의하여 중단할 수 있다(1항). 광고는 총체적으로 주당 방송규모의 100분의 20을 넘어서는 안 된다.

(원문 S. 129 — 역주)

프로그램에 대하여 통제하고 그밖의 과업을 수행하게 하기 위하여 주방송위원회를 법인격 있는 공법상 영조물로 설치한다(제27조). 그 기관으로는 총회와 이사회를 둔다(제29조). 총회는 적어도 26명의 회원으로 구성하는데, 이들 회원은 정당과 사회적으로 중요한 조직과 집단으로부터 파견된 자로 한다(제30조). 이사회는 총회에서 5년의 임기로 선출한다(제37조). 제28조에 따르면 총회의 과업 중에서 프로그램의 통제가 가장 중요하다. 총회는 특히 하나의 기관으로서, 이를 통하여 주방송위원회가 프로그램의 내용에 관한 법조항

---

5) 전파만 하는 경우 — 역주.

을 준수했는지 감독한다(1항). 주방송위원회는 어떤 프로그램이나 어떤 방송물6)이 주방송법 또는 허가에 관한 각 조항 등에 위반했음을 확인하고, 방송사나 그 프로그램 내용에 관하여 책임지고 있는 자에게 그것을 위반하지 말 것을 명령할 수 있다(2항 1문). 제15조 3항에 따라 어떤 하나의 프로그램에 대해서 이의를 제기할 수 있다면, 이는 단지 다른 프로그램으로도 균형성이 보장되지 아니하는 경우에 한한다(2항 2문). 중대한 위반사항을 대상으로 하는 조항에 따라 내린 명령이 집행가능하며, 그 명령에서 유사시에 면허를 철회하겠다고 경고했는데도 다시 1항에 따른 제 조항을 위반하는 경우, 이를 주방송위원회는 허가를 철회하는 계기로 삼을 수 있다(4항). 그뿐만 아니라 주최고행정관청은 방송사에 대한 감독권을 보유하는데, 다만 이때 방송사가 제28조 1항에 열거된 조항과 정보보호에 관한 규정과 허가에 관한 이들 조항 등에 관련될 경우는 제외하는데, 이들은 프로그램의 내용에 관한 것이기 때문이다(제43조).

마지막으로 제3절은 법률의 핵심조항에 속하는데, 이 절에서는 법률의 효력범위 이외의 지역에서 창설된 라디오 프로그램과 텔레비전 프로그램 등에 관하여 규율하고 있다(제44조). 이들 조항은 다만 프로그램에 대한 일정한 내용적 요구를 확정하는 것에 국한되어 있다. 라디오와 텔레비전 프로그램으로서, 이 법률의 효력범위 이외의 지역에서 법적으로 허용된 방식으로 개설된 경우 기술적인 중개시설을 통해 전혀 변경을 가하지 않은 채로 니더작센 주 안에서 전파될 수 있다(1항).

(원문 S. 130 - 역주)

특별히 면허를 받아야 할 필요는 없다. 원칙적으로 허가관할 행정관청에 신고하는 것으로 충분하다(2항). 프로그램은 인간의 존엄성을 침해해서는 안 되며, 포르노 방송물의 금지, 폭력행위를 묘사하거나 인종차별을 부추기거나, 청소년보호의 요구사항에 위배되는 방송물의 금지를 위반해서는 안 된다. 이 법률의 효력범위 이외 지역의, 신고의무가 있는 프로그램에 대해서는 그밖에도 제15조의 요구사항(균형성)이 효력을 미친다. 이들 프로그램의 광고는 제26조 1항과 5항 2문의 필요적 요건을 충족해야 한다. 그러므로 광고는 원칙

---

6) 프로그램은 종합적인 한 단위의 채널을, 방송물은 개개 단위의 방송작품을 가리킨다- 역주.

적으로 블록광고만 그리고 이것도 일단 주 규모 지역을 대상으로 하는 것만 허용한다(3항). 하지만 프로그램의 전파에 대해서는 제16조 이하에서 규율하고 있는 방송사의 제 의무, 특히 방송물을 녹화·보관할 의무(제17조), 때에 따라 반론을 전파해야 할 의무(제18조) 등의 효력이 확장되어 미치는 것은 아니다. 전파되는 프로그램에 대해서는 주방송위원회가 통제하며, 조치를 위반하는 경우 주방송위원회는 허가행정관청에 고발한다(4항).

주방송법이 기타 사항에 관해 규율한 바는 위에 언급한 방송사의 의무, 기술적 중계시설의 이용, 또는 그의 사용(제45조 이하), 정보보호(제47조 이하), 주방송위원회와(제49조) 공과금(제50조 이하) 등에 대한 법규감독에 미친다.

규범통제절차에서 본질적으로 중요하다고 할 조항(아래 B II 참조)[7]을 보면,

제2조
허가유보

라디오방송이나 텔레비전방송 등을 송출하고자 하는 사람은 이에 관한 허가를 얻어야 한다.

(원문 S. 131 – 역주)

제3조
허가절차

(1) 허가는 서면으로 신청을 받아 이를 관할하는 주의 최고행정관청(허가관청)이 발급한다.

(2) …

(3) 제6조 1항의 경우 관할허가관청은 제6조에 따른 요구사항과 선정원칙을 고려한 권고제안을 붙여서, 이를 선정에 관해 결정할 수 있도록 제5조의 허가요건을 충족한 신청서를 주방송위원회에 제출한다. 주방송위원회는 3개월 안에 이를 선정한다. 이 기간을 허가관청은 5개월까지 연장할 수 있다. 이 기간이 도과할 때까지 주방송위원회가 선정에 관해 결정하지 아니한 경우 권고제안에 상응하게 결정한 것으로 간주한다.

(4) 그밖의 모든 경우에 허가행정관청은 허가발급에 관하여 결정하기 전에 주방송위원회의 의견을 듣는다.

---

7) S. 151.

연방헌법재판소 제4차 방송판결: BVerfGE 73, 118ff.

제5조
허가요건

(1) 허가를 발급할 수 있는 경우는 오직 다음 경우에 한한다.
1. 사법상 법인에
2. 공법적 종교공동체에 또는 공법적 세계관공동체에,
3. 사법상 권리능력 없는 사단에, 단 장기적인 존속목적을 가졌을 경우,
4. 제한이 붙지 아니한 행위능력 보유자인 자연인에게, 다만 이 사람은 공무영역에 임용된 경우에 해당되지 않아야 한다. 하지만 명예직 활동은 이런 고려대상에서 제외한다.

정당과 정당에 종속되어 있는 기업, 사람, 결사체 등에도 이 허가를 발급해서는 안 된다.

(2) 제1조 1항에서 의미하는 방송사는 정보, 교양, 자문, 오락 등에 기여하는 프로그램(종합 프로그램)을 송출하는 자인데, 이런 프로그램 종류 중에서 라디오방송 1개와 텔레비전방송 1개를 넘어서는 안 된다. 방송사가 이미 이용하고 있는 송신가능성을 기반으로 하여 방송시간을 연장하는 경우 이에 대하여도 허가할 수 있다. 신청인이 주식법에서 의미하는 종속적인 또는 지배적인 기업, 또는 연합기업인 경우 그 신청인에게는 그와 결합되어 있는 다른 기업이 이 법률에 의하여 송출하고 있는 종합 프로그램이 할당되었다고 평가한다.

(원문 S. 132 - 역주)

다수의 기업이 합의하거나 기타 방식으로 공동으로 하나의 기업에 대하여 지배적인 영향력을 행사할 수 있도록 상호 영향을 미치고 있을 경우, 이들을 모두 지배적인 기업으로 간주한다.

(3) 방송사는 반드시 거소나 주소를 독일연방공화국 기본법의 효력범위 안에 두어야 하며, 재판에서 제한 없이 추급될 수 있어야 한다. 방송사는 공공의 직에 임용되거나, 또는 공적 선거권을 취득하는 등의 능력을 판사의 선언으로 상실하거나, 또는 공적 사안에 대하여 선정하거나 승인할 권리를 판사의 선언으로 더 이상 보유하지 못하거나, 또는 기본권을 실효당한 자에 해당되어서는 안 된다.

(4) 신청자가 이를 송출하면 법률의 조항에 위반된다고 인정할 만한 정당한 사실이 있을 경우 허가를 발급해서는 안 된다.

(5) 허가는 적어도 1년 기간으로 신청해야 한다. 신청인은 자신이 신청서에 적시한 바에 따라 송출을 경제적으로 관철해나갈 수 있다고 기대할 수 있어야 한다.

(6) 신청인은 1항 2문과 2항 3문에 따라 상당한 관계가 있다고 할 사항에 대하여 반드시 밝혀야 한다. 허가행정관청은 신청인에게 연방카르텔청에 신고절차를 거쳐 합병통제에 관한 조항에 자신의 계획이 배치되지 않는다는 점을 증명하라고 요구할 수 있다.

(7) 방송사는 허가요건에 관한 한 어떤 사항을 변경하든 지체 없이 서면으로 허가행정관청에 신고해야 한다.

제6조
선정원칙, 할당규칙

(1) 라디오종합방송과 텔레비전종합방송의 송출에는 각각 2개의 송신가능성을 우선적으로 적용해야 한다. 그 범위 안에서 추가적으로 다음과 같은 요구사항이 효력을 미친다.
  1. 허가는 허용할 수 있는 최대한도의 허가시간을 기준으로 신청해야 한다.
  2. 프로그램은 니더작센 주의 정치적·경제적·사회적·문화적 생활의 상태를 반영해야 한다.
  3. 신청인이 전문적인 요구를 충족하는 프로그램을 송출할 능력을 보유하고 있다고 기대할 수 있어야 한다.

(원문 S. 133 — 역주)

(2) 종합 프로그램에 대해 다수의 신청인이 1항의 요구사항을 충족시켰을 경우, 이들 신청인 중에서 선정하되, 이들 프로그램이 송신가능성을 기초로 하여 처분할 수 있는 이용가능의 방송시간을 최대한 폭넓게 활용할 수 있도록 한다. 이들 신청인 가운데 우선적인 지위는 제1조 1항에서 의미하는 여러 방송사의 프로그램 전체가 특히 어떤 정치적·세계관적·사회적 집단이나 경향에 일방적으로 유리하게 처우하지 않도록, 그런 방향으로 최대한 기여하게 기획한 프로그램을 편성한 신청인이 획득한다. 1문과 2문에 따른 선정기준을 충족시키는 데 동일하거나 사소한 차이밖에 없을 경우 제12조 2문에 따른 방송물의 전파가 소규모의 지방 또는 중간규모의 지역에 관련성을 지니도록 프로그램을 기획한 신청인이 우선적인 지위를 획득한다. 사법상 법인은 2문에 따른 선정기준에 관해 판단할 때 자신의 자본이 어떻게 구성·분포되어 있는지 공개해야 한다.

(3) 송신가능성을 1항에 따른 프로그램의 범위를 넘는 종합방송의 송출용으로, 또는 그 밖의 프로그램 송출용으로 사용한다고 할 경우 허가절차에서 기초로 삼았던 송신가능성이 그때 모든 프로그램을 송출하는 데 충분하지 못하면, 그 범위 안에서 송출규모를 지분으로 나누어 할당한다. 신청인은 방송시간의 배분에 대해 세세한 사항에 관하여 합의해야 하며, 이에 관하여 서면으로 허가행정관청에 고지해야 한다. 방송시간의 할당은 합의한 기준에 따라 실시한다. 이런 합의에 이르지 못한 경우 허가행정관청은 방송시간을 주(週) 단위로 교대하는 방식으로 배정한다.

제8조
허가의 취소

(1) 다음의 경우는 허가를 취소한다.
  1. 방송사가 허가를 사기, 협박, 기타 위법한 수단으로 취득한 경우,
  2. 제5조에 따른 허가요건을 처음부터 갖추지 못하고 있었으며, 사후에 요구받았는데도 충족시키지 못한 경우 등이다.

그밖에 행정절차법의 각 조항이 효력을 미친다.

연방헌법재판소 제4차 방송판결: BVerfGE 73, 118ff.

(2) 허가관청은 허가의 취소에 관하여 결정하기 전에 주방송위원회의 의견을 듣는다.

(원문 S. 134 – 역주)

제9조
허가의 철회

(1) 다음의 경우는 허가를 철회한다.
  1. 제5조에 따른 허가요건이 사후에 결락되고, 이에 대한 요구를 받고도 충족하지 못한 경우,
  2. 방송사가 그에 설정된 기간 안에 기술적 중계시설의 설치나 운영에 대해 요구되는 협력을 제공하지 않을 경우,
  3. 프로그램의 송출을 그에 관해 설정된 기간 안에 할당된 규모로 개시하지 않거나, 계속하지 아니할 경우,
  4. 프로그램의 송출을 방송사 스스로 부담해야 할 이유 때문에 6개월 넘는 기간 동안 휴업한 경우,
  5. 방송사가, 반복적으로 중대한 위반을 한 경우를 대상으로 규정한 제43조에 따라, 관할 최고주행정관청이 내린 집행가능한 명령에 대하여 그 명령의 일부로 철회할 수도 있다는 경고가 포함되어 있는데도, 요구되는 급부를 이행하지 아니할 경우,
  6. 제28조 4항에 따른 요청이 있는 경우 등이다.
(2) 재산적 불이익에 대해서 방송사는 보상받을 수 없다. 그밖에는 행정절차법의 각 조항을 준용한다.
(3) 허가행정관청은 1항 1호부터 5호까지에 따라 허가의 철회에 관하여 결정하기 전에 주방송위원회의 의견을 듣는다.

제10조
허가 없는 송출

라디오나 텔레비전 방송은 제2조에 따라 허가를 받아야 하는데, 허가 없이 송출을 할 경우 허가행정관청은 송출을 중지할 것을 명령하고, 기술적 중계시설의 주체로 하여금 전파가능성을 거부하게 한다.

제13조
프로그램의 편성

(1) 모든 방송사는 자신의 방송물이 진실에 부응하게 할 의무를 진다.
(2) 모든 방송사는 자신의 뉴스 보도에 주로 해당되는 사람, 집단, 기관 등의 의사를 적절하고 공정하게 배려해야 하며, 이를 담보해야 한다. 가치측면에서 평가하거나 그리고 분석하는 개별 기사는 언론 분야의 공정성원칙이라는 요청에 부응해야 한다. 정보

에 관한 모든 방송물의 목적은 객관적이고 포괄적으로 전파해야 한다는 것이며, 그를 바탕으로 시민이 독립해서 판단을 형성할 수 있게 기여하자는 것이다.

(원문 S. 135 - 역주)

(3) 정보나 의사형성에 의미가 있는 모든 방송물은 양심에 거리낌이 없도록 철저하게 조사해야 한다. 사실의 주장에 관해서도 심사해야 한다. 평론은 뉴스와 분명하게 분리하고, 그 저작자의 성명을 밝혀 표시해야 한다.

제15조
균형성

제1조 1항이 의미하는 방송사의 프로그램도, 그리고 제44조에 따라 민영방송사의 신고의무가 있는 프로그램도 독일연방공화국의 기본법 효력범위 내에서 면허받은 경우, 반드시 중요한 정치적·세계관적·사회적 제 세력과 집단이 이들 프로그램 전체라는 관점에서 보아 적절한 비중으로 발언할 수 있어야 한다. 이들 프로그램의 전체로 보아 어떤 정당 또는 집단, 이익공동체, 종교적 고백공동체, 세계관적 공동체에 일방적으로 기여해서는 안 된다. 제2조에 따라 면허받은 모든 프로그램은 각자 1문과 2문의 요구사항을 충족시켜야 하는데, 단 균형성이 그밖의 다른 프로그램과 결합하여 보장되었다고 할 경우에는 예외로 한다.

제23조
지역방송과 지방방송에 기고물의 공급

어떤 프로그램에서 제12조 2항에 따라 소규모 지방 또는 중간규모 지역에 관련성을 가진 방송물을 전파할 경우 어떤 하나의 기업으로부터 방송물의 절반을 넘게 공급받아서는 안 되는데, 다만 이때 그 기업이라는 것은 방송물영역에 대해 특정되고, 정기간행물로서 그 지역에 특정되며, 정기간행물 전체 부수의 100분의 20을 넘게 발행하는 경우에 한한다. 이런 제한이 1문에 따라 주식법에서 말하는 종속적인 또는 지배적인 기업 또는 연합기업의 관계에 있는 기업에 속하는 경우 이 기업에도 효력을 미친다. 다수의 기업이 합의에 근거하여 또는 기타의 방법으로 근거를 마련하여, 이들이 1문에 따라 어떤 기업 하나에 대해서 공동으로 지배적인 영향력을 행사할 수 있어, 결국 서로 협력하고 있는 경우 이들 모든 기업은 한결같이 지배적인 기업으로 간주된다.

(원문 S. 136 - 역주)

제24조
재원조달의 형태

프로그램은 방송사 자신의 재정적 수입, 방송수신 참여자로부터 징수하는 수신료, 기부금, 광고 등으로 재원을 조달할 수 있다.

연방헌법재판소 제4차 방송판결: BVerfGE 73, 118ff.

제25조
수신료의 고지

프로그램 또는 방송물에 대하여 방송수신 참여자에게 수신료를 징수할 경우, 프로그램을 수신하기 전에 또는 방송물을 송신하기 전에 수신료에 해당될 금액의 크기를 고지해야 한다.

제26조
광고

(1) 광고는 기타 프로그램과 분명하게 구분해야 한다. 이는 오직 블록으로만 전파될 수 있다. 방송물의 방송시간이 100분을 넘는 규모인 경우 그 방송물은 미리 알려놓은 시간에 한 번 광고에 의해서 중단될 수 있다.
(2) 광고는 주(週) 단위의 방송규모를 기준으로 100분의 20을, 제1조 2항에 따른 프로그램의 경우 개별 방송물 규모를 기준으로 100분의 20을 넘어서는 안 된다.
(3) 방송물에 대한 재원을 제3자가 조달할 경우 그 내용이 제3자의 이익에 기여한다면, 이는 광고이다. 여기에 해당되는 경우 방송물의 처음과 끝에 제삼자를 반드시 표시해야 한다. 그밖의 제3자가 재원을 조달하는 방송물의 경우 제3자의 이름을 밝히는 것은 허용된다. 그 이름을 밝히는 것은 광고이다.
(4) 광고사업자, 광고대행사, 광고중개인 등이 그밖의 프로그램에 대하여 영향력을 행사하거나, 제3자의 방송물에 대한 영향력을 행사하는 것은 3항 3문에 따라 허용되지 아니한다.
(5) 제22조에 따라 면허받은 프로그램의 수신지역 전체에 전파하지 아니하는 광고는 허용되지 아니한다. 그 프로그램을 니더작센 주 주민 중 250만 명 이상이 수신할 수 없는 경우, 적어도 주 전역에 관련을 가진 내용의 사실, 사건, 기타 내용에 관한 것을 대상으로 하는 광고만 허용된다.
(6) 광고가 프로그램이나 방송물에 포함되어 있으며, 그에 대하여 방송수신인에게 수신요금을 징수하는 경우 이 점에 관하여 수신자에게 그 프로그램이나 방송물을 수신하기 전에 고지해야 한다. 고지는 제25조에 따라 이들과 연계시켜야 한다.

(원문 S. 137 – 역주)

제27조
주방송위원회

(1) 프로그램을 통제하며, 그밖에 이 법률이 그에게 부과한 과업을 수행하기 위하여 주방송위원회를 권리능력 있는 공법상 영조물로서 창설한다. 주방송위원회는 법률이 제한하는 범위 안에서 독립적으로 그리고 자신의 책임하에 활동을 전개한다. 주방송위원회는 공무원사용자 능력[8])을 보유하며, 관인(官印)을 사용한다. 지시에 따라 이행해야

할 국가적 과업을 주방송위원회에게 위탁해서는 안 된다.
(2) - (4) …

제28조
프로그램의 통제

(1) 프로그램 통제의 범위 안에서 주방송위원회는 제11조부터 제15조까지, 제21조와 제26조, 그리고 프로그램의 내용에 해당되는 허가에 관한 각 조항 등을 준수하는지를 감독한다.
(2) 주방송위원회는 어떤 프로그램이나 방송물이 이 법률에 반하여 또는 허가에 관한 조항을 위반하였다고 확인할 수 있으며, 그 방송사에 그리고 프로그램의 내용에 관한 책임자에게 이런 위반을 중지할 것을 지시할 수 있다. 어떤 프로그램에 대해서 제15조 3항에 따라 이의를 제기할 수 있는데, 이는 오직 이 프로그램이 다른 프로그램을 통해서 균형성이 보장되지 아니할 경우에 한한다.
(3) 2항에 따른 확인과 명령에 대하여 직접 행정법원에 소를 제기할 수 있다.
(4) 중대한 위반을 그 대상으로 규정하는 2항에 따라 집행가능한 명령을 내린 뒤에, 이 조항이나 1항에 따른 조항을 다시 중대하게 위반하였으며, 그 명령에 이미 면허를 철회할 수 있다는 경고가 포함되어 있었을 경우 주방송위원회는 이를 제9조 1항 6호에 따라 허가를 철회하는 계기로 삼을 수 있다.
(5) 방송사와 프로그램의 내용에 관한 책임자 등은 주방송위원회가 자신의 과업을 수행하는 데 필요한 정보를 제공해야 하며, 그에 상응하는 서류를 제출해야 한다….

(원문 S. 138 – 역주)

제44조
전파의 허용

(1) 라디오와 텔레비전 프로그램으로서, 이 법률의 효력범위를 넘는 외부지역에서 법적으로 허용되는 방식으로 송출하는 경우 기술적 중계시설을 거쳐 내용을 전혀 변경하지 아니한 채 니더작센 주 안에 전파해도 된다. 시간대를 바꾸어 전파하는 것도 허용된다.
(2) 1항에 따라 프로그램을 전파하기를 원하는 자는 이를 조치하기 1개월 전에 허가관청에 신고해야 한다. 다만 기초지방자치단체의 지역 안에서 또는 기초지방자치단체 통합지역 안에서 이 프로그램을 이미 평균적인 안테나 비용을 들여 수신할 수 있는 경우 그런 프로그램에 아무 변동도 가하지 않은 채 전파할 때에는 예외로 한다.
(3) 1항에 따라 광고를 포함한 모든 프로그램은 인간의 존엄성을 침해해서는 안 되며,

---

8) 공무원사용자는 공법상 법인으로서 공무원을 임용할 권한을 보유한다(이른바 인사고권). 공무원사용자능력은 연방공무원기본법 제121조에 따라 연방, 각 주, 지방자치단체, 그 조합, 그리고 기타 공법상 사단, 재단, 영조물 등에 부여되어 있다 – 역주.

제11조 3항에서 금지한 것과 제14조의 요구사항을 위반해서도 안 된다. 신고의무 있는 프로그램에 대해서는, 독일연방공화국 기본법의 효력범위 지역 내부에서 송출하는 경우, 그밖에도 제15조의 요구사항이 효력을 미친다. 신고의무 있는 독일어 프로그램의 광고는 반드시 제26조 1항과 5항 2문의 요구사항에 부응해야 한다.
(4) 어떤 프로그램이 되풀이하여 3항에 열거한 특정사항 또는 일반적인 법률의 기타 조항을 위반한 경우 허가행정관청은 이 프로그램의 전파를 거부한다. 위반이 광고로 제한되어 있는 경우 이 광고만을 거부할 수 있을 뿐이다. 이런 거부에 관해서는 반드시 사전에 서면으로 경고해야 한다. 어떤 프로그램이나 광고의 전파가 1문을 위반한 것이라는 점에 관하여 확실하다고 할 만한 상당한 가능성이 있다고 예기할 수 있을 경우, 이를 개시하기 전에 거부한다. 허가관청은 주방송위원회의 제청에 따라 조치를 취한다. 제28조 2항 2문은 이에 준용한다.
(5) 프로그램의 전파에 대하여 1항에 따라 책임을 지는 자는 허가관청과 주방송위원회에 대하여 이들이 자신의 과업을 수행할 때 필요한 정보를 제공하여야 하며, 그에 부응하는 서류를 제출해야 한다….
(6) …

제46조
기술적 중계시설의 사용

(1) …
(2) 제2조에 따라 면허가 주어진 프로그램에 대하여 부여하기로 규정되어 있던 수준을 넘어 전송능력의 여분이 남은 범위 내에서는 그리고 그 한도 내에서는 이 전송능력을 제44조에 따라 프로그램을 전파하는 데 사용할 수 있다.

(원문 S. 139 – 역주)

(3) 제44조 1항에 따라 전파할 프로그램을 선정할 경우 방송수신 참여자 다수의 희망사항을 고려해야 한다. 이들에게 고려의 대상에 들어 있는 프로그램의 기술적 그리고 경제적 여건에 관해서 정보를 제공해야 한다. 기본원칙적 의미를 지닌 분쟁이 일어났을 경우, 이에 관하여 각 당사자의 신청에 따라 주방송위원회가 결정한다. 허가관청은 주방송위원회의 요청에 따라 이 결정을 실시하는 데 필요한 명령을 발한다.
(4) …

II.

독일연방의회의 구성원 201명이, 이들은 모두 사민당(SPD) 소속인데, 기본법 제93조 1항 2호, 연방헌법재판소법 제13조 6호, 제76조 1호 등에 따라 청구한 것으로 니더작센 주의 주방송법을 무효로 선언해달라고 한다. 이들의 견해에 따르면, 이 법률의 본질적인 규정들이 기본법 제5조 1항을 위반했다고 한다. 그로 말미암아 이 법률의 전부가 헌법위반인 결과에 이르게 된다고 한다. 이에 대한 근거로서 청구자는 다음과 같이 주장하였다.

1. 이 법률은 헌법적으로 명해진 대상과 내용의 다양성에 관하여 불충분하게 규율하였고, 이 다양성에 관하여 - 즉 방송프로그램의 주체에 대한 요건, 프로그램영역에 대한 통제, 재원조달에 관한 규정과 관련된 맥락에서 - 유효하게 확실성을 확보하지 못하였다고 한다. 불충분한 것은 그뿐만 아니라 의사지배적인 세력의 발생을 저지할 예방조치에도 해당된다고 하는데, 이는 민영방송의 영역에서 기업합병으로 그리고 매체의 상호융합 상황으로 유발될 수 있다고 한다.

    a) 개별 전문 프로그램에 대해서도 필요한 범위에 관해서는 규율해야 하는데, 이 법률에는 전혀 포함되어 있지 않다고 한다. 라디오와 텔레비전 영역에서 종합 프로그램을 우선시키면서(주방송법 제6조 1항) 주입법자는 프로그램의 다양화를 약속한다. 하지만 주입법자는 종합 프로그램에 대하여 아무도 관심을 표하는 자가 없어서, 이렇게 분야나 대상으로 특정된 전문 프로그램 내지 수신집단 프로그램에 유리하게 결정된 때 이를 저지할 수 없다고 한다. 종합 프로그램으로서 확보해야 할 최소한의 규모에 관해서도 마찬가지로 전혀 규정된 바 없다고 한다.

(원문 S. 140 - 역주)

이와 같은 종류의 규율이 반드시 필요한 것은 아니라고 하면서, 그 이유로 대상을 기준으로 한 다양성은 일단 방송의 경우 시장경제를 통해서 스스로 자리잡게 된다고 하는데, 거꾸로 방송의 매체경제적 특수성을 감안하면 결코 이를 기대할 수 없다고 한다.

    b) 프로그램 내용의 다양성 역시 충분하게 보장하지 않았다고 한다. 주방송법 제13조에 프로그램 편성에 관한 최소한의 의무를 규정하고 있지만 그것으로 충분하지 않다고 하면서, 이 조항은 보도 분야의 방송물에 제한되어 있기 때문이라고 한다. 제15조에서 균형성을 확보하라고 명하는데, 이는 오직 방송사의 시각을 기반으로 삼고 있다고 한다. 방송수신 참여자의 시각

연방헌법재판소 제4차 방송판결: BVerfGE 73, 118ff.

은 등한시했다고 한다. 게다가 주방송법 제15조는 이렇게 불충분한 수준의 균형성조차도 충분한 개연성을 가지고 확보하지 못하고 있다고 한다. 이 조항은 1문과 2문에서 방송사 의무에 관해 전혀 규범화한 바 없기 때문에 주방송위원회를 통한 균형성과 다양성의 통제는 오직 주방송법 제15조 3문에 연계시킬 수 있을 뿐이라고 한다. 하지만 유효한 통제는 배제되어 있다고 하면서 법률이 내부다원적 방송모형에서 외부다원적 방송모형으로 넘어가는 연결단계에 관하여 충분하게 규정하여 적시해야 하는데, 그렇지 못했기 때문이라고 한다. 또한 누가 균형성의무의 수범자인지조차 분명하지 않다고 한다. 주방송법 제15조 3문에 포함되어 있는 거증책임 규정을 근거로 하여 개별 방송사는 누구든지 의심스러울 경우 균형성에 관한 의무를 부담한다라는 의미에서 이런 어려움은 제거될 수는 있다고 한다. 하지만 그런 규율은 알맹이 없는 것이라고 한다. 왜냐하면 주방송법 제28조 2항 2문은 위반에 대한 징계에 관하여 거증책임을 전환하여 규율하고 있는데, 이 경우 주방송위원회는 프로그램 전체의 균형성이 결여되어 있다고 하는 부정적 증명의 부담을 지게 되기 때문이라고 한다. 그러나 주방송위원회의 능력을 살피건대, 이런 증명을 개별사건에서 해낼 수는 없다고 한다. 방송송출물의 전파에 관하여 프로그램에 대해 요구하는 수준이 송출에 관하여 요구하는 것보다 훨씬 낮기 때문에, 이런 점에서 이 법률은 프로그램 제공에 관하여 명한 다양성을 더욱 낮은 수준에서 확보한 셈이라고 한다. 통제의 척도가 특정되어 있지 않으며, 방송사의 표시와 정보제공의무가 한정되어 있으며, 주방송위원회의 조직과 절차에 관한 조항의 합목적성이 확보되어 있지 아니하다는 등의 요소로 말미암아 이 집합적 조직인 주방송위원회가 자신의 과업을 유효하게 수행할 가능성을 거의 상실하고 말았다고 한다.

(원문 S. 141 – 역주)

그에 따라 방송사는 아무 위험부담도 없이 경향성의 프로그램을 제작하여 전파할 수 있다고 하는데, 외부적 다원성의 상황이 창출되었는지 여부에 관하여 여전히 의심이 남아 있다고 하더라도 이는 마찬가지라고 한다.

입법자는 방송프로그램을 송출하는 방송사에 대하여 적합하게 조직하라는 요구사항을 설정하여 이런 흠결을 제거했어야 하는데, 그렇게 하지 못했다고 한다. 오히려 이 법률은 방송사를 내부다원적으로 조직하기를 포기하면서 프로그램의 통제는 외부의 기관에 이전시켰는데, 이 기관은 구조필연적으로 자신의 통제과업을 실효성 있게 수행할 수 없고, 게다가 주방송위원회는 프로그램에 관한 활동의 사전단계에서는 전혀 영향력을 행사할 가능성조차 보유하지 못하고 있으며, 실효성 있게 단계적으로 설정되어야 할 징계조치수단도 결여하고 있다고 한다.

c) 재원조달에 관한 규정 역시 다양성 확보를 위하여 충분하지 못하다고 한다. 이 법률은 방송사 또는 제3자의 재원을 투입하거나 기부금이나 스폰서 재원을 수단으로 아무 통제도 받지 않고 영향력을 행사하는 것을 배제하지 않고 있는 형편이라고 한다. 그뿐만 아니라 광고를 발주하는 경제주체가 프로그램에 대하여 기대하는 바를 방송사가 예기할 것이라는 위험성이 상존하는데, 이는 어차피 광고로 재원을 조달해야 할 방송이라는 상황에서는 불가피하게 나타나게 마련이라고는 하지만, 이런 위험을 극복하기 위한 대책도 전혀 없다.

d) 청구인은 그밖에도 방송사로서는 대규모 그리고 재원조달력이 강한 쪽을 선호하고 있기 때문에 현실적으로 이에 관하여 규율할 특별한 계기가 있다는 것은 인정한다고 하더라도, 이 법률이 경제적 경쟁의 가동될 가능성을 충분히 확보하는 규정을 두지 않는 것을 비난한다. 주방송법 제5조 2항은 방송사의 중첩적인 활동을 단지 불충분하게 제한했을 뿐이라고 한다. 신문기업과 방송기업의 상호 융합에 대한 조치 역시 결함이 많다고 한다. 주방송법 제23조는 이에 대해서 충분하게 보호하지 못하고 있으며, 어떤 경우이든 대규모 출판발행인이 방송프로그램에 관하여 아무리 소규모 지방이나 중간규모 지역 차원이라고는 하지만, 영향력을 행사한다는 것을 배제한 바 없다고 한다.

(원문 S. 142 - 역주)

매체융합(Medienverflechtung)의 위험이라는 면에서 반드시 입법자는 더 광범위하게 규율해야 한다고 한다. 광고로 재원을 조달하는 민영방송에 대하여 면허를 부여함으로써 신문에 발생하는 위험부담은, 설사 신문발행사가 방송에 참여한다고 하더라도, 결코 줄어들지 않을 것이며, 게다가 개별 신문발행사가 방송영역에 교두보를 확보하는 것에 성공하게 될 것이라고 한다. 이 법률의 경쟁제한에 대한 개별조항을 원용한다고 해도, 입법자가 매체 내부의

연방헌법재판소 제4차 방송판결: BVerfGE 73, 118ff.

그리고 상호간의 다양성에 미치는 위험을 방어하기에 적절한 조치를 취했다고 할 수는 없다고 한다. 경쟁제한에 관한 이 법률은 너무 성긴 그물 같다고 하며, 전혀 방송에 특유한 규율내용이 포함되어 있지 않다고 한다. 시장지배적인 지위의 경우 이를 처음에 이미 확보한 상태이었든지 나중에 내적으로 성장하고 그를 바탕으로 획득했든지 상관없이 여하튼 이에 이르지 못하게 저지해야 하는데, 그 수단을 전혀 마련하지 못했다고 한다. 방송송출물의 전파에 대하여 주방송법은 경쟁을 확보해줄 조처를 전혀 규정한 바 없다고 한다.

2. 그밖에도 이 법률 중 진출과 선정에 관한 개별 규정도 헌법을 위반했다고 한다.

a) 방송의 송출에 대한 면허를 발급할 경우 주수상에게 국가적 허가관청으로서 지배적인 지위를 부여했는데, 이는 방송이 국가로부터 자유로워야 한다는 필요에 위반된다고 한다. 이로써 친정부성향의 방송사가 선정에 유리한 자리를 차지하게 될 남용의 위험이 발생하며, 최소한 프로그램에 관한 행위에 대하여 결정권한이 간접적이지만 사전에 영향력을 미칠 위험은 상존한다고 한다. 프로그램의 내용에 대하여 중요한 의미를 지니게 될 만한 규모와 범위의 결정권이, 특히 방송사에 허가를 발급할 경우, 주수상에게 부여되어 있다고 한다. 이 범위 안에서 주수상은 지원자의 경제적 능력(주방송법 제5조 5항 2문)과 법률준수 여부(주방송법 제5조 4항), 그리고 전문성(주방송법 제6조 1항 2문 3호)과 다양성(주방송법 제6조 2항 2문)에 관하여 예측해야 한다고 한다. 또한 그에게 선택재량의 권한(주방송법 제6조 1항)이 부여되고 있거나, 면허에 관한 각종 부대조건을 결정할 자유가 인정되어 있는(주방송법 제7조) 한 사정은 마찬가지다.

(원문 S. 143 - 역주)

주수상이 주방송법 제3조에 따른 허가절차에서 주방송위원회에 제시한, 법적으로나 사실적으로 상당히 커다란 비중의 제안 역시, 허용되지 않는 영향력을 행사할 가능성이 있다는 근거가 될 것이라고 한다. 특히 주방송법 제3조 3항 4문의 경우 이와 같다고 하는데, 이때 제안이 주방송위원회의 결정을 대체해버리기 때문이다. 결국 법률은 방송자유에 대해 의미 있는 모든 중요한 사안에 관하여 주방송위원회가 참여할 수 있게 규정해야 하는데, 그렇게 하지 않았다는 것이 헌법위반이라고 한다.

b) 주방송법 제5조 1항에 따르면, 외부적 다원주의의 단계에서도 정당, 공공근무의 소속구성원, 공법상 법인 등을 진출주체에서 제외시키는데, 이러한 점에서 동법 제5조 1항은 방송의 송출에 진출할 때 균등한 기회를 부여해야 한다는 원칙을 위반한 것이라고 한다. 선거광고에 관한 규정이 모든 정당으로 하여금 극복할 수 없을 정도의 수신료를 설정하여 재정적인 장애물이 구축되는 것에 대응하는 예방책을 강구하지 않는 한, 선거광고에 관한 규정 (제21조 1항) 또한 이와 같다고 한다.

c) 청구인이 마지막으로 문제로 삼고 있는 것은 방송사를 선정할 때 우선시하는 기준이다. 이때 선별기준은 매체영역에서 이미 자신의 입지를 굳힌 방송사에 더욱 유리한 지위를 부여하고 있다고 한다. 특히 주방송법 제6조 1항 2문 3호의 전문성 기준은 외부에서 보이지 않도록 은밀히 신문에게 준 특권이므로, 이는 헌법에 위반된다고 한다.

3. 이 법률의 문제된 각 조항에 대해 청구인이 그때마다 상론한 것과 관련하여, 청구인은 마지막으로 방송프로그램의 중계전파에 관해 규정한 바에 대하여 언급한다. 원칙적으로 송출과 동일한 척도로 평가해야 한다고 한다. 그런데 입법자는 제44조 2항에서 단순한 신고의무만으로, 그리고 제44조 3항에서는 프로그램의 기속사항만으로 족하고 있어 방송자유에 대한 위험을 극복하기에 충분하지 않다고 한다.

(원문 S. 144 - 역주)

통제 역시 주에서 송출하는 프로그램의 경우보다 훨씬 약한 수준에 그친다고 한다. 이로써 방송송출에 관하여 좀더 엄격한 요건으로 다루게 될 가능성이 발생하지만, 그런데도 이에 관하여 법률은 어떤 조처를 내리라고 명한 바 없다고 한다. 니더작센 주의 경계선 바깥에서 송출을 하더라도 그 수신 참여자를 주로 니더작센 주의 주민을 대상으로 하는 프로그램에 대해서는 그밖의 요구조건이 필요적으로 관철되어야 한다고 한다. 반론권을 보장한 것도 충분하지 않다고 한다.

연방헌법재판소 제4차 방송판결: BVerfGE 73, 118ff.

III.

규범통제의 청구에 대하여 니더작센의 주정부, 헤센의 주정부, 라인란트-팔츠의 주정부, 독일연방공화국 공영방송연합체(ARD), 독일신문발행인연방총연맹 등도 자신의 견해를 밝혔다.

1. 니더작센의 주정부는 청구인이 적시한 바에 대하여 반대한다는 견해를 밝혔다. 주된 요점만 보면 다음과 같다.

    a) 청구인이 다양성의 원칙에 근거를 두고 있는 헌법적 요구사항이 지나치게 높게 잡혀 있다고 하면서, 아무리 민영방송을 헌법적으로 허용한다고 해도, 이렇게 법률로 형성하면 어떤 것이든 반드시 실패하게 될 것이라고 한다. 주입법자가 민영방송에 대하여 면허를 줄 경우, 반드시 그는 면허를 받는 주체가 경제적 측면에서 기능할 수 있는 능력을 보유하고 있다는 점에 관하여 확실히 담보해야 한다고 한다. 이때 주입법자는 오직 의사소통질서상 기능할 능력만을 그 기준으로 받아들일 필요는 없다고 한다. 그로부터 추론되는 것은 주입법자가 오직 의사의 대등성과 다양성의 최소한 기준만을 확보하면 그것으로 충분하다고 한다. 그리하여 방송 자유의 보장을 최적화할 의무를 주입법자가 부담하는 것은 아니라고 한다. 헌법적으로 요구하는 방송의 적극적 질서를 형성할 때에도 그에게 예측의 여지를 허용해야 한다고 한다. "민영방송"이라는 입법자료는 전혀 새로운 것이며, 확실한 미래를 내다볼 수 있다는 보장도 없다고 한다. 이런 평가는 중계가능성을 나중에 어떻게 이용할 것인지, 그리고 프로그램을 어떻게 편성할 것인지에 관한 예측에 대해서도 마찬가지라고 한다. 이러한 점에서 이 법률은 상당한 정도 실험적 성격을 지녔다고 한다.
    (원문 S. 145 – 역주)

주방송법률로 형성된 질서모형은 외부적 다원주의의 단계에서 탄력적인 중간과정을 지원하고자 하는 것이며, 그래서 우선적으로 방송제공의 다양성이라는 관점을 목표로 잡았다고 한다. 이렇게 해서 방송사들에게 일찍이 자신의 고유한 경향을 개발하고, 외부적 다원주의적 발전상황을 실제로 구현해 나갈 수 있는 길을 열어준다고 한다. 이러한 점에서 일정한 위험부담을 질 수밖에 없는 형편에 직면한다고 하더라도, 방송공급자에게 과다한 요구가 되지는 않을 것이라고 하면서, 이런 불확실성은 주방송위원회 또는 방송사 자체의 다원적으로 구성된 통제집단체 등을 통해서 제거될 수 있기 때문이라고 한다. 어떤 경우이든 이 모형은 내부/외부 다원주의라는 2원주의로 강압적으로 굳힐 수는 없다고 한다. 내부다원주의와 외부다원주의 사이의 연계과정에 대하여 완화된 조건, 즉 프리미엄을 법률로 규정한다는 것도 목적에 합당치 않다고 한다.

b) 주방송법률은 대상이나 내용에 관하여 헌법이 요구하는 최소한도의 다양성을 충분히 확보하고 있다고 한다. 주방송법 제6조 1항에 따라 우선권이 주어진 종합 프로그램의 경우 프로그램의 다양성과 안정성을 상당히 장기간에 걸쳐 확보하기 위해서는 방송시간을 지분으로 나누어준다고 하는데, 이는 실제로 축소하는 방안보다 더 선호해야 할, 그리고 특별히 적합하다고 할 수단이라고 한다.

종합 프로그램의 면허장을 수여할 때 매체 상호간의 다양성에 대한 위협은 이 법률의 경쟁제한에 대한 규율내용으로 극복된다고 한다. 그렇게 규제할 경우 파악되지 못할 사례로서 기업의 내부적 성장을 들 수 있는데, 이에 대해서도 종합 프로그램 중에서도 폭넓게, 그리고 다양성을 확실하게 보장하도록 기구를 구성했음이 드러났을 경우, 그 신청자를 우선적으로 선정한다고 규정함으로써 배려하고 있다고 한다. 주방송법 제12조로써 니더작센 주의 입법자는 경제적 경쟁을 확실하게 확보해야 한다는, 매체에 특수한 규율의 필요를 충족시켰다고 한다. 그 범위를 넘어가는 기업합병을 저지하는 일은 주방송법률에 관한 입법자의 과업에 해당되는 것은 아니라고 한다. 대상의 다양성을 확실하게 확보해야 한다지만 이는 불가결한 것은 아니라고 하면서, 수신자의 이익을 목표로 잡은 프로그램의 전문 분야 자체의 다양성 또한 스스로 제 자리를 잡으며 적응할 것이기 때문이라고 한다.

(원문 S. 146 - 역주)

그 범위를 넘어서면 대상적 다양성은 종합 프로그램에 대한 면허부여의 선정기준 중 하나에 해당된다고 한다. 예정된 프로그램의 편성에 관한 것은 주방송법 제7조 1항에 따라 피할 길 없이 강제적으로 허가의 내용에 포함된다고 한다. 이를 준수하는지 여부는 주방송법 제28조 1항에 따라 결국 주방송위원회의 통제 아래 들어오게 된다고 한다.

연방헌법재판소 제4차 방송판결: BVerfGE 73, 118ff.

이들은 실효성을 충분히 보유하고 있다고 한다. 조직적 내부다원주의를 창출해야 할 의무를 니더작센 주의 입법자가 부담해야 한다고 하지만, 이를 헌법이 부과한 바는 없다고 한다. 게다가 그와 같은 모형은 민영방송에 대해 오늘날과 같이 불확실한 상황 아래에서는 현존하는 구조를 더욱 굳어버리게 만들 것이며, 그로 말미암아 외부적 다원주의로 나아가는 것을 더욱 어렵게 만들 것이라고 한다. 주방송위원회가 공영방송체계 내의 방송평의회와는 달리, 프로그램의 사전단계라는 장에서 인사나 재원에 관한 결정에 대하여 영향력을 행사할 수 없어서 주방송위원회의 통제강도가 비교적 약한 면은 있지만, 그것은 이 위원회의 내적으로 커다란 독립성을 통해서 그리고 방송프로그램에 대해서 다수의 지원자 중에서 선정할 때 그에 관한 결정에 영향력을 행사하는 것을 통해서 보정될 수 있다고 한다. 주방송법 제15조로써 주방송위원회는 실무상 관철할 수 있는 통제척도를 처분권한으로 확보하고 있다고 한다. 그 장점을 살펴보면, 장래 방송사는 이들 방송사의 숫자와 다양성이 늘어나면 그와 함께 점차 프로그램을 자신의 고유한 경향에 따라 편성할 수 있다고 한다. 그렇다고 하더라도 이들은 우선 일차적으로는 각각 프로그램을 내부다원적으로 편성할 의무를 부담한다고 한다. 외부다원주의로 나아가는 경과과정은 이들에게 위험부담을 부과하면서 진행된다고 하는데, 이 법률이 주방송위원회에 제28조 2항 2문에서 불복에 대한 주장책임을 넘겨주었음을 감안하면, 이런 위험부담을 감내할 수 있다고 한다. 주방송위원회의 정보에 대한 권한과 처벌가능성 등은 균형 있는 프로그램 전체라는 목표를 달성하기에, 그리고 이를 유지하기에 적합하며 충분하다고 한다.

(원문 S. 147 – 역주)

c) 민영방송은 국가를 멀리해야 한다는 헌법적 요구사항에 대해서는 주방송법률에 의하여 확보되었고, 그에 따라 국가의 허가관청이 내리는 결정 자체가 법률에 기속되어 있거나 또는 결정에 관련된 요소가 법률에 기속되어 있으며, 이 결정 중의 가치평가에 속하는 요소는 주방송위원회에 유보되어 있다는 것이다. 이 점에 대하여 주방송법 제5조 4항과 5항 2문을 해석할 때 고려해야 한다고 한다. 주방송법 제3조 3항 4문에 따른 허가관청의 대체권한 또한 필요하다고 할 것인데, 허가발급이 폐색될 수도 있으며 그와 결합되어 있는 방송의 자유가 위협당할 수도 있는데, 이를 피하기 위한 것으로서, 주방송위원회

가 합의에 이르지 못할 수도 있으므로 그런 경우에 대한 대비책이라고 한다. 주방송위원회에도 영향력을 행사할 가능성이 충분히 부여되어 있다고 한다.

　　d) 마찬가지로 방송송출의 전파에 대한 규율도 기본법과 합치한다고 한다. 니더작센 주 내에서 오직 전파되기만 할 뿐, 다른 주에서 송출되는 프로그램은 니더작센 주 내에서 송출되는 프로그램에 비하여 내용적으로 좀더 낮은 프로그램에 대한 요구수준을 충족시켜야 할 뿐인데, 이들을 전파하는 것은 주방송법 제15조의 다양성을 확보하는 균형성규율 조항에 기속되기 때문이라고 한다(주방송법 제44조 3항 2문). 그런 프로그램에 대하여 니더작센 주 내의 방송사에 효력을 미치는 조항에 다시 추가적으로 기속당하게 한다는 것은 다른 한편 외국에서 송출되는, 그리하여 기능적으로 이에 상당하다고 할 프로그램에 대하여 이를 회피해나갈 구성요건을 창출해준 바에 비추어보면, 이와 다를 바 없어, 헌법상 이를 명한 바 없으며, 그 목적에 적합하지도 않다고 한다.

　　e) 그밖에도 주방송법률이 규율한 바에 대하여 헌법적으로 이의를 제기할 것은 없다고 한다. 종합 프로그램에 대해 효력을 미치는 주방송법 제6조 1항 2문 3호의 전문성요건에 관한 한, 이는 규모 있는 방송운영을 보장하기 위한 것이라고 하며, 민영방송의 사업능력을 공영방송에 비견할 정도로 확실하게 확보하기 위한 것이라고 한다. 이는 오직 신문출판 부문에게 특권을 부여하기 위해서만 설정한 요건 등에는 관련된 바 없다고 한다. 마지막으로 전파되는 프로그램에 대하여 인격권을 보호하는 것 역시 그것으로 충분하다고 한다. 이 보호 역시 당해 프로그램이 송출되고 있는 그 주의 법에 따라 요구할 수 있는 것이라고 한다.

(원문 S. 148 - 역주)

　　이 가능성은, 다른 주의 방송법률에서 해당사항에 관해 규율한 바를 살펴보면, 그것으로 이미 실효성을 확보한 것으로 보아야 한다고 한다. 외국의 프로그램에 관해서는 반드시 국제적인 규율이 마련되어야 할 것이라고 한다.

　　2. 헤센 주 정부는 자신의 견해를 밝히면서, 이는 자유한자도시 브레멘의 주정부, 자유한자도시 함부르크의 주정부, 노르트라인-베스트팔렌 주정부, 자를란트 주정부 등의 위탁을 받아 작성된 교수 데닝거 박사의 법적 평가서를 여기에 동봉하였는데, 그에 따르면 주방송법률은 헌법위반이라고 한다. 입법

연방헌법재판소 제4차 방송판결: BVerfGE 73, 118ff.

자는 민영방송사에 - 헌법에 따라 요구되었다고 할 수도 있을 - 내부다원적 조직이라는 부담을 부과하지 않았고, 그렇다면 그에 대하여 충분한 대체규율 사항을 규정하여 방송의 자유를 그와 비슷하게 실효적으로 보장하기에 적합한 조치를 취해야 하는데, 이것 또한 방기하였다고 한다. 무엇보다도 주방송법 제28조 2항 2문에 관련하여 제15조 3문에 규정되어 있는 균형성에 관한 규제는 헌법적 요구를 충족시키지 못한다고 한다. 니더작센 주에서 방송송출물을 전파하는 데 대하여, 라디오나 텔레비전 프로그램의 송출보다 법률에서 엄격성이 약한 요구사항을 충족하라고 하는데, 이것 역시 헌법위반이라고 한다(주방송법 제17조, 제18조, 제44조 1항 1문, 3항, 4항). 마지막으로 주방송법률의 재원조달에 관한 규율내용 역시 헌법적으로 이의가 제기될 수 있다고 한다. 주방송법 제24조는 헌법적으로 부과된 재원조달의 원천을 공개해야 할 의무를 이행하지 않고 있다고 한다. 그리고 주방송법 제26조 3항과 4항에서 민영방송의 경우 상업적 광고로써 재원을 전면적으로 조달하는 것을 허용함으로써 입법자는 헌법적 한계를 넘어섰다고 한다.

3. 라인란트 주 주정부의 견해에 따르면 니더작센 주 방송모델에 대해서는 헌법적으로 우려할 바 없으며, 외부적 다양성과 균형성을 유발시키기 위해서는 도저히 회피할 수 없는 필연의 것이라고 한다. 연방헌법재판소의 방송판결이 계속 발전해 나간다고 해도, 현재까지 이룩한 기술과 법의 상황에 비추어 볼 때 주정부는 정당하다고 본다고 한다.

(원문 S. 149 - 역주)

공법적 프로그램은 반드시 "균형성의 비축"으로서 고려해야 하며, 이는 외국으로부터 들어올 수 있는 텔레비전 프로그램 역시 균형성과 매체의 다양성을 판단할 때 포함시켜야 하는 것과 마찬가지라고 한다. 마지막으로 유럽공동체법의 여러 기본원칙 역시 반드시 존중해야 하는데, 그에 따르면 자유로운 정보의 흐름을 보장해야 한다고 한다.

4. 독일연방공화국 공영방송연합체(ARD) 역시 자신의 견해를 밝혔는데, 여기에는 교수 베트게 박사의 법적 평가서와 교수 메서슈미트와 로이가스 공학박사의 기술적 평가서도 포함되어 있는데, 그에 따르면 주방송법률은 헌법

위반이라고 한다. 의사의 다양성과 균형성을 보장하기 위한 효율적인 사전조치가 전혀 포함되어 있지 않다는 것이다. 주방송법 제15조 3항의 실질적인 균형성 요구사항에 관한 규정에도 조직과 절차 등의 측면에서 필수적인 담보장치가 결여되어 있다고 한다. 주방송법 제3조 3항 4문은 국가로부터 자유로워야 한다는 원칙에 위배된다고 한다. 재원조달에 관한 규율에도 헌법적으로 우려할 바가 있다고 한다. 주방송법 제26조 1항은 중간광고를 허용하여 투명성과 정보명확성이라는 헌법이 명한 바에 위반된다고 한다. 주방송법 제26조 2항은 헌법적으로 허용되지 않는데도 민영 방송프로그램이 순수하게 광고로 재원을 조달하는 방식을 배제하지 않고 있다고 한다. 그리고 마지막으로 주방송법률에는 기부금에 관한 한 상당한 규모에 이르면 투명하게 그리고 공개하게 해야 한다는 어떤 의무규정을 두어야 하는데, 이것 역시 전혀 포함되어 있지 않아 위헌이라고 한다.

5. 독일신문발행인연방총연맹의 견해에 따르면 주방송법률에 대하여 어떤 헌법적 이의도 제기할 수 없다고 한다. 이 법률은 다양성의 최소한도를 확보해야 할 의무를 지고 있는데, 이를 입법자는 충족시켰다고 한다. 방송에 진출할 기회에 관하여 신문기업을 우대하는데, 이는 법률에서 규율한 것과 — 특히 주방송법 제6조 1항 2문 3호와 — 결합할 정도까지 진전되어 있지는 않다고 한다.

(원문 S. 150 – 역주)

경제적 경쟁이 가동될 수 있도록 조치해야 하는데, 그 기본여건을 법률로 확실하게 확보한다는 측면에서 보아도 충분하다고 한다. 기존의 매체기업이 방송에 진출하는 데 대하여 법률로 광범위하게 장애가 설정되어 있는데, 이는 헌법적으로 우려할 만하다고 할 것이며, 이는 의사소통과 광고 등의 시장에서 신문출판계의 경쟁능력을 저하시키는 효과가 있기 때문이라고 한다.

IV.

1986년 6월 3일 구두변론절차에서 견해를 밝힌 사람은,
청구인을 위하여 (연방의회 의원인) 에멀리히 박사와 교수 호프만-림 박사

가, 니더작센의 주정부를 위해서는 마이어 차관과 교수 슈타르크 박사가, 헤센 주정부를 위해서는 지아니 차관과 교수 데닝거 박사가, 라인란트-팔츠 주정부를 위해서는 루돌프 차관이, 독일연방공화국 공영방송연합체(ARD)를 위해서는 교수 베트게 박사가, 독일신문발행인연방총연맹을 위해서는 변호사 쿨 박사가, 유선과 위성 분야 연방연맹을 위해서는 변호사이며 교수인 데링거와 퀸 박사와 샤르트 등이다.

B-I.

규범통제의 청구는 적법하다.

청구인은 그 숫자상 필요한 규모인 연방의회의원 3분의 1을 훨씬 넘었으며, 니더작센 주의 주방송법률이 전부 헌법에 위반되었고, 그래서 무효라고 주장한다. 하지만 그밖의 요건은 기본법 제93조 1항 2호와 연방헌법재판소법 제76조 1호에 포함되어 있지 않다. 만약 청구인이 다음과 같은 점을 지적하였다면, 즉 심사대상인 주법률에서 규율하여 그 영향력이 다른 연방의 주뿐만 아니라 연방공화국 전체의 법질서와 사회질서에 미칠 수 있으며, 연방 자체의 활동공간도 침범당하게 된다고 하며, 바로 그런 까닭에 합헌적인 관계를 창출하는 데 영향력을 기울이기 위해 연방기관까지 나서지 않으면 안 된다고 할 경우라면, 그로부터 특별히 통제할 이익이 있다는 점이 드러난다고 할 수 있다. 하지만 법적으로 이 점이 요구되는 것은 아니다.

(원문 S. 151 – 역주)

II.

연방헌법재판소의 심사와 재판은 판결주문에 표시된 이 법률의 조항에 한정된다. 그밖의 것에 대해서는 재판하지 않는다.

청구인은 이 법률이 전부 헌법위반이라는 결론을 추출하였는데, 일반적으로 권한에 위배된 법률의 경우 개별 조항이 헌법에 위반되는 것과 같은 그런 방식을 채택하지는 않았다. 오히려 이들은 – 자신의 입장에서 일관되게 – 연방헌법재판소의 판결례를 근거로 하고 있는데, 그에 따르면 법률의 한 개 또는 여러 개 조항이 무효일 경우 법률 전체를 무효라고 선언해야 한다고 한다. 물론 그때의 조건은 무효인 조항이 그밖의 조항과 연계되어 있어서, 이들이 도저히 분리할 수 없는 하나의 통일체를 형성하고, 그에 따라 개별 구성부분으로 분해할 수 없는 경우이어야 한다(연방헌법재판소 판례집 57, 295〔334〕에 그밖의 전거와 함께 참조). 니더작센 주방송법률의 중심적인 조항이, 바로 이들을 대상으로 하여 청구인이 다투고 있는데, 기본법과 합치하지 않는다고 할 경우 이 법률 전체가 그것 자체로는 위헌문제가 제기되지도 않는 조항이라고 해도 더 이상 자세히 심사할 필요 없이 사실상 무효라고 선언해야 할 것인데, 이는 이들이 서로 위에서 이미 밝힌 바와 같은 관련성을 맺고 있다면 그렇게 해야 하기 때문이다. 그것에 반하여 상반된 요건하에서 그 조항의 유효성에 관해서는 그 당시로서는 기본법 제93조 1항 2호에서 의미하는 "의심스럽거나 견해가 나누어질 경우"에 해당되지 않는다고 할 것이다. 이는 청구인이 그것 자체로만 보아서는 결코 무효라고 보는 것이 아니며, 그리고 위에서 언급한 관련성이 문제되지 않는다고 보기 때문이다. 그러므로 이런 조항을 연방헌법재판소의 추상적 규범통제의 대상으로 삼을 어떤 근거도 없다. 여기 이 절차의 경우도 바로 그런 경우에 해당된다. 따라서 헌법재판소의 심사는 다음에 나오는 문제로 국한된다. 그리하여 예컨대 자유민주주의 기본질서를 실현하기 위하여 사인에게 의무를 부과할 수 있는지 여부 따위의 문제는 고찰하지 않는다(주방송법 제11조 1항 2문).

(원문 S. 152 – 역주)

C.

니더작센 주 방송법은, 본 판결에서 심사대상인 방송법규와 관련하여 말하자면, 그의 형식적 측면에서 합헌이라는 점에 대해서는 전혀 우려할 바 없거니와, 그의 기본원칙이라는 측면에서 역시 객관적으로 기본법과 합치한다. 그러나 이 법 중 일련의 규정들은 방송의 자유를 헌법이 명하는 방식으로 보장하지 못하고 있다. 그리하여 이들 규정은 전부 혹은 일부 기본법과 합치하지 않는다. 그뿐만 아니라 방송의 자유를 확보하기 위해서는 이를 보완할 수 있도록 법률로 규율해야 할 필요가 있다.

I.

 헌법적으로 판단할 때 그 준거는 기본법 제5조 1항 2문에서 보장하는 방송의 자유이다.

 1. 방송의 자유는 기본법 제5조 1항에서 보장한 모든 것과 동일한 과업에 기여한다. 즉 자유로운 사적·공적 의사형성의 보장에 기여한다(연방헌법재판소 판례집 57, 295〔319f.〕). 의사형성은 의사소통의 과정에서 이루어지며, 바로 이 의사소통과정에서 방송은 "매체"로서 그리고 "요소"라고 하는 과업을 안고 있다. 즉 방송은 가능한 한 광범위하고 완전하게 정보를 제공할 의무를 진다. 즉 방송은 개인과 사회집단에 의사형성에 작용할 기회를 제공해주며, 그와 동시에 자신도 스스로 나서서 의사형성과정에 참여한다. 뿐만 아니라 그 작용범위도 포괄적이다. 다시 말하자면 뉴스 보도, 정치적 논평, 또는 과거·현재·미래의 문제에 관한 연속방송물을 통해서, 그리고 거기에 그치지 않고 라디오방송극, TV 드라마, 음악 프로그램 또는 오락 프로그램 등을 통해서도 의사형성은 이루어진다(연방헌법재판소 판례집 59, 231〔257f.〕 그밖의 전거와 함께— 자유직 방송종사자 사건).

 이 과업의 수행에는 무엇보다도 먼저 방송이 국가의 지배나 영향력 행사로부터 자유로울 것이 요구된다. 이 같은 요구는 오직 소극적인 질서형성을 통해서도 충족될 수 있을 것이다. 그러나 여기에 그치지 않고 현존하는 다양한 의사들이 방송에서 가능한 한 폭넓고 완전하게 표현될 것을 보장하는 적극적인 질서가 필요하다.

(원문 S. 153 — 역주)

 이 같은 요구에 부응하려면 방송의 자유라는 과제를 지향하는, 따라서 기본법 제5조 1항이 보장하는 바를 실현하기 위해 적절한 실질적·조직적·절차적 측면에서의 규율이 필요하다. 입법자가 이 과업을 어떻게 이행할 것인가 하는 것은 입법자 스스로 판단할 사안이다(연방헌법재판소 판례집 57, 295〔320f.〕.

 입법자가 규율해야 할 사안에는 방송질서의 기본방향을 설정하는 문제도 포함된다. 입법자는, 그 바탕에 깔려 있는 체제모델의 틀 안에서, 각 주 안에서9) 각 프로그램이 제공하는 전체 내용이 현존하는 다양한 의사를 대체로 반영할 수 있도록 하며, 방송이 1개 혹은 수 개의 사회집단에 의하여 장악되는 일이 없도록 하고, 고려되어야 할 여러 사회세력이 프로그램 전체에서 발언할 수 있도록 제반조처를 취해야 한다. 이와 같은 다양성을 확보하기 위해 입법자는- 1961년 2월 28일자 판결(연방헌법재판소 판례집 12, 205〔262〕)에 따라 헌법적으로 전혀 이의를 제기할 바 없는- 각 방송사가 "내부다원적" 구조를 갖추도록, 다시 말해서 고려해야 할 제 세력의 영향력이 내부적으로, 즉 개별 방송사의 기관을 통해 중개될 수 있는 조직을 갖추게 할 수도 있다. 그러나 또한 입법자는, 전체 국내 방송프로그램이 현존하는 의사의 다양성에 근본적으로 부응하도록 예방수단을 취하고 있는 경우라면, 다른 체제모델을 선택할 수도 있다. 이때 입법자가 외부적("외부다원적") 다양성을 창출하며 이를 유지하고자 원한다면, 이런 해결방식을 채택한다고 해도 마찬가지로 방송자유를 확보하기 위하여 법률로 일정하게 규율하는 것은 필요불가결한 작업인 것이다.

그밖에도 입법자는 최소한의 내용적 균형성, 사실성, 상호존중을 보장하는, 구속력 있는 지도원칙을 설정해야 한다. 또한 입법자는 민영방송의 진입에 관하여 규율해야 하며, 그때 모든 신청자에게 방송국 설립허가를 내줄 수 없는 한, 각 신청자에게 동등한 참여기회를 보장해주도록 선정에 관하여 규율해야 하며, 국가의 제한적인 감독권을 규정하여야 한다(연방헌법재판소 판례집 57, 295〔324f.〕).

(원문 S. 154-역주)

민영방송의 재원조달문제에 대해서도 법률로 규율할 필요가 있는지의 여부에 대해서 연방헌법재판소는 아직 판단한 바 없다. 본 사건의 절차에서도 이 문제에 관한 한 역시 판단치 않고 논의를 펴나갈 수 있다고 할 것인데, 이는 니더작센 주 방송법률이 이 영역에 관하여 이미 규율하고 있기 때문이다.

2. 각 주에서 방송법을 제정할 때 충족시켜야 할 이 같은 요구사항을 판단할 경우, 앞에서(A I 1)10) 간략하게 지적한 바와 같이, 방송 분야에 대한 현

---

9) 방송은 연방의 관할사항이 아니라 각 주에 전속적으로 귀속된 주의 관할사항이다 - 역주.

대의 기술발달 추세를 고려하지 않으면 안 될 것이다. 이에 대해서는 헌법의 보장사항을 해석하는 데 있어 상당한 의미를 부여해야 한다. 즉 연방헌법재판소가 방송의 "특수상황"이라고 지적하여 주목을 끌게(위의 A I 1)[11] 했을 때 이미 드러났듯이, 방송 분야의 현대적 기술발전 추세는 기본권과 관련이 있는 구체적 생활내용으로서, 이를 참작하지 않고는 방송자유의 규범적 효과를 펼치는 해석이 가능하지 않을 것 같다.

이러한 측면에서 기술적 발전은 중요하다. 기술발전을 통해서 방송의 송출과 전송에 관한 전제여건은 상당히 개선되었다. 그러나 그동안 연방소속 각 주의 영역에서 또는 그보다 좁은 지방의 영역에서 "모든" 주민이 수신할 수 있는 프로그램의 수는 아직도 상당한 기간 동안 지상파 프로그램에 국한되어 있다. 더 나아가서 민영방송 프로그램을 송출하며, 이를 전파하기 위한 경제적 여건과 그로 말미암아 생기는 효과, 특히 TV 프로그램의 경우 여전히 고비용이 발생하며, 반드시 이를 대부분 광고수입으로 충당해야만 한다는 점, 그리고 민영라디오방송도 전체적으로는 종전보다 유리해졌다고는 하지만, 여전히 이와 비슷한 상황이라는 점 등이 중요하다. 마지막으로 중요한 요소를 하나 더 들자면, 유럽 또는 유럽지역을 넘어서는 방송시장이 생성되었다는 점과, 이로 말미암아 외국에서 송출되어 독일에서 일부 직접 수신이 가능한 프로그램이 늘어났다는 점이다.

(원문 S. 155 - 역주)

의사형성에 협력해야 하는 - 위에서 설시한 바와 같이 폭넓게 이해해야 하는데 - 방송의 과업이나 한 주의 방송법률의 적용범위 내에서 수신 가능한 전체 민영방송 프로그램에서 균형 있는 의사의 다양성이 문제되는 경우, 전술한 바와 같은 발전추세는 기본법 제5조 1항 2문의 해석에 반드시 그 영향을 고려해야 한다.

a) 민영방송 프로그램은 정보를 포괄적으로 제공해야 한다는 과업에 완전하게 부응할 수는 없다.

한편으로 이는 프로그램을 뉴미디어를 통해 전파하는 경우 역시 마찬가지이다. 즉 뉴미디어를 통해 도달가능한 수신자의 수는 본래 지상파 방송프로

---

10) S. 121ff.
11) S. 121ff.

그램을 수신할 수 있는 수신자의 수가 거의 모든 주민을 포괄할 만한 숫자에 이르는 것에 비하면 미미할 정도이어서, 그 결과 뉴미디어를 통한 프로그램은 여론형성의 매체와 요소라는 과업을 단지 부분적으로만 수행할 수 있다고 할 것이다.

다른 한편으로, 청구인 역시 강조한 바와 마찬가지로, 민영방송의 방송프로그램은 정보를 전파하되, 견해나 문화적 조류 등의 폭을 전면적으로 중개하지는 않는다는 점을 고려해야 한다. TV 분야의 경우 프로그램 공급자가 소수라는 점을 감안하면, 이는 명백하다. 또한 이와는 무관하게 민영방송은 방송활동의 재원을 거의 전적으로 기업의 광고수입에 의존하고 있는 만큼 내용상 폭넓은 프로그램을 기대할 수는 없다. 광고수입은 오직 민영방송이 상당한 정도의 고시청률을 유지할 때에만 확실하게 보장된다. 따라서 민영방송 프로그램의 제공자는 가능한 한 최대로 대중호소적이며, 시청자나 청취자의 수를 최대화한다는 관점을 가지면서, 가능한 한 최소한의 비용을 들여 성공적인 프로그램을 만들어야 한다는 경제적 필연성에 직면하고 있다. 종종 – 수준 높은 문화적 방송물이 그렇듯이 – 비용은 많이 들면서 적은 수의 시청자가 관심을 갖는 방송물은 전면적으로 배제시키지는 않는다고 해도 통상 뒷전으로 물러날 수밖에 없다. 이러한 방송물이 있어야 비로소 포괄적 정보제공이라는 요구가 충족되고, 그리고 이런 방송물이 없으면 기본법 제5조 1항 2문의 보장이 의미하는 "의사형성"이 가능하지 않는다고 하더라도 사정은 마찬가지다.

(원문 S. 156 – 역주)

b) 그밖에도 각 주 영역에서 제공되는 프로그램 전체에 현존하는 다양한 방향의 견해를 방송에 반영할 때 지켜야 하는 "균형성"이라는 기준(연방헌법재판소 판례집 57, 295〔323f.〕 참조)도, 전술한 바와 같은 추세에 따라 사태가 진전되면 상당한 정도로 흔들리거나 심지어 침해받을 가능성도 다분히 있다.

언제 "균형을 갖춘 다양성"을 인정할 수 있으며, 이를 기대할 수 있는지에 관하여 정확하게 규정하는 것은 이에 관한 명확한 기준이 없기 때문에 불가능하다. 따라서 이는 목표가치에 지나지 않아서 언제나 그에 근접하도록 노력해야 한다는 데 의미가 있을 뿐이다(또한 연방헌법재판소 판례집 위의 것, S. 324 참조). 그리하여 케이블이나 위성을 통해 전송되는 많은 프로그램들

연방헌법재판소 제4차 방송판결: BVerfGE 73, 118ff.

이 오직 – 여러 가지로 다양하게 결합하는 것일 수도 있는데 – 주민의 일부만이 수신할 수 있다고 할 경우 이런 평가는 더욱더 타당하다고 해야 함에 틀림없다.

　나아가 균형을 갖춘 다양성이라는 요구는 자신의 기능을 더 이상 무제한적으로 충족시킬 수는 없다. 이 요구에 전제되는 것은 그와 같은 다양성을 주법률로 규율함으로써 실현할 수 있다는 것이다. 하지만 주입법자는 다른 주에서 송출되는 직접 수신할 수 있는 프로그램 및 직접 (위성을 통해) 수신할 수 있거나, 법적으로 부여된 의무에 따라 케이블을 통해 수신되는 외국방송물에 대해서는 권한을 갖고 있지 않은데, 이런 프로그램은 점점 늘어갈 것이라고 예상하지 않으면 안 되는 형편이다. 이들은 또한 반드시 독일지역을 대상으로 송출될 필요가 없는 것이다. 하지만 다른 한편으로 이들 프로그램은 국가를 초월한 방송시장이 생성되는 흐름을 타고 수 개국에서 수신하리라는 전제 아래 그에 맞추어 제작된 것일 수 있는데, 같은 방송물을 여러 가지 언어로 송출하는 경우라면 그런 경향은 더욱 농후해질 수 있다. 이들 프로그램은 한 주 방송법의 적용영역에서 확보해야 하는 평형성이라는 요구를 – 아무리 "내부다원"적 모델을 채택한 경우일지라도 – 회피하거나 잠식하거나, 장애를 초래하여, 결국 한 주에서 수신가능한 모든 프로그램의 총체적 개념으로서 "전체 프로그램"의 차원에서 완전한 균형이 더 이상 존재할 수 없다는 결과를 초래하게 된다.

(원문 S. 157 – 역주)

　3. 기본법 제5조 1항 2문을 해석할 때 이와 같은 사실관계를 반드시 고려해야 한다. 그렇다고 해도 결코 그 의미를, 즉 헌법이 입법자에게 명한 바를 민영방송 프로그램 송출의 허가요건에 대하여 민영방송의 설립을 완전히 배제하는 식은 물론이고, 상당히 어렵게 하는 수준으로 설정하고, 이를 충족했을 때 비로소 허가해줄 수 있다는 식으로 새길 수는 없다. 만약 그렇게 새긴다면, 이는 연방헌법재판소가 확립된 판례로서 강조해왔던, 즉 민영방송 허가와 관련하여 기본법의 결단에 해당된다고 한 것과 배치될 것이다. 이는 기본법 조항을 해석할 때 전술한 기술적 발전 추세에 대하여 실어주었던 무게를 마찬가지로 헌법재판소의 판결에도 부여해야 하기 때문이다. 그밖에도 헌

법상 보장된 방송의 자유는 민영방송뿐만 아니라 공영방송도 포함하는 전체 방송체제에 관련되어 있다는 점에 반드시 유의해야 한다. 전술한 기술적 발전추세를 이런 전체 맥락에서 평가한다면, 이런 발전추세는 여러 청구인이 끌어낸 결론에 강제적으로 이르지는 않을 것이다. 오히려 결정적인 것은 방송체제가 전체적으로 보아 일단 가능한 범위 안에서 헌법의 요청에 부응할 수 있다는 기준이다. 이는 새로운 언론매체법률을 기반으로 다수의 독일연방 소속 각 주에서 현재 형성되고 있는 이원적 방송체제에서도 역시 마찬가지다.

이원적 방송체제하에서 필수불가결한 "기본적 방송공급"은 이를 수행할 능력을 갖추고 있는 공영방송의 관할업무라고 할 것이다. 이는 한편으로 공영방송의 지상파 프로그램은 거의 모든 주민이 수신할 수 있기 때문이며, 다른 한편으로 민영방송사와는 달리 높은 시청률에 의존하고 있지 않는데, 그에 따라 내용 측면에서 또한 포괄적인 프로그램을 공급할 수 있기 때문이다. 이와 함께 부과된 과업에는 방송이 독일연방공화국 내 민주주의적 질서에 대해서(연방헌법재판소 판례집 35, 202〔222〕에 그밖의 전거와 함께 - 레바흐 사건 참조) 그리고 문화생활에 대해서 맡아야 할 필수적인 기능 또한 포함되어 있다.

(원문 S. 158 - 역주)

방송의 공급이 민영으로 송출되는 범유럽적 프로그램에 의해 확대되는 과정에서 중요한 것은 방송의 고전적 임무가 충실히 수행되도록 보장하는 것인데, 이때 고전적 임무에는 견해나 정치적 의사의 형성에 관한 역할, 그리고 오락, 지속적인 사실보도의 범위를 넘어서는 정보제공 외에도 문화적 책임까지 모두 포괄되어 있다. 이는 특히 현재 발전과정에 있으며 그 중요성이 점차 커지고 있는 범유럽적 방송시장이라는 관점에서 보면 더욱 그러하다. 이러한 시장의 여건하에서도 여전히 지역중심의 국내방송, 특히 지상파방송은 이와 같은 필수적인 기능들을 부여받고 있는 것이다(이에 관하여 자세한 내용은 Bullinger, AfP[12] 1985, S. 257〔258ff.〕). 이들 기능은 사정상 일차적으로 공영방송의 기능으로 보아야 한다. 공영방송 및 특히 시청료로 재원을 조달한다는 특성은 이 기능적 측면에서, 그리고 만인을 위한 기본적 방송공급의 보장이라는 측면에서 그 정당성을 갖는다. 공영방송은 바로 이러한 과업

---

12) Archiv für Presserecht("언론법논총"으로 정기간행물 이름임 - 역주).

을 부여받고 있기 때문에, 이러한 과업을 이행하기 위한 기술·조직·인사·재원 등에 관한 전제요건을 반드시 확실하게 확보해야 할 것이다.

공영방송에 의한 이와 같은 과업의 수행은 민영방송사의 법적 의무를 판단할 때에도 참작하지 않을 수 없다. 물론 공영방송에 의한 이 같은 과업이 주어졌다고 해서 민영방송의 경우 방송의 자유를 법적으로 확보하는 것을 모두 포기한 채 탈규제화라는 흐름을 타고 시장의 제 세력에 발전의 추세를 맡기는 것은 결코 정당화될 수 없다(연방헌법재판소 판례집 57, 295〔323〕). 특히 진정 순수한 "시장"이 전망가능한 기간 안에 실현되리라는 기대의 정도가 낮으면 낮을수록 이런 판단은 더욱 분명해진다. 만약 그와 같이 방송의 자유를 법적으로 보장하기를 포기하고 오직 시장의 힘에 맡긴다는 해결책을 채택한다면, 이는 기본법 제5조 1항 2문에 합치하지 않게 될 것이다. 그러나 위에서 적시한 과업의 수행이 공영방송에 의해 효과적으로 확보되어 있는 경우, 그리고 그런 한도 안에서 민영방송에 대해서는 프로그램 공급의 폭이나 균형을 갖춘 다양성을 확보해야 한다는 점과 관련하여 공영방송에서와 같은 높은 수준의 요구사항을 제기하지 않는다고 해도 이를 정당화할 수 있을 것이다.

(원문 S. 159 - 역주)

물론 법이 명한 바에 따라 공영방송이 자체 내에서 프로그램에 균형을 갖춘다고 하더라도 그것만으로 민영방송의 불균형을 상쇄해줄 수 있는 것은 아니다(연방헌법재판소 판례집, 같은 곳, S. 324). 하지만 이런 종류의 불균형은 그 정도가 아주 심한 경우가 아닌 한, 공영방송의 프로그램에 현실로 존재하는 의사의 다양성이 축소됨이 없이 그대로 반영된다는 전제하에 수용될 수 있다고 해야 한다. 균형 있는 의사의 다양성이란, 이미 위에서 밝혔듯이, 양적으로, 즉 정확히 정해진 크기로 측정될 수 있는 것은 아니다. 이는 현재 그리고 가까운 미래의 변화된 상황하에서는 — 특히 외국방송물의 직접수신이 가능한 상황에서는 — 부분적으로 주 법질서의 영향권을 벗어나며, 그에 따라 다양성이 흔들리거나 장애를 겪게 되는 것은 불가피하다(위의 2b).[13] 실체적 관계가 이렇다면 오직 중요한 것은 입법자가 취해야 하는 예방조치가 민영방송에 있어 가능한 한 고도의 균형적 다양성을 달성하고, 그리고 이를 확보하

---

13) S. 156f.

기에 적합하도록 규정하는 것이다(연방헌법재판소 판례집, 같은 곳, S. 320).

이 방향제시적 가치는 입법자에게, 그리고 민영방송의 면허부여 및 선정 등의 권한을 보유한 기관에게 명확하며 구속력 있는 지침을 부여하기에 충분하다. 그렇다고 하더라도 이는 다양성을 확보하기 위해 설치된 (외부적) 위원회에게, 그리고 법원에게도 통제를 위한 기준으로서는 충분하게 규정된 것은 아니라고 할 것이다. 이는 무엇보다도 실제적인 발전추세가 구체적인 사안에서 언제 이 기준에 적합하다고 할 것인지, 어디에 경계선을 그어서, 이를 넘어갔을 경우 위배했다고 보아 제재가 필요하다고 해야 할 것인지에 관하여 밝혀주는 바가 너무 적기 때문이다. 따라서 통제는 상당한 결함, 즉 명확히 인식가능하고 증명가능한 결함에 초점을 맞춘 보다 명확한 척도를 필요로 한다. 그와 같은 척도는 겨우 균형적 다양성의 기본적 **표준치**(*Grundstandard*)가 될 수 있을 뿐이다.

(원문 S. 160 - 역주)

이 같은 척도는 예컨대 법적 명령으로써 어떤 보상조치와 같은 기하학적 의사의 균형을 창출할 의무가 발생하는 것도 아니며, 별로 중요하지 않는 개별적 불균형의 경우까지 개입하라고 요구하는 것도 결코 아니다. 그러나 이 척도는 예나 지금이나 변함없이 구체적이고 심각한 위협으로부터 반드시 보전되어야 하는, 바로 그 의사의 다양성에 관하여 **본질적인** 제 요건을 포함하고 있다. 즉 **모든** 방향의 의사가 - 소수의 견해를 포함하여 - 민영방송에서 표현할 수 있는 가능성을 확보하고, 반면에 개별 방송사나 개별 프로그램에서 심한 불균형에 빠졌거나 편파적인 영향력을 여론형성에 행사하는 경우를 배제한다는 것인데, 특히 의사에 대한 지배적 세력의 형성을 저지하는 것이 이 같은 요건에 속한다. 이들 요구사항이 준수되지 않는다면, 이는 어떤 경우이든 기본법 제5조 1항 2문에 위배되는 것이다. 그리하여 입법자의 과업은 실질적인, 조직적인, 절차적인 규율을 통해서 이 표준적 기본치를 엄격하게 관철시키도록 확보하게 담보하는 것이다(연방헌법재판소 판례집 57, 295 〔320〕참조). 특히 입법자는 기업집중의 경향에 대하여 적기에 그리고 가능한 한 효과적으로 대처해야 할 의무를 진다. 이는 자칫 잘못하여 한번 잘못된 방향으로 진전되면 원상회복하기가 너무나 힘들어지기 때문이다(연방헌법재판소 판례집, 같은 곳, S. 323).

연방헌법재판소 제4차 방송판결: BVerfGE 73, 118ff.

II

니더작센 주 방송법의 기반을 이루고 있는 사상은 과도기적 모델의 것이다. 동 방송법이 추구하는 것은 사인(私人)을 주체로 한 방송을 지속적으로 그리고 차분하게 발전시켜나가자는 것으로 단계적으로 소수의 방송프로그램 송출로 시작해서 장기적으로는 외적인 다양성이 이루어질 수 있도록 한다는 것이다(위의 A I 3 참조).[14]

이 과도기적 모델은 법적으로 형태를 갖추었는데, 한편으로는 모든 발전단계에 적용되고, 모든 송출 프로그램에 대하여 최소한의 구속력 있는 기준을 제시하는 규정의 형태로(제11조부터 제14조까지), 다른 한편으로는 각 단계마다 그 수준에 맞게 내부적 다원성을 규정하거나, 또는 — 좀더 제한을 가한 — 외부적 다원성의 수준에서 만족하게 하는 균형성이라는 명령의 형태(제15조)로 표현되고 있다.

(원문 S. 161 — 역주)

여기서 "내부적 다원성"은 오직 프로그램의 내용적인 면에 대해서만 요구될 뿐이다. 주방송법 제15조는, 즉 외부적 다원성은 오직 실체법적 규정에 제한하여 적용할 뿐이다. 그에 따라 조직상·절차법상 이것의 준수는 주방송위원회의 프로그램 통제를 통해서 확보되어야 마땅할 것이며(주방송법 제28조), 이 통제는 사회적으로 비중 있는 조직이나 단체의 대표자로 구성된 모임이 맡아야 할 임무인 것이다(주방송법 제32조 1항 5호, 제30조).

이 구상은 여타 주의 새로운 주방송법 구상과도 전반적으로 상응하는 것이다. 이 구상의 기본적 구성요건을 살펴보면, 실체법적 조항으로서, 일반적인 최소한의 요건과 나란히, 그밖에도 프로그램의 다양성 및 균형성의 확보라는 요구를 적시하는 것, 그리고 사회적으로 상당한 세력 및 경향적 집단의 영향력하에 있으며, 국가로부터 독립된 외부의 여러 기관을 통해서 이들 조항을 준수하도록 배려하는 조치에 대해서는 원칙적으로 헌법상 이의를 제기할 바 없다. 니더작센 주에서 규율한 것은 다른 주의 방송법에 비하면 여러 가지 측면에서 뒤떨어져 있는데, 그에 그치지 않고 현재의 형태 자체로도 충분한 것은 아니다.

---

14) S. 126ff.

1. 주방송법 제15조는 대부분 기본법과 합치한다. 하지만 3문과 관련된 맥락에서 개별 프로그램이 준수해야 할 내적 균형의 의무에 관하여 좀더 상세하게 규율해야 하는데, 이 점이 결여되어 있다.

    a) 만약 이 조항에 따라 이 방송법의 적용영역 내에서 송출, 전파되는 (그 주 내의) 민영방송 프로그램은 중요한 정치적·세계관적·사회적 제 세력과 그룹의 의사가 전체적으로 보아 적절히 반영되도록 조처를 취해야 하고(1문), 이렇게 전체적으로 볼 때 편파적으로 1개의 정당이나 집단, 1개의 이익단체, 1개의 종교나 세계관에 봉사하는 것이어서는 안 되며(2문), 그리고 다른 프로그램과 관련하여 볼 때 균형성이 보장되지 못한 경우라면, 면허를 받은 각개 프로그램은 개별적으로 1문과 2문 등의 요구사항을 반드시 충족시켜야 한다고(3문) 되어 있는데, 이는 방송의 자유에 포함된 이른바 "균형 있는 다양성"이라는 헌법상 기본적 요구사항에 부응하는 것이다.

(원문 S. 162 – 역주)

입법자는 단지 민영방송의 프로그램은 반드시 이 요구사항을 충족시켜야 한다고 규정하고 있다. 주방송법 제15조가 "프로그램들을 전체적으로 보아"야 한다는 것, 그리고 개별 프로그램에 대하여 효력을 미치는 요구사항에 대해서도 "다른 프로그램과 관련해서" 평가하는 것을 전제하고 있다고 보는 한 – 특히 케이블에 의해 민영방송이 전송되는 경우, 법의 적용범위 전체를 포괄적으로 살펴 설정한다는 프로그램 전체라는 개념은 일정하게 조건을 가해야만 논할 수 있다는 것을 고려해야 한다. 외부적 균형은 프로그램이라고 하더라도 서로 보완해주는 관계를 지녔다고 인정할 수 있을 때라야 비로소 오직 이들의 각 전송체제 또는 각 전파지역만을 고려하여 판단할 수 있는 것이다. 이런 척도에 비추어보면, 이들 조항에 대해서는 원칙적으로 위헌에 관하여 우려할 바 없다.

청구인의 견해와는 달리, 주방송법 제15조는 민영방송에 대한 요구를 완전하고 명확하게 규정했다. 하지만 입법자는 헌법이 명한 바대로 민영방송 프로그램의 다양성을 각 프로그램의 종류, 범위, 수신자집단 또는 주제영역에 따라 개별적으로 구속력 있게 구체화하고 확실하게 확보하지 않았고, 결과적으로 객체나 내용 측면의 다양성이라는 중요한 차원을 고려해야 한다는 점을 방송사가 자유롭게 결정하도록 허용하고 말았다. 또한 민영방송의 경제적 여건을 고려할 때 방송의 자유라는 의미에서 폭넓고 다양한 프로그램 방영을 민영방송에 기대할 수는 없다는 것 또한 타당한 지적이다(위의 I 2 a 참조).[15] 그러나 청구인이 주방송법을 전부 위헌이라고 하면서 위헌의 본질적인 요소를 여기에서 찾는다면, 이런 청구인의 주장을 본 재판부로서는 채택할 수 없다. 이 사건에서 여러 청구인이 필수적이라고 간주한, 일정한 종류의 방송물을 일정한 시간만큼 방송해야 한다는 내용의 법률적 의무가 기본법과 — 예를 들면 프로그램의 자유라는 관점에서 — 합치하는지 여부에 대해서는 이 사건의 경우 판단할 필요는 없다.

(원문 S. 163 - 역주)

여하튼 그런 의무를 부과하라고 헌법이 명한 것은 아니다. 확실히 기본법 제5조 1항 2문에 의한 방송의 자유 보장은 방어적 성격만을 지닌 것은 아니다(연방헌법재판소 판례집 57, 295〔320〕). 그러나 "현존하는 의사의 다양성을 방송에서 가능한 한 폭넓게 그리고 완전하게 반영될 수 있도록 확실하게 확보해줄 적극적 질서"(연방헌법재판소 판례집, 같은 곳)는 이 목적에 요구되는 것 이상일 필요는 없다. 공영방송이 전술한 바와 같이(I 3)[16] 그의 기본적인 기능을 구현할 수 있고 또 실제로 구현하고 있다는 전제하에서는 헌법적으로 결코 입법자는 문제가 된 내용을 상세하게 또는 공백이 발생하지 않도록 규율해야 한다거나, 그와 함께 조직과 절차상의 규율을 통하여 이런 규율이 준수되도록 확실하게 조처해야 한다는 등의 의무를 지고 있지는 않다. 입법자는 본질적인 내용이 표현된 기본적인 규율만 마련하였다면, 그것으로 충분하다고 해야 할 것이다. 이는 주방송법 제15조에서 이미 실현되었다.

b) 반면에 다른 관점에서 보면 더욱 상세하게 규율해야 한다고 헌법상 명한 바도 있다. 즉 주방송법 제15조 3문은 모든 개별 프로그램에 대하여 내부적 균형을 확보하라는 의무를 부과하였다. 하지만 만약 다른 프로그램과의 연관관계 속에서 균형성이 보장되는 경우라면 내부적 균형의 요건은 더 이상 고려되지 않는다. 어떤 개별 방송사가 동일한 수신범위 내에서 수신가능한 다른 모든 또는 개별 민영방송 프로그램이 자사의 프로그램과 더불어 "균형성"을 유지했는지 여부를 어떻게 확실하게 판단할 수 있는지가 불분명하다.

---

15) S. 155f.
16) S. 157ff.

따라서 청구인이 적절하게 주장한 것처럼, 결국 각 방송사의 경우 이들 사이를 이어줄 "연결지점(Schnittstelle)"의 부재는 상당한 불안요인이 될 수 있다. 그뿐만 아니라 이들은 입법자가 개입의 요건을 분명하게 규정해놓지 않았기 때문에 자신이 예측하지 못하는 가운데 주방송위원회의 제재를 받을 위험에 노출되어 있다. 이는 법적 명확성과 법적 안정성이라는 법치국가적 기본원칙을 위반하는 것이다. 법적 명확성과 법적 안정성은 본래 방송의 자유를 형성하는 규율에서도 존중되어야 하며, 모든 참가자가 일의적으로 이해할 수 있게 규율할 것을 요구한다.

(원문 S. 164 - 역주)

다른 주방송법들은 그와 같이 규율한 바 있다. 그리하여 슐레스비히-홀슈타인 주방송법 제11조 2항에 따르면, 공영방송사 이외에도 기본법의 효력범위 내에서 매일 방송이 이루어지며, 동일한 종류의 프로그램에 속하고 동일한 기술에 의해 전파되는 4개의 종합 프로그램[17]을 수신할 수 있고, 주방송감독영조물 측에서 프로그램에 균형이 잡혀 있지 않다고 확인한 경우가 아니라면, 프로그램들의 균형이 달성되었다고 보고 있다. 프로그램의 수가 균형을 판단하는 데 확실한 징표가 되지 못한다고 하더라도, 주방송감독영조물이 형식을 갖추어 확인을 행하는 것이야말로 방송 참여자에게 필수적인 명확성과 안정성을 확보해줄 것이다. 이와 동일한 목적을 수행하는 규율이 니더작센 주 방송법에서도 필요하다. 따라서 이 점에서 니더작센 주 방송법 제15조는 기본법 제5조 1항 2문과 합치하지 않는다.

2. 다른 주의 언론매체법과 비슷하게 니더작센 주 방송법 제15조에 규정된 균형성은 조직과 절차법의 측면에서 주방송위원회가 담당하고 있는(주방송법 제28조) 외부적 통제에 의해 확보되어야 한다. 이 기본구상은 방송이 국가로부터 자유로워야 한다는 원칙을 위배한 바 없다. 이는 또한 위헌적인 방식으로 방송사의 방송의 자유를 침해한 바 없다. 이 기본구상이 유효하다는 점에

---

[17] 보도, 오락, 문화예술 등 다양하고도 포괄적인 방송물로 편성되며, 하루 일정 시간 이상 방송되는 프로그램을 가리킨다. 이에 대한 대립개념은 뉴스채널이라든지 음악방송 따위와 같이 어떤 분야의 방송물만 전문적으로 내보내는 전문 프로그램이다. - 역주.

관해서는 — 그 목적을 달성하기에 부족하다고 할 주방송법 제28조 2항 2문을 제외하면 — 충분히 보장된 것으로 보인다. 입법자는 뒤에서(아래 III 1)[18] 다시 다루어야 할 사안인 지배적 견해의 세력이 발생하는 문제에 대해서만은 아직도 좀더 넓게 다른 예방조치를 취할 의무를 부담하고 있다.

    a) 니더작센 주 방송법은 민영방송사의 방송프로그램을 국가의 감독하에 두지 않는다. 동 방송법은 국가에 대하여 법적으로 독립적 위치에 있는, 그리하여 국가에 종속되지 아니한 조직체에게 이 통제의 업무를 할당하고 있다.

(원문 S. 165 — 역주)

    주방송위원회는 법인격을 갖춘 공법상 영조물이다. 그는 법률적으로 제한된 범위 안에서 독립적으로 그리고 자기책임성을 갖고 활동한다. 국가적 업무가 지시에 의해 주방송위원회에 전가되어 실행되도록 해서는 안 된다(주방송법 제27조 1항). 통제의 권한을 보유한 기관, 즉 총회의(주방송법 제32조 1항 5호) 구성원은 자신의 업무를 수행할 때 공공의 이익을 대변해야 한다. 이들은 어떤 위임이나 지시에도 기속되지 아니한다(주방송법 제34조 1항). 따라서 합의제조직체는 국가의 직접적 행정을 맡은 기관도 아니며, 법률로 규정되어 있는 업무를 수행하는 방식에 있어서도 결코 국가의 영향력하에 있지 아니한다. 이 점에 있어서 이 합의제조직체는 마찬가지로 국가의 법률에 의해 구성된 공영방송 방송평의회와 별로 다를 바 없거니와, 이 방송평의회에 관해서도 국가로부터의 자유라는 관점에서 헌법상 전혀 우려할 바 없다. 주방송위원회라는 합의제조직체가 방송사 내부의 조직으로 통합되어 있지 않다고 해서,[19] 국가로부터 자유로운 위원회라는 성격이 박탈되는 것은 아니다.

    적어도 26명에 이르게 될 주방송위원회 총회 내에서도 국가는 결코 상당한 영향력을 행사할 수는 없다. 하지만 주방송법 제30조 1항 1호와 2호에 따르면, 중요한 사회조직과 세력이라는 범위에는 주의회에 진출한 정당도 포함되어 있다. 이들의 영향력은 "이들보다 더욱 국가적인" 형태로 나타나는 다수당의 영향력과 거의 구분되지 않으며, 이들 중 5명은 주의회에 의해 선출

---

18) S. 172ff.
19) 독일의 경우 민영방송에 대한 감독기관은 방송사 내부가 아닌, 외부에 존재한다. 이에 반하여 각 주의 공영방송은 그 내부에 방송평의회를 설치해야 한다고 각 법률에서 규정하고 있다 — 역주.

된다. 하지만 기본법 제5조가 방송의 중립적인 운영자들로 구성된 기관에서 국가의 대표자에게 적절한 지분을 허용하는 것을 저지하지 않는다면(연방헌법재판소 판례집 12, 205〔263〕), 정당의 대표자가 주방송위원회에 참여한다고 해서 국가로부터의 영향력이 우려되는 것은 아니다. 다수당의 대표자 수가 3명을 넘지 않는다면 더욱더 우려할 바는 없을 것이다. 따라서 프로그램 통제와 관련한 니더작센 주의 해결책은 방송의 국가로부터 자유라는 기본원칙과 합치한다.

(원문 S. 166 – 역주)

b) 통제권한과 이를 실현하기 위해 취해지는 조치에 관하여 법률로 규율한 것 역시 방송사의 자유를 위헌적으로 제한했다고 평가할 수는 없다.

이들 규정은 기본법 제5조 1항 3문에 명시된 – 무제한적으로 금지된 – 검열에 해당되지 않는다. 검열금지는 오직 사전검열만을 포함한다. 정신적인 작품을 제작하거나 전파하기 이전에 가해지는 제한적 조치, 특히 그 내용에 관하여 관청이 사전에 심사하고 허가하도록 종속시키는 것이 여기에 속한다(연방헌법재판소 판례집 33, 52〔71f.〕). 주방송위원회의 업무수행과 관련하여 이 같은 검열은 없다.

그밖에 주방송법이 주방송위원회에 방송사 또는 방송프로그램에 대해 영향력을 미칠 가능성을 허용하고 있는지에 대하여 판단할 때에는 경우를 구분해야 할 필요가 생긴다. 여기 해당되는 조항은 형성적 규율로서 방송의 자유를 확실하게 담보하는 데 기여하며, 오직 이것에 기여하는 것만이 허용될 뿐이다. 이들 조항은 기본권을 침해하는 내용을 지닐 수 없으며, 그에 따라 더 이상 헌법적으로 정당화할 필요도 없다. 이에 반해서 어떤 규율이 방송의 자유에 제한을 가하는 것이라면, 그 규율은 오직 기본법 제5조 2항에 근거해서만, 또는 방송의 자유에 대한 제한일 경우 직접 헌법에 의해서만 허용된다(연방헌법재판소 판례집 57, 295〔321〕). 이는 주방송위원회에 의한 외부적 통제에 대해서도 마찬가지인데, 이때 외부적 통제는 주방송법 제28조 1항에 따르면 주방송법 제11조부터 제15조까지, 제21조, 제26조 등의 조항, 그리고 프로그램 내용과 관련된 허가요건에 관한 규정 등까지도 그 대상으로 포괄하고 있다.

형성적인 규율의 집단에는 주방송법 제13조와 제15조도 속하게 된다. 제

13조는 진실에 부합하고, 사실에 기초한 포괄적인 정보라는 과업을 구체화했으며, 그리고 제15조는 현존하는 의사의 다양성을 방송에 가능한 한 폭넓게 그리고 완전하게 반영해야 한다는 요구를 구체화하고 있다. 주방송법 제28조 1항에 있는 기타 규정이 어느 정도까지 이 형성적 규율에 또는 제한적 규율에 속한다고 보고 분류해야 할 것인지에 대해서는 더 이상 자세하게 논의할 필요가 없다.

(원문 S. 167 – 역주)

왜냐하면 여기 이 사건에서는 심사대상이 아닌 동 규정들이 기본법과 실질적으로 합치한다는 전제하에서는(위에 B II)[20] 독립적인 기관에 의한 동 규정의 준수 여부에 대한 통제는 헌법적으로 전혀 우려할 바 없다는 것이다. 뿐만 아니라 허가의 내용(주방송법 제7조 1항), 제21조(특별 방송시간), 제26조(광고) 등의 조항을 준수했는지 여부에 관한 통제도 이에 준해 판단한다.

c) 마지막으로 결과에 있어서도 주방송위원회에 의한 통제가 유효하다는 점에 대해서는 그리 심각한 우려가 생겨나지 않는다.

aa) 그러나 주방송법 제28조 2항 2문은 목적에 적합하지 않은 조치를 규정하고 있다. 이 조항에 따르면 어떤 하나의 프로그램에 대해서 제15조 3문에 따라 이의를 제기하려면, 다른 프로그램에 의해 균형성이 보장되지 않는 경우이어야 한다. 입법자는 이로써 "방송사에 유리한 방향으로 입증책임규정(Beweis-lastregelung)"을 마련하고자 했다(주의회기록 LT-Drucks. 10/1120, S. 39).

이 조항의 결함은 – 본래부터 문제를 일으키고 있었던 – 입증책임에 관한 규정이라기보다는 오히려 프로그램이 균형성을 상실한 경우 주방송위원회가 도출해내는 결론에 있다. 전체 프로그램의 균형이라는 것은 개별 프로그램에서 생겨날 수 있는 것이 아니다. 전체 프로그램의 균형이 개별 프로그램에서 생겨난다면 여기에 대해서는 이의를 제기할 수 있었을 것이다. 전체 프로그램의 균형은 항상 다수의 프로그램을 전제한 경우에만 확인할 수 있으며, 이런 사태가 지닌 유일한 결과는 주방송법 제15조 3문의 체계적 구조에 따라 이 조항 전반부의 기본원칙에 근거하여 부과한 의무에서 생겨날 수 있다. 즉 그 원칙이란 바로 모든 프로그램은 개별 프로그램 그 자체로 균형을 갖추어

---

[20] S. 151.

야 한다. 주방송위원회가 어떤 권한으로 방송사 하나를 또는 그들 중 개별적으로 특정하여 선별해서, 그로 하여금 특정 경향의 방송물을 수용하라든지 혹은 포기하라고 지시할 수 있는가 하는 점은 명확히 알 수가 없다. 왜냐하면 비판의 대상이 된 프로그램이 과연 전체 프로그램의 균형성을 결여시키는 원인인지에 관하여 입증할 수 없기 때문이다.

(원문 S. 168 – 역주)

그런 까닭에 주방송법 제28조 2항 2문에 따른 조치들은 필연적으로 본래적인 과업에서 벗어나 있으며, 결과적으로 이 조항은 – 이 법률의 적용범위 안에서 방송되는 프로그램에 관한 것인 한 – 위헌이며 무효이다. 반면에 이에 관한 적합한 해결책은 전체 프로그램의 균형이 존재하지 않았다거나 탈락되었다고 하는 주방송위원회의 형식을 갖춘 확인에서 찾을 수 있을 것인데, 이런 예로서 슐레스비히-홀슈타인 주 방송법 제11조 2항 2문과 3항에 규정되어 있는 것을 들 수 있다. 이 경우 결론은 모든 프로그램이 그 자체적으로 균형을 갖추어야 한다는 정도일 것이다. 이렇게 되면 방송사는 자신의 의무에 대해 명확히 알 수 있을 것이며, 주방송위원회도 어떤 요건을 전제로 하여 통제해야 할 것인지 명확해질 것이다.

bb) 그에 반하여 주방송법 제13조 그리고 특히 제15조 3문의 통제기준 설정의 정도에 대해서는 이의제기를 할 수 없을 것이다. 만약 청구인이 적시하기를, 입법자가 이들 통제기준을 좀더 명확하게 기술하지 않았으며, 그로 말미암아 그리고 방송사의 기록의무 및 고지의무가 겨우 한정적으로만 부과되어 있어서 위반 여부의 확인이 도저히 납득할 수 없을 정도로 어렵게 되었다고 한다면, 본 재판부로서는 이들 주장에 동의할 수 없다. 주방송법 제13조는 더 이상 자세하게 구체화할 필요가 없는 주의의무를 규정하고 있다. 주방송법 제15조 3항의 균형성 기준은 사실상 고도로 불확정적인 것이다. 하지만 이를 더 이상 구체화할 수도 없다. 앞에서(I 3)[21] 밝혔듯이 여기서 문제가 되는 것은 기준치 및 접근치로서, 이로써 관할하는 기관에게 과업을 부과하되, 이를 실현한 정도에 대하여 유무와 경중 등의 상황에 따라 정확하게 측정할 수는 없다. 그와 같은 척도는, 비록 현행 통제의 범위 내에서 주방송

---

21) S. 157ff.

연방헌법재판소 제4차 방송판결: BVerfGE 73, 118ff.

법 제15조 3항에 대한 개별적 위반사항을 필요한 만큼의 명료성을 갖고 지적하거나 저지하는 데는 적절하지 못하다고 하더라도, 전술한 기준에 따른 균형있는 다양성이 기본적으로 존재하고 있는지 여부, 또는 균형있는 다양성이 구체적이며 심각한 위험에 빠져 방송자유를 위한 보호조치를 강구해야 한다고 명할 정도에 이른 것인지 여부 등을 심사하고 판단하는 것을 가능하게 해준다.

(원문 S. 169 – 역주)

그렇다면 여기에서는 방송사의 녹화기록 및 고지의무만으로도 충분하다. 이러한 관점에서 보면 통제의 가능성을 그 전제로 삼는 것은 정당하며, 특히 매우 심각하게 의사의 균형성이 깨어진 경우에는 이에 대한 지적과 항의가 없을 수 없으며, 결국 제도적 통제는 공개라는 통제수단으로 뒷받침될 수 있다는 점을 감안하면 더욱 그러하다.

cc) 청구인의 견해와는 달리 주방송위원회에 의한 통제수단 역시 정당한 것으로 간주되어야 한다. 주방송법 제28조 2항 1문에 따른 이의제기는 허가의 철회라는 극단적 제재수단을 갖고 있으므로 전형적이며 효과적인 법규감독의 수단이다(주방송법 제28조 4항). 중대한 위반사항에 대해서만 제재를 가할 수 있고, 따라서 가벼운 위반사항의 경우에는 제재를 받지 않는다고 하더라도 이에 대하여 아직도 등급설정에 부족한 점이 있다는 따위로 그 결함을 인정할 수는 없는데, 이는 주방송위원회가 이의제기를 하면 그에 대하여 고려하리라고 기대하는 것으로 정당화할 수 있기 때문인 것 같다. 하지만 단순한 위반사항에, 예컨대 광고에 관한 규정을 위반하여 이를 중지하라는 명령을 발했는데도, 이를 존중하지 않은 경우 입법자는 사후개선이라는 방식으로 그 명령의 관철을 확보해야 할 의무를 부담한다. 허가의 철회는 오직 계고를 낸 뒤에, 그리고 그것도 반복하여 위반한 경우에만 내려질 수 있는데, 이는 그래야 일반적 법치국가의 기본원칙, 특히 비례의 원칙에 부합하기 때문이다.

그밖에 위에서 언급한 조치들 외에도 주방송위원회는 실무상 가장 중요한 가능성을 확보하고 있어, 우선 프로그램 공급자와 대화 및 서신교환 등의 수단으로 프로그램을 적법하게 편성하는 방향으로 영향력을 미칠 수 있는데, 이 점을 감안하면 주방송위원회의 프로그램 통제가 그 수단이라는 관점에서 볼 때 실효성이 없다고까지 주장할 수는 없을 것이다.

    d) 지금까지 논의한 바를 종합해보면 니더작센 주 방송법에서 규율한 바를, 특히 균형 있는 다양성이라는 요구를 확실하게 준수하도록 하기 위해서 취한 제반 예방조치는 충분하다고 보아야 할 것이다.

(원문 S. 170 – 역주)

    민영방송사를 "내부복수적"으로 조직할 것을 법률로 명령하는 것은 이런 목적에 비추어보면 필요없다.

    청구인, 즉 헤센의 주정부와 독일연방공화국 공영방송연합체(ARD)는 이들 자신의 소견서와 이미 제출한 법적 평가서[22]에서 해당 위원회를 통한 민영방송에 대한 외부적 통제의 강도와 효율성이 공영방송의 관련기관에 의한 통제에 비해 취약하다고 하는데, 이 지적은 정당하다. 그러나 이로 인해 니더작센 주 입법자가 채택하여 결정한 기본구상이 헌법에 위배된다는 결론을 도출할 수는 없다.

    각 공영방송의 방송평의회는 프로그램 편성에 관하여 니더작센 주 방송법에 따른 주방송위원회나 다른 주의 언론법에 의한 위원회에 비하여 보다 간접적이지만 전혀 차원을 달리할 만큼 광범위한 영향력 행사의 가능성을 보유하고 있다. 특히 인사에 관한 결정권한, 특히 방송사 사장의 선임(및 재선임), 조직을 통한 프로그램 작업의 범주설정, 예컨대 프로그램 지침의 제정, 방송평의회의 예산법상의 권한 등이 이에 해당된다. 전체적으로 보아 공영방송의 방송평의회는 – 결코 방송물에 대한 사후적 통제에 제한되지 아니하고 – 형성하며, 경우에 따라서는 사전에 저지하는 기능까지 부여받고 있는데, 이들은 이 기능을 항상 수행하려고 하지 않거나, 또는 이 기능을 거의 외부로 표출하려고 하지 않는 것 같다. 이에 반하여 새로운 주언론법에 따른 방송사 외부의 프로그램 통제기관[23]은 매우 약한 영향력만을 지니고 있을 뿐이다. 이 외부적 통제기관은 프로그램 형성에 대하여 적극적으로 관여할 권한을 전혀 보유한 바 없다. 이들의 기능은 프로그램 통제에 관한 한, 원칙적으로 법을

---

22) 법적 평가서는 소송당사자가 대개 대학교수 등 전문가에게 위탁하여, 당해 사건에 관한 주장을 체계적 이론에 비추어 검토하여 작성하게 한 문건을 가리킨다 – 역주.
23) 공영방송의 통제기관인 방송평의회는 공영방송의 내부조직인데, 민영방송의 통제기관인 주방송감독영조물은 민영방송사 외부에 설치되어 있는 기관이다 – 역주.

연방헌법재판소 제4차 방송판결: BVerfGE 73, 118ff.

위반한 경우에만 비로소 투입이 가능한 진압적 조치에 국한되며, 그에 반해서 "사전적 단계에서" 영향력을 행사할 가능성은 거의 배제되고 있다. 유일한 예외가 방송사에 대한 면허부여에 관하여 영향력을 행사하는 것인데, 이는 주방송법 제3조 3항과 4항에 — 물론 문제될 소지가 있는 방식이긴 하지만 (아래 V 1 b 참조)24) — 규정되어 있다.

(원문 S. 171 – 역주)

공영방송의 특징으로 통하는 내부다원적 조직은 여러 가지 약점에도 불구하고 내용적 다원성을 보장하기 위해 실체법적 의무를 규정하고 외부기관의 통제만 받는 방송조직보다는 균형적 의사의 다양성을 보장하고 방송의 자유라는 요구에 부응하는 데 보다 더 적절한 조직이다. 하지만 그렇다고 해서 이로부터 헌법에 보장된 방송자유가 민영방송사에도 그에 상응한 내부복수적 조직을 갖출 것을 요구하는 결론을 도출할 수는 없다. 물론 그런 조직형태를 채택했다면, 이미 수차에 걸친 판결에서 확인하였듯이, 이는 합헌이다. 하지만 이 경우 결정적인 영향력은 그 방송기업이 아니라, 내부복수적 위원회에 그 대표를 보내 구성에 참여하는 제 사회세력이 보유하게 될 것이다. 이로써 이 같은 형태의 방송의 송출은 민간자율적 형성과 결정이라는 근본요소와 본질적 실체를 벗어나는 것이다. 그러나 이 맥락에서 논의하는 바는, 민영방송 프로그램의 송출을 전면적으로 배제한 것은 아님은 물론이며, 나아가 이를 높은 난관에 봉착하도록 엄격한 요건을 설정해놓고 이를 충족해야 비로소 허용한다는 것도 결코 아니라는 점이다(그러나 아래 III 1 c 참조).25)

그리하여 공영방송 내부에서와 같은 정도의 강도와 효율성을 갖춘 "중요한 제 사회세력"의 영향력을 민영방송의 영역에서는 헌법상 요구할 수 없는 것이다. 균형을 갖춘 다양성이라는 요구가 공영방송의 영역에서 충족되어야 하고 또 충족되고 있다면, 민영방송영역에서는 그보다는 약한 정도로 확보한다고 해도 이를 수용해야 한다(위의 I 3).26)

---

24) S. 183ff.
25) S. 174f.
26) S. 157ff.

(원문 S. 172 - 역주)

III.

의사의 다양성은 이를 보전하고 확실하게 확보하는 것이야말로 방송의 자유의 과업인데, 특히 의사에 대한 지배적인 세력이 발생하면 이로써 중대한 위험에 빠지게 된다(위의 I 3).27) 그러므로 헌법상 입법자는 이와 같은 사태로 발전하지 못하도록 저지해야 하며, 그에 적합한 조치를 취해야 할 의무를 지고 있다. 하지만 니더작센 주 방송법에 이와 같은 의무를 충족시키기 위해 규율한 것은 이 요구에 전면적으로 부응한 것이라고 할 수는 없다.

1. 의사에 대한 지배적인 세력은 우선 방송이라는 제한된 영역에서 발생할 수 있다. 처음부터 방송공급자가 소수인 경우 초기에는 방송공급자가 많은 수였다고 하더라도 이들 중 군소 방송사가 도중 탈락하고 소수의 거대한 방송사에 흡수되어버리는 경우, 동일한 방송사가 주방송법 효력범위 내에서 수신가능한 다수의 프로그램을 공급하는 경우, 민영방송 공급자 사이에 합병사태가 일어나는 경우 등을 의사에 대한 지배적 세력이 발생하는 예로 들 수 있다. 이때 형식적으로 누가 방송사로 등장하는지, 그 점 하나만을 기준으로 삼아서는 안 된다. 어떤 기업이 한 개 또는 수 개의 방송사를 법적으로 또는 경제적으로 지배하는 경우이거나, 그밖의 다른 방법으로 프로그램 편성에 상당한 영향력을 행사하고 있는 경우 역시 그와 동일한 양상의 사태가 발생할 수 있다. 이에 대하여 특별히 규율한 것은 니더작센 주 방송법의 경우 제5조의 2항과 6항 2문에서만 찾아볼 수 있다.

a) 주방송법 제5조 2항에 따르면 종합 프로그램을 송출하는 방송사는 이러한 종류의 프로그램 형태로는 최대한 라디오 프로그램 한 개와 TV 프로그램 한 개만 허용될 뿐, 그것을 넘을 수는 없다. 방송사업 신청자가 주식법상 하나의 지배적 기업이거나 종속적 기업, 또는 기업연합 소속의 기업이라면, 이 신청자는 2항 3문에 따라 종합 프로그램을 할당받을 수 있다. 다만 이 프로그램은 니더작센 주 방송법에 따르면 이 기업과 연합된 다른 기업이 송출

---

27) S. 157ff.

하는 것으로 간주된다. 수 개의 기업이 합의에 기초하거나 다른 방법에 의해 공동으로 한 개 기업에 지배적 영향력을 행사할 수 있는 형태로 연합을 한다면, 이들 수 개 기업은 각각 하나같이 지배적 기업으로 간주된다.

(원문 S. 173 – 역주)

　이 조항은 지배적인 의사의 세력이 형성되는 것을 저지하는 데 원칙적으로 적합한 것으로 보인다. 그러나 종합 프로그램에만 이를 국한한 점에 대해서는 헌법상 이의가 제기될 여지가 있다. 청구인이 적절히 지적한 것처럼, 이 법은 동일한 공급자가 TV 및 라디오방송 종합 프로그램을 각각 하나씩 송출하는 이외에 무제한의 전문 프로그램을 송출할 수 있다는 것, 게다가 다른 주에서 설립한 뒤에 이를 케이블을 통해 니더작센 주에 전파하는 것 등이 허용하고 있다. 뿐만 아니라 2항 3문의 경우에도 이는 마찬가지다. 만약 이들 경우에 전문 프로그램 및 외부로부터 유입한 프로그램을 포함시키지 않는다고 스스로 포기한다면, 1문의 경우보다 오히려 더 큰 기업집중의 위험에 빠질 수도 있다. 따라서 먼저 1문의 경우를 살펴본다. 그런 프로그램을 송출하는 방송사가 결합된 형태의 기업이라면, 한 개의 직접적 프로그램을 송출하는 방송사의 손에 집중하는 경우보다 오히려 더 극심한 집중이 야기될 수도 있다. 집중되는 경향성에 대해서는 가능한 한 적기에 효율적으로 대처해야 한다는 점, 그리고 바로 이 영역에서는 일단 사태가 잘못 발전하면 이를 원상으로 회복시키는 것이 몹시 어렵다는 점을 감안한다면(연방헌법재판소 판례집 57, 295〔323〕), 법률로 더욱 엄격하게 이에 대한 예방조치를 강구할 것이 요구되는 것 같다. 그리고 이 같은 예방조치를 취하게 하는 것이 그리 어려운 일이 아니라는 점은 여러 다른 주의 새로운 언론법률이 보여주고 있다. 예컨대 바덴-뷔르템베르크 주매체법 제19조 1항은 전문 프로그램, 그리고 중계된 것이면서 주 내에서 통상적으로 수신이 가능한 프로그램 등을 그 한계선 안에 편입시킴으로써 예방조처의 요구에 부응하고 있다. 이와 동일한 결론에 이르게 하는 주방송법 제5조 2항의 보완책도 니더작센 주 방송법 입법자의 의무사항이다.

　b) 주방송법 제5조 6항 2문은 방송사 사이의 합병으로 집중화할 위험도 고려의 대상에 넣으려고 시도한 것이다. 이 조항에 따르면 허가관청은 방송신청자로 하여금 신청절차를 통해 연방기업집중감독청에 자사의 방송계획이

기업연합의 통제규정에 배치되지 않는다는 점을 입증하도록 요구할 수 있다.
(원문 S. 174 – 역주)

이렇게 규율한다고 해도 헌법상 우려할 바는 전혀 없다. 주입법자가 경쟁왜곡금지에 관한 법률로 방송사의 기업합병 등을 통제하는 것에 대해서도 역시 이의를 제기할 바 없다. 그러나 주입법자는 방송에 대하여 배타적 권한을 보유하고 있기 때문에, 방송사 사이의 합병으로 인하여 방송 분야에서 의사에 대한 지배적인 세력의 발생을 저지할 예방조처를 취할 의무를 지고 있다.

니더작센 주 방송법은 이 같은 과업에 원칙적으로는 부응하고 있다. 프로그램의 균형성을 해치는 합병사태가 벌어진 경우 프로그램의 내부적 다원성을 확보할 의무가 등장한다(주방송법 제15조 3항). 방송사가 이 같은 의무를 이행하지 않으면 주방송위원회는 허가의 철회를 포함한 주방송법 제28조의 조치를 취할 수 있다.

c) 민영방송에서 의사의 지배세력이 발생하는 기타의 경우에도, 법률이 명확하게 규정하고 있지는 않지만, 역시 상황은 마찬가지이다. 그러나 이 같은 경우, 그리고 또한 의사의 다양성을 위협하는 합병의 경우 내부다원적 구조를 갖추라는 의무의 부과와 주방송법 제28조의 수단으로는 의사의 다양성을 보장하기에 충분하지 못하다. 민영방송이 기능적으로 외부다원성의 상황에서 멀리 떨어져 있을수록 의사의 다양성을 보장하기 위한 법적 예방조치도 그만큼 더 효과적이어야만 한다. 또한 이는 니더작센 주의 모델이 과도기적 성격의 것이라는 논리에도 부합하는 것이다. 주 내에서 송출하는 다수의 민영 TV방송 또는 라디오방송 프로그램 공급자가 상호경쟁하고 있는 상황이라면, 의사의 다양성에 대한 담보로서는 충분하다고 여길 수 있다. 비록 단독 방송사이긴 하지만 계약이나 정관을 통해 한 사원의 프로그램에 대한 지배적 영향력을 배제한 프로그램 공급자 공동체일 경우 의사에 대한 지배적인 세력을 저지하는 과업도 역시 보장되었다고 볼 수 있다.
(원문 S. 175 – 역주)

그에 반해서 단독의 방송사로부터 지배적 영향력이 행사될 수 있는 경우라면 결코 마찬가지라고 볼 수 없다. 그럴 경우 의사의 다양성 확보를 위한 또 다른 조치를 필요로 하는데, 말하자면 프로그램 자문위원회 따위를 의무적으로 구성하게 하여 그에게 프로그램에 대하여 효과적인 영향력을 행사하게 하

연방헌법재판소 제4차 방송판결: BVerfGE 73, 118ff.

는 것인데, 이런 사례는 바덴-뷔르템베르크 주언론법 제22조 2항에 규정된 바에서 찾을 수 있다. 니더작센 주입법자는 보완규정을 마련함으로써 이 같은 과업을 이행해야 한다.

2. 기본법은 출판기업을 방송 분야에 진출하지 못하게 저지하는 것은 아니다. 이른바 출판기업은 "언론의 권력분립"이라는 의미에서 단지 인쇄매체로 제한되어야 한다는 명제는 결코 헌법적 명제는 아닌 것이다. 따라서 이미 상론한 바와 같이 여론에 대한 지배적 영향력 행사의 위험이라는 범위를 넘어 방송 분야의 의사의 힘이 출판 분야의 그것과 결합할 경우 동일한, 또는 더 큰 위험이 발생할 수 있다는 점이 우려된다. 이는 전국 규모의 신문과 정기간행물에 해당하는 데 그치지 않는다. 중규모 지역이나 소규모 지방의 신문과 정기간행물 등의 유포영역에서도 이런 위험이 발생할 수 있으며, 게다가 이들이 해당 지역에서 상당히 높은 정도의 독점적 위치를 이미 확보하고 있는 경우 사태는 더욱 심각하다. 자유로운 의사형성을 위한 헌법적 보장은 방송과 출판 분야의 각 영향력이 결합함으로써 의사에 대한 지배적인 세력이 생겨나지 않도록 법률적 예방조치를 취할 것을 요구한다.

a) 이와 같은 취지에서 신문출판사가 연합하여 방송송출에 진출할 경우 카르텔법이 개입하는데, 주방송법 제5조 6항 2문도 이에 관한 것이다. 이와는 달리 한 인쇄매체기업이 전자매체, 특히 방송의 영역으로 사세를 확장하는 경우 현행 카르텔법에서는 이에 관한 구성요건을 찾을 수 없다. 헌법상 연방입법자가 독점위원회가 이미 권고한 바와 같이(특별평가서 11, 1981, Tz. 20ff.; 제5 일반보고서 5. 1982/1983, Tz. 596ff.), 면허를 발급하기 전에 카르텔법상의 심사를 거치게 하는 정도로 경쟁왜곡에 관한 법을 보완하여 이 같은 흠결을 제거해야 할 의무가 있는지 여부에 관하여는 여기 심사대상이 주방송법률인 이 사건의 규범통제절차에서는 판단하지 않아도 된다.

(원문 S. 176 – 역주)

주입법자의 경우에는 자신이 보유한 **방송입법** 권한의 범주 안에서만 이런 조치를 취할 의무가 부과되는데, 다만 그것도 다매체적 의사의 세력이 방송 분야의 의사의 다양성에 위험을 초래할 염려가 있을 경우에 한한다. 그 결과 방송법에 대한 헌법적 심사는 주입법자가 이 같은 예방조치를 취할 의무를 이행했는가 하는 문제에 국한되어야 한다.

b) 니더작센 주 방송법도 그 규율한 바가 주영역에 관한 것인 한 보완할 필요가 있으며, 그와 함께 주방송법 제23조도 헌법합치적으로 넓게 해석될 수 있다는 전제하에 전술한 요구에 부응한다고 하겠다.

aa) 주방송법 제5조 6항 2문의 조항을 제외한다면, 이 법률은 주영역에서 매체의 연계상황에 대해 명확히 규율한 바 없다. 하지만 주방송법 제5조 2항은 프로그램의 수에 제한을 가하되 한 개의 기업 또는 주식법 제17조의 의미에 따라 그 기업과 결합하고 있는 기업이 송출하는 것을 대상으로 함으로써 다매체적 의사의 세력이 발생하지 않도록 저지하고 있다. 그와 동일하게 주방송법 제15조 3문과 제28조는 방송 분야에서 대형 출판기업이 지배적 의사의 세력으로서 활동하는 것에 대해서도 개입하고 있다. 물론 이 같은 규정은 전술한 바와 같이(1 a와 c)[28] 보완할 필요가 있다. 그러나 한 출판기업의 프로그램 또는 프로그램들 이외에 적어도 – 누구나 수신할 수 있는 – 공영방송의 프로그램이 존재하고 있으며(위의 I 3 참조),[29] 널리 전국적 범위에서 아직까지는 출판독점상황이 출현하지 않았으며, 출판영역에서도 의사의 다양성이 여전히 존속한다는 등의 사실을 감안한다면, 헌법이 주방송법의 입법자로 하여금 이에 관하여 광범위하게 규율하도록 요구하는 것은 아니라고 할 수 있다.

(원문 S. 177 – 역주)

bb) 주보다는 좁은 **중규모 지역**과 **소규모 지방**의 영역에서는 다수 매체가 의사에 대한 지배적인 세력을 형성하는 것을 막기 위한 보다 엄격한 예방조처들이 필요한데, 그 이유는 이 영역에서는 신문기업이 독점적 지위를 차지하고 있는 예가 이미 수없이 확인된 상태이기 때문이다. 이와 관련하여 주방송법 제23조는 "이중적 독점"의 위험을 막기 위한 것이다. 이런 규모의 지역만을 대상으로 특정하여 방송프로그램의 송출을 하는 경우에 대해서는 법률에 별도로 규정하지 않았기 때문에(주방송법 제12조 1문), 입법자는 중규모 지역 또는 소규모 지방을 살펴보는 "창문" – 방송물에 대한 기고물의 "공급"에 관한 규정(주방송법 제12조 2문과 3문)에만 자신의 활동을 국한시키고

---

28) S. 172f., 174f.
29) S. 157ff.

연방헌법재판소 제4차 방송판결: BVerfGE 73, 118ff.

있음을 알 수 있다. 하나의 프로그램에서 중간규모 지역 또는 소규모 지방에 관련된 방송물이 내보내는 경우, 주방송법 제23조 1문에 따르면 그 지역을 대상으로 정기간행물을 발행하면서 그 지역을 대상으로 발간되는 모든 정간물의 20% 이상을 출판하는 기업으로부터 이 방송물의 절반 이상이 공급되지 않도록 조처해야 한다. 주방송법 제23조 2문에 따르면 주식법 제17조 이하에서 의미하는 결합기업에, 그리고 합의나 기타 방식에 의해 공동으로 1문에 의한 한 기업에 대해 영향력을 미칠 수 있도록 협력을 꾀하는 기업에도 이와 동일한 제한이 가해진다.

이 조항이 필수적으로 갖추어야 할 실효성은 오직 이를 광의로 해석해야만 획득할 수 있으며, 그에 따라 헌법 역시 이와 같이 넓게 해석하라고 명하는 것 같다. 주 전체를 대상으로 하나의 프로그램을 송출하는 회사의 구성원이기도 한 출판사가 중규모 지역 또는 소규모 지방을 위하여 창문형식의 방송물을 전파하는 경우, 이때에도 주방송법 제23조는 반드시 적용해야 한다. 반면에 이 조항은 그 회사와 상관없는 기업에는 효력을 미치지 아니한다고 해석해야 비로소 이중독점을 배제할 수 있다. 어떤 기업이 주 전체를 대상으로 하여 하나의 프로그램을 송출하면서 중규모 또는 소규모 지방에 관한 지역창문용 방송물을 전파하는 경우에도 이와 다를 바 없다. 하지만 이와 같은 경우는 결코 좁은 의미의 "공급"문제는 아니다. 그러나 "공급해주는 자"에 대하여 효력을 미치는 것은 방송사에도 그대로 적용되어야 한다. 이같이 해석하면 주방송법 제23조는 의사의 세력이 집중되는 현상을 막는 저지물로서 작용하기에 적합하게 된다. 이 조항에 대해서는 따라서 헌법상 이의를 제기할 바 없다.

(원문 S. 178 – 역주)

IV.

민영방송의 존속과 특성, 나아가 민영방송 프로그램의 대상 및 내용과 관련해 근본적으로 중요한 또 한 가지는 방송의 송출에 대한 재원조달이다. 니더작센 주방송법은 프로그램의 재원조달문제에 관하여 독립된 장(제24조~제26조)을 두어 다루고 있다. 이에 따르면 프로그램에 대한 재원은 방송사

자신의 독자적인 재원, 방송수신 참가자30)로부터 징수하는 수신료, 기부금, 광고수입에 의해 마련할 수 있다(제24조). 방송 참가자로부터 수신료를 징수할 경우에는 그 액수를, 그리고 경우에 따라서 광고에 연계상황 등까지 프로그램을 수신하기 전에 또는 방송물을 시작하기 전에 고지해야 한다(제25조, 제26조 6항). 광고에 대한 상세한 규정은 제26조에 있다. 광고는 다른 프로그램과 명확히 구분되어야 하며(1항 1문), 오직 블록형태로만 방송해야 하고, 프로그램의 방영시간이 100분 이상인 경우에만, 미리 예고한 시간에 프로그램을 중단하고 광고를 내보낼 수 있다(제26조 1항 2문과 3문). 광고는 주간 전체 방송시간의 20%를 초과할 수 없으며(2항), 프로그램 수신지역 전체에만 허용되고, 원칙적으로 최소한 주 전체에 관련성을 지닌 것이어야 한다(2항과 5항). 협찬방송물은 그 내용이 협찬자의 이익에 기여하는 경우 광고이다. 이 경우 반드시 협찬자가 누구인지 방송물의 시작과 끝 부분에 밝혀야 한다(3항). 마지막으로 4항에 따르면 광고주가 그밖의 다른 프로그램에 대하여 영향력을 행사하거나, 제3자가 자신이 재원지원한 방송물에 대해 영향력을 행사하는 것은 허용되지 아니한다.

1. 주방송법 제24조부터 제26조까지는 기본법 제5조 1항 2문에서 보장하는 방송의 자유에 위배되지 않는다.

제24조에 규정된 재원조달의 형태는 물론 주방송법 제25조와 제26조 6항의 사전고지의무에 대해서도 전혀 이의를 제기할 바 없다.

(원문 S. 179-역주)

독일제1공영방송, 즉 독일연방공화국 공영방송연합체(ARD)가 소견서에서 주장하는 내용에 따르면, 완전히 광고에만 의존하는 재원조달의 방식을 채택할 경우 방송의 의사형성적 기능을 방해하는 상업화의 가능성을 열어준다는 주장을 펴고 있는데, 이와 같은 헌법상 판단에 동의할 수 없다. 다소간 상업화가 이루어진다는 점은-완전히 광고에 의존하는 재원조달 방식일 경우가 아니라고 하더라도-새로운 주언론법의 근간을 이루는, 그의 기본적 구상에 필연적으로 부합하는 것이다. 독일연방공화국에서와 같이 수신료 자체만으로

---

30) 청취자와 시청자 등 수신자를 뜻함- 역주.

연방헌법재판소 제4차 방송판결: BVerfGE 73, 118ff.

채산성 있는 재원조달을 기대할 수 없는 경우, 광고에 의한 재원조달 이외에 그에 대한 실제적인 대안이 없다. 하지만 이런 결론은 위에서(I 3)[31] 밝혔던 전제 아래에서만, 즉 현존하는 의사의 다양성이 축약됨이 없이 공영방송 프로그램에 표현되고 있다는 전제하에서만 받아들일 수 있다는 것이다.

광고에 대한 개별적인 규정에 관해서는 우려할 만한 사항이 뚜렷이 드러난 바 없다. 과연 방송을 중단하면서 내보내는 광고의 형태가 헌법상 허용되는지 여부에 대해서 판단할 필요는 없다. 100분 이상 규모의 방송물을 한 차례 중단하는 것이 허용된다고 해도(주방송법 제26조 1항 3문) 방송의 자유를 이로써 구체적으로 심각하게 위협하는 바는 전혀 없으며, 특히 중단할 시간을 미리 알려주는 경우라면 더욱 그렇다고 할 것이다. 주방송법 제26조 2항에서 광고시간을 제한하고 있는데, 이는 실제적으로 전혀 의미가 없다. 그 이유는 어떤 민영방송사도 광고를 전체 방송시간의 20%를 넘게 배정할 리도 없고, 그렇게 광고의 비중이 높은 프로그램을 수신자가 수용할 가능성이란 거의 없기 때문이다. 그러므로 광고에 관하여 전체 방송시간의 20%를 상한으로 묶은 규정도 이의를 제기할 계기를 제공하지 않는다. 주방송법 제26조 3항에 근거한 이른바 "투명성 의무"에 관해서는 의심이 일어날 수도 있는데, 언제 협찬방송이 "제3자의 이익에 기여하는지," 그리고 그에 따른 결과로서 이름을 밝혀야 할 의무가 부과되는지에 관한 문제이다. 헌법적으로 살펴보면, 이와 같은 의무는 오직 의사의 다양성을 보호하는 데 필요한 경우에만 요구된다고 할 것이다. 이런 측면에 관하여 단서가 될 만한 것이 이 사건의 경우 전혀 보이지 않는다. 따라서 청구인이 주장하는 바와 같이 3항이 오직 "방송물"에만 해당하는 것일 뿐 전체 프로그램을 그 대상으로 하는 것은 아니라는 점은 그리 중요하지 않다.

(원문 S. 180 – 역주)

주방송법 제26조 4항에 명시된 영향력행사 금지는 중대한 위반이 발생한 경우에만 실무적 의미를 획득한다. 주방송위원회가 이 규정의 준수 여부를 감독해야 하기 때문에(주방송법 제28조 1항), 이를 보장하기 위한 헌법적 예방조치도 결여되었다고 볼 수는 없다. 마지막으로 광고는 전체 수신영역을

---

31) S. 157ff.

포괄적으로 파악해야 하며, 최소한 주 전역에 관련성을 가져야 한다는 것(5항)에 대해서도 이 규정이 소규모 지방과 중규모 지역에서 출판의 보호에 기여하고(주의회기록 LTDrucks. 10/1120, S. 42), 그리고 그로 말미암아 출판에 미칠 역효과를 부분적으로 배제하는 한, 그만큼 이의를 제기할 가능성은 낮아진다.

이러한 관점에서 보면 입법자는 "너무 적게" 규율한 것도 결코 아니다. 주방송법 제15조 3문과 제28조 등의 조항으로써 입법자는 광고에 의해 의사의 다양성이 위협받는 경우에도 개입할 수 있다는 규정을 마련하였다. 청구인과 그 소견서 등에서 우려하는 사태가 발생한다면 주방송위원회는 개입할 것이며, 극단적인 경우 이를 허가철회의 계기로 삼을 수도 있을 것이다. 따라서 위협에 대응하기에 적절한 조직상 그리고 절차상 제반 조항을 확보하였다고 할 수 있다. 이와 같은 제 규정이 민영방송에서 역시 없어서는 안 될 정도의 의사의 다양성을 효과적으로 확보하는 데 충분하지 못하다는 점이 증명된 경우라면, 입법자는 사후 개선이라는 방식으로 이에 필요한 예방조치를 강구해야 할 의무를 진다.

2. 민영방송의 분야에서 광고로 그 재원을 조달함으로써 출판에 미치는 역효과, 특히 출판 또는 최소한 수많은 출판기업이 이로 인해 생존에 필요한 재원을 박탈당할 것인지 여부에 관한 문제에 대하여 확정적으로 판단할 수는 없다. 이 같은 현상의 발생은 "자유로운 출판"이라는 제도, 즉 출판의 존속과 기능을 보장하는 출판의 자유를 침해하게 될 수도 있기 때문에 헌법적으로 중요한 사안이다(연방헌법재판소 판례집 20, 162〔175f.〕 참조; 이와 같은 관점에서 법률적 규율에 유보해야 한다는 점에 관해서는 아직 판단하지 않고 있다. 연방헌법재판소 판례집 57, 295〔324〕).

(원문 S. 181 - 역주)

이와 같은 침해는 광고의 전체규모가 거론할 만할 정도로는 더 이상 증가하지 않는다는 점, 이 광고규모의 주요하다고 할 부분이 출판에서 이탈하여 방송으로 전입된다는 점, 그리고 이로 인해 출판기업이 채산성의 한계에 미달하게 된다는 점 등을 전제로 하는 것이다. 이 같은 전제조건들이 실제로 발생한 것인지는 불확실하다. 전체 광고규모라는 것도 경제적 발전에 따라

연방헌법재판소 제4차 방송판결: BVerfGE 73, 118ff.

달라진다는 점을 감안하면 더욱 그러하다. 어떤 광고수입이 방송으로 넘어갈 것인가 하는 것은 무엇보다 광고의 방법과 목적에 따라 크게 달라질 것이다. 이에 관하여 독점위원회가 지적한 바에 따르면, "선택적 효과"를 노리는 광고는 여전히 신문을 선호하게 될 것이라고 한다. 규모가 좀더 크고 집중적인 정보는 전자매체보다 신문에 게재하는 것이 훨씬 적합하다는 사실이 설득력 있는 주장이다. 그에 반해서 대중효과나 이미지-선전을 노리는 광고는 이전보다 더욱더 전자매체로 넘어가게 될 것이다(5. Hauptgutachten 1982/1983, Tz. 579; vgl. auch Sondergutachten 11, 1981, Tz. 34). 신문기업에 미치는 효과와 관련하여 독점위원회는 인쇄매체의 보존이 그 자체로 위협받지 않는다고 보고 있다. 그러나 출판부문의 기업이 벌어들일 광고수입은 이로써 상당히 감소할 것이다. 특히 소규모 지방 내지 중규모 지역 차원에서 독점적 지위를 갖지 않는 중소기업은 이로 인해 경제적 어려움에 봉착할 수도 있을 것이다(5. Hauptgutachten, a.a.O., Tz. 581).

민영방송에서 광고가 아직은 거론할 만한 수준에 이르지 못한 현단계에서는 이 같은 평가를 넘어서 발언한다는 것 자체가 불가능하다. 이와 같은 사정을 감안한다면 주방송법 제26조에 대해서는 출판의 자유라는 관점에서도 전혀 이의를 제기할 바 없다. 출판의 기능성을 보존하기 위한 예방조치가 필요하다는 인식이 충분히 생겨나면, 사후개선의 방식으로 이 같은 조치를 취하는 것은 입법자의 과업이 될 것이다.

(원문 S. 182 – 역주)

V.

니더작센 주 방송법에서 라디오 및 TV 방송사업에 대하여 허가를 받을 것을 규정하고 있는데(제2조), 이는 헌법상 보장된 방송자유라는 요구에 합치한다(연방헌법재판소 판례집 57, 295[326f.]). 이 법은 허가의 관할, 절차, 허가 발급·취소·철회의 요건에 관하여 규율하고, 선정원칙 및 방송시간 배정에 관한 원칙 등을 또한 제시하고 있다. 이 같은 종류의 규정들은 헌법상 요구된 것이다(연방헌법재판소 판례집 위의 곳). 하지만 주방송법의 일부 조항은 헌법과 합치하지 않는다.

독일방송헌법판례

1. 다른 주의 새로운 주매체법들은 이와 관련해 내려야 할 결정을 전면적으로 국가로부터 독립적이며 프로그램의 통제도 맡고 있는 "영조물"에 이관시키고 있는 반면, 니더작센 주 방송법은 1987년 1월 1일자로 효력이 소멸한 라인란트-팔츠 케이블시범사업법의 모형을 좇아서 주방송위원회의 관할권한 이외에 광범위한 관할권한을 국가의 허가관청에 부여한다고 규정하고 있다. 이 법률은 허가관청으로 하여금 프로그램 공급의 내용에도 영향을 미칠 수 있는 독자적인 평가를 내리도록 함으로써 방송의 국가로부터 자유라는 원칙을 위반하고 있다.

a) 방송의 국가로부터 자유라는 원칙은 방송의 자유의 창출이나 존속에 기여하는 국가의 조치를 배제하는 것은 아니다. 이런 조치는 헌법이 명한 바이기도 하다(연방헌법재판소 판례집, 같은 곳, S. 320ff.). 그에 반해서 이 원칙은 입법자와 행정부가 방송에 대하여 이 같은 원칙의 담보라는 과업에 합치하지 않거나 혹은 기본권 제한에 의하여 정당화되지 않는 어떤 영향력이든 이를 행사하는 것을 거부한다. 이 원칙은 방송사의 프로그램의 자유에도 이 같은 제한을 가한다.

(원문 S. 183 – 역주)

즉 기본법 제5조 1항 2문은 프로그램의 선정, 내용, 편성에 대한 직접적인 영향력은 물론 프로그램의 자유를 간접적으로 훼손할 수 있는 영향력 행사로부터도 보호를 제공한다(연방헌법재판소 판례집 59, 23〔260〕).

니더작센 주 방송법에서와 같이 허가신청, 선정 및 허가의 취소·철회에 관한 결정 또는 이 같은 결정을 내리는 데 결정적인 참여가 국가의 행정관청에 이관된다면, 민영방송사의 프로그램 자유의 효과적인 보장은 엄격한 법적 요구조건을 통해서만 비로소 가능하게 된다. 즉 국가기관에 행동, 판단의 재량권이 주어져서 사실과는 거리가 먼, 특히 의사의 다양성을 침해하는 고려사항들이 민간기업의 방송진출 결정을 내리는 데 영향을 미치도록 해서는 안 된다. 그 같은 평가재량권은 구체적 판단에만 영향을 주는 것이 아니라, 사전에 압력수단 또는 "자기검열"로 방송진출에 관심이 있는 자나 혹은 기존의 방송사에 영향을 미칠 수 있다는 점을 감안하면 더욱 그러하다. 따라서 프로그램의 내용과 관련하여 내려야 할 중요한 결정에 관한 것이라면, 국가의 행정관청에 그것이 기속재량이든 아니든 상관없이 원칙적으로 어떤 재량권도 부여해서는 안 된다. 국가의 행정관청에 – 불확정 법개념을 사용하면서 – 프로그램의 내용적 평가를 수반하거나 프로그램 내용에 간접적 영향을 미칠 수 있는 평가재량권을 부여하는 규정들도 위헌이다.

b) 이와 같은 제반 원칙에 따르면, 다른 주의 언론법과는 달리 규율할 객관적 사유가 명백하지 않더라도 주방송법이 허가부여의 권한을 국가기관에 이관시키고 있다고(제3조 1항) 해서 곧바로 이의를 제기할 수는 없다. 그 뿐만 아니라 허가의 취소 또는 철회에 관한 규정 및 무허가 방송송출에 관한 규정들도(주방송법 제8조부터 제10조까지) 역시 우려할 바 없다.

(원문 S. 184 – 역주)

그에 반해서 이 법률의 조항이 국가 허가관청의 판단을 충분할 정도로 특정한 법률적 요건에 기속됨이 없이 프로그램에 대한 평가를 할 수 있게 한 것은 국가로부터 자유라는 원칙을 위반한 것이다. 청구인과 독일연방공화국 공영방송연합체(ARD)가 이 점을 적절하게 지적했다.

aa) 허가요건과 관련하여 "사실관계를 검토해볼 때 신청자가 방송사업을 하면서 법률조항을 위반할 것이라는 가정"을 정당화할 수 있는지의 여부에 관하여 심사하고 판단하는 것이 허가관청에 이관되어서는 안 된다(주방송법 제5조 4항). 프로그램 내용에 대한 원칙을 설정하고 있는 주방송법 제11조부터 제15조까지도 여기에 속한다. 즉 이 경우 방송의 신청자가 향후 법률을 성실하게 준수할 것이라는 결론을 내리려면, 그 신청자의 인격과 태도에 대하여 평가할 것을 요구한다. 이는 오직 예측의 형태로만 가능한 것으로 이같이 예측을 하는 것은 마치 주방송법 제28조 1항에 따라 주방송위원회에게 부과되는, 결국 프로그램의 내용적 평가를 요구하는 프로그램 통제와 같은 동일한 문제를 내포하고 있다. 이들 사이에 차이가 있다면 주방송법 제28조 1항의 경우에는 구체적으로 방송된 프로그램을 주방송법 제5조 4항의 경우에는 장차 방송되리라고 예견되는 프로그램을 그 대상으로 삼고 있다는 점이다. 그러므로 주방송법 제5조 4항에 따른 심사는 그보다 더 어렵고 불확실한 것이라고는 하지만, 전술한 본질적인 면에서는 거의 차이가 없다. 국가의 허가기관으로 하여금 민영방송사의 방송진출에 영향을 미치도록 허용하는 것은 달갑지 않은 방송사에 대하여, – 프로그램을 통제할 때와 같이 – 사후에 규제하는 것이 아니라 처음부터 발언하지 못하게 할 가능성도 배제할 수 없게 된다. 면허의 결정에 대하여 법원으로 하여금 통제하게 하더라도 국가 행정관청의 이와 같은 영향력 행사의 가능성은 - 허가관청에게 판단의 재량권을 허용하지 않는다고 하더라도 - 단지 불완전한 정도로만 보완될 수 있는데, 본래 사법적 규제는 사후에 선별적으로 교정하는 효과만 지닐 뿐이어서 처음부터 결정에 작용하는 국가의 영향력을 저지할 수 없기 때문이다.

(원문 S. 185 - 역주)

따라서 직·간접적으로 프로그램의 내용에 영향을 미치는, 사실과는 거리가 먼, 즉 다양성을 제약하는 사항들이 판단에 개입할 수 있다.

국가의 허가관청은 모든 - 즉 동 기관에 의해 고려되지 않은 신청건을 포함하여 - 신청건을 주방송위원회으로 하여금 선정결정을 하도록 제출하고, 결과적으로 주방송법 제5조의 허가요건에 대한 허가관청의 판단을 통해서는 확정적인 사전결정이 되게 해서는 안 된다고 하는 것에 대해서는 반박할 수가 없다. 만약 이를 부정한다면, 주방송법 제2조 이하의 본문과 체계적 구조에 명백하게 어긋나게 될 것이다. 주방송법 제3조 3항 1문에 따르면 국가의 허가관청은 주방송위원회에 오직 제5조의 허가조건을 충족시킨 신청건만을 제출한다. 그러므로 국가의 허가관청은 이와 같은 요건을 충족했는지 여부에 대해 단독으로 그리고 확정적으로 결정한다. 그리고 주방송위원회는 이와 같은 결정을 다시 취소할 권한을 갖고 있지 않다.

이 모든 점을 살펴보면 주방송법 제5조 4항과 연계된 제3조 1항과 2항은 그 심사와 결정을 국가의 허가관청이 관할하게 할 근거를 확보해주었다는 점에서 기본법 제5조 1항 2문에 위배된다.

그에 반해서 주방송법 제5조 2항 2문과 연계된 제3조 1항과 동 3항 1문은 국가로부터 자유라는 원칙에 아직은 합치한다. 이들 규정에 따르면, 민영방송 신청자는 자신이 경제적인 면에서 방송을 실시할 수 있는 여건을 갖추고 있다는 점을 입증하여야 한다. 여기에서는 평가의 가능성이 제한되어 있다. 즉 기존의 프로그램들을 보면 방송프로그램의 설립에 드는 비용이 어느 정도인지 추산이 가능하다. 또한 케이블 사용료, 프로그램 보급 또는 인건비와 같은 일부비용은 그 액수를 명확히 확정할 수도 있다. 그밖에도 허가관청은 신청자가 계획하고 있는 프로그램을 기초로 해서 제시한 재원조달계획의 적정성 여부를 심사해야 한다. 이로써 프로그램 내용에 대해 직접적으로 영향력

연방헌법재판소 제4차 방송판결: BVerfGE 73, 118ff.

을 행사할 가능성의 길이 열린 것은 결코 아니다.
(원문 S. 186 - 역주)

프로그램의 내용에 대하여 간접적으로 영향력을 행사할 가능성은 주방송법 제5조 4항에 따른 심사와 비교하면 적다고 볼 수 있다. 이는 허가관청이 자신의 견해상 결함이 있다고 판단해도 방송사에 어떤 특정한 방식으로ー 예컨대 프로그램 시간의 축소, 특정한 형태의 프로그램의 포기, 인원의 축소 등 ー 재원을 확보할 것을 지시할 수는 없기 때문이다. 따라서 여기서는 국가로부터 자유라는 원칙을 침해한 것은 아니다.

bb) 앞에서 규명한 경우와는 달리 종합 프로그램을 송출하는 방송사를 선정·결정하는 경우 국가의 허가관청에 원칙적으로 결정적인 영향력을 부여한 바 없다. 선정을 행하는 주체는 주방송위원회이다(주방송법 제3조 3항 2문). 그밖에도 주방송위원회가 주방송법 제6조 1항 2문에 열거되어 있는 종합 프로그램의 방송을 위한 특수한 요건에 대해서도 결정한다. 허가관청은 오직 제안권한만 보유할 뿐이다(주방송법 제3조 3항 1문). 이는 주방송법 제6조 1항의 요건을 충족시킨 다수의 신청자 중에서 선정해야 한다는 문제에도 해당된다(주방송법 제6조 2항). 하지만 허가관청이 제안하면 어느 정도까지 어떤 사실적 영향력을 보유한다는 점을 전혀 부정할 수는 없을 것이다. 그렇다고 하더라도 이로부터 헌법적인 이의를 제기할 수는 없다.

주방송법 제3조 3항 4문의 경우는 이와는 다르다. 이 규정에 따르면 주방송위원회가 최장 5개월의 기간을 도과할 때까지 선정에 관하여 결정하지 않을 경우, 이는 허가관청이 제안한 바에 따라 결정한 것으로 간주한다. 주방송법 제6조 1항의 요건이 충족되었는지 여부, 다수의 신청자 중 누구를 선정할 것인지에 관해서는 결과적으로 국가기관이 심사하고 결정하는 것이다. 이와 같은 결정은 프로그램의 내용에 관한 가치평가를 전제하는 것이므로 이는 명백히 국가로부터 자유라는 원칙에 위배된다. 주방송법 제3조 3항 4문은 방송의 자유의 창출이나 보장에 기여할 수 없고, 이 규정을 기본법 제5조 1항 2문에 대한 제한이라고 하여 정당화할 수도 없다.
(원문 S. 187 - 역주)

이 규정은 과감하게 결정을 내리도록 함으로써 아직 남아 있는 주파수대역을 조속하게 배분할 수 있게 하는 데 이바지할 수도 있다. 하지만 결정적으로 중요한 내용적 다양성을 확보한다는 문제가 이와 그대로 결합되어 나타나지는 않을 것인데, 허가관청이 조직상 정부에 소속되어 있어 복수적 구성조직을 갖춘 주방송위원회의 총회와는 다른 견해를 대변할 수 있다는 점을 감안하면 사태는 더욱 심각해진다. 마찬가지로 방송기업의 이해관계도 이와 같은 규정을 정당화하지 못한다. 마지막으로 니더작센 주정부가 조치한 바와 같이, 일차적으로 주방송위원회에 대하여 위원회의 규모, 구성, 절차 등의 측면에서 특정한 행위를 행하도록 압력을 가하는 임무를 지닌 대체적 관할권한이 관건이 될 수도 없다. 입법자가 원칙적으로 보유하고 있는 조직의 자유라는 점을 감안하더라도(연방헌법재판소 판례집 57, 295〔321〕), 입법자는 헌법원칙에 대한 제한을 정당화하기 위해 헌법상의 필연성이 없이 만들어낸 조직적 상황을 주장할 수는 없다. 다른 주의 해당 규정에서 보듯이, 결정적인 권한을 보유한 기관을 다원적 구성을 지닌 전문적 조직으로 형성하는 것은 한편으로는 그의 규모와 절차규정에 기초하여 행정적 요구에 대응할 수 있는 능력을 갖추도록 한 것이며, 다른 한편으로는 국가의 포괄적 권한(Auffang-kompetenz)을 원천적으로 불필요하게 만드는 것이다. 따라서 주방송법 제3조 3항 4문과 유사하게 규율한 바를 다른 주의 방송법에서는 찾을 수 없다. 이 같은 사정을 감안하면 입법자에게는 방송자유의 기본적 요구에 불리하게 영향을 미칠 가능성이 있는 그런 기본구상을 선택할 수 있는 자유가 주어졌다고 볼 수는 없다. 따라서 주방송법 제3조 3항 4문은 위헌이며 무효이다. 그리하여 주방송법 제3조 3항 3문의 경우 그 적용대상도 소멸하게 된다.

cc) 또한 주방송법 제6조 3항 1문과 결합한 제3조 1항, 그리고 제6조 3항 4문 등의 규정도 국가로부터 자유로워야 한다는 원칙과 합치되지 않는다.

(원문 S. 188 — 역주)

이 규정들은 주방송법 제6조 1항의 의미에서 우위를 획득하지 못한 종합프로그램의 송출의 경우, 또는 그밖의 프로그램 송출의 경우 허가를 받아야 한다는 규정의 한 부분으로, 이 허가는 바로 허가관청이 주방송위원회로부터 청문한 후에 부여하도록 되어 있다(주방송법 제3조 1항과 4항). 허가절차의 기반에 이미 전제되어 있는 전송가능성이 모든 프로그램을 방송하기에 충분하지 않다면 방송범위는 비례적으로 할당된다(주방송법 제6조 3항 1문). 방송시간의 배정에 관해서 세세한 사항은 신청자들 스스로 합의해야 한다. 신

연방헌법재판소 제4차 방송판결: BVerfGE 73, 118ff.

청자들은 이에 관하여 허가관청에 통보하고, 허가관청은 그 합의를 바탕으로 방송시간을 배정한다(주방송법 제6조 3항 2문과 3문). 만약 합의에 이르지 못하면 허가관청이 방송시간을 주별로 교대하는 방식으로 배정한다(주방송법 제6조 3항 4문).

허가관청이 어떤 척도하에서 선호하지 않는 종합 프로그램과 기타 프로그램, 즉 전문 프로그램 또는 특정집단의 수신자를 대상으로 하는 프로그램에 대하여 판단해야 할 것인가에 대해 법률은 침묵하고 있다. 어떤 종류의 프로그램에 대하여 우선권을 주어야 하는지를 결정하는 것, 그리고 또한 방송사의 범주를 획정하는 데 결정적으로 영향력을 미치는 것도 모두 허가기관의 수중에 있다. 그밖에도 허가관청은 방송규모의 "지분적" 할당에 관한 권한을 갖고 있어 결정을 내리는 데 상당한 재량권을 부여받고 있다. 즉 어떤 방식으로 지분을 산정할 것인지에 대해서는 정해진 바 없다. 신청자의 수를 기준으로 방송규모를 배정하는 방법이 가장 간단하지만 여러 가지 단점도 있다. 가령 방송규모와 관련하여 각 신청자의 희망사항은 본질적으로 서로 다를 수도 있다는 것을 소홀히 하게 되고, 그 결과 체계적 배분이 이루어지지 않는 결과를 초래할 수 있다. 또한 프로그램 공급자단체와 개별지원자들 간의 관계보다 열악하게 설정될 수도 있다. 따라서 국가의 허가관청은 자신이 스스로 정한, 방송사가 제공하는 프로그램의 내용에 현저한 영향력을 행사할 수 있는 척도에 따라 결정할 수밖에 없으며, 이는 헌법에 위배된다.

주방송법 제6조 3항 4문에 대해서도 이에 준한 효력이 미친다. 물론 방송시간을 "주단위로 교대하는 방식으로" 배분할 수 있다.

(원문 S. 189 – 역주)

그러나 이는 단지 외관상으로만 가치판단과 무관하게 보인다. 그래서 프로그램 공급에 영향을 미칠 수 있는 수많은 형성가능성이 생성된다. 예를 들어 허가관청이 법조문에 따라 각 방송공급자에게 자신이 배분받은 바에 따라 그때마다 한 주일씩 단독으로 전파송출 가능성을 이용하도록 맡긴다면, 아무리 방송공급자 자신에게 가장 유리한 낮시간에 방송물을 송출할 수 있다고 하더라도 이를 원하는 방송공급자는 많지 않을 것이다. 이는 실제로 그들에게 거의 가치가 없을 것이기 때문이다. 이와는 반대로 허가관청이 각 방송시간을 주 단위로 가능한 한 많은 방송공급업자로 하여금 채우게 하는 경우, 특정

방송시간을 원하는 자는 단지 일부만 고려될 수 있을 뿐이며, 이들 사이에 교체가 이루어져야 하는데 그 세세한 사항을 어떻게 형성해야 할지는 완전히 불분명하다. 따라서 허가관청은 방송사를 탈락시킬 수 있는 장애물을 설치할 수 있다. 이외에도 허가관청은 개별 또는 몇 개의 공급자에게 불이익을 줄 수 있는데, 예컨대 수시로 바뀌는 방송시간을 배정함으로써 어느 정도까지 평등한 대우는 보장되겠지만 방송수신 참여자들이 어떤 특정한 방송사와 지속적인 결합관계가 형성되는 것은 방해가 된다.

이와 더불어 발생한 영향력행사의 가능성은 방송공급자가 주방송법 제6조 3항 2문과 3문에 따라 국가의 간섭을 피할 수 있다고 하더라도, 이를 근거로 삼아 수용할 수는 없는 것이다. 최근 라인란트-팔츠 주에서 일련의 민영라디오방송 공급자들에게 방송시간을 배분했을 때 드러난 바와 같이, 방송시간을 상호 합의하여 분배한다는 것은 거의 기대하기 힘든데, 그 이유는 낮시간 중 일부에서만 — 그중에 특히 아침시간이나 늦은 오후시간대에 — 광고시간의 판매에 필요한 충분한 수의 방송수신 참여자를 기대할 수 있기 때문이다. 따라서 주방송법 제6조 3항 4문도 방송시간의 할당권한을 허가관청에 부여하고 있다는 점에서 허가관청의 프로그램 공급과 프로그램 내용에 대하여 작용하는 가치평가의 재량권으로 인하여 더 이상 존립할 수 없게 된다.

dd) 그에 반하여 전송주파수 여유의 폭을 공시하거나(주방송법 제3조 2항), 주방송위원회가 선정한 바에 따라 허가를 교부하는 것은 허가관청의 재량에 맡겨져 있지 않다.

(원문 S. 190 – 역주)

그뿐만 아니라 허가관청은 허가에 관한 부대조건을 확정할 때 프로그램의 내용에 관하여 중요한 결정을 내릴 재량권을 보유한 것도 아니다(주방송법 제7조). 오히려 결정적인 기준을 제시해주는 조항의 문언과 체계를 보면 기속된 결정에 관한 것이어서 프로그램의 내용에 관련된 어떤 가치평가도 요구되는 바가 전혀 없는 것이다. 따라서 이 규정들은 헌법상 전혀 이의제기를 필요로 하지 않는다.

2. 그밖에 니더작센 주방송법에서 그 진출 및 선정과 관련한 규정들은 기본법과 합치한다. 즉 이 규정들은 헌법이 요구한 바를 충족시키고 있다(연방

헌법재판소 판례집 57, 295〔326f.〕). 따라서 청구서면과 각개 소견서에서 제기된 우려는 이유없다고 하겠다.

　　a) 이는 우선적으로 주방송법 제5조의 허가요건에 적용된다. 이미 앞에서 규명한바, 이의제기가 가능한 2항과 4항의 결함들을 제외한다면(위의 III 1 a와 V 1 b aa),32) 이 조항은 헌법상 우려할 내용이 없다. 청구인과 독일연방공화국 공영방송연합체(ARD)는 허가를 부여받는 사람과 단체의 범위를 너무 협소하게 제한했다는 견해를 보였는데(주방송법 제5조 1항), 이는 헌법에 위배되지 아니한다.

　　주방송법 제5조 1항 2문은 정당과 정당에 종속적인 기업, 인사, 단체 등에 허가를 부여해서는 안 된다고 규정하고 있는데, 정당의 특수한 지위를 감안하면 이에 대하여는 이의를 제기할 수 없다. 여기에서 중요한 것은 방송 분야가 내부적 다원적 구조인가 아니면 아주 확고하게 보장된 외부다원적 구조인가 하는 상황이 아니다. 오히려 결정적인 것은 방송이 국가로부터 거리를 유지해야 하며, 초당파성을 유지해야 한다는 관점인데, 정부초안의 이유서는 이를 정당하게 적시하고 있다(주의회기록 LTDrucks. 10/1120, S. 34).

(원문 S. 191 — 역주)

　　나아가 주방송법 제5조 1항 1문 1호에 따르면, 허가는 사법상 법인에게만 부여될 수 있다고 하여, 원칙적으로 공법상 법인은 그 대상에서 배제되는데, 이것 또한 방송이 국가로부터 자유로워야 한다는 원칙에서 나온 결론이며, 이에 대하여 특히 주의를 환기시켜야 할 대목은 없다. 다만 주방송법 제5조 1항 1문 2호에 명시적으로 열거되어 있는 공법상 종교단체 또는 세계관적 단체 등과 같이 국가적 영향으로부터 자유로우며, 또한 국가에 대하여 행사할 권리가 부여되어 있는 공법상 기관에 대해서는 어느 정도 다를 수 있다. 하지만 이와 유사한 단체에 예외를 허용할 수 있는지 여부에 대해서는 구체적인 사안별로 심사하도록 유보해두어야 한다. 그러나 기초지방자치단체의 경우, 이들이 비록 자치행정의 권리를 보장받고 있긴 하지만, 공권력의 보유자로서 그 자체로 "국가"의 일부라고 할 수 있기 때문에 예외가 허용되지 않는다.

　　공공 서비스의 영역에 속하는 자들을 배제한 것(주방송법 제5조 1항 1문 4

---

32) S. 172, 184ff.

호)은 마찬가지로 우려할 바 없다. 이 점 또한 국가로부터 자유로워야 한다는 원칙에 의해 정당화된다.

 b) 마지막으로 허가관청의 – 위헌적 – 관할사항을 제외하면(위의 1 b cc), 주방송법 제6조의 선정원칙 및 배정규칙에 관해서도 이의를 제기할 수 없다. 청구인과 부분적으로 독일연방공화국 공영방송연합체(ARD)가 주방송법 제6조 1항 2문 1호와 2항 1문에 대하여 비판적으로 이의를 제기하고 있다. 이들 조항에 따르면 허가는 허용될 수 있는 한 최장의 허가기간을 잡아 신청해야 한다. 이는 필수적인 선정작업에서 우선권을 부여하는 기준이 되었다. 이외에도 신청자로 하여금 전문적 요구에 부응하는 프로그램을 방영할 수 있다는 것을 입증하도록 하는 주방송법 제6조 1항 2문 3호에 대해서도 이의가 제기되고 있다. 이 두 가지 규정은 사업진출의 기회를 균등하게 부여해야 한다는 헌법상의 원칙을 침해한 바 없다(연방헌법재판소 판례집 57, 295〔395〕).

 aa) 연방헌법재판소는 1981년 6월 16일자 판결에서 입법자는 종합 프로그램 방송체제와 부분적 프로그램 또는 전문 프로그램 방송체제 중에 어떤 체제를 선택할 것인가를 결정할 수 있다는 전제를 세워두었다(연방헌법재판소 판례집, 같은 곳).

(원문 S. 192 – 역주)

이에 따르면 주방송법 제6조 1항 2문 1호에 대해서는 이의를 제기할 수 없는데, 특히 일단 척도가 될 초기 10년이라는 기간이(주방송법 제7조 2항 1문) 지나야 거액에 달한 투자비용의 회수를 기대할 수 있다는 점과, 관심이 집중되어 있으나 여전히 빠듯한 공중파 주파수대를 방송 분야에 장기적으로 투자하는 데 관심을 기울이며 또한 그럴 만한 투자능력도 보유한 신청자에게 부여하는(또한 주방송법 제5조 5항 2문〔위의 1 b〕[33] 참조) 방안이 사실상 정당하게 보인다는 점을 감안하면 더욱 그러하다. 이와 마찬가지로 주방송법 제6조 2항 1문에 확정적으로 규정되어 있는 일차적 선정기준, 즉 방송시간을 가능한 한 최대로 활용한다는 바에 대해서도 이의를 제기할 수 없다. 이 특성은 가능한 한 최대한의 다양성에 기여해야 한다는 것과 병립하고 있다(주방송법 제6조 2항 2문). 동 1문과 2문 사이의 체계적 연관을 살펴보면, 방송

---

33) S. 183ff.

연방헌법재판소 제4차 방송판결: BVerfGE 73, 118ff.

시간을 비슷하게 요구하려는 신청자들 중에서 2문에 따라 다양성을 지향하는 선정작업을 규정해두었다는 점이 확연하게 드러난다. 그러므로 이 법률은 다양성이라는 기준에 비하여 방송시간이라는 기준의 중요성을 본질적으로 약화시키고 있다. 마지막으로 고려해야 할 점은 종합 프로그램에 대하여 우선권을 부여함으로써 결과적으로 청구인이 우려하는 바와 같이 재정이 튼튼하여 현재 이미 시장에서 영향력을 행사하고 있거나, 심지어 시장을 지배하는 공급자에게 면허를 부여하게 되는 것은 아니라는 점이다. 상대적으로 높은 사업진출의 문턱은 - 니더작센 주 제1차 허가절차에서 드러난 바와 같이 - 제6조 1항 2문과 2항 2문과 3문의 다양성이라는 요구조건에 관해서는 개별공급자보다 비교우위에 있는 공급자단체에 의해서도 극복될 수 있다.

 bb) 주방송법 제6조 1항 2문 3호 역시 방송진출에 기회균등의 원칙을 침해한 바 없다.
 이 규정이 출판에 대하여 방송진출에 관한 우선권을 부여한 것은 아니다. 출판에 대해 우선권을 부여하는 것은 불평등한 조치로 정당화할 근거를 갖지 못할 것이며, 따라서 이것은 위헌이 될 것이다.

(원문 S. 193 - 역주)

 일반적으로 - 특히 출판 분야에서는 - 광고에 의해 재원을 조달하는 민영방송을 허용하면 인쇄매체에 불리한 방향으로 광고비용이 분산되는 결과를 가져오리라는 점은 개연성이 있는 것으로 받아들일 수 있다. 그러나 이 같은 일반적인 가설만으로 출판기업이 방송 분야에 진출할 때 이를 보상하는 우대조치를 취해도 허용될 것이라는 근거가 확보된 것은 결코 아니다. 광고비지출의 분산이라는 구체적 외부적 영향에 대해서도 확실하게 확인되지 아니한 상태이다(또한 위에 IV 2 참조).34) 특히 어떤 유형의 신문이 민영방송과 경쟁하면서 타격을 입게 될지, 그때 치러야 할 손해가 과연 어느 정도에 이를 것인지, 그리고 광고비지출이 증가되면서 상대적으로 발생하는 손실을 보상하려면 전체적으로 보아 어떤 대처수단이 가능할 것인지에 대한 것은 불분명하다. 또한 어떤 훼손상태를 인정한다고 하더라도 이를 보상할 방법으로 출판 분야가 방송에 진출하게 하는 것이 적합한지 여부, 그리고 허용되는 주파

---

34) S. 180ff.

수대는 여전히 부족하고, 조달해야 할 재원의 규모가 크다는 시각에서 살피면, 민영방송과의 경쟁으로 인해 특히 커다란 타격을 입게 될 바로 그 출판기업이 과연 방송에 진출하는 데 성공할 수 있을 것인지 여부도 불확실하다. 이 같은 사정을 감안하면 충분한 차별화의 근거를 논의할 여지조차 없는 실정이다. 그리하여 출판기업은 오직 주방송법이 모든 사람에게 보장한 동일한 방송진출권만을 청구할 수 있을 뿐이다.

청구인의 견해와는 달리 주방송법 제6조 1항 2문 3호는 출판기업에 대해 부여한 은밀한 특권이 아니라고 할 것이며, 사실 공개적인 형태이든 은밀한 형태이든 특권부여는 모두 위헌에 해당될 것이다. 물론 그와 같은 해석이 완전히 배제되어 있는 것은 아니다. 하지만 "전문성"이라는 기준은 특정한 물적 장비 확보와 충분히 교육받고 실무경험이 있는 전문인력을 전제로 한, 방송을 송출하기 위한 최소한도의 기술적·형식적 표준을 확보하기 위한 척도로 이해할 수 있다. 인쇄매체 분야에서 기업이 획득한 경험은 이 같은 표준을 충족시키기에는 결코 충분한 것도 아니며, 반드시 필요한 것도 아니다.

(원문 S. 194 – 역주)

즉 인쇄매체 분야에서 기업가로서의 경험이 있다고 해서 그 출판기업인이 특히 방송프로그램의 송출을 할 때 필요한 기술적 요구사항을 적절하게 충족시켜나갈 수 있는 능력을 이미 갖추고 있는 것은 아니다. 다른 측면에서 살펴보면 방송에 관심을 가진 자가 언론, 예술, 기술 등 각 분야의 인력을 확보하여 그들에게 의무를 부과하고, 그와 더불어 물적 설비를 구입한다면 설사 그가 언론매체에 대한 경험이 전무한 경우라고 하더라도 제 기능을 다할 능력을 갖춘 방송기업을 건립할 수 있는 것이다. 이 같은 해석은 주방송법 제6조 1항 2문 3호의 발생사적 논거로도 확인할 수 있다. 정부초안의 이유서에 전문성은 "신청자가 인적으로 어떻게 구성되어 있는지"로부터 생성되는 것이지만, "또한 허가를 받은 뒤에 신청자가 계약을 통해 확보되는 종사자들에 의해서도" 생성된다고 지적하고 있다(주의회기록 LTDrucks. 10/1120, S. 34). 매체문제에 관한 주의회소속 분과위원회의 견해에 따르면, 이 조항은 "단지 소박한 딜레탕티슴35)을 저지하려는 조항"인 것이다. 이 규정으로 그

---

35) 전문가가 아닌 일반인이 취미나 도락으로 예술·학문 등 정신적 활동을 애호하는 일 – 역주.

연방헌법재판소 제4차 방송판결: BVerfGE 73, 118ff.

밖의 다른 목적을 추구해서는 안 될 것이다(주의회 매체분과 위원회의 서면 보고서 LTDrucks. 10/2770, S. 3). 매체분과 위원회는 자신보다 앞서 주정부가 표명한 견해를 보충하는 방식으로 다시 자신의 견해를 표명한 바 있는데, 이에 따르면 전문성이라는 특성은 우선 확보 가능한 두 개의 라디오와 TV방송의 송출가능성에 대하여 특히 중요한 종합 프로그램을 위한 상당한 능력의 표준적 기준을 확보하기 위한 것이라고 한다. 방송사로서 스스로 필요한 지식과 경험을 구비하지 못한 사람은 특히 전문인력을 확보함으로써 이 규정의 요구에 부응할 수도 있다고 한다.

이와 같이 - 헌법이 명한 바에 따라 - 해석하면, 주방송법 제6조 1항 2문 3호는 방송 분야에 진출할 때 출판기업에 법적인 측면에서 특권부여를 회피하고 있다. 이 조항은 또한 신청자에 대하여 사태에 객관적으로 적합하며, 신청자에게 개별적으로 기대가능한 요구조건을 제시하고 있다. 전술한 바와 같이 (위의 aa)[36] 입법자는 자유롭게 송출할 방송가능성을 우선 2개의 라디오 또는 TV 종합 프로그램에 사용하되, 기존의 공법상 방송프로그램과 직접적인 경쟁자로 부상할 수 있도록 자신에게 부여된 형성의 자유를 행사할 수도 있다.

(원문 S. 195 - 역주)

그러나 입법자에게 이와 같은 방송모델의 체제를 선택하는 것이 허용되어 있다면, 그렇게 선택한 모델에 따라 입법자가 그 체계에 적합하며 그 체계제약적 여러 조항을 세세하게 그리고 실질적으로 확보하며, 또한 형성하는 것을 헌법상 거부할 수는 없는 것이다. 부족한 주파수 대역과 거대한 규모의 초기투자는 종합 프로그램을 송출하는 방송사에 대하여 발급하는 면허문제를 기술적·형식적 측면의 최소 표준적 기본치를 충족했는지 여부에 종속시키는 것을 정당화한다. 이는 진정한 공급자만이 종합 프로그램 방송사로서 고려되도록 하는 효과를 갖는다. 즉 이 같은 공급자들은 또한 기존의 공영방송 프로그램을 지속적으로 보완하고, 그에 따라 공영방송과 민영방송이라는 이원적 방송체제를 실현할 수 있는 위치에 있게 된다. 방송에 관심을 가진 사람들에게 종합 방송프로그램 송출에의 진출을 위한 문턱이 너무 높다고 생각된다면, 이는 일반적으로 전문성이라는 기준이 아니라 상당한 투자 및 운영에

---

36) S. 191f.

관한 비용 때문인 것이다. 하지만 이 사실로부터 전문성이라는 기준이 개별 방송사에 구체적으로 기대할 수 없는 것이라는 결론을 도출할 수는 없다.

cc) 주방송법 제6조의 기타 선정규정들에 대해서도 헌법상 참여기회의 균등이라는 점에서 이의제기할 바 없다. 주방송법 제6조 3항 2문과 3문의 경우에는 이 법률이 방송시간 배정에 관한 신청자들의 합의를 결정적인 것으로 파악하면서도 주방송위원회에 이에 관한 심사권한을 전혀 부여하지 않고 있다는 점에서 다소 우려가 있을 수도 있다. 하지만 합의가 인위적인 조작을 통해서 도출될 위험은 미미하다. 프로그램 공급에 대한 어떤 영향력 행사는 제15조 3항과 제28조에 의거하여 주방송위원회가 이를 저지할 수 있을 것이다. 따라서 추가적 예방조치가 반드시 필요하다고는 생각되지 않는다.

(원문 S. 196 – 역주)

VI.

니더작센 주 주방송법은 다른 주의 주매체법과 마찬가지로 방송프로그램의 전파를 앞에서 상세하게 살펴본 송출과 구분하고 있다(주방송법 제1조 1항). 전파라는 개념은 니더작센 주 방송법의 효력범위 밖에서 방송된 라디오 및 TV프로그램을 내용적으로 변경을 가하지 않고 기술적 전송수단을 사용하여 니더작센 주에 확대전송되는 것을 말한다. 이에 관해서는 주방송법 제44조 및 제46조 2항과 3항에서 규율하고 있다. 이들 규정들에 대해서는 두 가지 점에서 헌법적으로 이의제기가 가능하고, 따라서 보완할 필요가 있다. 이 두 가지 점을 제외하면 그밖의 규정은 기본법과 합치한다.

1. 독일연방공화국 내에서 제공되는 방송프로그램이라는 범주 안에서 살펴볼 때, 각 주의 케이블망을 통해 전파되는 프로그램들은 상당히 중요한 의미를 갖고 있다. 이는 보통의 안테나를 사용해서는 직접 수신이 불가능한, 중계전파해야 하는 TV 프로그램의 경우 특히 그러하다. 이들 TV 프로그램은 대부분 한편으로는 독일연방공화국 소속의 각 주에서 송출되는 프로그램이며, 다른 한편으로는 유럽 내의 여러 국가에서 방송하는 민영방송 프로그램이다. 결과적으로 위에서 이미 언급한 바 있었던 이른바 범유럽규모 방송시장의 초기

연방헌법재판소 제4차 방송판결: BVerfGE 73, 118ff.

모습이 벌써 가시권에 들어왔다고 하겠다(위의 A I 1 c와 C I 2 b 참조).37)

만약 이렇게 하여 뉴미디어의 발전이 국경을 초월하는 방송이라는 결과에 이르게 된다면, 이는 그와 같은 프로그램의 전파에 관하여 법적으로 규율할 때 고려되어야 한다. 중간규모의 지역을 넘어가는 프로그램을 송출하거나 제작하는 자들은 결국 여러 주의 방송법 규범을 모두 준수해야 하므로 매우 어려운 형편에 빠지게 된다. 이 정도가 매우 심각한 경우로서 광고방송을 들 수 있다. 방송체제의 기능이 제대로 이루어지는지 여부는 오히려 각 주의 방송법률이 서로 어떻게 협조할 것인지, 그리고 그와 함께 각 주가 서로 어떻게 협조할 것인지에 달려 있다. 모든 주에서 직접 수신할 수 있는 방송프로그램의 송출에 관한 처분권은 모든 주에 공동으로만 부여되어 있는 위성채널의 사용과는 달리(이에 관해서는 Bullinger, AfP38) 1985, S. 1[8] 참조), 전파에 관하여 규율할 때 이와 같은 협력의 필연성이 이미 과업의 특성이나 이 과업의 실현을 위해 척도가 되는 원칙들로부터 도출되는 것은 아니다.

(원문 S. 197 - 역주)

그러나 이 체제가 제대로 기능하기 위해 필요한 범위 안에서는 이와 같은 협력은 각 주 상호간 조율하고, 배려하며 그리고 협력해야 할 의무를 규정해 주는 연방우호적인 행위의 원칙으로부터 도출된다.

전술한 사태의 현황은 주법률로 규율하는 내용에 대한 헌법상의 요구와 관련해서도 중요하다. 물론 이는 더 논의해야 할 최소한의 요건과 그 요건을 확보하기 위해 요구되는 예방조치에 관하여 규범화해야 할 필요에 직면한다. 그러나 이에 관해서는 청구인이 주장하는 바와는 달리 방송송출에 관한 요구사항의 경우처럼 엄격한 것은 아닌데, 특히 중계 전파되는 프로그램이 이를 송출하는 지역에서 심사를 받아야 하며, 독일연방공화국 내에서 광범위하게 서로 상응하는 요건에 이미 기속되어 있는 경우 더욱 그러하다. 또한 그밖에도 주의 외부지역에서 송출되며 보통 안테나를 사용하여 수신할 수 있는 프로그램은 "일반적으로 접근할 수 있는 정보원"으로서(기본법 제5조 1항 1문), 원칙적으로 주법률의 규율대상이 아닌데다가 기술이 발전함에 따라 이런 프로그램의 숫자가 더욱 늘어난다고 볼 때, 엄격한 요구사항의 제시가 어떤 성

---

37) S. 124, 156f.
38) Archiv fuer Presserecht(언론법논총; 정기간행물임).

과를 가져다 줄지 알 수 없다.

2. a) 니더작센 주 주방송법 제44조 1항은 자유롭게 중계전파한다는 원칙에 관한 규정이다. 입법자가 이 규정을 통해 추구하는 목적은 주민들이 주 내 또는 주 외부의 다른 방송프로그램에 대해서도 접근을 용이하게 한다는 데에 있다(주의회기록 LTDrucks. 10/1120, S. 26). 이는 헌법상 결코 우려할 만한 것이 아니다. 뿐만 아니라 중계전파하는 프로그램에 대하여 전송능력이 충분하지 아니한 경우에는 방송수신자 다수가 원하는 방향으로 프로그램을 선별하도록 한 주방송법 제44조 2항과 3항의 규정도 헌법적으로 우려할 바 없다. 입법자는 이로써 선정원칙이라는 요구(연방헌법재판소 판례집 57, 295〔327〕)에 부응한 것이며, 충분하게 그 선별기준을 확정한 것이다.

(원문 S. 198 – 역주)

b) 한편 법률에서 방송의 중계전파에 대하여 특별한 면허를 요구하기를 포기하고 있다고 해도 헌법적으로 이에 대해 이의제기를 할 수 있는 것은 아니다.

연방헌법재판소의 판례에 따르면, 모든 형태의 방송법규에서는 민영방송의 송출을 새로 인정하게 되거나 또는 그밖의 다른 방송사가 진출하는 경우 방송의 자유가 요구하는 것을 충족시키고 있는지의 여부를 사전에 심사하는 것은 불가피하다(연방헌법재판소 판례집 57, 295〔326〕). 방송송출에 대하여 법원이 필수적인 것이라고 보는 것을 살펴보면, 입법자가 방송진출에 관한 규율을 마련하고, 이에 관하여 심사하고 결정할 때 지켜야 할 법치국가적 절차를 규정해야 한다는 것이다(연방헌법재판소 판례집, 같은 곳). 하지만 이로부터 중계전송되는 프로그램에 대해서도 형식을 갖춘 면허가 필수적으로 요구된다는 결론이 도출되는 것은 아니다. 1986년 6월 24일자 라인란트-팔츠 주방송법(제22조)을 제외한 그밖의 다른 주매체법률들은 이런 내용을 규정하고 있는데, 청구인도 이를 헌법이 명한 것이라는 견해를 갖고 있다.

주방송법 제44조 2항은 중계전송할 의도가 있으면 이를 허가관청이 "조치"를 취하기 한 달 전에 고지할 것을 요구하고 있으며, 다만 해당 프로그램이 이미 보통의 안테나를 통해 수신가능한 지역에서 해당 프로그램에 변경을 가하지 않은 채 모든 혹은 몇 개의 기초지방자치단체에 중계전송하는 경우 예외를 허용하고 있다. 주방송법 제44조 3항 규정이나 일반법률에 대한 위반이 거의 확실하다고 할 정도로 높은 개연성을 지녔을 경우, 허가관청은 그 프로그램이나 광고의 중계전송을 거부한다(주방송법 44조 4항 4문).

(원문 S. 199 - 역주)

허가관청의 거부를 포함한 이들 조치는 주방송위원회의 제정에 따라 행한다(주방송법 제44조 4항 5문). 따라서 주방송법 제44조에 따르면, 이 경우에도 방송의 자유가 요구하는 바에 부응하는지를 사전에 심사해야 한다고 명하는 것이다. 이러한 사전심사가 부정적인 결론에 이를 경우에만 형식을 갖춘 처분으로 종료해야 한다고 규정했다면, 이는 법률로 규범화된 중계전파의 자유로부터(주방송법 제44조 1항) 논리적으로 도출되는 것에서 벗어나지 않았다고 할 것이다. 이 절차는 특수한 면허절차와 같은 기능을 갖고 있다. 그러나 이 절차는 연방 전체를 대상으로 하는 전국적 프로그램의 공급자가 독일 연방공화국 내의 각 주에서 자신의 프로그램을 전파하는 것과 관련하여 모든 주에서 특별한 면허를 획득하고자 할 경우 발생하게 될 시간적인 지체나 사안처리의 어려움을 피하게 하는 것이다.

c) 방송프로그램의 전파에 대하여 제기되는 실체법상의 요구사항은(주방송법 제44조 3항) 이들을 보장하기 위해 마련된 예방조치와 다를 바 없이 기본법과 합치한다. 그러나 사실에 부합하며 포괄적이고도 진실에 기초한 정보를 제공해야 한다는 의무를 부과하기를 포기했다는 점과, 니더작센 주에 전파되는 외국 방송물에 대하여 반론권을 충분히 확보하지 못했다고 하는 점에 관해서는 이의제기가 가능하다.

aa) 연방헌법재판소 판례에 따르면, 입법자는 전체 프로그램의 내용에 대하여 지도원칙을 세우고 구속력을 갖추도록 해야 하는데, 이때 그 지도원칙은 최소한의 내용적 균형성, 객관성, 상호존중성을 보장하는 것이어야 한다(연방헌법재판소 판례집 12, 205〔263〕; 57, 295〔325〕). "외부다원"적 모델의 경우 각개 방송사는 균형성에 관한 의무를 부담하지 않는다. 하지만 이들은 사실에 부합하며, 포괄적이고도 진실에 기초한 정보를 제공하며, 최소한의 상호존중성을 지켜야 하는 의무를 진다(연방헌법재판소 판례집 57, 295 〔326〕). 이 의무부과의 상대방은 방송사에 그치지 아니한다. 이는 중계전파의 경우에도 부과된다. 주의 외부에서 송출되며 직접 수신이 가능한 프로그램과는 달리 선별하여 수신한 프로그램을 케이블시설에 유입시키는 행위는 입법자의 영향권에서 벗어나지 않는다.

(원문 S. 200-역주)

이렇게 자유롭게 유입하도록 조치했다는 점이야말로 케이블을 통해 전파되는 프로그램이 방송의 자유에 위배되지 않도록 입법자가 책임져야 한다는 근거가 된다. 그러므로 입법자는 이 프로그램의 경우에도 사실에 부합하고 포괄적이며 진실에 기초한 정보의 제공과 최소한의 상호존중성을 보장해야 한다. 그런데 주방송법의 경우 제44조 3항 1문의 조항만으로는 이와 같은 요구를 충족시키기에 불완전한 것이다. 왜냐하면 이 조항은 일반적으로 인간의 존엄성을 침해하거나, 포르노성 내용을 내포하거나, 폭력을 묘사하거나, 인종차별을 조장하는 것이거나(제11조 3항), 청소년보호의 규정에 위반한 것이거나(제14조) 또는 광고에 관한 개별 조항(제26조 1항과 5항 2문)에 부응하지 못한 것으로서, 오직 이런 프로그램들의 중계전송만을 금지할 뿐이기 때문이다. 하지만 주방송법 제44조 3항 1문은 인간의 존엄성에 대한 침해금지 원칙에는 최소한의 상호존중의 원칙을 내포한다는 식의 헌법합치적 해석을 할 수도 있다. 또한 이 같은 해석은 부분적으로-예컨대 모욕적인 내용을 포함한 방송물의 경우-"일반적인 법률"[39])이 개입할 수도 있다. 그런데도 사실에 부합하고 포괄적이며 진실에 기초한 정보를 제공할 의무는-특히 국내방송의 경우-비록 송출에 관하여 효력을 미치는 법에 의해 생겨날 수도 있겠지만, 사실상 전적으로 결여되어 있는 것이다. 이런 맥락에서 볼 때 주방송법 제44조 3항 1문이 제13조를 열거하지 않았다는 점에 대하여 청구인이 이의를 제기한 것은 사실관계에 비추어보면 정당한 지적이라고 하겠다. 사실에 부합하고 포괄적이며 진실에 기초한 정보를 제공할 의무는 형식적으로나 주방송법 제13조 본문의 형태로 규명되어야 할 필요는 없다. 하지만 이와 같은 의무가 주방송법 제44조 3항 1문에 포함되어 있지 않기 때문에, 이 규정은 기본법 제5조 1항 2문에 불합치한 것으로 보인다.

bb) 일련의 다른 주의 매체법과는 달리(예컨대 바이에른 주의 매체에 관한 시험 및 발전에 관한 법률 제35조 1항 1문 7호) 니더작센 주 주방송법이 규율한 바에 전혀 포함되어 있지 아니한 사항이 바로 니더작센 주에서 전파

---

39) 기본법 제5조 2항에 규정된 제한을 가리킨다-역주.

되는 방송프로그램에 대한 반론의 보장이다. 주방송법 제18조는 주 내에서 송출되는 프로그램에만 해당한다.

(원문 S. 201 - 역주)

따라서 불이익을 당한 사람은 다른 주의 매체법이 그 주에 소재한 방송사를 대상으로 반론청구권을 인정해주는 경우에만 보호받게 된다. 소재지가 외국에 있는 방송사에 대해서는 특히 모든 외국의 법질서가 실체법적 그리고 절차법적 측면에서 효과적인 반론청구권을 인정하지 않는 경우 이 같은 보호를 받지 못할 수 있다. 본 사건의 경우 불이익을 당한 자가 완전히 무법상태에 빠지게 되는 것은 아니다. 하지만 주방송법은 방송물의 표현으로 인하여 불이익을 당한 자에게 언론에 특유한 그리고 효과적인 권리보호의 가능성을 보장하는 방송프로그램만이 니더작센 주에서 전파되도록 확실하게 보장하지는 않고 있다.

헌법에 보장된 일반적 인격권은 그런 예방조치를 취할 것을 명하고 있다. 즉 일반적 인격권은 입법자에게 현대의 대중적 의사소통 매체의 여건을 감안할 때, 언론매체가 사적 영역에 미치는 영향에 대하여 개인을 효과적으로 보호하도록 의무를 부과하고 있다. 특히 방송내용에 의해 불이익을 당한 사람에게는 이 같은 방송내용에 대해 자신의 주장으로 반박할 수 있는 가능성을 부여하되, 이를 법적으로 보장해야 한다. 그렇게 하지 않을 경우 불이익을 당한 사람은 공개적 토의의 단순한 객체로 전락하게 될 것이다(연방헌법재판소 판례집 63, 131〔142f.〕). 따라서 니더작센 주 입법자가 방송송출의 중계 전파에 관하여 그 요건을 규율하면서, 헌법이 명한 인격권보호를 확보하는 것을 게을리 하였다면, 이는 기본법 제1조 1항과 관련한 제2조 1항에 합치하지 않게 된다.

cc) 한편 주방송법 제44조 3항 2문이 동 1문의 범위를 넘어서 제15조의 요구사항을 기본법의 효력범위 내에서 방송되는, 신고의무가 있는 프로그램의 경우까지 확대하고 있는 것이라면, 이는 헌법에 위배된다고 보기 어렵다.

이 규정은 프로그램을 송출할 때 준수해야 할 법에 따라 내용적으로 내부적 다원성을 확보하라는 요구에 부응해야만 하는, 선별하여 유입시키는 프로그램에 해당하는 것으로 문제의 소지가 없다.

(원문 S. 202-역주)

그리하여 이들을 전파하는 것은 허용된다. 신고의무가 있는 어떤 특정한 경향성을 띤 프로그램이 그밖의 다른 프로그램의 균형성에 대하여 상당한 정도로 침해함으로써 그 프로그램을 유선망에 유입시키면 주방송법 제44조 3항 2문과 합치하지 않게 될 경우, 그리고 이 같은 이유로 그 프로그램의 전파를 거부했을 경우(주방송법 제44조 4항 1문) 이는 헌법상 우려의 소지가 없는 것이다.

외국 방송사의 프로그램을 전파하는 경우 주방송법 제15조의 요구를 관철시킬 수 없다는 점에 대해서도 마찬가지로 이의를 제기할 수는 없다고 한다. 이 같은 주장은 객관적으로 보아 하나의 의사로 인정해야 하는데, 이들 프로그램은 일반적으로 독일연방공화국만을 대상으로 한 것이 아니며 의사의 형성이라는 측면에서도 국내 프로그램과 동일한 정도로 영향을 미치는 것도 아니기 때문이다. 특히 이들은 대부분 독일어가 아닌 언어로 방송할 경우가 많은데다, 그 언어의 비율이 높으면 높을수록 영향력은 더 낮아지기 때문이다. 뿐만 아니라 외국 방송사에 대해서도 이들이 내보내는 프로그램에 있어 주방송법 제15조의 규정과 같이 독일연방공화국의 중요한 정치적·세계관적·사회적 세력과 그룹이 각기 자신의 의사를 적절하게 반영할 수 있도록 조처해야 한다고 요구할 가능성 그 자체가 거의 없을 것이다.

마지막으로 이렇게 전파되는 프로그램의 광고에 대하여 낮게 설정된 요구사항으로부터 방송의 자유에 대한 심각한 위협이 발생했다고 볼 수는 없을 것이다. 이에 대하여 주방송법 제44조 3항 3문은 단지 주방송법 제26조의 1항과 5항 2문의 규정만을 구속력 있다고 규정하는데, 그것도 단지 신고의무 있는 독일어 방송에만 적용하고 있을 뿐이다. 이에 따르면 광고는 그밖의 프로그램과 명확하게 구분되어야 한다. 광고는 오직 블록으로 묶은 경우만 허용한다. 프로그램을 중단하면서 내는 중간광고는 오직 1회만 그리고 100분 이상의 방송물에만 허용한다(제26조 1항). 또한 광고는 적어도 연방소속 주 하나(landesweit)에 관련성을 갖는 것이어야 한다(제26조 5항 2문). 이 규정들의 적용에서 배제된 주방송법 제26조의 조항은 실제로 그 중요성 측면에서 미미하거나 전혀 중요하지 않기 때문에 이 규정들은 충분하다고 보아야 한다 (위에 IV 2 참조).[40]

dd) 주방송법이 프로그램 전파와 관련하여 제시하는, 전반적으로 엄격성이 떨어지는 이 같은 요구들은 청구인이 적시한 바와 같이 방송송출에 대한 보다 엄격한 규정을, 특히 주방송법 제15조가 명하는 바를 회피하도록 유인하는 계기가 될 수도 있을 것이다.

(원문 S. 203 – 역주)

방송공급자가 프로그램을 송출하는 장소를 선택할 때 좀더 제한이 가벼운 지역을 선호할 것이며, 그 다음 단계에서는 프로그램을 주방송법 제44조 3항에 따라 니더작센 주 케이블시설에 유입·전송하게 할 수 있을 것이다. 이는 특히 외국으로부터 선별하여 유입하는 프로그램이긴 하지만, 독일 방송사의 것인 경우 마찬가지의 문제가 발생할 것이다.

다른 주 매체법과는 달리 니더작센 주 방송법은 이 같은 사태전개에 대응할 수 있는 규정을 갖추지 못하고 있다. 그러나 이것이 위헌이라는 청구인의 주장에는 동의할 수 없다. 우려되는 위험의 종류와 정도는 현재 거의 평가하기가 어려운 실정이다. 물론 기존의 규정이 방송의 자유에 대한 위협에 대처하기에 충분하지 않다는 점이 확연히 드러났다고 한다면, 사후개선이라는 방법으로 시정책을 마련하는 것이 입법자의 과업이 될 것이다.

ee) 청구인의 견해나 몇몇 소견서의 견해와는 달리, 논의된 조항의 보장을 위해 니더작센 주 방송법에 제시된 규정들에 대해서도 헌법적으로 전혀 이의를 제기할 바 없다. 통제의 절차, 규모, 수단에 있어 근본적인 결함이 발견되지 않는다.

니더작센 주 케이블망을 통해 중계전파되는 프로그램이 제11조부터 제15조까지, 그리고 제26조의 요구사항을 반드시 충족시켜야 하는 한, 이 프로그램들은 주방송위원회의 통제하에 놓여 있다(주방송법 제28조 1항). 그러나 위반사태가 발생했을 경우 취해야 할 조치는 주방송위원회의 제청에 의해 행하는 것으로 허가관청의 관할사항이다(주방송법 제44조 4항 5문). 특정 프로그램이 반복해서 제44조 3항에 열거한 규정이나 기타 일반적 법률에 속하는 그밖의 조항에 위반하는 경우, 허가관청은 프로그램의 전파를 금지하는 조치를 취한다(제44조 4항 1문).

---

40) S. 180ff.

(원문 S. 204 - 역주)

광고에 관한 조항을 위반한 경우 오직 광고만 금지할 수 있다(제44조 4항 2문). 이 금지에 대해서는 반드시 사전에 서류형식으로 경고해야 한다(제44조 4항 3문). 전파에 책임이 있는 자는 허가관청과 주방송위원회에 필요한 정보를 제공하고 관련된 서류를 제출할 의무를 진다(제44조 5항 1문).

이로써 이 법률이 – 다른 모든 주매체법의 예에서 벗어나 – 관할사항의 일부를 허가관청에게 이전하고 있는데, 그렇게 할 필연성은 전혀 찾아볼 수 없다. 하지만 허가관청은 주방송위원회의 동의 없이는 전혀 활동할 수 없으므로(주방송법 제44조 4항 5문), 이 점은 별로 우려할 사항이 아니다. 또한 청구인이 주장하는 바와 같이 통제척도가 너무 "가볍다"는 이유로 이 규정에 대하여 이의를 제기할 수 없다. 실체법상 요구의 정도가 낮은 영역에서는 그만큼 통제도 줄여야 마땅한 것이다. 나아가 유일한 제재수단으로 전파의 금지를 규정해두었다면 아마도 이것이 유일하게 고려될 수 있는, 그리하여 활용할 수 있는 수단일 것이다. 위반행위를 중지하라는 지시(주방송법 제28조 2항 1문 참조)는 배제되어 있는데, 이는 니더작센 주 관청이 주 외부에 있는 방송사에 대하여 지시를 내릴 권한을 보유하고 있지 않기 때문일 것이다. 가장 유화적 수단인 위반확인조치는 허가관청으로서는 언제나 고려할 수 있어 달리 판단을 그르칠 소지는 없다. 뿐만 아니라 이 조치는 없어서는 안 될 것이기도 한데, 이는 금지할 것이라고 계고를 발할 때, 그 근거로 작용하기 때문이다. 청구인의 견해와는 달리, 이 금지라는 제재수단이 위반사태가 반복해서 일어난 경우에만 부과할 수 있다는 이유로 해서 그 통제가 불충분하다고 말할 수는 없다. 이 같은 상당한 간섭행위의 요건을 어렵게 설정한다고 해도 이는 전반적으로 비례성을 갖춘 것으로 보인다. 그밖에 청구인이 이의 제기한 바에 따르면, 단순한 위반에 대해서는 개입하지 않고 오직 중대한 위반에 대해서만 개입할 수 있다고 하는데, 이는 방송송출에 대하여 행했던 것과 다를 바 없다(위의 II 2 c).[41]

(원문 S. 205 - 역주)

통제수단이 적절하고 충분한 경우 주방송법 제44조 5항에 규정된 바 프로그램의 책임자가 져야 할 의무, 즉 허가관청과 주방송위원회에 이들이 자신

---

41) S. 167ff.

연방헌법재판소 제4차 방송판결: BVerfGE 73, 118ff.

의 과업을 실현하는 데 요구되는 정보들을 제공하며, 관련서류를 제출할 의무에 대해서도 다를 바 없다. 그리고 주방송법 제17조에 따르면 단지 방송사만이 방송물의 녹화기록 의무를 지고, 반면에 이 법률은 중계전파 프로그램에는 이런 의무가 성립하지 않는다. 그렇지만 이것 때문에 주방송법 제17조가 위헌이라는 결론을 내릴 수도 없으며, 통제규정 전체를 관통하는 중대한 우려가 발생했다고 볼 수도 없다. 종종 송출장소에 효력을 미치는 그 지역의 법에 기초하여 녹화기록을 남겨서 유사시에 이를 제시할 수 있도록 보존할 수도 있는데, 주방송법 제44조 5항을 근거로 이를 제출할 것을 요구할 수도 있다. 그밖에도 주방송위원회는 방송물의 기록이 없어서 자신의 과업을 효과적으로 수행할 수 없다면 스스로 그와 같은 배려조치를 취할 수 있으며, 이는 몇 가지 녹음·녹화장치만 활용하면 그리 어려운 작업이 아니다.

(서명재판관)

헤어초크 박사   시몬 박사   헤세 박사
카젠슈타인 박사   니마이어 박사   호이스너 박사
                헨셀 박사

연방헌법재판소 제5차 방송재판[1)]
BVerfGE 74, 297ff. - 바덴-뷔르템베르크 주 매체법 사건

제22건(Nr. 22)[2)]

결정요지[3)]

1. 헌법상 방송의 자유의 보장은 입법자가 특정한 방송프로그램이나 방송과 유사한 커뮤니케이션 서비스의 송출을 금지하거나, 또는 방송을 통해 의사의 형성에 기여할 가능성을 축소시키는 조치를 취하는 것을 원칙적으로 거부한다. 그러므로 공영방송에 의한 기본적 방송공급이라는 영역을 벗어나서도 입법자는 이런 프로그램과 서비스의 송출을 배타적으로 민영방송에만 허용하도록 유보하는 것이(연방헌법재판소 판례집 73, 118〔157f.〕) 허용되어 있지 않다.

(원문 S. 298 - 역주)

2. 바덴-뷔르템베르크 주 매체법은 공영방송을 소규모 지방과 중규모 지역의 방송프로그램 송출에서 제외시키고(제13조 2항 1문과 2문), 공영방송의 주문형 음향 및 동영상 서비스의 송출도 법률 또는 주 사이의 국가조약에 따라 특

---

1) 이 판례는 1987년 3월 24일자 연방헌법재판소 제1재판부 결정문인데, 연방헌법재판소 판례집 제74권 297쪽부터(BVerfGE 74, 297ff.) 357쪽까지 61쪽에 걸쳐 수록되어 있다. 연방헌법재판소는 제6차 방송판결문(BVerfGE 83, 238) 원문 308쪽에서 이 결정을 제5차 방송재판이라고 명시하였다. 이 결정문 원문의 쪽수는 역주로 표시해두었다 - 역주.
2) 연방헌법재판소 판례집 제74권에 수록된 22번째 판례란 뜻이다 - 역주.
3) 원문에는 "결정요지"라는 제목이 없다. 편의상 역자가 붙인 것이다. 여기에서 "판결요지"가 아닌 "결정요지"라고 한 것은 재판과정에서 구두변론이 이루어지지 않은 경우이기 때문이다 - 역주.

연방헌법재판소 제5차 방송재판: BVerfGE 74, 297ff.

별허가를 받도록 유보하고 있는데(제45조 2항), 이것은 기본법 제5조 1항 2문과 합치하지 않는다. 이와는 달리 다음 사항에 대해서는 헌법적으로 이론의 여지가 없다.
a) 소규모 지방과 중규모 지역의 공영라디오방송에 대하여 광고를 금지한다 거나(주매체법 제13조 2항 4문),
b) 정기 유료수신자 또는 개별수신료납부 수신자가 스스로 결정하도록 유보되어 있는 공영방송 프로그램의 경우 특별히 법률 또는 주 사이의 국가조약에 따라 면허를 받도록 유보한다거나(주매체법 제13조 3항),
c) 민영방송과 공영방송이 서로 협력하는 것을 제한한다거나(주매체법 제13조 4항),
d) 공영방송에 대하여 그들의 프로그램에서 비디오 텍스트의 기능용량 중 여유부분을 민간공급업자에게 이용할 수 있도록 의무화하는 것(주매체법 제44조 3항) 등이다.

1987년 3월 24일자 제1재판부의 결정
－사건번호: 1 BvR 147, 478/86－

이 절차는 헌법소원에 관한 것인데, 청구인은, 1. 공영방송인 남부독일방송, 그 대표는 사장직에 있는 교수 한스 바오쉬 박사, 주소: 네커 가 230, 슈투트가르트 시 1,
－소송대리인은 변호사들로서, 교수 뤼디거 축 박사와 미카엘 크바아스 박사, 주소: 로베르트코흐 가 2, 슈투트가르트 80, 등이며
－심판청구대상은 1985년 12월 16일자 바덴-뷔르템베르크 주 주매체법(법률공보, S. 539) 제5조 1항 1문과 3문, 2항; 제7조; 제10조 1항과 2항; 제13조 2항, 3항, 4항－사건번호: 1 BvR 147/86－; 2. 공영방송인 남서방송, 그 대표는 사장직에 있는 빌리발트 힐프, 주소: 한스브레도프 가, 바덴바덴,
－소송대리인은 교수 프리드리히 퀴블러 박사, 부르겐블릭 5, 쾨닉슈타인
－심판청구대상은 1985년 12월 16일자 바덴-뷔르템베르크 주 주매체법(법률공보, S. 539) 제5조 1항 1문과 2문, 2항; 제7조; 제10조 2항; 제13조

2항 1문, 2문, 4문, 3항, 4항; 제44조 3항; 제45조 2항; 제23조 2항 4호와 관련하여 제46조 2항 – 사건번호: 1 BvR 478/86 – 등이다.

(원문 S. 299 – 역주)

주문:

I.

1. 1985년 12월 16일자 바덴-뷔르템베르크 주 매체법(법률공보, S. 539) 제13조 2항 1문은 방송프로그램의 수신지역을 주 전역이 아니라 그보다 좁은 지역에 송출하거나 전파하는 경우, 이 같은 프로그램을 공영방송이 송출하거나 전파하는 것을 배제하고 있다는 점에서 기본법 제5조 1항 2문과 합치하지 않는다.

2. 주매체법 제13조 2항 2문은 1984년 12월 31일 이전에 설립된 공영방송이 다른 방송프로그램을 송출하거나 전파하는 것을 거부하고 있다는 점에서 기본법 제5조 1항 2문과 합치하지 않으며, 따라서 무효이다.

3. 주매체법 제45조 2항은 기본법 제5조 1항 2문과 합치하지 않으며, 따라서 무효이다.

II.

주매체법 제13조 2항 4문, 제13조 4항 및 제44조 3항은 기본법과 합치한다. 판결이유에 따르면, 주매체법 제13조 3항에 대해서도 마찬가지다.

III.

주매체법에 의해 1.에 대한 청구자는 I 1과 2에서 밝힌 범위에서, 2.에 대한 청구인은 I 1부터 3까지 밝힌 범위에서 기본법 제5조 1항 2문에서 도출되는 기본권을 침해했다.

연방헌법재판소 제5차 방송재판: BVerfGE 74, 297ff.

그밖의 헌법소원에 대해서는 기각한다.

(원문 S. 300 – 역주)

IV.

바덴-뷔르템베르크 주는 제 청구인에게 필요적 비용의 절반을 상환해야 한다.

이유:

A.

헌법소원의 대상은 기본적으로 현재 건립중인 이원적 방송질서의 틀 아래에서 공영방송으로 하여금 특정한 방송프로그램과 방송에 유사한 커뮤니케이션 서비스를 송출하지 못하도록 배제하고, 이들 사업을 – 비록 과도기에 한정된다고 하지만 – 단지 민영방송에게만 맡기도록 유보하는 것이 과연 기본법에 합치하는지 여부에 관한 문제이다.

I.

1986년 1월 1일자로 효력을 발생한 바덴-뷔르템베르크 주 주매체법(이하 주매체법)은 방송(라디오와 텔레비전을 포함)뿐만 아니라 방송에 유사한 커뮤니케이션에 대해서도 하나의 기본질서를 마련했는데, 이는 그밖의 다른 새 주매체법이 채택한 기본구상과 대개 일치하는 내용이지만, 부분적으로는 이를 벗어나는 것도 있다.

1. 우선적으로 방송주파수의 여유용량과 수신의 자유를 보전하기 위한 조항이 그에 해당되는데, 이들 조항을 둠으로써 이 법률은 방송사의 범주를 민영방송까지 확대하여 포함시키고, 이로써 발생한 새로운 상황에 대하여 배려하려 시도한 것이다(주매체법 제3조부터 제12조까지). 그밖의 새로운 주매체법과는 달리 이 법률에서는 방송주파수 여유용량의 배정에 대하여 상세하

게 규율하고 있다. 방송주파수의 여유용량을 배분하는 주체는 주커뮤니케이션관할청이고, 이는 주매체법 제6조부터 제8조까지 규율한 바에 따라 법규명령으로 무선주파수와 유선망의 이용계획을 수립해야 한다.

본 사건에 관한 절차의 경우 유선망에서 자유롭게 수신하는 것에 대하여 주매체법 제10조에서 규율한 바와 나란히 본질적으로 중요하다고 할 조항은 다음과 같다.

(원문 S. 301 - 역주)

제5조
이용계획

(1) 제6조부터 제8조까지 규율한 바에 따르면 주방송감독청은 법규명령으로 무선주파수와 유선망에 관한 이용계획을 수립한다. 이때 그는 독일연방체신청의 동의를 받아야 한다. 공영방송에 대해서는 그들의 견해를 밝힐 기회를 주어야 한다.
(2) 이용계획을 형성하되, 다만 다양한 견해와 정보를 얻고자 하는 소망이 사실상 구현될 수 있도록 한다. 1984년 12월 31일 시점에 이미 존재하고 있는 이용상황을 고려해야 한다.
(3) …

제7조
특정한 종류의 이용에 대한 배정

(1) 방송개설의 목적일 경우, 공영방송 또는 민영방송 그리고 방송에 유사한 커뮤니케이션 등에 대하여 무선주파수와 유선채널을 배정하는데, 그 결과,
  1. 공영방송은 자신이 법률로 부여받은 과업을 이행할 수 있어야 하고, 이와 경쟁하는 민영방송은 면허를 부여받을 수 있어야 하며,
  2. 방송에 유사한 커뮤니케이션에 대해서도 보다 발전적으로 활동영역을 확보해줄 수 있어야 한다.
(2) 중계전파할 때 유선채널의 경우, 방송프로그램과 방송에 유사한 커뮤니케이션 서비스 사이에 적절한 비례관계가 성립되도록 이를 배정해야 하는데, 이들은
  1. 주법에 근거하여 무선으로 유선망 지역에 전파되거나,
  2. 일반인이 직접 수신하게 할 목적으로 특정되어 유선망 지역에서 그 지역의 통상적인 방법으로 수신할 수 있게 하거나, 또는
  3. 제11조에 따라 선별하여 유입시키는 것이다.

주(州)커뮤니케이션관할청은 1986년 7월 19일 광대역배선망과 무선주파수

연방헌법재판소 제5차 방송재판: BVerfGE 74, 297ff.

의 이용계획에 관한 제1명령(이용계획명령)을 제정했다(법률공보, S. 256; 정정된 것, S. 304). 여기에는 특히 소규모 지방(59개)과 중규모 지역(23개)의 라디오방송을 위한 처분가능한 주파수를 포함하고 있는데, 이들은 대개는 지체없이, 그리고 아무리 늦어도 1987년 7월부터 배정할 수 있다. 그 사이에 주커뮤니케이션관할청은 처음으로 주파수를 배정한 바 있다.

(원문 S. 302 - 역주)

2. 공영방송이 지금까지의 과업을 계속해서 이행해야 하는 반면, 정부초안의 이유서에 따르면 주매체법은 방송영역에서 무엇보다도 프로그램의 형식에 대한 통로를 원활하게 하여, 가능한 한 빠른 시기에 이들과 경쟁할 방송사에 그가 공급할 다양성을 확보할 수 있도록 활동영역을 마련해주려고 노력한다는 것이다. 여기에 속한 것으로 우선 소규모 지방의 프로그램, 중규모 지역의 프로그램, 그리고 정보, 교양, 오락 중에서 특정한 종류를 전문으로 취급하고(전문 프로그램), 정기수신계약을 체결함으로써 그것에 특별히 관심을 가지고 있다는 것을 문서화한 주민에게만 전파하게 될 프로그램을 들 수 있다(주의회기록 9/955, S. 65f.). 이들 프로그램은, 어떤 경우이든 초기에는, 공영방송과 경쟁하는 일이 없도록 해서 민간방송사로 하여금 일정하게 건립의 기회를 향유할 수 있게 해야 한다는 것이다(주의회기록 9/955, S. 53f. 참조). 책임영역의 명확한 분리라는 관점에서 민영방송과 공영방송 간의 공동작업에 대해서 한계를 설정해야 한다(주의회기록 9/955, S. 82). 이 법률의 기본원칙과 목표에 기여하고자 다음과 같이 규율하고 있다.

제13조
방송법의 계속적 효력

(1) 공영방송의 방송프로그램에 대해서는 법률과 주간국가조약으로 규율한 것을 그대로 유지한다.
(2) 공영방송의 방송프로그램은 주의 전체 수신지역을 대상으로 송출하며 전파한다. 공영방송의 다른 방송프로그램은 1984년 12월 31일 기준으로 존재했던 규모로 송출하며 전파한다. 다만 기존 전파지역의 수신가능성을 개선하는 것은 배제하지 아니한다. 2문에 따른 방송프로그램에서 광고는 허용되지 아니한다.
(3) 정기수신계약으로 또는 개별수신료지급으로 유보되어 있는 방송프로그램의 경우 이들을 공영방송도 송출하고 전파할 수 있는데, 다만 법률 또는 주간국가조약 등으로 특별히 면허가 부여된 경우에 한한다.

(원문 S. 303 — 역주)
(4) 민영방송사는 공영방송사와 다음과 같은 방법으로 협력할 수 있다.
　1. 각개 음향이나 동영상 방송물을 이들과 공동으로 제작하며,
　2. 공영방송은 이들에게 방송물이나 프로그램의 일부를 처분할 수 있게 제공하거나 이들로부터 입수한다.

이에 따르면 소규모 지방과 중규모 지역의 프로그램을 송출하고 전파하는 것은 공영방송에 대해서는 원칙적으로 거부되고, 그에 따라 이들은 자신이 세운 지역화계획을 더 이상 추구할 수 없게 된다(이에 관해서는 Sueddeutscher Rundfunk, *Regionalisierung im Hoerfunk*, Suedfunk-Hefte 11[1985]; Teichert, *Rundfunk fuer die Region*, 1981 참조). 2항 2문에 해당되는 프로그램인 "라디오 슈투트가르트(Radio Stuttgart)"로서 한 시간 남짓한 것, 그리고 "라디오 쿠어프팔츠(Radio Kurpfalz)"와 "울름 슈바벤라디오(Ulmer Schwabenradio)"로서 각각 두 시간짜리의 것으로 남부독일 방송에 속한 라디오방송 프로그램은 제외된다. 이들 프로그램은 1984년 12월 31일 후에 운영된 것으로서, 법규정에 따르면 이들의 시간을 확장한 것은 다시 취소해야만 할 것이다. 이렇게 의무를 부담해야 할 것으로, 1985년 1월 이래로 월요일부터 금요일까지 5시 30분부터 8시 30분까지 송출하던 라디오 슈투트가르트의 조간잡지도 들 수 있는데, 연방헌법재판소는 이 의무부과를 1986년 1월 3일자 가명령으로 남부독일방송에 관한 헌법소원에 대하여 판결할 때까지 중지시켰다(연방헌법재판소 판례집 71, 350).

주매체법 제13조 4항에 의한 협력의 한계설정은 공영방송과 남서독일 신문발행인연합과 합의하고, 이 합의를 기반으로 한 소규모 지방의 시도로서 "도시라디오 프라이부르크(Stadtradio Freiburg)"와 "도시라디오 울름(Stadtradio Ulm)"이 성립되었던 것처럼, 민영방송사와 공영방송사 간의 합동작업을 배제했다. 이런 시도는 주매체법 제86조에 따라 우선적으로 철폐되어야 했다. 하지만 그동안 이러한 상황은 종료되었다.

주매체법 제13조 2항과 3항의 규정에 대해서 법률은 사후심사를 규정하고 있다.

(원문 S. 304 — 역주)
즉 주매체법 제88조 2항 4호와 5호에 따라 주정부는 늦어도 이 법률이 효

연방헌법재판소 제5차 방송재판: BVerfGE 74, 297ff.

력을 발생한 날로부터 4년 안에 주영조물의 보고서를 근거로 이 법률의 적용에서 얻은 체험에 관하여, 그리고 특히 다음 제 문제에 관하여, 즉 방송프로그램을 주민들에게 보완·조정 차원에서 공급한다는 목적에 비추어 과연 공영방송에 소규모 지방 및 중규모 지역의 프로그램을 송출하도록 허락하는 것이 필요한지 여부, 그리고 공영방송이 법률로 부과한 과업을 수행하도록 하기 위하여 이들에게 정기수신자 또는 개별단위 수신자를 상대로 한 방송프로그램을 허락하는 것이 필요한지 여부에 관하여 주의회에 보고서를 제출한다.

3. 주매체법 제13조 2항과 3항에서 열거한 프로그램의 경우와 유사하게, 주매체법의 정부초안 이유서에 따르면, 미래지향적인 방송유사적 의사소통 서비스, 특히 새로운 종류의 주문형 서비스 분야는 자유로운 경쟁의 규칙에 따라 수많은 공급자에게 개방되어야 한다는 목표를 추구하고 있다는 것이다. 공영방송도, 전자매체의 일반적인 구조변화 속에서 여전히 자신의 과업을 수행하고자 할 때 필수적인 범위에 한하여, 이런 공급자에 속한다. 그렇지만 주매체법에서는 공영방송에 관한 한 구조적 측면의 적용에 대하여 나중에 규율할 것이라고 규정해두었는데, 이는 우선 민영방송사에 기회를 부여하기 위한 것이었다(주의회기록 9/955, S. 65f.).

이 법률에서 의미하는 방송에 유사한 의사소통에는 특히 문자, 정지화상, 동영상, 음악, 언어적 구현물 등의 방송물을 송출하거나 전파하는 것도 포함되는데, 이들은 언제든지 그 전자적 저장장치로부터 주문하여 이전시킬 수 있으며, 또는 매우 빠르게 교환하는 방식으로 전파될 수 있으므로 누구든지 그 정보의 세세한 부분에 접근할 수 있게 된다(주매체법 제1조 3항 참조). 이러한 점에서 최근의 주매체법의 일반적인 범위를 초월하여 주매체법은 더 자세하게 이 서비스에 관하여 제6장에서(제33조 이하) 각각 문자 서비스(제38조 이하), 음향 및 동영상 서비스(제45조 이하) 등으로 분리하여 규율하고 있다.

(원문 S. 305 – 역주)

이 주매체법은 기술이 새롭게 발전함에 따라 추가하는 형태로 또는 전혀 대체하는 형태로 규율하는 것이 필요한지 여부에 관하여 나중에 심사하도록 유보하고 있다(주매체법 제88조 2항 3호).

특히 비디오 텍스트는 문자 서비스에 속한다고 보아야 할 것이다. 이는 정보체계의 하나로서 어떤 텔레비전 영상신호와 함께 송신되는 "수직적 주사선 공백"에 문자나 간단한 그림을 전송할 수 있는데, 이는 추가시설(암호해독기)을 작동시키거나, 비디오 텍스트를 읽을 수 있는 텔레비전을 가동시켜야 수신자의 텔레비전 화면에 나타나게 된다. 이 같은 체계하에서는 프로그램과 관련된 또는 전혀 다른 정보를 한정된 규모 안에서만 전송할 수 있다. 그에 반하여 음향 및 동영상 서비스는 주문형이든 방문형이든 당시로서는 아직 실현될 수 없었는데, 이를 전송하는 데 필요한 기술적 시설이 결여되어 있었기 때문이다.

방송유사 서비스에 대한 주매체법의 규정은 방송의 송출과 전파에 관한 규정과는 구분된다. 공영방송이 이와 같은 서비스를 실행하는 것에 대해서는 제한을 가하고 있다. 비디오 텍스트를 실행해도 되는 경우란 오직 자신의 텔레비전과 라디오 프로그램에 관하여 정보를 제공하거나, 프로그램에 동반되는 또는 그를 보완하는 정보를 주는 경우에 한한다(주매체법 제39조 2항과 관련하여 제44조 1항). 공영방송은 - 민영방송사와는 달리 - 아직 이용하고 있지 않는 여유 용량을 민간부문의 관심 있는 자에게 처분할 수 있도록 제공해야 한다(주매체법 제44조 3항). 주문형 음향 및 동영상 서비스는 오직 법률 또는 주간국가조약에 따라서만 시행할 수 있을 뿐이다(주매체법 제45조 2항). 방문형 서비스에 대해서는 관련 규정이 결여되어 있다. 이들에 대하여 척도가 될 만한 조항은 다음과 같다.

제44조
비디오 텍스트

(1) 텔레비전 프로그램 방송사는 텔레비전 전달신호의 공백선을 제39조 2항의 한계 안에서 비디오 텍스트의 송출에 스스로 이용할 수 있다.

(원문 S. 306 - 역주)

(2) 텔레비전 프로그램 방송사가 다른 방송사에게 텔레비전 전달신호의 공백선에 대한 이용을 양도하기를 원하는 경우 제43조 3항을 준용하여 기회균등한 진출이 보장되어야 한다.

(3) 공영방송이 자신의 텔레비전 프로그램의 전달신호 공백선을 1항에 따라 스스로 이용하지 않을 경우 이렇게 남은 여분용량을 2항에 규율한 바에 따라 다른 방송사가 처분할 수 있도록 제공한다.

(4) …

연방헌법재판소 제5차 방송재판: BVerfGE 74, 297ff.

제45조
주문형 음향 및 동영상 서비스

(1) …
(2) 공영방송은 주문형 음향 및 동영상 서비스를, 만약 법률 또는 주간국가조약 등에서 특별히 허용했을 경우, 시행할 수 있다.

제46조
방문형 음향 및 동영상 서비스

(1) 방문형 음향 및 동영상 서비스를 시행하려면 면허가 필요하다. 인적 요건과 물적 요건이 충족되면, 면허를 발급한다.
(2) 민영방송에 관한 조항 중에서… 인적 면허요건에 관한… 규정(제23조)을 준용하는 데…

II.

헌법소원이라는 구제수단에 관하여 청구인은 자신의 활동에 가해진 제한을 그 대상으로 하였는데, 그의 견해에 따르면, 이 제한은 주매체법에 구현되어 있는 규율로부터 유출되는 것이라고 한다.

1. 제1점에 관한 청구인의 헌법소원은 주매체법 제5조 1항 1문과 3문, 2항, 제7조, 제10조 1항과 2항, 제13조 2항, 3항, 4항을 대상으로 하고 있다. 이에 관하여 청구인이 제기한 주장의 주요 내용을 살펴본다.

a) 이 조항은 청구인의 행위와 프로그램에 관한 자유를 이미 제한한 상태이고, 더 이상 집행행위를 필요로 하지 않기 때문에 위에서 언급한 조항은 자기관련성, 현재성, 직접성을 충족했다고 한다. 주매체법 제5조가 주파수의 배정을 주파수이용계획의 수립에 종속시켰다고 하면서 주파수 이용계획에 단순히 편입한 것만으로도 소송대상이 된다고 한다.

(원문 S. 307 – 역주)

그러므로 행정법원법 제47조에 따른 규범통제절차의 사전구제절차를 거치도록 지시하는 것은 기대할 수 없다고 한다.

b) aa) 문제가 된 조항은 기본법 제5조 1항으로 보장된 방송의 자유가 요구하는 바를 충족시키지 못하고 있다고 한다. 방송의 자유에는 공영방송에

대하여 그의 존속과 발전을 포괄하는 기능보장이 포함되어 있다고 한다. 방송의 기능성과 그와 함께 다양하고 포괄적인 정보의 확보는 장래에 공영방송을 제한없이 보장할 것인지의 여부에 달려 있다고 한다. 민영방송은 지금으로서는 오로지 추가적 공급 정도로 이해될 수 있을 뿐이라고 한다. 그러므로 공영방송이 기능하게 함으로써 시장에 대하여 과도한 책임을 지게 하는 조치를 입법자가 취하지 못하도록 저지해야 된다고 한다. 공영방송이 담당해야 할 과업이 포괄적이기 때문에, 그것을 기본적 방송공급 정도로 축소하도록 제한해서는 안 된다고 한다. 오히려 그는 반드시 방송영역의 새로운 발전상황에 참여해야 한다고 한다. 평등의 관점에서 살펴보면, 민영방송사에 유리하게 하는 이런 기능성의 보장에 대한 제한은 헌법이 명한 바가 아니라고 한다.

bb) 이런 기본원칙에 따르면, 주매체법 제13조 2항 2문에서 소규모 지방과 중규모 지역의 프로그램을 금지한 것은 헌법위반이라고 한다. 주매체법 제13조 2항 4문에서 광고에 제한을 가한 것에 대해서도 마찬가지다. 이는 어떤 특정한 프로그램을 금지하는 것인지, 또는 오직 그의 재원조달의 형식만 금지하는 것인지의 여부에 따라 달라질 수 있다고 한다. 주매체법 제13조 3항으로 인하여 청구인은 개별적으로 대가를 받으며 행하는 방송의 모든 형태를 박탈당한 것이며, 그에 따라 이는 헌법적으로 보호된 이 중요한 프로그램영역의 미래지향적 발전에 장애를 일으키기에 적합하다고 한다. 주매체법 제13조 4항은 민영방송사와 공동협력하는 작업을 이들의 주도권에 종속되게 한다고 한다. 이 같은 제한에 대한 입법자의 규율권한 자체가 이미 의심을 일으킬 만하며, 그 동기도 분명하지 아니하고, 이렇게 규율해야 할 보호필요성이 과연 무엇인지 알 수 없다고 한다.

(원문 S. 308 — 역주)

cc) 그밖에도 주매체법 제5조 1항 1문과 3문 및 2항도 헌법위반이라고 한다. 왜냐하면 주파수 이용계획이 청구인에게 그의 기존의 주파수를 그대로 존속시켜야 한다는 것도 아니며, 그렇다고 해서 그가 장래에도 역시 충분한 주파수를 취득하여 자신의 법률적 위탁사항을 이행할 수 있도록 담보할 필요가 있는 것도 아니기 때문이라고 한다. 그리하여 절차와 협력에 관한 조항이 불충분하다고 한다. 주매체법 제7조의 경우에도 그의 정보제공의 법률적 위탁사항은 오직 당위조항의 범위 안에서만 고려될 뿐이며, 그에 따라 주커뮤니케이션관할청의 처분에 맡겨진다고 한다. 마지막으로 주매체법 제10조 1항이 기본법 제5조 1항과 불합치한다고 한다. 이 조항 1항은 면허에 대하여 요구사항을 제기하면서, 그에 요구되는 절차에 관하여 규율한 바도 없고, 어떤 민간부문 지원자이든 이 면허절차에 참여한 바도 없으며, 내용 자체에 관한 척도가 될 기준을 설정한 바도 없어, 이 기본법 조항을 불리하게 하였다고 한다. 2항은 이를 타자가 특정하는 절차에, 즉 주커뮤니케이션관할청 이 사회의 결정권한에 귀속시켰다고 한다.

2. 제2점에 관하여 청구인은 주매체법 제5조 1항 1문과 2문, 2항, 제7조, 제10조 2항, 제13조 2항 1문, 2문, 4문과, 3항, 4항, 제44조 3항, 제45조 2항, 제23조 2항 4호와 관련하여 제46조 2항을 대상으로 하였다. 그는 마찬가지로 이 헌법소원을 허용되는 것이라고 보았다. 실체적인 법적 상황에 관하여 자세히 밝힌 바 중에서 주요한 사항은 다음과 같다.

a) 입법자는 공영방송의 존속과 발전을 확보하되, 이는 민영방송의 헌법합치적 모형이 아직 실현되지 못하고 있는 한 유지되어야 한다고 한다. 그와 같은 종류의 모형을 주매체법 자체가 곧 현실로 구현하는 것은 아니라고 한다. 바덴-뷔르템베르크의 입법자 자신은 민영방송을 단순하게 추가적 공급 정도로 이해하고 있으며, 그로부터 발생하는 결손부분은 공영방송을 계속 존치시킴으로써 보완조정할 수 있을 것이라고 한다. 다만 다른 한편 민영방송사에 유리하도록, 공영방송을 특정한 프로그램영역에서 배제한다고 하는데, 이때 민영방송이 합헌적이어야 한다는 점을 확보하지 않았다고 한다.

(원문 S. 309 - 역주)

b) 그에 따르면 주매체법 제13조 2항도 헌법위반이라고 한다. 청구인을 소규모 지방과 중규모 지역의 프로그램 송출로부터 배제하면, 이로써 방송부문의 정보공급에 훼손을 가하게 되는데, 그런데도 이에 대해 적절하고 합헌적인 대체수단으로 보완조정한 바도 없다고 한다. 이 조항은 오직 민영방송사의 존속과 확장에 기여할 뿐이지, 그에 반하여 견해의 다양성이라는 목표에 기여하지는 않는다고 한다. 소규모 지방과 중규모 지역 등에서 신문의 존속을 확보하기에도 적합하지 않다고 한다. 청구인의 발전가능성 역시 좁아질 것이라고 한다. 주매체법 제13조 2항 4문에서 광고에 관하여 제한을 가하는

데, 이는 그 기능에 정당하다고 할 재원조달수단을 확보해주어야 한다는 입법자의 의무와도 모순된다고 한다. 주매체법 제13조 3항의 "전문화 금지"로 인하여 문화 및 교양 분야 프로그램에 장애가 일어나는데, 이 분야는 장기적으로 보아 수신료로는 재원을 조달할 수 없으므로, 합헌적으로 민간부문으로 대체할 수 있을지 확실하게 확보되지는 않는다고 한다. 주매체법 제13조 4항의 협력금지는 공영방송의 과업이 지닌 내재적 제한은 물론이고, 민영방송사와 공영방송의 책임영역이 서로 다르다는 차이를 근거로 삼는다고 할지라도 정당화될 수는 없다고 한다. 즉 그에 따르면 청구인으로부터, 즉 독일연방공화국 공영방송연합체(ARD)로부터 종전에 전혀 논란 없이 인정되어왔던 권한, 즉 국경을 넘는 공동프로그램에 참여할 권한을 이로써 박탈하게 된다고 한다.

c) 주매체법 제5조 2항, 제7조, 제10조 2항의 규정은 전송용량을 배정할 때 공영방송의 필요를 우선시켜 부응할 것인지 여부가 분명하게 드러나지 않는다고 한다. 그 결과 방송의 정보제공은 결코 포기할 수 없는 것으로서 공영방송의 프로그램을 중계전파해야 할 것인데, 이 점이 확보되지 못했다고 한다. 관할권한과 절차에 관한 규정은 헌법적 요구사항, 특히 방송의 국가로부터 자유라는 원칙에 부응하지 못했다고 한다.

d) 마지막으로 방송에 유사한 의사소통이라는 영역에서 청구인에게 부과된 제한 역시 기본법 제5조 1항 2문에 위배된다고 한다.

(원문 S. 310-역주)

민영방송사를 장려하려는 것이 입법자의 의도라고 할지라도, 이는 일반적으로 산업을 지원한다는 목표와 마찬가지로 충분한 정당화의 논거가 되지 못한다고 한다. 여기에서도 역시-합헌적으로-민영부문이 이를 대체공급할 수 있다는 담보가 결여되어 있다고 한다. 주매체법 제44조 3항에 근거하여 주파수에서 이용하지 않는 공백선을 민영업자에게 인도하라고 의무를 부과하는데, 이로 인하여 시청자에게는 정보의 왜곡과 혼란이 야기될 것이라고 한다. 그리하여 청구인의 언론관련적 신뢰수준이 훼손될 것이라고 한다.

e) 주매체법에 의한 훼손의 전체 규모는 먼저 여러 번에 걸친 제한적 침입이 유발하는 상호효과를 살펴보면 드러나게 된다고 한다. 결국 청구인은 방송이 현실적으로 발전가능성 있는 모든 부문에서 참여를 거부당하게 될 것

연방헌법재판소 제5차 방송재판: BVerfGE 74, 297ff.

이며, 그에 따라 장래에 자신의 존속 자체에 관한 위협에 봉착하게 될 것이라고 한다. 그리고 왜곡된 발전양상을 경계해야 한다고 하는데, 이는 주매체법 제88조 2항의 "개정조항"을 적용해도 더 이상 교정될 수 없다고 한다.

III.

바덴-뷔르템베르크의 주정부는 남부독일방송의 소원제기에 관한 절차에 참가했다. 연방정부의 이름으로 연방 내무부장관은 이 헌법소원에 대한 태도를 밝혔다. 그밖에 자신의 소견을 표명한 자는 바덴-뷔르템베르크의 주의회, 독일연방공화국 공영방송연합체(ARD), 독일제2텔레비전(ZDF), 루드비히하펜 지역 유선망 주커뮤니케이션관할청, 새로운 매체에 관한 바이에른 주 주센터, 사단법인 독일신문발행인연방협회, 사단법인 독일정기간행물발행인협회, 사단법인 유선과 위성 연방협회 등이다.

1. 바덴-뷔르템베르크 주정부의 견해에 따르면 주파수 이용계획에 관한 조항을 그 대상으로 하여 방송수신 참여자의 권리를 침해했다고 비난하는 한, 이 헌법소원의 허용 여부에 관하여는 우려할 바가 있다고 한다. 하지만 이 허용 여부에 관하여 어떻게 결정하든 상관없이 헌법소원은 전혀 이유없다고 한다.

(원문 S. 311 – 역주)

a) 주매체법 제13조 2항은 기본법과 합치한다고 한다. 공영방송에 대한 존속과 발전은 헌법상 보장되지 않는다고 한다. 기본법 제5조 1항 2문은 방송프로그램으로 주민들에게 충분하고 효율적인 정보제공을 담보하도록 입법자에게 의무를 부과한다고 한다. 입법자는 조직권력의 한계를 유월하지 않고 이 의무를 이행하였다고 한다. 프로그램 형성의 자유에 대하여 제한적 침입을 행한 바 없다고 할 것인데, 이는 오직 법률이 부여한 과업이 존재하는 틀 안에서만 보호되는 것이기 때문이라고 한다. 공영방송에 대하여 그 기능에 비추어 정당하게 재원을 조달해야 하는데, 이에 관해서도 의심할 바 없다고 한다. 결국 어떤 프로그램 분야이거나 상관없이 임의로 광고를 낼 수 있는 청구권이 처음부터 존재하지 않기 때문이라고 한다. 헌법이 요구하는 주민에 대

한 기본적 방송공급은 지역적 프로그램은 포함되지 않는다고 한다. 방송에 의한 최적의 정보제공의무를 인정한다고 할지라도, 이에 관한 세세한 요건을 확정하는 것은 입법자의 과업이라고 한다. 최소한 경과기간 동안이라도 공영방송이 소규모 지방이나 중규모 지역에서 방송프로그램의 송출로부터 배제한다면, 그에 관해서 입법자는 객관적인 이유를 주장할 수 있을 것이라고 한다.

물론 입법자는 방송을 기능할 수 있도록 조직해야 한다고 인식해왔다고 한다. 그러나 공영방송체제에 대하여 우선적 지위를 확보한다는 것이 그를 위한 전제라고 볼 것은 아니라고 한다. 오히려 다양하고 서로 균형을 형성하는 방송공급자를 확보하면 그것으로 충분할 것이라고 한다. 이에 대하여 입법자는 상당한 규모의 예방조치를 강구하였는데, 거기에 예측위험에 관한 부담도 포함되어 있었다. 민영방송에 불완전한 부가적 공급이라는 기능을 맡긴 데 그치는 것은 아니라고 한다. 입법자가 현재 존속중인 공영방송의 기능에 침해를 가한 점에서 이는 헌법이 명한, 즉 보호하는 방향으로 배려하면서 행해야 할 것이라고 한다.

(원문 S. 312 – 역주)

주매체법 제13조 3항은 겨우 선언적 성격을 지닌 데 그친다고 한다. 따라서 이 조항은 헌법적으로 전혀 우려할 바 없다고 한다. 입법자는 주매체법 제88조 2항 5호에서 사후의 심사를 확보하고 있다고 한다. 주매체법 제13조 4항에 대한 공격에는 그 바탕에 이미 타당하다고 할 수 없는 해석이 깔려 있다고 한다. 협력으로 나아갈 주도권을 오직 민영방송사로부터 개시될 수 있도록 해야 한다고 이 조항이 요구하는 것은 아니라고 한다.

b) 전송대역의 여분 용량을 배정하는 조항 역시 합헌이라고 한다. 방송에 유사한 의사소통에 관한 조항도 마찬가지라고 한다. 주매체법 제45조 2항과 제46조 2항은 주문형과 방문형의 서비스를 기본법 제5조 1항 2문에서 의미하는 방송으로 볼 수 없다는 점만으로 벌써 청구인의 기본권에 대한 훼손이 있을 수 없게 된다고 한다. 주매체법 제44조 3항이 추구하는 바는 – 기본법 제5조 1항의 관점에서 살피면 – 이용하지 않는 여분의 용량을 이를 이용하려는 방송사로 하여금 처분할 수 있게 해야 한다는 것이다. 공영방송의 이익에 관해서 주매체법 제44조 1항과 3항의 경우에도 충분히 배려하고 있다고 한다. 제2점에 관하여 청구인이 우려하는 것은 언론적 신뢰와 그가 책임

지고 있는 방송물에 대한 귀책가능성에 대하여 훼손이 일어날 수 있다는 것인데, 그럴 가능성이 확연히 보이는 것은 아니라고 한다. 어떤 경우이든 주매체법 제88조 2항 5호의 교정가능성을 고려해야 한다고 한다.

  2. 연방정부의 견해에 따르면, 주매체법 중 문제가 된 조항에 대해 헌법적으로 우려할 바는 없다고 한다.
    a) 기본법 제5조 1항 2문에는 공영방송에 대한 존속과 발전의 보장이 포함되어 있지 않다고 한다. 그와 같은 보장은 또한 주민들에게 방송프로그램에 관하여-이미 달성되어 있는-"기본적 방송공급을 확보해야" 한다는 과업으로부터 도출되는 것도 아니라고 한다. 이로부터 공영방송의 당시 존속상태를 보호한다든지, 그의 프로그램을 확장할 청구권이라든지, 추가로 늘어나는 전송가능성에 참여할 청구권이라든지, 새로운 의사소통 서비스의 송출에 관한 청구권도 마찬가지로 추론할 수 없다고 한다.

(원문 S. 313 - 역주)

    기본법 제5조 1항 2문은 제1차적으로 주관적 공권인 방어권으로 해석해야 하며, 이는-어쨌든 이원적 방송체제하에서-민영방송기업에 관한 설립자유와 발전청구권을 포함하며, 공영방송은 그의 고전적인 정보제공 과업에 국한되어야 한다고 한다.
    주매체법 규정에 대한 합헌성 여부를 판단할 때 그밖에도 이 법률의 실험적 성격을 고려해야 한다. 이는 입법자가 기술적, 조직적, 법적 및 의사소통에 특수한 새로운 영역에 진출한 것이기 때문이라고 한다. 따라서 이러한 규정에 불복할 경우 입법자에게 법률적 적응에 필요한 시간적 여유를 확보해 주어야 하며, 입법자는 그러한 필요성을 주매체법 제88조 2항에서 스스로 인정하고 있고 고려하고 있다고 한다.
    b) 이에 따르면 소규모 지방과 중규모 지역의 방송을 송출할 경우 청구인에 대하여 제한을 가하고 있는 주매체법 제13조 2항은 기본법과 합치한다고 한다. 이는 보완적 프로그램에 해당되며, 그 목표영역을 공영방송이 기본적 방송공급을 확보한다는 틀 안에서 이미 충족시키고 있다고 한다. 그와 같은 목적을 위해 확장한 새로운 주파수를 민간부문의 관심 있는 자에게 유보한다는 것은 주파수의 상황이 긴장상태에 있는 점을 감안할 때 불가피한 것

이라고 한다. 그렇게 하지 않을 경우 민영방송의 발전은 불가능하게 될 것이기 때문이라고 한다. 그것은 의사소통에 관한 정책적 관점에서 바람직하다고 하는데, 공법상 공급자와 민간공급자가 경합하는 체제는 소규모 지방방송시장의 경제적 가동능력에 과중한 부담을 가할 것이기 때문이라고 한다. 이런 이유에서 주매체법 제13조 2항 4문의 광고금지도 정당화된다고 하는데, 한 걸음 더 나아가 기본법 제5조 1항 2문은 특정한 종류의 재원조달에 관한 청구권을 보장한 것은 아니라고 한다. 제13조 3항에서 정기수신계약 및 개별대가지급 방식의 텔레비전을 배제함으로써 입법자는 공영방송에 대하여 단지 그의 전통적 정보제공위탁사항에 대한 주의를 환기시켰다고 한다. 마지막으로 새로운 의사소통 서비스의 송출에 대한 제한도 기본법 제5조 1항 2문에 대하여 모순되지 않는다고 하면서, 이는 헌법이 보장해야 한다는 의미의 방송이 아니기 때문이라고 한다.

(원문 S. 314 - 역주)

3. 바덴-뷔르템베르크의 주의회는 헌법소원을 부분적으로 이미 부적법한 것으로 본다. 아무튼 그것은 이유 없는 것이라고 한다.

문제가 된 규정의 경우 방송의 자유의 형성에 관한 내용이며, 그에 관해서 입법자는 그의 광범위한 재량의 범주 안에서 권한을 보유하고 있으며, 물론 법률유보와 본질성이론의 측면에서 의무를 부담하고 있다고 한다. 입법자가 - 주매체법의 경우처럼 - 이원적 방송모형을 채택했다면, 기본법 제3조가 명한 바대로, 민영방송과 공영방송을 원칙적으로 평등하게 대우해야 할 것이라고 한다. 그렇다고 하더라도 민영방송에 대하여 설립단계에서는 일정한 목적을 지닌 보조를 제공하는 것이 허락된다고 한다. 그에 반해서 공영방송에 대해서는 법적인 이유뿐만 아니라 사실상의 이유에서도 민영방송보다 우선적 지위를 부여하지는 않는다고 한다. 민영방송의 프로그램은 어떤 경우에든 결코 보충적 공급으로 이해해서는 안 된다고 한다. 이는 보충적 공급이 단지 공법상 공급으로 이들의 제공물을 보완한다는 요건을 갖추고 있어야 헌법적으로 유지될 수 있기 때문이라고 한다. 따라서 공영방송의 존속과 발전은 방송의 자유의 보장에 포함되지 않는다고 한다.

이에 따르면 주매체법 제13조 2항 1문과 2문은 기본법과 합치한다고 한다.

입법자는 이 규정으로 방송의 자유의 형성에서 허용된 자신의 재량을 유월한 바 없다고 한다. 입법자는 평등에 위반하지 않고 의사소통 과정의 여러 가지 차원을 서로 다르게 규율할 수 있다고 하며, 이로써 법률로 소규모 지방과 중규모 지역에 대하여 대규모 지역과 다르게 형성할 수 있다고 한다. 청구인을 소규모 지방과 중규모 지역의 방송으로부터 배제했다고 해도 이는 그에게 부여된 프로그램 위탁과 모순되지 않으며, 오히려 제1점에 관하여 청구인이 중규모 지역의 라디오방송 프로그램을 이미 송출한 바 있는데, 그에 대하여 요구되는 법률의 근거를 이제야 비로소 마련한 것이라고 한다.

(원문 S. 315 – 역주)

주매체법 제13조 2항 4문으로 입법자는 방송영역의 형성에 대하여 보유한 자신의 재량을 마찬가지로 전혀 흠 없이 행사했다고 한다. 기본법 제5조 1항 2문은 현재 수신료와 광고로 구성되어 있는 공영방송의 재원조달체계 자체가 아니라, 이 공영방송이 기능할 능력을 보호하는 것이며, 그 결과 광고재원조달에 관한 청구권은 존재하지 않는다고 한다. 또한 주매체법 제13조 3항으로 입법자는 자신의 형성재량을 유월한 바 없다고 한다. 이렇게 규율했다고 해서 청구인의 권리를 박탈한 것은 아니라고 하면서, 이때 권리는 지금까지 이미 존재하고 있던 규정에 대하여 지적하고 있을 뿐이며, 그에 따르면 정기수신계약요금 또는 개별지급요금 방식으로 텔레비전을 운영하는 것은 공영방송의 경우 법률이 규정하고 있지 않기 때문이라고 한다. 아무튼 이런 종류의 프로그램의 송출에 대한 공영방송의 청구권은 존재하지 않는다고 한다. 그렇지 않으면 이들 과업의 수행이 침해될 것이라는 점이 명백하지 않을 것이기 때문이라고 한다. 주매체법 제13조 4항은, 청구인의 견해와는 달리 민영공급자와 공법상 공급자에 관한 규정은 동등한 협력가능성을 인정하며, 이때 그 주도권을 민영방송사에만 제한하여 허용해서는 안 된다는 방식으로 해석해야 한다고 한다. 이렇게 해석하면 이 조항은 헌법상 우려할 바 없다고 한다. 그와 마찬가지로 방송에 유사한 서비스에 관한 조항에 대해서도 전혀 이의제기할 바 없다고 한다. 이로써 최초로 방송의 자유의 법률적 형성이 이루어지는데, 이는 입법자에게 부여된 재량의 기본틀 안에 그친다고 한다. 방송에 유사한 의사소통의 영역에서 장차 이루어질 발전상황이 불안정하기 때문에, 이에 대하여 입법자는 주매체법 제88조 2항으로 충분히 배려해두었다고 한다. 공영방송이 새로운 매체에 참여하는 것은 다양성의 확보라는 이유에 비추어 보면 결코 필요적인 것은 아니라고 한다.

4. a) 독일연방공화국 공영방송연합체(ARD)는 문제되고 있는 조항을 헌법위반이라고 보고, 그로 말미암아 자신의 행동영역에 제한이 가해지고 있다고 보았다.

(원문 S. 316 – 역주)

방송의 자유의 보장은 공영방송에 대한 존속 및 발전보장을 요구한다고 하는데, 이는 공영방송만이 언론의 다양성을 창출할 수 있는 상황에 있기 때문이라고 한다. 그 목적을 위하여 공영방송은 재원이 확보되어 있어야 하고, 기술적 발전에 참여해야 할 뿐만 아니라, 새로운 프로그램 형식을 구현할 가능성을 획득해야 할 것이라고 한다. 어떤 경우에도 공영방송은 민영방송에서 발생할 수도 있는 결손부분을 보상한다는 의미의 보완적 기능에 국한되어서는 안 된다고 한다. 공영방송의 존속 및 발전가능성에 제한적으로 침입하는 내용의 규정이 허용되는 것은 견해의 다양성을 확보한다는 이유에서 필요한 경우이거나, 또는 기본법 제5조 2항과 일치되어 발생한 경우라고 한다. 따라서 공영방송에 불리하게 민영방송에 우선적 지위를 허용하는 것은 이에 배치된다고 한다.

이런 기본원칙에 따르면 주매체법 제13조 2항 1문과 2문은 헌법위반이라고 한다. 이 조항은 청구인을 소규모 지방과 중규모 지역의 프로그램으로부터 배제할 뿐만 아니라, 그의 내용적 프로그램 형성에까지 제한적으로 침입한다고 한다. 하지만 이를 정당화하는 근거는 의사의 다양성 확보의 원칙으로부터, 혹은 포괄적인 방송공급의 요구로부터 도출할 수 있는 것은 결코 아니라고 한다. 주매체법 제13조 1항 2문에서 기준일자를 확정한 것은 자의적이며, 또한 사태의 객관적 평가에 위배되게 공영방송의 프로그램 형성의 자유를 침해한 것이라고 한다. 주매체법 제13조 3항과 4항은 의사의 다양성을 확보해야 한다는 원칙에 모순된다고 한다. 주매체법 제44조 3항은 마찬가지로 기본법 제5조 1항 2문의 보장과 합치하지 않는데, 이는 이 보장이 비디오텍스트 영역까지 확장되어 있기 때문이라고 한다.

b) 독일제2텔레비전(ZDF)의 견해에 따르면 프로그램 위탁 그리고 새로

운 기술발전에 참여하는 것에 대한 제한은 주매체법이 공영방송에 대하여 부과한 것이기도 한데, 이는 광범위하게 파악된 방송개념에 모순되며, 이 광범위한 개념은 독일제2텔레비전에 관한 주간국가조약과 방송수신료사항에 관하여 규율하는 것에 대한 주간국가조약에 그 바탕을 두고 있다고 한다.

(원문 S. 317 - 역주)

이는 주매체법 제13조 3항 그리고 마찬가지로 주매체법 제44조 3항에 대해서도 효력을 미친다. 이 개념은 텔레비전이라는 매체 내부에 존재하는 독특한 배분기능적 서비스인 비디오 텍스트의 이용에 대하여 제한을 가하는데, 그에 관하여 객관적으로 정당화할 만한 근거는 전혀 찾아볼 수 없는 것 같다고 한다. 그밖에도 공영방송이 텔레비전 신호를 아무런 장애 없이 전송하기 위해서 입법자는 비디오 텍스트의 전파에 상관없이 부분적으로 공백선(空白線)의 활용에 의존할 수밖에 없다고 한다. 어떤 경우이든 주매체법 제44조 3항은 이렇게 송신 여력의 폭을 이용할 때 분명하게 책임져야 한다는 방송헌법상의 원칙을 침해하고 있다고 한다.

5. 주유선커뮤니케이션관할청, 독일신문발행인연방협회, 독일정기간행물발행인협회, 유선과 위성에 관한 연방협회는 소견서에서 자신의 입장을 밝혔는데, 헌법소원에 반대한다는 것이었다. 이들의 헌법적 판단은 그 주요한 점에서 주정부와 주의회의 의견과 일치한다. 바이에른 주의 새로운 매체 분야 주센터는 방송프로그램 전파에 관한 기술적 발전을 제시하는 것에 국한하여 견해를 밝히면서, 민영 프로그램 공급자를 진입시킨 뒤에 방송을 조직하는 과정에서 겪은 경험상황에 관하여 보고하고 있을 뿐이다.

IV.

연방헌법재판소는 구두변론절차를 거치지 않고 재판할 수 있었는데, 이는 그로부터 더 이상 절차를 촉진할 것을 기대할 수 없었기 때문이며, 연방헌법재판소법 제94조 5항에 따라 1 BvR 147/86 사건의 절차에 참가했던 바덴-뷔르템베르크의 주정부가 구두변론을 포기했기 때문이다.

B.

　기본권에 의해 보호되고 있는 생활영역에 귀속될 수 있는 공법인으로서(연방헌법재판소 판례집 21, 362[373]), 청구인은 헌법소원으로 방송의 자유를 침해당했다고 주장할 수 있다(연방헌법재판소 판례집 31, 314[322] – 부가가치세 사건; 59, 231[254] – 자유직 방송종사자 사건). 그러나 이들의 헌법소원은 부분적으로만 적법할 뿐이다.

(원문 S. 318 – 역주)

I.

　법률에 대한 헌법소원의 적법성은 연방헌법재판소의 확립된 판례에 따르면 청구인이 문제가 된 법규범으로 인하여 자신이, 현재, 직접 기본권을 침해당했어야 한다는 것을 요건으로 한다(연방헌법재판소 판례집 1, 97[101ff.]; 72, 39[43]). 청구인이 주매체법 제13조 2항과 3항에서 적시한 바와 같이, 프로그램을 송출할 수 있는 주체의 범위로부터 배제되었다면, 그리고 이들 프로그램에서 광고를 금지당했다면(주매체법 제13조 2항 4문), 그리고 또한 주매체법 제13조 4항에서 협력에 관하여 제한당했다면, 이들을 대상으로 한 경우가 이에 해당된다. 또한 제2점에 관한 청구인의 헌법소원이 주매체법 제44조 3항, 제45조 2항 및 제23조 2항 4호와 관련하여 제46조 2항을 대상으로 한 경우에도 허용된다.

　1. a) 주매체법 제13조 2항 1문, 2문, 4문과 제44조 3항을 대상으로 한 헌법소원이 위에서 열거한 요건을 충족시킨다는 점은 뚜렷하다. 청구인은 이러한 규정의 유일한 수범자이다. 이 규정은 제1점에 관한 헌법소원 청구인으로 하여금 중규모 지역의 공급을 중지하지 않으면 안 되게 하는데, 이는 1984년 12월 31일 이후에야 비로소 도입된 것이라고 규정되어 있기 때문이다. 이 규정으로 인하여 두 청구인은 모두 소규모 지방과 중규모 지역에 새로운 프로그램을 송출하고 그리고 이들 프로그램에 광고방송물을 편성하는 것에 장애가 생긴다. 더구나 이 규정으로 인하여 제2점의 헌법소원 청구인은 비디오

연방헌법재판소 제5차 방송재판: BVerfGE 74, 297ff.

텍스트 전송 용량의 여유 부분을 다른 방송사에 처분해야 할 의무를 부담하게 된다. 이들 규정은 이 법률의 효력발생과 함께 직접 그 효력이 미치게 될 것이다.

b) 주매체법 제13조 4항에도 이에 준한 효력이 미친다. 청구인이 법규정의 직접적인 수범자가 아니라고 하더라도, 이들은 1차적으로 협력의 상대방으로 고려의 대상이 되는 자로서, 이 규정의 제한에 해당하게 된다. 따라서 자기관련성의 요건은 전혀 문제될 바 없다.

(원문 S. 319 – 역주)

2. 그에 반하여 주매체법 제13조 3항과 제45조 2항이 문제가 되는 경우 헌법소원의 적법성은 우려할 바가 전혀 없는 것은 아니다. 의심의 여지없이 이들 조항도 역시 청구인에 대한 자기관련성과 직접성을 충족한다. 그러나 현재성의 요건이 충분히 갖추어졌는지 여부에 대해서는 의심스러운 듯이 보인다. 여하튼 두 청구인 모두가 지금까지 그 법적 상황에 따르면 배제된 바 없는 가능성을 현재 이미 박탈당한 것이다. 하지만 지금까지 이들은 정기수신계약자 또는 개별지급형태 계약자에게 유보된 방송프로그램(주매체법 제13조 3항)을 전혀 송출한 바 없다. 뿐만 아니라 이런 종류의 프로그램을 바덴-뷔르템베르크 주에 도입한다는 구체적인 계획 역시 존재하지 않는다. 주문형 음향 및 동영상 서비스(주매체법 제45조)를 언제 도입할 것인지, 이 점 역시 결정된 바 없으며, 더욱이 그에 필요한 기술적 전송시설 역시 광범위하게 결여되어 있는 상태이다.

이와 같은 주변여건 때문에 청구인의 현재성의 요건이 아예 배제되는 것은 결코 아니다.

이런 현재성의 요구는 청구인이 장래 어느 때인가 한 번 ("잠재적"으로) 관련될지도 모르는 법률의 규정을 대상으로 헌법소원을 제기하는 것을 방지해야 한다. 이를 허용할 경우 헌법소원은, 연방헌법재판소법이 뜻한 바에 반하여, 결과적으로 민중소송으로 확장될 것이기 때문이다(연방헌법재판소 판례집 1, 97〔102〕). 그 법을 적용할 시점에 관련된 사람이 다른 사람과 비교하여 어떤 구체적인 소원상태에 이르게 될 것인지 지금으로서는 평가하기 어렵다는 상황인 점을 감안하면, 그와 같이 확장한다는 것은 하나의 설득력 있는 견해라고 인정할 만한 수준에 이르지는 못했다고 할 것이다(연방헌법재판소 판례집 60, 360〔371〕).

이에 따라 이 같은 요구가 저지해야 할 위험이 이 사건의 절차에서는 존재하지 않는다. 문제가 되고 있는 조항의 수범자는 오직 청구인 하나일 뿐이다.

(원문 S. 320 - 역주)

따라서 이 상황은 일반적인 법률의 경우와 전혀 다르다. 어떤 방식으로 청구인이 관련됐는지 명확하게 인식할 수 있다. 이 사태의 발생이 시차에 따라 달라질 것은 아니다(또한 연방헌법재판소 판례집 50, 290〔321〕 참조). 그런 논의와 상관없이 주매체법 제13조 3항과 제45조 2항에서 법률 또는 주간국가조약으로 특별한 면허를 유보한다는 규정은 그것 자체로 교정할 수 없는 사전적 효과를 발생시킨다. 주매체법 제13조 3항의 프로그램뿐만 아니라 제45조와 제46조의 새로운 의사소통 서비스를 도입하려면, 세세한 계획과 준비가 필요하다. 그에 따라 상당히 포괄적인 처분권은 물론이고, 재원에 관한 처분권을 확보하는 것이 필수적 요건인데, 이를 임의대로 동원할 수는 없다. 이런 조치가 무의미하게 될 위험부담을 청구인이 감수하리라고 기대할 수는 없으며, 더욱이 이에 관한 재원이 반드시 수신료 수입으로 충당되어야만 한다는 것은 더욱 기대할 수 없다고 할 것이다. 마지막으로 연방헌법재판소법 제93조에서 1년이라는 기간이 도과한 경우 청구인이 헌법소원을 제기할 수 없으며, 그밖에 이 권리를 보호받을 수 있는 다른 가능성은 없다는 것을 도외시해서는 안 될 것이다. 따라서 위에 적시된 조항에 대해서도 헌법소원은 허용된다. 제2점과 관련하여 헌법소원을 제기한 청구인이 주매체법 제23조 2항 4호와 관련한 제46조 2항에 의하여 방송의 자유를 침해당했다고 주장하는 한 위에 준하는 효과가 발생한다.

II.

헌법소원이 주매체법 제5조 1항과 2항, 제7조, 제10조 1항과 2항의 유선망에 관한 이용계획과 자유로운 수신에 관한 규정을 대상으로 제기되었을 경우 이는 부적법하다. 청구인이 이들 조항과 직접 관련되는 것이 아니기 때문이다.

이 법률이 그 시행을 위하여 집행권의 의지에 따라 특별히 영향을 받는 집행행위를 전제로 하고 있다면, 개인의 권리를 직접적으로 침해한 집행행위에 대해서만 헌법소원을 제기할 수 있다. 청구인은 이런 집행행위에 대하여 주어진 권리구제수단을 거쳐야 하며, 그런 뒤에야 헌법소원을 제기할 수 있다(연방헌법재판소 판례집 1, 97〔102f.〕; 72, 39〔43f.〕 m.w.N.; 연방헌법재판소 판례, 1986년 12월 2일자 결정 - 1 BvR 1509/83 -, 회람용 유인물 사건, S. 8; 확립된 판례).[4]

(원문 S. 321 - 역주)

그와 같은 종류의 법률집행적 고권행위로 볼 수 있는 것으로 법규명령을 들 수 있다(연방헌법재판소 판례집 53, 366〔389〕).

주매체법 제5조 1항 1문에 따르면 이용계획은 법규명령으로 수립해야 한다. 법률 자체는 목적을 특정한다거나 명령권한 보유자가 실현해야 할 "프로그램"을 적시한다는 것에 제한해왔다. 청구인의 법적 지위는 이렇게 이용계획을 확정함으로써 비로소 변경될 수 있을 뿐이다.

이런 판단은 우선적으로 현존하는 주파수에 적용된다. 이용계획이 현재상황에서 벗어나게 규율하지 않는 한, 이는 전혀 변함없이 존속한다. 추가적으로 청구된 주파수와 관련하여 법의 변경은 이용계획에 근거해서 신청자 또는 그와 경쟁하는 자에 대하여 배정함으로써 이루어진다. 주변여건을 살펴보아도 마찬가지로, 주매체법 제5조 이하에서 공영방송이 주파수를 획득하려면 명령권한 보유자를 통해 배정받아야 한다고 했기 때문에, 청구인이 직접 관련됐다는 근거를 확보할 수 없다. 왜냐하면 이 조항을 제정하기 전에는 이들에게는 주파수를 배당받도록 허용된 법적 지위가 존재하지 않았기 때문이다. 오히려 이들은 주정부와 독일연방체신청의 긍정적인 결정에(우려할 바 없다는 선언에) 종속되어 있다. 이는 헌법소원 청구인이 배정받겠다는 희망을 밝혔다고 해서 오직 그것에만 종속되는 것은 아니고, 다른 관점과 이익을 또한 고려해야 한다는 뜻이다. 이러한 점에서 주매체법 제5조 이하의 조항은 배정절차를 변경하고 있다. 하지만 이로 말미암아 청구인이 지금까지 보유하고 있던 법적 지위에 어떤 제한을 당한 것은 아니다. 이용계획에 대해서 헌법소

---

4) 이 책(이 판례집 제74권을 가리킨다 - 역주)의 제7 사건으로 실려 있음, S. 69, 74.

원 청구인은 바덴-뷔르템베르크 주 행정법원법 시행법과 관련한 행정법원법 제47조에 따라 행정법원의 규범통제의 방법으로 대처할 수 있다.

(원문 S. 322 - 역주)

이에 대하여 관할권한을 보유한 행정법원은 이용계획의 수립에 관한 법률의 조항이 헌법위반이라는 결론에 이를 경우, 그는 기본법 제100조 1항에 따라 연방헌법재판소에 그 위헌 여부에 대한 제청을 하여야 한다. 그렇지 않을 경우 청구인은 행정법원의 본안재판에 대하여 헌법소원을 제기할 수 있다. 헌법심사의 기초가 되는 규범이 보충성을 지니고 있다는 의미는 청구인이 주장하는 주매체법 제5조 이하의 조항에 의한 기본권의 침해가 이용계획에서 필수적으로 반복되어야 하는 것은 아니라는 데까지 미친다. 청구인이 주파수배정에 참여하는 정도가 충분한지 여부, 이들이 법률에서 규정한 프로그램의 위탁사항을 수행하는 것이 가능한지 여부는 이용계획 자체와 그의 수립절차의 형성에 종속되는 것이다.

주매체법 제10조의 경우 역시 청구인은 직접 관련된 것은 아니다. 이 조항의 1항에서는 이용계획의 특정한 효과에 관하여 규율하고 있는데, 이는 명령을 발하지 아니하고서는 그 효과가 발생하지 아니하며, 그저 프로그램을 유선망에 선별하여 유입시킬 때 이용계획에서 규율한 바를 존중하도록 조치해야 한다는 데 그친다. 그리고 2항은 허용용량이 충분하지 않아서 유선채널을 배정할 경우 적용해야 할 기준을 추가적으로 설정하고 있는데, 이를 적용하면 청구인에게 불리한 영향을 미칠 수도 있다. 하지만 이는 이용계획이 효력을 발생해야 비로소 침해하게 되고, 따라서 이용계획과 상관없이 판단할 수는 없는 것이다.

C.

소규모 지방과 중규모 지역의 방송사업에서 청구인을 배제한 것(주매체법 제13조 2항 1문과 2문)과 주문형 음향 및 동영상 서비스의 경우 법률 또는 주간국가조약에 따라 특별한 허가를 받아야 한다고 유보한 것(주매체법 제45조 2항)을 대상으로 한 헌법소원은 이유 있다.

연방헌법재판소 제5차 방송재판: BVerfGE 74, 297ff.

(원문 S. 323 – 역주)

그러나 그밖의 다른 사항에 대한 헌법소원은 이유 없다. 즉 주매체법 제13조 2항 4문, 제13조 4항, 제44조 3항에 관해서는 헌법상 이의제기할 수 없다. 주매체법 제13조 3항에 대해서도 헌법합치적으로 해석되는 경우 헌법상 이의제기할 수 없음은 마찬가지다. 주매체법 제46조 2항은 공영방송의 권리를 침해하지 않는다.

I.

헌법에 따라 판단할 때 결정적인 척도는 기본법 제5조 1항 2문에 보장된 방송의 자유이다.

방송의 자유는 기본법 제5조 1항의 모든 권리보장과 동일한 과업에 기여한다. 즉 단순한 보도나 정치적 의사의 중개에 국한되지 않고 포괄적인 의미에서 개인과 공공의 자유로운 의사형성을 보장한다(연방헌법재판소 판례집 57, 295〔319〕 m.w.N. – 자를란트 주 민영방송 사건; 59, 231〔257f.〕; 73, 118〔152〕 – 니더작센 주 주방송법 사건). 자유로운 의사형성은 의사소통의 과정에서 발생한다. 자유로운 의사의 형성은 한편으로 의사를 자유롭게 표현하고, 전파하는 자유가 전제되어야 하며, 다른 한편으로 표현된 의사를 인식한다거나, 정보를 수집할 수 있는 자유가 또한 전제되어야 한다. 기본법 제5조 1항은 의사표현의 자유, 의사전파의 자유, 정보의 자유를 인권으로 보장함으로써, 그와 동시에 이 과정을 또한 헌법적으로 보장하고자 시도한 것이다. 이러한 의미에서 기본법 제5조 1항은 주관적 권리의 근거를 제공한다. 이에 관련하여 기본법 제5조 1항은 의사의 자유를 주관적 권리의 요소와 객관적 법 요소가 상호 침투하고 상호 지원하는 관계를 이루는, 법질서 전체에 관한 객관적 원리로 규범화한 것이다(연방헌법재판소 판례집 7, 198〔204〕 – 뤼트 사건 참조).

방송은 헌법에 의해 보호받는 이 같은 과정의 "중간 매개체"이면서 또한 "독자적인 요소"이기도 하다(연방헌법재판소 판례집 12, 205〔260〕 – 독일-방송 사건). 이에 따르면 방송의 자유는 일차적으로 주관적 권리의 요소와 객관적 법의 요소로 의사형성의 자유에 기여하는 자유이다. 방송의 자유는 현대적인 대중적 의사소통의 여건하에서 의사형성의 자유를 필수적으로 보완하고 강화시킨다. 방송의 자유는 방송을 통한 자유롭고 포괄적인 의사의 형성을 보장해야 한다는 과업에 기여한다(연방헌법재판소 판례집 57, 295〔319f.〕).

(원문 S. 324 – 역주)

이는 무엇보다 방송이 국가의 영향력과 지배력으로부터 자유로울 것을 요구한다. 나아가 방송의 자유를 보장하려면, 현존하는 의사의 다양성이 방송분야에서 가능한 한 폭넓고 완전하게 표현되도록 하고 이를 통해 포괄적으로 정보가 제공될 수 있도록 보장하는 그런 적극적 질서를 요구한다. 이 목적을 달성하기 위해서 방송의 자유라는 과업을 목표로 지향하며, 따라서 기본법 제5조 1항이 보장하는 것을 실현하기에 적합한 실체·조직·절차상의 규정이 반드시 필요하다. 입법자가 이 과업을 어떻게 이행할 것인가 하는 것은 – 물론 이 보장에 관하여 설정된 한계 안에서 – 입법자가 독자적으로 판단할 사안이다. 오직 한 가지 중요한 판단기준은 자유롭고, 포괄적이며, 진실에 부합하는 의사의 형성이 전술한 의미 그대로 보장되도록 하는 것이다(연방헌법재판소 판례집 57, 295〔321〕; 73, 118〔152f.〕).

1986년 11월 4일자 연방헌법재판소의 판결(연방헌법재판소 판례집 73, 118〔157ff.〕)에서 재판한 바와 마찬가지로, 현재 또는 예측가능한 가까운 미래의 발전상황을 감안할 때 현재 다수의 독일연방소속 각 주에서 형성해나가는 중에 있는 이원적 방송질서는 상기의 헌법적 요청에 부응할 수 있다.

이 이원적 방송질서에서 필요불가결한 "기본적 방송공급"은 공영방송의 관할사항이다. 민영으로 송출되는 프로그램과 범유럽적 프로그램 등 방송공급이 확대되는 상황에서 판단기준이 될 만큼 중요한 것은 방송의 고전적 임무가 수행되도록 보장하는 것인데, 이때 방송의 고전적 임무는 단순한 의사뿐만 아니라 정치적 의사형성, 오락, 지속적인 사실보도의 수준을 넘는 정보는 물론이고, 문화적 책임까지 포괄하는 것이다. 방송에 대하여 제기된 이 과업을 수행하기 위해서는 기술, 조직, 인사, 재정상의 전제조건을 확보하는 것이 필수적이다.

(원문 S. 325 – 역주)

방송의 이 같은 과업의 수행이 공영방송에 의해 효과적으로 확보되는 경우 민영방송에 대해서는 프로그램 공급의 폭이나 균형적 다양성이라는 측면에

연방헌법재판소 제5차 방송재판: BVerfGE 74, 297ff.

서 공영방송과 동일하게 높은 수준의 요구를 하지 않는 것이 정당한 것으로 보인다. 그러나 입법자가 취해야 할 제반 예방조치는 민영방송에서 가능한 한 높은 정도의 균형적 다양성을 달성하고 확보하는 데 적합해야 한다.

II.

주매체법 제13조 2항 1문과 2문은, 청구인이 소규모 지방과 중규모 지역에서 방송프로그램의 송출에서 배제되는 한, 기본법 제5조 1항 2문에 위반된다.

1. 물론 이러한 위반은 주매체법이 소규모 지방과 중규모 지역에서 공영방송에 의한 기본적 방송공급을 규정한 바 없다는 것으로부터 도출되는 것은 아니다.

a) 연방헌법재판소는 1986년 11월 4일자 판결에서 기본적 방송공급이라는 개념으로 방송의 과업을 표현한 바 있는데, 이 과업의 수행은 새로운 주매체법을 기반으로 발생한 이원적 방송질서에서도 필수불가결한 것이며, 어떤 경우이든 이를 공영방송이 효과적으로 수행할 수 있도록 확보해주어야 한다(위의 I)[5]고 했다. 즉 한편으로 주민 전체에 프로그램을 공급해야 하며, 이 프로그램은 또한 포괄적으로, 그리고 고전적 방송임무가 지닌 폭을 전면적으로 수행하도록 정보를 제공하는 것이어야 하며, 다른 한편으로 의사의 다양성이 헌법이 명한 방식대로 확보되도록 원칙적인 배려가 이루어져야 한다는 것이다(연방헌법재판소 판례집 73, 118〔157f.〕). 그러나 이에 관한 설명에서 분명히 드러나듯이, 기본적 방송공급이라는 개념은 오직 공영방송에게만 국한된다거나, 혹은 민영방송에 대하여 제기해야 할 요구조건에 대해서는 전혀 효력을 미치지 않을 정도로 축소될 수도 있다고 하는 따위로 최소한의 정보공급을 의미하는 것은 결코 아니다.

(원문 S. 326 – 역주)

이는 또한 공영방송과 민영방송 사이에 어떤 한계선을 설정하거나 과업을 분할한다는 의미도 아닌데, 즉 기본적 방송공급에 귀속되는 프로그램이나 방

---

[5] S. 323ff.

송물은 공영방송에, 그밖의 모든 프로그램이나 방송물은 민영방송에게 유보하거나 또는 유보할 수 있다는 의미가 결코 아니라는 것이다. 1986년 11월 4일자 판결에 따르면 본질적인 요소는 다음 세 가지이다. 첫째는 모든 사람이 방송물을 수신할 수 있도록 확보해주는 전송기술인데, 당분간은 기존의 지상파 기술을 의미한다(연방헌법재판소 판례집 73, 118〔128〕). 둘째는 방영물로서 제공하거나 취급하는 그 대상과 방법이 전술한 방송의 임무에 부분적으로가 아닌, 전면적으로 부응하는 공급이어야 한다는 의미에서 프로그램의 내용적 기준이다. 마지막으로 조직과 절차법상의 예방조치를 취함으로써 현존하는 다양한 방향의 의사를 표현하는데, 그 균형적 다양성을 효과적으로 확보해야 한다는 것이다.

공영방송의 어떤 프로그램이 개별적으로 필요불가결한 기본적 방송공급에 속하는지에 대하여 1986년 11월 4일자 판결에서는, 본 사건의 절차와 마찬가지로, 재판할 필요조차 없다고 했다. 어떤 경우이든 이 문제에 대해서는 공영방송의 개별적인 프로그램이나 특정 프로그램 부분을 고립시켜 해답을 찾을 수 없는데, 그 이유는 기본적 방송공급은 언제나 다수의 프로그램을 전제하고 있기 때문이다. 연방헌법재판소는 1986년 11월 4일자 판결에서, 적어도 이 판결 시점에서 지상파로 전파되는 공영방송 프로그램들의 현재 수준이 바로 필수불가결한 기본적 방송공급에 해당될 수 있다는 사실을 인정했던 것이다.

b) 전술한 요구사항을 기초로 하여 살펴보면, 소규모 지방과 중규모 지역 프로그램의 송출에 대하여 주매체법 제22조에 따라 면허가 발급되었다는 -그리고 오직 이 점만 고려될 수 있는 경우- 점에서 주매체법 제13조 2항 1문과 2문은 기본적인 정보공급이 필수적인데 이를 결여하고 있다는 관점에서 이의를 제기할 수는 없다.

(원문 S. 327-역주)

aa) 정치·경제·문화의 발전에 의해 형성된 각 소규모 지방과 중규모 지역의 독특한 고유성을 방송에 표현하게 해야 한다는 과업과 관련하여 주 또는 연방 전체를 대상으로 행하는 공영방송사들의 기본적 방송공급 이외에 여기에 추가하여 소규모 지방과 중규모 지역 단위의 독자적인 기본적 방송공급을 실시해야 한다는 것이 결코 명확하게 요청된 것은 아니다. 왜냐하면 특수

연방헌법재판소 제5차 방송재판: BVerfGE 74, 297ff.

하게 소규모 지방이나 중규모 지역의 방송물이라고 할 수 있는 주제의 개수는 민영방송이 공급하는 프로그램을 훨씬 넘어서는 공영방송의 폭넓고 완전한 공급이 반드시 필요하다는 근거를 확보하기에 충분하지 못하기 때문이라고 한다. 또한 공영방송이든 민영방송이든 소규모 지방과 중규모 지역의 프로그램은 자체의 방송물을 하루 종일 특수한 지방과 지역적 관계성을 가진 대상물로 채워넣을 수 없을 것이다. 결국 이런 방송물은 하루 중 몇 시간 정도에 국한될 것이라고 짐작된다. 지역적으로 수신이 제한된 것일 뿐, 사실 그런 지역적 관련성을 갖추지 아니한 프로그램이라면, 그의 기본적 방송공급은 주 전체를 대상으로 한 프로그램에 의해 이미 보장되었다고 할 것이다.

bb) 그 중요성이 점차 크게 부각되고 있는 소규모 지방과 중규모 지역 방송의 경우에도 물론 공간적으로 좁은 영역이라고 하더라도 그 내부에 현존하는 의사의 다양성이 방송에 표출되도록 효과적인 보장이 있어야 한다는 것이다. 이 목표를 달성하기 위해서, 소규모 지방과 중규모 지역방송에서 균형있는 의사의 다양성이 민영방송에 관한 법질서에 의해 이미 효과적으로 확보된 경우가 아니라면, 공영방송에 의한 기본적 방송공급이 필요하게 될 것이다.

민영방송의 송출에 관한 면허의 발급에 대하여 통상의 경우 그 효력을 미치는 조항, 즉 주매체법 제20조 1항은, 평등한 보장을 실현하지는 못하고 있다. 즉 독일어 종합 프로그램 혹은 특별한 방법으로 의사를 형성하는 독일어 전문 프로그램, 특히 시사적인 정보를 제공하는 프로그램을 송출하려는 자는 이 조항의 1문에 따르면 서로 경쟁하는 프로그램으로서 수신할 수 있는 최소한도의 숫자에 이를 경우 면허를 부여받을 수 있다.

(원문 S. 328 – 역주)

중규모 지역을 넘어서는 프로그램에 대해서 이 법은 그 전파지역 내에서 공영방송의 프로그램 이외에 적어도 3개의 동일한 종류의 독일어 프로그램 또는 프로그램의 부분이 면허를 부여받고, 기본법의 효력범위 지역 내에 유입되어, 중계전파하는 것에 관하여 면허를 부여받았거나, 또는 그 지역에서 통상 수신하는 것이 가능한 경우 이 최소한의 수가 충족된 것으로 보고 있다. 이 수치는 소규모 지방과 중규모 지역 프로그램에서는 2개로 축소되어 있다(2문). 그러나 소규모 지방과 중규모 지역방송에서는 의사의 다양성 및 문화적 다양성을 평가할 때 – 주매체법 제14조 3항과는 달리 – 주 전체를 대상으로 송출하여 전파하는 공영방송의 프로그램들은 처음부터 제외되는데, 이들 프로그램은 "동일한 종류"의 프로그램, 즉 소규모 지방과 중규모 지역 프로그램이 아니기 때문이다. 유입하여 중계전파하는 것에 대하여 면허가 부여된 프로그램이나, 그 지역에서 통상 수신할 수 있는 프로그램의 경우에도 마찬가지다. 또한 2개의 다른 민영방송 프로그램이 이미 면허를 받은 상태라고 할지라도, 소규모 지방과 중규모 지역방송의 경우 균형 있는 다양성의 확보가 공영방송에 비해 훨씬 뒤진다.

그러나 민영방송 공급자가 주매체법 제22조 1항, 2항, 4항에 의해 면허를 부여받았다면, 공영방송이 소규모 지방과 중규모 지역 범위에서 기본적 방송공급을 떠맡는 것은 요구되지 않은 것 같다. 주매체법은 이들 조항으로 균형 있는 다양성을 보장하기 위한 예방조치를 취했는데, 이들은 공영방송에 적용되는 제반 규정에 비해 근본적으로 그 강도가 약한 것이라고 할 수 없으므로 그 정도로 충분하다고 할 수 있다.

물론 이 법률의 체계에 따르면 주매체법 제22조는 단지 하나의 포괄적 해결방법에 지나지 않는다(Bullinger/Goedel, *Landesmediengesetz Baden-Württemberg*, Kommentar, 1986, Rdnr. 1 zu § 22). 그러나 이 해결방법은 소규모 지방과 중규모 지역 방송에 대해서 유일하게 가능한 것이며, 그 결과 일반적인 규칙이 되었다.

(원문 S. 329 - 역주)

주매체법 제22조 1항은 어떤 특정한 개별세력이 수신지역에서 방송에 의한 여론형성에 대하여 지배적인 또는 고도의 불균형적인 영향력을 갖지 않는다는 점이 보장된 경우, 민영방송사의 면허를 취득할 수 있게 한다. 다만 이 때 면허의 발급에는 언론매체자문위원회의 승인이 필요하다(주매체법 제65조). 위에서 열거한 제 요건이 일반적으로 충족되었다고 인정하려면, 그 전파지역 내에서 본질적으로 중요한 각 방향의 의사의 주체로 하여금 방송사를 구성하게 한다든지, 또는 조직 측면에서 특히 프로그램 자문위원회를 그 수신지역의 본질적으로 중요하다고 할 의사의 대변자들로 하여금 구성하게 할 뿐만 아니라, 프로그램 구조 및 원칙 면에서도 법적으로 일정한 조치를 취하여 방송물이 전체적으로 균형 있는 의사의 양상을 중개할 수 있게 보장해야 한다는 것이다(주매체법 제22조 2항). 위와 같은 요건이 미비된 경우에도 면허를 취득할 수는 있으나 이는 오직 다음 요건을 충족한 경우에 한한다. 즉 방송사가 의사의 다양성을 보장하기 위하여 필요한 것이지만, 정작 자신의 방송물에서는 배려하지 않은 성향의 의사를 담은 기고물에 대하여 방송시간 중 적절하게 일부를 할애하여 개방채널의 형태나 기타 다른 방법으로 제공할 의무를 지는 경우에 한한다(주매체법 제22조 3항). 전술한 요구사항에 부응하는지 여부는 주방송감독청이 일정한 기간을 두고 정기적으로 그리고 특별한 계기가 있을 경우 심사해야 한다. 경우에 따라서는 주방송감독청이 반드시 개입해야 할 경우도 있다(주매체법 제22조 4항).

주매체법 제22조 2항에 따라 면허가 부여된 경우, 의사의 균형적 다양성은 공영방송이 행한 것과 유사한 방법으로 이 조항에 규정된 조직의 구조와 프로그램의 구조를 통해서 보장된다. 하지만 이 점과 관련하여 법적으로 담보할 조처를 어떻게 창출할 것인지에 대하여 이들 조항은 상세히 규정하고 있지 않다. 정부초안의 이유서에 따르면 이로써 일정하게 탄력성을 획득하려는 의도였다고 한다. 즉 4년의 시험기간을 거친 뒤에 그때 얻은 경험을 기초로 해서(주매체법 제88조 2항) 그밖의 더 자세한 사항에 관하여 결정할 수 있으려면 사례마다 각각 그에 적용할 척도가 개발되고 발전되어야 한다(주의회기록 9/955, S. 89f.).

(원문 S. 330 - 역주)

그러나 이로 인해 이 조항이 의사의 다양성의 확보와 관련하여 공영방송과 같이 고도의 요구수준을 그대로 유지하고 있다는 점에는 변함이 없다. 즉 이와 관련하여 이들 조항은 내용적으로 내부다원성을 요구하는 데 그치지 않고, 조직 측면에서도 내부다원적 구조를 요구한다. 방송사는 특히 조직을 구성하면서 공영방송의 구조를 따를 수도 있으며, 중요한 사회세력의 대표자를 모두 참여시켜 자문위원회를 구성하여 그들에게 균형 있는 프로그램 형성에 기능할 수 있는 권한을 부여할 수 있다(주의회기록 9/955, S. 89f.). 조직상 내부다원성은 방송공급자 연합체라는 틀 속에서도 - 주식회사법을 수단으로 하여 - 창출할 수 있는데, 이 경우 방송공급자 연합체라는 조직형태는 프로그램 형성과 관련하여 다원적 영향력을 행사할 수 있도록 담보해야 하므로, 결코 자본에 비례하며, 프로그램에 중립적으로 참여하는 데 그치지 않는다. 여기에 덧붙여 요구되는 절차상 사항으로서 다원적으로 구성된 언론매체자문회의가 면허에 대하여 동의해야 하며, 의사소통담당 주방송감독청도 주매체법 제22조 4항에 따라 지속적으로 통제를 행한다.

이에 반하여 주매체법 제22조 3항은 이 목적을 달성하기에 무력한 수단만을 확보하고 있을 뿐이다. 즉 방송사가 배려하지 않은 성향의 의사를 위해 방송시간의 일부를 제공해야 할 의무를 진다고 하더라도, 이것 자체로는 이러한 성향의 의사가 실제로 프로그램에 등장한다는 것을 의미하는 것은 아닐뿐더러, 더 나아가 지역 내 현존하는 의사의 전체적 다양성이 가능한 한 폭넓고 완전하게 표현된다는 것을 의미하는 것은 더욱 아니다.

그러나 제22조 1항, 2항 및 4항의 해결책은 전술한 척도와 더불어 연방헌법재판소가 단독 민영방송사의 조직에 대하여 충분하다고 간주한 제 요건에 부응한다(연방헌법재판소 판례집 73, 118〔174f.〕).

(원문 S. 331 – 역주)

프로그램의 구조와 프로그램의 원칙을 수립하고, 자신의 방송물이 전체적으로 균형 있는 의사의 모습을 갖추어 중개하는 것을 법적으로 보증해야 할 방송사의 의무도 담보조치의 하나로 고려대상에서 제외될 수 없는 것이다.

이들 규정을 전체적으로 살펴보면, 소규모 지방과 중규모 지역 민영방송과 관련하여 주매체법 제22조 1항, 2항 및 4항을 통해서 내용 면에서 내부적 다원성을 확보했을 뿐만 아니라, 조직 및 절차 면에서도 유효하게 담보를 확보함으로써 충분하게 규율한 것으로 보인다. 이들 조항이 요청된 방법대로 적용된다면, 즉 조직상 내부다원성의 확보 및 프로그램 편성과 관련한 내부다원적 영향력 행사의 요구사항이 고려되고, 이 같은 요구의 준수 여부를 주방송감독청이 효과적으로 통제한다면, 의사의 다양성을 보장하기 위해 공영방송과 동일한 종류의 프로그램을 공급하게 할 필요는 없다.

2. 그러나 주매체법 제13조 2항 1문과 2문에 의해 규범화한 것을 살펴보면, 소규모 지방과 중규모 지역 민영방송의 경우 1984년 12월 31일자로 이전에 설립되지 않은 것은 여기에서 배제한다고 하는데, 이는 다른 관점에서 보면 기본법 제5조 1항 2문과 합치하지 않는다. 이같이 배제할 경우 기본법 제5조 1항 2문이 보장하고 있는 바에 따르면, 방송의 자유가 기여해야 할 자유로운 의사형성의 원칙을 위반한 것이다(위의 I).[6]

a) 새로운 주매체법의 기반 위에 형성된 현재의 이원적 방송질서 아래에서 공영방송이 지금까지 공급해온 기존의 프로그램에 민영공급자가 제공하는 프로그램을 보충하게 되는데, 이것은 그밖의 방송사나 프로그램이 추가된 결과 방송공급을 전체적으로 개선하는 경우에만 의미를 가질 수 있다. 이 사정은 아무리 민영방송이 그 자체적으로 현재의 여건하에서 기본법 제5조 1항 2문의 요구를 완전히 부응하지 못한다고 하더라도 마찬가지일 것이다.

(원문 S. 332 – 역주)

방송공급의 전체적인 개선이 이루어질 수 있는지 여부는 한편으로 더 많은 수의 프로그램이 개설될 수 있는지의 여부에 따라 달라질 수밖에 없는데, 이는 숫자가 많을수록 내용에 관한 다양성을 확보할 기회가 더 커지기 때문이다. 다른 한편으로 개선할 기회는 프로그램 간에 벌어질 경쟁의 양상에 따라 달라질 것이다. 공영방송과 민영방송이 병존하고 있는데, 그 바탕에는 (특히) 공영방송과 민영방송 간 저널리즘적 경쟁이 서로 자극하며 상생적으로 기능하여 주 내 전체 프로그램에 영향을 미치고, 이를 통해 의사의 다양성이 강화되며 확대될 것이라는 사상이 자리잡고 있다. 하지만 민영방송에는 공영방송에 대한 저널리즘적 경쟁이라는 과업을 부여하면서, 반대로 공영방송에는 민영방송에 대한 그와 같은 경쟁을 거부하는 것은 서로 합치하지 않는다. 즉 자유롭고, 포괄적이며, 진실에 부합하는 의사가 형성되려면, 이 과정에 참여하는 자에게 정보의 제공을 유보하지 않아야 하며, 어떤 견해이든 다른 견해와 논쟁의 과정을 거치면서 결국 자신의 견해를 관철하거나 교정하지 않을 수 없게 한다는 전제요건을 갖추어야 가능한 것이다. 따라서 정신적 논쟁에 관한 발언을 금지한다면, 이는 의사의 자유를 촉진하는 것은 고사하고, 이를 보장해주지도 못하는 경우에 처하게 될 것이다. 어떤 견해이든 자유롭게 형성되도록 그 가능성을 확보하고 또한 보호하는 것이 방송의 자유의 과제라면, 이를 보장하는 것은 입법자가 원칙적으로 특정 방송프로그램의 송출을 거부한다거나 방송을 통해 전파된 발언이 의사의 형성에 기여할 가능성을 축소시키는 조치를 취하는 것을 금한다. 공영방송에 의한 기본적 방송공급을 넘어서는 영역일지라도, 입법자는 오히려 원칙적으로 그와 동일한 조건으로

---

6) S. 323ff.

방송프로그램을 자유롭게 송출할 수 있도록 허용해야 한다는 것이다.
 이러한 점에서 보면 공영방송의 여러 프로그램은 프로그램 공급을 풍성하게 하고 다양하게 하는 데 기여한다. 공영방송의 여러 프로그램은 의사자유의 생존적 요소로서, 언론적 경쟁을 가능하게 하며 더욱 강화해준다. 공영방송 프로그램은 주파수나 채널이 부족한 경우에 우선적 지위를 향유할 수는 없지만, 다만 그밖의 다른 방송사의 프로그램과 동일한 지위를 요구할 수 있을 것이며, 그에 따라 그밖의 다른 방송사의 프로그램들과 마찬가지로 공영방송에 대해서도 이와 같은 프로그램의 재원조달가능성이 마련되어야 한다는 것이다.

(원문 S. 333 – 역주)

 소규모 지방과 중규모 지역방송의 경우 전술한 원칙이 특히 중요하다. 이 영역에서는 신문이나 방송의 경우 중규모 지역 또는 현장에 관련성을 지닌 기고물에 관한 공급자의 수가 범지역적 영역에 비하여 상당히 적다. 상황이 유리한 경우로서 하나의 신문에 지역신문사가 송출하는 프로그램이 아닌 다른 지역의 방송프로그램이 하나 더 등장하는 경우인데, 이는 일반적이라고는 할 수 없으나 빈번한 경우이다. 따라서 이 같은 상황하에서는 소규모 지방 및 중규모 지역의 공영 프로그램을 금지하는 것은 바로 효과적인 저널리즘적 경쟁을 본질적인 부분에서 또는 심지어 전면적으로 저해하는 의미임을 결코 간과해서는 안 될 것이다.
 이에 반하여 소규모 지방과 중규모 지역 프로그램들은 단지 동일한 폭의 프로그램 공급과 동일한 기본구조만을 제시할 수 있어서, 그 결과 공영방송 프로그램이 민영방송 프로그램들에 대하여 본질적인 것을 첨가해줄 수 없다는 점에 대해서 이의를 제기할 수는 없다고 한다. 게다가 이들 프로그램의 내부적 다원성이 법적으로 보장되었다고 한다(위의 1 b).[7] 프로그램이 다양성의 폭이나 그 구조 측면에서 전체적으로 보아 일치할 경우라고 하더라도, 주제의 제시나 취급하는 방법은 서로 본질적으로 다를 수 있다. 내부다원적으로 조직된 방송사가 다수의 프로그램을 공급하는데도, 이들이 정보제공이나 의사형성의 측면에서 내용적으로 다양하게 기여하지는 못할 것이라고 가

---

7) S. 326ff.

정한다면, 이는 현실과 동떨어진 판단이 될 것이다. 따라서 공영방송 프로그램이 행하는 경쟁이 소규모 지방과 중규모 지역의 의사형성에 전혀 중요성이 없다고 말할 수는 없다. 주매체법 제13조 2항 1문과 2문이 이 같은 경쟁을 억제하고, 소규모 지방과 중규모 지역의 방송을 민간 공급자에게 유보한다면, 이 조항은 방송의 자유를 축소하는 것이다.

(원문 S. 334 - 역주)

b) 하지만 이렇게 축소하는 것은 기본법 제5조 1항 2문에서 도출되는 방송의 자유를 형성해야 한다는 입법자의 과업(위의 I)[8])을 충족하지 못한다. 형성은 오직 방송의 자유를 확보할 목적에만 기여할 수 있을 뿐이다(연방헌법재판소 판례집 73, 118[166]; 또한 연방헌법재판소 판례집 57, 295[321] 참조). 이러한 점에서 입법자에게 과업이 부여되었다고는 하지만, 그렇다고 입법자가 기본법 제5조 1항 2문의 기속으로부터 자유로운 것은 아니다(기본법 제1조 3항 참조). 주정부가 주장한 것이기도 한 조직의 형성에 관한 입법자의 자유도 역시 여러 소견서에서 주장된 바와 같이 자신이 제정한 규정을 다시 개정하거나 폐지할 권한과 마찬가지로 이런 기속성에 제한을 받게 된다. 따라서 이런 종류의 일반적인 검토는 결코 구체적 이유를 대신할 수는 없는데, 즉 이 구체적인 이유는 방송의 자유를 언급하는 법률적 조치가 방송자유를 더 개선하거나 적어도 동등하게 유지하는 데 기여하게 하며, 따라서 이는 형성적 규율로서 헌법상 허용된다는 것이다.

소규모 지방과 중규모 지역 방송에서 공영 프로그램을 배제하는 기준이 될 근거는 이 요건을 충족시키지 못한다. 바덴-뷔르템베르크 주의 매체법에 대한 주정부 초안의 이유서에 따르면, 그 근거는 오직 하나, 민간공급자를 공영방송과 이루어질 경쟁으로부터 보호한다는 것이다. 즉 나중에 진출하는 민영방송사가 바로 이 분야에 아직 남아 있는 시장의 기회를 활용하려고 하는데, 이는 공영방송으로 하여금 곤란에 빠지게 할 위험이 있다는 것이다. 뿐만 아니라 소규모 지방과 중규모 지역의 신문 역시 위험에 빠지게 될 형편인데, 다시 말하자면 자신의 생존에 필수적인 광고재원의 일부를 소규모 지방 또는 중규모 지역 방송에 잃게 될 위험에 빠지는데, 더 나아가 이들 방송을 스스

---

8) S. 323ff.

로 송출함으로써 광고재원을 다시 확보할 가능성조차 없다는 것이다(주의회 기록 9/955, S. 53f.). 따라서 우선은 공영방송이 현재보다 그 활동범위를 확대해서는 안 된다는 것인데, 이로써 민영 서비스가 건립될 수 있도록 지금 당장에는 이들을 공급 측면에서 강력하고 거대한 공영방송과의 경쟁에 내맡겨서는 안 된다는 것이다(같은 곳, S. 66).

그렇지만 이 같은 경제적 이유가 방송에 의한 소규모 지방과 중규모 지역의 의사형성을 위한 발언을 금지하는 것을 정당화할 수는 없다.

(원문 S. 335 – 역주)

시장의 기회라는 것은 경제적 문제이지 의사자유의 문제가 아니다. 의사의 자유에 관한 한, 이는 다른 사람에게 의사표현이 금지된 경우 유리한 지위를 차지하게 된 자의 처지에서 보면 그 자체로 자신의 고유한 의사의 자유가 더 늘어나는 것은 결코 아니다. 물론 그와 같은 점을 제외시켜놓고 보더라도, 이 같은 금지조치가 현존하는 의사의 다양성을 가능한 한 폭넓고 완전하게 표현한다는 과업에 어느 정도까지 기여할 수 있는지 분명치 않다. 차라리 유리한 지위를 차지하게 된 자들도 심지어 경쟁자들이 자신보다 더 다양하고 더 질 좋은 프로그램들을 공급하는 경우에도 경쟁자로부터 보호받는 셈이다. 이와 같이 자유로운 저널리즘적 경쟁과 정신적 논쟁을 억제하는 것은 기본법 제5조 1항의 보장이라는 기본사상과 합치될 수 없다. 일단 민영방송은 다양한 그리고 청취자와 시청자의 흥미를 유발하는 프로그램들을 공급하도록 스스로 노력함으로써 저널리즘적 경쟁에 대처할 수 있다. 이 경우 민영방송은 이원적 방송체제하에서 보완되고 확장된 자신의 기능을 충족시키는 것이므로, 공영방송 프로그램을 금지할 필요는 전혀 없다. 그렇지 않은 경우 민영방송이 공영방송 프로그램과 맞서 경쟁할 만한 프로그램을 공급할 능력이 아예 없을 수도 있다. 그렇다고 이 경우 그와 같은 경쟁프로그램들을 법적으로 금지하는 것이 의사형성의 자유와 특히 방송의 자유에 기여하는 것은 결코 아니다. 그런데도 입법자가 그와 같이 금지조치를 내리는 경우, 이를 결코 방송의 자유를 허용된 방법으로 구체화한 것이라고 볼 수는 없다.

그밖에도 기존의 공영방송의 "독점"을 제거하면서 그와 동시에 특정 프로그램에 대해서는 민영방송의 "독점"의 바탕을 마련하려는 태도는 논리적 정합성을 갖추지 못한 것으로 보인다. 공영방송의 독점제거는 민영방송에 개방

을 통해 보다 폭넓은 프로그램과 이를 통한 정보의 제공에 기여한다는 방송
질서의 재편사상에 부응하는 것이다. 그러나 새로운 "독점"의 창출은 이 사
상에 명백히 모순된다.

(원문 S. 336 - 역주)

민영방송사에 대해 사실상 경쟁 자체를 무망하게 만드는 공영방송사의 우
월한 지위가 이런 평가를 부정하는 것은 아니다. 한편 이와 관련하여 주장되
는 논거를 살펴보면, 공영방송은 그 조직, 인사 및 재원조달 측면에서 월등해
야 한다는 것인데, 이 주장은 적어도 소규모 지방이나 중규모 지역 방송의
경우 결코 결정적인 중요성을 획득하지 못한다. 이들 영향력의 범주는 주 단
위 또는 전국 단위의 종합방송에 비하면 훨씬 빈약하다. 또한 공영방송 자체
도 지금까지 이 영역에서는 겨우 제한적인 경험만 축적할 수 있었으며, 그
결과 현저한 격차를 두고 앞서나가는 것도 결코 아니다. 자질을 갖춘 인사라
면, 민영방송사 역시 기용할 수 있다(연방헌법재판소 판례집 73, 118[194]
참조). 마지막으로 한 가지 지적해두어야 할 것은 소규모 지방과 중규모 지역
프로그램의 질은 반드시 그 방송사의 재원조달 능력에 종속되어 있다고는 할
수 없으며, 특히 이들 프로그램의 제작비용이 상대적으로 낮다는 점을 감안
하면 그 종속성은 더 약해진다. 물론 어떤 민간공급자이든 프로그램 경쟁에
서 살아남기 위해서는 경제적으로 생존능력을 갖추고 있어야 한다는 것은 분
명하다. 이러한 점에서 입법자가 이 전제조건들을 보장하고자 노력하는 것은
정당하다고 할 수 있을 것이다(아래 III).[9] 그러나 입법자는 아무리 자신의
형성적 권한의 범위 내라고 할지라도, 이에 관하여 결코 저널리즘적 경쟁을
제한하는 방안을 선정해서는 안 된다.

c) 주매체법 제13조 2항 1문과 2문은 기본법 제5조 2항에 따라 허용되
는 그런 제한이 아니다. 따라서 이 관점에서 보더라도 이 조항을 그대로 존
속시킬 수는 없다.

aa) 이 조항을 기본법 제5조 2항이 뜻하는 "일반적인 법률"로 평가할 수
있는지의 여부 자체가 이미 우려를 야기한다. 왜냐하면 이 금지는 전적으로
공영방송만을 대상으로 한 것이어서 결과적으로 이 금지에는 인격적 일반성

---

[9] S. 341ff.

이 결여되어 있다(연방헌법재판소 판례집 21, 271〔280〕). 어쨌든 이 규정은 기본법 제5조 1항에 보장되어 있는 기본권을 제한할 때에는 항상 비례적이어야 한다는 원칙을 충족시키지 못했다.

(원문 S. 337 - 역주)

기본법 제5조 1항의 제 기본권이 지닌 한계는 그 자체로 헌법이 보장한 자유라는 관점에 비추어 파악되어야 한다. 일반적인 법률은 자유민주주의 국가에서 기본법 제5조 1항의 기본권이 지닌 의미를 인식한다는 관점에서 해석되어야 하며, 기본권을 제한하는 효력을 가질 경우라도 그 법률이 다시 기본권에 의해서 제한될 수 있다(연방헌법재판소 판례집 7, 198〔208f.〕; 확립된 판례〔이른바 교호적 효력 - 역주〕). 따라서 방송의 자유, 그리고 주매체법 제13조 2항 1문과 2문으로 보호되어야 할 법익을 헌법에 합치하는 하나의 질서에 귀속시키는 것이 필요하다. 소규모 지방과 중규모 지역 방송을 금지하는 제한은 이 조항이 확보해야 할 보호를 실현시키기에 적합하며 필요한 것이어야 한다. 이 조항을 통해 달성하려는 것은 기본법 제5조 1항의 자유 중 하나에 가하는 제한으로 인하여 발생하게 될 권익침해와 적절한 비례관계를 유지해야 한다(연방헌법재판소 판례집 71, 206〔214〕).

전술한 바와 같이 주매체법 제13조 2항 1문과 2문의 과업은 민영방송을 공영방송과의 경쟁으로부터 보호하자는 데 있다. 이렇게 보호함으로써 민영방송의 시장진입 초기의 기회를 개선시켜야 한다는 것이다. 이 목적을 위해 입법자가 선택하는 수단은 소기의 목적을 달성하는 데 적합한 듯이 보인다. 그러나 방송의 자유를 보다 덜 침해하는, 보다 완화된 조치만으로도 소기의 목적을 달성할 수 있을 것이다. 어쨌거나 소규모 지방 및 중규모 지역 방송에서는 공영방송이라고 해서 특별히 언급할 만큼 큰 격차의 우위를 점하고 있다고는 인정할 수는 없다(위의 b).[10] 따라서 만약 입법자가 주매체법 제13조 2항 4문의 광고금지를 규정하는 것으로 자신을 국한시켰더라면, 필요성의 원칙에 부응했을 것이다(아래 III).[11] 이에 반해 공영방송을 소규모 지방과 중규모 지역 방송의 송출로부터 완전히 배제한다면 이는 더 이상 기본법과 합치하지 않는다.

---

10) S. 334.
11) S. 341ff.

(원문 S. 338 – 역주)

이 점을 제외하면 입법자의 조치는 좁은 의미의 비례성을 갖추지 못하고 있다. 민영방송을 경쟁으로부터 보호하고, 이를 통해 민영방송의 진출기회를 유리하게 개선한다면, 이는 부적절한 침해를 야기하게 된다. 즉 이러한 조치들은 그가 작용하는 범위 내이긴 하지만 저널리즘적 경쟁과 정신적인 논쟁을 억제한다는 의미이기 때문이다. 그러나 언론매체에서 의사의 다양성에 대해 더 이상 거론되지 않은 소규모 지방과 중규모 지역 방송에서는 바로 이 점이 중요한 것이다. 그러므로 주매체법 제13조 2항 1문과 2문에서 금지하는 조치는 방송의 자유에 대한 침해를 야기하는 데 그치지 않는다. 이 수준을 넘어 전체적으로 자유 민주주의적 기본질서의 근간을 이루는 의사의 자유에 반한다(연방헌법재판소 판례집 35, 202〔221f.〕- 레바흐 사건). 이들 법익의 보호에 비하여 민영방송을 공영방송과의 경쟁으로부터 보호하는 조치에 대해서는 결코 우선적 지위를 부여할 수 없는데, 입법자가 이 같은 보호조치를 통해 원칙적으로 합헌적인 새로운 방송질서의 실현을 확보하고자 할지라도 사정은 마찬가지다. 그러므로 주매체법 제13조 2항 1문과 2문은 방송의 자유에 대한 허용된 제한을 포함한 바 없다.

bb) 주매체법 제88조 2항 4호 역시 이 평가에 근본적인 변화를 일으키지 못하는데, 이 조항에 따르면 주정부는 늦어도 이 법률이 효력을 발생한 때로부터 4년 후에는 주방송감독청의 보고를 기초로 하여 보고서를 작성해서 주의회에 제출해야 하는데, 그 보고서는 이 법률시행과 관련한 경험들, 특히 "주민에게 균형 있는 방송프로그램을 공급하기 위해 공영방송에도 소규모 지방과 중규모 지역 프로그램을 허락하는 것이 필요한지 여부"에 관한 것이어야 한다.

바덴-뷔르템베르크 주정부와 주의회, 그리고 연방 내무부 그리고 독일정기간행물발행인협회 등의 소견서에서 주장하는 견해와는 달리, 이 조항의 보조적 역할로 인하여 주매체법 제13조 2항 1문과 2문이 합헌이 된다고 할 근거가 마련되는 것은 결코 아니다.

(원문 S. 339 – 역주)

왜냐하면 이 법률은 방송 분야에서 시간 및 지역적으로 제한된 실험적 규정이라는 성격을 지닌 것은 아니기 때문이다. 이 같은 실험적 규정의 경우

연방헌법재판소의 판례에 따르면, 이런 종류의 실험이 경험의 축적이라는 과업에 기여하기 때문에, 입법자에게 훨씬 커다란 형성적 자유를 부여한다는 것이다(이에 관한 것으로는, 연방헌법재판소 판례집 54, 173〔202〕 그밖의 전거와 함께 참조; 이에 관련하여 연방헌법재판소 판례집 57, 295〔324〕). 즉 주매체법 제88조 2항은 이 법률의 효력지속성과 관련하여 시간적인 한계를 규범화한 바 없다. 입법자가 늦어도 이 법률이 효력을 발생한 후 4년이 지날 때까지 제13조 2항 1문과 2문을 심사하고, 필요한 경우 개정하기를 원한다는 사실에서 이 조항의 실험적 성격이 발생할 수 있는지의 여부에 관해서 판단하지 않고서도 논의를 펴나갈 수 있는데, 이는 거론되고 있는 규정에서 금지한 것이 내용상으로 진정한 의미의 실험이 아니기 때문이다. 진정한 의미의 실험이라면 이 조항을 반복가능한 구성요건으로 규율해야 한다는 요건을 충족시켜야 한다. 즉 실험이 오류로 밝혀진 경우 다른 구성요건으로 규율할 수 있어야 한다. 그러나 이는 "초기 단계"에 대해서는 배제되어 있다. 이 단계는 반복될 수 있는 과정이 아니고, 오직 일회적이며 확정적인 과정이다. 만약 입법자가 나중에 비로소 파악하여, 공영방송을 배제한다고 해도 민영방송사가 현재 시장에서 누릴 수 있는 기회를 악화시키는 것은 아니라는 견해를 형성하게 되었다고 하더라도, 이때에 이르러서는 상황을 원상으로 회복할 수는 없게 된 데다가, 이 상황을 고려하여 다른 방식을 채택함으로써 규율할 수도 없게 된 상태일 것이기 때문이다.

3. 이에 따르면 주방송법 제13조 2항 1문은 주내 공영방송의 전체 송출지역을 대상으로 송출하거나 전파하지 않는 방송프로그램을 공영방송이 송출하거나 전파하는 것을 배제하는 한 기본법 제5조 1항 2문과 합치하지 않는다. 주방송법 제13조 2항 2문은 1984년 12월 31일 이전에 설립되어 존속하고 있는 것이 아닌 다른 방송프로그램을 송출하거나 전파하는 것을 금지한다는 점에서 기본법 제5조 1항 2문과 합치하지 않아 무효이다.

(원문 S. 340 – 역주)

바로 이 범위에서 1문과 2문 두 문장의 조항은 기본법 제5조 1항 2문에서 도출되는 헌법소원 청구인의 기본권을 침해한 것이다.

a) 주방송법 제13조 2항 2문은 남부독일방송에 대해 연방헌법재판소가

연방헌법재판소 제5차 방송재판: BVerfGE 74, 297ff.

1986년 1월 3일자로 내린 가명령(假命令)에 따라 헌법소원에 대한 판결이 있기까지 자신의 월요일부터 금요일까지 그리고 오전 5시 30분부터 8시까지의 시간대에 슈투트가르트 라디오방송을 위한 방송물을 중단할 것을 의무화하고 있는데(연방헌법재판소 판례집 71, 350), 이 의무는 전술한 바에 따라 효력을 상실하게 되었다. 민영방송사에 유리한 방향으로 대체를 모색하는 기존 공영방송 프로그램의 금지는 헌법상 허용되어 있는 형성에 해당되거나, 또는 기본법 제5조 2항의 요구에 부응하면서 방송의 자유를 제한하는 경우에 한해서만 유지될 수 있는 것이다. 그러나 전술한, 미래에 대해서만 효력을 미친다고 선언했던 공영방송의 소규모 지방과 중규모 지역의 방송프로그램을 금지하는 조치와 마찬가지로, 슈투트가르트 라디오방송의 새벽 프로그램을 금지하는 조치도 오직 경쟁보호에만 기여할 뿐이다. 따라서 이에 관한 판단에 대해서도 이들 프로그램에 대한 경우에 채택했던 것과 다를 바 없는 척도가 그대로 효력을 미치게 된다.

    b) 공영방송이 소규모지방과 중규모지역 프로그램을 송출한다고 해도 이는 결코 기본적 방송공급이 아니며, 이와 같은 종류의 민영프로그램에 대하여 면허를 부여하기 위한 전제조건에 해당되는 것도 아니기 때문(위의 1),[12] 주매체법 제13조 2항 1문과 2문의 차단조치를 폐기할 경우, 결코 민영의 소규모 지방 또는 중규모 지역방송 프로그램보다 공영의 같은 방송프로그램에 유리한 지위를 부여하는 결과를 야기하지는 아니할 것이다. 다른 한편으로 민영프로그램에 대해서도 역시 유리한 지위를 인정해서는 안 된다. 민영방송사의 사업개시의 기회를 확보하거나, 또는 개선하려는 노력은 결코 참작되어서는 안 된다. 전송여력이 충분히 확보되어 있는 한, 오히려 공영방송과 민영방송 모두 동일한 방식으로 진출해야 할 뿐이다. 소규모 지방 또는 중규모 지역의 전파지역에서 다수의 민영 프로그램 외에 공영방송의 프로그램이 하나 더 등장하는 경우에도 이 척도는 준수되었다고 볼 수 있다. 다시 말해서 공영방송 프로그램과 민영방송 프로그램 간의 숫자에 의한 균형은 불필요하다.

(원문 S. 341 - 역주)

전송여력이 모든 방송신청자에게 제공될 수 없는 경우에도 원칙적으로 반드

---

12) S. 325ff.

시 공영방송이나 민영방송이 동일한 여건하에서 방송을 송출할 수 있어야 한다. 지상파 전송수단의 경우 공영방송이 자신의 기본적 방송공급의무를 이행하는 데 전혀 훼손을 끼치는 일 없이, 주 전역을 대상으로 한 프로그램을 위해 확보했던 송출시설을 시간별로 교대하여 가동시키는 방식으로 소규모 지방과 중규모 지역 프로그램을 전파한다거나, 또는 그렇게 해서 특수한 주파수대역을 추가해서 요구하는 것을 기술적으로 회피할 수 있는 경우, 공영방송은 이 가능성을 반드시 활용해야 하며, 그리하여 민영방송이 자신의 프로그램을 전파할 가능성을 불가피하게 제한당하는 일이 없도록 해야 한다는 것이다.

III.

공영방송의 소규모 지방과 중규모 지역 프로그램에서 광고금지를 대상으로 하는 헌법소원은 이유 없다. 이 금지를 규정한 주매체법 제13조 2항 4문은 기본법과 합치한다. 1984년 12월 31일 이전에 이미 존속했던 프로그램만 소규모 지방과 중규모 지역 프로그램을 공영방송이 송출할 수 있다고 제한했는데, 이 제한이 철폐됨으로써(위의 II)[13] 광고금지 규정의 효력범위는 확장된다. 즉 그 의미와 목적에 따라 광고금지는 이제 헌법소원 청구인의 그밖의 다른 소규모 지방 또는 중규모 지역 프로그램까지 확장되는 것이다.

1. 출판물의 광고부분이 출판의 자유에 의해 보호받는 것과 마찬가지로, 방송에서 경제적 광고가 방송의 자유에 의해 보호받는지 여부(연방헌법재판소 판례집 21, 271〔278ff.〕; 64, 108〔114〕)는 본 사건에서 굳이 판단할 필요는 없다.

(원문 S. 342 - 역주)

주매체법 제13조 2항 4문에 관하여 헌법적으로 판단할 때 그 기준이 되는 것은 오로지 하나인데, 공영방송의 소규모 지방과 중규모 지역 프로그램의 경우 광고로써 재원을 조달하는 것이 기본법 제5조 1항 2문의 보호대상에 포함되는지 여부, 그리고 그 보호는 어느 정도까지 미치는지 여부가 그것이다.

이들 프로그램의 재원을 확보한다는 것은 방송의 자유에 의한 보호의 구성

---

13) S. 325ff.

연방헌법재판소 제5차 방송재판: BVerfGE 74, 297ff.

요소이다. 그에 따라 입법자는 이같이 보호대상이 되는 프로그램에 대하여 충분한 재원이 조달될 수 있도록 조치해야 할 의무가 있다. 그렇지 않을 경우 헌법이 프로그램을 직접 금지하는 것에 대하여 반대한다는 태도를 밝혔는데도, 입법자가 헌법을 회피하여 재원조달의 가능성을 박탈하거나 제한함으로써 동일한 결과에 이르고자 시도할 수도 있다. 그에 반하여 기본권의 보호는 원칙적으로 재원조달의 개별적인 형태까지 미치는 것은 아니다. 다만 결정적으로 중요한 요소는 오직 한 가지, 공영방송의 활동에 대한 재원을 조달하도록 전체적으로 보아 충분하게 보장하는 것이며, 그리고 공영방송에 대하여 이와 같은 방식으로 프로그램에 관한 재원조달을 가능하게 하되, 이때 그 프로그램의 송출은 자신의 특수한 기능에 부응할 뿐만 아니라, 또한 이 기능을 수행하는 데 또한 필요한 것이어야 한다. 재원조달의 각개 형태가 서로 구별되는 장점과 단점을 지니고 있고, 그에 따라 특정한 형태의 것을 우선적으로 채택해야 한다는 점이 분명하게 드러날 가능성이 크다고 하더라도, 입법자는 광고를 포함해 이 같은 개별 재원조달 형태를 제한하거나 배제하는 데 제약을 받고 있지 않다. 위에서 언급한 프로그램이 수입이 없거나 전혀 재원조달이 불가능한 경우 입법자는 다른 방식으로 재원을 확보해주어야 한다. 입법자가 이와 같은 조치를 취하지 않을 경우 광고의 제한이나 금지 역시 방송의 자유를 침해하는 것이다. 다만 재원조달은 어떤 경우이든 프로그램 편성의 양식이나 개별 프로그램의 내용에 대해 영향력을 행사하기 위해서, 그리고 이로써 방송의 자유의 지시 혹은 금지를 무력하게 할 목적으로 어떤 제한을 받아서도 안 된다.

(원문 S. 343 – 역주)

2. 주매체법 제13조 2항 4문에서 규율한 바의 경우, 입법자는 공영방송의 소규모 지방 또는 중규모 지역 프로그램에서 광고수입의 손실분을 보전해준다는 목적으로 배려조치를 전혀 취한 바 없다. 하지만 이와 같은 상황에 대해서 헌법상 아직 이의를 제기할 수는 없다. 어쨌든 광고금지는 그 자체로 "일반적인 법률"로써 방송의 자유를 제한하기 위한 요건을 충족시키고 있다 (기본법 제5조 2항).

하지만 이 조항의 수범자 역시 배타적으로 공영방송에 그친다(위의 II 2 c).[14]

그러나 이 조항이 필요적으로 요구되는 일반성을 결하고 있다고 볼 수는 없는데, 그 이유는 이 조항의 내용을 이루고 있는 금지가 공영방송의 소규모 지방 또는 중규모 지역 프로그램을 간접적으로 제한하지도 않을 뿐만 아니라 이를 억제하고자 기도하는 것도 아니고, 그에 따라 특정한 의사의 표현이나 전파는 물론 자유로운 의사형성의 과정 그 자체를 침해한 바 없기 때문이다. 즉 금지는 특정한 의사를 고려하지 않은 채 오직 보호해야 할 기타의 법익을 보호하는데 기여하며(연방헌법재판소 판례집 71, 206〔215〕), 비례성의 원칙에 부응한다는 것이다. 이 조항의 목적은 여러 소견서에서도 뚜렷하게 드러나 있듯이 일간신문과 민영방송의 경제적 기초를 보장한다는 것이다. 이 양자의 경우 이들의 생존을 위해서는 기업의 광고수입에 의존해야 한다는 점을 전제로 인정해야 한다. 공영방송과의 경쟁으로부터 보호한다는 방안은 이와 같은 목적을 달성하는 데 적절하고도 필요한 것으로 보인다. 이는 또한 공영방송에 대하여 제한을 가함으로써 발생하는 손실 정도와 적절한 비례관계를 이루고 있다. 일간신문과 민영방송사가 생존하려면 적어도 과도기간 동안은 광고수입을 보장하는 방안이 상당히 중요한 의미를 갖는다. 공영방송에 대한 불이익이 발생하긴 하지만, 이는 어디까지나 주수입원이 아닌 분야에서, 그러므로 전체적으로 보아 그리 중요하지 않은 분야에서 발생하며, 그 비중도 크지 않을 뿐만 아니라, 특히 헌법소원 청구인이 헌법소원을 제기하면서 제1점에 관하여 적시한 수치는 전체 매출액에 비추어볼 때 오히려 아주 사소한 금액이라고 할 수 있다. 그러므로 이러한 불이익은 수용가능한 것이다.

(원문 S. 344 - 역주)

공영방송의 소규모 지방과 중규모 지역 프로그램의 금지와는 달리 주매체법 제13조 2항 4문의 광고금지는 공영방송과 민영방송 간의 저널리즘적 경쟁 역시 저지하지 않는다. 오히려 광고금지는 이 경쟁을 조장하기에 적절한 수단일 수도 있는데, 이는 광고를 금지함으로써 경쟁에 참여한 이들을 경제적인 이유에서 배제시키는 일이 없도록 하는 데 기여하기 때문이다. 이에 따르면 주매체법 제13조 2항 4문은 기본법 제5조 1항 2문과 합치한다. 그렇다고 할지라도 물론 장기적으로 볼 때 헌법소원 청구인의 소규모 지방과 중규

---

14) S. 336.

모 지역 프로그램이 추가적인 수입 없이는 재원조달이 불가능하다면, 입법자는 이미 전술했듯이 다른 방법으로 비용을 충당할 수 있도록 조치를 취해야 할 것이다.

IV.

그밖에도 정기유료수신자나 개별수신료납부자들에게 유보되어 있는 방송프로그램은 오직 법률이나 국가조약에 의해 특별히 허용된 경우에만 공영방송이 송출할 수 있도록 규정한 주방송법 제13조 3항에 대한 헌법소원은 이유 없다고 할 것이다.

1. 이 조항은 공영방송의 재원조달의 제 형태 중에서 오직 이 조항에 규정된 재원조달형태만을 특별히 법률이나 주간국가조약에 따른 면허에 기속시켜두었다. 제2점에 관한 헌법소원 청구인의 견해와 대치되지만, 이 조항에는 전문 프로그램의 송출을 금지한다는 내용이 포함되어 있지 않다.

이 해석은 이 규정의 문언에서 벌써 생겨난다. 또한 이렇게 해석할 보조적 근거를 주매체법 제29조 2호에서 찾을 수 있는데, 그에 따르면 민영방송사의 경우 그와 마찬가지로 특정한 내용의 프로그램에 국한하지 않은 채, 정기유료수신계약이나 개별수신료납부계약 등을 통하여 재원을 조달할 수 있기 때문이다. 배타적으로 오직 이것뿐이라고 할 수는 없겠지만 여하튼 이런 형태로 재원을 조달한다고 할지라도 당장은 별 문제 없이 운영되리라는 점은 주정부초안의 이유서 역시 지적하고 있다(주의회기록 9/955, S. 81f.).

(원문 S. 345 – 역주)

정부초안의 이유서에 따르면 주매체법 제13조 3항은 기존의 방송들이[15] 우선적으로는 일반적인 방송수신료 수입으로, 그리고 아주 적은 부분만 경제적 광고로 그 재원을 조달한다는 사실에서 출발하고 있다. 그밖의 다른 형태의 모든 재원조달은 그 기반을 이루고 있는 구조를 변경하는 결과를 초래하므로 방송에 관한 법률과 주간국가조약 등을 개정하지 않고서는 도저히 허용

---

15) 공영방송을 말한다 – 역주.

될 수 없다는 것이라고 한다. 그러나 이와 같은 구조변경은 정기수신료나 개별수신료의 형태로 재원을 조달하는 프로그램을 도입해도 그에 연계되어 실현될 수 있을 것이라고 한다. 방송이 발전해나가는 과정에서 공영방송도 수신료와 광고를 병행하여 의존하는 대중 프로그램에서 특수한 재원조달 방식의 전문 프로그램으로 일부 전환해나가는 것도 가능하다고 한다. 그렇다고 하더라도 이것은 현재로서는 상정할 수 있는 경우가 아니며, 그에 따라 나중에 제정될 법률에 유보할 수 있을 뿐이라고 한다(또한 Bullinger/ Goedel, 같은 곳, 주매체법 제13조에 대한 것 중 Rdnr. 12 참조).

이와 다르게 해석하면 방송의 자유의 보장에 합치하지 않게 될 것이다. 자유로운 의사형성을 가능하게 하고 또한 이를 보장하기 위해서, 전술한 바와 같이(II 2 a)[16] 입법자가 특정 방송프로그램의 송출을 거부하거나, 또는 방송으로 전파되는 발언으로 의사형성에 기여할 그 가능성을 축소시키는 방향으로 모종의 기타 조치를 취하는 것이 기본법 제5조 1항에 의해 원칙적으로 허용되어 있지 않다. 오히려 입법자는 원칙적으로 동일한 조건을 설정하고 그에 따라 방송프로그램의 송출을 허용해야 한다. 이는 공영방송의 소규모 지방과 중규모 지역 방송프로그램뿐만 아니라, 전문 프로그램에 대해서도 마찬가지다. 하지만 이들 프로그램은 오직 한정된 수신자집단만을 대상으로 하며, 주제 역시 한정되어 있어, 그 자체만 분리하여 살펴보면 포괄적으로 정보를 제공하거나 의사를 형성하게 할 수 없다는 결과에 이르는데, 이러한 점에서 이들에게는 필수불가결한 기본적 방송공급을 수행하리라는 예측을 할 수 없다.

(원문 S. 346 – 역주)

바로 이런 이유로 이들 프로그램의 경우에는 소규모 지방과 중규모 지역의 "종합 프로그램"에 비해서, (좁은 의미에서) 저널리즘적 경쟁의 중요성이 상대적으로 떨어질 수도 있다. 이들 공영방송의 전문 프로그램은 민영방송에 의해 기대될 수 없는 기여물들, 예컨대 헌법소원 청구인이 지적한 문화 및 교육 분야의 프로그램을 포함할 수 있다는 점에서 더욱 중요하다. 그 결과 공영방송은 전체 프로그램의 공급이 지닌 폭을 넓힐 수 있는 것은 물론이요, 전체 프로그램에 연방공화국의 문화생활에 본질적인 요소도 편입시킬 수 있

---

16) S. 331ff.

고, 그에 따라 이 영역에서 방송의 고전적 임무 역시 실현할 수 있게 된다(연방헌법재판소 판례집 73, 118〔158〕 참조). 이와 같은 프로그램을 금지한다면, 이는 방송의 자유의 보장에 위배될 것이다. 이에 따르면 공영방송에 대해 금지를 명한 주매체법 제13조 3항은 전문 프로그램의 송출에 관하여 나중에 법률이나 주간국가조약에 따라 면허를 부여하기로 유보해두었다고 하더라도 이 기본권을 침해하고 있는 것이다.

따라서 이 조항에 대한 전술한 해석의 근거를 이미 단순법적인 차원의 규정에서 찾을 수 없다면, 이는 어쨌든 헌법합치적 법률해석의 원칙에 의해 요구된 것이라고 할 것이다. 주매체법 제13조 3항은 따라서 "전문 프로그램화의 금지"라는 내용을 포함하고 있는 것은 아니다. 즉 이 조항은 공영방송이 전문 프로그램을 송출하거나 전파하는 것을 저지하지 않는데, 이를 모든 사람이 수신할 수 있는 경우라면 더욱 그러하다. 물론 이는 — 소규모 지방과 중규모 지역 프로그램과 마찬가지로 — 그때마다 그 수신지역의 동일한 전문분야의 프로그램에만 해당될 수 있다. 이 조항에서 규율하는 대상은 정기유료수신이나 개별수신료에 의한 방송재원의 형태에만 관계하는 것인데, 이는 민영방송사에는 허용되어 있지만, 공영방송에는 특별한 허가에 기속되게 한 것이다. 그러므로 이 조항의 합헌성 문제는 단지 이것이 방송의 자유에 합치하느냐 여부에만 달려 있다고 볼 수 있다.

(원문 S. 347 – 역주)

2. 정기유료수신료나 개별유료수신료로 재원을 조달하는 프로그램의 송출을 잠정적으로(주매체법 제88조 2항 5호 참조) 금지했다고 해서 주매체법 제13조 3항이 기본법 제5조 1항 2문을 위반한 것은 아니다. 위에서 지적했듯이 특정한 재원조달의 형태를 배제하거나 제한하는 것은, 다른 방법에 의한 재원조달이 확보되어 있지 않는 한, 방송의 자유를 침해하는 결과에 이를 뿐이다. 헌법상 요청되는 것은 공영방송의 프로그램에 대하여 그 기능에 합당하게 재원조달을 일반적으로 확보해주는 것이다(위의 III 1).[17] 어떤 형태로 이를 관철시킬 것인지는 입법자가 결정할 사안이다.

주매체법 제13조 3항의 경우 정기유료수신료나 개별유료수신료에 의해 재

---

17) S. 341f.

원을 조달하려면 특별한 허가를 받아야 한다고 유보하고, 그에 따라 이런 형태의 재원조달을 잠정적으로 배제하는 것으로 인하여, 헌법소원 청구인이 전문 프로그램을 송출하는 것이 불가능하게 되었다는 점을 심리 결과 밝혀낼 수 없었다. 헌법소원 청구인 자신도 이 점을 주장한 바 없다. 이들은 우선 이들 프로그램의 송출로부터 자신을 배제했다는 점을 대상으로 하여 이의를 제기하고 있는데, 이들 헌법소원 청구인의 견해에 따르면, 이와 같은 배제가 주매체법 제13조 3항에 따라 요구된 것이고, 이에 관하여 헌법소원 청구인으로서는 이런 배제로 인해 자신들의 중요한 발전가능성을 박탈당할 수도 있다는 점을 우려하지 않을 수 없다는 것이다. 그러나 동 조항을 해석할 때 위와 같은 점을 논의의 전제로 인정할 수 없다. 만약 제2점과 관련한 헌법소원 청구인이 전적으로 시청료와 광고만으로 재원을 조달하는 것이 지속적으로 가능한지 여부가 확실하지 않다는 이유로, 정기유료수신료나 개별유료수신료로 재원을 조달하는 것을 잠정적으로나마 금지할 경우 생존이 위협받는다고 보고 있다고 해도, 이것이 바로 이와 같은 형태의 재원조달을 반드시 개방해야 할 필요가 있다는 근거가 확보되는 것은 아니다.

따라서 주매체법 제13조 3항은 이 절차에서 기반으로 하고 있는 (헌법합치적) 해석에 따르면 방송의 자유를 침해한 바 없다. 이 조항에 대해서는 이의 제기할 바 없다. 헌법소원 청구인의 전문 프로그램이 위에서 적시한 틀 안에서 주어진 가용수단으로 재원이 조달될 수 없다는 점이 장래 어느 시점에 입증된다면, 그에 대하여 한편으로 정기유료수신료나 개별유료수신료로 재원을 조달하는 것을 금지하는 현재의 조치를 보존하면서 다른 방법을 통하여 재원조달할 가능성을 확보하든지, 다른 한편으로 이와 같은 재원조달 방법을 공영방송에게도 허용하든지 해야 할 것이다.

(원문 S. 348 – 역주)

따라서 주매체법 제13조 3항에서 특별히 유보한 면허를 언급한 것은 헌법상 요청된 것이라고 할 것이다.

V.

주매체법 제13조 4항에 관한 헌법소원도 이유 없다. 이 조항에 따르면 민

연방헌법재판소 제5차 방송재판: BVerfGE 74, 297ff.

영방송도 공영방송과 공동협력할 수 있는데, 그 방식을 보면 민영방송이 공영방송과 공동으로 각종 음향 또는 영상방송물을 제작하거나, 또는 공영방송이 이들에게 방송물이나 프로그램의 일부를 민영방송에 처분할 수 있도록 제공하거나, 또는 민영방송으로부터 인수하는 것이다.

1. 이 경우에도 헌법소원 청구인은 이의를 제기하면서 부정확한 전제조건을 근거로 들고 있다. 헌법소원 청구인은 문제의 규정에 따르면 민영방송사와 협력할 때 바로 그 민영방송사의 주도에 의존하게 했다고 항변을 하는데, 이는 제1점과 관련한 헌법소원 청구인이 정부초안의 해당 조항을 다시 변경하여 규정한 그 의미를 오해한 것이다. 이 조항의 경우 원래 규정했던 바에 따르면 공영방송을 대상으로 한 것이었는데, 그 대신에 이제 민영방송을 대상으로 하게 되었다면(이에 관해서는 Bullinger/Goedel, 같은 곳, 제13조에 관한 어깨번호 Rdnr. 13 부분 참조), 이는 결국 – 주의회나 주정부도 이 점을 지적하고 있듯이 – 공영방송이 협력에 관하여 주도하는 것을 배제하는 것은 아니다. 그와 마찬가지로 제2점과 관련한 헌법소원 청구인의 견해에도 동조할 수 없다고 할 것인데, 그에 따르면 이 조항으로 말미암아 국경을 초월하는 공동프로그램에 참여하는 것도 거부해야 한다는 것이다. 헌법소원 청구인은 아무런 제한도 받지 않고 국내외의 공영방송과 협력할 수 있다.

(원문 S. 349 – 역주)

그밖에도 이 범위를 넘어 위에서 밝힌 대로 표현을 전환해서 초래하게 되는 결과를 살펴보아야 하는데, 그에 따르면 이제 공영방송으로서는 다른 주의 새로운 매체법에 따라 또는 외국에서 면허를 취득한 민영방송과 협력하는 일이 주매체법 제13조 4항에 합치하지 않는데도 가능하게 된다는 것이다(Bullinger/Goedel, 같은 곳). 이 조항은 단지 바덴-뷔르템베르크 주 매체법에 따라 면허가 부여된 민영방송과 이 조항에서 허용된 범위를 유월한 협력은 허용하고 있지 않다.

2. 이러한 의미에서 주매체법 제13조 4항은 기본법 제5조 1항 2문에 위반되지 않는다.

이 조항은, 정부초안 이유서에서 드러나듯이, 책임영역을 명확히 구분하는 데 기여한다. 공영방송사와 민영방송사 간의 전반적인 공동협력은 배제되어야 한다는 것이다. 그에 반해서 한정된 공동협력은 저지하지 않는다(주의회 기록 LTDrucks. 9/955, S. 82). 이로써 이 조항은 방송의 자유에 의해 보장되는 방송사의 국가로부터의 자유와도 충돌하지 않으며, 프로그램에 대한 영향력 행사의 금지라는 원칙 그리고 포괄적으로 정보를 제공해야 하며 다양한 의사가 표현되도록 보장해야 한다는 원칙과도 충돌되지 않는다. 기껏해야 공영방송의 프로그램 형성은 공영방송에 대하여 그 주매체법의 적용범위 내에서 면허를 획득한 민영방송과 협력하는 전면적인 공동프로그램이 거부된다는 정도로만 간섭을 받는다. 다만 이 점에 관한 한 방송의 자유에 대한 침해가 일어났다고 하더라도 이는 사소한 정도에 그칠 것이다. 이와 같은 정도의 침해는 기본법 제5조 2항에 의해 정당화될 것인데, 이 조항에 따르면 주매체법 제13조 4항은 방송의 자유와 관련하여 헌법이 허용하는 제한에 해당될 것이기 때문이다. 즉 주매체법 제13조 4항은 소기의 목적을 달성하는 데 적절하고 필요한 것이다. 이 조항은 또한 좁은 의미의 비례관계를 이루고 있다. 공영방송에 대하여 (오직) 민영방송사의 제한된 범위와 포괄적으로 협력하는 것을 거부한다면, 이는 바덴-뷔르템베르크 주에서 민영 방송과 공영방송의 혼합체제를 회피한다는 관점에서 보면 납득이 가는 것으로 보인다.

(원문 S. 350 - 역주)

VI.

마지막으로 제2점과 관련한 헌법소원 청구인이 여유 있는 화상 텍스트 용량을 다른 방송사에 제공하라고 의무를 부과한 것(주매체법 제44조 3항), 주문형 음향 및 영상 서비스를 법률 또는 주간국가조약에 의한 특별한 허가에 유보한 것(주매체법 제45조 2항), 그리고 그의 견해에 의하면 제23조 2항 4호와 관련한 주매체법 제46조 2항을 근거로 행해진 명령에 따라 방문형 음향 및 동영상 서비스 영역에서 공영방송을 배제되도록 한 것 따위를 위헌이라고 보았는데, 이와 관련한 헌법소원 청구인의 헌법소원은 오직 부분적으로만 이유 있다.

1. 이와 관련된 헌법적 심사의 척도는 기본법 제5조 1항 2문이다. 위에서

언급한 규정의 대상은 종래의 전통적인 방송개념에 편입시킬 수 없는 방송에 유사한 커뮤니케이션 서비스이기 때문에 방송의 자유에 대한 위반이 있을 수 없다는 견해에는 본 재판부는 동의할 수 없다.

기본법 제5조 1항 2문에서 사용된 "방송"이라는 개념은 완전히 확정적으로 정의할 수 있는 형태라고 이해할 수는 없다. 헌법상의 개념과 규정 등의 내용과 범위는 (또한) 이들의 규범영역에 종속하게 된다. 이들의 의미는 변화한다고 해도 이 영역 내에서 움직일 수 있을 뿐이다(연방헌법재판소 판례집 73, 118〔154〕). 이는 방송의 개념에 대해서도 마찬가지다. 방송의 자유가 변화될 미래에도 규범적 효력을 보존하려면, 과거의 기술에만 연계시키는 것, 이들 기술과 관련하는 사안에 국한하여 기본권을 보호하는 것, 그리고 이들이 새로운 기술적 가능성이라는 관점에서 완벽하게 이들의 기능을 충족시킬 수 있는데도 노후한 종전 방식만으로 보장함으로써 오히려 이를 쓸모 없이 만들어서는 제몫을 해낼 수 없다는 것이다. 개인과 공공의 자유로운 의사형성을 보장하기 위해서는 오히려 위에서(I)[18] 지적했던 기본법 제5조 1항 2문의 보호효과가 "방송과 유사한 커뮤니케이션 서비스"의 경우에도 필요하다.

(원문 S. 351-역주)

따라서 이것을 보장해야 할 보호영역에 포함시키는 것이 요구되는데, 특히 여기에서 고려되는 서비스들이 종래의 방송과 근본적으로 차이나는 것은 아니기 때문에 더욱 그러하다. 그리고 바덴-뷔르템베르크 주 매체법이 이와 같은 서비스를 "방송"으로 규정하지 않았다고 하더라도, 여기에 배치되는 것은 아니다.

주매체법 제1조 2항 1호에서 이 개념을 다소 협소하게 했지만 대개 다른 주에서도 인정된 방송개념과 대부분 일치하도록 정의하고 있는데, 이를 살펴 보면 다음과 같다.

연결도선 없이 또는 도선에 따라 또는 도선을 수단으로 전자적 진동을 이용하여 언어, 음향, 영상 등의 형태를 갖춘 모든 종류의 표현물을 송출하거나 전파하는 것으로,

---

18) S. 323ff.

1. 방송이라 함은 이와 같이 송출하거나 전파하는 일을 계획적으로 그리고 시간상 정렬된 순서에 따라 행하여 일반인이 동시에 수신할 수 있게 규정한 경우를 가리킨다.

주매체법 제1조 2항 2호의 정의에 따르면 방송과 유사한 의사소통수단이 방송과 다른 점은 두 가지 부정적인 표지로 나타날 뿐인데, 즉 이들은 한편으로 방송도 아니며, 다른 한편으로 개별적 의사소통도 아니라는 것이다. 물론 긍정적 특성에 주목하면, 이러한 의사소통이 방송과 동일한 전송기술에 의해 행해진다는 것이다. 방송이 "일반인을 대상으로 하기로 규정되어 있"는 반면에, 주문형 방송물은 "임의의 사람에게" 전송되고(제1조 3항 1호), 방문형 방송물의 경우는 "누구"에게나 언제든지 접속할 수 있다고(제1조 3항 2호) 하는데, 이런 차이를 중요한 것이라고 평가하는 예는 거의 없다고 하겠다. 그밖에도 주매체법의 법률적 정의규정에 따르면, "방송"은 "동시적 수신"을 위한 것인 반면, 방송과 유사한 의사소통수단은 수신의 시간이 통신참가자에 의해 결정된다는데, 이런 양자 사이의 차이 역시 마찬가지다.

(원문 S. 352 - 역주)

"방송"으로 규정된 방송물과 "방송과 유사한 의사소통"으로 규정된 방송물은, 기본법 제5조 1항의 관점에서 보아 결정적 요소의 관점에서 전혀 차이가 없다. 즉 그 관점은 방송물의 내용과 의사소통과정의 참여자를 말한다. 양자의 경우 동일한 내용의 방송물이 전파된다. 양자 모두 방송사와 불특정 다수의 청취자 또는 시청자가 참여한다. 양자 모두 참여자가 스위치를 켜고 끄는 작동을 통해 선택의 결정을 내린다.

이에 따라 방송과 유사한 커뮤니케이션 서비스를 주매체법 제1조 2항의 방송개념에서 배제하는 태도가 정당한지의 여부에 관해서는 판단하지 않고 논의를 전개할 수 있다. 어떤 경우이든 법률이 순수하게 기술적으로 구분한 것으로부터 주문형(Abruf) 또는 방문형(Zugriff)에 의한 비디오 텍스트나 음향 및 동영상 서비스의 송출을 헌법상 방송의 자유가 보장하는 대상에 포함되지 않는다는 결론을 도출할 수 없다. 따라서 본 절차에서는 기본법 제5조 1항 2문과 관련되지 않는다는 이유를 들어 기본권 침해가 발생하지 않았다고 말할 수는 없다고 본다.

연방헌법재판소 제5차 방송재판: BVerfGE 74, 297ff.

2. 주매체법 제44조 3항에 따르면 공영방송은 비디오 텍스트 용량(주사선의 공백)을 자신의 TV 또는 라디오 프로그램에 관한 정보를 제공하거나, 프로그램에 동반 또는 이를 보완하기 위한 정보를 제공하는 것에 활용하는 것(주매체법 제44조 1항)이 아닌 경우이거나, 혹은 TV 발신부호를 장애 없이 전송하기 위해 필요한 것(위의 A Ⅲ 4 b 참조)[19]이 아닌 경우 이를 다른 방송사에 제공할 의무를 지는데, 이는 기본법 제5조 1항 2문에 합치한다. 이 조항은 물론 공영방송사로부터, 이제까지 자신에게 배정되어 있었으나 완전히 사용하지 않고 있던, 하나의 가능성을 박탈한 것이다. 그러나 여기서 문제가 되는 것은 순수한 텍스트 서비스이다. 텍스트 서비스는 공영방송에 의한 필수불가결한 기본적 방송공급과 직접·간접적으로 전혀 관련이 없다. 이 점을 도외시한다고 하더라도 공영방송이 사용하지 않고 있는 비디오 텍스트 여분 용량에 대하여 청구권을 인정한다는 것은 허용되지 않는 듯하다.

(원문 S. 353 - 역주)

왜냐하면 공영방송이 이와 같은 방식으로 전파하는 정보가 비디오 텍스트 공급을 포함한 자신의 기존 방송프로그램에서 지금까지 행해왔던 범위로 전파하고 있거나 전파할 수 있는 것과는 다른 내용일 것이라는 점은 인정하기가 매우 어려울 것이기 때문이다. 따라서 방송의 자유가 침해되었다는 점을 인식할 수 없다. 공영방송의 TV 채널을 통해서 민간방송사가 비디오 텍스트 방송물을 송신할 가능성이 이 법률의 체계 속에 들어맞지 않는다는 것은 분명하다. 하지만 여기에 제2점과 관련한 헌법소원 청구인도 인정했듯이, 기본권에 대한 침해가 발생했다고 보기는 어렵다.

3. 이와는 달리 주매체법 제45조 2항은 방송의 자유에 제한을 가하는 내용을 담고 있는데, 이 제한은 기본법 제5조 1항 2문과 합치하지 않으며, 따라서 기본법 제5조 1항 2문을 위반한 것이다.

a) 공영방송사를 위에서 언급한 서비스로부터 - 물론 잠정적일 가능성이 있다고 하더라도 - 제외시키는 것에 대해서는 원칙적으로 공영방송사로 하여금 소규모 지방과 중규모 지역 방송프로그램을 송출하지 못하게 제외시키는

---

[19] S. 316f.

경우(위의 II 참조)[20]와 다르게 판단할 수는 없다.

하지만 이들 문제된 서비스의 경우 기본적 방송공급이 필수적이라는 전제는 처음부터 결여되어 있다. 그러나 향후 이들이 주매체법이 예상하는 방향으로 발전하고, 그에 따라 방송과 유사한 커뮤니케이션 서비스가 상당한 규모로 전통적인 방송의 자리를 대신 차지하게 된다면, 기본적 방송공급이 필수적이라는 상황이 발생할 수도 있다. 이 점이 정부 초안의 이유서에서도 명확히 인식되고 표현되어 있는데, 그에 따르면 공영방송은 계속해서 법률이 정한 임무의 틀 속에서 광범위하게 의사를 전파하고 문화를 창달시킨다는 과업을 수행해야 하며, 방송과업의 핵심적 부분을 실현해야 한다. 이러한 과업의 수행을 보장하려면, 공영방송으로 하여금 방송프로그램을 전파할 새로운 기술적 가능성을 이용할 수 있도록 새로운 여건을 조성해주어야 할 필요가 있다(주의회기록 9/955, S. 65).

(원문 S. 354 – 역주)

공영방송이 변화하는 주변상황에 적응할 수 있도록 해야 한다는 필연성은 기본적 방송공급이라는 과업이 방송과 유사한 서비스라는 새로운 영역에까지 확대되지 않는 경우에도 그대로 성립한다. 이와 같은 여건하에서 공영방송이 방송과 유사한 커뮤니케이션 서비스에 참여한다는 것은 단지 이 서비스 영역에서 공급의 폭을 넓히고 다양성을 높이는 데 기여할 뿐이며, 그리하여 언론적 경쟁을 유발시키게 될 뿐이다. 이로써 방송의 자유가 요구하는 것에 대한 고려가 이루어지는데, 공영방송이 이 영역에서 위에서 지적한 고전적 임무를 좀더 많이 실현하면 할수록, 방송의 자유에 대한 고려는 더 잘 이루어지는 결과가 될 것이다(위의 II 2 a).[21] 정부초안의 이유서에서 상세히 지적하는 바에 따르면, 이 법안이 추구하는 것은 특히 새로운 주문형 서비스를 수많은 공급자에게 자유경쟁의 원칙에 따라 개방하자는 것이라고 하는데, 그렇다면 이것 역시 방송의 자유에 대한 고려이다. 그러나 공급자 집단에는 신문기업이나 기타 다른 민간공급자뿐만 아니라, 필요한 범위 내에서 공영방송도 포함되어야 하는데, 이는 공영방송이 전자매체의 일반적 구조변천 속에서 변함 없이 자신의 과업을 수행할 수 있도록 조치해야 하기 때문이다(주의회

---

20) S. 325ff.
21) S. 331ff.

기록 9/955, S. 65f.).

　　b) 주매체법이 제42조 2항에서 공영방송을 주문형 음향 및 동영상 서비스의 송출에서부터 법률 또는 주간국가조약에 의한 특수한 허가에 이르기까지 배제하고 있는데, 이는 결코 형성적 규율이 아니라(위의 II 2 b 참조)[22], 방송의 자유에 대한 제한이다. 이는 기본법 제5조 2항의 틀 안에서 존중해야 할 비례성의 원칙과 합치하지 않는다. 우선 민간공급자에게 유리한 기회를 부여하려고 노력한다지만(주의회기록 LTDrucks. 9/955, S. 66), 이것만으로는 여기에서도 기본권에 제한을 가하기에 충분한 것은 아니다(위의 II 2 c).[23]

(원문 S. 355 - 역주)

주매체법 제13조 2항 1문과 2문의 금지와 마찬가지로 주매체법 제45조 2항의 잠정적 금지 역시 하나의 실험으로 간주될 수 없기 때문에 이를 사후심사에 유보하는 점(주매체법 제88조 2항 5호)에 관해서도 여기에서 아무런 변화를 가져다주지 못한다. 주매체법 제45조 2항은 기본법 제5조 1항 2문에 합치하지 않으며, 그에 따라 무효이다.

　　4. 주매체법 제46조의 경우 위의 것과 상황이 다르다. 이 조항은 오직 민간공급자만을 대상으로 방문형 음향 및 동영상 서비스의 송출을 규율한다. 이 조항은 공영방송에 대한 규율이 전혀 포함되어 있지 않으며, 그에 따라 이를 적용할 수 없고, 따라서 기본법 제5조 1항 2문을 위반했다고 볼 수 없다.

　　제2점과 관련한 헌법소원 청구인이 주매체법 제23조 2항 4호와 관련하여 제46조 2항을 해석하면서, 주매체법은 이들 조항을 통해 방문형 음향 및 동영상 서비스의 송출에서 공영방송을 완전히 그리고 확정적으로 배제했다고 해석하는 태도를 보이는데, 본 재판부는 이런 태도에 동의할 수 없다. 이와 같은 해석을 물론 완전히 부정하는 것은 아닐 수도 있다. 그러나 이러한 해석은 배제가 위헌이라는 결론을 낳을 것이다(위의 3 참조).[24] 이에 비해 주매체법 제46조는 헌법합치적 해석의 가능성을 열어놓고 있는데, 그밖에도 이 법률에 관한 기초자료와 이 법률의 체계 역시 제2점과 관련한 헌법소원 청구

---

22) S. 334ff.
23) S. 336ff.
24) S. 353ff.

인의 해석보다는 이 헌법합치적 해석을 지지한다. 따라서 이런 해석이 요구된다고 하겠다.

비록 정부초안 이유서에서 주매체법 제46조에서 규율하고 있는 방문형 서비스가 종래의 방송에 특히 가깝다는 점을 명백하게 강조하고 있지만(주의회 기록 LTDrucks. 9/955, S. 103), 그렇다고 해서 이 서비스로부터 공영방송을 배제해야 한다는 점에 대해서는 한마디도 언급한 바 없다. 따라서 입법자가 한편으로 새로운 기술적 가능성을 공영방송도 이용할 수 있도록 조치해야 한다고 강조하면서(위의 3 a),25) 다른 한편으로 동일한 입법자가 사실상 그 반대에 해당되는 것을 규정하며, 이에 관하여 공개적으로 표현하지 않고 오히려 간접적으로 은밀하게 원용(援用)규정을 통해 표현했다고 상정하기는 어렵다.

(원문 S. 356 - 역주)

또한 주매체법 제46조 1항이 방문형 음향 및 동영상 서비스의 송출에 대해서는 주커뮤니케이션관할청의 면허를 받아야 한다는 기속적 의무를 부과하고 있다면(주매체법 제72조 2항 13호 a), 1항은 이 조항을 공영방송에 적용해서는 안 된다고 밝힌 것이다. 다시 말하자면 이 법률은 공영방송을 프로그램 송출로부터 배제하거나, 그밖의 다른 방법으로 제한하는 모든 여타의 경우에 이를 직접 표현하고 있고(예컨대 주매체법 제13조 2항, 제45조 2항 참조), 그렇다면 주매체법 제46조의 경우 그에 반하여 다른 방식을 선택해야만 했을 것이다. 즉 동 법률에서 주방송감독청이 공영방송에 대하여 면허를 부여한다는 예를 그밖의 사안에서는 전혀 찾아볼 수 없지만, 그래도 면허의무의 근거를 확보해야 한다는 말이다. 주매체법 제46조 1항에 규정하고 있는 면허의무가 공영방송에도 적용되어야 한다면, 이는 유일한 규정이 될 것이다. 그러나 이 같은 이탈이 필요하다거나 또는 적어도 이러한 이탈을 통찰하게 해줄 만한 근거를 인식할 수 없는 형편이다.

주매체법 제46조 2항은 공영방송에 대하여 이 규정을 적용할 수 없다는 점을 분명히 보여준다. 주매체법 제46조 2항에 따르면 **민영방송**에 대한 조항들 중에서 위에 열거한 규정들은 그 효력을 미친다. 주매체법 제46조가 공영방송에 대해서도 적용할 수 있어야 한다면, 공영방송에 대하여 규정한 것과

---

25) S. 353f.

연방헌법재판소 제5차 방송재판: BVerfGE 74, 297ff.

는 다른 과업과 목적에 기여해야 하는 민영방송에 관한 법에 공영방송을 예속시킨다는 의미가 될 것이다. 하지만 주매체법 제46조 2항이 원용하고 있는 조항을 살펴보면 그 과반수가, 예컨대 면허의 종류에 관한 것(제17조), 다양성의 확보(제18조), 주방송감독청의 법규감독에의 종속(제31조 이하) 따위가 공영방송에는 적합하지 않다. 따라서 이 조항이 공영방송에 대하여 효력을 미친다고 전제할 수는 없다.

(원문 S. 357-역주)

그런데도 주매체법 제46조 2항은 주매체법 제23조 2항 4문도 원용하고 있다. 하지만 이 조항은 공영방송에는 민영방송의 송출에 대한 면허(제2절의 제목, 즉 이 법률의 제16조 앞부분 참조)를 부여해서는 안 된다는 것으로, 이는 그 나름대로 상당한 의미를 지니고 있다. 이 법률은 공영방송의 송출면허에 관하여 이 조항뿐만 아니라 다른 조항에서도 규정한 바 없다. 위에서 언급한 제 조항이 주매체법 제46조의 틀 안에서 단지 "준용(準用)"한다는 수준으로 효력을 미친다는 상황을 고려해도 마찬가지이다. 이와 같이 "준용"이라는 표현을 사용한 것은 이 법률이 방문형 음향 및 동영상 서비스를 결코 "방송"으로 보지 않고, 그 결과 방송에 관한 제 조항도 이를 원용하고 있지만, 여기에서는 오직 준용하는 식으로만 효력을 미칠 수 있다고 보았기 때문이다.

이에 따르면 주매체법은 공영방송에 대하여 방문형 음향 및 동영상 서비스의 송출을 거부한 바 없고, 그렇기 때문에 주매체법 제46조는 위헌이 아니다. 제2점과 관련한 헌법소원 청구인이 이 규정에 대하여 제기한 헌법소원은 이유 없다.

(서명재판관)

헤어초크 박사   시몬 박사   헤세 박사
카젠슈타인 박사   니마이어 박사   호이스너 박사
헨셀 박사   자이델 박사

연방헌법재판소 제6차 방송판결[1]
BVerfGE 83, 238ff. – 노르트라인-베스트팔렌 주 방송법 사건

제17건(Nr. 17)[2]

판결요지[3]

1. a) 기본법 제5조 1항 2문에 의하면 국가는 기본적 방송공급을 보장할 의무를 지고 있는데, 이원적 방송체제에서 이는 공영방송에 할당된다.
   b) 그로부터 도출되는 공영방송의 존속 및 발전 보장에 대한 한계는 다시 기본법 제5조 1항이 보호하는 의사소통과정의 범주 안에서 공영방송이 충족시켜야 하는 기능성에서 도출된다.
   c) 공영방송의 존속 및 발전의 보장은 전통적인 방송의 기능을 향후 떠맡을 수 있는 새로운 방송기술을 사용하는 새로운 서비스에 대해서도 확장된다.
2. a) 이원적 방송체제에서 입법자는 헌법상 공영방송사와 민영방송사를 서로 엄격하게 분리해야 할 의무를 부담하지 아니한다. 기본법으로부터 "모델의 일관성"을 지켜야 할 의무가 발생하는 것은 아니다.

(원문 S. 239 – 역주)

   b) 입법자가 방송사의 상호 협력 가능성이나 혹은 그밖에 공동으로 프로그램 주체가 될 가능성을 열어두는 경우, 입법자는 공영방송이 기본적 방송공급이라는 임무를 완전하게 수행할 수 있도록 보장해야 한다. 이는 프로그

---

1) 이는 1991년 2월 5일자 연방헌법재판소 제1재판부 판결문인데, 연방헌법재판소 판례집 제83권 238쪽부터(BVerfGE 83, 238ff.) 341쪽까지 104쪽에 걸쳐 수록되어 있다. 연방헌법재판소는 이 판결문에서 처음으로 방송판결의 차수를 인용하였는데, 이 판결을 제6차 방송판결이라고 명시하였다 – 역주.
2) 연방헌법재판소 판례집 제83권의 17번째 판례이다 – 역주.
3) 원문에는 "판결요지"라는 제목이 없다. 역자가 편의상 붙인 것이다.

연방헌법재판소 제6차 방송판결: BVerfGE 83, 238ff.

램의 각 단위를 분리할 수 있으며, 프로그램 주체에 책임을 귀속시킬 수 있다는 것을 전제로 한다.
c) 방송모델은 입법자 스스로 결정해야 한다. 입법자는 이 결정을 방송시간 합의에 맡겨서는 안 된다. 바로 여기에서 법률상 개방된 공영방송사와 민영방송사의 협력 가능성은 그 한계에 부딪힌다.
d) 주로 프로그램에 관한 내용을 담은 인쇄물의 출판은 이 인쇄물이 방송의 임무영역을 지원하는 주변활동이라고 분류할 수 있을 경우 방송의 자유에서 그 근거를 찾을 수 있다.

3. a) 민영방송에 대하여 프로그램 공급의 폭이나 균형 있는 다양성 확보의 측면에서 공영방송의 경우보다 낮은 수준을 요구하는 것은 이원적 방송체제하에서 헌법상 허용되기는 하나 요청되는 것은 아니다.
b) 의사의 다양성이란 민영방송의 면허를 부여할 신청자를 선정할 때 의거할 선정기준으로서 사안에 합당한 것이다. 이 범주 안에서 입법자는 프로그램 형성과 책임에 대하여 편집부문 종사자들이 참여할 수 있도록(노르트라인-베스트팔렌 주 방송법 제7조 2항 3문) 배려해야 한다.
c) 공영방송과 민영방송 간 전송대역을 배분할 때 입법자는 반드시 충분한 기준을 제시해야 한다.

4. a) 노르트라인-베스트팔렌 주에서 소규모 지역방송의 "2개-기둥-모델(Zwei-Säulen-Modell)"이 근본적으로 추구하는 목표에 대해서는 헌법상 이의를 제기할 수 없다. 이 모델은 소규모 지역적 범위 내에서 방송자유를 보장하는데 원칙적으로 적절하다.
b) 민영방송을 내부다원적 형태로 조직하는 경우 입법자는 어떤 사회적 세력과 집단이 방송운영에 참여할 수 있는지를 확정해야 한다. 법률로 작성된 사회적으로 중요한 집단의 목록은 그 선정이 균형 있는 다양성의 확보라는 의미에서 사안에 합당하게 이루어진 경우 헌법상 이의를 제기할 수 없다.
c) 기초지방자치단체가 노르트라인-베스트팔렌 주 지역방송의 방송사연합 및 운영회사에 참여하는 것은 방송의 국가로부터의 자유라는 원칙에 위반되지 않는다.

5. a) 방송통제위원회는 단지 조직화된 이해관계와 의사를 대표하는 데 그치는 것이 아니라, 방송 분야에서 의사의 다양성을 확보하는 데 기여해야 한다.
b) 입법자는 방송통제위원회를 구성할 때 폭넓은 형성적 자유를 누린다. 기본법 제5조 1항 2문은 단지 이 위원회의 구성이 방송의 자유를 보장하는 데 적합해야 할 것만을 요구한다.

(원문 S. 240 – 역주)

1990년 10월 30일 실시한 구두변론을 근거로 내리는
1991년 2월 5일자 제1재판부의 판결
— 1 BvF 1/85, 1/88 —

두 개의 심판청구에 관한 규범통제절차인데, 제1심판청구의 경우 청구인은 연방의회 의원인 알프레드 드레거 박사와 그밖에 235명의 독일연방의회 의원이다. 이들은 기본법 제93조 1항 2호에 따라 1985년 3월 19일자 "쾰른 소재 서부독일방송"에 관한 법률(노르트라인-베스트팔렌 법률명령공보, S. 237)의 제33조 2항, 제47조와 관련한 제3조 3항, 8항 및 9항, 제3조 7항, 제15조, 제13조 1항 4호 및 제27조부터 제29조까지가 기본법과 합치하지 아니하며, 그에 따라 무효인 것을 확인해달라고 하고,

— 소송대리인은 교수 페터 레르헤 박사, 융커길 13번지, 가오팅 지역, 그리고 변호사이며 교수인 라인하르트 리커 박사, 슈만길 8, 프랑크푸르트 암 마인 지역 등이다 — 1 BvF 1/85 — ; 제2심판청구의 경우 청구인은 연방의회 의원인 알프레드 드레거 박사와 그밖에 214명의 독일연방의회 의원이다. 이들은 기본법 제93조 1항 2호에 따라 1987년 1월 19일자 노르트라인-베스트팔렌 주의 방송법률(법률명령공보, S. 22) 1987년 12월 8일 노르트라인-베스트팔렌 주의 "쾰른 소재 서부독일방송"에 관한 법률과 방송법의 개정법률(법률명령공보, S. 420)에 따라 개정한 제23조부터 제29조까지, 제6조 2항과 제30조 1항, 제11조와 제12조 3항, 제7조 2항 3문, 제52조, 제26조 1항 4호와 제29조 3항, 제3조 등이 기본법과 불합치하며, 그에 따라 무효라는 것을 확인해달라고 하는데,

— 소송대리인은 변호사이며 교수인 라인하르트 리커 박사인데, 그 주소는

연방헌법재판소 제6차 방송판결: BVerfGE 83, 238ff.

슈만길 8, 프랑크푸르트 암 마인 지역이다 - 1 BvF 1/88 - .

주문:

1. 1988년 1월 11일 공포한(노르트라인-베스트팔렌 주의 법률 및 명령공보, S. 27) "쾰른 소재 서부독일방송"에 관한 법률(WDR-Gesetz) 제3조 3항, 7항, 8항 및 9항, 제13조 1항 4호, 제15조, 제27조부터 제29조까지, 제33조 2항, 제47조 등과 1988년 1월 11일 공표한(노르트라인-베스트팔렌 주의 법률 및 명령공보, S. 6) 노르트라인-베스트팔렌 주 방송법(LRG NW) 제6조 2항, 제7조 2항 3문, 제11조, 제12조 3항, 제23조부터 제30조까지, 제55조 등은 - 재판의 이유에 따라 부분적으로 - 기본법과 합치한다.

(원문 S. 241 - 역주)

2. 1988년 1월 11일 공포한(노르트라인-베스트팔렌 주의 법률 및 명령공보, S. 6) 노르트라인-베스트팔렌 주 방송법(LRG NW) 제3조 1항 1문은 기본법 제5조 1항 2문과 합치하지 않으며, 그에 따라 무효이다.

이유:

A.

규범통제절차의 대상은 노르트라인-베스트팔렌 주 방송법의 제 규정이다(1988년 1월 11일자로 공표했고〔법률명령공보, S. 27〕최근에는 1990년 3월 7일자로 개정된〔법률명령공보, S. 138〕1985년 3월 19일자 "쾰른 소재 서부독일방송"에 관한 법률〔노르트라인-베스트팔렌 주의 법률명령공보, S. 237〕과, 1988년 1월 11일 공표했고〔법률명령공보, S. 6〕최근에는 1990년 3월 7일자로 개정된〔법률명령공보, S. 138〕1987년 1월 19일자 노르트라인-베스트팔렌 주의 방송법은〔노르트라인-베스트팔렌 주 방송법〕〔법률명령공보, S. 22〕).[4] 이

---

[4] 독일 각 주에서는 방송법을 공영방송에 관한 법률과 민영방송에 관한 법률로 분리하여 제정한다. 노르트라인-베스트팔렌 주의 경우 서부독일방송법이 공영방송에 관한 법률이고, 주방송법이 민영방송에 관한 법률이다. 이 둘을 합친 개념이 방송법

들 규정에서 규율하고 있는 복합적 주제를 다음과 같이 분류할 수 있다.

1. 민영방송사연합에 참여할 가능성을 포함한(주방송법 제6조) 공영방송인 서부독일방송(WDR)의 존속과 발전에 관한 보장(서부독일방송법 제33조, 제47조와 관련한 제3조 3항과 7항부터 9항까지).

2. 주 전역을 수신지역으로 하는 민영방송의 면허와 형성(주방송법 제3조, 제7조, 제11조, 제12조).

3. 소규모 지방방송에 관한 이른바 2개-기둥-모델(주방송법 제23조부터 제30조까지).

4. 방송평의회의 구성(서부독일방송법 제15조, 주방송법 제55조〔구법 제52조〕).

5. 학교방송에 관한 규정(서부독일방송법 제3조 4항, 제13조 1항 4호, 제27조부터 제29조까지).

(원문 S. 242-역주)

I.

1. 노르트라인-베스트팔렌 주는 이 사태를 방송 전반에 관하여 새로 규율해야 할 계기라고 평가했는데, 이는 1954년 처음으로 서부독일방송법을 제정한 이래로 매체환경 전반에 걸쳐 근본적인 변혁이 이루어졌기 때문이다(1984년 9월 28일자 주정부의 법률초안, 주의회기록 9/3712, S. 34). 이런 양상은 의사소통에 관한 새로운 기술이 개발된 점, 연방소속 다른 주에서 민영방송기업에 대하여 면허를 부여한 점 그리고 연방헌법재판소가 방송-재판을 행했다는 점 등에서 드러난다.

이다- 역주.

그 목적은 법률초안에서 추구한 것이기도 한데, 주정부는 무엇보다도 먼저 쾰른 소재 서부독일방송(WDR)에 대하여 법률로 그 존속과 발전을 보장하는 것이었다. 이로써 그에게 민영방송과 향후의 경쟁에서 "모든 발전가능성을 확보하도록 개방되어야" 한다는 것이었다(주의회기록, 같은 곳, S. 35). 공영방송에 대한 그러한 보장은 그동안 모든 주가 1987년 4월 1일/3일자 방송에 전반적으로 새로운 질서를 확립하기 위한 주간국가조약(방송에 관한 주간국가조약) 전문(前文) 3항에서 긍정적인 견해를 밝힌 바 있다. 노르트라인-베스트팔렌 주에서는 이런 의미가 서부독일방송법 제3조 3항의 일반조항, 다른 기업과 협력가능성의 확보(서부독일방송법 제47조와 관련하여 제3조 8항과 9항, 그리고 주방송법 제6조 2항), 프로그램 안내 정기간행물을 발간할 권한 확보(서부독일방송법 제3조 7항), 그리고 광고재원을 조달하는 방식의 허락(서부독일방송법 제33조 2항) 등에서 발견된다.

이들 사항에 관하여 다음과 같이 규율하고 있다.

서부독일방송법은 제1조 1항에서 서부독일공영방송을 공익에 기여하는 공법상 영조물의 형상을 지닌 방송기업이라고 선언한다. 그리고 제3조 1항에 따르면 그의 과업으로 "공중을 대상으로 하여 언어, 음향 및 영상으로 모든 종류의 표현물을 송출하며 전파하는…(방송)"이라고 규정한다. 이 조항 2항에 따르면, 서부독일방송은 노르트라인-베스트팔렌 주(수신지역) 전역을 동등하게 배려해야 할 의무를 진다고 한다. 표현물의 독특한 성격에 대하여 다음과 같이 규정하고 있다.

(원문 S. 243 – 역주)

제4조
프로그램 수탁사항

(1) 서부독일방송은 방송을 자유로운 의사형성의 과정에 대한 매체이며 요소로서, 그리고 공공의 사항으로서 송출하며 전파한다. 그 수신지역에서 중요한 비중을 차지하고 있는 정치, 세계관, 사회 제 영역의 세력과 집단은 서부독일방송이 자기 과업을 자신의 고유한 책임으로 수행할 수 있도록 보장한다.

(2) 서부독일방송은 모든 주요한 생활영역에서 국제적인 또는 국내적인 사안에 관하여 포괄적으로 살펴볼 수 있도록 자신의 방송물을 편성해야 한다. 그의 프로그램은 정보, 교양 및 오락 등에 기여해야 한다. 문화, 예술 및 자문에 기여하도록 방송물을 공급해

야 한다.
(3) 중규모 지역의 분할과 수신지역의 문화적 다양성이 프로그램에서 배려되어야 한다. 광고는 주 전역을 대상으로 하는 프로그램에서만 행한다.

제5조
프로그램 원칙

(1) 서부독일방송이 공급하는 프로그램은 물론이고 새로운 서비스에 대해서도 헌법에 적합한 질서라는 원칙이 그 효력을 미친다. 일반적인 법률의 조항과 청소년 및 개인의 명예권을 보호하는 법률의 제 규정을 준수해야 한다.
(2) 서부독일방송은 자신의 방송물에서 인간의 존엄성을 존중하고 보호해야 한다. 또한 서부독일방송은 생명, 자유 및 신체의 안전을 존중하며, 다른 사람의 신앙과 의사를 존중해야 한다는 의식을 더욱 강화시키는 데 기여해야 할 것이다. 주민의 윤리적 신념과 종교적 신념을 존중해야 한다.
(3) 서부독일방송은 국제적인 상호이해를 증진시켜야 하며, 평화와 사회적 정의를 위하여 경고하며, 민주주의적 자유를 수호하며, 남성과 여성의 동등한 권리를 실현하도록 기여해야 하며, 진실에 대한 의무를 져야 할 것이다.
(4) 서부독일방송이 확실하게 담보해야 할 사항을 살펴본다.
  1. 기존의 견해는 물론 세계관, 정치, 학문, 예술 제 분야의 각 방향을 이루는 다양성이 공영방송의 프로그램 전체에서 가능한 한 폭넓고 그리고 완전하게 나타날 수 있게 조치해야 하며,
  2. 그 수신지역 내의 중요한 사회세력이 공영방송의 프로그램 전체에서 발언할 수 있게 조치해야 하며,
  3. 프로그램 전체적으로 어떤 정당이나 집단, 이익단체, 신앙고백 공동체나 세계관적 공동체에게 편파성이 없도록 조치해야 한다.
  서부독일방송은 보도 부문에서 일반적인 중요성을 지닌 논쟁적 문제를 다루는 데 적절한 시간을 배정해야 한다.

(원문 S. 244 – 역주)

  가치평가를 행하며 분석을 가하는 기고문은 언론의 공정성이라는 요청에 부응해야 한다. 보도의 목적은 포괄적으로 정보를 제공하는 것이다.
(5) 뉴스를 보도할 때에는 반드시 일반적이고, 독립적이며, 객관적이어야 한다. 뉴스는 전파하기 전에 그 주변여건에 따라 요청에 부응할 만큼 주의를 기울여, 내용, 출처, 진실 등의 관점에서 심사해야 한다. 평론은 뉴스와 분명하게 분리해야 하며, 저작자를 그것 자체로서 밝히고 이를 표시해야 한다.
(6) 여론조사의 경우 방송 자체 내에서 실시한 것이면 대표적 설득력을 갖추었다고 할 만큼 배려한 것인지, 그리고 그에 부응할 만큼 확실한 담보가 있는 의사의 분포형상을

투영한 것인지 등의 여부에 관하여 분명하게 밝혀야 한다.

이 법률은 서부독일방송에 대하여 그의 과업과 관련하여 다양한 활동가능성을 열어놓고 있다.

제3조
과업, 수신지역

(1) …
(2) …
(3) 서부독일방송은 자신의 과업을 수행하면서 송신기술, 프로그램, 재원조달 등의 측면에서 기본법의 효력이 미치는 영역 안의 다른 방송기업과 마찬가지로 이들이 처분할 수 있게 허용되어 있는 모든 가능성을 이용할 수 있다. 특히 여기에는 위성과 광대역망 등의 송신기술을 이용하고, 공영방송의 과업이라는 범위 안에서 새로운 기술을 수단으로 하는 새로운 서비스를 공급하는 등 그 가능성도 포함된다.
(4)부터 (6)까지…
(7) 서부독일방송은 주로 프로그램에 관련된 내용을 담은 인쇄물을 출판할 수 있는데, 이는 자신의 과업을 수행하는 데 필요한 범위에 한한다.
(8) 서부독일방송은 방송물을 제작할 목적으로, 그리고 이를 경제적으로 활용할 목적으로 제삼자와 협력할 수 있다. 그는 이 목적을 달성하고자 스스로 다른 기업에 참여할 수 있다(제47조). 하지만 방송제작물을 제1차적으로 경제적 활용의 목적으로 제작하거나 제작하게 해서는 안 된다.
(9) 서부독일방송은 프로그램을 송출하거나 전파할 목적으로 제3자와 협력할 수 있으며, 이 목적을 달성하기 위해 스스로 다른 기업에 참여할 수 있다(제47조). 이때 제5조를 존중해야 한다.
(10)부터 (11)까지…
기업에 참여할 때 존중해야 할 요구사항에 관하여 서부독일방송법은 다음과 같이 규율한다.

(원문 S. 245 - 역주)

제47조
기업에의 참여

(1) 서부독일방송은 영업적 또는 기타 경제적 목적을 추구하는 기업에 참여해도 되나, 다만
　1. 그것이 자신의 법률적 과업에 포함되어 있으며,
　2. 그 기업이 법인이라는 법적 형태를 갖추고 있고,
　3. 그 기업의 정관에 감사평의회 또는 그에 상응하는 기관이 규정되어 있는 경우에

한한다.
　　다만 예외적으로 이는 오직 잠정적으로만 그것도 프로그램에 직접 관련된 목적에만 기여하게 될 그런 참여에 대해서는 그 효력을 미치지 아니한다.
(2) 참여할 때 서부독일방송은 적절한 협의를 거쳐 그 기업의 업무수행에 대하여 필요한 정도의 영향력을 행사할 수 있도록, 특히 감사기관에 적절하게 대표할 수 있게 확실히 담보를 확보해야 한다. 그 기업에서 공영방송이 상업적 원칙을 존중하며 활동하는지를 회계심사기업으로 하여금 심사하게 하는 것을 조건으로 확보할 수 있다.
(3) 1항과 2항은 서부독일방송에 의해서 설립된, 또는 그의 업무지분이 전적으로 공영방송의 수중에 있는 사법상 법인에게 준용한다.
(4) 1항과 2항은 서부독일방송이 공익적 방송기업에 참여할 때 역시 준용한다.

　　서부독일방송이 민영방송사연합에 참여할 때, 이에 대해서 주방송법이 규정한다.

제6조
면허에 관한 원칙

(1) …
(2) 방송사연합에 공영방송은 자신에 대하여 효력을 미치는 법률의 제 규정의 범위 안에서 자본과 표결권 전부의 3분의 1에 이르기까지 참여할 수 있다.
(3)부터 (7)까지…

(원문 S. 246 - 역주)

　　활동에 관한 재원의 조달에 대해서는 서부독일방송법 제33조부터 제48조까지 규율하고 있다. 그 범위 안에서 문제가 되고 있는 조항을 보면 다음과 같다.

제33조
예산관리에 관한 제 원칙

(1) …
(2) 그는 자신의 과업을 수행하기에 필요한 통상적인 재원을
　1. 우선적으로 방송수신료, 그리고
　2. 광고,
　3. 전문 프로그램에 대한 수신료,
　4. 자신의 재산으로부터 지속적으로 발생하는 수익 등의 수입으로 조달해야 한다.

서부독일방송은 라디오방송의 경우 광고를 1987년 4월 1일/3일자 방송에 관한 주간국가조약 제3조 6항 2문에서(노르트라인-베스트팔렌 법률명령, S. 405) 규정한 최고한계의 비율까지 전파할 수 있다. 방송에 관한 주간국가조약 제5조는 그대로 유지된다. 서부독일방송이 노르트라인-베스트팔렌 주방송법 제30조 1항에 따라 기본적 창틀 프로그램을 제작하거나, 또는 송출하거나 전파하는 데에 참여한 경우 서부독일방송이 경제적으로 활동능력 있는 소규모 지방 라디오방송의 이익을 확보하기 위하여 계약으로 의무를 부담할 수 있는데, 이는 2문에 따라 허용되는 것보다 더 적은 규모로 라디오방송에서 광고를 전파한다는 것이다.
(3)부터 (5)까지…

그밖에도 모든 연방소속 주가 체결한 1987년 4월 1일/3일자 방송 전반의 새 질서에 관한 주간국가조약(방송에 관한 주간국가조약)에 대하여 노르트라인-베스트팔렌 주 주의회가 1987년 11월 26일 주헌법 제66조 2문에 따라 승인했는데(법률명령공보, S. 405), 이 조약 역시 효력을 미치고 있다. 조약 제3조와 제5조에는 공영방송의 재원조달에 관해서, 특히 광고를 어디까지 허용하는지 그 규모에 관하여 규율하는 내용이 포함되어 있다.

2. 1987년 주방송법에서 입법자가 의도했던 것은 노르트라인-베스트팔렌 주 역시 이원적 방송체계의 법률적 근거를 창출하려는 것이었다. 이 체계의 공법적 영역은 1985년의 서부독일방송법에서 이미 제자리를 찾았고, 그 뒤에 주방송법에서는 민영방송에 관하여, 그것도 특히 주 전역을 수신지역으로 송신하는 것은 물론이요, 소규모 지방 규모로 송신하는 것까지 포함하여 규율하는 것이었다(후자에 관해서는 아래 3.에서).[5] 주입법자는 민영주체가 방송을 송출하는 것 역시 공적 과업을 수행한다고 보고, 그에 관하여 적절한 여건을 창출하고자 기도한 것이다.

(원문 S. 247 – 역주)

그때 입법자가 인정한 점을 살펴보면, 출판시장과 같은 외부다원적 모델은 방송의 영역에서는 사실적인 이유 때문에 가까운 장래에는 실현가능성이 없다는 것이다(주정부의 법률초안, 주의회기록 10/1440, S. 53). 이런 이유 때문에 입법자는 민영방송사의 경우 역시 내부다원적 모델을 채택했고, 그 모

---

5) S. 251ff.

델 내에서는 방송사연합이라고 할지라도 구성원에게 프로그램에 관한 지배적 영향력을 허용하지 않아야 비로소 면허를 부여할 수 있으며, 개별 방송프로그램은 그것 자체로 다양한 의사가 표출되도록 해야 한다는 것이다. 프로그램에 관한 요구사항도 이에 부응하여 형성되었다.

그에 덧붙여 입법자는 의사의 다양성에 대한 민영방송기업의 독자적인 관심을 더욱 높이려고 했고, 그런 이유로 인하여 면허를 취득하고자 하는 신청자의 숫자가 기존의 전송주파수대역의 폭을 넘어갈 경우 프로그램에서 의사의 다양성을 더욱 크게 기대할 수 있는 신청자에게 우선권을 부여하려고 했던 것이다. 이와 동일한 수단을 써서 이른바 전문 프로그램보다는 종합 프로그램을 공급하도록 부추기기도 했다. 더 나아가 입법자는 언론과 관련하여 활동하는 종사자가 프로그램 편성과 프로그램 책임에 간접적으로나마 참여하도록 노력했다. 물론 이것은 편집자의 참여범위가 신청자들 중에서 선정할 때 상당한 비중을 차지하게 한다는 방식으로 이루어져야 한다.

상세한 사항에 관해서는 법률에서, 이 절차에 관하여 중요하다고 보이는 한, 다음과 같은 조치를 취했다.

주방송법 제4조 1항에 따르면, 노르트라인-베스트팔렌 주에서 방송을 송출하거나 전파하는 일은 오직 국가의 면허가 있어야 허용되는데, 이 면허는 주방송관할청(LfR)이 발급한다. 주방송법 제5조에 따르면, 방송사는 오직 법인과 지속적인 인적 결사만이 될 수 있다. 이들은 반드시 소재지를 기본법의 효력이 미치는 범주 안에 두어야 하며, 경제적으로나 조직적으로 방송의 송출을 일반적으로 인정된 언론의 제 원칙을 충족시키면서 운영할 수 있는 능력을 갖추어야 한다.

(원문 S. 248 - 역주)

공법상 법인은 여기에서 제외되는데, 다만 교회와 종교공동체는 이에 대한 예외에 해당된다. 그밖에도 여기에서 제외되는 것으로는 정당과 유권자집단, 그리고 방송사연합 등으로서 이들의 구성원이나 대표자가 그와 동시에 연방정부 또는 주정부에 소속되어 있거나, 공영방송의 기관에 속한 구성원이나 종사자인 경우, 그리고 기업이나 결사체로서 공법상 법인 또는 정당 또는 유권자집단 등에 종속되어 있는 경우 등을 든다. 면허는 주방송법 제6조 1항에 따라 오직 방송사연합에게만 발급한다. 어떤 구성원의 프로그램에 대한 지배적인 영향력은 계약으로 또는 정관으로 반드시 이를 배제해야 한다. 문화적 영역의 이해관계인에 대해서는 적절한 참여가 가능하도록 배려해야 한다.

전송용량이 한정되어 있으므로 다수의 신청자 중에서 선정해야만 할 경우 그 선정에 관해서는 주방송법에서 규정한다.

제7조
면허취득의 우선적 지위

(1) 다수의 신청자가 제5조, 제6조 1항, 4항 및 5항 등에 따른 요건을 충족시켰다고 하더라도 같은 종류의 프로그램에, 같은 전파지역에, 같은 전파방식으로 이들 신청자에게 모두 면허를 부여하기에 전송여력이 부족할 경우 주방송관할청(Landesanstalt für Rundfunk)은 이들 신청자가 서로 합의하도록 영향력을 행사해야 한다.

(2) 주방송관할청이 설정한 기간 내에 합의가 성립되면 전문 프로그램보다는 종합 프로그램이 우선권을 누린다. 1문에 따라서도 다수의 신청자가 같은 서열을 지녔을 경우 프로그램에 대하여 의사의 다양성이라는 측면에서 좀더 큰 기대에 부응할 수 있는 자에게 면허의 우선권을 부여한다. 이에 관하여 평가할 때, 프로그램의 체계적 구조, 구성(정치, 세계관, 사회 부문의 제 세력과 집단의 다양성, 이들 자본과 표결권 비율의 정도 등), 그밖에도 의사의 다양성을 확실하게 담보하는 데 기여하기 위해 조직적 측면에서 규율한 것을 고려할 수 있다. 이때 여기에 신청자가 내부적 방송의 자유라는 틀 안에서 편집부문 종사자들에게 프로그램의 편성과 프로그램에 관한 책임 등에 대하여 어느 정도의 영향력을 허용하고 있는지에 관한 평가를 포함시킬 수 있다.

(원문 S. 249 - 역주)

민영방송사의 프로그램에 관한 요구사항에 관해서는 다음과 같이 규율하고 있다.

제11조
프로그램 위탁사항

방송사는 자유로운 의사형성과정의 매체이며 요소로서, 그리고 공공의 소관사항으로서 방송을 전파한다. 그 범위 안에서 방송사는 공적 과업을 수행한다. 방송프로그램은 각개 프로그램의 범주에 부응하여 포괄적으로 정보를 제공하고, 그리고 사적으로든 공적으로든 자유롭게 의사를 형성하는 데 기여해야 하며, 교양, 자문, 오락 등에 이바지해야 하고, 방송에 대한 문화적 위탁사항에 부응해야 한다. 또한 종합 프로그램 전체에 노르트라인-베스트팔렌 주에서 일어나는 공적 사안이 반영될 수 있어야 한다.

제12조
프로그램에 관한 제 원칙

(1) 헌법질서는 모든 방송프로그램에 대해서 그 효력을 미친다. 일반적인 법률의 조항과 개인의 명예를 보호하기 위한 법률의 제 규정 등을 준수해야 한다.

(2) 방송프로그램은 인간의 존엄성을 존중해야 하며, 생명, 자유, 신체적 안전, 그리고 다른 사람의 신앙과 견해 등을 더욱 강하게 존중하도록 하는 데 기여해야 한다. 주민의 윤리적 그리고 종교적 확신, 그리고 혼인과 가족 등을 존중해야 한다. 방송프로그램은 국제적인 이해를 증진하며, 평화와 사회적 정의에 관해 경고하고, 자유민주주의를 수호하며, 남성과 여성의 동등한 권리의 실현에 기여해야 하며, 진실의무를 부담한다. 어떤 방송프로그램도 개별적인 방향의 견해에 편파적으로 배려해서는 안 되며, 어떤 정당이나 집단, 이해공동체, 신앙적 고백이나 세계관에 편파적으로 기여해서도 안 된다.

(3) 모든 종합 프로그램은 프로그램 위탁사항을 수행하면서 의사의 다양성을 가능한 한 폭넓고 완전하게 표현되도록 해야 한다. 정치, 세계관, 사회 측면에서 중요한 제 세력과 집단이 종합 프로그램에서 반드시 발언할 수 있어야 한다. 종합 프로그램은 보도부문에서 일반적인 의미를 지닌 논쟁적 주제를 다루는 데 적절한 시간을 배정해야 한다.

(4) 정보를 제공하는 방송물의 경우 일반적으로 인정된 저널리즘적 제 기본원칙을 존중해야 한다. 뉴스를 보도할 때에는 반드시 일반적·중립적·객관적으로 행해야 한다.

(원문 S. 250 – 역주)

뉴스는 전파하기 전에 주변여건에 따라 요청되는 주의를 기울여서 그 내용, 출처, 진실여부 등에 관하여 심사해야 한다. 평론은 뉴스와 분명하게 분리해야 하며, 필자 자체를 밝혀 표시해야 한다.

(5) …

(6) 모든 텔레비전 종합 프로그램은 자신의 제작물이나 자신이 위탁하여 제작한 위탁물이, 물론 공동제작의 형태를 포함하여, 절반 이상이 되어야 한다. 이는 또한 독일어 권역과 유럽권역의 제작물이 절반 이상이 포함되도록 해야 한다. 더 자세한 사항은 주방송관할청이 자치규칙에서 규정한다. 이 경우 규정된 비율은 일단 면허를 받은 뒤에 여러 해에 걸쳐 단계적으로 도달할 수 있게 규정할 수 있다. 방송사는 매년 주방송관할청에게 개별 프로그램에서 달성한 비율을 보고해야 한다. 주방송관할청은 이 보고내용을 공개하며, 이와 비교해볼 수 있는 진전상황을 파악한다.

주방송법 제13조에 따르면 편집부문의 종사자는 자신이 계약한 바에 따른 권리와 의무의 범주 안에서 주방송법 제11조와 제12조에 따라 과업을 수행하는 데 협력하며, 자신에게 부과된 프로그램 과업을 방송사 책임의 범위 안에서 자신의 고유한 저널리즘적 책임을 부담하여 수행한다. 상급자의 지시권과 계약에 의한 합의사항은 이에 관계없이 유지된다. 주방송법 제14조에는 인간존엄성의 보호와 청소년의 보호 등을 위한 조항이 포함되어 있다.

처분할 수 있는 전송용량의 여력을 공영방송과 민영방송 간에 어떻게 배분할 것인지에 관해서는 다음 조항에서 규율하고 있다.

제3조
전송용량의 할당

(1) 이 법률에 의한 민영방송사와 쾰른 소재 서부독일방송이 프로그램에 활용하도록 전송용량의 여력을 할당하는데, 이에 대해서는 주정부의 법규명령으로, 주의회 소속 담당위원회의 승인을 얻어 규율해야 한다. 다만 이는 쾰른 소재 서부독일방송에 관한 법률 - 서부독일방송법 - 1988년 1월 11일자 공고한(노르트라인-베스트팔렌 법률명령, S. 27) 제3조 2항 3문 1호부터 3호까지에 대해서는 그 효력을 미치지 아니한다.

(원문 S. 251 - 역주)

(2) 이렇게 할당할 때 다음 사항을 보장해야 한다. 방송사가 이 법률에 따라
1. 크라이스(Kreis)[6] 또는 여기에 속하지 아니한 시 지역에서 적어도 하나의 소규모 지방라디오방송 프로그램과 소규모 지방텔레비전 기본창문 프로그램이(거기에 텔레비전 창틀 프로그램도 포함하여) 지상에 설치된 송신국시설과 유선망시설을 경유하여 송출하며 전파할 수 있어야 하며,
2. 주 전역에 대해서는 적어도 하나의 라디오 프로그램과 텔레비전 프로그램이 지상에 설치된 송신국 시설 또는 위성을 경유하여 송출하고 전파할 수 있어야 한다.

1항 1문에 따른 법규명령에서는 지상에 설치된 송신시설의 어떤 주파수를 소규모 지방라디오방송 프로그램으로 하여금 이용하도록 할당할 것인지에 관하여 확정해야 한다. 1문에 따른 프로그램에 이용되지 않은 전송용량의 여력은 쾰른 서부독일방송에 할당해야 한다. 이렇게 할당된 전송용량 여력이 그때로부터 적어도 18개월 동안 이용되지 않을 경우 1항 1문에 따른 법규명령으로 달리 할당할 수 있다. 이는 서부독일방송법 제3조 2항 3문 1호, 2호 및 4호에 따른 전송용량 여력으로서 서부독일방송이 이를 18개월 넘게 이용하지 아니한 경우 마찬가지로 그 효력을 미친다.

3. 주 전역을 수신지역으로 하는 민영방송의 경우와 같이 소규모 지방방송의 경우에도 기술적·경제적 여건이 장기적인 관점에서 출판과 유사한 방송시장, 즉 수많은 공급자가 서로 경쟁하는 상황이 되기에는 장애가 있다는 것

---

6) 기초지방자치단체가 한정된 목적 아래 설립하는 상위협력단위, 곧 지방자치단체조합 - 역주.

을 노르트라인-베스트팔렌 주의 입법자는 인정한다. 이렇게 인정할 수 있는 근거를 찾아보면, 한편으로 이른바 저출력방송국의 경우 이를 소규모 지방방송이 이용할 수 있는데, 그것조차 주파수가 부족한 실정이라는 것이다. 다른 한편 소규모 지방의 광고시장이 확대된다는 것도, 이들의 도움이 있어야 비로소 소규모 지방방송의 재원도 조달할 수 있는데, 거의 기대할 수 없다고 보고 있다. 그래서 입법자는 소규모 지방방송에 대하여 내부다원적 모델을 채택하고, 시나 크라이스 규모의 지역에 대하여 통상 텔레비전과 라디오 프로그램을 각각 하나씩 둔다고 규정하고, 이들의 송출에 관심을 가진 모든 크라이스가 반드시 협력하지 않으면 안 되도록 규정했던 것이다.

이에 관하여 좀더 상세한 형성을 할 때 입법자가 전제로 하고 있는 것은 소규모 지방방송에 대한 면허는 한정되어 있는 소규모 지방의 광고시장 때문에 소규모 지방출판 부문의 경제력에 대하여 심각한 위협을 야기하리라는 것이고, 그렇지만 다른 한편으로 그것을 이유로 소규모 지방방송을 신문발행인에게 맡겨버린다면 의사에 관한 세력이 집중될 위험을 야기하게 되므로 크라이스 또는 시 지역에 단 하나의 신문만이 존재함으로써 위험발생이 더욱 높아진다는 것이다(주의회기록 10/1440, S. 54).

(원문 S. 252 - 역주)

그래서 주방송법은 소규모 지방방송의 송출을 두 개의 독립된 조직에게 나누어주되, 이 두 조직은 서로 협력해야만 소규모 지방방송의 공급을 떠맡을 수 있게 한 것이다. 이때 경제적 책임은 운영회사 측에서 인수하게 하고, 그에 따라 운영, 기술, 재원조달 등에 관한 주체로서 기능을 넘겨 맡고, 바로 여기에 주로 그 지역의 신문발행인이, 하지만 소수자의 지위로 지방자치단체도 함께 참여할 수 있게 한 것이다. 저널리즘적 측면에 대해서는 이른바 방송사연합이 자연인으로 구성되는, 방송의 송출이라는 유일한 목적을 가진 이념적 결사체의 법적 형태로 규정되어 있고, 이 방송사연합이 그에 따라 프로그램을 편성하며, 구성원은 주로 각종 결사체나 시민적 조직의 대표들로 구성되어 있다.

법률에는 방송사연합에 관하여 더 자세하게 규정되어 있다. 주방송법 제26조에 조직과 기관이 일일이 열거되어 있는데, 이들은 자신의 구성원을 방송사연합에 파견할 권한을 보유하고 있지만, 그렇다고 의무인 것은 아니다. 파견권한을 보유한 이들 중에는 또한 지방자치단체도 포함되어 있는데, 이는 정당참여의 비율이라는 이유 때문에 두 사람을 지명할 수 있는 권한을 가진 단 하나의 기관이다. 하지만 이들은 방송사연합 내에 참여할 때 결코 정당의 지시나 위임에 기속되지 않는다. 이렇게 파견할 권한을 보유한 적어도 8개의 단위단체가 지명한 자들이 회합하여야 하며, 그래야 비로소 방송사연합을 창설할 수 있다. 파견할 권한을 보유한 단위집단이 구성원을 지명하지 아니한 경우, 방송사연합이 창설된 때로부터 2개월 내에 이를 추완할 수 있다. 그 이후에 구성원을 받아들일 경우 창설구성원의 3분의 2 이상의 승인이 필요하다. (최소한 8명에서 최대한 14명으로 구성될) 창설구성원은 그 이후에 반드시 3분의 2 이상의 다수로서 4명의 구성원을 더 선출해야 하는데, 출신영역은 법률에 열거되어 있다. 그와 관련하여 법률로 미리 규정하지 아니한 협력자로서 최대한 4인을 더 선출할 수 있다. 그래서 이 결사체의 구성원은 최소한 12명에서 최대한 22명에 이르게 된다.

(원문 S. 253 — 역주)

　이 같은 추천권한을 가진 조직으로부터 지명되어 활동하게 된 자들은 이 결사체의 구성원총회를 형성하고, 의장을 호선한다. 이들은 프로그램 계획의 기본문제에 관하여 결정하고, 프로그램의 대강을 수립하며, 프로그램의 기간을 정하지만, 그러나 이들은 스스로 이 일을 형성하는 것이 아니며, 오직 이에 관한 책임을 지고 이를 통제하는 데 그친다. 저널리즘적 주도권은 편성주간이 담당하는데, 이 편성주간은 방송사연합이 임명하도록 규정되어 있으며, 그에 따르면 편성주간은 편성부문에서 일할 종사자를 채용할 때 협의권을 보유한다. 상대적이나마 법률에 형성된 언론자치는 방송사연합이 주방송법 제25조 3항에 따라 편성인과 함께 반드시 편성규약을 수립하도록 함으로써 지원을 받아야 한다.

　운영회사에 관하여 특정한 법적 형태를 지정한 바 없지만, 여하튼 그 지역의 출판부문에서 자본 및 표결권 등의 지분 중 75%까지 참여할 수 있으며, 만약 이 경우 다수의 기업이 고려의 대상이 된다면, 그 기업의 선정은 이들이 차지하고 있는 시장점유율을 기준으로 삼아야 할 것이다. 참여권은 그밖에도 지방자치단체나 지방자치단체의 기업과 결사체 등도 보유하겠지만, 이는 다만 자본 및 표결권 등의 지분 중 25%까지 허용된다. 지방자치단체가 운영회사의 설립단계에서 청구권을 행사하지 않을 경우, 그후에는 이를 다시 주장할 수 없다. 소규모 지방의 신문발행사와 지방자치단체 등이 자신에게 할당되어 있는 비율에 대하여 그 권리를 모두 행사했을 경우 제3의 이해관계 자에게 할당해줄 것이 없다. 법률이 통상적인 사례일 것이라고 예기하고 있는 이 같은 운영회사가 만약 성립하지 못할 경우 주방송관할청은 이를 대체할 다른 방법을 허락할 수 있다.

소규모 지방방송 모형의 두 기둥은 계약을 기반으로 가동될 것인데, 그의 주요 내용은 법률로 규정되어 있다. 두 개의 기둥이 서로 결합하도록 하기 위해서 무엇보다도 먼저 매년 수립해야 할 경제 및 직제에 관한 계획이 그 기반으로 기여하는데, 이 계획을 수립하는 자가 방송사연합이고, 이를 승인하는 자가 운영회사이기 때문이며, 광고는 오로지 운영회사를 거쳐서만 접수하게 한다는 의무를 방송사연합에 부담시키고, 더 나아가 각 구성원총회에 서로 참여할 수 있도록 권리를 부여하며, 마지막으로 편성주간을 거쳐 서로 합의하도록 요구하는 것도 이에 기여하는 것이다.

(원문 S. 254 – 역주)

프로그램에 대해서 대상과 견해의 다양성을 확보해야 한다고 규정하였지만, 그래도 소규모 지방의 관심사와 일정한 범위 내에서 자신의 비용으로 소규모 지방 사회집단의 자율적인 참여를 특별히 고려하였다. 방송사연합은 서로 또는 제3자와, 그리고 물론 서부독일방송과도 기본창틀 프로그램을 송출하고 전파하는 것에 관하여 합의할 수 있다.

청구인이 제31조를 제외하고 전면적으로 문제를 제기하고 있는 소규모 지방방송에 관한 주방송법의 제 조항을 보면,

제6장
소규모 지방방송의 면허

제23조
적용해야 할 조항

(1) 소규모 지방프로그램은 오직 이 장의 제 조항에 따라서만 송출하며 전파할 수 있을 뿐이다. 쾰른 소재 서부독일방송에 관한 법률의 제 조항은 이로 인하여 전혀 간섭받지 않고 그대로 유지된다.

(2) 소규모 지방프로그램에 대해서는 제2조 1항, 2항, 5항부터 8항까지, 9항 1문, 10항, 제3조, 제4조 1항부터 3항까지, 제8조 1항, 2항 1문, 3항, 4항, 제9조부터 제11조 1문, 2문까지, 제12조 1항, 2항, 4항, 5항, 제13조부터 제18조까지, 제20조부터 제22조까지 그 효력을 미치되, 단 이 장에서 달리 규정하지 않는 범위에 한한다.

제24조
소규모 지방방송에 대한 기본원칙

(1) 소규모 지방방송은 공공복리에 기여할 의무가 있다. 소규모 지방방송은 반드시 그 전파지역의 공적인 사건을 송출해야 하며, 정보, 교양, 자문, 오락 등의 주요한 부분을 그 내용으로 해야 한다. 이로써 저널리즘적 경쟁을 촉진해야 한다. 이들은 전적으로 특정한 목표집단만을 대상으로 해서도 안 되며, 방송수신 참여자에게 인정받을 수 있도록 기준을 설정해야 한다. 모든 소규모 지방방송은 견해의 다양성을 가능한 한 폭넓고 완전하게 표출하도록 해야 한다.

(원문 S. 255 – 역주)

그 전파지역에서 비중 있는 정치적·세계관적·사회적 세력이나 집단이 모두 소규모 지방방송에서 발언할 수 있어야 한다. 소규모 지방프로그램은 모두 뉴스보도의 부문에서 일반적인 의미를 지니고 현재 논쟁중인 주제에 대하여 적절한 시간을 배정해야 한다.

(2) 소규모 지방라디오방송 프로그램(제2조 2항)은 1일 프로그램시간이 최소한 8시간이어야 하며, 소규모 지방 텔레비전방송 프로그램(제2조 2항)은 최소한 30분 이상이어야 한다. 프로그램 시간이 하루에 최소한 8시간에 이르게 해서는 경제적인 능력을 갖춘 소규모 지방라디오방송이 보장되지 않는 경우 주방송관할청은 전파지역을 벗어난다고 확정하는 대신, 제31조 1항 3문에 따라 프로그램 시간이 하루에 최소한 5시간에 이르는 소규모 지방방송의 면허를 부여할 수 있는데, 다만 이로써 소규모 지방방송으로 경제적인 생존능력이 보장될 경우에 한한다.

(3) 어떤 방송사연합이든(제25조, 제26조) 주최고행정관청, 크라이스, 기초지방자치단체에 대하여 관청의 공보사항을 알릴 수 있도록 적절한 방송시간을 지체없이 제공해야 한다. 어떤 방송사연합이든 신교, 구교, 유대문화공동체 등에 대하여 이들의 소망에 따라 예배행사나 축제, 그리고 기타 종교적 방송물 등에 적절한 방송시간을 제공해야 한다. 제19조 3항, 5항 및 6항을 준용한다.

(4) 어떤 방송사연합이든 하루의 프로그램에서 프로그램의 대강에서 정한 척도에 따라 방송시간의 100분의 15까지, 하지만 최대한도는 하루 2시간으로, 각 집단의, 특히 문화적 목표를 지닌 사람들의 프로그램 기고분을 포함시켜야 하는데,

1. 제26조 1항 1문에 따른 권한을 보유하지 못하는 집단,
2. 그 목적이 경제적인 영리추구형 운영이 아닌 집단,
3. 제5조 1항 4문 1호와 2호의 요건을 갖춘 집단,
4. 제5조 2항에 따라 신청자 범주에서 배제되지 아니한 집단. 이는 극단, 성인교육

대학, 기타 문화시설 등에 대해서 효력이 미치지 아니하며,
  5. 그 구성원이 주소를 전파지역(제31조)에 두고 있는 집단 등을 의미한다.
이들이 청구하지 아니한 방송시간은 방송사연합 스스로 활용할 수 있다. 방송사연합은 이들 집단이 요구할 경우 반드시 제작에 관해 보조해주어야 한다. 제35조 7항 2호를 준용한다. 프로그램 기고물에 광고가 포함되어 있어서는 안 된다. 그밖의 자세한 사항에 대해서는 주방송관할청의 자치규칙에서 제35조 8항 2호, 3호, 4호 등에 따른 기본원칙을 적용하여 규율한다.
(5) 방송사연합은 4항 1문에 따라 프로그램 기고분의 내용에 대하여 책임진다. 방송사연합은 프로그램 기고분이 4항에 열거한 요구사항과 이 법률의 다른 부분에서 규정한 것에 부응하지 아니하는 경우 이를 거부한다.

(원문 S. 256 – 역주)

(6) 방송사연합은 제작에 관하여 보조해주면서 4항에 따라 이들 자체의 비용을 상환하라고 요구할 수 있다. 이때 반드시 모든 집단을 평등하게 대우해야 한다. 방송사연합은 비용지급에 관한 세칙을 수립해야 한다.

제25조
방송사연합

(1) 면허는 오직 방송사연합에만 발급하는데, 그의 구성과 자치규칙이 제26조부터 제28조까지 규정한 바에 부응해야 한다. 이는 반드시 민법 제21조에서 뜻하는 사단으로 사단등기부에 등재되어 있어야 한다. 자치규칙에 반드시 규정해야 할 사항은 사단의 유일한 목적이 소규모 지방방송을 송출하고 전파하며, 창틀 프로그램에 관한 합의를 체결하는 것이어야(제30조) 한다. 이 사단은 프로그램의 송출자이고, 이에 관하여 단독으로 책임을 부담한다. 이 사단은 자신에게 법률이 부과한 과업을 실현한다는 목적으로 운영회사(제29조)에 기여하는데, 이때 이 운영회사는 프로그램의 내용과 편성에 대하여 전혀 영향력을 행사해서는 안 된다.
(2) 소규모 지방방송 프로그램에 대한 면허에는 창문 프로그램을 전파할 권한 역시 포함된다.
(3) 방송사연합은 편집부문에 종사하는 이들의 동의를 얻어 편성규약을 수립한다.
(4) 방송사연합은 역법에 따라 매년 인력계획과 경제계획을 수립하되, 기대할 수 있는 모든 수입과 지출을 열거해야 한다. 이때 절약성과 경제성에 관한 원칙을 존중해야 한다. 방송사연합은 경제 및 인력계획의 기본사항에 기속된다. 방송사연합의 이사회는 이 두 가지 계획의 초안을 운영회사와 협의하여 수립하고, 구성원총회에 이 초안과 함께 아직 해결하지 못한 운영회사 측의 이의사항을 의결해달라고 제출한다. 이 두 계획에 관해서는 운영회사 측의 승인을 얻어야 한다.

연방헌법재판소 제6차 방송판결: BVerfGE 83, 238ff.

제26조
방송사연합의 구성

(1) 방송사연합은 반드시 최소한 8명의 자연인으로 설립해야 하는데, 이들은 다음에 열거하는 부문에서 특정한 자이어야 한다.

(원문 S. 257 – 역주)

1. 개신교,
2. 구교,
3. 유대교 문화공동체,
4. 크라이스의 의회, 또는 크라이스에서 독립되어 있는 시의 평의회, 또는 2항 2호 2문에 따른 대표자총회,
5. 그 전파지역에서 최대규모의 구성원을 지닌 노동조합의 최고조직체,
6. 사용자협회,
7. 크라이스 또는 크라이스에서 독립되어 있는 시의 청소년연합체,
8. 크라이스 또는 크라이스에서 독립되어 있는 시의 스포츠연맹,
9. 복리증진협회(노동자복지협회, 카톨릭 카리타스협회, 독일평등복지협회, 독일적십자협회, 카톨릭 디아콘연합회),
10. 연방자연보호법률 제29조 2항에 따라 인정된 각종 협회,
11. 노르트라인-베스트팔렌 주 소비자센터, 사단법인 소비자협회의 주작업공동체,
12. 전파지역에서 소규모 지방판을 발행하는 일간신문 발행인,
13. 인쇄 및 종이류 산업노동조합 산하 독일언론인연합의 노르트라인-베스트팔렌 주 지부, 그리고 독일언론인협회, 언론인노동조합, 그의 주협회 사단법인 노르트라인-베스트팔렌 등.

설립총회에 참여시키기를 원하는 이에 대해서는 1문에서 열거한 각 부문에 설립총회의 장소와 시간을 예정한 때로부터 2개월 이전에 서면으로 통지해야 한다. 이들 각 부문에서 이들이 특정하여 설립구성원으로 임명한 사람에 대해서는 설립총회에 서면으로 소집해야 한다. 설립자치규칙은 반드시 1문에서 특정되고, 그에 따라 설립총회에 참석한 이들이 전원일치로 의결해야 한다. 이렇게 의결이 성립하지 못한 경우 주방송관할청은 합의에 이르도록 영향력을 행사해야 한다. 설립총회를 한 때로부터 최소한 2개월이 지난 후에 1문에 따라 특정되고, 총회에 참석한 이들 중에서 최소한 4분의 3으로 자치규칙을 의결할 수 있다. 그 총회에는 1문에 특정된 이들을 모두 2주간의 기간을 설정하여 서면으로 반드시 초청해야 한다. 이 자치규칙을 승인하지 아니한 자들도 신청하면 사단에 영입할 수 있다는 규정을 자치규칙에 반드시 두어야 한다.

(2) 1항 1문에 열거한 구성원을 특정할 때 효력을 미치는 조항은 다음과 같다.
 1. 1항 1문 1호부터 3호까지, 그 경우 거기에 열거된 교회와 문화공동체 조항에 규정되어 있는 바에 따라, 특정한다.

(원문 S. 258 – 역주)

2. 전파지역이 오직 한 개 크라이스 또는 크라이스에서 독립되어 있는 시에 미치는 경우 1항 1문 4호에 따라 크라이스의 의회(Kreistag) 또는 크라이스에서 독립되어 있는 시의 평의회 등이 특정한다. 전파지역이 한 개 크라이스 또는 크라이스에서 독립되어 있는 시 등을 넘어 그밖의 크라이스 또는 크라이스에서 독립되어 있는 시, 또는 크라이스에 소속되어 있는 기초지방자치단체에 미치는 경우 이들의 대표자총회에서 특정한다. 이 대표자단체의 경우 재적의 3분의 2의 출석으로 의결할 능력을 획득한다. 대표자총회의 회의는 주방송관할청이 소집하고 진행한다. 대표자의 숫자는 가장 최근에 지방자치단체 선거를 실시할 때 기준으로 삼았던 주민의 숫자에 따라 결정한다. 크라이스와 또는 그로부터 독립되어 있는 시에서는 주민 10,000명에 한 사람씩 대표자를 선임한다. 크라이스 하나에, 본래 그에 속하는 기초지방자치단체가 모두 전파지역에 포함되지 아니할 경우, 대표자의 선임은 크라이스 대신에 그에 속한 기초지방자치단체가 행한다. 크라이스에 속하는 기초지방자치단체는 최소한 2명의 대표자를 선임하며, 그밖의 사항에 대해서는 6문을 준용한다. 대표자는 대표자단체로부터 동트식 최대득표수절차 원칙에 따라 선출한다. 그밖의 상세한 사항에 대해서는 주방송관할청의 자치규칙에서 규율한다.
3. 1항 1문 5호부터 13호까지, 그 경우 1항 1문에 열거한 부문의 하부조직이, 다만 전파지역 전체에 대하여 관할권한을 보유한 경우에 한하여, 이를 특정한다. 하부조직 중 다수가 1문의 요건을 갖춘 경우 가장 낮은 지부조직이 관할권한을 보유한다.
4. 1항 1문 1호부터 3호까지, 그리고 5호부터 13호까지, 그 경우 열거한 단체는 그때마다 한 번씩 구성원 한 사람을 특정한다. 이와는 다르게 1항 1문 4호에서 열거한 단체의 경우 2인의 구성원을 특정한다. 이들은 비례대표선거의 원칙(동트식 최대다수기준 절차방식)에 따라 선출한다.
5. 1항 1문 1호부터 3호까지, 그리고 5호부터 13호까지, 그 경우 그때마다 다수의 단체가 열거되는 한, 이들은 오직 공동으로 구성원 1인을 특정할 수 있다.
6. 자치규칙에 반드시 규정해두어야 할 사항이 있는데, 1항 1문에 따른 부문에서 설립구성원을 전혀 특정하지 않았을 경우 요구에 따라 자연인 1인을 구성원으로, 4호 2문의 경우 자연인 2인을 사단의 구성원으로 정할 수 있다. 사단은 설립 후 지체없이 이들 단체에 구성원을 특정해달라고 요구해야 한다. 이 요구가 도달한 때로부터 2개월 내에 특정하지 않을 경우 구성원의 편입에 대해서는 1항 1문에 따라 특정된 구성원 3분의 2의 다수가 동의해야 한다.

(원문 S. 259 – 역주)

7. 이 규정은 5년의 임기를 설정할 수 있다.
(3) 사단에 그 구성원으로 문화와 예술, 교육과 학문, 외국시민 등의 각 영역으로부터 자연인 1인씩, 그리고 사단법인 등기부에 등재된 공익적 사단으로서 그의 정관에 정한 목적이 전파지역에서 소규모 지방방송을 지원하는 데 있는 경우 그의 구성원 1인을 더

받아들여야 한다. 그리고 1항 1문에 열거한 부문에서 지명한 구성원을 받아들인다고 3분의 2 다수로 의결하며, 이 의결은 2항 6호에 따른 절차가 마감된 이후에야 행할 수 있다고 정관에 규정해야 한다.
(4) 그밖에도 정관에 규정해야 할 사항은 운영회사의 대표자가 구성원총회와 이사회 등의 회의에 참여할 수 있다는 점이다.
(5) 또한 정관에 규정해야 할 사항으로 1항과 3항에 따른 사단의 경우 자연인을 3명에서 4명까지 더 그 구성원으로 받아들일 수 있다는 점을 든다. 영입결정은 1항과 3항에 열거한 구성원 3분의 2 다수로써 행한다.
(6) 정관에 규정해야 할 사항은 사단의 구성원은 최대한 22명에 달해도 된다는 점이다. 여성에 대해 적절하게 배려해야 한다.
(7) 사단과 이사회 등의 각 구성원은
 1. 제5조 1항 4문 1호부터 3호까지 그 요건을 충족시켜야 하며,
 2. 그 전파지역에 주소 또는 지속적인 거소를 보유해야 하며,
 3. 제5조 2항 2호, 3호, 5호 등에 따라 방송사연합으로서 면허받지 못하도록 배제된 집단에 소속한 자이어서는 안 되며, 사단의 구성원은 결코 이들을 지명한 그 부문(1항 1문)에 소속되어서는 안 된다.
(8) 정관에 규정해야 할 사항은 1항 1문에 따라 지명된 구성원의 구성원자격이 종료하는 사유인데, 이는 다음과 같다.
 a) 이 구성원이 자신을 지명해주었으며, 그렇게 지명받을 시점에 소속되어 있었던 그 부문이나 조직으로부터 탈퇴하였을 경우,
 b) 2항 7호에 따른 기간이 도과했을 경우, 또는
 c) 면허기간이 도과했거나, 면허를 취소 또는 철회당했을 경우.
1문 문자c)는 3항과 5항에 따른 구성원에 대해서도 또한 효력을 미친다. 정관에 규정할 사항으로는 구성원의 자격이 종료하기 전에 1항 1문의 경우 거기에 열거되어 있는 부문에서 확인하거나, 3항과 5항의 경우 거기에 열거한 규정에 따라 지명하여 확인하면, 1문과 2문의 경우 구성원자격은 계속 유지된다는 점을 든다.

(원문 S. 260 – 역주)

(9) 구성원 1인이 사단으로부터 탈퇴하면, 그 후임자는 1항부터 3항까지 그리고 5항 등에 규정한 바에 따라 정한다.
(10) 노르트라인-베스트팔렌 주 기초지방자치단체에 관한 법 제55조 2항 2문 및 3문과 노르트라인-베스트팔렌 주 크라이스에 관한 법(Kreisordnung) 제20조 4항 2문 및 3문 등은 1항 1문 4호에 따른 구성원에게 적용하지 아니한다.

제27조
구성원총회와 이사회
(1) 정관에 규정해야 할 사항으로는 구성원총회가 방송사에 대하여 기본원칙적 의미를

지닌 모든 문제에 관하여 평의하며 의결한다는 점이다.
(2) 구성원총회는 그 정관에서 특히 다음의 과업을 의무로서 부담해야 한다.
　1. 정관에 관한 의결,
　2. 이사회의 선임과 해임,
　3. 간부급 종사자와 모든 편성부문 종사자 등에 대한 임명과 면직에 관한 의결,
　4. 일년 단위의 경제 및 인력 등에 관한 계획에 대한 의결,
　5. 단체협약의 결과에 관한 승인,
　6. 프로그램 계획과 방송기술 등에 관한 기본원칙적 문제에 대한 의결,
　7. 프로그램 위탁사항을 이행하는지, 프로그램에 관한 기본원칙과 소규모 지방방송에 관한 기본원칙 등을 준수하는지 등에 관한 감독,
　8. 프로그램 대강의 수립과 변경,
　9. 프로그램 송출시간의 변경,
　10. 운영회사와 합의의 성립, 변경, 해지 따위,
　11. 편성규약의 수립,
　12. 창틀 프로그램에 관한 의결,
　13. 사단의 해체.
구성원총회가 1문 3호, 8호, 9호 등에 따른 과업을 모든 구성원 3분의 2 다수로 의결하여 이사회에게 위임할 수 있으나, 언제든지 구성원 과반수의 승인을 얻어 다시 회수할 수 있다고 정관에 규정할 수 있다.
(3) 구성원총회는 구성원 재적 3분의 2가 참석하고, 모든 구성원을 정관에 상세하게 규정한 조항에 따라 소집한 경우 의결할 수 있으며, 그렇지 아니한 경우 적절한 기간 안에 모든 구성원을 새로 소집해야 하며, 그에 따라 성립된 회의에서 구성원총회는 출석한 구성원의 숫자와 상관없이 의결할 수 있다고 정관에 규정해야 한다.
(원문 S. 261 – 역주)
(4) 구성원총회에서 의결하는 데 대하여 정관에 다음과 같이 규율한 내용의 규정을 두어야 한다.
　1. 각 구성원의 표결권은 1개이다.
　2. 3호에서 달리 규정하지 않는 한, 의결에는 적어도 참석한 구성원의 과반수가 참여해야 한다.
　3. 구성원총회의 의결사항이 편성책임자의 임명이나 면직, 프로그램 대강의 수립, 이사의 선출과 퇴임에 관하여 운영회사와 합의의 체결, 변경, 해지, 2항 2문에 열거한 과업의 이전 등일 경우, 적어도 구성원 재적의 3분의 2 다수를 확보해야 한다. 구성원총회로서 3항에 따라 참석한 구성원 숫자와 상관없이 의결능력이 있는 회의에서는 반드시 적어도 구성원의 과반수가 승인해야 한다.
(5) 이사회는 3인으로 구성한다고 정관에 규정해야 한다.
(6) 그 이외에 정관에 규정해야 할 사항은 이사회는 무엇보다도 다음 과업을 이행해야

한다는 것으로,
1. 사단을 재판에서 그리고 재판 외에서 대표하며,
2. 해마다 경제와 인사 등 부문계획의 초안을 작성하며,
3. 구성원총회를 준비하는 것이다.

제28조
편성책임자

(1) 방송사연합은 편성부문을 지휘할 종사자 한 사람을 임명해야 한다(편성책임자).
(2) 편성책임자를 임명하거나 면직할 때에는 운영회사의 승인을 얻어야 한다. 이 승인을 거부하는 사유로는 오직 편성책임자의 저널리즘적 성향에 관련되지 아니한 것만이 허용된다.

(원문 S. 262 — 역주)

(3) 편성책임자에 대해서는 이를 인력계획의 큰 틀 안에서 편성부문의 종사자를 임명하고 면직하는 데 대한 제안의 범위에 포함시킬 수 있으며, 편성부문의 종사자에 대해서는 편성책임자가 이의제기를 하는데도 결코 이에 반하여 임명하거나 면직해서는 안 된다는 것을 방송사연합의 정관에 규정해야 한다.

제29조
운영회사: 방송사연합과의 합의

(1) 방송사연합이 신청한 기간에 구속력을 미칠 계약적 합의를 운영회사와 체결했음을 증명하고, 이를 그가 자신의 법률적 과업을 수행하는 데 활용해야 하며, 이런 경우가 아니면 면허를 발급해서는 안 된다.
(2) 7항에 따른 해지는 오직 반년의 기간을 설정하고 역법에 따른 연말에 맞추어 행해야 한다는 의무를 방송사연합과 운영회사는 합의사항의 하나로 포함시켜야 한다. 이 합의는 오직 운영회사만이 방송광고를 맡는다는 방송사연합의 의무를 포함시켜야 한다. 면허가 효력을 유지하는 동안 운영회사 측에서,
 1. 소규모 지방프로그램을 제작하고 전파하는 데 필요한 기술적 시설을 조달하여 이를 방송사연합의 처분에 맡겨야 하며,
 2. 방송사연합에 자신의 법률적 과업과 합의로 특정하게 된 과업을 수행하는 데 필요한 제 수단을 계약에 의하여 정한 범위 내에서 처분에 맡겨야 하며,
 3. 방송사연합으로 하여금 제24조 4항 1문에 열거한 집단에 제작에 관하여 보조해주도록 그의 처분에 맡겨야 하며, 이때 모든 집단을 반드시 동등하게 대우해야 하며,
 4. 방송사연합의 대표자를 운영회사 기관의 회의에 참석하게 해야 하며,
 5. 이 합의를 오직 방송사연합과 체결해야 한다는 등의 의무를 부담한다는 점을 이 합의에 포함시켜야 한다.

(3) 방송사연합은 면허신청과 함께 이 계약적 합의를 밝혀야 하며, 이에 관하여 필수적인 각종 사항에 관해 정보를 제공해야 하는데, 이로부터 운영회사가 경제 및 조직 등의 측면에서 방송사와의 계약으로 이룬 합의를 이행할 것이 보장된다고 추론할 수 있어야 한다.
(4) 방송사연합이 운영회사와 계약적 합의를 체결하였으며, 이 합의로 말미암아 방송사연합이 자유롭고 다양한 출판을 보장할 목적으로 그 전파지역(제31조)에서 소규모 지방판을 발간하는 모든 일간신문에 관련되는 이해관계에 적절하게 배려하게 될 것이라는 점을 방송사연합은 반드시 증명해야 한다.

(원문 S. 263 - 역주)

운영회사의 자본과 표결권 지분 중에서 한 개 또는 다수의 일간신문을 발간하는 기업의 것이 전체적으로 100분의 75를 넘어서는 안 된다. 전파지역(제31조)에서 소규모 지방판을 발행하는 일간신문이 다수 있을 경우, 의심스러운 경우 이들이 차지한 시장점유율에 부응하여 참여하도록 해야 한다. 주식법에서 의미하는 종속된 또는 지배적인 기업이라든지 연합기업이 문제로 떠오르는 경우 이들에 대해서는 이들과 결합한 기업이 이미 보유하고 있는 지분도 편입하여 계산할 수 있다.
(5) 4항에 따른 요구사항에 부응하는 운영회사가 존재하지 아니하는 경우, 주방송관할청은 가능한 한 크게 그 지역의 매체가 다양성을 갖추도록 배려하는 가운데, 4항 1문에 따라 요구되는 바를 배제할 수 있는지의 여부에 관하여 결정한다. 운영회사가 4항에 따른 요구사항에 부응하되, 4항에 열거한 이해관계를 넘는 수준으로 요구하기 때문에 합의에 이를 계약 자체가 성립하지 못하게 된 경우 4항 1문은 적용하지 아니한다. 어떤 전파지역에서 (제31조) 라디오방송이 둘 이상이거나, 텔레비전방송이 둘 이상 면허가 발급될 수 있을 경우, 4항 1문은 오직 기술적 전파범위가 최대인 프로그램에 대해서만 그 효력을 미친다. 기술적 전파범위가 동등한 프로그램이 다수 있을 경우 주방송관할청은 4항 1문이 효력을 미칠 프로그램이 어떤 것인지를 확정한다.
(6) 기초지방자치단체와 기초지방자치단체 연합 그리고 하나 또는 다수의 기초지방자치단체 또는 동 연합이 참여한 기업과 결사(지방자치단체의 주체)는 방송사연합이 면허를 발급받을 때까지 운영회사의 자본과 표결권 등에 관한 지분에 관하여 통틀어 25%까지 참여하겠다고 요청할 권리를 보유한다. 노르트라인-베스트팔렌 주 기초지방자치단체법 제89조는 적용하지 아니한다.
(7) 방송사연합과 운영회사 사이에 계약으로 이루어진 합의를 해지할 경우에 대해서는 다음과 같은 규정이 그 효력을 미친다.
  1. 방송사연합 또는 운영회사가 합의를 해지하고자 원하는 경우 이들은 이를 주방송관할청에 사전에 통지해야 한다. 합의의 효력이 언제까지 유지될 것인지에 대하여 주방송관할청은 법률과 계약 등에 규정되어 있는 범위 안에서 영향력을 행사해야 한다. 주방송관할청이 합의시키려는 시도(2문)가 실패했다고 선언하기 전에 해지를 행했을 경우, 이를 방송사연합이 해지했다면 그의 면허는 소멸한다. 이를 운영회

사가 해지했다면 이제 방송사연합이 새로 합의했다는 점에 관하여 밝혀야 하는데, 이에 대하여 4항 1문을 적용하지 아니한다.
2. 방송사연합이 1호의 사항을 존중하면서 운영회사와 이루었던 합의를 중대한 계약침해를 이유로 하여 해지하는 경우, 주방송관할청은 2개월 안에 방송사연합이 제출해야 할 새로운 합의에 대하여 4항 1문을 적용할 것인지의 여부에 대하여 결정한다. 그는 이때 계약침해의 의미와 비중은 물론이고 4항 1문에 열거한 각종 이해관계를 비교형량해야 한다.

(원문 S. 264 – 역주)

새로운 합의는 아무리 늦어도 주방송관할청이 결정한 때로부터 (1문) 3개월 안에 밝혀야 하며, 그렇지 아니한 경우 그는 면허를 철회한다.
3. 운영회사가 1호의 사항을 존중하면서 합의를 해지하고, 그 이유로써 방송사연합 측의 중대한 계약침해로 말미암아 4항 1문에 열거한 이해관계에 대하여 더 이상 적절하게 배려되지 못하고 있다고 할 경우, 주방송관할청은 2개월 안에 면허의 철회에 관하여 결정한다. 그는 계약침해의 의미와 비중, 그리고 4항 1문에 열거되어 있는 이해관계에 관하여 비교형량해야 한다.

제30조
창틀 프로그램

(1) 방송사연합은 서로 그리고 제삼자와 창틀 프로그램을 송출하고 전파하는 것에 대하여, 또는 제삼자의 프로그램에 자신의 광고를 송출하고 전파하는 것에 대하여 합의할 수 있다. 창틀 프로그램에 대해서는 제2절부터 제5절까지 제 조항이 효력을 미친다. 쾰른 소재 서부독일방송[7]이 1문에 따른 합의를 근거로 창틀 프로그램을 송출하고 전파할 경우, 그에 대해서는 "쾰른 소재 서부독일방송"에 관한 법률이 그 효력을 미친다.
(2) 1항 1문에 따른 각 방송사연합의 합의는 어떤 것이든 모두, 운영회사 측의 동의를 얻어야 한다.

제31조
지역적 전파지역

(1) 소규모 지방프로그램의 전파지역에 대해서는 주방송관할청은 자치규칙으로 확정한다. 소규모 지방프로그램의 전파지역이라 하면, 이는 크라이스 또는 이 크라이스로부터 독립되어 있는 시 지역으로서 그 전송용량과 지역적 관계 등의 측면에서 보아 경제적으로 능력을 갖춘 소규모 지방방송이 가능한 경우에 한한다. 그렇지 아니한 경우 이로부터 벗어날지라도 다음과 같은 원칙에 따라 전파지역을 확정할 수 있다.

---

7) 공영방송이다 – 역주.

1. 전파지역은 주민 60만 명을 넘어서는 안 되며,

(원문 S. 265 – 역주)

2. 그에 관련된 의사소통, 문화, 경제 등의 측면에서 본 영역을 고려해야 하며,
3. 지방자치단체의 지역경계선을 고려해야 하며,
4. 경제적으로 능력을 갖춘 소규모 지방방송이 일어설 수 있도록 해야 한다.

전파지역을 확정할 때에는 이 법률이 적용되는 전 지역에 도달하는 소규모 지방방송이 생성될 수 있도록 보장해야 한다.
(2) 전파지역이 크라이스 또는 크라이스로부터 독립되어 있는 도시를 넘어가게 되어 다른 크라이스, 또는 크라이스로부터 독립되어 있는 다른 도시, 또는 크라이스에 속해 있는 다른 기초지방자치단체까지 넓게 차지하는 경우 주방송관할청은 면허를 발급하되, 소규모 지방프로그램이라는 틀 안에서 전파지역의 일부를 위한 창문프로그램을 전파한다는 부담을 부과할 수 있다.
(3) 프로그램을 오로지 유선망에 의존하여 유선시설을 통해서 전파하는 경우 이 같은 유선시설이 설치되어 있는 지역을 전파지역이라고 본다.

4. 1985년의 서부독일방송법은 서부독일방송의 기관을 대폭 개편하였다. 이들의 종전 구조에 대해서는 연방헌법재판소가 방송은 국가로부터 자유롭다고 판결한 이래로 헌법적인 우려가 있다고 평가되었다. 따라서 이를 개편한다는 것이 1985년 개정의 가장 본질적인 계기가 된다고 할 것이다. 통제위원회는 국가로부터 거리를 유지하며 사회에 더욱 가깝게 설립해야 한다고 지적했다. 그밖에도 방송평의회는 행정평의회보다 우월한 지위를 차지해야 마땅하다고 했다. 이로 말미암아 방송평의회 및 행정평의회의 구성, 담당자 충원, 권한 등에 관해서도 상당한 변동이 일어났다.

이 서부독일방송사의 최고기관은 이제 방송평의회이다. 그의 권한 역시 상당히 확장되었다. 그는 이 방송사의 기본원칙에 관한 문제라면 어떤 것이든 의결하는 기관으로서 서부독일방송의 자치규칙을 제정한다. 그는 프로그램구조에 관하여 결정하며, 프로그램에 관하여 감독하며, 예산을 수립하고, 인력구조를 확정한다. 그밖에도 사장과 부사장 등을 선임하고 면직하며, 그밖의 서부독일방송의 위원회를 충원하는 것이 그 권한으로 부여되어 있다. 그에 반해서 행정평의회는 사장의 업무집행에 관한 감사에, 그것도 프로그램에 관한 결정은 제외된 채, 국한되어 있다.

방송평의회 구성원도 21인에서 41인으로 늘렸는데, 이들을 4개의 상이한,

하지만 강력한 "계열"에서 선임한다.

(원문 S. 266 – 역주)

구성원 12인은 주의회가 선출한다. 이들 중 최대한 7인은 의회의원 자신이 맡는다. 기타 구성원 17인은 사회부문의 집단이나 기관에서 직접 파견하는데, 이들은 법률에 열거되어 있다. 구성원 9인은 방송에 대하여 중요한, 그리하여 특이한 사항적 권한을 보유한 영역에서 파견한다. 이 영역으로는 언론, 문화, 예술, 학문 등이 있다. 마지막으로 "시민계열"이 규정되어 있는데, 노인, 장애인, 외국인 등의 영역에서 각 1인씩 모아 구성한다. 이들 영역과 집단의 대표자 역시 법률에 열거되어 있는 특정한 조직에서 파견한다. 여성에 대하여 적절하게 배려해야 한다는 점은, 모든 집단에 대하여 그 효력을 미친다. 방송평의회의 모든 구성원은 공공의 이익을 대변해야 하며, 어떤 위임에도 기속당하지 아니한다. 방송평의회의 회의에는 서부독일방송의 인사평의회에서 지명한 구성원 2인이 자문적 수준에서 참여할 수 있다.

상세한 사항은 서부독일방송법에서 규정하고 있다.

제15조
구성
임기와 비용상환

(1) 방송평의회는 41인으로 구성된다. 구성원과 대리인을 방송평의회에 선임하거나 파견할 때에는 여성의 비중에 관하여 배려해야 한다.
(2) 구성원 중 12인은 비례대표 선거원칙(동트식 최대수절차)에 따라 주의회가 선임한다. 최대수가 동등할 경우에는 마지막 구성원의 파견에 관해서는 주의회 의장이 추첨으로 결정한다. 구성원 7인까지는 유럽의회, 연방의회, 주의회, 지방자치단체에 소속된 자이어도 된다.
(3) 그밖의 구성원 17인은 다음에 열거하는 사회집단이나 기관 곧,
   1. 노르트라인-베스트팔렌 주 개신교 교회에서 대리인 1인을,
   2. 카톨릭교회에서 대리인 1인을,
   3. 노르트라인과 베스트팔렌 지역의 유대인 문화공동체 주연합체와 쾰른 시나고그 공동체 등에서 대리인 1인을,

(원문 S. 267 – 역주)

   4. 독일노동조합연맹 산하 노르트라인-베스트팔렌 주 분과에서 대리인 1인을,
   5. 독일사무직노동조합 산하 노르트라인-베스트팔렌 주 분과에서 대리인 1인을,
   6. 독일공무원연맹 산하 노르트라인-베스트팔렌 주 분과에서 대리인 1인을,

7. 사단법인 사용자연맹 산하 노르트라인-베스트팔렌의 주결사체에서 대리인 1인을,
8. 사단법인 라인베스트팔렌 수공업자연맹에서 대리인 1인을,
9. 사단법인 베스트팔렌립지역 농업협회와 사단법인 라인지역 농업협회에서 대리인 1인을,
10. 노르트라인-베스트팔렌 주의 제 시의회, 노르트라인-베스트팔렌 주의 시와 기초지방자치단체의 연맹, 노르트라인-베스트팔렌 주 크라이스의 의회에서 대리인 1인을,
11. 노르트라인-베스트팔렌 주 복지 확보를 위한 자유연합체의 최상급 제 협회의 작업공동체와 노르트라인-베스트팔렌 주 제 가족보호협회의 주 작업공동체 등에서 대리인 1인을,
12. 노르트라인-베스트팔렌 주 주스포츠연맹에서 대리인 1인을,
13. 노르트라인-베스트팔렌 주 소비자센터, 사단법인 소비자협회의 주작업공동체 등에서 대리인 1인을,
14. 연방자연보호법 제29조 2항에서 인정하는 협회 중 노르트라인-베스트팔렌 주 주 차원의 제 협회에서 대리인 1인을,
15. 노르트라인-베스트팔렌 주의 청소년연맹에서 대리인 1인을,
16. 사단법인 립 지역 고향보호연맹, 사단법인 라인지역 기념물보호와 농업보호, 사단법인 베스트팔리아 지역 고향보호연맹 등에서 대리인 1인을,
17. 독일 전쟁과 군복무 희생자, 장애인, 사회연금수급자, 유족 등을 위한 협회 산하 사단법인 노르트라인-베스트팔렌 주협회, 사단법인 전쟁희생자, 장애인, 사회연금수급자, 유족 등의 협의회 연방연맹 산하 노르트라인-베스트팔렌 주협회 등에서 대리인 1인을 파견한다.

(4) 그밖의 구성원 9인은 다음과 같은 언론, 문화, 예술, 학문 등의 분야, 곧,
1. 산업노동조합 인쇄와 지류 부문의 독일작가협회, 노르트라인-베스트팔렌 지부에서 대리인 1인을,
2. 독일무대소속원협동조합 노르트라인-베스트팔렌 지협에서 대리인 1인을,
3. 사단법인 노르트라인-베스트팔렌 주 음악평의회에서 대리인 1인을,
4. 산업노동조합 인쇄와 지류 부문의 독일언론인연맹 산하 노르트라인-베스트팔렌 지부, 독일언론인협회, 언론인노동조합 산하 사단법인 노르트라인-베스트팔렌 주협회 등에서 대리인 1인을,

(원문 S. 268 – 역주)

5. 라디오텔레비전영화연맹, 노르트라인-베스트팔렌협회에서 대리인 1인을,
6. 사단법인 영화업무 노르트라인-베스트팔렌 주, 사단법인 텔레비전영화비디오경제협회 노르트라인-베스트팔렌 주 등에서 대리인 1인을,
7. 사단법인 조형부문예술가협회, 노르트라인-베스트팔렌 주협회에서 대리인 1인을,
8. 성인재교육대학 노르트라인-베스트팔렌 주협회에서 대리인 1인을,
9. 노르트라인-베스트팔렌 주 대학총장회의와 노르트라인-베스트팔렌 주 전문대학총

장회의 등에서 대리인 1인을 파견한다.
(5) 그밖에도 구성원으로서 다음 각 영역 곧,
   - 노인,
   - 장애인,
   - 외국인 등 부문의 노르트라인-베스트팔렌의 주 차원에서 그의 대리인을 1인씩 파견한다. 노인과 외국인의 대리인은 노르트라인-베스트팔렌 주의 복지확보를 위한 자유연합체의 최상급 제 협회의 작업공동체에서 파견한다. 장애인의 대리인은, 독일 전쟁과 군복무 희생자, 장애인, 사회연금수급자, 유족 등을 위한 협회 산하의 사단법인 노르트라인-베스트팔렌 주협회와 사단법인 전쟁희생자, 장애인, 사회연금수급자, 유족 등의 협의회 연방연맹 산하의 노르트라인-베스트팔렌 주협회 등에서 파견한다. 하지만 2문과 3문 등에 따라 열거되어 그 구성원을 파견하는 조직이라고 해도, 그 조직에서 부업 아닌 전업 수준으로 종사관계를 맺고 있는 사람을 구성원으로 파견해서는 안 된다.
(6) 각 구성원에 대하여 동시에 이들을 대신할 수 있는 부대리인을 선임하거나 파견해야 한다. 이 부대리인은 정규 구성원에게 장애가 일어났을 때 방송평의회와 그의 위원회 등의 회의에 전면적인 권한을 지니고 참석한다.
(7) 방송평의회를 주재하는 의장은 구성원을 파견할 권한을 보유한 각 부문에서 그 자신의 자치규칙, 협약, 또는 이와 유사한 규율 등에 따라 그 절차를 갖추어 파견하였는지를 확인한다. 파견에 관한 절차에 대한 그밖의 상세한 사항은 자치규칙에 규정한다.
(8) 방송평의회의 구성원과 이들의 부대리인 등의 임기는 6년으로 한다. 임기는 방송평의회의 첫번째 모임이 있는 때로부터 개시한다. 방송평의회의 구성원을 재선임하거나 재파견하는 따위는 1회에 한하여 허용된다.

(원문 S. 269 - 역주)

(9) 방송평의회에 구성원을 파견하지 않으면 그 시기 동안 그리고 그 범위에 관한 한, 구성원 총수가 그에 부응하여 축소된다.
(10) 3항과 4항에 따라 파견된 구성원은 그 임기가 다하기 전이라고 할지라도 해당 부문 또는 조직으로부터 퇴직하는 경우 그 파견권한을 보유한 부문으로부터 면직될 수 있다. 1문은 장애인과 외국인 영역에서 나온 대리인에게도 준용한다.
(11) 구성원 또는 부대리인이 방송평의회에서 퇴임한 경우 그의 후임자는 위에서 규정한 조항에 따라 방송평의회의 진행중인 임기의 잔여기간에 해당되는 것으로만 선임하거나 파견한다.
(12) 방송평의회의 구성원과 그의 부대리인은 방송영역에 관하여 상당한 지식을 갖춘 자이어야 한다. 이들은 자신의 과업을 수행할 때 공공의 이익을 대변해야 하며, 이때 어떤 위임에도 기속당하지 아니한다.
(13) 인사평의회에서 파견한 2명의 인사평의회 구성원은 자문하는 자격으로 방송평의회에 참여할 수 있다. 8항, 11항 및 12항 등은 이에 대하여 준용한다. 이들은 침묵할 의무를 부담한다. 하지만 인사평의회에 대하여 보고할 의무는 영향받지 아니한 채 그

대로 유지된다. 1문에 열거한 사람은 그들에게 과다비용지출이 발생하고 그 비용을 달리 대체받지 못하는 경우에 여행비용, 일비(日費)를 상환해달라는 청구권을 보유하도록 자치규칙에 규정할 수 있다.
(14) 방송평의회는 그 구성원 중에서 의장과 그를 대리할 부의장을 선임한다.
(15) 방송평의회는 운영규칙을 스스로 제정한다. 이에 관한 세세한 사항은 자치규칙에 규정한다.
(16) 방송평의회의 구성원과 그의 대리인은 자치규칙에 규정한 정도에 따라 일반비용의 손실보상, 여행비용, 일비에 대한 상환청구권을 보유한다. 이렇게 규율하는 데에는 주정부의 승인이 필요하다.
(17) 방송평의회의 구성원과 대리인 등은 이와 같은 활동을 인수하거나 수행하는데, 이에 대하여 어떤 장애가 있어서도 안 되며, 이로 말미암아 자신의 공직이나 노동관계에 대하여 어떤 불이익을 받아서도 안 된다. 이와 같은 이유로 파면되거나 해고당하는 것은 특히 허용되지 아니한다. 만약 그가 고용관계나 노동관계하에 있을 경우 이들이 이와 같이 활동하는 데 필요한 자유로운 시간을 보장해야 한다.

　민영방송에 대해서는―주 전역 또는 소규모 지방을 수신지역으로 하는― 주방송법에서 민영방송에 대한 공법상 상급총괄영조물로서 다원적으로 구성한 결정 및 감사위원회인 주방송관할청을 설립했다. 이 주방송관할청은 민영방송에 대한 면허는 물론이고 민영방송에 관한 감독에 관한 권한도 보유하고 있다.

(원문 S. 270 - 역주)

　주방송관할청에는 두 개의 기관, 즉 방송위원회와 위원장이 소속되어 있는데, 이 둘 중에서 본질적으로 중요한 권한은 방송위원회가 보유하고 있다. 이들의 구성측면을 살펴보면 방송위원회는 서부독일방송의 방송평의회와 유사하다. 상세한 사항은 다음과 같이 규정되어 있다.

제55조
방송위원회의 구성, 위원의 임기

(1) 방송위원회의 구성원은 41인으로 한다. 구성원과 그의 대리인을 방송위원회에 선임하거나 파견할 때에는 여성의 비중에 관하여 적절하게 배려해야 한다.
(2) 구성원 중 11인은 주의회가 선임한다. 이들 구성원은 비례대표 선거원칙(동트식 최대수절차)에 따라 선출한다. 최대수가 동등할 경우에는, 마지막 구성원의 파견에 관하여, 주의회 의장이 추첨하고 그에 따라 결정한다. 구성원 6인까지는 유럽의회, 연방의회, 주의회, 지방자치단체 등에 소속된 자이어도 된다.

연방헌법재판소 제6차 방송판결: BVerfGE 83, 238ff.

(3) 그밖의 구성원 18인은 다음에 열거하는 기관 곧,
 1. 노르트라인-베스트팔렌 주 개신교 교회에서 구성원 1인을,
 2. 카톨릭교회에서 구성원 1인을,
 3. 노르트라인 지역과 베스트팔렌 지역의 유대인 문화공동체 주연합과 쾰른 시나고 그공동체 등에서 구성원 1인을,
 4. 독일노동조합연맹 산하 노르트라인-베스트팔렌 주 지구에서 구성원 1인을,
 5. 독일 사무직노동조합 산하 노르트라인-베스트팔렌 주협회에서 구성원 1인을,
 6. 독일공무원연맹 산하 노르트라인-베스트팔렌 주연맹에서 구성원 1인을,
 7. 사단법인 사용자연맹 노르트라인-베스트팔렌 주결사에서 구성원 1인을,
 8. 사단법인 라인베스트팔렌지역 수공업자연맹, 사단법인 베스트팔렌립지역 농업협회, 사단법인 라인지역 농업협회 등에서 구성원 1인을,
 9. 사단법인 노르트라인-베스트팔렌 주 지역의 자유직업자 협회에서 구성원 1인을,
(원문 S. 271 — 역주)
 10. 노르트라인-베스트팔렌 주의 제 시의회, 노르트라인-베스트팔렌 주의 시와 기초 지방자치단체의 연맹, 노르트라인-베스트팔렌 주 크라이스의 의회 따위에서 구성원 1인을,
 11. 노르트라인-베스트팔렌 주의 복지 확보를 위한 자유연합체의 최상급 제 협회의 작업공동체에서 구성원 1인을,
 12. 노르트라인-베스트팔렌 주 주스포츠연맹에서 구성원 1인을,
 13. 노르트라인-베스트팔렌 주 소비자센터, 사단법인 소비자협회의 주작업공동체 등에서 구성원 1인을,
 14. 연방 자연보호법 제29조 2항에서 인정하는 협회 중 노르트라인-베스트팔렌의 주 차원의 제 협회에서 구성원 1인을,
 15. 노르트라인-베스트팔렌 주의 청소년 동아리에서 구성원 1인을,
 16. 사단법인 립 지역 고향보호연맹, 사단법인 라인지역 기념물보존과 농업보호, 사단법인 베스트팔리아 지역 고향보호연맹 등에서 구성원 1인을,
 17. 독일 전쟁과 군복무 희생자, 장애인, 사회연금수급자, 유족 등을 위한 협회 산하 사단법인 노르트라인-베스트팔렌 주협회, 사단법인 전쟁희생자, 장애인, 사회연금수급자, 유족 등의 협의회 연방연맹 산하 노르트라인-베스트팔렌 주협회 등에서 구성원 1인을,
 18. 노르트라인-베스트팔렌 주 제 가족보호협회의 주연합체와 노르트라인-베스트팔렌 주 여성평의회 등에서 구성원 1인을 파견한다.
(4) 구성원 1인은 외국시민영역에서 대리인을 파견한다. 외국시민의 대리인은 노르트라인-베스트팔렌 주의 복지 확보를 위한 자유연합체의 최상급 제 협회의 작업공동체에서 파견한다.
(5) 그밖의 구성원 11인은 다음과 같은 언론, 문화, 예술, 학문 등의 분야, 곧,

1. 산업노동조합 인쇄 및 지류 분과 소속 독일작가협회 산하 노르트라인-베스트팔렌 지협에서 구성원 1인을,
2. 라디오텔레비전영화연맹 산하의 노르트라인-베스트팔렌 협회, 독일무대소속원협동조합 산하 노르트라인-베스트팔렌 지협 등에서 구성원 1인을,
3. 사단법인 노르트라인-베스트팔렌 주 음악평의회에서 구성원 1인을,
4. 독일언론인협회 즉 언론인노동조합 산하 사단법인 노르트라인-베스트팔렌 주협회, 산업노동조합 인쇄 및 지류 분과인 독일언론인연맹 산하 노르트라인-베스트팔렌 지부 등에서 구성원 1인을,
5. 사단법인 노르트라인-베스트팔렌 주 영화업무, 사단법인 노르트라인-베스트팔렌 주 텔레비전영화비디오 분야 경제협회 등에서 구성원 1인을,

(원문 S. 272 – 역주)

6. 조형부문예술가협회 산하 사단법인 노르트라인-베스트팔렌 주협에서 구성원 1인을,
7. 사단법인 성인재교육대학 노르트라인-베스트팔렌 주협회와 다른 주관주체에 의한 평생교육부문 주조직 등에서 구성원 1인을,
8. 노르트라인-베스트팔렌 주 대학총장회의와 노르트라인-베스트팔렌 주 전문대학총장회의 등에서 구성원 1인을,
9. 사단법인 라인베스트팔렌지역 신문발행인협회와 사단 노르트라인-베스트팔렌지역 정기간행물발행인협회 등에서 구성원 1인을,
10. 사단법인 독일연방공화국매체교육학과 의사소통문화 등을 위한 결사체 산하의 노르트라인-베스트팔렌 주 지역집단과 아돌프그림연구소 등에서 구성원 1인을,
11. 노르트라인-베스트팔렌 주 자신들의 동종이익을 수호하기 위한 공익방송사 사단과 노르트라인-베스트팔렌 주 소규모 지방방송 협회 등에서 구성원 1인을 파견한다.

(6) 각 구성원에 대하여 동시에 이들을 대신할 수 있는 대리인을 선임하거나 파견해야 한다. 구성원이나 대리인 중 1인은 여성이어야 한다. 정규 구성원에게 모종의 장애가 일어났을 경우 대리인은 방송평의회와 그의 위원회 등의 회의에 전면적인 권한을 지니고 참석한다.

(7) 방송평의회를 주재하는 의장은 구성원을 파견할 권한을 보유한 각 부문에서 자신의 자치규칙, 협약, 또는 이와 유사한 규율 등에 따라 그 절차를 거쳐 파견했는지를 확인한다. 파견에 관한 절차에 대한 그밖의 세세한 사항은 자치규칙에 규정한다.

(8) 방송평의회의 구성원과 이들의 대리인 등의 임기는 6년으로 한다. 임기는 방송평의회의 첫번째 모임이 있는 때로부터 개시한다. 방송평의회의 정규 구성원을 재선임하거나 재파견하는 것은 1회에 한하여 허용된다.

(9) 방송평의회에 구성원을 파견하지 않으면 그 기간 동안 그리고 그 범위에 관한 한, 구성원 총수 자체가 그에 부응하여 축소된다.

(10) 3항과 5항에 따라 파견된 구성원은 임기가 다하기 전이라고 할지라도 해당 조직

연방헌법재판소 제6차 방송판결: BVerfGE 83, 238ff.

으로부터 퇴직하는 경우 그 파견권한을 보유한 부문으로부터 면직될 수 있다.
(11) 구성원 또는 그 대리인이 방송평의회에서 퇴임한 경우 그의 후임자는 위에서 규정한 조항에 따라 방송평의회의 진행중인 임기의 나머지 기간에 해당되는 것으로만 선임하거나 파견한다.

(원문 S. 273 – 역주)

(12) 방송평의회의 구성원과 그의 대리인은 방송영역에 관하여 상당한 지식을 갖춘 자이어야 한다. 이들은 자신의 과업을 수행할 때 공공의 이익을 대변해야 하며, 이때 어떤 위임에도 기속당하지 아니한다.

(13) 방송평의회의 구성원과 대리인 등은 이와 같은 활동을 인수하거나 수행하는데, 이에 관하여 장애를 일으켜서는 안 되며, 이로 말미암아 자신의 공직이나 노동관계에 대하여 모종의 불이익을 부과당해서도 안 된다. 이와 같은 이유로 파면되거나 해고당한다는 것은 특히 허용되지 아니한다. 만약 그가 고용관계나 노동관계 등에 있을 경우 이들이 이와 같이 활동하기에 필요한 자유로운 시간을 보장해야 한다.

5. 서부독일방송법 제3조 4항에 따라서 서부독일방송은 학교교육용 성격의 교육방송을 송출할 수 있다. 이 같은 방송에 대하여 법률은 지식전달을 지향하고 있으며, 국가의 교육행정과 합치하고, 성과에 관한 통제가 가능하며, 결국 정규학교를 졸업하도록 유도하는 내용의 것으로 파악하고 있다. 이는 조직 측면에서 기타 방송운영과 분리해야 하며, 반드시 국가의 수업지침에 부응한 것이어야 한다.

서부독일방송이 학교교육 성격을 지닌 교육방송을 송출할 경우 서부독일방송법 제13조 1항 4호에 따라 학교교육방송위원회를 설립해야 한다. 그 구성은 방송평의회와 다르다. 서부독일방송법 제27조에 따라 그의 구성원은 12인으로, 이 중에서 9인은 방송평의회에서, 학교교육협력법률에 열거한 협회와 조직 등의 제안을 받아 선출한다. 그밖의 3인은 주정부가 지명한다. 학교교육 성격을 지닌 교육방송은 오직 학교교육방송위원회의 동의가 있어야만 송출할 수 있다. 이 동의는 주정부 대리인의 표결에 반해서 부여될 수는 없다. 방송의 송출에 대해서는 학교교육방송위원회가 감시한다.

상세한 사항에 관해서는 법률에 규정되어 있다.

(원문 S. 274 – 역주)

제3조
과업, 송출지역

(1)부터 (3)까지…

(4) 방송평의회의 의결에 따라 학교교육의 성격을 지닌 교육방송을 이 법률의 척도에 따라 송출하여 전파할 권리를 서부독일방송은 보유한다. 이는 조직 면에서 기타 방송 운영과 분리하여 송출해야 하며, 반드시 국가의 수업지침에 부응하는 것이어야 한다. 학교교육의 성격을 지닌 교육방송은 국가의 교육행정과 합치되도록 조정하는 방송으로서 불특정 또는 일정한 기간을 설정하여 지식을 전달하는데, 이는,
  1. 서부독일방송이 수업프로그램의 형식으로 편성한 것이며,
  2. 이를 시행하면서 피교육자와 교육자 사이에 어떤 관계가 창출되고, 그로 말미암아 교육과 학습의 성과를 심사하며, 이로써 교육과정의 실효성을 확보하는 것이 가능하게 되는데, 바로 이 점을 특성으로 삼으며,
  3. 그리하여 학교교육과정을 끝까지 이수하도록 유도하려는 것이다.
다른 종류의 방송물은 국가의 지침 또는 기타 국가의 명령 등에 복종하지 않아도 된다.
(5)부터 (10)까지

제13조
기관, 직무담당자와 활동의 불일치

(1) 학교교육방송의 기관은,
  1.부터 3.까지…
  4. 서부독일방송이 학교교육의 성격을 지닌 교육방송을 송출하는 한, 학교교육방송위원회,
(2)부터 (5)까지…

제27조
구성, 선출, 임기, 비용상환

(1) 학교교육방송위원회의 구성원은 12인이다. 그중 9인은 방송평의회에서 성인재교육대학의 주협회와 학교교육에 협력하는 데 관한 법률 제2조 4항에 열거되어 있는 협회와 조직 등의 제안을 받아 선임한다. 이때 여성도 적절하게 대표되도록 조치해야 한다. 세세한 사항은 자치규칙에 규정한다. 구성원 3인은 주정부가 임명한다.
(2) 학교교육방송위원회의 구성원으로서 방송평의회에서 선임되는 자들은 자신의 과업을 수행할 때 공공의 이익을 대변해야 한다. 주정부가 임명한 구성원이라고 하더라도 그의 지시에 기속되지 아니한다.
(3) 학교교육방송위원회 구성원의 임기는 6년이다. 하지만 이 임기는 아무리 늦어도 방송평의회 구성원의 임기와 함께 종료한다.

(원문 S. 275 — 역주)

(4) 학교교육방송위원회의 구성원은 여행비용의 대체 및 일비의 상환청구권을 보유한다. 방송평의회에서 선임한 구성원은 그밖에도 비용보상청구권을 보유한다. 세세한 사

연방헌법재판소 제6차 방송판결: BVerfGE 83, 238ff.

항은 자치규칙으로 규율한다. 이 규율에 대해서는 주정부의 승인을 얻어야 한다.

제28조
과업

(1) 학교교육방송위원회는 학교교육의 성격을 지닌 교육방송의 송출을 감시한다. 학교교육의 성격을 지닌 교육방송은 오직 학교교육방송위원회의 동의가 있어야만 비로소 송출할 수 있다.
(2) 방송평의회가 교육방송에 관련하여 확인하고, 인허하며, 그밖의 결정을 행하기 이전에, 그리고 사장이 매년 예산초안을 수립하기 이전에 학교교육방송위원회의 견해를 들어야 한다.

제29조
절차

(1) 학교교육방송위원회는 구성원 중에서 의장과 그를 대리하는 부의장을 선임하고, 스스로 운영규칙을 제정한다. 세세한 사항은 자치규칙에 규정한다.
(2) 학교교육방송위원회는 출석 구성원의 과반수로 의결한다. 제28조 1항 2문에 따른 의결은 오직 주정부가 임명한 구성원이 동의할 때에만 성립될 수 있다. 방송평의회가 선임한 구성원은 각 1표씩 보유한다. 주정부가 임명한 구성원은 각 3표씩 보유한다. 이들 표결권은 오직 일치하여 행사할 수 있을 뿐이다.
(3) 제18조 3항과 제19조 1항을 준용한다. 주정부에 대해서도 회합시기에 관하여 그날의 의사일정과 함께 제때 고지해야 한다.

II.

기민당·기사당 교섭단체와 자민당 교섭단체 등에 소속된 독일연방의회 의원 236명이 기본법 제93조 1항 2호, 연방헌법재판소법 제13조 6호, 제76조 1호 등에 따라 청구한 바에 따르면, 서부독일방송법의 일부에 대하여 무효를 선언해야 한다고 한다.

(원문 S. 276 - 역주)

기민당·기사당 교섭단체에 소속된 독일연방의회 의원 215명이 청구한 바에 따르면, 주방송법의 제 규정을 무효라고 선언해야 한다는 것이다. 이들 청구를 상세히 살펴보면, 그 대상은 서부독일방송법[8] 제3조 3항, 7항, 8항 및

---

8) 공영방송에 관한 법률에 해당된다 - 역주.

9항, 제13조 1항 4호, 제15조, 제27조부터 제29조까지, 제33조 2항, 제47조, 그리고 주방송법9) 제3조, 제6조 2항, 제7조 2항 3문, 제11조, 제12조 3항, 제23조부터 제30조까지, 제55조이다.

이에 대한 이유로 청구인이 주장한 것 중에서 주요한 점만 살펴본다.

1. 문제가 된 규정은 서부독일방송법 제3조, 제33조 2항, 제47조, 그리고 주방송법 제6조 2항인데, 이들을 근거로 서부독일방송에 경제적·기업적 활동을 대규모로 행할 수 있게 권한을 부여한 것으로, 그리하여 본래 공법적 지위에 고유하게 설정되어 있는 한계사항은 무엇이든 모두 포기한 것으로 파악해야 한다고 주장한다. 서부독일방송법 제3조 3항에 따르면 기본법 적용범위 내의 다른 모든 방송기업과 대등한 지위를 부여하고, 이로 말미암아 서부독일방송에는 오직 방송기업에 법적으로 허용되는 활동공간이라면 어떤 것이든 가능한 한 최대로 열어주어야 한다는 것이다. 이 활동공간에 대하여 이 법률의 다음 규정에서 실효성 있게 제한한 바 없다고 한다. 그런데 서부독일방송은 기업에 참여하는 경우나 자신의 프로그램을 확장하는 경우나 모두 제한 당하고 있다고 한다. 서부독일방송은 방송의 송출에 한정되지 아니하며, 오히려 다른 매체영역으로 확장해나가야 한다는 것이다. 결국 서부독일방송의 재원조달을 제어하는 것은 없다고 하는데, 이는 광고수입을 확보하는 데 대하여 법률이 한계를 설정한 바 없기 때문이라고 한다. 법률에 어떤 제한이 설정되어 있는 한, 그것은 단지 외관적 한정사항에 지나지 않아 그 효력이 확실하지 않다고 한다.

청구인은 이에 대하여 여러 가지 이유를 근거로 헌법위반으로 보고 있다. 공영방송의 경제적·기업적 활동에 관한 서부독일방송법의 문제가 된 조항은 기본법 제5조 1항과 제12조와 관련하여 공영방송의 경제적·기업적 활동에 대한 헌법적 정당성과 한계의 원칙을 위반했다는 것이다. 최근에 나타난 법적 견해에 따르면 공적 주체에 의한 경제적 활동에는 단순히 주변적 이용의 범위를 넘어가는 순간에 벌써 헌법에서 고유하게 권한을 설정해준다는 그 수권(授權)이 요구된다는 것이다.

---

9) 민영방송에 관한 법률에 해당된다— 역주.

연방헌법재판소 제6차 방송판결: BVerfGE 83, 238ff.

(원문 S. 277 – 역주)

　기본법 제5조 1항 2문은 내용에 관한 규범으로서 이들 요구사항을 충족시킬 수는 없다고 한다. 그렇다고 해서 기본법에 다른 수권조항을 찾아볼 수도 없다고 한다.
　이것을 별론으로 하더라도 역시 서부독일방송법은 헌법위반이라고 한다. 이는 마찬가지로 기본법에서 요구하는 서부독일방송의 권한에 한계를 설정해야 하는데, 이를 결여하고 있기 때문이라고 한다. 경제적·기업적 활동은 결국 방송의 공급에 기여해야 한다는 점에 비추어보더라도 효율적인 활동의 제한이 가능하지 않다고 한다. 이는 그와 같은 관계가 언제나 창출되기 때문이라고 한다. 이런 관점에서 충분하게 법률로써 규율하고자 해도, 이 법률은 그것으로 벌써 공영방송이 민영매체에 대하여 배려해야 한다는 헌법상 요청을 침해한다고 한다. 그와 같은 요청은 헌법 본문에 전혀 명시적인 근거가 없더라도 그 자체로 존재한다고 한다.
　그밖에도 법률유보 원칙도 존중하지 않았다고 하면서, 입법자가 본질적으로 중요한 문제에 관하여 규율하지 않고 부작위상태에 빠져 있다고 한다. 그와 같은 사항으로는 특히 서부독일방송의 재원조달에 관한 세세한 문제를 들 수 있으며, 거기에 그치지 않고 다른 기업에 그가 참여하는 데 요구되는 세세한 여건도 마찬가지라고 한다. 이 점은 동시에 기본법 제5조 1항 2문에서 도출되는 출판에 관한 국가의 보호의무에도 위반된다고 한다.
　흠결 있는 조항의 헌법합치적 해석의 여지도 전혀 없어서, 그 결과 전체적으로 무효라고 선언될 수밖에 없다고 한다.
　서부독일방송법 제3조 7항의 조항은 서부독일방송으로 하여금 프로그램에 관한 정기간행물을 발간하는 것을 허락하는데, 이에 관해서도 역시 헌법에 그 권한에 관한 근거가 결여되어 있다고 한다. 그뿐만 아니라 이 경우 역시 법률유보의 원칙을 존중하지 않았는데, 이는 그 규정에서 전혀 한계를 도출할 수 없기 때문이라고 한다. 반드시 정기간행물의 내용이 주로 프로그램에 관련된 것이어야 하며, 자신의 과업을 수행하는 데 반드시 필요한 것이어야 한다는 것을 법률이 요구한다고 하더라도 그 한계가 좀더 세세하게 밝혀지는 것은 결코 아니라고 한다. 이 허가의 대상에는 단순한 내부 소식지는 물론이고 정식 방송잡지도 포함되어 있는데, 정식 방송잡지의 경우 당장 기존의 잡지에 대한 경쟁에 돌입할 것이고, 때에 따라서는 심지어 광고로써 재원을 조달할 것이며, 법률의 문언에 따르면 유가지로는 물론이고 무가지로도 제공할 수 있다고 한다. 바로 이 점은 동시에 출판자유에 대한 위반을 의미한다고 한다.

(원문 S. 278 — 역주)

청구인의 견해에 따르면 주방송법 제6조 2항의 규정은 방송의 자유에도 위반된다고 한다. 연방헌법재판소의 판례에 따르면 공영방송과 민영방송 사이에는 그 구조상 상당한 차이가 존재한다고 한다. 민영방송의 구조는 수입을 거의 전적으로 상업광고로 확보해야 하며, 그와 동시에 대중에게 인기있고 시청자나 청취자의 숫자를 최대화해야 한다는 관점에서 성공적인 프로그램을 가능한 한 낮은 비용으로 송출해야 한다는 사정에 의하여 정해진다는 것이다. 이에 반해서 공영방송은 고전적인 방송수탁사항을 수행해야 하며, 포괄적으로 정보를 공급해야 하는 의무를 부담하고 있다고 한다. 주방송법 제6조 2항에서 규율한 바를 통하여 이 두 가지 체계는 모델의 일관성이라는 기본원칙에 모순될 정도로 혼합되어 있다고 한다. 그뿐만 아니라 서부독일방송이 자신에게 유리한 기존의 입지를 활용하여 방송 분야에서 선도적으로 결정해나가는 구실을 차지할 위험도 상존한다고 한다. 그러나 이원적 방송질서의 의미는 저널리즘적 경쟁을 활성화하며, 공급 전체 차원에서 의사의 다양성을 더욱 확대하고 강화하려는 것이라고 한다. 위와 같이 공영방송과 민영방송의 혼합형태를 채택함으로써 이 목표가 무력하게 된다고 한다.

2. 노르트라인-베스트팔렌 주에서 이원적 방송체계를 형성하는 데 있어서, 청구인은 헌법에 위반되는 모델의 일관성 없음을 지적한다. 공영방송에 상당히 유사하게 접근하는 각종 요구사항을 민영방송에 대하여 제기하는데, 이로 말미암아 민영방송의 경우 사적 자치의 원칙에 따라 형성되는 기본요소가 침해를 받을 것이며, 결과적으로 민영방송의 송출을 저지하는 데 적합한 기능을 하고 말 것이라고 한다. 전송용량 배정에 관하여 규율한 것도 방송의 국가로부터 자유라는 원칙을 침해한다고 한다.

청구인이 이에 관하여 상세하게 지적하고 있다.

주방송법 제11조, 제12조 3항 등의 조항은 공영방송에게 요구하는 것과 다를 바 없이 민영방송에 대해서도 프로그램에 관하여 동일한 사항을 요구하는데,

연방헌법재판소 제6차 방송판결: BVerfGE 83, 238ff.

이는 방송의 자유의 형성이라고 하지만 결코 허용될 수 없는 것이라고 한다.

(원문 S. 279 - 역주)

　기본법 제5조 1항 2문에 따르면 민영방송의 도입이 허용된다고 한다. 입법자가 헌법에 합치하도록 민영방송을 채택할 경우 그는 또한 반드시 이같이 결정한 바로부터 필요적으로 도출되는 결과를 스스로 부담해야 하며, 그에 따라 민영방송의 송출을 상당히 어렵게 하거나 불가능하게 함으로써 민영방송사에 대하여 조건을 부담하게 하는 것을 허용해서는 안 된다고 한다. 바로 이 점을 명하는 것이 모델일관성 원칙이라고 한다. 그런데 이런 종류의 조건을 주방송법이 설정했다고 한다. 이 법률에 따르면 민영방송 프로그램에 대하여 그 대상이나 의사와 관련된 다양성 측면에서 공영 프로그램과 동일한 요구가 부과되고 있는데, 민영방송이 광고로 재원을 조달해야 한다는 조건에 의존하고 있기 때문에 이런 요구사항을 사실상 충족시킬 수 없는 상태인 데도 그런 요구를 부과하고 있다고 한다. 민영방송으로서는 생존여건을 확보하기 위해서 불가피하게 대중에게 더욱 큰 영향력을 가진 오락방송에 집중하지 않을 수 없는 형편이라고 한다. 그러므로 연방헌법재판소는 제4차 텔레비전방송 판결에서[10] 입법자가 민영방송사에 대한 프로그램 요구사항의 수준을 낮추는 것을 허락했던 것이다. 그리하여 이들에게 오직 "균형 있는 다양성의 기본적 수준"만을 요구할 수 있었다고 한다. 문제가 된 주방송법의 제 조항은 이들 수준을 높였고, 그에 따라 기본법 제5조 1항에 합치하지 않게 되었다고 한다.

　그밖에도 이들은 법치국가원리에 위배되었다고 한다. 다시 말해 여기에서는 법치국가원리상 요구되는 법적 명확성이 결여되어 있다고 한다. 연방헌법재판소의 판례에 따르면, "어떤 종합 프로그램이든 반드시 의사의 다양성을 가능한 한 폭넓고 완전하게 표출되도록 해야 한다"는 표현만으로는 헌법이 요구한 명확성의 수준에 이를 수 없다는 것이다.

　청구인의 견해에 따르면 주방송법 제7조 2항 3문 역시 기본법 제5조 1항 2문에 위배된다고 한다. 이 조항의 내용은 프로그램 편성에 편성인이 참여하는 조건을 면허결정의 기준요소 가운데 하나로 한다는 것인데, 이로써 이 조

---

10) 텔레비전방송 판결에 관한 명칭을 판결 자체에서 제4차라고 확정하고 있음에 유의할 필요가 있다 - 역주.

항은 법적인 강제는 전혀 전개하지 못하고, 오히려 사실적 강제만 이행하는 듯하다면서, 이는 한정되어 있는 전송용량을 둘러싼 경쟁으로 말미암아 어떤 방송기업자이든 자신의 기회를 더욱 유리하게 하기 위하여 편성인 참여권을 예외없이 허용하게 될 것이기 때문이라고 한다. 그러나 그와 같은 참여권은 방송의 자유의 개선에 기여하지 아니하고, 오히려 반대로 위협한다고 한다.

(원문 S. 280 - 역주)

기본법 제5조 1항 2문은 프로그램을 외부의 모든 영향력으로부터 보호한다고 한다. 그러나 방송의 자유의 실행자와 주체는 오직 방송기업자 하나뿐이라고 한다. 따라서 민영방송의 경우 프로그램에 관한 책임은 단지 민영방송에만 부과해야 한다는 것이다. 편성인의 참여는 외부의 영향력으로서 체계에 위배된다고 한다. 게다가 편성인의 동료가 이미 주방송관할청 산하 방송위원회의 구성원이라는 점을 감안하면, 편성인의 참여는 결과적으로 노동자 측에 대한 대변이 지나치게 커지게 되며, 그리하여 프로그램에 편파적으로 영향권을 행사한다는 판단의 근거를 주게 될 것이라고 한다.

또한 이 조항은 법적 명확성이라는 법치국가적 요청과 법률유보의 원칙에 위배된다고 한다. 입법자가 적용한 "내부적 방송의 자유"라는 개념은 주방송관할청이 선정결정을 할 때 지침으로 사용하기에는 충분하게 규정되어 있지 않다고 한다. 그밖에도 이 조항은 법률유보의 원칙을 존중하지 않았다고 한다. 방송면허를 취득하려는 다수의 후보자 중에서 선정결정을 하는 것은 기본권실현을 위하여 본질적이기 때문이라고 한다. 따라서 이와 같은 기준 자체를 구체화하는 것이야말로 입법자의 과업이며, 이 같은 구체화를 그 결정기관에게 넘겨서는 안 된다고 한다.

주방송법 제3조의 배정에 관한 조항은 전송대역을 할당하는 권한을 법률에서 아직 확정하지 아니한 범위에 한하여 주정부에 이전한다는 내용인데, 이는 법률유보의 원칙은 물론이고 기본법 제80조, 노르트라인-베스트팔렌 주 헌법 제70조 등에도 위배된다고 한다. 법률로 수권하여 명령할 수 있게 한다는 것은 기본법 제80조와 노르트라인-베스트팔렌 주 헌법 제70조 등이 그와 같은 수권에 대하여 설정한 요구조건에 부응하지 못한다고 한다. 그리고 수권의 범위나 규모는 법률에서 인식할 수 있지만 그 목적은 인식할 수 없다고 한다. 그뿐만 아니라 이런 종류의 배정결정은 공영방송과 민영방송 사이의

연방헌법재판소 제6차 방송판결: BVerfGE 83, 238ff.

이해관계를 조정하게 되므로, 명령이라는 방식으로 행해서는 안 된다고 한다. 전송용량을 배정한다는 것이야말로 기본권의 실현에 본질적으로 중요한 문제에 해당될 것이므로, 이는 오직 입법자 자신이 규율해야 한다는 것이다. 결국 주방송법 제3조는 실질적으로 기본법 제5조 1항 2문을 침해했다고 하며, 이는 입법자가 국가에 대하여 방송문제 일반에 관한 영향력의 행사를 허용했고, 그로 말미암아 국가로부터 자유로워야 한다는 원칙에 대하여 충분히 배려하지 않은 결과를 초래했기 때문이라고 한다.

(원문 S. 281 - 역주)

3. 청구인은 주방송법이 소규모 지방방송을 민영방송의 형태로 규정하고 있다는 것을 근거로 삼고 있다. 그러나 입법자가 기본법 제5조 1항 2문에 위배하지 않고서는 도저히 벗어날 수 없는 필연적인 귀결은 이 같은 기본적인 결정과 연계된다고 한다. 민영방송을 법률로 허용하는 경우, 그에 따라 우선 누구든지 방송을 송출할 권리를 보유하게 된다고 한다. 둘째로 이 권리로부터 사적 자치의 원칙에 따른 그의 실체를 박탈해서는 안 된다고 한다. 두-기둥-모델(das Zwei-Saeulen-Modell)은 이들 요구사항에 대하여 여러 가지 이유로 인하여 부합되지 못한다고 한다.

연방헌법재판소가 제5차 텔레비전 판결에서 확인한 바와 마찬가지로, 바덴-뷔르템베르크 주에서 행한 규정이야말로 소규모 지방방송이 나아갈 오직 하나의 길이라고 한다. 노르트라인-베스트팔렌 주는 여기에서 근본적으로 벗어나는 길을 채택했다고 한다.

그와는 별개로 주방송법은 방송의 자유에 대하여 허용되지 않는 방식으로 제한을 가했다고 한다. 주방송법 제26조에서 방송사연합의 구성원 자격을 일정한, 배타적으로 열거한 인적 집단에 국한시켰으므로 헌법위반적인 방식으로 방송의 자유에 관한 기본권을 축소시켰다고 하면서, 이는 이로 말미암아 방송사연합에 참여할 수 없게 된 모든 자들에게 해당된다고 한다. 하지만 운영회사의 경우에도 마찬가지로 방송의 자유에 관한 이들의 권리를 헌법위반적인 방식으로 축소시켰다고 한다. 이 법률로 말미암아 이들은 기본법 제5조 1항 2문으로부터 도출되는 권리, 즉 방송프로그램을 편성할 수 있는 권리를 차단당했다고 한다. 이 법률이 운영회사와 방송사연합을 연계시키기 위하여 규정해두었던 여러 조치는 내용도 없는데다 비효율적이며, 그런 까닭에 프로그램에 충분할 정도의 영향력을 중개하지 못한다고 한다. 뿐만 아니라 운영회사에 경제적 위험을 부담시키는데, 이는 기대가능한 수준을 넘고, 그에 따라 기본법 제5조 1항 2문에 비추어 보면 존속할 수 없다고 한다.

그밖에도 소규모 지방방송에 대하여 프로그램에 관한 요구사항은 헌법위반이라고 한다.

(원문 S. 282 – 역주)

민영방송의 경우 연방헌법재판소의 판례에 따르면, 공영방송과 동일한 요구사항을 프로그램에 대하여 제기해서는 안 된다고 한다. 그리하여 이들 조항은 모델일관성 원칙에 위반된다고 한다. 그래도 이들을 합헌적인 것으로 간주한다면, 소규모 지방방송의 재원조달에 관한 규정이 위헌이 될 것이며, 공영방송처럼 수신료로 재원을 조달하는 방식으로 대체해야 할 것이라고 한다. 프로그램에 관하여 최대 수준을 요구한다면, 이는 오직 국가가 그 재원을 확보해준다는 보장이 있어야 비로소 허용될 것이기 때문이다.

그밖에도 청구인은 주방송법 제24조 4항에서 방송사연합에게 부과하고 있는 의무, 즉 자신의 프로그램에 특정한 규모이긴 하지만 외부의 방송기고물을 인수해야 하는 의무를 위헌이라고 본다. 첫째로, 다양성과 균형성을 확보하라는 요청을 소규모 지방방송 프로그램이 존중해야 하는데, 그 의무 때문에 이를 준수할 수 없게 됨으로써 그 위헌성이 도출된다는 것이다. 왜냐하면 외부의 방송기고물에 관한 한 이 요청의 효력이 미치지 않기 때문이라고 한다. 그 결과 방송사는 프로그램이 전체적으로 법률의 요구사항을 충족시켜야 하기 때문에 끊임없이 이를 보상해야 한다는 강제에 시달린다고 한다. 이 점이 이들의 방송의 자유를 헌법에 위배되는 방식으로 훼손한다는 것이다. 둘째로, 이들 규정은 법치국가적 명확성의 요청에 위배된다는 이유로 헌법위반이라고 하는데, 이는 방송사연합이 외부공급자의 권리보유라는 측면에서 심사해야 한다는 요구를 부담하게 되는데도, 이에 관하여 충분한 척도를 법률에 규정하지 아니했다는 것이다.

청구인의 견해에 따르면 주방송법 제30조 1항 역시 위헌이라고 하는데, 이 조항이 근거가 되어 소규모 지방방송의 창틀 프로그램을 방송사연합과 협의하여 서부독일방송이 송출하며 전파할 수 있다고 했기 때문이라고 한다. 이 위헌성은 주방송법 제6조 2항에 대하여 밝힌 것[11]과 동일한 이유로부터 도

연방헌법재판소 제6차 방송판결: BVerfGE 83, 238ff.

출된다고 한다.
　마지막으로 청구인은 또한 주장하기를, 법률에서 지방자치단체로 하여금 소규모 지방방송에 참여할 수 있게 길을 열어놓았는데, 이는 기본법 제5조 1항 2문에 위배되며, 이 같은 참여에 대해 방송사연합(주방송법 제26조 1항 4호)은 물론이고 운영회사의 경우(주방송법 제29조 6항) 역시 마찬가지라고 한다.

(원문 S. 283 – 역주)

　이로써 방송의 국가로부터 자유라는 원칙을 침해하게 되며, 연방헌법재판소의 판례에 따르면 이 같은 요청은 기초지방자치단체에 대해서도 역시 적용된다고 한다. 이 같은 참여를 통해서 위로부터 아래로 정치적 의사가 형성되는, 즉 민주주의적 기본원리에 모순되는 위험이 야기될 수도 있다고 한다. 지방자치단체는 유일하게 방송사연합에 2명의 구성원을 파견할 권리를 보유한 집단이므로, 심지어 3인으로 이루어진 이사회를 지배하기에 이를 가능성도 남아 있다고 한다. 방송사연합에서 비록 지방자치단체가 소수자의 지위에 있다고 하지만 사정은 달라질 수 없으며, 지방자치단체의 대리인이 지시에 기속되지 아니한다고 해도 역시 사정은 달라질 수 없다고 한다.
　방송이 국가로부터 자유로워야 한다는 요청에 위반되는 것으로서, 운영회사에 지방자치단체가 참여할 가능성을 들 수 있다고 한다. 게다가 지방자치단체가 기업적으로 방송영역에 참여한다는 점에 대해서는 헌법적으로 그 권한을 부여한다는 명문의 규정이 없고, 그 결과 기본법 제20조에 규정된 법치국가 원리에 위반된다고 한다.

　4. 청구인은 서부독일방송의 방송평의회와 주방송관할청의 방송위원회의 인적 구성에 관한 이들 조항을 위헌이라고 본다면서, 이는 몇 개 사회적으로 중요한 집단으로 하여금 평등에 어긋나게 대리인을 파견하게 하며, 다른 몇 개는 아예 무시해버렸기 때문이라고 한다. 하지만 입법자는 방송의 통제집단을 구성하면서 판단의 여지를 향유한다고 한다. 아무리 입법자의 결정이라고 해도 명백성의 한계를 넘어갔다면, 이는 헌법위반이라고 한다. 바로 이 사태가 이 두 개의 경우에 벌어졌다고 한다.

---

11) 원문 S. 278 참조 – 역주.

문화영역에 대하여 대리인을 특별히 배려한 것은 과도한 비중이라는 위험에 빠지게 한다고 한다. 방송평의회는 전체적으로 대표하는 기능을 보유하는데, 이렇게 과도한 비중으로 말미암아 장애가 발생할 수 있다고 한다. 무엇보다도 먼저 이의를 제기할 것으로는 신문발행인이라는 집단이 이 영역의 기업자적 측면에 관하여 전혀 배려받지 못하고 있다는 점을 든다. 발행인이 서부독일방송 방송평의회의 구성원자격에 대한 청구권을 보유해야 하는데, 이는 한편으로 공영방송이 송출하면서 그로 말미암아 이들이 함께 손해를 당하게 된다는 점에서 도출되며, 다른 한편으로 이는 서부독일방송법의 구조로부터 도출되는데, 이 법률에 따르면 다른 언론영역, 예컨대 작가에 대해서는 우호적으로 배려하므로, 그에 따라 발행인도 무시해서는 안 된다고 추론할 수 있기 때문이라고 한다.

(원문 S. 284 – 역주)

더 나아가 위헌적인 불평등 대우는 사용자집단과 노동자집단 사이에서 발생한다고 하는데, 이는 주로 노동조합으로 조직된 집단을 지칭하고, 그밖에 낱말의 의미를 기술적으로 지칭하는 집단은 포함되지 않는다고 한다. 사용자협회의 대리인은 오직 1인만 방송평의회에 소속될 수 있는 데 반하여, 독일노동조합연맹, 독일사무직노동조합, 독일공무원연맹 등은 각기 1인씩 파견할 수 있기 때문이라고 한다. 그뿐만 아니라 여기에 다시 대부분 노동조합의 영향하에 조직된 "문화계열"의 구성원이 추가된다. 거기에서 그치지 않고 이 불균형은 표결권이 없다고는 하지만 서부독일방송 종사자 2인이 참여함으로써 더욱 악화된다고 한다.

마지막으로 귀환동포협회에 대해서도 전혀 배려하지 않고 있는데, 정작 이들이 대표하는 인구집단은 노르트라인-베스트팔렌 주 주민 전체의 4분의 1에 이른다고 한다. 마찬가지로 위헌적인 방식으로 여성에 대해서도 전혀 무시하고 있다고 한다. 여성에 대해서 전면적으로 적절하게 배려해야 한다는 조항을 두었지만, 그것만으로 이 공백을 메워 조정할 수는 없다고 한다.

청구인의 견해에 따르면 주방송법 제55조의 조항은 기본법에 위반된다고 하는데, 이는 사회적 대치집단에 대하여 불평등하게 대우했으며, 귀환동포집단을 무시했기 때문이라고 한다. 노동조합 측에서 파견한 5인의 구성원은 사용자 측이라고 할 수 있는 겨우 3인의 구성원과 대비해야 한다는 것이다. 노

337
연방헌법재판소 제6차 방송판결: BVerfGE 83, 238ff.

동자협회 측 회원의 숫자가 대규모라는 것으로 이 같은 불평등대우를 정당화하는 근거로 주장할 수는 없다고 한다. 또한 노동조합에서 지명한 구성원 몇 명이 문화영역의 대리인으로 구성되었다고 해도 그것으로 이런 판단이 달라질 수 없다고 할 것인데, 이는 노동자 측의 과다한 비중이 다만 은폐된 데 지나지 않기 때문이라고 한다. 통제위원회에서 다원적 집단주의를 채택한 목표가 일반적인 의사의 시장을 창출하려는 것이었다고 한다. 하지만 이 목표에 두 집단은 대등하게 기여할 뿐이라고 한다. 그러므로 이 두 집단에 불평등하게 배려한다면, 기본법 제9조 3항에서 도출되는 결사의 자유에 위반된다고 한다.

(원문 S. 285 – 역주)

귀환동포집단에 대해서 배려하지 않았다는 점이 헌법에 위배된다는 것은 자명한데, 이 집단이 노르트라인-베스트팔렌 주 전 주민의 4분의 1에 이르는 상당한 비중의 숫자를 차지하고 있다는 점만을 근거로 들더라도 중요한 집단이라고 보아야 하기 때문이라고 한다.

5. 청구인은 서부독일방송법 제13조 1항 4호와 제27조부터 제29조까지를 헌법위반이라고 본다. 학교교육의 성격을 지닌 교육방송을 방송개념 아래 편입시켜야 마땅하다면, 이 영역에서 기본법 제7조 1항이 방송의 자유보다 우위에 서는 경우에만 그리고 그러한 점에서만, 국가적 영향력이 정당화될 수 있을 것이라고 한다.

III.

이들 청구에 대하여 자신의 견해를 밝힌 자들을 살펴본다. 연방정부의 이름으로 연방 내무부장관, 노르트라인-베스트팔렌 주의회, 노르트라인-베스트팔렌 주정부, 바이에른 주 국가정부, 주방송관할청, 독일연방공화국 공영방송연합체(ARD), 유선과 위성부문 연방협회, 현재로서는 민영방송과 원거리통신협회, 독일신문발행인연방협회, 독일정기간행물발행인협회, 라인베스트팔렌 지역 신문발행인협회이다. 이들은 각개 규율대상(위의 I. 앞에 참조)[12] 대하여 자신의 태도를 밝혔다.

1. 서부독일방송의 존속과 발전 등을 보장해야 한다는 점에 대하여 연방장관이 밝힌 견해를 살펴보면, 서부독일방송을 "준경제적 기업"으로 법률을 통해 형성하였다는 점은 말할 것도 없고, 인쇄물을 출판할 수 있게 권한을 부여했다는 점 등을 보더라도, 그에 상응하는 공익을 통한 정당화는 결여되어 있으며, 잠재적 민영공급자에 대하여 훼손을 가한다는 - 그 결과 다양성을 저지하게 된다는 - 이유로 헌법위반이라고 한다. 서부독일방송에 민영방송사연합과 협동작업이 가능하도록 허용했는데, 이는 이원적 체계의 두 영역을 혼합하는 효과를 낳게 되지만, 본래 이들 두 영역은 과업, 재원조달, 다양성 요구수준 등의 측면에서 본질적으로 상이하다고 한다.

주정부는 이에 반해서 서부독일방송법 제3조 3항과 제3조 7항부터 9항까지 등이 위헌이라는 견해를 표명했다. 이들 규정을 통해서 서부독일방송에 존속과 발전을 보장함으로써 입법자는 헌법적으로 공영방송에 대하여 보장한 바를 이행한 것이며, 그 기능에 적합하게 과업을 수행하기 위한 도구를 부여한 것인데, 이는 헌법에 적합한 것에 그치지 않고, 더 나아가 부분적으로는 헌법이 요청한 바라고 한다.

(원문 S. 286 - 역주)

송신기술과 프로그램적 가능성을 보장함으로써(서부독일방송법 제3조 3항) 명확성의 요구를 충족시키는데, 이는 오직 서부독일방송법 제3조 1항과 제1조 1항의 범위 안에서만 서부독일방송의 과업이 확정될 수 있기 때문이라고 한다. 이들 조항은 공영방송의 유지에 기여하며, 그에 따라 민영공급자에 대해서는 적어도 자의적으로 차별하여 대우하지는 않을 것이라고 한다. 의회유보 원칙의 요구에 따른다고 해도 더 이상 자세히 규율해야 하는 것은 아니라고 한다. 서부독일방송법 제3조 3항에서 선언한 보장은 재원조달-경제적 측면에서 보면 합헌이라고 한다. 이 법률은 본질적으로 중요한데, 수신료로 재원조달하는 방식에 우위성을 부여하고, 이로써 상업적 광고에 부수적 지위를 유지한다고 규율하며, 이로써 다른 사람의 기본권 역시 전혀 침해한 바 없기 때문이라고 한다. 아무리 서부독일방송에 부여한 권한을 공적 주체의 기업적 활동으로 그 성격을 확정한다고 할지라도, 그들에게 요구되는 헌법적 정당성

---

12) S. 241(재판이유의 A.에 속하는데, I.가 시작되기 이전 부분을 가리킨다 - 역주).

은 여전하고, 이는 기본법 제5조 1항 2문상에서 찾아야 한다는 것이다. 서부독일방송법 제3조 8항에서 규율한 서부독일방송의 권한은 프로그램의 다양성과 재산활용의 경제성 등을 확실하게 담보하게 한다는 것이다. 따라서 서부독일방송의 권한이 도대체 어디까지 뻗칠 것인지 그 한계를 알 수 없다는 이의제기는 근거 없는 것이라고 한다. 모델의 일관성을 지키지 못했다는 비판 역시, 서부독일방송의 활동 중 심대한 비중을 차지한 것을 공영 프로그램 기능에 대하여 우선적으로 수신료로써 재원을 조달하게 하여 수행하게 하는 범위로 법률에서 확정하고 있다는 점에 비추어보면, 근거없는 이의제기라고 한다. 그밖에도 민영공급자가 서부독일방송과 협력할 것인지 여부는 오직 민영방송의 뜻에 달린 것이라고 한다. 주방송법 제6조 2항에 따른 협력에 대해서도 마찬가지라고 한다. 이원적 체계하에서도 혼합형태는 배제되지 않는다고 한다. 서부독일방송과 마찬가지로 내부다원적으로 조직된 민영방송 등이 양립하는 것은 불가능하다는 평가는 존재할 여지조차 없다고 한다. 민영방송사에 대해 장기적으로 영향력을 가할 가능성을 결코 서부독일방송에 부여한 바 없다. 서부독일방송법 제3조 7항에서 허용한 권한은 대부분 프로그램에 관련된 내용의 인쇄물을 발간할 수 있다는 것인데, 이는 방송의 자유에 대한 종속적 관할사항이라는 성격을 지니고, 그에 따라 이를 서부독일방송이 수행할 때에는 방송에 특유하게 기속되는 그 범주를 준수해야 한다는 것이다. 이러한 점에서 프로그램의 출판에 대하여 어떤 배타적 청구권도 허용되지 않는다고 한다.

(원문 S. 287 – 역주)

주의회는 주방송관할청과 마찬가지로, 서부독일방송과 민영방송 사이의 협력을 저지해야 할 의무를 입법자가 부담하는 것은 아니라고 보았다. 주방송관할청이 지적한 바에 따르면, 이와 같은 협력은 민영방송의 사업개시 초기에 협력한다는 뜻의 것이었다고 한다. 주정부와는 상반되게 주방송관할청은 서부독일방송법 제47조 2항을 민영방송사연합과 공영방송 사이의 협력에 적용할 수 있다고 본다. 하지만 이 조항은 사회를 지배할 목적으로 의무를 부과한다는 의미로 이해해서는 안 된다고 한다. 재원조달체계에 대해서는 서부독일방송의 경우 수신료를 우선적 재원조달 방식을 채택해야 한다는 것인데, 이 협력을 허용한다고 해도 이는 전혀 흔들림 없이 유지된다고 한다.

독일연방공화국 공영방송연합체(ARD)는[13] 서부독일방송법 제3조 3항을 통해서 이미 선언한바, 즉 존속 및 발전을 보장한다는 것은 ─ 헌법적으로 전혀 우려할 바 없으며 ─ 공영방송에 관하여 국가가 그 기능을 보장한다는 의미인데, 이런 보장이 단순히 현상을 유지한다고 확정해둔다고 해서 온전히 이행될 수 있는 것은 아니라고 한다. 그리고 서부독일방송이 기업가와 같은 사적 자치를 누린다고 하지만, 법률에서 여러 가지로 기속당하고 있으며 그에 관하여 확실한 담보조치가 강구되었다는 것 때문에, 이는 타당하다고 할 수 없는 판단이라고 한다. 법률로 허가되었다는 사실도 ─ 종래와 같이, 그리고 공공복리의 목적과 서부독일방송의 기능에 관한 규정의 범위 안에서 ─ 오직 재원에 관한 보조적 행위로서 그리고 재원에 관한 주변적 활용에 그쳐왔다고 한다. 제3자의 기본권은 이른바 서부독일방송의 (의사) 독점적 지위 자체가 존재하지 않기 때문에 훼손될 수조차 없으며, 민영방송사에 대하여 무엇인가 배려해야 한다는 헌법적 요청 역시 출판의 자유와 마찬가지로 전혀 침해되지 않았다고 한다. 이들의 헌법적 근거는 기본법 제5조 1항 2문의 규정이라고 한다. 주방송법 제6조 2항은 이와 같은 협력에 대하여 충분하게 제한을 가하고 있다. 서부독일방송은 자신의 공법적 지위와 그를 바탕으로 자신에게 부여된 과업에 의하여 기속당한 채 그대로 유지되고 있다. 서부독일방송과 민영방송사 사이에 협력이 이루어진다고 해도 이원적 방송질서에 모순을 일으킬 수 없으며, 오히려 방송에 관한 공급배려에 기여하는 바가 개선될 것인데, 이는 그렇지 않아도 매체영역에서 자본의 상호융합과 집중 등을 향한 노력이 집요하게 늘어가고 있는 형편에, 이에 대한 저지활동으로서, 한편으로 공법적 체계를, 다른 한편으로 재원이 취약한 민영 문화주체 등을 완전하게 지원한다는 것이다.

(원문 S. 288 ─ 역주)

이때 민영방송사와 공영방송사의 책임영역은 분명하게 분리해서 유지해야 한다는 것이다. 법률로써 오직 한쪽에서만 협력할 가능성을 열어줌으로써 민영방송의 송출을 난관에 봉착하도록 조치한다는 점에 관해서는 뚜렷이 밝혀진 바 없다고 한다. 주목을 요하는 ─ 이해관계에 기속되어 있는 ─ 프로그램

---

13) 각 주의 공영방송이 조직한 전국적 연합체로서 보통 제1방송이라고 부른다. 서부독일방송도 다른 주의 공영방송과 함께 당연히 이 연합체의 일원이다 ─ 역주.

연방헌법재판소 제6차 방송판결: BVerfGE 83, 238ff.

출판의 편파성의 경향을 감안해볼 때 입법자가 서부독일방송법 제3조 7항에서 서부독일방송이 자신의 고유한 정보에 관하여 프로그램에 관련된 인쇄물을 수단으로 이를 처분할 권한을 선언적으로 규정하고 있을 뿐이라고 한다.

유선 및 위성연방협회(BKS)는 서부독일방송법 제3조 3항과 8항의 규정에 대하여 이의를 제기한다. 3항에 따르면 서부독일방송에 포괄적인 권한이 부여되는데, 이는 시간이나 공간은 물론이고 법적 형태나 그 대상이라는 측면에서 역시 어떤 제한도 실효성 있게 가한 바 없다고 한다. 이렇게 불특정적인 조항이기 때문에 노르트라인-베스트팔렌 주 입법자는 자신의 관할권한을 방기한 것이라고 한다. 그밖에도 이 조항으로 말미암아 공영방송사와 민영방송사 사이에 허용되어서는 아니 될 혼합적 형태가 발생할 수 있게 되었다고 한다. 8항을 통하여 서부독일방송이 사경제적으로 활동하는 기업처럼 활동할 길이 전면적으로 열렸다고 한다. 프로그램을 다매체용으로 활용할 권한에 대해서, 즉 마지막 단계에서는 음반회사, 비디오활용회사, 마케팅회사, 도서발행사를 설립하는 것도 허락된다는 의미인데, 그에 대해서 법률로 제한을 가하는 것은 불충분한 정도에 그쳤다고 한다. 한걸음 더 나아가 이 조항으로 말미암아 지역적으로나 내용적으로나 전혀 한계가 설정되지 아니한, 그리하여 매체법상 상당한 우려를 야기시키게 될 전혀 새로운 양식으로 나아갈 길이 열렸는데, 이는 이원적 방송체제하에서 모델일관성을 준수해야 한다는 원칙에 모순될 것이라고 한다.

독일신문발행인연방협회(BDZV)의 견해에 따르면, 서부독일방송법 제3조 3항은 위헌이라고 한다. 이 조항은 지나치게 불확정적이며, 법률로 한정된 것도 충분하지 않다고 한다. 서부독일방송은 마지막으로 자신의 활동범위에 관하여 그리고 그에 따라 사인(私人)에게 남게 될 자유범위에 관하여 독자적으로 결정할 수 있다고 한다. 바로 이 점에서 적극적으로 방송질서를 창출해야 할 입법자의 의무를 위반한 것인데, 이는 이원적 방송체제를 확립하면서 정작 사인에게는 현실적으로 전혀 발전할 기회를 허용하지 않았다는 것이다.

(원문 S. 289 – 역주)

서부독일방송의 협력권한은 위헌이라고 한다. 서부독일방송이 광고할 가능성에 대하여 사실상 한계가 설정된 바 없고, 이 점이 출판의 기능확보에 대하여 훼손을 끼치며, 그 결과 출판 측에서 상당한 수입의 결손을 감수하지 않을 수 없게 된다고 한다. 서부독일방송법 제3조 7항으로 서부독일방송이 허가받은 바에 따르면, 프로그램 정기간행물을 발간할 수 있고, 그 결과 출판의 자유라는 기본권을 위반하게 되는데, 이 기본권이 출판으로 하여금 경쟁 자체로부터 보호하는 것은 아니겠지만, 공영방송이 자신의 과업범주를 유월하는 것으로부터 아마도 보호할 것이라고 한다.

독일정기간행물발행인협회(VDZ)는, 그의 견해에 따르면 전혀 제한 없이 새로운 서비스를 활용할 서부독일방송의 권한이 서부독일방송법 제3조 3항에서 도출되는데, 이는 위헌이라고 한다. 이들 서비스의 경우(비디오 텍스트, 화상 텍스트) 방송에 관한 문제가 아니라고 한다. 최소한 이들의 활용은 서부독일방송에 대해서 오직 입법자가 정확하게 획정한 범위 안에서만 허용되어야 할 것이라고 한다. 바로 이 점이 결여되어 있다고 한다. 서부독일방송법 제3조 8항과 9항은 위헌인데, 이는 서부독일방송이 이로 말미암아 기업적 조직을 획득하게 되고, 그에 따라 그밖의 매체경제의 존속 자체에 위협을 가하기 때문이라고 한다. 기본법 제2조, 제5조, 제12조 및 제14조에 따르면, 영조물 구조의 장점을 기업적 조직의 장점과 결합한다는 것은 입법자에게 허용되지 아니한다. 입법자가 주방송법 제6조 2항에서 공영방송으로 하여금 방송사연합에 참여할 수 있게 규정해도 된다고 했는데, 이는 의심해야 마땅하다는 것이다. 서부독일방송법 제3조 7항이 서부독일방송으로 하여금, 인쇄물을 발행할 수 있게 허락하는 한, 물론 이는 프로그램과 직접 관련된 것에 그치지 않는 정보를 그 내용으로 한 경우이지만, 이 조항 또한 위헌이라고 한다. 프로그램 출판은 어떤 형태의 것이든 기본법 제5조 1항 2문에 따르면 사경제적 출판의 부문에 유보되어야 한다는 것이다. 서부독일방송은 자신에게도 출판의 자유를 보장해달라고 할 그런 청구권을 보유할 수는 없다고 한다.

2. 연방장관의 주장에 따르면 전송대역의 배정에 관하여 규율하면서 방송이 국가로부터 거리를 유지해야 한다는 헌법적 요청을 침해했다고 한다. 이는 민영방송과 공영방송 사이에 주파수를 배정한다는 측면에서 볼 때, 특히 그 양상이 뚜렷이 나타난다고 한다. 그리하여 주의회가 이 결정에 너무 불충분하게 관여했다고 한다.

연방헌법재판소 제6차 방송판결: BVerfGE 83, 238ff.

(원문 S. 290 - 역주)

주정부의 견해에 따르면 사인에게 부과된 프로그램에 관한 요구사항은, 최근 헌법재판소가 완화해주어야 한다고 판결한 바 있는데, 그에 부응한다고 한다. 다양성의 수준을 더욱 강화했다고 하지만, 이는 입법자에게 허용되어 있는 형성여지의 범위 안에서 이행된 것이며, 사인의 기능성에 어떤 훼손을 가한 것도 아니라고 한다. 다른 주에서는 이와 다르게 규율하는데, 노르트라인-베스트팔렌 주가 거기에 기속될 바 없다고 한다. 이는 연방 전역에 통일적으로 방송모델을 창출할 의무 자체가 존재하지 않기 때문이라고 한다. 프로그램 편성에 편성인이 참여한다는 것은 다양성을 담보하는 또 하나의 요소라고 한다. 이로써 민영방송기업가의 권리는 전혀 침해될 여지조차 없는데, 이는 이들에게 경향성 보호를 허용한 바 없기 때문이라고 한다. 하지만 편성인의 참여를 통해서 저널리즘적 책임이 배분되는 것은 결코 아니라고 한다. 송신대역의 배정은 그 본질에 따르면 국가가 행해야 할 과업이다. 행정부는 헌법적 차원에서 볼 때 결코 이런 종류의 협력으로부터 배제되어서는 안 된다고 한다. 주방송법 제3조에 법률로 일정하게 완화한 것으로서 이미 충분하다고 한다. 이를 의회가 법률의 형태로 승인해야 할 필요는 없다는 것이다.

주방송관할청의 견해에 따르면, 프로그램 요구사항과 관련하여 입법자는 최소한의 수준을 확정하는 것에 국한되는 것은 아니라고 한다. 경제적 필요성에 따르면 대중에게 인기있는 프로그램을 제공해야 하는 반면, 법률적 의무를 이행하려면 소규모 지방 자체를 지향하는 의사와 소식의 다양성을 확보해야 한다는 모순이 발생할 것인데, 아직 이 모순이 현실로 드러난 것은 아니라고 한다. 프로그램에 관한 요구사항 때문에 특별한 비용이 발생하는 것은 아닌데, 이는 어떤 경우이든 헌법적으로 요구되는 기본수준을 준수한다는 것 역시 일정한 품격과 여건을 갖춘 편성진을 그 전제로 삼기 때문이라고 한다.

독일연방공화국 공영방송연합체(ARD) 측의 견해에 따르면, 주파수배정에 관한 규율에 대해서는 자신의 태도를 이 문제에 국한하여 표명하였지만, 헌법적으로 우려할 바 없다고 한다. 주방송법 제3조 1항은 그 특정한 정도가 충분하고, 그에 따라 국가로부터 거리를 유지해야 한다는 원칙에 위배된 바 없다고 한다. 주파수의 배정은 전형적인 행정행위인데, 이는 법률로 파악할 수 없는 세세한 사항을 수없이 많이 결정해야 하기 때문이라고 한다. 주방송법은 이에 관하여 제3조 2항, 제7조 5항, 제31조 등에서 충분히 법적으로 미리 예정해둔 바 있다고 한다. 주의회는 이에 관하여 충분하게 참여하고 있다고 한다.

(원문 S. 291 – 역주)

독일신문발행인연방협회와 독일정기간행물발행인협회의 견해에 따르면, 주방송법 제7조 2항 3문의 면허기준은 명확성의 원칙과 의회유보의 원칙에 위반된다고 한다.

3. 소규모 지방방송에 관하여 규율하고 있는데, 이에 대하여 연방장관이 표명한 헌법적 우려는 무엇보다도 우선 기초지방자치단체가 운영회사와 방송사연합 등에 참여하는 문제에 관한 것이라고 한다. 이는 방송이 국가로부터 거리를 유지해야 한다는 요청에 모순된다는 것이다. 이 두-기둥-모델은 – 진정 극단적으로 불안정하다고 할 만한데 – 그밖에도 사인의 조직구조에도 관여하는데, 이 사인의 존재기반까지 흔들 정도의 방식을 채택한 것이라고 한다.

이에 반하여 주정부는 두-기둥-모델이 합헌이라고 방어하는데, 이 모델이야말로 다양성과 다원성을 확보하라는 헌법적 요청을 충실히 이행하는 데 기여한다는 것이다. 어느 누구에게나 부여된 "방송활동"에 관한 기본권은 존재하지 않는다고 한다. 모델에 일관성이 결여되었다는 비판도 이 경우 타당하지 않다고 한다. 사법(私法)에 따라 창설된 내부적 다원주의는 헌법에 모순되지 않을 뿐만 아니라, 민영방송의 기능을 상실하게 하지도 아니할 것이라고 한다. 운영회사의 기업가적 영향력은 여전히 건실하게 유지되기 때문이라고 한다. 그밖에도 이 법률은 합의의 필요성과 충분한 합의압력을 통해서 운영회사와 방송사연합 사이에 효과적인 연계강화가 이루어져 있다고 한다. 이러한 점에서 입법자는 예측여지를 부여받고 있다고 한다. 기초지방자치단체의 참여는 방송이 국가로부터 자유로워야 한다는 요청에 모순되지 않는다고 한다. 기초지방자치단체는 소규모 지방의 여건에 관하여 특별히 많은 정보를 보유하고 있기 때문에 방송의 자유라는 관점에서 – 그리고 최종적으로는 기본법 제28조 2항에서 – 정당화되며, 자신을 명백히 소수자의 지위에 국한되고 있어서 전혀 우려할 바 없다고 한다.

연방헌법재판소 제6차 방송판결: BVerfGE 83, 238ff.

주정부가 평가하는 견해에 주의회와 주방송관할청도 가담하고 있는데, 입법자는 의사의 다양성을 담보하기 위하여 예방조치를 강구할 때, 결코 최소한의 수준에 만족하지 않고, 결코 내용적 다원성의 기준에 국한되어서도 안되며, 오히려 민영방송사의 조직구조까지 편입시켜야 한다는 것을 강조한다.

(원문 S. 292 — 역주)

공법적인 기본적 방송공급에 관하여 배려한 바 없기 때문에, 소규모 지방방송의 경우 다양성에 대해서는 민감성의 수준이 좀더 높다고 한다. 공영방송사와 민영방송사에 대한 요구사항이 결코 동일하지 않다고 한다. 민영공급자의 특수성에 대하여 입법자는 충분히 배려했다고 한다. 두-기둥-모델의 기능성은 운영회사와 방송사연합 사이에서 법률상 그리고 사실상의 협력강제에 기초하여, 그리고 주방송관할청의 자문활동을 통해서(주방송법 제52조 2항 1호) 담보되어야 한다는 것이다. 이런 점에서 그 기반을 이루고 있는 입법자의 평가내용을 헌법적으로 심사한다고 해도 이는 하나의 견해로서 다른 견해를 대체시킬 수 있을 만큼 설득력을 확보하고 있는지에 관한 통제, 즉 대체가능성을 기준으로 한 통제에 국한할 수밖에 없다고 한다. 주방송법 제26조 역시 합헌이며, 그 이유는 방송에 진출할 청구권을 누구에게나 아무 한계도 설정하지 않은 채 헌법이 개방한 것은 아니라는 데 있다고 한다. 운영회사에 기초지방자치단체가 참여한다는 점에 대해서는 주방송관할청의 경우 역시 방송이 국가로부터 거리를 유지해야 한다는 요청에 모순된 바 없다고 본다고 한다. "시장이 주도하는 방송"이라는 것은 지금까지 설립된 방송사연합의 경험에 비추어보아도 전혀 타당성 없는 평가에 지나지 않을 것이라고 본다.

독일연방공화국 공영방송연합체(ARD)는 이 맥락에서 자신의 견해를 밝히면서 오직 주방송법 제30조 1항에 국한했는데, 그에 따르면 이 조항은 헌법적으로 우려할 바 없으며, 그 이유는 방송사연합과 서부독일방송 사이의 협력은 창틀 프로그램에 한정되어 있어서, 소규모 지방의 뉴스 보도 등의 핵심영역에는 영향을 미치지 않는다고 한다. 이 조항은 저널리즘적 경쟁에 기여할 것이라고 하면서, 그래야 비로소 소규모 지방방송의 송출이 경제적으로 가능해질 것이기 때문이라고 한다.

유선 및 위성연방협회, 독일정기간행물발행인협회, 독일신문발행인협회 등의 견해를 살펴보면, 주방송법에서 방송법적 책임과 경제적 책임을 분리하라고 요구하는데, 이는 헌법에 위반되며, 그 이유는 운영회사가 재원에 관한 위험을 부담하면서 프로그램에 대해서 영향력을 행사할 가능성은 전혀 없다는 데 있다고 한다. 이와 다르게 형성할 가능성도 존재하며, 그런 가능성을 이용하여 입법자가 소규모 지방의 출판과 이들의 광고수입을 보호하는 방향으로 영향력을 행사할 수 있으며, 그리하여 본질적으로 중요한 사경제적 요소를 포기하지 않을 수 있었다고 한다.

(원문 S. 293 – 역주)

주방송법 제30조는 그렇지 않아도 이미 그 존재를 확보하고 있던 서부독일방송의 우월적 지위를 더욱 강화하였으며, 민영방송의 발전을 저지했다고 한다. 주방송법 제26조는 민영방송에 진출할 가능성에 대하여 본래 누구에게나 부여되었던 것인데, 이에 제한을 가하고 나섰다고 하면서, 이는 헌법상 허용되지 않는 것이라고 한다. 그뿐만 아니라 민영방송사에 대한 광범위한 프로그램 요구는 우려된다고 한다. 이 범위를 넘어 독일 정기간행물 발행인은 지방자치단체라는 지역적 사단이 방송사연합과 운영회사에 참여하는 점에 관해서 이의를 제기한다. 독일 신문 및 정기간행물 발행인연방협회와는 달리 라인베스트팔렌지역 신문발행인협회 측에서 선언한 것은 주방송법의 적용범위 내의 발행인은 이 모델이 제 기능을 발휘할 것이라고 보며, 전지역에 걸쳐 운영회사에 참여했고, 앞으로도 참여할 것이라고 한다.

4. 방송평의회[14]와 방송위원회[15]의 구성에 관한 규정은 주정부의 견해에 따르면 – 넓게 획정해야 하는데 – 입법자의 형성범주 내에서 행해졌다고 한다. 국가로부터 독립해야 하며 다원적이어야 한다는 원칙도 지켜졌다고 한다. 서부독일방송법 제15조 4항과 주방송법 제55조 5항에 규정되어 있는 문화 분야는 이들 구성원이 규율사항 자체의 성격상 방송에 가깝기 때문에 달리 이의를 제기할 바 없다고 한다. 방송평의회 내에 여성이 충분히 대표되어야 한다는 점에 대해서는 서부독일방송법 제15조 1항을 통해서 담보되었다고 한다. 귀환동포협회는 그 회원 숫자와 일반인에 대한 영향력 등의 관점에서

---

14) 공영방송의 내부 감독기관 – 역주.
15) 민영방송에 대한 외부 감독기관 – 역주.

연방헌법재판소 제6차 방송판결: BVerfGE 83, 238ff.

볼 때 이 통제위원회의 자리 1개를 요구할 수는 없으며, 게다가 이들을 대표하는 일을 이미 다른 집단이 구현하고 있다고 한다. 출판 분야 역시 참여에 관한 청구권이 - 비록 기본법 제5조 1항 2문에 근거할지라도 마찬가지로 - 부여된 바 없다고 한다. 이들에 대하여 방송평의회에서 배려하지 않은 것은 매체의 기능을 분할해야 한다는 관점에서 정당화할 수 있으며, 이는 어느 면에서 살펴보든지 자의적이라고 할 수는 없다고 한다. 노동자와 사용자 사이에 헌법에 위반될 정도로 불평등한 사태가 발생하였다는 주장은 성립될 수 없다고 한다. 사회적으로 대치하는 양 당사자에게 완전히 대등한 지위를 창출해주어야 한다는 의무를 헌법이 입법자에게 부과한 바 없는데, 이는 기본법 제9조 3항이 방송에 대하여, 이는 결코 노동조건이나 경제여건을 유지하고 지원하자는 데 기여하는 것이 아니므로, 그 효력을 미칠 수 없기 때문이라고 한다.

(원문 S. 294 - 역주)

공무원과 작가는 어떠한 유보도 없이 단순하게 노동자 집단에 편입시킬 수 없다고 한다. 그렇지 아니할 경우 사용자 측에도 사용자 기능을 지닌 그밖의 다른 집단을 편입시키지 않을 수 없는 사태에 직면하게 될 것이라고 한다. 노동자와 사용자 사이에 너무나 자명한 오해가 존재하는지에 대해서는 어쨌거나 뚜렷하게 밝혀진 바 없다고 한다.

주방송관할청도 입법자의 형성의 자유에 관한 규정을 빛바랜 것으로 보았다.

유선 및 위성연방협회가 이의제기한 것을 보면, 주방송법 제55조 5항 11호에 열거된 여러 협회를 살펴볼 때 자신보다 중요도가 훨씬 떨어지는 것이 분명한데도, 자신에게는 방송위원회에 대리인을 파견할 권리를 부여하지 않았다고 한다.

독일신문발행인연방협회는 방송감독위원회의 인적 구성에 관하여 연방헌법재판소가 수립한 기본원칙에 비추어볼 때, 발행인에게 서부독일방송의 방송평의회에 자리를 1개도 부여하지 않았다는 것은 이에 합치하지 않는다고 한다. 독일 언론인연맹과 독일언론인협회도 대리인을 파견하게 되어 있다는 점을 감안하면, 이 결론은 효력을 얻지 않을 수 없다고 한다. 그밖에도 독일신문발행인협회는 방송위원회의 인적 구성이라는 측면에서 청구인이 우려하는 바에 대하여 같은 견해임을 밝히고 있다.

독일정기간행물발행인협회도 서부독일방송의 방송평의회에서 발행인에게 전혀 배려하지 않는 것을 위헌으로 간주한다. 노동조합 측이 또는 노동조합에 가까운 집단이 사용자 협회에 비하여 지나치게 큰 비중을 방송위원회[16]에서 차지하고 있다는 점에 대해서도 위와 같이 위헌으로 간주한다.

5. 주정부는 학교교육방송에 관한 규정을 합헌이라고 본다. 방송자유에 대해서는 기본법 제7조에 의하여 한계가 설정된다고 한다. 국가가 협력할 권리에 대해서는 그에 부응하는 통제기구가 필요하다고 한다. 방송평의회의 전면적인 책임은 어떤 경우이든 유지된다고 한다. 법률에는 그밖에도 국가의 영향력을 남용하는 일이 없도록 예방조치를 충분하게 강구한 조항이 이미 포함되어 있다고 한다.

독일연방공화국 공영방송연합체는 학교교육 방송규정의 합헌성 여부에 대한 청구인의 우려가 타당하다고 보는데, 이로 말미암아 방송이 국가로부터 거리를 유지해야 한다는 원칙이 훼손되었기 때문이라고 한다. 방송의 자유를 좀더 적게 훼손하는 형태와는 다른 국가의 영향력 행사가 가능하기 때문이라고 한다.

(원문 S. 295 – 역주)

IV.

구두변론절차에서 청구인, 연방정부, 주정부, 주방송관할청, 독일연방공화국 공영방송연합체(ARD), 노르트라인-베스트팔렌 주 지방자치단체최고협회, 민영방송 및 원거리통신 협회, 독일정기간행물발행인협회, 독일신문발행인협회와 동 라인베스트팔렌 주 지역협회의 대리인도 견해를 밝힌 바 있다.

B.

문제가 되고 있는 쾰른 소재 서부독일방송에 관한 법률(서부독일방송법)[17]

---

16) 민영방송에 대한 외부감독기관 – 역주.
17) 주 공영방송에 관한 법률 – 역주.

연방헌법재판소 제6차 방송판결: BVerfGE 83, 238ff.

과 노르트라인-베스트팔렌 주 방송법률(주방송법)[18] 등의 제 조항은 대부분 - 몇 개 조항의 경우 이들을 헌법합치적으로 해석하면- 기본법과 합치한다. 다만 주방송법 제3조 1항은 기본법 제5조 1항 2문에 위반된다.

I.

연방헌법재판소가 확립된 판례로서 설시한 바와 같이 기본법 제5조 1항 2문의 방송의 자유는 기여하는 자유이다. 방송의 자유는 자유로운 사적 및 공적 의사형성에 기여하며, 그것도 단순한 보도나 정치적 의사의 전달에 국한되지 아니하고, 포괄적인 의미로 행하여진다. 자유로운 의사의 형성은 의사소통의 과정에서 이루어진다. 자유로운 의사형성은 한편으로 의사를 표출하고 전파할 자유를, 다른 한편으로 표출된 의사를 수집하며 정보를 제공받을 자유를 그 전제로 삼는다. 기본법 제5조 1항은 의사표현의 자유, 의사전파의 자유, 정보의 자유 등을 기본권으로 보장함으로써, 이 과정을 헌법으로 보호하려는 것이다(연방헌법재판소 판례집 57, 295〔319f.〕 참조).

(원문 S. 296-역주)

방송은 헌법이 보호하는 이 같은 의사형성과정에서 "매체이며 요소"인데, 바로 이 과정에서 의사가 형성되는 것이다(연방헌법재판소 판례집 12, 205〔260〕 참조). 방송이 의사소통에 대하여 갖는 중요한 의미를 감안하면, 방송 자체가 자유롭고, 포괄적이며 그리고 진실에 부합되게 정보를 제공하는 경우에만 자유로운 의사형성이 가능하다. 따라서 현대 대중적 의사소통의 여건하에서는 방송의 중개기능을 기본권으로 보호한다는 것이야말로 기본법 제5조 1항의 규범목적을 달성하기 위한 필요불가결한 전제가 된다.

다만 국가의 영향력 행사를 방어하는 데 그칠 뿐 그밖에는 방송을 사회세력에 맡긴다는 식으로 기본법 제5조 1항 2문을 이해한다면, 이는 방송의 자유가 갖는 기여하는 성격에 적합하지 않을 것이다. 하지만 방송의 자유라는 기본권은 우선적으로 국가로부터의 보호를 제공해주는 것이다. 그러나 이 기본권은 방송을 국가에게 내맡겨서는 안 되는 것처럼 개별 사회세력에 맡겨지지 않도록 하고, 사회에서 전체적으로 일정한 역할을 하는 그런 주제와 의사

---

18) 주 민영방송에 관한 법률- 역주.

등이 다양하게 수용되고 또한 표출되도록 해주는 적극적인 질서가 필요하다.
이 목적을 달성하기 위해서는 방송의 자유라는 과업을 지향해나아가며, 그리
고 기본법 제5조 1항에서 전체적으로 보호하려고 의도한 바를 실현하기에
적합한 실체·조직·절차에 관한 규정이 필요하다(연방헌법재판소 판례집 57,
295〔320〕참조). 이 질서의 개별적인 사항의 형성은 입법자가 결정할 사항
이다. 그에 관하여 기본법은 어떤 특정한 모델을 규정하지도 않았으며, 어떤
모델을 한번 선택했다고 해서 이를 일관성 있게 실현해야 한다고 강요하지도
않는다. 헌법상 오히려 중요한 것은 자유롭고 포괄적으로 보도할 수 있게 보
장되어 있느냐의 여부이다.

　입법자가 공영방송과 민영방송이 병립하는 이원적 방송체제를 채택하기로
결정했다면, 그에 따라 입법자는 보도에 있어 균형적 다양성이라는 헌법적
요구가 결과적으로 모든 방송사의 전체 프로그램의 공급을 통해서 충족되도
록 배려해야 한다.

(원문 S. 297 - 역주)

　이원적 방송체제에서도 균형을 지켜야 할 의무는 공영방송이 부담한다는
점을 지적하면서 민영방송이 이 의무로부터 벗어나게 하는 것은 허용되지 않
는다. 왜냐하면 공영방송에 요청되는 균형성을 감안할 때 민영 분야가 조금
이라도 협소해지거나 편파적 경향을 띠게 되면 그만큼 방송공급 전체에 대하
여 불균형을 초래하게 되어 결과적으로는 기본법 제5조 1항의 목적이 달성
되지 않는 결과를 가져올 수 있기 때문이다(연방헌법재판소 판례집 57, 295
〔324〕참조).

　물론 입법자가 헌법상 이의가 없는 민영방송의 면허에 대하여 민영방송 프
로그램의 송출을 완전히 배제한다거나, 비록 그 정도에 이르지는 않더라도
고도로 어렵게 하는 전제조건을 설정해서는 안 된다(연방헌법재판소 판례집
73, 118〔157〕참조). 이런 맥락에서 보면 광고를 통해 재원을 조달하는 민영
방송은 결과적으로 기본법 제5조 1항 2문의 요구를 공영방송과 동일한 정도
로 충족시키기는 어려우며, 그로 말미암아 프로그램 형성에도 영향을 미칠
수도 있는데, 이 점을 입법자가 고려하는 것도 허용된다. 이 같은 차이는 민
영방송에 대해서는 프로그램 공급의 폭이나 균형 있는 다양성의 확보와 관련
하여 공영방송과 같은 수준으로 요구하지 않는 것을 정당화해준다. 그러나

연방헌법재판소 제6차 방송판결: BVerfGE 83, 238ff.

이런 종류의 완화는 기본법 제5조 1항 2문의 규범적 목표가 지속적으로 위협받지 않고, 주민에 대한 기본적 방송공급이 공영방송에 의해 완전히 충족되고 있는 경우에 한해서 받아들여질 수 있다(연방헌법재판소 판례집 73, 118[157ff.] 참조).

이때 기본적 방송공급이라는 개념은 공영방송에 국한되거나, 또는 민영방송에 대한 요구사항에 영향을 미치지 않고 국한될 수 있는 최소한의 방송공급을 의미하는 것이 아니다. 이 개념은 예컨대 공영방송은 정보제공적·교양형성적 프로그램을, 민영방송은 오락적 프로그램을 공급한다는 식으로 공영방송과 민영방송 사이에 경계구분이나 과업분할을 의미하지도 않는다.

(원문 S. 298 – 역주)

보다 중요한 것은 공영방송은 주민 전체를 대상으로 프로그램을 공급하며, 이 프로그램은 전통적인 방송위탁사항의 폭을 전면적으로 확보할 수 있도록 포괄적으로 정보를 제공하게 하고, 이와 같이 프로그램을 공급하는 틀 안에서 의사의 다양성이 헌법에서 요청된 방식으로 확보되도록 하는 것이다.

이원적 방송체제를 채택하기로 결정하였다면 입법자는 제한된 도달범위, 프로그램의 다양성 및 그 폭을 요구할 수밖에 없다는 민영방송의 현재 상황을 감안하여, 공영방송에 대하여 필요한 기술·조직·인력·재정 등의 측면에서 제반 여건을 보장하여줌으로써 주민에 대한 기본적 방송공급을 담보해야 할 의무를 부담하는 것이다(연방헌법재판소 판례집 73, 118[158] 참조). 공영방송을 프로그램·재정·기술 등 제 측면에서 현재의 발전수준에 제한시키는 것은 이 같은 보장의무와 합치하지 않는다고 할 것이다. 현재 여건의 이원적 방송체제에서 기본적 방송공급이라는 수탁사항을 이행하게 하려면, 오히려 공영방송으로 하여금 현재 상태는 물론이요, 미래에 이르기까지 발전을 함께 누리도록 확실하게 담보해주어야 할 것이다(연방헌법재판소 판례집 74, 297[350f.] 참조).

II.

서부독일방송의 존속 및 발전보장에 관한 서부독일방송법의 관련 규정들(서부독일방송법 제33조 2항과 관련하여 제3조 3항과 7항부터 9항까지, 제

47조)은 기본법과 합치한다. 제한적으로 해석하면 주방송법 제6조 2항도 기본법과 합치한다.

1. a) 서부독일방송법 제3조 3항 1문의 일반조항은 헌법이 명한 대로 협의로 파악할 경우 헌법상 전혀 우려할 바 없다.

한편 방송의 자유를 형성한다는 입법자의 권한에는 서부독일방송에 모든 종류의 경제적 활동가능성을 허용할 권한도 포함되는지에 대해서는 판단하지 않고서도 논의를 펴나갈 수 있다. 왜냐하면 법률에는 이를 허락한다는 내용이 포함되어 있지 않기 때문이다.

(원문 S. 299 – 역주)

이 조항은 오히려 서부독일방송의 존속 및 발전 등을 일반적으로 보장하기 위한 법적 기초를 형성하고 있으며, 이는 이 법률의 다른 여러 규정에서도 구체화되어 있다. 1987년 4월 1일/3일자 방송질서 재편을 위한 주간국가조약(방송의 주간국가조약)의 전문(前文)에도 명시된 이 같은 보장에 대해서는 헌법적으로도 우려할 바 없다. 그와 반대로 이원적 방송체제에서는 민영방송이 기본법 제5조 1항 2문에서 도출되는 고전적인 방송의 임무를 완전하게 충족시키지 못하는 한, 오히려 공영방송의 존속 및 발전의 보장은 헌법상 요청되는 것이다(연방헌법재판소 판례집 73, 118〔155ff.〕참조). 청구인 역시 부인하지 않는 이와 같은 여건에서는 주민에 대한 – 포괄적인 뜻으로 이해해야 하는 – 기본적 방송공급은 공영방송의 의무이다. 이 경우 존속 및 발전의 보장은 바로 주민에 대한 기본적 방송공급을 가능하게 하는 여러 전제조건을 확보한다는 의미이다.

방송 분야 전반, 특히 방송기술의 발전속도가 매우 빠르다는 점을 감안한다면, 현재 상태에 국한시켜 보장할 경우, 그것으로는 기본적 방송공급이라는 과업의 수행을 담보하는 데 충분하지 않을 것이다. 따라서 이 보장은 종래 지상파에 의한 전송기술에 제한될 수는 없다. 이 지상파와 나란히 활용될 다른 전송형태가 개발되거나, 더 나아가 아예 지상파를 구축한다면, 기본적 방송공급을 보장한다는 것은 새로운 전송형태의 이용을 포함하게 될 것이다. 이는 공영방송이 프로그램을 공급할 경우에도 그대로 해당되는 것으로, 공영방송의 프로그램 공급은 수신자의 새로운 관심사나 새로운 형태와 내용에 대해 개방적이어야 한다. 기본적 방송공급이라는 개념은 대상이나 시간이나 모

연방헌법재판소 제6차 방송판결: BVerfGE 83, 238ff.

두 개방적이고 역동적인 것으로 기본법 제5조 1항으로 보호받는 의사소통의 과정이라는 틀 안에서 방송이 반드시 수행해야 할 기능에만 기속될 뿐이다. 따라서 기본적 방송공급과 관련된 존속 및 발전의 보장의 한계도 바로 방송의 기능으로부터 도출될 수 있을 뿐이다. 여하튼 법률에 의하여 보장되는 공영방송의 존속 및 발전은 이원적 방송체제에서 공영방송의 과업에 그 기반을 두고 있는 한 헌법적 기초도 갖추고 있는 것이다.

(원문 S. 300 – 역주)

논란이 되고 있는 규율내용도 이 범주를 벗어나지 않고 있다. 서부독일방송법 제3조 3항 1문의 일반조항은 이 조항에 열거된 활동가능성을 서부독일방송이 "자신의 과업을 수행"하는 경우에 한하여 서부독일방송에 부여한다고 확정하고 있다. 즉 활동가능성은 존속 및 발전을 보장할 경우에 이미 전제되어 있으며, 또한 이를 제한하는 것이다.

서부독일방송이 수행해야 할 과업은 법률에서 명확하게 그리고 특정하여 열거하고 있다. 서부독일방송법 제3조 3항의 과업 개념은 우선 서부독일방송법 제3조 1항을 원용하고 있다. 이 조항에서 서부독일방송은 수신료법의 전통적, 형식적인 방송의 정의라는 의미에서 방송의 송출이 이관되어 있다. 그러나 이 임무에 관해서는 서부독일방송법 제4조, 제5조 4항과 5항에서 그 내용을 형성하고 있다. 여기에서 결정적인 기준은 무엇보다도 서부독일방송법 제4조 1항 1문이다. 이 조항은 프로그램에 관한 수탁업무를 총괄하여 규정하는 규범적 기준을 포함하고 있고, 그에 따라 서부독일방송은 어떤 조치를 하거나 어떤 결정을 내리거나 반드시 이를 존중해야 하는 것이다.

이에 따르면 서부독일방송은 자유로운 의사형성 과정에 대한 매체와 요소로서 그리고 공공의 사안으로서 방송을 송출하며 전파한다. 연방헌법재판소의 판례에서 인용하여 이같이 표현함으로써 입법자는 방송의 자유가 의사형성에 기여하는 자유로서 반드시 충족시켜야 하는 그런 특별한 조건을 강조했다. 이로써 방송의 자유를 근거로 한 청구는 무엇이든지 자유롭고 포괄적인 의사의 형성의 보장이라는 과업에 기여해야 한다는 점을 법률적 차원에서는 명확히 제시한 것이다. 이 과업은 공공에 대한 책임관계로 전환된다. 이는 존속의 보장과 발전을 지향하는 공영방송 자체의 고유한 이해관계가 공공을 위해 신탁적으로 구속되어 있고 정당화될 수 있는 경우에만 보장을 받을 수 있도록 해준다.

공공의 이해관계를 기준으로 이에 기여해야 한다는 의무화는 그밖에도 서부독일방송법 제4조 1항 2문에 역시 명문으로 나타나는데, 이 조항에 따르면 과업의 수행을 보장하는 일이 수신지역 내에서 정치·세계관·사회 등 각 영역의 세력 및 집단에 이전되어 있다.

(원문 S. 301 – 역주)

그러나 그와 동시에 이 조항은 방송에 위탁한 사항의 수행 그 자체는 공영방송에 맡겨져 있고, 결코 사회적으로 주요한 세력이나 집단에 넘기지는 않았다는 점이다. 그러나 사회적 통제는 역으로 오히려 독자적인 방송이 의사형성의 자유라는 이익을 추구함으로써 비로소 자신의 과업을 책임성있게 수행할 수 있게 하는 의미를 갖고 있다.

이 의무의 대상에 관해서는 서부독일방송법 제4조 2항에 좀더 자세하게 규정되어 있다. 여기에서는 서부독일방송이 정보를 제공해야 한다는 그 과업이 전면에 나타난다. 즉 서부독일방송은 방송을 통해 모든 중요한 삶의 영역에 관한 국내외적 사건에 대하여 포괄적으로 개관할 수 있게 해야 한다는 것이다. 그러나 방송프로그램을 여기에 국한해서는 안 되며, 이렇게 정보를 제공하는 것 이외에도 교육과 오락에도 기여해야 한다. 방송은 문화·예술·토론 분야의 기여물을 제공해야 한다. 마지막으로 서부독일방송은 서부독일방송법 제4조 3항에 따라 수신지역의 중규모 지역적 특성과 문화적 다양성을 고려해야 한다. 서부독일방송으로 하여금 특정한 프로그램 분야에서 후퇴하게 하거나, 몇몇 개별적인 분야를 소홀히 하거나, 반대로 우대하는 것, 또는 민영방송과의 경쟁은 이와는 부합하지 않을 것이다.

이와 같이 포괄적으로 설정된 프로그램 임무는 서부독일방송법 제5조 4항과 5항에서 특히 그 내용이나 의사가 다양해야 한다는 관점에서 보완되고 있다. 연방헌법재판소가 설시한 바를 인용한 내용과 의사의 다양성이라는 관점은 방송이 편파적인 프로그램이나 소수자의 이해를 소홀히 하는 프로그램에 의해 의사형성의 과정을 왜곡시키는 일이 없도록 해준다.

전체적으로 살펴보면 서부독일방송법 제4조 및 제5조 4항, 5항의 규정은 이원적 방송체제에서 기본적 방송공급이라는 관점하에서 공영방송이 헌법상 반드시 충족시켜야 할 여러 가지 요구조건을 담고 있다.

연방헌법재판소 제6차 방송판결: BVerfGE 83, 238ff.

(원문 S. 302 - 역주)

　이들 조항은 서부독일방송이 서부독일방송법 제3조 3항에 따라 주어진 권한을 실제로 행사할 때 준수해야 할 기능적 측면의 기속성을 확정한 것이다. 서부독일방송법 제3조 3항의 존속 및 발전의 보장은 이 같은 방식으로 기본적 방송공급이라는 과업에 기속되어 있으며, 바로 이 과업에 의해 정당화되고 그 한계가 설정된다. 이로써 서부독일방송이 서부독일방송법 제3조 3항을 기초로 그 핵심에 있어 오로지 경제적 목적만 추구하며 이원적 방송질서를 벗어나는 일종의 준민간대기업으로 발전할 수도 있다는 청구인의 주장에 대해서 그 대책이 법률 차원에서 확보되었다고 반박할 수 있다.

　b) 서부독일방송이 특히 새로운 기술을 수단으로 한 새로운 서비스의 제공을 허용하는 서부독일방송법 제3조 3항 2문도 헌법상 우려의 대상이 아니다. 헌법상 방송의 개념은 확정적으로 정의될 수 있는 것이 아니다. 오히려 그 내용은 기본법 제5조 1항 2문에서 보호하는 사회영역에서 실제로 일어나는 변화에 따라 역시 변천될 수 있다. 방송의 자유가 급속한 기술발전이라는 여건하에서 자신의 규범력을 유지해야 한다면, 방송을 정의할 때 겨우 이미 도입된 기술에만 연계시키는 데 그쳐서는 안 된다. 기존의 기술에만 관련시켜 방송의 영역을 제한한다면, 아무리 새로운 기술수단을 동원하여 방송의 기능이 충족될 영역이 있는데도 거기까지 기본권의 보장을 확장해나가지 못하는 사태가 발생할 것이다. 따라서 개인은 물론이고 공공의 차원에서 자유롭게 의사가 형성되도록 보장하기 위해서는 서부독일방송법 제3조 3항 2문의 새로운 서비스에 대해서도 기본법 제5조 1항 2문의 보호의 효력이 미치게 해야 할 필요가 있다(연방헌법재판소 판례집 74, 297〔350f.〕 참조).

　물론 새로운 서비스가 의사형성에 대하여 지닌 중요성은 현재로서는 상대적으로 미미한 정도에 그친다. 뿐만 아니라 이 서비스가 가까운 장래에 종래의 방송과 대등한 위치로 부상할 것이라는 단서도 찾아볼 수 없다. 따라서 새로운 서비스영역 역시 기본적 방송공급의 필연성은 우선은 없다고 보아야 한다(연방헌법재판소 판례집 74, 297〔353〕 참조). 그러나 바로 그런 이유 때문에 새로운 서비스 분야에서 기본적 방송공급이라는 개념이 전혀 중요하지 않다고 할 수는 없다. 미디어기술이 과거보다 점점 더 신속하게 발전하고 있다는 점을 고려할 때, 서부독일방송법 제3조 3항 2문에서 언급한 것과 같은 종류의 방송과 유사한 커뮤니케이션 서비스가 장차 기존방송의 기능을 대체할 가능성을 완전히 배제할 수는 없게 한다.

(원문 S. 303 — 역주)

공영방송은 필요하다면 이 같은 상황에 자신을 적응시켜야 한다. 그렇지 않으면 공영방송은 어느 날인가 자신의 과업을 더 이상 완전하게 충족시키지 못하게 되고, 이로써 고전적 방송수탁임무를 수행하지 못하게 되는 위험에 빠지게 될 수 있다.

서부독일방송법 제3조 3항 2문에서 규율한 바에 대해서 역시 마찬가지인데, 서부독일방송은 여기에서 열어놓은 활동가능성을 이용하되, 오직 서부독일방송에 법률로써 부여한 과업의 틀 안에서만 이용해야 한다는 것이다. 서부독일방송법 제3조 3항에서 존속 및 발전을 보장한다고 하지만 이를 중개요소로 하여 공영방송이 이 과업의 범위를 넘을 경우 어떤 권한도 넘겨줄 수는 없다. 입법자는 공영방송의 과업을 원용함으로써 이 점을 명확하게 밝혔다. 특히 서부독일방송이 어떤 새로운 기술을 스스로 활용하고자 청구하는 것도 자유로운 의사형성의 매체와 요소로서의 방송의 기능이 촉진된다는 점을 전제로 하고 있다.

2. 입법자는 서부독일방송에게 제3자와 협력할 가능성을 서부독일방송법 제47조와 관련하여 제3조 8항, 제47조와 관련하여 제3조 9항, 주방송법 제6조 2항 등에서 열어주었는데, 이것 역시 기본법과 합치한다.

a) 서부독일방송법 제3조 8항의 조항은 방송물의 제작과 이용에 관한 것이다. 프로그램의 제작은 방송의 자유를 청구하여 행사할 때 필수적인 전제조건으로서, 기본법 제5조 1항 2문의 보호영역에 속한다. 이는 서부독일방송 자신의 제작물은 물론이고, 대외위탁 제작물, 협력제작물, 즉 합작물, 프로그램 제작기업에의 참여에도 해당한다. 그러나 기본법 제5조 1항 2문의 보호영역에는 자체 제작한 방송물을 추가적으로 활용한다든지, 그와 같은 목적으로 제3의 기업과 협력한다든지, 그 기업에 참가하는 것도 포함된다. 물론 이는 기본법 제5조 1항 2문의 의미에서의 방송의 보도와는 직접 관계되는 것은 아니다. 공영방송의 다른 수입원과 더불어 나타나는 일종의 재원조달 형태로서, 이는 방송의 자유가 헌법상 전제된 기능이 실제로 실현될 수 있는지 여

연방헌법재판소 제6차 방송판결: BVerfGE 83, 238ff.

부를 결정하는 재원조달에 관한 기본적 조건에 속하는 것이다. 그리하여 입법자는 이 조건의 기본사항을 형성해야 할 의무를 부담하는 것이다(연방헌법재판소 판례집 74, 297〔324f., 342, 347〕 참조).

(원문 S. 304 - 역주)

입법자가 서부독일방송법 제47조와 관련하여 제3조 8항으로 취한 형성의 조치는 기본법 제5조 1항 2문의 요구사항을 충족시켰다. 이들 조항은 명확하게 이원적 방송체제하에서 공영방송에 부과된 과업을 지향하고 있다. 이러한 맥락에서 볼 때 우선 중요한 것은 서부독일방송법 제3조 8항 2문이 경제적 이용목적만을 우선시키거나 또는 아예 그것만 추구하는 어떤 프로그램의 제작이든 금지한다는 점이다. 즉 이 조항에서 인정되는 권한의 사용은 공영방송의 과업에 기여하는 경우에만 허용된다. 이 같은 여건하에서는 경제적 활동이라고 할지라도 자기목적적일 수는 없으며, 방송수탁 임무에 의해 제약되는 것이다.

프로그램수탁 임무를 기준으로 부과되는 이 의무는 서부독일방송이 경제적 기업에 참여하는 경우에 대해서도 서부독일방송법 제47조를 원용함으로써 재차 특별히 강조하였다. 따라서 서부독일방송의 기업참여는 법률로 정한 그의 과업이라는 목적에 속한 경우에만 허용된다. 이에 반하여 청구인의 견해에 따르면, 서부독일방송법 제47조 1항 1문 1호는 오직 서부독일방송법 제3조 3항, 8항 및 9항에서 참여가능성을 열어주었다는 점만을 원용한다는 뜻이며, 따라서 어떤 한계를 설정한다는 효력은 처음부터 있을 수 없다고 하는데, 이는 타당하지 않다. 여하튼 이들 권한은 공영방송의 기능범주에 속하는 것이다. 결국 이들 권한은 기본법 제5조 1항 2문의 전제에 해당되고, 서부독일방송법에서 더 상세하게 규정된 방송사의 과업을 수행하는 데 기여한다. 그렇지만 이 같은 활동가능성이 독자적으로 프로그램 임무와 병행하여 나타나는 그밖의 또 다른 과업을 뜻하는 것은 아니며, 이 점에는 아무 영향도 미치지 아니한다. 따라서 서부독일방송법 제47조 1항 1문 1호에 대해서는 프로그램 임무만이 결정적인 기준으로 작용하는 것이다.

(원문 S. 305 - 역주)

이렇게 해석하면, 서부독일방송법 제47조에 관련한 제3조 8항으로 말미암아 거대한 복합기업의 발생을 허용하게 되며, 다매체적 기업집중과 기업연합

등의 발생을 저지하지 못하게 될 것이라는 우려는 그 근거를 상실하게 된다. 서부독일방송에 허용된 이들 권한은 전적으로 기본적 방송공급이라는 요구에 부응하는 프로그램 공급이 이루어지도록 해야 한다는 의무에 종속되어 있다. 서부독일방송으로 하여금 공법적 목적기속에서 벗어날 수 있게 한다면, 이 의무를 제대로 이행하지 못하게 될 것이다. 그리하여 방송법은 이에 관한 한 어떤 흠결도 방치하지 않았기 때문에, 카르텔법에 의한 보조적 해결방법을 강구해야 한다는 문제는 발생하지 않는다.

b) 서부독일방송법 제3조 9항의 조항은 프로그램을 송출하며 전파하는 분야에서 서부독일방송이 다른 기업과 협력 내지 합작하거나 참여하는 문제에 관한 것이다. 프로그램의 제작과 이용에 관한 서부독일방송법 제3조 8항과는 달리 서부독일방송법 제3조 9항의 권한위임은 방송송출의 핵심영역에 관한 것이다.

기본법은 이 분야에서 협력 내지 합작을 배제한 바 없다. 헌법상 입법자는 공영방송에만 또는 민영방송에만 면허를 부여할 수 있다는 식의 양자택일적 처지에 빠져 있는 것이 아니며, 반대로 그가 이원적 방송체제를 채택했다고 해서, 반드시 이 두 부문을 엄격하게 분리해야 하는 것도 아니다. 기본법으로부터 입법자가 모델일관성을 지켜야 한다는 의무가 도출되는 것은 결코 아니다. 마찬가지로 기본법이 방송과 출판을 엄격하게 분리해야 한다고 명했다는 결론이 도출되는 것도 결코 아니다. "저널리즘적 권력분립"이라는 기본원칙은 결코 헌법적 지위를 획득한 바 없다(연방헌법재판소 판례집 73, 118〔175〕참조). 헌법상 여기에서 유일하게 중요한 점은 방송이 개인과 공공의 의사형성에 기여한다는 기능을 수행할 수 있도록 여건을 확보하는 것이다.

그렇다고 해서 서부독일방송법 제3조 9항에 의해 가능성이 열린 협력 내지 합작이 전혀 헌법상 문제없다는 의미는 아니다. 어떤 공동제작 프로그램의 주체는 그 조직·재원조달·경제형태에서 차별이 있는 데 그치지 않는다. 이들은 다양한, 그리고 부분적으로는 서로 배치되는 목표내용을 구현해야 할 의무까지 부담하고 있는 것이다.

(원문 S. 306 - 역주)

그러므로 경우에 따라 부과될 기속과 의무사항이 협력이나 합작에 의해 회피되거나 약화되는 등의 위험은 배제되지 아니한다. 이는 결과적으로 기본법

연방헌법재판소 제6차 방송판결: BVerfGE 83, 238ff.

제5조 1항 2문의 요구사항에 더 이상 충분히 부응하지 못하는 방송체제로 변질될 수 있을 것이다. 기본법 제5조 1항이 염두에 두고 있는 자유로운 의사형성은 현단계의 이원적 방송체제를 발전시켜나가고 있는 상황에서는 공영방송이 기본적 방송공급이라는 과업을 완벽하게 수행하고 있는지의 여부에 달려 있다(연방헌법재판소 판례집 73, 118〔157ff.〕; 74, 297〔323ff.〕 참조). 따라서 입법자는 방송사간 협력 내지 합작하거나 그밖의 경우에 공동으로 프로그램의 주체가 되는 것에 대하여 그 가능성을 허용할 경우 이로 인해 공영방송의 프로그램 수탁임무가 다른 경향성 또는 상업성과 중첩되어, 결국은 공동화되는 위험에 빠지지 않도록 배려해야 한다는 것이다.

하지만 노르트라인-베스트팔렌 주 입법자는 이러한 위험을 극복할 대책을 충분히 마련해두고 있다. 그는 서부독일방송법 제3조 9항 1문에서 재차 서부독일방송법 제47조를 원용하고 있다. 이외에도 제3조 9항 1문은 서부독일방송법 제5조에 관련되어 있다. 이를 통해 협력 및 참여가능성은 일정하게 한계선이 그어진 유보하에 놓이게 된다. 서부독일방송은 자신에 적용되는 프로그램 원칙을 침해하지 않는다는 점이 담보되는 경우에 한하여 법률이 부여한 권한을 행사할 수 있다. 여기서 관련범주의 기준으로 채택된 것은, 서부독일방송법 제5조를 원용한다는 점에서 명확히 드러나듯이, 서부독일방송법 제5조 4항 1호에서 적시한 공영방송 자신의 전체 프로그램이다. 그러므로 어떤 공동제작 프로그램의 경우이든 서부독일방송이 책임져야 할 부분은 서부독일방송의 프로그램 전체가 서부독일방송법 제5조의 내용적 요구를 완전한 정도로 충족시키는 방향에서 이 관련범주 내에 편입시켜야 한다는 것이다.

물론 이 같은 요구의 준수는 공동프로그램에 대한 서부독일방송의 협력이 구분될 수 있고, 그에 책임을 귀속시킬 수 있을 정도로 지분을 분할해낼 수 있을 경우에 한하여, 이를 담보하고 심사할 수 있다. 공동프로그램의 부분에 대해 이같이 확실하게 윤곽을 확정한 경우라야만 공영방송의 수탁임무와 책임을 보전하며, 담보할 수 있다.

(원문 S. 307 — 역주)

따라서 서부독일방송이 서부독일방송법 제3조 9항의 가능성을 활용할 경우 이에 부응하도록 공동프로그램을 분할할 수 있게 단락화하는 대책이 헌법상 요구된다. 그렇다고 해서 서부독일방송이 책임져야 할 프로그램 부분이 그 자체적으로 서부독일방송법 제5조에서 도출되는 균형 있는 다양성을 확보하라는 요구를 전면적으로 충족시켜야 한다는 의미는 아니다. 또한 서부독일방송이 책임져야 할 프로그램 부분이 서부독일방송의 전체 프로그램의 축소판이어야 한다는 의미도 아니다. 오히려 프로그램 전체가 경우에 따라 서부독일방송이 책임져야 할 협력적 구성부분을 고려한 경우에도 프로그램 임무와 프로그램 원칙의 관련범주로서 그대로 존속되어야 하며, 대상·의사의 관점에서 다양성을 갖추도록 보장되어야 한다.

출판의 자유는 서부독일방송법 제47조와 관련하여 제3조 9항에 따라 협력권한을 행사한다고 해도 침해받지 않는다. 여기서 입법자가 방송에 관하여 형성을 행하면서 출판의 이해관계에 어느 정도까지 배려해야만 하는지에 대해서는 여기에서 판단하지 않는다. 이들 조항이 내용에 관한 프로그램법적 기속을 확정하는 것이라면 이들 규정에 대해서는 서부독일방송만이 종속되어 있다. 물론 어떤 공동프로그램을 구상하고 실제로 제작할 때에는 이 같은 기속성이 고려되어야 한다. 이러한 점에서 보면 이들 기속성은 이 같은 공동프로그램에 참여하고자 하는 출판기업에 대해서도 그 효력을 미친다. 물론 출판기업으로서는 공영방송과 협력할 것을 수용하거나 거부할 자유를 보유한다는 데 그치지 않는다. 이들이 자발적으로 협력단계에 진입한 경우에도 공법상 기속사항에 종속되지 않는다. 이와 같은 상황에서 출판의 자유의 침해는 출판이 경제적 생존근거와 저널리즘적 발전가능성을 확보하기 위하여 서부독일방송과 협력하는 것에 의존하는 경우에만 고려될 수 있을 것이다. 그러나 현재 출판이 이 같은 사실상 강요된 상태에 처해 있는 것은 결코 아니다.

c) 주방송법 제6조 2항의 조항은 이를 헌법이 명하는 바대로 제한적으로 해석할 경우 헌법상 우려의 대상이 아니다. 기본법 제5조 1항 2문은 입법자가 공영방송과 민영방송의 혼합형태로 규정하는 것을 저지하는 것도 물론 아니다.

(원문 S. 308 - 역주)

입법자의 형성권한은 다양한 방송모델 중에서 어느 하나를 선정하는 것에 국한되지 않는다. 오히려 입법자는 자유롭게 의사를 형성할 수 있어야 한다는 요구사항을 존중하는 한 이들 모델을 결합할 수도 있으며, 또는 한 모델의 개별적 요소를 다른 모델에 수용할 수도 있다.

　연방헌법재판소 제5차 방송판결에서도(연방헌법재판소 판례집 74, 297) 이와 다를 바 없이 결론을 도출한 바 있다. 주방송법 제6조 2항이 보장하는 것과 같은 협력은 전혀 논쟁의 대상이 아니었다. 연방헌법재판소는 오히려 바덴-뷔르템베르크 주 입법자가 공영방송과 민영방송의 대폭적 분리라는 목적을 추구하는 것이 허용되었고, 즉 이원적 방송체제의 두 부문이 서로 넓게 협력할 가능성을 열어주어야 한다는 주장은 헌법상 유지될 수 없다고 하여 주입법자를 옹호한 바 있다(연방헌법재판소 판례집 74, 297〔349〕 참조). 그러나 이로부터 양 분야간의 협력이 위헌이라는 반대결론을 이끌어낼 수는 없다. 입법자는 오히려 이와 관련해서도 마찬가지로 형성의 자유를 누린다.

　서부독일방송이 민영방송사연합에 참여한다고 해서 방송이 국가에 인도되는 상황은 나타나지 않는데, 이는 서부독일방송 자체가 국가로부터 자유롭게 조직되어야 하며, 방송사연합의 경우에도 역시 이 조직형태로부터 벗어날 수는 없기 때문이다. 그리하여 서부독일방송의 이 같은 참여를 통해 일방적으로 사회적 영향력도 야기될 수 없는데, 이는 서부독일방송이 내부다원적으로 형성되어 있으며, 협력할 경우에도 이 같은 형태에서 벗어날 수는 없기 때문이다.

　주방송법 제6조 2항에 제시된 협력가능성은 민영방송을 고도의 난관에 봉착하게 하거나, 아예 불가능하게 하는 조건에 종속시키지 않았다. 공영방송과 민영방송을 합해서 방송사연합을 설립할 경우 양측의 자발적인 합의가 필요하다. 하지만 합의해야 한다는 법적 강제는 없다. 뿐만 아니라 사실적 차원에서 강제되고 있다는 점도 보이지 않는다. 특히 민영방송사연합이 방송기업으로 나서는 것은 공영방송이 이에 참여하고 있는지 여부와는 무관하다. 서부독일방송이 참여할 수 있는 연합체를 구성하는 민영방송사들은 서부독일방송이 참여하지 않더라도 오히려 재원조달 그리고 조직 등의 측면에서 널리 인정된 언론적 제 기본원칙을 충족시키면서 방송을 송출할 만한 능력을 갖추어야 한다(주방송법 제5조 1항). 공영방송이 파트너로 가입해야 비로소 면허요건을 충족시키는 민영방송을 염두에 두고 있는 것이 아닌 것은 분명하다.

(원문 S. 309 - 역주)

　주방송법 제6조 2항은 현재의 협력관계에서 서부독일방송에 소수자의 역할을 지정하고 있다. 이로써 어떤 구성원 하나가 프로그램에 대해 지배적 영향력을 행사하는 것을 금지하고 있는 주방송법 제6조 2항은 특히 서부독일방송에 대해서는 그만큼 더 강화되는 셈이다. 서부독일방송이 타기업에 참여할 경우 업무집행과 관련하여 필요한 영향력을 행사할 의무를 부담한다는 서부독일방송법 제47조 2항의 일반규정은 민영방송사연합에 참여할 때에는 주방송법 제6조 2항의 특수규범에 의해 구축된다. 서부독일방송이 사실상 우위를 점하는 상태로 남아 있을 가능성이 있다고 하더라도 이 같은 예방조치를 감안하면, 결코 민영방송이 압박당하는 결과가 야기된다고 할 수는 없을 것이다.

서부독일방송이 민영방송사연합과의 협력을 통해 주민에 대한 기본적 방송공급이라는 자신의 의무에서 벗어날 수도 있다는 위험이 발생하는데, 이에 대하여 입법자는 주방송법 제6조 2항에서 서부독일방송에 그 효력을 미치는 현행 법률의 제 조항을 원용한다고 규정하여, 충분하게 대책을 마련한 바 있다. 물론 공영방송이 이 법률적 기속성을 준수하도록 대처하며 통제하려면, 공영방송과 민영방송이 담당하는 프로그램 부분이 서로 구분되고, 각기 자신의 부분에 대하여 책임을 귀속시킬 수 있어야 한다. 따라서 이 같은 구분은 주방송법 제6조 2항의 가능성을 현실로 구현하는 경우에도 서부독일방송법 제3조 9항의 경우와 마찬가지로 헌법상 요구되는 것이다.

물론 주방송법 제6조 2항의 권한부여는 공영방송과 민영방송사연합이 이원적 모델에서 협력적 모델, 즉 양 방송조직이 서로 구별은 되지만 공동프로그램의 형태로만 방송을 송출하는 모델로 이행하겠다고 합의해도 좋다는 것을 의미하는 것은 아니다. 방송모델에 관한 결정은 입법자가 방송사간의 합의에 내맡겨서는 안 되는 기본권 실현을 위한 본질적인 문제이다(연방헌법재판소 판례집 57, 295〔324〕참조). 주방송법 제6조 2항의 협력가능성은 이 점에서 한계가 설정된다.

(원문 S. 310 - 역주)

3. 서부독일방송이 특히 광고수입으로 재원을 조달하는 것을 허용하는 근거조항은 서부독일방송법 제33조 2항인데, 이는 기본법에 위반되지 않는다.

헌법에 의한 방송자유의 보장은 재원조달의 여건에도 해당되는 것으로, 공

연방헌법재판소 제6차 방송판결: BVerfGE 83, 238ff.

영방송이 헌법상 부과된 자신의 과업을 수행할 수 있느냐의 여부는 여기에도 달려 있다(연방헌법재판소 판례집 74, 297〔324f., 342〕참조). 기본법 제5조 1항 2문은 입법자에게 헌법상 보호의 대상이 되는 프로그램의 공급을 위해 충분한 재원을 조달하도록 의무를 부과하고 있다. 그렇지 아니할 경우 프로그램에 대한 국가의 영향력 행사를 금지하는 방송자유는 재원조달에 관한 조치에 의해 이 금지를 회피하게 될 위험에 빠질 수 있다. 그렇다고 해서 기본권 보호가 재원조달의 개별적인 종류에까지 미치는 것은 아니다. 결정적인 것은 방송이 재정적인 측면에서도 헌법상 임무를 수행할 수 있도록 하는 것이다. 다만 이 같은 재원조달의 의무가 구체적으로 어느 정도로 이행되어야 하는지, 특히 기본적 방송공급에 속하지 않는 프로그램의 재원조달을 위해서도 배려해야 하는지, 또한 배려해야 한다면 어느 정도로 해야 하는지에 대한 문제(이에 관해서는 연방헌법재판소 판례집 74, 297〔344〕참조)는 여기에서 반드시 판단해야 하는 것은 아니다.

입법자가 어떤 종류의 재원조달 형태를 채택하는가 하는 것은 원칙적으로 입법자가 정치적으로 결정할 사항이다. 방송질서를 확정하는 경우와 마찬가지로 입법자의 형성의 자유는 개인 및 공공의 자유로운 의사형성에 기여해야 한다는 방송의 기능이 위협받게 되는 지점에서 제한을 받는다. 개별적인 재원조달의 형태는 이 같은 위험으로부터 자유롭지 못하다. 수신료 또는 정부예산으로 재원을 조달하면, 프로그램 형성에 정치적 영향력이 행사될 가능성을 열어주게 되는 반면에, 광고에 의한 재원조달은 상업적 이해관계가 프로그램에 영향력을 미치게 한다. 이에 반해서 혼합형 재원조달은 일방적인 종속성을 완화시키며, 방송사가 보유한 프로그램 형성의 자유를 강화시키는 데 적합하다. 따라서 기본법은 이에 대하여 어쨌거나 반대한다는 견해를 표명한 바 없다.

(원문 S. 311 – 역주)

이는 입법자가 이원적 방송질서를 채택한다고 결정한 경우에도 마찬가지이다. 이원적 방송체제에서는 공영방송이 기본적 방송공급이라는 과업의 수행에 장애를 일으키거나, 민영방송 자체를 어렵게 하거나 더 나아가 아예 불가능하게 하는 조건을 제시하는 경우가 아니라면 입법자는 방송의 재원조달과 관련하여 형성의 자유를 갖는다.

아무튼 현재의 여건, 즉 이원적 방송체제하에서는 공영방송이 기본적 방송공급이라는 과업을 담당하고 있는데, 공영방송으로 하여금 주로 광고에 재원을 의존하도록 한다면, 이는 그 과업과 합치하지 않는다. 이는 재원조달의 형태가 프로그램에 대하여 미치는 역방향적 효과로부터 도출되는 결론이다. 광고를 내는 기업의 시각에서 보면 방송프로그램은 일차적으로 광고방송의 주변영역으로 파악된다. 광고방송이 수신자에게 도대체 도달되는지, 도달한다고 해도 어느 정도인지는 기업의 시각에서 볼 때 프로그램이라는 주변영역이 얼마나 매력적인지에 따라 달라진다. 한마디로 이는 시청률에 의해 측정된다. 광고수입에 의존하는 방송사는 시청률에 대하여 배려하지 않을 수 없으며, 프로그램을 계획할 때에도 고도로 시청률을 고려하는 방향으로 세우게 된다. 그러나 이로써 공영방송의 기본적 방송공급이라는 과제에서 도출되고, 수신료로 재원조달하는 체제의 기반을 이루는 프로그램 형성과 관련한 요구가 위협을 받는다(연방헌법재판소 판례집 73, 118[155f.] 참조).

이원적 방송체제에서 공영방송의 임무와 광고에 의한 재원조달이 더 이상 합치하지 않는 경계선을 개별적인 사안마다 어떻게 그을 것인지에 관한 것은 여기에서 판단할 필요는 없다. 아무튼 서부독일방송법 제33조 2항이 위태로운 수준에 다다른 것은 아니다. 서부독일방송법 제33조 2항 1문은 서부독일방송은 우선적으로는 시청료에 의해 재원을 조달하고, 그런 다음에 부차적으로 비로소 이 조항에 열거한 3가지 다른 원천에서 재원을 조달받게 된다. 현행 서부독일방송법 제33조 2항은 그 2문에서 라디오방송 광고의 최고한도에 관한 규정도 포함하고 있다. 이 점에서 이 조항은 방송주간국가조약을 원용하고 있고, 따라서 이는 그밖에도 서부독일방송에 대하여 효력을 미친다.

(원문 S. 312-역주)

방송광고의 각종 형태에 관한 보다 상세한 규정은 그 사이에 방송주간국가조약의 그것과 일치하는 내용으로 서부독일방송법 제6a조에서도 명시되었다. 결국 서부독일방송법 제33조 2항 1문에 따르면 서부독일방송이 광고원을 개발하더라도, 이는 서부독일방송의 법률적 과업에 기속된다는 점은 여전하다. 서부독일방송법 제4조와 제5조에 관련한 제3조에서 서부독일방송의 과업을 구체화하고 있는데, 이를 원용함으로써 서부독일방송이 광고수입을 확보할 때 준수해야 할 외부적인 범주를 확정하고 있다. 특히 여기에서는 서부

연방헌법재판소 제6차 방송판결: BVerfGE 83, 238ff.

독일방송이 모든 활동영역에서 준수해야 할 기능적 기속성을 강조한다. 이 기속으로 이미 서부독일방송의 경우 경제적·기업적 동기를 지닌 방송광고를 무한정 확대하는 데 반대하고 있다.

공영방송의 광고수입에 대한 제한적인 참여가 민영방송의 송출을 상당히 어렵게 하거나 심지어 불가능하게 한다는 점은 발생하지 않았다. 오히려 그 반대로 구두변론의 결과로 드러났듯이, 민영방송은 상대적으로 단기간에 이미 수익을 올렸거나 가까운 장래에 이를 기대할 수 있는 상태다. 뿐만 아니라 공영방송의 광고가 출판의 경제적 상황에 반작용을 미쳤다는 점도 기본법 제5조 1항을 위반했다는 근거가 되지 못한다(연방헌법재판소 판례집 74, 297 〔335〕 참조). 이들 공영방송이 자신의 재원을 전적으로 방송사의 과업을 수행하기 위해 사용한다는 점만 확실하게 보장된다면, 기본법은 다른 언론매체를 보호할 목적으로 또 다른 제한을 요구하지는 않는다.

4. 서부독일방송법 제3조 7항의 조항에서는 서부독일방송이 주로 프로그램과 관계된 내용의 인쇄물을 출판할 수 있다고 허가하는데, 이것 역시 기본법과 합치한다.

물론 공영방송은 이에 관하여 출판의 자유라는 기본권을 법적 근거로 내세울 수는 없다(연방헌법재판소 판례집 59, 231〔255〕; 78, 101〔102f.〕). 그러나 서부독일방송은 자신에게 부여된, 주로 프로그램과 관련한 내용의 인쇄물을 출판할 권한의 근거를 방송의 자유에서 찾는다.

(원문 S. 313 - 역주)

서부독일방송이 인쇄물을 출판하면서 방송이라는 매체가 아니라 출판이라는 매체를 사용한다는 사실이 그 법적 근거에 모순되지 아니한다. 물론 기본법 제5조 1항 2문의 다양한 자유영역의 구분은 선택의 대상이 되는 전파수단에 달려 있다. 그러나 이것은 특정한 매체의 사용이 항상 기본법 제5조 1항 2문에 포함되어 있는 여러 보장 중에서 하나의 보호영역에만 해당될 수 있다는 의미는 아니다. 그와 마찬가지로 어떤 매체를 특성한 기본권의 구성요건에 귀속시킨다고 해서, 그에 따라 다른 매체를 동일한 기본권의 구성요건에 귀속시키는 것을 완전히 배제하는 결과를 가져오는 것도 아니다. 이 같은 배타적 관계가 도출될 수도 있는 "언론 분야의 권력분립"의 원칙은 - 앞에서 상론했듯이 - 헌법적 지위를 갖지는 못한다.

서부독일방송법 제3조 7항으로 확보된 권한을 헌법적으로 판단함에 있어서는 방송의 자유가 기여하는 기능을 수행한다는 근거 때문에 서부독일방송으로 하여금 자신의 과업을 수행할 수 있게 담보해야 하는데, 그 담보에 과연 이 같은 권한이 기여하는지, 기여한다면 어느 정도인지가 결정적인 기준이 된다. 주로 프로그램의 내용에 관한 인쇄물의 출판이 이 같은 과업의 범주에 단순한 보조적 주변활동으로 귀속시킬 수 있는 한, 이 출판행위는 방송의 자유에 의해 보장된다.

하지만 출판사가 프로그램 잡지를 발간하면서 공영방송 프로그램 공급에 대해 전혀 정보를 제공하지 않거나, 불충분한 정보를 제공하는 경우라야 비로소 이같이 정당화하는 방안이 고려의 대상이 되는 것은 아니다. 오히려 이 같은 중대한 결함상태가 나타나기 이전에 이미 정보가 필요하다는 상태가 발생해서, 이에 대한 대책으로 방송사 자체에서 프로그램 잡지를 발간함으로써 비로소 이 정보의 필요를 충족시킬 수 있다고 평가하는 경우도 배제할 수는 없다. 방송수신자에게 방송사의 제반 활동과 프로그램 공급에 관한 충분한 지식을 전해주기 위해서 정보제공이 필요하다면, 방송사가 정보의 적절한 작성과 제시를 통하여 독자의 관심을 끄는 일은 결코 저지할 수 있는 사안이 아니다.

(원문 S. 314 - 역주)

이 모든 것에도 불구하고 프로그램과의 관련성은 프로그램 잡지를 형성할 때 항상 그 윤곽을 결정하는 요소로 작용한다. 방송사의 전체 프로그램과 더 이상 관련성이 없으며 출판적 보도나 일반적 오락기고물을 포함하는 편집부분은 방송의 자유에서 더 이상 헌법적 근거를 가질 수 없을 것이다.

이같이 프로그램과 관련한 정보에 국한한다는 필연성은 나아가 그 인쇄물의 경제적 목적추구 자체를 배제한다. 인쇄물이 주로 또는 전적으로 재원조달의 목적에 기여한다면, 이 인쇄물의 발간은 더 이상 공영방송의 정보제공이라는 과업에 의해, 그리고 방송의 자유에 의해 정당화되지 않는다. 공영방송의 프로그램 잡지가 이와 같은 요구조건을 충족시키는 것인데도, 출판부문의 경제적 생존기초를 위협하는 결과를 초래할 수도 있으리라고는 쉽사리 인정할 수 없다. 출판의 자유가 침해될 수도 있다는 그밖의 다른 단서를 찾아볼 수도 없다. 특히 출판사에는 공영방송을 상대로 프로그램에 관한 정보를 단독으로 전파할 수 있는 청구권이 헌법상 부여되지 않았다.

서부독일방송법 제3조 7항의 조항은 어쨌든 이를 해석할 때 전술한 여러 요구사항을 참작한다면 헌법상 이론의 여지가 없다. 서부독일방송법 제3조 7항 두번째 반쪽 문장에 포함된 필요성 조항에서는 우선은 서부독일방송에 부여된 권한의 한계가 어디인지 명확하게 드러난다. 한편으로 서부독일방송은 법률이 정한 프로그램 임무의 수행을 다른 방식으로는 담보할 수 없는 경우에 한하여 이 권한을 사용할 수 있을 뿐이다. 다른 한편으로 프로그램 임무를 실행하는 기준과 의무가 서부독일방송 프로그램 잡지의 내용을 형성할 경우에도 구속력이 있다는 것이 필요성 조항을 통해서 분명하게 밝혀졌다. 따라서 이같이 잡지를 출판하는 권한은 프로그램 임무에 편입되어 있다. 결국 이 권한은 해당 잡지를 통해 서부독일방송이 공급하는 프로그램에 대해 포괄적이고 수준 있는 정보가 제공된다는 점을 그 전제로 한다.

(원문 S. 315 – 역주)

이들 요구사항들은 서부독일방송법 제3조 7항 두번째 문장 반쪽에서 표현된 바에 따르면, 인쇄물은 "주로" 프로그램과 관련된 내용이어야 한다는 것인데, 만약 이 표현을 헌법에 합치되도록 해석하고 좀더 정확하게 구성한다면, 이 표현에 의해 요구사항 자체가 완화된다고 볼 수 없다. 이 같은 맥락에서 볼 때 이 표현은 필요적으로 요구되는 프로그램 관련성을 서부독일방송이 소홀히 하는 것을 허용하지 않는다. 이 표현은 협의의 프로그램 예고라는 범위를 넘더라도, 프로그램 활동의 기초와 여건, 프로그램 기획, 공영방송의 구조, 운영, 인사 등에 관한 정보를 제공한다든지, 충분히 매력적인 표제기사 형식으로 제공하는 것만을 허용한다.

III.

주방송법이 제11조와 제12조 3항, 그리고 제7조 2항 3문에서 민영방송의 면허와 송출에 관하여 여러 가지 요구사항을 제기하는데, 이들 요구사항은 기본법과 합치한다. 반면에 주방송법 제3조에서 주파수 배정에 관하여 규율하고 있는데, 이는 기본법 제5조 1항 2문에 위반된다.

1. 주방송법 제11조와 제12조 3항 등에서 민영방송에 대한 프로그램 요구조건을 규정하고 있는데, 이에 대해서는 헌법상 이론을 제기할 여지가 없다. 기본법 제5조 1항 2문에서 방송의 자유를 보장했다고 하더라도, 그 주체에게 임의로 이를 사용하라고 권한을 부여한 것은 아니다. 방송의 자유는 기여하는 자유로서, 일차적으로 방송사의 이해관계를 위한 것이 아니라, 개인과 공공의 자유로운 의사형성이라는 이익을 확보하기 위해 보장될 뿐이다. 바로 그런 까닭에 입법자는 이 목적의 달성을 담보하는 방식으로, 방송질서를 형성할 의무를 부담한다. 프로그램법상의 관점에서는 전체 프로그램의 차원에서 대상의 다양성은 물론 의사의 다양성이 적절하게 표출되어야 한다는 결론이 나온다. 전체 프로그램에 대한 이들 요구사항은 입법자가 공영방송 체제를 선택하든 민영방송체제를 선택하든 무관하게 여전히 그 효력을 미친다.

청구인이 주장한 바 "모델일관성"이라는 원칙으로부터도 이와 다른 결론이 도출되는 것은 아니다.

(원문 S. 316 - 역주)

기본법은 어떤 방송질서의 모델을 미리 특정한 바 없으며, 목표만 설정하고 있을 뿐이다. 즉 방송 일체가 자유를 누려야 한다는 성격이 그것이다. 방송은 개인과 공공의 자유로운 의사형성에 기여한다는 자신의 과업을 수행할 수 있어야 한다. 이 과업이 모델에 종속되는 것은 아니다. 이 과업을 고려한 방송의 조직형태는 기본법과 합치한다. 입법자가 보유한 형성의 자유는 모델을 선정하는 단계에서 끝나고, 그 다음에는 모델의 일관성이라는 강제에 종속되는 것은 아니다. 오히려 입법자는 기본법 제5조 1항의 목적을 계속해서 추구하는 한, 이들 여러 모델을 의도한 바에 따라 자유롭게 결합할 수 있다. 이와 부응하여 연방헌법재판소는 민영방송의 경우에도 내부다원성이라는 척도를 부과할 수 있다는 점에 관해서 전혀 의심의 여지를 남기지 않고 있다(연방헌법재판소 판례집 57, 295〔325〕; 73, 118〔171〕 참조).

하지만 이 목적은 다양한 체제에서 다양한 방식으로 달성될 수 있다. 공영방송과 민영방송이 경쟁하는 이원적 방송체제하에서 프로그램의 임무가 어쨌거나 공영방송에 의해 완전히 충족되는 경우 민영방송에 대해서는 프로그램의 폭과 균형 있는 다양성과 관련하여 공영방송에서와 같은 고도의 요구를 하지 않는다고 하더라도 이는 헌법상 정당하다고 볼 수 있다. 그리하여 불균형성이라도 너무 심각한 것이 아니라면, 이런 정도의 것은 수용할 수 있다고 할 것이다(연방헌법재판소 판례집 73, 118〔158f.〕 참조).

한편 이 같은 원칙으로부터 입법자가 민영방송사에 대해서는 대상과 의사 등의 측면에서 다양성이라는 요구수준을 반드시 낮추어야 한다는 결론을 도출할 수 있는 것은 아니다. 특히 니더작센 주 판결로부터 민영방송사에는 단지 "기본적 수준"의 균형적 다양성만을 부과해도 된다는 결론을 도출할 수는 없다. 이와 같은 기본적 수준은 민영방송을 지속적으로 통제하기 위한 경우에만 적절한 것일 뿐, 민영방송의 면허를 발급하기 위한 것으로서는 적절하지 아니하다(연방헌법재판소 판례집 73, 118〔159f.〕 참조). 공영방송의 경우 균형 있는 다양성이라는 헌법적 요청이 무제한적으로 효력을 미친다는 점을 감안한다면, 오히려 민영방송에 대한 이 같은 완화조치는 전체 프로그램 차원에서 균형을 왜곡시키는 결과를 초래할 수도 있으며, 이는 기본법 제5조 1항의 규범목표에 비추어 오직 좁은 한계 내에서만 수용가능한 것으로 보인다.

(원문 S. 317 – 역주)

이 완화조치는 입법자가 민영방송에 대하여 일정한 요구사항을 설정해도 되지만, 민영방송을 전혀 배제할 정도로 강한 것은 물론이고, 그에 미치지 아니하더라도 고도로 어렵게 하는 사항을 요구해서는 안 된다는 원칙에서 그 헌법적 정당성과 한계를 얻는다(연방헌법재판소 판례집 73, 118〔157〕 참조). 이 한계를 넘지 않는 한 입법자는 민영방송에 대하여 프로그램에 관련한 요구사항을 규정할 때 재량권을 갖는다.

노르트라인-베스트팔렌 주 입법자가 이 한계를 넘어섰다고 보기는 어렵다. 입법자가 민영방송에 설정한 프로그램 요구사항은 다른 주에 비하여 상대적으로 높은 편이긴 하지만, 그렇다고 서부독일방송에 대한 요구조건만큼 높은 것은 아니다. 입법자는 서부독일방송법 제4조는 물론이고 주방송법 제11조에서도 방송을 송출하는데, 그 법적 형태나 주체와는 무관하게 방송은 자유로운 의사형성과정의 매체이자 요소이며 또한 방송은 공공의 관할사항에 해당된다는 점에서 출발하고 있다(서부독일방송법 제4조 1항 1문과 주방송법 제11조 1문). 이와 관련하여 서부독일방송에는 모든 생활영역에서 국내외의 사건 전반에 대해 개관해주며, 프로그램을 통해 정보제공·교양·오락에 기여하고, 문화·예술·자문 등에 관한 기고물을 공급한다는 과제가 부과되어 있다

(서부독일방송법 제4조 2항). 이에 반하여 민영방송사연합에는 단지 각 프로그램 범주에 부응하도록 포괄적 정보 제공과 개인 및 공공의 자유로운 의사형성에 기여하며, 교양·자문·오락에 기여하고, 방송의 문화적 임무에 부응해야 한다(주방송법 제11조 2항). 뿐만 아니라 서부독일방송은 수신지역에서 각기 지역적 분화상태와 문화적 다양성을 고려해야 하는 데 반하여, 민영방송은 단지 모든 종합 프로그램에서 노르트라인-베스트팔렌 주의 공적인 사건을 방송할 의무만을 부담한다(서부독일방송법 제4조 3항, 주방송법 제11조 3문). 서부독일방송법 제5조와 주방송법 제12조의 프로그램에 관한 기본원칙의 경우에도 동일하다.

(원문 S. 318 - 역주)

서부독일방송은 현존하는 의사의 다양성과 세계관적·학술적·예술적 경향의 다양성을 가능한 한 폭넓고 완전하게 표현해야 하는 반면에, 민영종합 프로그램의 경우 이에 상응하는 의무는 의사의 다양성을 반영하는 데 국한된다(서부독일방송법 제5조 4항과 주방송법 제12조 3항). 서부독일방송은 수신지역에서 중요한 사회적 세력이 발언할 수 있게 담보해야 한다. 주방송법률은 이를 중요한 정치적·세계관적·사회적 세력과 집단으로 확장시켰다(서부독일방송법 제5조 4항 2호, 주방송법 제12조 3항 2문). 양 방송사, 즉 공영방송사와 민영방송사는 일반적인 의미를 지닌 논쟁적 주제를 다루도록 적절한 시간을 할당할 의무가 있다(서부독일방송법 제5조 4항 2문, 주방송법 제12조 3항 3문).

이로써 민영방송사에 방송의 송출이나 전파를 상당히 어렵게 하거나 아예 불가능하게 하는 전제조건을 부과하였다고 보기는 어렵다. 하지만 주방송법 제11조와 제12조 3항의 조건을 충족시키려면, 민영방송사로서는 대중에게 매력적인 방송물을 어느 정도 포기할 것이 요구된다. 광고수입이 시청률에 달려 있다는 점을 감안한다면, 전술한 요구로 말미암아 민영방송사의 수익이 감소될 가능성도 배제할 수 없다. 하지만 이 제한적 규제의 수준이 민영방송의 운영 자체를 완전히 채산성에 미치지 못하도록 위협할 정도로 심각한 것은 아니다. 오히려 법률은 방송사에 프로그램의 기준을 어떻게 충족시킬 것인지를 결정하는 데 광범위한 자유를 부여하고 있다. 즉 법률은 프로그램의 대강이나 프로그램의 배분비율에 대하여 전혀 규정한 바 없다. 오히려 방송사는 대중적 인기있는 방송물과 다른 방송물을 양적·시간적으로 배분할 자유를 가지고 있다. 따라서 법률은 종합 프로그램의 방송사로 하여금 다만 순수한 오락 프로그램과 일방적인 정보 및 교양물의 방송을 포기하도록 강제할 뿐이다. 그러나 기업이 재정적인 측면에서 제대로 잘 운영되도록 그 가격과 비용을 계산하는 것은 전적으로 방송사에 위임되어 있다.

2. 주방송법 제7조 2항 3문 두번째 반쪽 문장의 면허에 관한 규정은 기본법에 위반되지 않는다. 입법자는 다수의 신청자에 대한 선정작업을 특히 편성참여의 ("방송의 내부적 자유") 정도에 종속시켜도 될 것이다.

(원문 S. 319 – 역주)

주방송법 제7조의 조항에는 면허요건을 충족시키는 신청자의 수가 가용전송대역을 초과할 경우 주방송관할청이 결정해야 하는데, 이때 그 기준으로 삼아야 할 척도가 포함되어 있다. 헌법판례에 따르면 이 문제에 관한 규율은 방송의 적극적 질서에 속하는 것으로, 이는 입법자가 스스로 결정해야 할 사항이다. 제3차 텔레비전 판결에서 발전시킨 제 원칙에 따르면, 민영방송에 진출하는 것은 우연이나 또는 자유롭게 방치된 제 세력 사이의 경합에 그대로 내맡겨서는 안 되고, 그렇다고 해서 전혀 기속되지 않는 행정부의 재량에 위임해서도 안 된다. 이때 필요한 경우 비율을 줄이더라도 방송시간의 배분을 가능하게 하는 체제에 의해 평등원칙도 고려해야 한다. 그러나 이것으로 불충분할 경우, 또는 입법자가 각 방송사에 종합 프로그램의 면허만 내어주는 체제를 채택한 경우, 입법자는 각 신청자에게 대등한 기회를 보장하는 선정원칙을 확정해야 한다. 기회의 실현 정도는 객관적으로 공정하며 개별적으로 보아 기대가능한 기준에 의해 결정되어야 한다(연방헌법재판소 판례집 57, 295〔327〕참조).

노르트라인-베스트팔렌 주에서 규율한 것은 이와 같은 요구조건을 충족시키고 있다. 물론 이 결론은 그 규범이 근거가 되어 민영방송사에 대한 법적 의무가 발생하지 않는다는 점으로부터 도출되는 것은 아니다. 하지만 신청자들은 자신의 태도를 선택할 때 법적으로 아무런 제한받은 바 없으며, 편성인으로 하여금 프로그램 형성에 참여하게 할 것인지, 그리고 어떻게 참여시킬 것인지에 대하여는 사적 자치의 원칙에 따라 결정할 수 있다. 그러나 이 조항은 주방송관할청이 신청자 중에서 선정결정을 할 때, 이를 기속하는 효력을 미치며, 이러한 점에서 민영방송사에 대하여 자신의 태도를 결정하는 방식으로 효력을 발휘하는 데 적합하다. 따라서 이 규정은 기본법 제5조 1항 2문을 척도로 하여 측정해야 한다.

그런데 이 척도는 충분히 존중되었다. 청구인이 유일하게 위헌이라고 보는 "방송의 내부적 자유"라는 선정기준은 단계상 최종단계의 기준이다. 이 기준은 선행단계에서 결정할 수 없었을 경우, 그때야 비로소 등장한다.

(원문 S. 320 – 역주)

주방송법은 연방헌법재판소가 제시한 선정의 기본원칙과 합치하는데, 그에 따라 우선 신청자로 하여금 이들 스스로 합의하도록 영향력을 행사하고 있다 (주방송법 제7조 1항). 이와 같은 합의가 주방송관할청의 도움으로도 성립하지 못하는 경우에만 주방송법 제7조 2항의 우선적 지위부여의 규정이 개입하게 된다. 이 과정에서 입법자의 주된 관점은 의사의 다양성이다. 그래서 종합 프로그램이 전문 프로그램보다 우선권을 지닌다(1문). 종합 프로그램의 공급자가 다수인 경우 프로그램에서 상대적으로 다른 것보다 더 큰 의사의 다양성을 기대하게 하는 공급자에게 우선권을 준다(2문). 이렇게 판단할 단서로 주방송법에서는 프로그램의 대강, 방송사연합의 인적 구성, 의사의 다양성에 기여하도록 규율한 조직규정을 든다(3문 중 전반부). 편성진의 참여 여부도 이 같은 맥락에서 비로소 고려될 수 있는 것이다(3문 중 후반부).

의사의 다양성은 헌법판례의 의미에서 보면, 사실에 합당한 선정기준이다. 방송의 자유는 자유롭고 포괄적인 의사형성에 기여한다. 이 같은 기여는 방송이 가장 중요한 정보원이자 또한 의사형성의 본질적인 요소로서, 의사의 다양성을 가능한 한 폭넓고 완전하게 확보할 수 있도록 배려할 때에만 가능하다. 입법자가 다수의 면허신청자 중에서 선정작업을 할 때, 각 신청자의 프로그램으로부터 기대할 수 있는 의사의 다양성을 기준으로 삼는다면, 이는 민영방송의 경우에도 균형 있는 다양성이라는 규범목적에 접근할 수 있도록 지지해주는 것이다.

입법자는 편성 분야 종사자가 프로그램 형성과 프로그램 책임 등에 참여하는 것을 다양성이라는 요구를 담보하기에 적합한 수단이라고 파악했는데, 이는 허용할 만한 일이다. 입법자의 기본구상에 따르면 이 같은 참여가 배분적

연방헌법재판소 제6차 방송판결: BVerfGE 83, 238ff.

또는 민주적 전략에 기여하는 것도 아니며, 그렇다고 어떤 특정한 사회집단으로 하여금 방송프로그램에 대해 보다 큰 영향력을 행사하도록 해서도 안 된다는 것이다. 청구인은 이 점을 오해하고 있다. 입법자는 민영방송에 대해서도 내부다원적 모델을 채택한다고 결정한 바 있는데, 이는 허용되는 일이다. 이 입법자의 기본구상에 비추어 보면, 출판 분야와는 달리 경향성을 지닌 방송의 경우 존재를 확보할 어떤 여지도 주지 않았다.

(원문 S. 321 - 역주)

방송사는 오히려 원칙적으로 비중 있는 기존의 제 경향이 모두 자신의 프로그램에서 동등한 정도로 표현되도록 해야 한다. 조직법상 이 같은 요구는 주방송법 제6조 1항 1문에 따르면 면허는 방송사연합에 대해서만 부여한다고 하는 것과 부합하는 것이다. 방송사연합 내부에서는 한 구성원의 지배적 영향력이 배제되어야 한다(주방송법 제6조 1항 2문). 방송사연합은 주방송법 제5조 1항 3문에 따르면 널리 인정된 저널리즘적 제 원칙을 충족시키는 방송의 송출을 실시할 능력을 지니고 있어야 한다. 주방송법 제13조는 편성 분야 종사자에게 방송사의 전체 책임이라는 틀 속에서 그들 자신의 과업을 수행하고 독자적으로 저널리즘적 책임을 지면서 자신들의 노동계약을 이행할 것을 보장하고 있다.

이 범위를 넘어서 편성인이 프로그램의 형성 및 그에 대한 책임에 참여함으로써, 분업적 방송기업의 내부에서 편성인이라는 직업집단이 더욱 강화되어야 하는데, 이는 이 집단이 무엇보다도 의사형성의 매체와 요소가 되어야 한다는 방송의 수탁임무를 직접 수행하기 때문이다. 따라서 편성인의 참여에 관해서 문제가 되는 것은 외부의 영향력을 인정해야 한다는 것이 아니라, 기본법 제5조 1항 2문에 의해 보호되는 기능을 실현할 때 내부에서 협의한다는 그것이다. 하지만 내부협의 그 자체는 직업 분야에서 자기실현을 이룬다거나 자신의 주관적 견해를 관철시키기 위한 것이 아니고, 중개기능을 수행하기 위해 편성인에게 주어지는 것이다.

이 같은 맥락에서 보면 이 조항은 그 안에 이미 설정되어 있는 확대경향으로 인하여 최종적 효과라는 측면에서 방송의 자유를 촉진하기보다는 차라리 위협한다고 이의제기를 할 수 없다. 편성인 참여에 관한 것은 다양성이라는 헌법적 요구에 되물려 기속되어 있다. 따라서 편성인의 참여는 방송의 자유를 위협할 정도로 극대화하는 쪽으로 치우쳐서는 안 되며, 방송의 자유를 촉진하는 적정화 방향으로 나가야 한다. 더 이상 객관적 방송자유에 기여하는 것이 아니라, 주관적 측면에서 편성인의 자유에만 기여하는 참여형태는 주방송관할청의 우선결정의 이유가 될 수 없으며, 따라서 한 신청자의 면허받을 기회를 개선해줄 수도 없다.

(원문 S. 322 - 역주)

이 같은 이유에서 방송면허를 얻기 위한 다수 신청자 사이의 경쟁이 무한대로 확대될 수는 없다. 내부다원적 민영방송 모델의 경우 방송사가 임의로 프로그램을 형성할 자유를 갖는 것은 아니므로 이 같은 종류의 협의가능성을 선정기준으로 참작하는 것도 기대할 수 있는데, 이는 협의가능성이 편성인 자신의 이해관계가 아니라 다양성을 담보하는 데 기여하는 한, 그렇다는 것이다.

편성인 참여 자체에 강제적 성격이 없을 뿐더러, 내적으로 설정된 한계도 없기 때문에, 이 규범에는 법치국가 원리로부터 요구되는 명확성도 결여되어 있지 않다. 하지만 이 규범은 면허의 신청자가 면허를 취득할 비율을 높이기 위해 편성인 참여에 관하여 어떤 기준을 제시하여야 하는지가 불분명하다. 그러나 이는 그가 처해 있는 경쟁상황에서 우러나오는 결과에 지나지 않는다. 그리하여 이 같은 불확실성은 감수할 만한 것인데, 이는 주방송법 제7조 2항 3문에 따르면 어쨌거나 상한선을 인지할 수 있기 때문이고, 이 상한선을 넘어가게 되면 편성인의 참여가 더 이상 균형 있는 다양성이라는 헌법이 명한 바에 기여할 수 없게 될 것이다.

3. 주방송법 제3조 1항 1문에서 전송용량의 배정에 관하여 규율하고 있는데, 이는 기본법과 합치하지 않는다. 이는 기본법 제5조 1항 2문에서 도출되는 방송의 국가로부터 자유라는 원칙을 침해하기 때문이다.

연방헌법재판소는 방송판례에서 처음부터 기본법 제5조 1항 2문의 방송자유는 우선적으로 뉴스보도가 국가로부터 자유로워야 한다는 의미라는 점을 강조해왔다(연방헌법재판소 판례집 12, 205〔262f.〕 참조). 이 요구는 의사형성에 있어 방송이 매체와 요소라는 방송의 기능에 관련되어 있다. 방송의 이 같은 기능은 국가의 영향력으로부터 자유로운 가운데 실현되어야 한다. 그에 반해서 기본법 제5조 1항 2문은 이 기능의 실현을 위한 기본여건을 국가가 확정하는 것을 저지하지 않는다. 오히려 기본법은 국가에 대하여 방송의 자유를 적합한 방법으로 형성하며, 이를 담보하라는 의무를 부과한다(연방헌법재판소 판례집 57, 295〔320〕참조). 이는 특히 방송의 면허와 민영방송의 선정기준에 관한 규정을 전제로 하는 것이다(연방헌법재판소 판례집 57, 295〔326f.〕; 73, 118〔153f.〕참조). 그러나 이때 입법자는 국가가 프로그램의 선정, 내용 그리고 형성과 관련하여 어떤 영향력도 미치지 못하도록 해야 한다(연방헌법재판소 판례집 73, 118〔182f.〕참조). 주방송법 제3조 1항 1문의 조항은 바로 이 요구조건을 위반하고 있다.

(원문 S. 323 – 역주)

하지만 전송대역의 배정에는 프로그램 형성에 대한 어떤 직접적인 영향력도 연결되어 있지 않다. 오히려 전송대역의 배정으로 공영방송과 민영방송이 전체 프로그램에서 차지하는 비중을 결정하게 된다. 그러나 방송의 자유는 프로그램에 대한 국가의 직접적 영향력 행사로부터 보호할 뿐만 아니라, 프로그램에 관한 간접적 영향력도 저지한다(연방헌법재판소 판례집 73, 118〔183〕참조). 이와 같은 종류의 영향력이 미칠 위험을 주방송법 제3조 1항 1문의 규정은 완전히 배제하지 못하고 있다. 이와 같은 위험은 전송대역이 여전히 부족하며 계속 부족할 것이라는 상황으로부터 발생한다. 이렇게 전송대역이 부족하기 때문에, 결과적으로 주정부는 배정과 관련한 결정을 할 때 많은 수의 주파수대를 확보하지 못하는 것으로 나타난다. 하지만 일반적으로 오히려 문제가 되는 것은 새로 처분할 수 있게 된 개별 주파수를 배정할 때이다. 그러나 이와 같은 상황에서 주정부는 추상적으로 주파수나 채널 하나를 과연 공영방송이 사용하게 할 것인지 아니면 민영방송이 사용하게 할 것인지 결정해야 할 뿐만 아니라, 동시에 이같이 처분할 수 있게 된 전송대역과 프로그램 공급을 확보하려는 다수의 구체적인 신청자 중에서 누구를 선정할 것인지 결정해야 한다. 사안 자체를 살펴보면 이는 통상 서부독일방송이 추가적으로 제공하는 프로그램과 민영프로그램 둘 중에서 어느 것을 선정할 것인가의 문제로 귀착될 것이다. 이에 관하여 결정할 때 주정부는 단지 민영방송에 대한 최저한도 배정비율을 규정하고 있는 주방송법 제3조 2항에만 기속된다. 그 이외에는 주정부는 자유로운 셈이다. 이는 프로그램에 대한 국가의 영향력 행사라는 위험을 효과적으로 배제하기에 충분하지 못하다.

주의회 소속 상임위원회의 동의를 요구하는 것은 헌법상 우려를 제거하기에 적합하지 않다. 기본법 제5조 1항 2문에서 도출되는바, 방송이 국가로부터 자유로워야 한다는 원칙은 행정부에만 관련되는 것이 아니라 입법부에도 또한 관련되는 것이다(연방헌법재판소 판례집 73, 118〔182〕참조). 입법자역시 국가권력의 일부이고, 그에 따라 입법부는 그 자체로 여론의 비판과 통제하에 종속되어 있다. 본질적으로 이 여론의 비판과 통제는 또한 언론의 자유에 좌우되는 것인 만큼, 의회와 그의 하부기관에 방송사의 프로그램에 대한 어떤 영향력의 행사도 허용해서는 안 된다. 그에 따르면 주방송법 제3조가 법률유보의 원칙도 위반되는지 여부는 더 이상 문제될 바 없다.

(원문 S. 324 – 역주)

물론 주의회가 이 분야에서는 어떤 활동도 해서는 안 된다는 그런 의미는 아니다. 법률유보를 충족시키며, 주정부 또는 주방송관할청이 구체적으로 배정에 관한 결정할 때 그 기준을 일반적으로 확정하는 것은 헌법상 주의회에 대하여 금지하는 것이 아니라 오히려 요청하는 사항인 것이다.

IV.

소규모 지방방송에 관하여 노르트라인-베스트팔렌 주에서 규율한 바(주방송법 제23조부터 제30조까지)는 기본법과 합치한다.

1. 원칙적으로 소규모 지방방송에 대해서 헌법상 미치는 효력은 주 전역을 대상으로 하는 방송과 다를 바 없다. 즉 지역방송이 개인 및 공공의 자유로운 의사형성이라는 헌법상의 목표에 기여할 수 있도록 반드시 법적으로 이를 형성해야 한다. 이 목적으로 말미암아 소규모 지방 영역에서도 수신지역의 전체 공급이라는 차원에서 의사의 균형 있는 다양성이 요구된다. 입법자는 이것이 실현되도록 조치해야 한다(연방헌법재판소 판례집 74, 297〔327〕). 하지만 이에 관하여 규율할 때 입법자는 소규모 지방이라는 영역적 특수성을 고려한다. 특히 빈번히 발생하는 지역 신문사의 독점적 지위가 여기에 속한다. 지역신문사들의 독점적 지위가 지배적 멀티미디어적 의사의 세력으로 부상하지 않도록 저지할 수 있는 특별한 예방조치가 필요하게 된다(연방헌법재

판소 판례집 73, 118〔177〕 참조). 입법자가 이 과업을 구체적으로 어떻게 충족시키는지에 대해서는 입법자 자신이 정치적으로 판단할 사항이다. 입법자는 자신이 내린 기본적 결정을 법률로 구체화할 때 넓은 형성적 자유를 향유한다. 법률의 규정이 기본법 제5조 1항 2문으로부터 도출되는 강제적 요구사항을 존중하지 않고 무시하거나, 또는 방송의 기여하는 기능을 효과적으로 담보하지 못하는 경우가 아닌 한, 입법자는 이러한 형성의 자유를 행사할 수 있다. 이원적 방송체제에서 이 이외에도 입법자는 민영방송에 대하여 이들의 설립 자체를 불가능하게 하거나, 상당히 어렵게 하는 조건을 요구해서는 안 된다.

(원문 S. 325 - 역주)
2. 노르트라인-베스트팔렌 주의 소규모 지방방송에 관한 "두-기둥-모델"은 원칙적으로 이 같은 요구조건에 합치한다.

청구인이 주장한 바에 따르면 주입법자는 소규모 지방방송의 경우 반드시 바덴-뷔르템베르크 주 매체법 제22조의 모델에 따라 규율해야 한다는 것인데, 이는 연방헌법재판소 판례에서 이 같은 주장을 끌어낼 수는 없다. 물론 연방헌법재판소가 바덴-뷔르템베르크 주 결정에서 판시한 바에 따르면, 바덴-뷔르템베르크 주 매체법 제22조에 규정된 것이 소규모 지방과 중규모 지역 방송에 대하여 유일하게 채택할 수 있는 해결책이라고 짐작되며, 그에 따라 규율하게 되었다고 하는데(연방헌법재판소 판례집 74, 297〔328f.〕참조), 이 같은 확인은 소규모 지방민영방송의 면허와 관련해서 바덴-뷔르템베르크 주 입법자에게 처분가능한 범위 안에서 주어진 두 가지 방안과 관련되어 있다 (바덴-뷔르템베르크 주 매체법 제20조 1항과 제22조). 하지만 연방헌법재판소의 이 결정은 입법자의 형성적 자유를 이 같은 해결책에만 국한시키는 것은 결코 아니다.

나아가 연방헌법재판소의 바덴-뷔르템베르크 주 결정으로부터 소규모 지방 영역에서는 언제나 공영방송과 민영방송이 서로 경쟁해야 한다는 결론을 끌어낼 수도 없다. 이 경우에도 균형 있는 다양성이라는 원칙은 다양한 방법으로 실현될 수 있다는 사실이 적용된다. 적어도 그 지역의 주파수가 부족하고, 소규모 지방이라 광고시장 자체가 한정되어 있다면 소규모 지방방송의 내부 다원적 조직도 등장할 수 있다는 것이다. 위에서 지적한 바와 같이 기본법은

"모델의 일관성"을 요구하지 않는다. 민영 권리주체라는 성격과 내부다원적 조직은, 이미 위에서 확인한 바 있듯이, 오히려 전적으로 합치한다고 할 것이다(연방헌법재판소 판례집 27, 295〔325〕 참조).

노르트라인-베스트팔렌 주 입법자가 채택한 "두-기둥-모델"의 바탕에 깔려있는 목적에 대해서는 헌법적으로 전혀 이의를 제기할 바 없다. 이 모델이 기여하고자 하는 목적은 세 가지에 이르는데, 소규모 지방의 영역에서도 민영방송에 대하여 면허를 부여할 때 공영방송의 경우와 유사한 다양성 및 프로그램 요구조건과 연계시키는 것, 소규모 지방이라는 영역이므로 더 쉽게 나타날 수 있는 위험, 즉 그 지역의 신문이 의사에 관한 지배적 세력을 이루지 못하도록 저지하는 것, 또한 광고로 재원을 조달하는 소규모 지방방송에 면허를 발급함으로써 그 지역의 신문에 대한 경제적 기반을 위협하는 일이 벌어지지 않도록 유의하는 것이 그것이다.

(원문 S. 326 – 역주)

이 같은 시도로 이루어낸 결과가 바로 방송을 분할하여 두 주체에게 즉 언론적 부문은 방송사연합이 그리고 경제적·기술적 부문은 운영회사가 관할하도록 맡겼던 것이다.

방송권리자의 범위를 열거하여 배타적으로 확정하고, 이들에게 다시 특정한 부분기능을 지정해주는 노르트라인-베스트팔렌 주의 "두-기둥-모델"은 원칙적으로 소규모 지방의 영역에서 방송의 자유를 효과적으로 담보하는 데도 적합한 것이다. 방송사연합의 인적 구성을 통해서 한편으로는 송출지역에 현존하는 의사의 다양성이 프로그램에서 균형 있게 표출되도록, 다른 한편으로는 출판과 방송을 이중으로 독점하여 지배적 의사의 세력이 발생하는 일이 벌어지지 않도록 그 대응조치를 취한 것이다. 운영회사의 인적 구성을 통해서는 소규모 지방의 출판사가 경제적 생존기반을 유지할 수 있게 한다는 이해관계를 고려한 것인데, 신문출판사들은 방송운영에 진출할 우선적 권리를 보유하고, 이로써 방송이 광고수입으로 조달할 재원을 통제하고, 방송이 거둬들이는 이익에 참여하는 것이다.

방송사연합과 운영회사 간 기능의 분할과 방송사연합의 인적 구성에는 비례성의 원칙에 어긋나게 방송의 자유를 제한한 바 없다. 방송이 이루어지는 기본틀의 선정은 방송자유에 관한 형성으로 보아야지, 이를 제한으로 보아서는 안 된다. 형성의 경우 입법자는 상당히 넓은 폭으로 결정의 자유를 누리게 된다.

방송이 내부다원적 조직을 갖는 경우 입법자는 어떤 사회적 세력 또는 인적 집단이 방송의 송출에 참여할 것인지를 확정해야 한다. 입법자가 소규모 지방에서 중요한 사회적 세력 및 집단의 목록을 작성한 경우 이를 균형 있는 다양성을 담보한다는 의미에서 적정하게 선정했다면 이에 대해 헌법적으로 이의제기할 수 없다.

(원문 S. 327 – 역주)

주방송법 제26조는 헌법상 전혀 우려할 바 없는 방식으로 이를 참작하고 있다. 입법자는 한편으로 지역 내 사회적으로 중요한 세력을 배려했으며, 나아가 여기에다 협회를 구성하지 않은 특정한 주민집단 또는 특정한 사회적 개별사항 분야를 대표한다고 해서, 또는 오직 개인의 능력을 근거로 해서만 방송사연합에 영입될 수 있는 그밖의 구성원을 보완했다. 이 과정에서 입법자가 방송사연합을 구성할 때 그 지역의 신문사에 대해서는 이미 주방송법 제26조 1항 12호에 따라 그 대리인을 지명할 가능성이 있다는 이유로 더 이상 배려하지 않아도 될 수 있었던 것이 아닌가에 대해서는 굳이 이 대목에서 판단하지 않아도 논의를 펼쳐나갈 수 있다. 이 범위를 넘어서는 파견권 또는 자유로운 소규모 지방방송에의 진출권은 기본법 제5조 1항 2문에서 도출될 수 없다.

입법자는 또한 운영회사에 소규모 지방방송의 프로그램 내용과 관련하여 보다 큰 영향력을 부여해야 할 의무를 지고 있지 않다. 저널리즘적 측면의 책임을 부담하는 방송사연합과 경제적·기술적 측면의 책임을 부담하는 운영회사간의 기능분할은 저널리즘이라는 측면에서 출판 분야로부터 독립적인 방송의 설립을 통해 다매체적 의사의 세력이 형성되지 못하도록 하고, 그와 동시에 이같이 한정되어 있는 소규모 지방의 광고시장에서 출판이 밀려나지 않도록 하는 데 바로 그 의의가 있는 것이다. 헌법상 이의제기의 대상이 될 수 없는 이 같은 목적은 신문사가 방송 프로그램에 미치는 영향력을 확대할 경우에는 달성되지 않을 수도 있다. 운영회사의 재원조달 의무가 운영회사에 프로그램 형성에 대한 정당한 이해관계를 부여해주는 한, 주방송법 제28조와 제29조에서 이 목적이 충분히 고려되었다.

입법자는 헌법상 소규모 지방방송에 대한 프로그램 요구사항을 완화해줄 의무를 부담한 바 없다. 하지만 소규모 지방의 경우 주 전역을 대상으로 한 방송과는 달리 기본적 방송공급은 가능하지도 않을 뿐더러 필요하지도 않다(연방헌법재판소 판례집 74, 297〔327〕 참조). 그러나 소규모 지방방송도 개인과 공공의 자유로운 의사형성에 기여한다. 이 같은 의사의 형성은 소규모 지방의 여러 의사가 가능한 한 폭넓고 다양하게 반영되는 프로그램을 전제로 한다(연방헌법재판소 판례집, 위의 곳 참조).

(원문 S. 328 - 역주)

이원적 방송질서에서 입법자는, 방송위탁 임무를 공영방송이 부족함 없이 수행하고 있는 한, 민영방송에 대하여 이와 같은 요구조건을 다소 완화시킬 수 있다. 그러나 입법자가 소규모 지방의 영역에서는 방송사 이원주의 모델이 아니라 통합모델을 채택한다고 규정했기 때문에 여기에서는 이와 같이 완화하기 위한 전제조건 자체가 결여되어 있다. 또한 입법자는 프로그램이 수신지역 내 공적인 사건을 방영해야 하며, 중요한 정보·문화·자문·오락 등의 본질적이라고 할만한 비율을 갖추어야 한다는 것을 명문으로 규정하는 것도 (주방송법 제24조 1항 2문) 허용될 것이다. 이 같은 요구조건을 완화하지 않는다면, 민영의 소규모 지방방송을 송출하는 것 자체에 상당히 큰 장애가 생기거나, 급기야 전면적으로 저지당하게 되는 경우 그 요구조건의 완화를 고려할 수 있을 것이다. 그러나 주방송법 제24조 1항 2문 두번째 대안에서 요구하는 조건들은 제3자에 의해 이루어지는 기본프로그램을 수단으로(주방송법 제30조) 충족될 수 있기 때문에 이 같은 상황설정은 아무런 근거가 없다.

주방송법 제24조 4항에 근거하여 방송사연합에 그 지역의 집단이 외부기고물을 방영할 수 있도록 일정한 시간을 배려해야 한다는 의무를 부과하고 있는데, 이는 기본법 제5조 1항 2문에 위반되지 않는다. 입법자가 이 같은 가능성을 열어둔 의도는 방송사연합에 대표자를 파견할 수 없는 소규모 지방의 집단, 특히 문화적 목적을 추구하는 지역적 집단으로 하여금 소규모 지방방송에 참여할 수 있게 여유를 확보하려는 것이다. 이로써 원칙적으로 프로그램 공급에 관하여 그 주제의 폭과 의사의 다양성이 확대될 수 있다. 이로 말미암아 야기될 프로그램의 불균형에 대해서는 주방송법 제24조 5항에서 충분한 예방조치를 취하고 있다. 하지만 그밖에 주방송법은 균형성에 관하여

연방헌법재판소 제6차 방송판결: BVerfGE 83, 238ff.

통제한다는 측면에서, 방송사연합으로 하여금 자신의 프로그램을 언제든지 적응 조정하도록 강요할 수 있게 하는 수단, 즉 각 집단의 방영물을 상계하여 처리하는 제도를 규정해둔 바는 없다. 외부의 기고물이 현재 저널리즘적 관점에서 여러 가지 개선의 여지가 있다고 해서 이것이 헌법상 허용되는 것을 침해하는 것은 아니다. 이 같은 기고물의 규모 자체가 한정되어 있다는 점을 감안한다면 입법자는 이 같은 종류의 흠이 방송사연합으로 하여금 민영방송의 송출을 상당히 어렵게 하거나 급기야 불가능하게 하는 사태는 벌어지지 않을 것이라고 전제할 수 있었다.

(원문 S. 329 - 역주)

뿐만 아니라 평등이라는 관점에서 보아도 역시 이 조항에 대하여는 이의를 제기할 수 없는데, 이 조항이 민영방송에 대하여 공영방송보다 더 엄격한 조건요구를 제시하지 않고 있으며, 또한 소규모 지방방송에 대하여 주 전역 대상의 방송과는 다른 요구조건을 제시하고 있기 때문이다. 그러나 이 같은 차별은 주민에 대한 근접도라는 면에서 차이가 나기 때문이며, 이 점을 감안하면 실질적인 근거가 결여된 것은 아니다.

입법자는 운영회사가 소규모 지방방송을 송출할 경우 광고수입을 추구하게 하더라도 전혀 헌법에 위반되지 않는다. 주 전역을 대상으로 하는 프로그램의 경우 부가적으로 국가의 재정의무를 촉발할 수도 있는 소규모 지방에서의 주민에 대한 방송의 특별기본공급은 헌법상 뚜렷하게 명한 바도 없으며, 이를 달성할 가능성도 없다(연방헌법재판소 판례집 74, 297 [327] 참조). 주 방송법 제24조에서 제시한 바와 같은 프로그램에 대한 강화된 요건을 부과하게 되면 적어도 일정 비율에 해당되는 부분만큼은 수신료로써 재원을 조달하게 할 조건이 성립한다는 식으로 프로그램의 기본원칙과 재원조달을 연계시키는 것은 기본법에서 도출되지 아니한다. 입법자가 어떤 방식으로 민영방송이 수신료 수입에 참여하는 것을 허용할 것인지에 관하여는 여기에서 판단할 사안이 아니다.

마지막으로 방송사연합과 운영회사 사이의 관계를 법률로 형성했다고 해서, 이로써 민영의 소규모 지방방송에 대하여 상당히 큰 어려움에 봉착하게 하거나 실질적으로 아예 불가능하게 하는 조건을 부과했다고 평가할 만한 단서는 찾아볼 수 없다. 물론 청구인은 이 모델의 기능불능을 주장했는데, 이는 합헌성 여부를 문제삼는 데 적절한 것일 수도 있다. 또한 이 모델은 만약 민영방송의 운영이 그 법적 구조에만 기초해볼 때 비경제적인 것으로 판단하지 않을 수 없고, 그에 따라 이들 권리자가 자신의 권리를 행사해봤자 오직 손실을 감수할 수밖에 다른 도리가 없다고 할 경우라면 기본법 제5조 1항 2문에 위반된다고 볼 수도 있을 것이다.

"두-기둥-모델"에 관하여 지금까지 축적된 경험에 비추어보면, 이 모델이 기능불능이라든지, 또는 그의 법적 구조상 도저히 기대할 수 없는 경제적 위험부담을 강요한다는 결론이 도출되지는 않는다. 구두변론 시점에서 살펴보면 - 1989년 6월부터 9월까지 그 사이에 종료된 공시절차에서 - 총 41개 송신지역 중 21개 지역에서 면허가 발급되었으며, 15개 지역에서 방송물이 송출되기 시작했다.

(원문 S. 330 - 역주)

그밖에도 10개 지역에서 방송사연합과 운영회사 사이에 계약이 체결되었다. 이 법률이 효력을 미치는 지역의 출판사는 이들이 소속된 협회가 구두변론절차에서 밝힌 바와 같이, 나머지 송신지역에서도 운영회사에 참여하기를 원한다고 했다. 이 모델의 경우 전례가 없는 구조를 가진데다가, 상대적으로 시험기간도 짧았던 까닭에, 이에 관하여 최종적으로 판단한다는 것은 아직은 불가능하다. 시간이 지나면서 소규모 지방방송이 이와 같이 주어진 법적 여건하에서는 제 기능을 다하지 못한다든지, 또는 경제적으로 유지할 수 없다든지 하는 것이 입증된다면 입법자는 이 주방송법을 개선해야 할 의무를 부담하게 될 것이다.

3. 기초지방자치단체는 주방송법 제26조 1항 4호, 2항 4호 2문에 따라 방송사연합의 구성원총회에 2인을 지명할 수 있는데, 이들은 그의 지시에 기속되지 아니하며, 또한 주방송법 제29조 6항에 따라 운영회사에 자본지분 및 표결권지분 중 최대한 100분의 25까지 참여할 권리를 보유하는데, 이는 기본법 제5조 1항 2문에서 도출되는 방송이 국가로부터 자유로워야 한다는 원칙에 위반되지 않는다.

방송이 국가로부터 자유롭다는 의미는 국가 자신이 방송사가 되어서는 안 된다는 것은 물론이고, 국가로부터 독립되어 있는 방송사의 프로그램에 대해서 특정한 영향력을 행사해서도 안 된다는 것이다. 이들 국가권력에 기초지방자치단체도 포함된다(연방헌법재판소 판례집 73, 118〔191〕 참조). 이에 반하여 공영방송의 통제위원회에 한정된 숫자의 국가의 대표자가 참여할 경우 연방헌법재판소는 이를 허용할 수 있는 것으로 판단하고 있다(연방헌법재판소 판례집 12, 205〔263〕).

이를 기준으로 보면 주방송법 제26조 2항 2호 2문에 따라 크라이스의 의회, 또는 크라이스에 소속되지 않고 독립해 있는 시의 평의회, 또는 대표자총회 역시 방송사연합에 대표를 파견할 권리를 보유하는데, 이에 대해서도 헌법상 이의를 제기할 수 없다. 방송사연합은 주방송법 제25조 1항에 따르면 프로그램의 송출자이며, 그에 관하여 단독으로 책임을 진다. 그러나 그 자신이 프로그램을 저널리즘적으로 형성해야 한다는 의미는 아니다.

(원문 S. 331 - 역주)

프로그램의 형성은 오히려 편성책임자와 편성 분야 종사자에 의해 이루어진다. 방송사연합은 이에 대해서 이 결사체의 구성원총회를 구성하는데, 주방송법 제27조에 따라 이 구성원총회의 우선적인 과업을 보면, 정관을 의결하며, 편성 분야 종사자의 임명과 면직에 관한 사항을 결정하며, 재무관리 및 인사관리에 관한 정책을 수립하며, 프로그램 기획과 이에 관한 원칙적인 문제를 결정하며, 프로그램 수탁임무의 수행에 관하여 감독하며, 프로그램 기본구조를 확정하는 것이다. 그리하여 구성원총회의 기능은 공영방송의 방송평의회의 위원총회[19] 그리고 주방송관할청의 방송위원회[20] 등과 유사하다. 이 두 기구는 과업 자체가 상당히 일치하기 때문에 공영방송의 방송평의회에서 국가가 일정한 지분을 차지하는 것처럼, 소규모 지방민영방송의 방송사연합에도 기초지방자치단체의 일정한 지분을 허용하는 것은 정당하다고 볼 수 있다. 기초자치단체의 대표자는 2인으로 한정되어 있으므로, 방송사연합 내에서 특정한 영향력의 행사에 대해 우려할 필요가 없다.

---

19) 공영방송의 이사회를 조직할 권한을 가진 위원회체제를 가리킨다. 다만 이는 공영방송의 조직 내부의 기관이라는 점에 유의해야 한다. 따라서 각 주의 공영방송마다 이와 유사한 조직이 있다 - 역주.

20) 이 방송위원회는 주의 민영방송감독기관인데 독립시켜 위원회 체제를 갖추었다. 민영방송 외부에 별도로 조직되어 있다 - 역주.

운영회사에 대한 지방자치단체의 참여는 방송의 국가로부터 자유라는 관점에서 우려할 만한 사안이 아니다. 주방송법에 따르면 운영회사가 프로그램 형성에 관여하는 것을 배제한다. 운영회사는 단지 경제적 그리고 기술적 자원확보와 편성책임자 인선에서의 공동참여를 통해 비로소 프로그램에 관한 영향력을 행사할 수 있을 뿐이다. 따라서 지방자치단체가 소수자로서 참여한다고 해도 이 같은 여건하에서는 방송사에 대한 정치적 압력이 행사된다는 식으로 오용되는 위험은 미미한 듯이 보인다. 기초지방자치단체의 소수자로서 참여는 오히려 방송이 너무 상업적인 이익에 치우칠 위험으로부터 균형을 잡아주고, 그 지역에서 관심을 기울여 할 사항을 방송에서 적절하게 표현할 수 있게 해준다는 점에서 실질적인 정당성을 갖는다.

이외에도 주방송법 제29조 6항도 기본법 제5조 1항 2문을 위반한 것이 아니다. 입법자는 소규모 지방방송의 내부다원적 모델을 채택하였고, 이 경우 입법자로서는 방송에 함께 참여해야 할 사회적 세력과 집단을 반드시 지정해야 한다.

(원문 S. 332-역주)

여기에서 프로그램에 직접적 영향력이라고는 전혀 행사할 수 없으며, 단지 방송송출에 관한 경제적·기술적 여건만을 담당하는 운영회사의 인적 구성에 대한 헌법적 요구사항들은 방송사연합에 효력을 미치는 요구사항들보다 낮은 수준이다. 그 인적 구성은 방송의 자유를 위협하는 것이어서는 안 되며, 그밖에도 반드시 사안에 비추어 적정해야 한다. 이 같은 기준에 따르면 입법자는 단지 지역 신문사에게만 운영회사를 허용해야 할 의무도 없고, 지방자치단체에게 회원될 가능성을 막을 의무도 없다.

4. 주방송법 제30조 1항에서 소규모 지방방송을 위한 기본 프로그램의 송출가능성을 서부독일방송에 허용하고 있는데, 이는 기본법 제5조 1항 2문을 위반한 것이 아니다. 이 같이 기본프로그램을 가능하게 함으로써 입법자는 소규모 지방방송이 주방송법 제24조 1항과 2항의 요구조건에 부합하는 프로그램을 전파하고, 이로써 일반대중의 방송에 관한 수용도를 더욱 높이며, 자신의 경제적 기반을 확대하는 것을 용이하게 하고자 의도했다. 이와 같은 기본 프로그램을 공급하거나, 또는 그에 참여할 수 있는 서부독일방송의 권리

에 대해서는 위에서 주방송법 제6조 2항과 관련된 맥락에서 고려한 사항들이 그대로 해당된다.

V.

서부독일방송의 통제위원회와 민영방송사연합의 인적 구성에 관한 이들 조항(서부독일방송법 제15조, 주방송법 제55조) 역시 기본법과 합치한다.

1. 기본법 제5조 1항 2문에 따라 통제위원회의 인적 구성에 관하여 요구되는 제 조건을 이들은 준수하고 있다.

기본법 제5조 1항 2문을 통해 입법자에게 부과한 방송에 관한 적극적 질서에는 기본이 되는 질서모델의 틀 속에서 방송이 어떤 한 사회집단 또는 개별적인 사회집단에 장악되지 않고, 고려의 대상이 되는 세력이 방송공급 전체에서 발언할 수 있도록 보장해주는 조직상의 적절한 예방조치들이 속한다(연방헌법재판소 판례집 57, 295〔325〕).

(원문 S. 333 - 역주)

연방헌법재판소는 방송관련 초기 판결부터 줄곧 사회적으로 중요성을 지닌 각 집단의 대표자로 구성된 공영방송의 내부 통제위원회는 조직 면에서 방송자유를 보장해줄 수 있는 헌법상의 가능성을 제시해주는 것이라는 점을 논의의 전제로 삼고 있다(연방헌법재판소 판례집 12, 205〔261ff.〕). 인적 구성은 이와 유사하나, 그 외부조직으로 설치된 민영방송사에 대한 통제위원회의 경우에도 마찬가지다(연방헌법재판소 판례집 73, 118〔171〕 참조).

그러나 사회적으로 중요한 집단은 대부분 단체의 형태로 조직되어 있는데, 이들을 기반으로 감독위원회를 구성한다고 해도 이들 집단에 프로그램 형성을 위탁한다거나, 나아가 심지어 이들을 방송의 자유라는 기본권의 주체로 설정한다는 의미는 아니다(같은 뜻이지만, 이와는 다른 연방헌법재판소 판례집 31, 314〔337〕 - 소수의견). 사회적으로 구성된 통제위원회는 오히려 공공의 이해관계에 대한 대변인이다. 이 통제위원회는 프로그램 형성에 대하여 결정적인 영향력을 지닌 각 개인과 위원회를 통제하는데, 그 기준을 살펴보면, 중요한 정치적·세계관적·사회적 세력과 집단이 모두 프로그램 전체의 차원에서 적절하게 발언할 수 있게 하며, 그에 따라 프로그램이 어떤 정당이나 집단, 이익단체, 종교적 또는 세계관적 일부 세력에 편파적으로 기여하지 않도록 하며, 보도할 때 그에 관련된 각 당사자, 집단 또는 담당부문의 견해에 대하여 적절하고 공정하게 배려해야 한다는 것이다(연방헌법재판소 판례집 60, 53〔65f.〕).

그에 따라 통제위원회의 과업은 — 대부분의 구성원들이 이익단체의 대리인이라는 사정에도 불구하고 — 결코 프로그램에 자신이 속한 단체의 이해를 대변하거나, 이들 주장을 그대로 프로그램에 반영시키는 데 있는 것이 아니다. 이같이 단체라는 형태로 조직된 이해관계에 연계시킨 것은 오히려 국가기관으로부터 독립되어 있으며 동시에 다양한 사회영역의 체험을 획득한다는 바로 일반인의 대변자를 얻기 위한 수단에 불과하다. 따라서 통제위원회의 구성원은 프로그램에서 자신을 파견한 조직의 특수한 견해와 목적을 관철하고, 이 같은 방식으로 자신의 조직이 추구하는 바를 지원하도록 요구받는 것이 아니다.

(원문 S. 334 — 역주)

위원회를 다원적으로 구성함으로써, 이렇게 편파적으로 영향력을 행사하거나 프로그램을 형성하는 따위의 위험에 대처하며, 그리하여 모든 생활영역의 다양한 세계관과 활동상 등이 프로그램에 표출되도록 보장해야 한다(연방헌법재판소 판례집, 위의 곳, S. 66).

이 기능은 사실에 부합하게 현존하는 다양성을 원칙적으로 고려하는 결정적인 사회적 세력을 확정하고 비중을 부여해야 하며, 이들을 대표하는 기관이 효과적으로 영향력을 행사할 수 있도록 담보할 것을 요구한다(연방헌법재판소 판례집 57, 295〔325〕 참조). 구체적으로 도대체 누가 중요한 사회적 세력에 포함될 것인지에 대한 해답을 기본법 제5조 1항 2문에서 도출할 수는 없다. 그러므로 통제위원회를 어떻게 구성할 것인가 하는 것은 기본적으로 입법자가 결정해야 할 사항이다. 이때 입법자는 넓게 형성의 여지를 향유한다. 이 형성의 여지에는 사회적 중요성의 기준을 구체화하며, 그에 따라 고려대상으로 떠오르는 세력을 조사하며, 이에 귀속시켜야 할 집단을 확인하고, 이들 중에서 파견권을 보유한 집단을 선별하여 상당한 비중을 부여하는 것에 관한 제 권한이 포함된다. 기본법 제5조 1항 2문의 규정내용은 입법자가 확정한 위원회의 인적 구성이 방송의 자유를 보전하는 데 적절한 것이어야 한다는 점까지만 유효한 것이다. 이 한계 내에서 입법자는 자신의 판단에 있어 더 이상 방송의 자유에 의해 제한을 받지 않는다.

물론 입법자의 형성적 권한은 결코 주정부가 주장한 바와 같이 기본법 제3조 1항의 자의성이라는 한계에 이르러서야 비로소 소진되는 것은 아니다. 입법자는 방송의 통제를 위하여 사회적으로 중요한 세력을 동원하는 경우 단체의 이익대변이라는 여건에 관계하게 되며, 이에 대한 대책으로 입법자가 통제위원회의 구성원에게 일반적인 이익을 지향하도록 의무를 부과한다고 해서 이 같은 여건 자체를 제거할 수 있는 것은 아니다. 입법자가 채택한 구성원 충원의 원리와 이들 구성원에게 부과한 공적 의무가 그 경향이라는 시각에서 보면 상호 모순적이다. 자신이 속한 이익단체의 대표자로서 통제위원회에 파견된 구성원에게 분파적인 이해관계를 추구하지 말 것을 요구하는데, 이는 그에게 자신의 역할을 구분하라는 어려운 내용의 것이며, 이를 법적으로 유리한 방향으로 유도할 수는 있겠지만, 그렇다고 완전히 보장할 수는 없는 것이다.

(원문 S. 335 – 역주)

주방송법에서 공영방송의 방송평의회나 민영방송에 관한 주방송위원회의 구성원이 어떤 지시나 위임이든 그로부터 독립성을 지키게 했는데, 여하튼 이로써 어떤 이해관계에도 구속되지 않고 활동을 해야 하는 이들에게 일시적으로나마 침해받지 않을 수 있는 지위를 부여한 것이다. 그러나 이들의 독립성이 확보되었다고 하더라도, 각 구성원이 자발적으로 단체의 이익에 얽매이거나, 전체의 이익을 분파적 관점 하에서 파악하는 것은 저지할 방법이 없다. 이 같은 상황하에서 공영방송의 방송평의회의 태도는 적어도 부분적으로는 이해관계에 매일 수밖에 없기 때문에, 인적 구성이 심하게 편파적인 통제위원회는 방송에서 의사의 다양성을 보장하는 데 적합하지 아니하며, 그에 따라 기본법 제5조 1항 2문의 요구조건 역시 충족시키지 못한다고 할 것이다. 이에 반해 서로 비교될 만한 집단 중 한 집단을 초과 대표하거나 미달 대표하게 했다면, 이는 심한 왜곡에 이른 것은 아니므로, 방송의 자유라는 관점에서 이의제기할 바 없다.

그밖에 단체를 통하여 이해관계를 대표한다는 여건에는, 공공의 이해관계의 경우 단체형식으로 조직된 이해관계를 모두 합하더라도 그와 동일하지 않는다는 사실도 포함된다. 오히려 단체의 형태로 전혀 조직할 수 없거나, 지나칠 정도로 노력을 기울여야 비로소 조직할 수 있는 이해관계도 존재한다. 따라서 단체에 의한 대표의 방식은 공공의 이해를 보장하기에는 언제나 불완전할 수밖에 없는 수단에 지나지 않는다. 입법자가 사회의 중요한 제 세력의 지원을 받는 형태로 방송통제위원회를 구성한다는 결정을 했다고 해서 기본법 제5조 1항 2문을 근거로 볼 때 상대적으로 중요성이 떨어지는 사회세력이나 이해집단에 관하여, 이들이 단체로 조직화하기에 장애를 겪고 있다고 할지라도 이들을 포기하도록 강요당하는 것은 아니다. 오히려 통제위원회에 전혀 이해관계를 대변하지 않거나 관철력이 약하게 조직된 이해관계를 대변하는 인사들도 참여하는 경우, 이는 역으로 단체를 통하여 이해관계를 대표할 때 발생하는 다양성의 협소화나 통제위원회의 파당적 성향에 대처할 수 있을 것이다.

이 같은 요구조건을 서부독일방송법 제15조와 주방송법 제55조가 충족하고 있다.

노르트라인-베스트팔렌 주 입법자는 중요한 사회집단의 대표자로 공영방송의 방송평의회와 민영방송에 대한 방송위원회의 구성원을 충원한다는 원리를 순수한 형태로 실현시킨 것은 아니다.

(원문 S. 336 - 역주)

하지만 사회적으로 중요한 집단은 전체 4개의 계열 중에서 단 한 개에 지나지 않지만 가장 큰 계열(즉 "단체계열")을 차지한다. 일련의 계열의 구성원은 주의회에 의해 선출되며("국가계열"), 다른 계열의 구성원은 다양한 문화분야 출신이며("문화계열"), 그밖의 계열 하나는 조직화에 취약한 노인, 장애자, 외국인에 의해 대표된다("시민계열"). 입법자는 이와 같이 혼합원리를 채택함으로써 오직 단체를 통해 조직화된 이해관계만 전적으로 대변하게 한다면 그에 따라 나타날 위험에 대처할 반작용의 효력을 확보한다는 것이다. 특수한 "문화계열"을 설정한 것은 법률초안의 제출설명에 따르면, 고려의 대상이 된 각 영역이 방송의 과업에 실질적으로 근접해 있기 때문이라고 한다. "단체계열"의 구성원과는 달리 "문화계열"의 구성원은 그들이 속한 집단이나 기관 등의 대표자가 아니라, 어떤 특정 전문 분야의 종사자라는 자격으로 공영방송의 방송평의회에 참여하는 것이다. 물론 이 분야 역시 지명권을 가진 집단이나 기관이 존재하는 경우도 있다.

신문출판사, 귀환동포, 여성 등의 단체에 대해서도 배려하지 않았는데, 이는(노동자와 사용자 사이와 같은-역주) 사회적 파트너에게 각기 비중을 부여할 때와 마찬가지로, 기본법 제5조 1항 2문을 위반한 바 없다. 이로 인해 방송이 하나의 사회집단에 일방적으로 내맡겨질 위험은 없다. 여기에서는 이해관계의 다양한 양상을 심하게 왜곡했다는 점 역시 발견할 수 없다. 이는 여성단체에 대해서도 마찬가지다. 입법자가 여성단체를 배려하지 않았지만, 통제위원회의 구성원을 선정할 때나 파견할 때 여성을 적절하게 배려해야 한다고 요구하고 있다. 기본법 제5조 1항 2문의 관점에서 보면 이것보다 더 이상의 요구를 제기할 수는 없는 것이다. 다른 대표형태를 채택했더라면 입법의 목적을 좀더 효과적으로 달성할 수 있었을 것인지의 여부에 대해서 연방헌법재판소가 반드시 판단해야 하는 것은 아니다.

2. 기본법 제3조 역시 마찬가지로 침해받은 바 없다.

물론 방송입법을 포함하여 입법자는 언제나 일반적인 평등의 원칙에 기속되어 있다. 하지만 이 원칙은 기본법 제5조 1항 2문이 허용한 특정한 통제체제를 선택할 자유를 제한하는 것은 아니다. 이 원칙은 또한 입법자가 통제에 유리하게 중요한 사회적 집단의 도움을 받도록 결정했다고 하더라도, 중요성을 판단할 어떤 판단기준도 제공하지 아니한다.

(원문 S. 337 - 역주)

그러나 평등원칙은 입법자 자신이 선정한 기준일지라도 이를 평등하게 적용해야 하며, 실질적인 근거가 없으면 이 기준을 버리지 말아야 한다는 것을 요구한다. 공영방송의 방송평의회를 구성할 때 고려의 대상이 되는 인적 집단과 관련하여, 어떤 규범수범인 집단이 다른 규범수범인 집단과 비교하여 이들을 종류나 비중에 있어서 다른 대우를 받아야 할 정당한 차이가 없는데도 불구하고 다른 대우를 받는다면 이는 기본법 제3조 1항을 침해한 것이라고 볼 수 있다(연방헌법재판소 판례집 55, 72〔88〕 참조).

즉 입법자는 광범위한 형성의 여지를 갖고 있지만, 이것이 임의적인 형성의 여지를 갖는 것은 아니다. 특히 입법자는 사회적 중요성이라는 개념에 사회적 구성요건을 연계시키고 있는데, 이 요건은 발견한 것일 뿐, 자신이 부여한 것은 아니다. 이러한 이유로 만약 입법자가 사회적으로 중요한 세력이나 또는 명백히 그런 세력을 대표하는 집단을 방송의 통제위원회를 구성할 때 무시했다면 이는 평등원칙에 위반했다는 강력한 징표가 된다. 물론 이 경우에도 방송통제라는 사항의 관점에서 그와 같이 무시하는 것을 정당화할 수 있는지 여부는 여전히 반드시 검토되어야 한다.

서부독일방송의 방송평의회에서 신문출판사를 배려하지 않았는데, 이는 기본법 제3조 1항을 위반한 것이 아니다. 하지만 이들 신문출판사들은 서부독일방송법 제15조 4항에서 배려하는 저널리스트와 같은 영역에서 활동하고 있다. 또한 신문출판사들이 방송의 활동으로 말미암아 특별한 타격을 입는다는 것도 타당한 지적이다. 그러나 이 같은 침해의 원인은 출판과 방송은 서로 경쟁하는 상황에 있다는 점과 수많은 신문출판사들이 민영방송기업에 참여하고 있다는 점에 있다. 이 점이 신문출판사들과 고려의 대상이 되는 집단과의 차이를 말해준다. 따라서 방송의 자유라는 관점에서 보면 신문출판사들을 서부독일방송의 프로그램 통제에 참여시키지 않는 것은 사안에 어긋나는 것이 아니다.

귀환동포협회를 배려하지 않았다고 해도 이것 역시 평등원칙을 위반한 것이 아니다. 오히려 입법자는 귀환동포의 경우 종전된 지 45년이 지나는 동안 연방공화국의 사회에 통합되었다고 전제해도 될 듯하다. 귀환동포의 경우 오늘날 대체적으로 이들을 더 이상 물질적인 상황에 의해 구분될 수 있는 주민집단이라고 볼 수 없으며, 단지 출신지역과 그와 결부된 문화적 독자성이라는 측면에서만 여전히 다른 주민집단과 구분될 뿐이다.

(원문 S. 338 - 역주)

귀환했지만 실제로는 추방되어 고향을 상실한 경우라고 하더라도, 이들의 제2세대, 제3세대에게는 이제는 완전히 뒷전으로 밀리는 바람에 이들을 달리 구별할 객관적 근거가 결여되어 있다.

사회적 파트너의 범주에 귀속되는 대표자[21]에게 비중을 부여하는 것도 평등의 원칙을 위반한 것이 아니다. 이때 위원회의 어떤 구성원이 개별적으로 사용자 측 또는 근로자 측에 속하는지에 대해서는 확정하지 않고 둘 수 있다.

---

21) 예컨대 노동자와 사용자 등의 각 대표자를 일컫는다 - 역주.

연방헌법재판소 제6차 방송판결: BVerfGE 83, 238ff.

왜냐하면 수적으로 사용자 측이 불리한 상황에 놓여 있다고 하더라도 이는 사실에 적합하지 못하다고 할 수는 없기 때문이다. 불평등을 정당화해야 할 근거는 여기에서는 노동생활 자체가 아니라 방송이라는 점이다. 이는 입법자에게는 보다 큰 형성의 자유가 부여된다. 이같이 정당화될 수 없는 단 한가지 경우가 있다면, 이해관계가 서로 상충하는데 그중 한 가지의 이해관계는 배려한 반면에 다른 이해관계는 무시한 경우이다.

"문화계열"의 구성원도 아무 유보조건 없이 근로자의 대표자로 파악할 수는 없다. 이들이 대표하는 분야가 근로자 측에 귀속되는 경우에만, 이들은 근로자의 대표자들로 간주될 수 있을 것이다. 그러나 "문화계열"에서 문제가 되는 것은 문화적 전문영역의 종사자를 포함하여 종사자들의 사회적 집단의 대표 여부가 아니라, 오히려 조직이나 집단이 개입되어야 비로소 획득할 수 있는 문화적 전문영역의 권한 그 자체이다. 그러나 이 같은 조직을 통해서도 종사자의 이해관계가 전면으로 부상하는 것은 결코 아니다. 파견권을 보유한 9개의 조직 중에서 단지 4개의 조직만이 노동조합적 성격을 띠고 있을 뿐이며, 1개는 기업가 측에 속하며, 그밖의 나머지는 자유직업인들의 직업결사체 또는 기관으로서, 이들의 목적은 종사자의 이해관계를 대표하는 것이 아니다.

기본법 제3조 2항은 침해받은 바 없다. 이 조항이 과연 방송의 통제위원회에 여성의 이해관계를 특별히 배려할 것을 요구하고 있는지의 여부에 대해서는 판단하지 않는다. 왜냐하면 기본법 제3조 2항으로부터 그와 같은 요구를 도출할 수 있다고 하더라도, 이를 어떻게 이행할 것인가는 오직 입법자 스스로 결정할 사항이기 때문이다.

(원문 S. 339 — 역주)

여기에서 입법자는 서부독일방송법 제15조 1항과 주방송법 제55조 1항 2문의 조항을 거쳐 여성의 이해관계를 이미 인정한 바 있는데, 이 조항에 따르면 여성에 대해서는 위원회를 구성할 때 적절하게 배려해야 한다는 것이다. 이와 같이 규율한 것이 그 목표를 달성하는 데 처음부터 부적절할 것이라고 보기는 어렵다.

3. 기본법 제9조도 침해받았다고 볼 수 없다. 기본법 제9조 1항의 보호영역은 방송 통제위원회의 인적구성에 의해 침해받지 않기 때문이다. 이 기본

권은 어떤 결사이든 조직하기 위하여 자유롭게 결합할 수 있으며, 결사의 목적과 조직형태 등을 자유롭게 결정할 수 있다는 것을 보장한다고 파악할 것인지 여부, 또는 그밖에 결사체의 목적을 자유롭게 추구할 수 있도록 그 활동을 보장하는 것인지 여부와는 상관없이, 여하튼 이 기본권에는 방송의 감독위원회 내부에서 행하는 활동이 포함되지 아니한다. 제2차 텔레비전 판결 이래로 늘 강조해왔듯이, 여기에서 문제되는 것은 이익집단은 방송의 독립성을 담보해야 하는 하나의 기관을 위하여 오히려 단지 구성원 충원의 기반으로 기여할 뿐, 어떤 이해관계의 대변활동이 아니기 때문에 이 위원회 내부에서 어떤 결사체의 목적은 처음부터 추구될 수 없다.

기본법 제9조 3항의 경우도 마찬가지다. 이 특수한 결사권은 노동여건 및 경제여건을 보존하고 촉진할 목적으로 보장된 것이다. 그러나 노동여건 및 경제여건은 방송평의회의 소관사항이 아니다. 본래 방송평의회의 과업은 특히 프로그램과 관련하여 방송사를 감독하는 것이다. 이런 종류의 목적으로 기본법 제9조 3항에 따라 결성된 결사체가 동원된다고 하더라도, 방송평의회에서 이들의 대표자가 결사체 자체의 이해관계가 아니라, 공공의 이해관계를 대변해야 한다는 점에 관해서는 전혀 변동될 바 없다.

(원문 S. 340 – 역주)

VI.

서부독일방송의 학교방송위원회에 관한 제 조항(서부독일방송법 제3조 4항, 제13조 1항 4호, 제27조부터 제29조까지)은 헌법합치적으로 해석하면 기본법과 합치한다.

서부독일방송법 제3조 4항에서 의미하는 학교교육의 성격을 지닌 교육방송물은 한편으로는 방송물이므로 기본법 제5조 1항 2문의 방송의 자유에 참여한다. 따라서 이들은 원칙적으로는 국가의 통제를 받지 아니한다. 다른 한편으로 이 방송물은 학교라는 본질적인 특성들도 지니고 있으므로, 이는 기본법 제7조 1항에 의해 국가의 감독하에 들어가게 된다. 하지만 교육방송물에는 전통적인 학교라는 개념에 속하는 공간적 관점에서 공동으로 학습한다는 요소가 결여되어 있다. 물론 교육방송물과 이에 동반되는 성적 및 학습성과 등의 평가를 근거로 학교 졸업장이나 국가가 인정하는 자격증을 얻을 가능성은 여전히 남아 있다. 따라서 방송물의 교육수준이라든지 시험의 요구사항이 동등가치를 지녔는지에 관하여, 국가가 이를 통제할 합법적인 이익을 이미 보유한 것이다. 방송이 국가로부터 자유로워야 한다는 점과 국가가 교육에 관해 감독해야 한다는 점에 관해서는 적절한 보완조정관계를 설정해나가야 한다.

 이 목적을 달성하기 위해서 서부독일방송법 제3조 4항 2문에 따라 교육방송물을 국가의 학교수업기준에 철저하게 기속시키고, 서부독일방송법 제28조 1항 2문에 따라 교육방송물은 모두 인허를 받도록 하며, 이때 서부독일방송법 제29조 2항 2문에 따라 주정부 대표자로부터 동의를 얻어야 하는 독자적 방송관련 기관을 설치하는 것만이 유일한 해결책인지 여부에 관해서 여기에서 판단하지 않는다. 헌법합치적으로 해석하면 이들 조항은 어쨌거나 기본법 제5조 1항 2문과 합치하게 된다. 서부독일방송법 제3조 4항에서 의미하는 교육방송물의 경우 협의에 대해 국가가 관심을 갖는 것을 기본법 제7조 1항으로 합법화하는데, 이는 서부독일방송의 교육프로그램에 참여함으로써 그 결과 일반적으로 공인된 졸업의 성과를 얻게 된다는 데 있다. 수업지침에 기속시키고, 이들 방송물에 대한 인허를 유보했으며, 이와 관련하여 정부대표자에게 거부권을 허용한 것이 교육방송의 송출은 물론이며 그를 통해서 중개되는 시험과 졸업이 국가가 학교에서 실시하는 그것과 동등한 가치를 지니도록 더 이상 담보하지 못한다면, 바로 거기에 헌법적인 한계선이 설정되는 것이다.

(서명재판관)

헤어초크	자이들	그림
죌르너	디터리히	퀼링
	자이버트	

연방법재판소 제7차 방송판결[1]
BVerfGE 90, 60ff. - 방송수신료 사건

제7건(Nr.7)[2]

판결요지[3]

1. 방송의 자유가 공영방송으로 하여금 수신료까지 스스로 책정해야 한다고 요구하는 것은 아니다. 방송수신료를 각 주가 주간국가조약으로 확정하고, 이를 주법으로 전환한다고 해도 이는 기본법과 합치한다.

2. 기본법 제5조 1항 2문은 방송수신료를 책정하기 위하여 일정한 절차를 요구하는데, 그 절차는 공영방송이 이원적 체계하에서 자신의 과업을 수행하는 데 필요한 재원을 보장하고, 프로그램에 관한 영향력의 행사로부터 공영방송을 효과적으로 보호하는 것이어야 한다.

3. 프로그램 중립성의 원칙은 수신료로 재원을 조달하는 데에도 그 효력을 미친다.

4. 공영방송의 소요재원의 심사는 이들 프로그램에 관한 결정이 법적으로 한정

---

[1] 이는 1994년 2월 22일자 연방헌법재판소 제1재판부 판결문인데, 연방헌법재판소 판례집 제90권 60쪽부터(BVerfGE 90, 60ff.) 107쪽까지 48쪽에 걸쳐 수록되어 있다. 연방헌법재판소는 제6차 방송판결에 이어 이 판결에서도 예컨대 원문 72쪽에서 제2차 방송판결이라고 명명한 것처럼 방송판결의 차수를 스스로 명시하여 인용하고 있다. 이 판결문 원문의 쪽수는 역주로 표시하였다 - 역주.
[2] 연방헌법재판소 판례집 제90권에 실린 7번째 사건이란 뜻이다 - 역주.
[3] 원문에는 판결요지라는 제목이 없다. 편의상 역자가 붙인 것이다 - 역주.

된 방송위탁 사항의 범주를 벗어났는지 여부, 그리고 그로부터 도출되는 재원의 필요한 규모에 적합하게, 그리고 경제성과 절약성의 기본원칙과 일치하게 조사되었는지 여부에만 관련시킬 수 있을 뿐이다.

(원문 S. 61 – 역주)

5. 수신료를 책정할 때 심사를 받은 공영방송의 소요재원은 방송의 자유에 비추어보아도 인정될 만한 근거가 있는 경우에 한하여 낮게 책정될 수 있다. 예컨대 수신료납입자의 이익이 거기에 속한다. 여기에서 벗어나는 경우 그 근거를 별도로 확보해야 한다.

1993년 11월 30일자 구두변론을 기초로
1994년 2월 22일자로 연방헌법재판소 제1재판부가 내린 판결이다.
— 1 BvL 30/88 —

헌법적으로 심사한 절차의 대상은 1982년 7월 6일부터 1982월 10월 26일까지의 사이에 서명했던 방송수신료 수준에 관한 주간국가조약과 공영방송간 재원의 조정에 관한 주간국가조약의 개정 등에 관한 1983년 7월 14일자 자유국가 바이에른 주 의회의 승인의결(법률명령공보 1983, S. 379)이 주간국가조약 제1조에 관한 한, 기본법 제5조 1항 2문과 합치하는지 여부였다 — 1988년 7월 6일자 바이에른 행정법원의 중지 및 제청결정(Nr. 25 B 87.00860).

주문:

1982년 7월 6일부터 1982월 10월 26일 사이에 서명된 방송수신료 수준에 관한 국가조약에 대하여 그리고 공영방송간 재원의 조정에 관한 주간국가조약의 개정에 대하여 행한, 1983년 7월 14일자 자유국가 바이에른 주 의회의 승인의결(법률명령공보 GVBl. 1983, S. 379)은 그의 제1단에 관한 한, 기본법 제5조 1항 2문과 합치하지 아니한다.

이유:

A.

이 절차에서 다루는 문제는 1982년 방송수신료의 수준에 관한 주간국가조약에 대하여 이를 승인한다는 바이에른 주 의회의 의결이 기본법과 합치하는지 여부이다. 이 문제의 핵심은 주의회가 방송수신료를 확정한다면 방송의 국가로부터의 자유라는 기본원칙을 침해하는 것이 아닌지 여부이다.

(원문 S. 62 – 역주)

I.

1. 방송수신료는 원래 체신요금이었다. 그리하여 체신당국에서 이를 확정하였는데, 이는 체신당국이 방송송출물을 전파로 발사하고, 사법적으로 조직된 방송회사를 지배하고 있었기 때문이다. 수신료는 방송기기를 설치하고 운영하는 데 대한 허가를 내주고, 그 대가로 징수한 것이었다. 방송수신료의 채권자는 체신당국이지, 결코 각 방송회사는 아니었다. 체신당국은 수신료 수입에서 일단 자신의 지분을 제외한 뒤에 그 나머지를 각 방송회사에 배분해 주었다. 각 방송회사는 그밖에도 유료로 광고방송물을 송출했던 것이다.

수신료로 재원을 조달하는 방식은 서방 전승국이 1945년 이후 방송조직을 개편하면서도 그대로 유지했다. 그리하여 이제 부분적으로 공영방송이 수신료 채권에 관하여 채권자가 되었지만, 여전히 오직 체신당국만이 이를 징수했던 것이다. 그러나 수신료의 금액을 확정하는 권한만은 계속해서 체신당국이 보유하고 행사하였다. 그러면서 부분적으로 체신당국은 계약으로 공영방송의 승인에 기속당하게 된다. 그리하여 추가적으로 텔레비전방송 수신료를 도입하면서 그 사전단계에 독일연방체신청과 북서독일방송 간에 합의가 이루어졌다.

이에 반해서 연방행정법원이 1968년 3월 15일자 2개의 판결(연방행정법원 판례집 29, 214; UFITA Bd. 52〔1969〕, S. 302, 309)로 확인한 바에 따르면 방송수신료라고 하지만 이는 각 방송참여자가 수신기기를 설치하고 운영하는 것에 관하여 체신당국이 허락하고, 이에 대한 대가로 징수하는 것은 아니

연방헌법재판소 제7차 방송판결: BVerfGE 90, 60ff.

라고 한다. 그에 따르면 방송수신료는 체신 및 통신 당국의 권리에 포함되지 않는다고 한다. 수신료를 책정하는 일 역시 체신당국이 관할해야 할 사항이 아니라고 한다. 이 권리는 오히려 각 주에 귀속되는데, 이는 각 주야말로 방송에 관한 입법권한을 보유하기 때문이라고 한다.

뿐만 아니라 같은 해 각 주는 그에 이어 2개 주간국가조약을 체결했는데, 그중 하나는 방송수신료에 관한 문제 일체를 규율한다는 것이었으며, 다른 하나는 방송수신료의 금액에 관한 조약이었는데, 이때 최초로 그 금액을 인상했던 것이다. 주간국가조약은 각 주수상 사이에서 지리하고 힘겨운 협상 끝에 체결되었지만, 다시 주의회에서도 고된 승인절차를 거쳐 1970년 1월 1일에야 비로소 효력을 발생하게 되었다.

(원문 S. 63 – 역주)

그와 동시에 각 공영방송간에 재원을 조정하자는 합의가 이루어졌다. 나아가 이들 공영방송은 자신의 고유한 수신료징수 체계를 구축하기 시작했다.

최초로 수신료를 인상할 때 합의의 어려움을 체험하면서, 그에 대한 대응책으로 각 주의 주수상은 1973년 2월 두번째 수신료 인상을 준비하기 위하여 "방송수신료작업단"을 조직하여 투입했는데, 여기에는 각 주수상 측의 대리인과 각 주의 회계감사원 측의 대리인이 참여할 것이라고 했다. 이 집단을 개편하여 1975년 2월 20일에 지금까지 계속 활동하고 있는 "공영방송에 소요되는 재원의 규모를 조사하는 위원회"(이하 공영방송소요재원조사위원회)를 설립하였고, 초기에는 주수상 측의 구성원 4인, 주회계감사원 측의 구성원 4인, 기타 어디에도 종속되지 아니한 전문가 4인, 그리고 표결권을 보유하지 아니한 의장 1인 등으로 조직했고, 필요에 따라 공영방송의 대리인을 여기에 추가적으로 참석하게 하였다. 공영방송소요재원조사위원회는 1975년 7월 2일 업무를 개시했다. 이들의 과업은 1975년 2월 20일자 이들 주수상의 의결사항에서 다음과 같이 확정되어 있다.

위원회의 과업은 지속적으로 공영방송에 소요될 재원규모를 조사하는 것이다. 2년에 한 번씩 위원회는 주수상 제위에게 활동보고서를 작성하여 제출한다. 어떤 계기가 있으면 또한 위원회는 조사보고서를 제출하는데, 이때 공영방송의 재무상태에 대해 보고하며, 특히 방송수신료의 조정이 과연 필요적 조치인지 여부, 만약 필요하다면 조정규모의 크기, 그리고 조정의 시기 등을 어떻게 할 것인지에 관하여 자신의 견해를 밝힌다. 그리고 이들 주수상은 특별한 사안이 있을 경우 언제든지 위원회에게 평가서를 작성해달라고 요구할 수 있다.

위원회의 활동결과와 권고안 등은 이들 주정부와 주의회 등이 결정을 내릴 때 보조자료로 활용한다.

2. a) 원심절차에서 기준으로 설정된 기간에 방송수신료는 기본적으로 1974년 12월 5일자 방송수신료에 관한 제반문제를 규율하기 위한 주간국가조약(방송수신료 주간국가조약)에서 규율하고 있다. 조약 제3조 2항 1문에 규정되어 있는 것을 보면,

(원문 S. 64 – 역주)

방송수신 참여자는 누구든지… 자신이 수신하고자 마련한 방송수신기기가 무엇이든 그에 대해서 기본수수료를, 그리고 텔레비전기기까지 보유하는 경우 그때마다 추가하여 텔레비전 수수료를 납입해야 한다.

제3조 1항에 따르면 방송수신료의 액수는 별도로 주간국가조약을 체결하여 확정한다. 하지만 이 같이 확정하기 위한 기준이나 절차에 대한 세세한 사항에 대해서는 주간국가조약에서 규정하지 않았다.

8항은 수신료의 납입에 관하여 규정하고 있다.

(1) …
(2) 방송수신료는 이를 관할하는 주공영방송에게 송부채무로서 납입해야 하며…
(3) …
(4) 방송수신료를 법적 근거 없이 납입한 경우 그의 계산으로 지급이 완료된 그 사람은 관할권한 있는 공영방송을 대상으로 그렇게 납입된 금액을 상환하라는 청구권을 보유하며…
(5) …

b) 수신료의 액수는 여기에서 기준이 된 기간의 경우 1982년 7월 6일/10월 26일자 방송수신료 액수를 책정하며 공영방송간의 재원조정에 관한 주간국가조약을 개정하기 위한 주간국가조약 제1조에서 확정하였다. 그 규정을 보면,

연방헌법재판소 제7차 방송판결: BVerfGE 90, 60ff.

제1조
방송수신료는 다음과 같이 확정한다.
매월 기본요금은   5.05마르크이며,
매월 텔레비전 요금은   11.20마르크이다.

주간국가조약 제3조에서 주공영방송[4]과 독일제2텔레비전(ZDF)에게 의무로 부과하여, 광대역유선방송에 관한 시험적 작업을 실시하는 데 매 프로젝트당 3500만 마르크를 제공해야 한다는 것이다. 그 조항을 보면,

(원문 S. 65 - 역주)

제3조
(1) 바이에른 주, 베를린, 노르트라인-베스트팔렌 주, 라인란트-팔츠 주 등 지역의 광대역유선방송의 시험적 실시기획(유선방송시험프로젝트)에 대하여 주공영방송과 독일제2텔레비전 공영방송에서 각 프로젝트마다 3500만 마르크의 재원을 제공해야 한다.
(2) 주법에 따라 관할권한을 보유한 부서는 1항에 따른 이 금액의 12분지 1에 해당하는 액수를 일 년에 4회, 그리고 그때마다 역법에 따른 각 4분기의 중간 날짜에 인출하거나 이 일부 금액을 그 다음 인출시기로 이전시킬 수 있다. 최초의 인출시기는 1984년 2월 15일이며, 최후의 인출시기는 1986년 11월 15일로 한다. 이들 분기당 금액이 최후의 인출시기까지 인출되지 않으면 일반적인 방송수신료 수입으로 남는 것으로 한다.
(3) 이 액수의 재원은 오직 스튜디오기술과 행정비용을 포함한 유선텔레비전센터에 투자하거나 또는 기술적으로 운영하는 것에만 사용해도 된다. 이 액수의 재원을 사용했다는 점에 관해서 유선방송 시험프로젝트를 실시하는 각 주는 이 시험적 실시가 종료된 이후 늦어도 6개월 안에 모든 주를 상대방으로 하여 증명해야 한다.
(4) 주공영방송과 독일제2텔레비전 공영방송의 지분을 계산하는 기준은 "독일제2텔레비전방송" 설립에 관한 주간국가조약 제23조 1항의 방송수신료 할당비율에 따른다. 주공영방송간의 지분은 이 주간국가조약의 효력이 발생한 시점에 효력 있는 텔레비전 수신료 할당비율에 따라 계산한다.

유선방송 시험프로젝트는 연방정부가 투입했던, "커뮤니케이션체계의 기술부문 확충을 위한 위원회"가 1976년에 이미 제출한 원거리커뮤니케이션 보고서에서 권고한 바 있는 사항이었다. 새로운 전송기술과 프로그램 형태 등의 시험적 실시가 그 목적이었다. 각 주의 주수상은 1978년 광대역유선에 관한

---
4) 이들이 모여서 독일제1텔레비전인 독일공영방송연합체를 이룬다 — 역주.

시험적 기획에 기간을 설정하여 합의한 바 있는데, 여기에 공영방송뿐만 아니라 민영방송 역시 참여한다는 것이었다. 결정을 내리기에 앞서 공개적인 논쟁이 벌어졌고, 그 과정에서 특히 유선방송 시험프로젝트와 함께 방송 자체의 민영화도 도입해야 할 것이라는 우려가 하나의 역할을 했다. 헤센 주에서는 이를 문건으로 남겨, 민영 프로그램의 주체에 대하여 수신료 수입으로 재원을 조달해주는 것을 허용할 수 없다고 자신의 견해를 분명하게 밝힌 바 있다.

(원문 S. 66 – 역주)

1980년에 이들 주수상은 또한 유선방송 시험프로젝트에 대해서도 재원을 조달해주기로 합의하였다. 예산에서 재원을 조달하기로 했던 것이다. 즉 이 기획에 동반하여 진행시킬 학문적 연구를 위한 매체위원회의 비용과 스튜디오 기술에 관한 것을 포함한 유선텔레비전센터에 관한 투자대금, 그리고 스튜디오 기술과 행정비용을 포함한 유선텔레비전센터의 기술적 운영에 관한 비용 등이 그것이다. 투자와 운영에 드는 비용은 일반적인 방송수신료 수입으로 그 재원을 조달해야 한다고 했다. 이에 관해서 이들 주수상은 1980년 11월 14일 의결한 바 있다.

새로운 주간국가조약에서 방송수신료를 일반적으로 적정화하는 조치에 관하여 결정한 바 있는데, 이는 향후 3년에 이르는 기간으로 방송수신료 월정 금액 중 추가되는 부분은 기술혁신기금을 납입하는 것으로 한다. 금액의 수준은 3년 안에 1,400만 마르크에 이르도록 산정해야 한다.

이 목표를 달성하려면 텔레비전 수신료에 0.20마르크의 지분을 산입시켜야 했다(이른바 유선방송요금[5]).

3. 그 이후의 시기에 방송수신료에 관한 법적 근거는 여러 번 변경되었다. 방송수신료를 확정하는 보다 상세한 척도에 관해서는 1987년 4월 1일/3일자 방송 전반에 관하여 새로운 질서를 수립하기 위한 주간국가조약(방송에 관한 주간국가조약) 제4조에 처음으로 규정하였다. 그리고 공영방송소요재원조사위원회의 인적 구성과 절차 등에 관하여 심사한 뒤에 이들 주수상은 이에 관

---

[5] 독일 당시 통화로 0.2마르크는 20페니히로 10페니히짜리 동전 2개에 해당되는 금액이었다. 그로셴은 그 전세대의 동전을 일컫는 말이지만 지금도 구어로는 쓴다. 그리고 2002년 1월 1일부터는 새로운 유럽통화인 유로체제로 바뀌었다 – 역주.

해서 역시 1988년 5월 19일 새롭게 의결했던 것이다.

1987년 방송에 관한 주간국가조약에서 규율한 것 중에서 주요한 부분은 현재 효력을 유지하고 있는 1991년 8월 31일자 통일독일의 방송에 관한 주간국가조약과 일치한다. 이는 6개의 개별 주간국가조약(제1조부터 제6조까지)과 경과규정(제7조) 등을 포괄하고 있으며, 종전의 조항이 더 이상 효력을 발하지 못한다는 규정(제8조)을 두어 규율하고 있다.

방송에 관한 주간국가조약(주간국가조약 전체의 제1단[6])은 제2장에서 공영방송에 관하여 규율하고, 이 맥락에서 그의 재원조달에 관하여 규정한다. 이 사건의 절차에서 관심을 기울여야 할 조항을 읽어보면,

(원문 S. 67 – 역주)

제10조
기능에 적정한 재원의 조달, 재원의 조정에 관한 원칙

(1) 재원의 조달은 공영방송이 헌법에 합당하게 그리고 법률에 따라 자신의 과업을 수행할 수 있도록 그 여건을 확보해준다. 이로써 특히 공영방송의 존속과 발전을 보장해야 한다.

(2) 주공영방송간에 재원을 조정하는 조치는 독일연방공화국 공영방송연합체(ARD)의 재원조달체계를 이루는 구성부분이다. 이로써 특히 자를란트 주 공영방송, 브레멘 라디오, 베를린 자유방송[7] 등이 제 기능을 적정하게 발휘할 수 있도록 담보해야 한다. 이같이 재원조달을 조정하는 규모, 그리고 방송수신료를 이에 대처하기 위해 적정화하는 조치 등에 관해서는 방송재원 조달에 관한 주간국가조약에서 규정한다.

제11조
재원조달

(1) 공영방송은 방송수신료, 방송광고에서 나온 수입, 기타 수입 등으로 그 재원을 조

---

6) Art.를 단이라고 번역하였다. 보통 기본법의 조항은 Art.라는 용어를 쓰며, 일반법률은 Paragraph라는 용어를 쓰기도 한다. 주간국가조약 개정법률의 경우 개정사항이 각개 법률에 미치는 사항을 각개 법률별로 정리하면서 그 단위를 Art.를 쓰고 있다. 통상 Art.와 Paragraph는 별개로 쓰이기 때문에 한 장면에서 대비하여 번역할 필요가 없는 데 반하여, 이 경우는 다르다. 따라서 각개 법률별로 나누었다는 의미에서 단이라는 용어를 사용한다 – 역주.
7) 이들은 모두 작은 지역의 방송이므로 자체적으로 재원조달하기가 거의 불가능하다 – 역주.

달한다. 주도적인 재원의 조달은 방송수신료로 한다.
(2) 방송수신기기를 보유하고 있으면 그것만으로 방송수신료를 납부할 의무의 근거가 된다고 보는 것은 장래에도 마찬가지다.

제12조
필요한 재원수요 규모의 조사

(1) 공영방송에 소요될 재원의 규모에 대해서는 정기적으로 그리고 경제성과 절약성 등의 원칙에 비추어 심사하되, 적어도 2년에 한 번씩 확인한다.
(2) 소요재원의 규모를 조사할 때 특히 다음 사항을 기초로 삼아야 한다.
  1. 현재 존재하는 라디오방송과 텔레비전방송 등의 프로그램이 경쟁력을 지닌 상태에서 지속될 수 있도록 하며, 모든 주가 참여한 주간국가조약을 통해 면허가 발급된 텔레비전 프로그램과, 주법률에 따라 그때마다 면허가 부여된 새로운 라디오방송 프로그램 등을 기존의 것으로 인정하며,
  2. 새로운 방송기술이 열어가는 가능성에 참여할 수 있게,
  3. 매체영역에서 드는 경비의 일반적인 추세와 특수한 추세 등을 감안하여,
  4. 광고수입과 기타 수입의 흐름을 타야 한다는 것이다.
(3) 지금까지 있었던 절차를 감안하여 소요재원의 규모를 조사할 때 객관화 가능성을 좀더 높여야 한다.
(4) 방송수신료의 적정화에 대해서는 그의 소요재원의 규모를 확인하는 데 이어 그때마다 결정한다. 제16조는 그대로 유지된다.

(원문 S. 68 – 역주)

그밖의 조항은 광고에 관한 것이다.

방송수신료에 관한 주간국가조약(전체 주간국가조약 제4조)에서는 주로 수신료채권에 관한 요건과 이행에 관하여 규율한다. 방송의 재원조달에 관한 주간국가조약(전체 주간국가조약 제5조)은 방송수신료의 액수를 확정하고, 다른 목적을 위해 투입해야 하는 재원, 즉 새로이 연방에 소속하게 된 각 주[8])에서 방송을 설치하는 데, 그리고 연방 전역에서 수신할 수 있는 라디오방송의 건립에, 그리고 주매체청에 쓰일 재원을 규정한다. 그밖에도 공영방송간에 이루어야 할 재원의 조정에 관해서도 상세히 규율한다.

이 주간국가조약에 공영방송소요재원조사위원회에 관한 언급은 없다. 그리하여 그 근거를 위에서 지적한 바 있는 이들 주수상의 의결에서 찾아야 하는

---

8) 통일로 편입된 구동독지역 – 역주.

연방헌법재판소 제7차 방송판결: BVerfGE 90, 60ff.

데, 이는 1992년 6월 29일 다음과 같이 새로 작성되었다.

A.

I. 공영방송의 소요재원 규모를 조사하기 위한 위원회의 인적 구성

1. 1975년 2월 20일자 의결로 이들 주수상이 설립한, 소요재원의 규모를 조사하기 위한 위원회는 독일연방공화국 공영방송연합체(ARD)[9]를 결성한 각 주법상 공영방송과 또한 공영방송인 "독일제2텔레비전(ZDF)" 등이 그 대상인데, 이 위원회의 구성을 살펴보면,
  - 각 주의 주정부에서 5인의 구성원을,
  - 각 주의 회계감사원에서 5인의 구성원을,
  - 각 주 또는 각 방송사에 종속되지 아니한 전문가 6인(이때 새로운 방송기술 또는 프로그램 제작 등에 관한 전문가영역은 추가되는 회계감사원의 대리인에게 유리하도록 탈락된다), 뿐만 아니라
  - (표결권 없는) 의장 등이다.

의장은 방송위원회의 의장직을 맡은 주인 라인란트-팔츠 주 주수상관청의 수장이다. 위원회 의장의 대리인인 부의장은 바이에른 최상급 회계감사원에서 지명한 위원회 위원이다.

(원문 S. 69 - 역주)

각 주는 1인씩 구성원을 임명한다.
주정부에서 파견된 구성원, 주회계감사원에서 파견된 구성원, 전문가 등의 각 집단에 가능한 한 1인씩, 재원을 조정할 때 받는 쪽의 공영방송이 속한 각 주의 대리인이 소속되도록 조직한다.
구성원은 자신의 과업을 수행하면서 어디에든 종속되지 아니하며, 위임이나 지시에 기속되지 아니한다.

2. 방송기술영역의 전문기술자를 위원회에 대한 자문역으로 추가한다.
3. 전문가집단은 다음과 같이 인적 구성을 행한다.
  a) 2인의 공인회계사로서 공공예산을 심사하는 데 능한 자이어야 한다.
  b) 경영영역에서 대리인 2인. 인사문제 내지 투자 및 합리화에 관하여 전문가 수준의 실력을 갖춘 자이어야 한다.
  c) 학문영역에서 대리인 1인. 판사직 또는 고위 행정직 담당자격을 갖춘 자이어야 할 것이며, 방송영역에서 특히 경력을 쌓은 자이어야 한다;

---

[9] 연방공화국체제인 독일의 경우 방송은 주의 전속관할 사항이다. 전국적 방송망을 형성하려면 이들 각 주의 공영방송이 협력해야 한다. 바로 이 목적으로 조직된 것이 독일연방공화국 공영방송연합체이다 - 역주.

d) 매체경제 분야에서 대리인 1인. 프로그램 제작에 관하여 편성하고 활용하는 데 대하여 잘 아는 자이어야 한다.
4. 주정부와 주회계감사원의 집단에서 구성원을 파견하지 않는 주는 공인회계, 경영, 학문 등 각 부문 중에서 한 부문의 대리인 1인을 지명한다.
5. 이들 전문가는 지체없이 이들 주수상에 의하여 4년 임기로 임명된다. 재임명도 허용된다.

방송위원회의 의장은 전문가와 고용계약을 체결하되, 동시에 다른 각 주의 위임을 받아 이를 행한다. 이들 계약에 대해서는 주수상의 승인이 필요하지 아니하다.

II. 위원회의 과업
1. 위원회의 과업은 신고한 내용을 전제로 받아들이되, 공영방송 소요재원의 규모에 대하여, 그에 효력을 미치는 방송법상 제 규정에 따라 경제성과 절약성의 원칙을 근거로 지속적으로 조사하는 것이다. 위원회는 이 심사를 프로그램 자치의 원칙을 보전한다는 조건 아래 행한다.
2. 위원회는 2년마다 이들 주수상에게 심사보고서를 제출하되, 보고서에서는 통일된 독일의 방송에 관한 주간국가조약 제1단 제12조를 존중하면서 공영방송의 재원조달상태에 관하여 기술하며, 특히 방송수신료를 변경하는 것이 과연 필수적인지 여부, 변경해야 한다면 규모와 시기 등의 문제에 관하여 자신의 견해를 밝힌다.
(원문 S. 70 - 역주)
향후 위원회는 또한 공영방송간에 재원의 조정을 변경해야 할 필요성 또는 가능성 등에 관하여 적시한다.
3. 심사보고서에서 위원회는 수신료를 어느 정도 적정화할 것인지, 계산결과를 근거로 제안해야 하는데, 이때 수신료는 금액으로 표시하거나 상황의 발전가능성에 따라 일정 범위 안에서 변경될 것이라고 그 폭을 표시할 수도 있다.
4. 위원회 구성원 중 이견이 있는 경우 이들이 요구하면, 심사보고서에 이를 편입시킨다.
5. 이들 주수상은 특별한 상황이 벌어진 경우 언제든지 위원회에 평가서를 요구할 수 있다.
6. 위원회의 작업과 권고는 주정부와 주의회 등의 결정을 보조하는 데 기여한다.

III. 절차와 의결
1. 공영방송의 대리인은 필요할 경우 자문역으로 초빙해야 한다. 전체 위원회의 견해가 최종적으로 형성되기 이전에 공영방송에게 그의 사장 수준에서 사태파악과 견해 등에 관해 밝힐 기회를 부여해야 한다. 이 목적을 달성하기 위하여 독일연방공화국 공영방송연합체(ARD)와 독일제2텔레비전방송(ZDF)에 위원회의 중간결과 중 주요 부분을 통지한다.

연방헌법재판소 제7차 방송판결: BVerfGE 90, 60ff.

2. 위원회의 보고서를 주수상에게 송부한 후라고 하더라도, 이에 관하여 공영방송이 표명한 태도에 대해서 위원회는 주수상에 대하여 다시 자신의 견해를 표명한다.
3. 위원회는 표결권을 보유한 구성원 중에서[10] 적어도 10개 표결권의 다수로 의결한다.
IV.부터 VI.까지
B. 부분에서는 이들 전문가를 일일이 열거하고 있다.

II.

1. 이들 원심절차의 원고인 바이에른 주의 텔레비전방송 수신 참여자는 바이에른방송에 대하여 방송수신료의 일부를 반환하라고 요구했는데, 이 일부는 1982년 주간국가조약 제3조 1항에 따라 유선방송 시험프로젝트의 재원으로 제공된 것이었다.

(원문 S. 71 – 역주)

이들이 주장하는 바에 따르면, "유선방송요금(Kabelgroschen)은 방송수신료의 일부가 아니며 독립된 공과금으로 독립하여 법적으로 평가해야 할 필요가 있다"는 것이다. 그 성질에 따르면 이는 특별공과금이라고 한다. 이를 징수하는 것은 허용되지 않는다고 하는데, 이는 급여와 반대급여 등 이에 요구되는 등가성이 결여되어 있다고 하면서, 결국 전가구의 99%에 이르는 가구에서 이 유선텔레비전을 누리지 못하고 있기 때문이라는 것이다. 그밖에도 이 금원은 위법한 목적에 사용된다고 하면서, 결국 민영방송의 재원을 조달하는 데, 그리하여 영리추구를 최우선 목적으로 하는 이익에 기여하기 때문이라고 한다.

행정법원은 이 소를 기각했다(ZUM 1987, S. 472). 방송수신료 중 다투고 있는 부분은 조세 또는 특별공과금이 아니라고 했다. 그 부분은 방송의 송출 전체라는 틀 안에서 허용되어 있는 과업에 대하여 재원을 조달하는 데 사용하기로 특정되었다는 것이다. 이에 속하는 것으로 또한 방송수신 참여자에게 라디오와 텔레비전 프로그램을 공급하는 새로운 기술을 시험하는 기획을 든다고 한다. 유선방송 시험프로젝트의 틀 안에서 민영방송의 프로그램을 전파하는데, 이것 역시 유선방송요금이 위법하다는 근거가 되지 않는다고 하면서,

---

10) 16개 중에서 – 역주.

위법 여부는 오로지 새로운 기술을 시험한다는 합법적인 방송법적 목적을 기준으로 판단해야 하기 때문이라고 한다. 방송수신 참여자는 의무로서 스스로 이 수신료를 모두 납입해야 하는데, 비록 유선을 통하여 전파되는 방송물을 수신할 수 없다고 하더라도 본래 수신료는 반드시 충족시켜야만 할 이 등가원리에 위배되지 않는다는 것이다. 수신료 중 다툼이 있는 부분은 전체 수신료 가운데 100분의 2에 미치지 못하는 적은 비중의 것이며, 결코 상당한 정도로 왜곡한 것은 아니기 때문이라고 한다. 텔레비전방송 수신 참여자 모두가 부담해야 하는 납입의무 역시 평등원리에 위배되지 아니한다고 하는데, 이는 시험과정을 거쳐 축적되는 체험이 장차 모든 참여자에게 이익을 가져다 줄 것이기 때문이라고 한다.

2. 이들 원고가 항소를 제기하자 행정법원은 이 절차를 중지하게 하고, 연방헌법재판소에 다음과 같은 문제를 제청하였는데,

자유국가 바이에른 주의 주의회가 1983년 6월 14일자로 승인의결을 행한 바 있고, 그 대상은 1982년 7월 6일과 10월 26일 사이에 서명이 완료된 주간국가조약으로서, 방송수신료의 액수에 대한 것, 그리고 그와 함께 공영방송간의 재원조정에 관한 주간국가조약을 개정하는 데 대한 것이었는데, (법률명령공보 1983, S. 379) 이 국가조약의 제1단에 관한 한, 과연 위헌인지 아닌지 여부의 문제였다.

(원문 S. 72-역주)

a) 이 법적 분쟁에 관하여 재판할 때 기준이 될 척도는 1982년 방송에 관한 주간국가조약 제1단이 바이에른 주 주의회의 승인을 근거로 삼아 방송수신료 중 다툼이 있는 부분을 징수할 유효한 법적 근거를 형성한 것인지의 여부라고 한다. 제1단이 유효하다면, 이 항소는 이유 없고, 그에 따라 반드시 기각되어야 할 것이라고 한다. 만약 위헌이라고 한다면 항소는 이유를 갖춘 것이고 이들 원고는 반환청구권을 보유할 것인데, 이는 방송수신료 인상분에 대한 법적 근거가 결여되어 있기 때문이라고 한다. 재판의 전제성은 1982년 방송에 관한 주간국가조약이 그 사이에 새로운 주간국가조약으로 대체되었다고 해도, 이로써 전혀 문제될 바 없다고 한다. 다툼의 대상인 반환청구권은 오직 1982년 주간국가조약이 유효했던 그 기간에만 관련되어 있을 뿐이라고 한다.

b) 1982년 주간국가조약 제1단은 두 가지 측면에서 기본법에 위반된다는 것이다.

aa) 이는 기본법 제5조 1항 2문에 포함되어 있는 방송의 국가로부터 자유라는 원칙을 침해했다고 한다. 이 원칙은 공영방송의 재원을 조달할 때에도 그 효력을 미친다고 한다. 이 원칙으로부터 수신료고권이 발생한다고 한다. 이를 확보하지 못하면 기본권으로서 보장된 자유를 실현할 수 없다고 한다. 방송송출의 경제적 여건에 대한 영향력 역시 배제되어야 비로소 프로그램의 편성은 자유롭고 또한 독립적이라고 한다.

하지만 제2차 방송판결(연방헌법재판소 판례집 31, 314〔345〕)의 소수견해에서 대변한 주장을 살펴보면, 의회에서 수신료를 확정하는 것은 공영방송이 독점적 지위를 차지하고 있기 때문에 이로써 감수할 만하다고 하는데, 다만 이는 국가가 이렇게 수신료에 관하여 규율하면서 이를 수단으로 프로그램에 대하여 영향력을 행사하지 아니하는 한도 내에 그친다, 즉 충분한 재원조달이 확실히 담보되는 한도 내에 그친다는 것이다. 헌법상 금지된 이 영향력은 재원조달이 충분하지 않다고 해서 당장 인정되는 것은 아니지만, 만약 "절제 있는 행동"이 충분한 재원조달의 조건이 될 것이라고 공영방송 내에 어떤 두려움이 지배한다면 이 점만으로 벌써 인정될 것이라고 한다.

(원문 S. 73 – 역주)

현재의 재원조달 방식으로 인하여 바로 이 상태가 창출되었다고 한다. 그리하여 그와 같이 두려워해야 한다는 점이 근거를 갖추었다고 하기에 필요한 증거는 수없이 존재한다고 한다. 하지만 프로그램 편성에 어떤 영향력을 가했다는 점은 거의 증명할 수 없다고 한다.

기본법 제5조 1항 2문에서 도출되는 공영방송의 수신료고권이라는 측면에서 볼 때, 국가가 수신료를 책정한다면 이는 방송의 자유에 대한 침해라고 한다. 이 침해는 기본법에 위반되는데, 이는 방송의 자유에 대하여 제한을 적게 가하는 재원조달 방식이 존재하기 때문이라고 한다. 그중의 하나가 공영방송의 자치규칙으로 방송수신료를 확정하는 방식이라고 한다. 법률유보의 원칙에도 이는 배치될 바 없다고 한다. 그 점에 관해서는 만약 법률에서 공영방송에 대하여 수신료를 책정할 권한을 부여한다면, 그것으로 오히려 충분할 것이라고 한다. 제3자의 이해관계에 대해서는 인허유보를 거쳐 부응할 수 있다고 한다. 그와 같이 방송의 자유에 보다 적게 훼손을 가하는 수단을 활용할 수 있다면, 입법자는 비례성 원칙이라는 관점에서 이를 채택해야 할 의무를 부담한다고 한다.

bb) 주간국가조약 제1단은 그밖의 관점에 비추어보아도 위헌이라고 하는데, 이는 텔레비전 수신 참여자에게 유선방송 시험프로젝트가 실시되는 동안 본래 허용되지 않는 특별공과금을 부과하고, 이로써 기본법 제3조 1항을 침해하기 때문이라고 한다. 유선방송 시험프로젝트 때문에 규정해둔 수신료 일부가 공영방송에 부과되어 있는 과업의 수행에 기여하지 아니하고, 오히려 일반적인 행정의 과업에, 즉 매체 일반의 구조를 전환하는 데 기여하며, 그로 말미암아 대가를 지급한다는 기능을 행하지 않는다고 한다. 이에 대해서 수신료 중 그 일부가 과연 별도로 구분될 수 있는지 여부는 문제삼을 바 없다고 한다. 아무리 그 지분을 별도로 구분할 수 없다고 할지라도 어떤 특별한 집단이 공적인 부담을 부담하게 되었는데, 본래 이는 사항의 성격상 일반인이 부담해야 할 것이었다는 실질적인 결론에 대해서는 전혀 영향을 끼칠 수 없다고 한다. 이와 동일한 이유로 하여 공과금은 또한 특정집단에 유익한 것도 아니라고 한다. 따라서 연방헌법재판소가 본래 허용되어야 할 특별공과금에 대하여 요구하는 조건을 충족시키지 못했다고 한다.

c) 그밖에도 주간국가조약에 대한 승인의결을 바이에른 주 주의회는 유효성의 근거가 될 만한 형식으로 행하지 못했고, 공포하지도 못했다고 한다.

(원문 S. 74 – 역주)

바이에른 주에서 이들 주간국가조약은 바이에른 주 주헌법 제72조 2항에 따라 법률이 아니라 주의회의 승인의결을 통해서 주상원이 협력하지도 않았는데, 이를 주법으로 전환했다고 한다. 하지만 대외관계에서 어떤 법적 의무가 발생하려면, 이는 오직 형식적 법률에 의해야 비로소 그 근거를 갖출 수 있다고 한다. 기본법 제20조 3항에 따르면 연방이든 연방소속의 어느 주이든 상관없이 법률과 동등한 의결을 허용한 바 없다고 한다. 아무리 승인의결이 기본법의 민주주의적 요구사항을 충족시켰다고 할지라도, 이로써 법치국가원리에 부응하는 것은 아니라고 한다. 오직 법률의 정립절차라는 형식성을 갖추게 하는 것만이 기본권의 침해를 저지하는 데 필요한 확실한 담보이기 때문이라고 한다. 기본법에 주간국가조약으로 규율한 바를 주법으로 전환하는 것에 대하여 분명하게 규율하고 있지 않다고 하더라도, 그러한 점에서 기본법 제28조 1항 1문은 각 주의 헌법적 자치를 제한하고 있다고 한다.

바이에른 주 국가의 실무관행에 따르면 주의회의 승인의결은 공시되는 것이 아니고 주수상이 단지 주간국가조약에 관한 사전협의 과정에서 통지하면 충분하다고 하더라도, 이는 위헌이라고 한다. 승인은 효력의 근거를 창출하는 규범행위라고 한다. 그에 따른다고 하더라도 역시 공시할 필요는 있다고 한다. 연방행정법원의 견해는 이와 배치되는 것인데(연방행정법원 판례집 74, 139; 22, 299〔301f.〕), 별로 설득력이 없다고 한다.

III.

제청결정에 관하여 자신의 견해를 밝힌 자는 바이에른 주 수상, 그리고 그의 견해에 노르트라인-베스트팔렌 주 의회가 가담했다. 바이에른 주 상원, 라인란트-팔츠 주 의회, 그리고 그와 같은 견해라면서 바덴-뷔르템베르크 주와 슐레스비히-홀슈타인 주의 의회가 이에 가담했다. 바이에른 주 신매체담당센터(BLM), 독일연방공화국 공영방송연합체(ARD),[11] 독일제2텔레비전방송, 바이에른방송, 공영방송소요재원의 규모를 조사하기 위한 위원회(공영방송소요재원조사위원회), 연방행정법원의 원장, 독일연방은행, 원심절차의 원고와 독일신문발행인연방협회 등이다.

(원문 S. 75 – 역주)
1. 바이에른 주 수상의 견해에 따르면 주의회가 방송수신료를 책정하더라도 이는 방송의 자유를 침해하는 것은 아니라고 한다. 공영방송소요재원조사위원회를 투입함으로써 공영방송이 필요로 하는 소요재원을 기준으로 삼아 사안에 적정하게 의회가 결정할 수 있게 되었다고 한다. 실제로 지금까지 의회는 공영방송소요재원조사위원회의 권고를 넘는 수준의 것이 오히려 통례가 될 정도로 수신료를 책정해왔다고 한다. 프로그램 편성 또는 프로그램 내용에 대하여 어떤 영향력을 행사했다는 조짐을 이 수신료 확정의 절차는 전

---

[11] 독일제1텔레비전방송 연합체 – 역주.

혀 내포한 바 없다고 한다. 이런 종류의 시도는 수신료를 모든 주가 공동으로 결정했다는 그 점만을 감안하더라도 벌써 실패했으리라고 짐작된다. 방송사안에 대하여 입법자가 보유하는 조직고권에는 재원조달의 권한도 포함되어 있다고 한다. 그러므로 수신료에 관한 결정이 결코 방송의 자유에 대한 침해일 수 없다고 한다. 방송의 자유로부터 공영방송이 수신료에 관한 자치권을 가지고 있다는 결론이 도출되는 것은 아니라고 한다. 오히려 입법자는 수신료를 확정해야 하는데, 이는 공영방송을 이원적 체계에 편입시키고, 이를 어떻게 발전시킬 것인지에 대한 매체정책적인 결정과 결부되어 있기 때문이며, 방송문제 전체에 참여하는 모든 사람의 이익을 조정하기 위해서는 이 문제 역시 배려하지 않을 수 없기 때문이라고 한다. 공영방송은 이렇게 행할 수 있는 처지가 아니라고 한다. 만약 입법자로부터 방송재원의 조달에 관한 결정권한을 박탈한다면, 이로써 그는 기본적 방송공급을 보장해야 할 의무를 이행할 수 없을 것이라고 한다.

주간국가조약에 규정되어 있는 "유선방송요금" 역시 기본법과 합치한다고 한다. 이는 텔레비전 수신료의 일부라고 한다. 여기에서 특별공과금의 징표는 하나도 찾아볼 수 없다고 한다. 그리고 이를 특별공과금으로 설정하기를 원한다고 할지라도, 이는 허용될 수 없다고 한다. 이 "유선방송요금"은 제청한 법원이 인정하듯이 매체의 전반적 구조를 개편하는 데 기여하려는 것이 아니라, 방송을 더욱 지속적으로 발전시켜야 한다는 데 기여하려는 것이며, 그에 따라 공영방송에 대해서도 유리하게 작용할 뿐이라고 한다.

바이에른 주 의회의 승인의결은 주간국가조약을 바이에른 법으로 전환한 것이라고 한다. 이같이 주간국가조약에 대하여 의회에서 승인할 경우 그 근거가 바이에른 주 헌법(BV) 제72조 2항인 점에서 드러나듯이, 특별한 별개 종류의 법률을 정립하는 행위에 해당되고, 이로써 법률의 유보라는 원칙을 충족시키게 된다고 한다.

(원문 S. 76-역주)

바이에른 주 상원이 참여하지 아니했다고 하더라도 이는 어떤 손해를 야기시킨 것은 아니라고 할 것인데, 이는 주상원 자체가 겨우 감정평가의 기능을 지닌 데 지나지 않으며, 특히 주간국가조약의 경우 주입법자로서는 이를 스스로 개정할 수 없으므로, 그에 따라 주상원도 감정평가의 기능이나마 발휘

연방헌법재판소 제7차 방송판결: BVerfGE 90, 60ff.

할 기회조차 없었기 때문이다. 그리고 인쇄물 발행의 실무관행 역시 기본법의 요구를 충족시킨다고 한다. 승인의결의 문언을 살펴보면, 주간국가조약의 인쇄물의 경우 주수상이 통지한 바를 넘어서는 수준의 정보내용은 그 존재조차 없다고 한다. 그리하여 개인의 권리보호를 축소시킨 바도 없다고 한다.

2. 바이에른 주 상원의 견해에 따르면, 바이에른 주 의회가 방송에 관한 주간국가조약에 대하여 행한 승인의결은 기본법과 합치한다고 한다.

주간국가조약을 승인하는 방식이라는 측면에서 살펴보면, 이는 바이에른 주 헌법 제72조 2항에 부응한다고 한다. 이 조항은 연방헌법, 즉 기본법에 위반되지 아니한다고 한다. 기본법 제28조 1항의 동질성조항에서 기본법과 주헌법이 합치하도록 담보하였는데, 특히 공화국, 민주주의, 사회적 법치국가 등의 기본원리가 그것이라고 한다. 이들 기본원칙은 위와 같이 승인하는 실무관행으로 말미암아 훼손당한 바 없다고 한다.

기본법 제5조 1항 2문에 위반되었다는 평가 역시 배제된다고 한다. 주입법자가 방송수신료를 책정한다고 하더라도 그로 말미암아 이 기본권이 침해당하는 것은 아니라고 한다. 기본법 제5조 1항 2문에서 방송에 관하여 적극적으로 규율해야 한다는 요청이 도출되는데, 이로써 이 기본권의 목표를 달성할 수 있도록 담보한다는 것이다. 그중의 하나로서 국가에 의한 방송수신료의 책정을 들 수 있다고 한다. 이는 프로그램 편성 또는 프로그램 내용 등에 대하여 침해하는 수단으로 이용되지 아니하는 범위 안에서 허용될 뿐이라고 한다. 그밖에도 공영방송이 방송수신료를 책정한다고 할 경우 방송수신 참여자와 기타 매체 등의 이익에 대하여 적절하게 배려하지 못할 것이라고 한다. 국가가 수신료를 책정해야 비로소 서로 다른 여러 이해관계에 그에 요구되는 조정을 행할 수 있을 것이라고 한다.

원래 허용되지 아니한 특별공과금은 그 존재조차 찾아볼 수 없다고 한다. "유선방송요금"은 이를 별도로 분리할 수 없는 부분이라고 한다. 방송수신 참여자는 어쨌거나 통일적인 수신료를 납부하는데, 이는 공영방송의 급부와는 아무 상관도 없다고 한다.

(원문 S. 77 - 역주)

공영방송이 유선방송 시험프로젝트에 대하여 일정한 부담금을 이전해야 한다는 사정이 있더라도, 이로써 방송수신료 중에서 그에 해당될 부분의 법적 성격이 특별공과금으로 바뀌는 것은 아니라고 한다. 평등원칙에 위반되는 부담이 "유선방송요금"에 부대되어 있지도 않다고 한다. 이로써 지향하는 성과가 다시 방송수신 참여자에게 유익하게 작용할 것이기 때문이라고 한다.

3. 라인란트-팔츠 주의회 의장은 주의회의 이름으로 견해를 밝혔는데, 방송수신료를 책정하는 현 체제가 헌법적으로 보아 전혀 이의제기할 바 없다는 결론에 이르렀다. 입법자의 규율권한은 그 대상이라는 관점에서 보아 원칙적으로 한정될 수 없다고 한다. 하지만 그렇게 규율하는 데 대하여 특수하게 설정된 한계와, 그리고 그 권한에 대하여 가해진 제한은 있다고 한다. 그러나 방송영역의 경우 이와 같은 규율금지는 존재하지 않는다는 것이다. 방송영역에서 법률의 정립은 그와 정반대로 바로 기본법 제5조 1항 2문에서 명하고 있는 것이라고 한다. 만약 수신료 책정을 여기에서 제외시켜야 했다면, 기본법으로부터 그에 부응할 금지가 반드시 도출되었을 것이라고 한다. 그런데 그와 같은 금지는 없다고 한다. 어떤 법률이 방송의 재원조달에 관하여 규율했다고 하더라도, 그것으로 방송의 자유를 침해한 것은 아니며, 오히려 이를 형성하는 것이라고 한다. 방송재원 조달에 관하여 입법자가 규율하는 것은 허락되어 있을 뿐만 아니라 요구된 것이라고 한다. 이 결론은 서로 다른 수많은, 심지어 부분적으로는 정면으로 모순되는 이해관계를 비교형량하고 조정해야 할 필요성으로부터 도출된다고 한다. 이렇게 조정하는 일은 오직 입법자만이 성공적으로 행할 수 있다고 한다. 이때 역시 일반정치적인 그리고 매체정책적인 관점에 모두 배려해야 한다는 것이다.

이에 반해서 수신료책정의 권한을 공영방송에 이전한다면, 이는 의회의 통제권한에 대하여 위헌적인 결손을 야기시킨다고 한다. 뿐만 아니라 제3자의 이익에 충분히 배려했다고 할 보증도 확보되지 않을 것이라고 한다.

바이에른 주 주신매체담당센터의 견해에 따르면, 방송의 자유는 방송의 질서에 관하여 국가가 형성조치를 행하는 것을 배제하지 않는다고 한다. 방송에 관한 재원조달은 조직문제에 속하며, 이는 반드시 입법사가 규율해야 한다는 것이다. 거기에는 수신료를 확정하는 문제가 포함된다. 국가가 수신료에 관하여 규율함으로써 미치게 될 영향력은 중요한 사항에 해당되며 실질적인 것이라야, 즉 프로그램의 방식, 규모, 성질 등에까지 효력을 미쳐야 비로소 이를 원래 허용되지 아니한 영향력을 행사했다고 평가할 수 있을 것이라고 한다.

(원문 S. 78 - 역주)

수신료를 확정할 때 이와 같은 사태를 기대할 수는 없다고 하는데, 이는 방송송출 전체에 대한 재원조달의 전체적인 틀을 어느 정도의 규모로 하며, 그리고 어떻게 분배할 것인가 따위의 문제에 그치기 때문이라고 한다. 본질성이론에 비추어보면, 입법자가 이 문제를 스스로 규율해야 한다는 요청이 도출된다. 이를, 방송송출 전체에 참여하는 다수의 주체 중의 하나에 지나지 않는 공영방송에게 맡겨서는 안 될 것이라고 한다.

"유선방송요금"은 결코 특별공과금이 아니며, 오히려 방송송출 전체에 관한 특수한 종류의 공과금이라고 한다. 이는 다시 방송수신 참여자에게 이득이 되어 돌아오므로, 이들에게 재원조달의 부담을 넘긴다고 하더라도, 이는 사안에 적정한 조치라고 한다.

5. 독일연방공화국 공영방송연합체(ARD)와 독일제2텔레비전방송(ZDF) 등이 밝힌 견해에 따르면 현재의 수신료책정 절차는 개선할 필요가 있다고 한다.

방송의 자유를 헌법적으로 보장하였는데, 여기에 공영방송에 관하여 그 기능에 적정할 재원을 조달해달라는 청구권도 포함되어 있다고 한다. 이 청구권이야말로 프로그램의 자유를 보완하며 담보한다는 것이다. 따라서 이 청구권에 대해서는 반드시 법률로 형성하되, 프로그램 자유에 대한 위험을 가능한 한 최소화해야 한다는 것이다. 그 핵심부위에는 도대체 누가, 그리고 어느 정도의 주기로, 그리고 어떤 기준에 따라 방송수신료를 책정할 것인지의 여러 문제가 내재되어 있다.

현재 실무상의 절차를 살펴보면 절차에 고유한 결함이 드러나는데, 이는 헌법적 관점에서 보아 상당히 중요한 것이라고 한다. 이는 지체와 갈등이 너무 심해서 사안에 적정하고 필요에 적정하게 대응하여 결정하는 것을 보장하지 못하며, 오히려 정치적 계기가 작동될 여지만 남기고 있다고 한다. 무엇보다도 이는 침해에 해당되지 않을지 의심을 자아내는데, 왜냐하면 이는 국가로 하여금 프로그램 위탁으로 이미 설정된 조건하에서 공영방송의 소요재원규모를 평가하는 일에 깊숙이 관여하게 할 계기를 주면서도, 도대체 이런 침해의 한계를 유월했는지의 여부에 관하여 확인할 길이 존재하지 않기 때문이라는 것이다. 그와 같은 경우에 기본권을 보호하려면 그 침해의 위험을 극복할 수 있어야 하며, 이런 의미가 자유를 담보해줄 절차의 형성에서 나타나야 한다는 것이다.

지금까지 이룬 것보다 더 자세하게 헌법적 요구사항이 구현된 절차도 결코 불가능한 것은 아니라고 한다. 필요한 재원의 규모가 얼마나 될 것인지 평가할 때, 공영방송의 우선적 지위를 지켜야 한다는 목적의 구현을 담보해야 하며, 그에 따라 이 평가를 수정한다고 하더라도 그에 관하여 뚜렷하게 과다하다고 할 단서가 있을 때 또는 비경제적임이 자명한 행위일 때에 한하여 허용되도록 할 정도여야 한다는 것이다.

(원문 S. 79 – 역주)

뿐만 아니라 공영방송을 수신료 확정의 절차에 개입시켜야 비로소 방송의 자유에 부응한다는 것이다. 결국 전원합의 원칙에 관해 반드시 고려해야 한다는 것이다.

여기에 보완적으로 독일연방공화국 공영방송연합체(ARD)와 독일제2텔레비전방송(ZDF) 등이 적시한 바에 따르면, 수신료 확정이라는 수단으로 공영방송에 대하여 미치는 정치적 영향력은 시간이 지나면서 더욱 강해지고 있다고 한다. 게다가 특히 광고수입의 감소가 이런 추세를 더욱 가속화시킨다고 한다. 광고수입은 광고에 관한 한계에 전혀 기속되지 않는 민영방송과 경쟁이 시작되면서 최근에 이르러 절반 수준으로 격감했다고 한다. 독일연방공화국 공영방송연합체의 경우 현재로서는 수신료수입과 광고수입의 비율이 92 : 8인데, 지향목표는 80 : 20 정도라고 한다. 독일제2텔레비전방송의 경우 현재로서 이 관계는 80 : 20 정도인데, 지향목표는 60 : 40 정도의 비율이라고 한다. 그밖에도 민영방송과 인쇄매체가 서로 결합하는 매체연합으로 말미암아 공영방송의 재원확보가 더욱 어려워졌다고 한다.

수신료를 결정하기 위한 실질적 기준을 현재보다 더 객관화시킨다는 것은 불가능하기 때문에 수신료 확정의 절차를 반드시 개선해야 된다고 한다. 이러한 점에서 독일연방공화국 공영방송연합체와 독일제2텔레비전방송 등이 제안한 바를 살펴보면, 소요재원 규모를 조사하는 기준, 확정절차에 관한 규

율사항, 개선해야 할 공영방송소요재원조사위원회의 지위와 인적 구성 등에
관한 조항을 주간국가조약에 편입시키자는 것이다. 나아가 이들 주수상은 권
한을 확보해서 수신료 액수를 끊임없이 심사하고, 소요재원이 확인되면 새로
책정하며, 주 내에서는 통일적으로 행해지는 수신료에 관한 결정을 법규명령
을 통해서 현행법의 일부로 전환해야 한다는 것이다.

"유선방송요금"에 관해서는 헌법적으로 이의제기할 바 없다고 한다. 이는
결코 방송수신료에 첨가된 것이 아니며, 이것과 불가분적으로 결합되어 있다
고 한다. 이는 수신료를 인상하는 데 하나의 계산요소였을 뿐이라고 한다. 이
를 특정하는 것도 방송의 영역을 유월하는 것은 아니라고 한다. 법적으로 이
는 오직 방송수신료라는 전체 수입의 부분적인 목적기속을 의미하는 것으로
허용된다고 한다.

(원문 S. 80 – 역주)

6. 바이에른 방송은 원심절차의 피고로서 제청법원의 견해에 가담하지 않
았다.

방송수신료를 법률로 책정한다고 해도 기본법 제5조 1항 2문에 위반되지
아니한다는 것이다. 입법자의 의무는 공영방송이 그 기능을 다하며 성과를
올릴 수 있도록 그 능력에 대하여 재원조달을 확실하게 담보하는 것이라고
한다. 이것을 목적으로 규율한 것은 방송의 자유에 대하여 결코 침해하는 것
이 아니라, 이를 형성하는 데 기여한 것이라고 한다. 재원조달수단에 관하여
스스로 규정하는 것 역시 기본권으로 보증된 방송의 자치에 속하는 것은 아
니라고 한다. 하지만 재원에 관하여 규율한다고 해서 이를 수단으로 방송을
지배하거나 방송에 영향력을 가해서는 안 된다고 한다. 그와 같은 위험을 확
연하게 증명할 수는 없기 때문에 입법자는 방송수신료를 책정할 때 공영방송
이 프로그램의 계획과 편성 등에 관하여 스스로 결정한 것에 대하여 우선적
으로 배려해야 한다는 것이다. 공영방송이 자신에게 법률이 부과한 과업에
기속된다는 점 역시, 이때 사안에 적정한 척도를 기반으로 행해야 한다는 것
을 충분히 담보해준다고 한다. 물론 방송위탁이 수신료 인상에 대한 유일한
척도인 것은 아니라고 한다. 오히려 그밖의 여러 이해관계를 계산에 편입해
야 한다는 것이다. 바로 이들 이유 때문에 수신료에 관한 결정은 오직 정치

적으로 행할 수 있을 뿐이라고 한다. 방송과 매체에 관한 정치적 효과는 이로써 불가피하게 결합되어 있게 마련이라고 한다. 그러나 이렇게 규율한 바가 위헌인 것은 아니라고 한다.

기본법 제3조 1항 역시 침해되지 않았다고 한다. 유선방송 시험프로젝트의 경우 그 비용을 방송수신료로 감당해야 한다는데, 이는 급진전하는 기술이라는 조건하에서 방송이 지속적으로 혁신적 발전을 도모하는 데 기여한다는 것이다. 이는 결국 방송법적 목적을 둘러싸고 일어나는 문제로서 목적 자체는 본래 허용되는 것이라고 한다. "유선방송요금"은 독립해서 판단해야 할 일부 금액이 결코 아니며, 그렇다고 방송수신료에 덧붙이는 추가금액도 아니며, 이는 공영방송의 소요재원을 마련해야 할 의무라는 관점에서 채택한, 이를 계산하는 요소 가운데 하나에 지나지 않는다고 한다. 입법자가 과연 개별적으로 귀속시킬 수 있는 공적 급부성과 중 무엇을 수신료 의무에 복속시킬 것인지에 대하여 결정할 때 광범위한 판단여지가 허용된다고 한다. 평등원칙에서 도출할 수 있다면, 그것은 겨우 수신료는 급부에 드는 비용에 전연 관계없이 책정되어서는 안 된다는 정도에 그친다고 한다.

(원문 S. 81 – 역주)

이 두 가지를 연계시킬 때에는 반드시 사안에 적정하다는 점에 관하여 증명해야 한다는 것이다. 이 사건의 경우도 마찬가지이다. 심지어 "유선방송요금"을 특별공과금으로 평가하더라도, 이는 벌써 정당화된 것이라고 한다.

나중에 바이에른 방송이 이를 보완한다는 취지로 적시한 바를 살펴본다. 국가가 공영방송에 어떤 영향력을 행사한다든지, 정치적으로 그리고 의회에서 그의 과업과 활동에 관하여 논쟁이 격렬하다든지 하는 따위의 문제는 모두 필요적으로 수신료로 재원을 조달하는 체계 내에도 존재한다는 것이다. 그리하여 이것과 결합되어 있는 영향력 행사는 방송의 국가로부터 자유라는 원칙을 원천적으로 위반하는 것은 아니라고 한다. 그에 반해서 프로그램에 영향력을 행사할 목적으로 이 권한을 수단화하는 것은 허용되지 않는다고 한다. 여하튼 국가는 이렇게 수신료를 결정함으로써 프로그램에 대하여 영향력을 행사할 수 있는 도구를 하나 확보하고 있는 셈이라고 한다. 기본권에 위반되게 사용할 가능성이 있다고 해도, 그것만으로 수신료의 책정이 그대로 위헌인 것은 아니라고 한다. 현재 이 절차는 본래 허용되지 않는 영향력행사

연방헌법재판소 제7차 방송판결: BVerfGE 90, 60ff.

를 초래하지 않게 할 전형적인 모습의 대강을 이미 굳혔다고 한다. 또한 이 원적 체계로 넘어가는 과정에서도 이 점은 달라질 바 없다고 한다.
　수신료를 책정하는 오늘날의 형식은 사안에 적정하게 결론을 도출하는 데 장애를 일으키지 않는다고 한다. 방송에 관한 주간국가조약 제12조에 따르면, 이렇게 결정할 때 그 사항에 특유한 성격을 살린다든지 객관화한다든지 하는 것이 모두 허용된다고 한다. 공영방송의 프로그램 자치원칙도 배려하고 있는데, 이는 이들이 소요재원에 관하여 제시한 자료를 수신료 결정의 근거로 삼는다는 방식으로 구현한다는 것이다. 공영방송소요재원조사위원회의 인적 구성과 업무방식은 이렇게 제시된 소요재원에 관한 자료를 객관적으로 심사하도록 보증하고 있으며, 결국 결정에 요구되는 객관적인 근거를 정부수반과 주의회 등에 제출하게 한다는 것이다. 이보다 더 큰 규모로 객관화할 가능성은 가능하지도 않거니와 바람직하지도 않다. 수신료를 공영방송 자신이 책정하는 것은 의회라는 입법자가 부담하는 민주주의적 책임이라는 원칙에 비추어보면 논의대상도 되지 못할 정도라고 한다. 입법자로 하여금 공영방송재원조사위원회가 의결한 바에 기속되게 한다든지, 공영방송을 공영방송소요재원조사위원회에 개입시킨다든지 하는 것도 그와 마찬가지로 배제된다고 한다. 방송수신료를 법규명령으로 책정하는 것은 아예 처음부터 위헌인 것은 아니겠지만, 현재 규율하고 있는 것에 비하여 헌법적인 요구수준이라는 측면에서 더 뒤떨어진 것이라고 한다.

(원문 S. 82-역주)
　7. 공영방송소요재원조사위원회는 공영방송의 소요재원을 조사하면서 자신의 활동상황을 밝혔는데, 공영방송이 프로그램에 관하여 내린 결정에 관하여 평가하는 일은 어떤 것이든 자제하고 있다는 점을 특히 강조하였다. 그밖에도 자신이 행하는 조사를 좀더 객관화하기 위하여 기울이는 노력에 관해 소개했는데, 이때 세 가지 방법적 단계를 구별했다. 공영방송이 존속하는 것과 관련하여 필요한 것을 확인하되, 필요항목별로 추산한 계수를 원용한다. 방송운영의 경제성을 지속적으로 증명하되, 이는 계속 개발해야 할 표출절차를 기반으로 한다. 각 건수마다 발전시켜야 할 필요를 증명하되, 기획에서 추산한 계수를 근거로 한다.

8. 연방행정법원 원장은 제7 상고재판부의 견해를 송부해왔다. 그에 따르면 1982년 주간국가조약에 대한 바이에른 주 의회의 승인의결은 위헌이 아니라고 한다.

주간국가조약에 대하여 바이에른 주에서 승인하는 실무관행 역시 헌법에 합당하다고 재차 그는 선언한다. 그 태도를 고수하겠다는 것이다.

주의회에게 방송수신료를 책정하는 권한이 부여된 것인지 여부에 대하여 재판부는 지금까지 명백하게 자신의 견해를 밝힌 바 없는데, 이는 그로 말미암아 전혀 문제가 생기지 않을 것이라고 판단했기 때문이라고 한다. 제청법원이 설시한 것도 그 합헌성을 반드시 부정해야 한다는 방향으로 논조를 몰아가는 것도 아니라고 한다. 하지만 기본법 제5조 1항 2문에서 방송의 국가로부터 자유라는 원칙을 보장하고 있으며, 수신료정책을 보조수단으로 공영방송에 대한 영향력이 행사될 수 있다는 것은 타당한 지적이라고 한다. 물론 그로부터 도출되는 결론은 본래 허용되지 않는 이 같은 영향력 행사는 방송의 자유에 대한 침해라는 것이라고 한다. 단순하게 남용의 가능성이 있다고 해서 그것으로 헌법위반의 근거가 확보되는 것은 아니라고 한다.

본래 허용되지 않는 특별공과금 역시 이 경우 해당되지 않는다고 한다. 하지만 유선방송 시험프로젝트 측에는 텔레비전 수신료 중 0.20마르크가 계상되어 있다고 한다. 그러나 이로써 방송수신료의 성질이 달라지는 것은 아니라고 한다. 이는 방송송출 전체에 대한 재원을 조달할 목적으로 납부하는 공과금일 뿐이라고 한다. 그에 속하는 일부의 하나로 광대역유선망 시험도 들 수 있다고 한다. 이 경우 공영방송의 과업을 본래 허용되지 않을 범위까지 확장한 것은 아니라고 한다. 주변사정이 위와 같으므로 유선방송요금에 관하여 목적이탈이라고 평가할 수는 없다고 한다.

(원문 S. 83 — 역주)

9. 독일연방은행 측에서도 서면을 전달해왔는데, 니더작센 주 중앙은행이 연방은행 이사진의 동의를 받아 니더작센 주 국가내각을 수신인으로 한 것이었다. 이 서면에서는 통화정책적 이유를 바탕으로 방송에 특수한 물품종목 등의 물가상승률에 방송수신료를 자동적으로 연동시켜 책정하는 방안에 대하여 경고했다.

연방헌법재판소 제7차 방송판결: BVerfGE 90, 60ff.

10. 원심절차의 원고는 무엇보다도 먼저 제청법원이 방송의 자유와 평등의 원칙을 침해했다는 점에 관하여 설시한 것에 자신도 가담한다는 견해를 밝혔다.
그후에 이들이 보완적으로 지적한 바를 살펴보면, "유선방송요금"은 기본법과 합치하지 않는다고 하면서 이는 민영방송에 대하여 보조금을 지급한다는 목적에 기여하기 때문이라고 한다. 그밖에도 이는 본래 허용되지 않는 특별공과금이라고 강조하면서 방송수신 참여자는 유선망에 연결되어 있든 아니든 관계없이 하나같이 "유선방송요금"을 지급할 의무를 부담하게 되는데, 이들 집단은 결코 동질적인 성격의 것이 아니기 때문이라고 한다.
공영방송이 프로그램에 관해 결정하는 데 미치는 정치적 영향력은 여러 가지로 증명될 수 있다고 한다. 그렇지만 현재 그의 견해를 살펴보면, 수신료 책정의 건을 의회, 즉 입법자로부터 박탈해서는 안 된다고 한다. 물론 절차는 필요하다고 하면서 이로써 공영방송의 프로그램 고권에 대하여 현재보다 더 크게 배려할 수 있기 때문이라고 한다. 특히 공영방송소요재원조사위원회는 국가부문에 너무 가깝고, 사항에 관한 권한도 너무 일방적이기 때문에 헌법적 요구사항에 부응한 것이라고 볼 수 없다고 한다.

11. 독일신문발행인연방협회의 견해를 살펴보면, 공영방송으로 하여금 방송수신료를 책정하게 하는 것은 결과적으로 다른 매체, 즉 출판부문의 기본권을 침해할 가능성을 창출한다고 지적한다. 방송수신료를 올리면 그때마다, 가계에서 매체부문에 할당해둔 예산에 부담을 주게 된다고 한다. 가계로서는 방송수신료에 어떤 영향력을 행사할 가능성이 전혀 없기 때문에, 인상될 때마다 다른 매체부문에서, 특히 정기구독출판물부문에서 절약함으로써 이를 보상한다는 것이다. 그밖에도 공영방송은 수신료 액수를 스스로 특정할 경우 다른 매체에 대한 자신의 경쟁적 상황을 개선할 수 있으며, 종사자들과 기타 권리에 대해서도 민영매체보다도 유리한 대가나 급부를 제공할 수 있을 것이라고 한다. 이와 같이 이해관계가 얽혀 있기 때문에, 오직 입법자만이 사태에 적정하게 방송수신료를 책정할 수 있는 위치를 점하고 있다고 본다는 것이다.

(원문 S. 84 - 역주)

IV.

구두변론에서 견해를 밝힌 자를 살펴본다. 바이에른 주 국가정부, 독일연방공화국 공영방송연합체와 독일제2텔레비전방송, 바이에른 방송, 공영방송소요재원조사위원회의 구성원, 원심절차의 원고, 독일연방은행, 바이에른 주 신매체담당센터, 민영방송통신협회 등이다.

B.

1982년 주간국가조약을 승인한다는 바이에른 주 의회의 의결은 그 조약의 제1단에 관한 한 기본법과 합치하지 않는다.

I.

1982년 주간국가조약은 기본법에 위배됨이 없이 바이에른 주 주법으로 전환되었다.

1. 주의회의 승인의결에 의한 주간국가조약의 주법으로의 전환과 법률공보에 공시된 주간국가조약의 전문(前文)에서 주수상이 공고함으로써 이를 공포한 것이라고 규정한 것은 기본법 제28조 1항 1문에 위반되지 않는다. 이에 따르면 각 주의 합헌적 질서는 특히 기본법에서 의미하는 민주적 그리고 사회적 법치국가의 기본원칙에 부합되어야 한다. 기본법 제28조 1항은 이로써 전체국가 즉 연방과 주 사이에 구조적 동질성이라는 측면에서 동일한 척도를 확보하려는 것인데, 이는 연방국가가 제대로 기능하기 위해서는 필수불가결한 것이다. 그러나 이로써 획일성을 확립하려는 의도는 결코 아니다(연방헌법재판소 판례집 9, 268[279] 참조). 이와는 달리 기본법은 원칙적으로 각 주의 헌법적 자율성을 전제로 하고 있다(연방헌법재판소 판례집 36, 342 [361]; 64, 301[317] 그밖의 전거와 함께 참조).

연방헌법재판소 제7차 방송판결: BVerfGE 90, 60ff.

(원문 S. 85 – 역주)

　기본법은 최소한의 동질성만을 요구하는데, 이 내용이 기본법 제28조 1항에 규정되어 있다. 기본법 제28조 1항의 협의의 해석은 주헌법에 대한 자제하는 태도에 부응하는 것이다. 그리하여 동질성이라는 요구는 이 조항에 열거되어 있는 국가구조와 국가목표에 국한되며, 이에 관련된 것이라고 해도 기본원칙에 국한된다는 것이다. 이들 기본원칙이 기본법에서 이미 구체적으로 형성되어 있다고 하더라도, 이는 주헌법에 대해 구속력을 미치지 못한다.
　각 주가 존중해야 할 법치국가적 기본원칙에는 부담을 가하는 국가행위에는 법률적 근거가 필요하다는 것, 이때 본질적인 사항에 대해서는 의회 스스로 결정해야 한다는 것도 포함된다. 이는 일정한 정도의 형식성을 그 전제로 받아들이는데, 이와 같은 형식성을 갖추지 않아도 된다면, 법치국가는 그 지주를 상실하게 될 것이기 때문이다. 이에 비해 법치국가적 요청을 어떤 형식으로 실현할 것인가 하는 것은 단지 그 형식이 법치국가의 목적달성에 본질적인 것이라면 기본법 제28조 1항 1문을 위하여 의미가 있다. 그리하여 규범으로 의무를 부과하는 것이 의회의 규범정립 의도에서 연원한다는 점을 인식할 수 있으며, 또한 특정될 수 있는 경우라면 여기에 속하는 것이다. 이것은 비공식적으로는 가능하지 않고, 오히려 형식을 갖춘 행위가 요구된다. 그러나 이러한 요청을 이행할 수 있는 특정한 형식은 법치국가의 원칙으로부터 도출할 수는 없다는 것이다.
　나아가 이들 법치국가의 기본원칙은 법률에 접근할 수 있도록 공시되어야 하는데, 그렇게 하지 않을 경우 규범을 적용받을 사람, 즉 수범자가 그 규범에 맞추어 자신의 태도를 취할 수 없을 것이기 때문이다. 그러나 이 공시에 관하여 개별적으로 어떻게 규율해야 하는지는, 공시라는 기능이 제대로 유지되고 있는 한, 여기에서 문제가 되고 있는 원칙적 차원에서는 어떤 구실도 하지 못한다. 그리하여 관할권한 있는 규범정립자는 공시할 의무를 부담하게 되는데, 그에 따르면 일반인이 현재 유효한 법에 관해서 신뢰할 만한 인지가 이루어지게 하는 것이 법치국가적 목적이므로, 이 목적을 달성할 수 있게 공포절차를 형성해야 한다는 것이다(연방헌법재판소 판례집 65, 283〔291〕 참조).
　주간국가조약을 주 내부의 법으로 전환한다는 것은 일반적인 법률의 정립절차와 다른데, 주간국가조약에는 규범의 내용이 이미 포함되어 있다는 점이 바로 그것이다.

(원문 S. 86 – 역주)

이와 대조적으로 의회의 의결은 오직 의회 자신이 아닌 그 외부에 자리잡은 법률적 내용에 대하여 법률로 명령을 발할 뿐이다. 따라서 이는 일차적으로는 주 내부에 대한 구속성을 규범에 부여한다는 의미이다. 이에 따라 의회의 의결은 이로부터 전환의지가 명확하게 드러나야 하며, 그 규범의 수신자들로 하여금 법적용명령이 관할권한 있는 기관으로부터 발령되었다는 점을 인식할 수 있는 형태로 이루어져야 한다. 그러나 이것이 의회의결 자체의 공포를 요구하는 것은 아니다. 이때 포기할 수 없는 것은 규범내용의 공포이다. 반면에 – 그 자체로는 내용이 없고, 주간국가조약을 원용하여 행하는 – 승인의 의결에 대하여 (주수상의 – 역주) 인증이나 공시가 결여되었다고 하더라도, 규범내용의 인식이나 주 내부적인 유효성에 대한 확신이 침해되지 않는다. 이와 같은 요구사항은 바이에른 주의 실무관행상 여전히 유지되고 있다.

2. 기본법 제28조 1항 1문과 나란히 기본법 제20조 3항 역시 주헌법을 직접 기속하는지 여부에 대해서 굳이 여기에서 단정적으로 판단할 필요는 없다(연방헌법재판소 판례집 1, 208〔233〕; 2, 380〔403〕 참조). 왜냐하면 그 조항이 직접적인 기속성을 가지는 경우라 하더라도 그 조항으로부터 주간국가조약을 주법으로 전환할 때 의회의 의결 및 공포와 관련하여 추가적으로 또 다른 요구조건이 필요하다는 결론이 도출되는 것은 아니기 때문이다. 법치국가의 원칙도 기본법 제20조 3항의 표현에서 뚜렷이 드러나는 것처럼, 구체적으로 명확한 명령이나 금지를 내포하고 있지 않다. 이는 오히려 구체화할 필요가 있는 것이다. 구체화작업은 관할권한 있는 해당 기관의 사안이다. 법치국가 원칙의 폭이나 불확정성을 감안할 때 입법자에 대한 구체적인 기속사항을 도출하는 작업은 신중하게 이루어져야 한다(연방헌법재판소 판례집 57, 250〔276〕; 65, 283〔290〕). 이는 법치국가 원칙의 본질적 내용과는 무관한 형식에 관한 요구의 경우 특히 그러하다. 따라서 바이에른 주의 실무관행은 또한 이러한 관점에서도 이의제기가 가능하지 않다.

연방헌법재판소 제7차 방송판결: BVerfGE 90, 60ff.

(원문 S. 87 — 역주)

II.

1982년 주간국가조약 제1조에서 규정되었고, 바이에른 주 의회의 승인결정을 거쳐 바이에른 주의 주법률로 이미 전환된 방송수신료의 확정은 기본법 제5조 1항 2문의 요구조건에 부응하지 않는다.

1. a) 기본법 제5조 1항 2문은 방송의 자유를 보장한다. 방송의 자유는 개인과 공공의 자유로운 의사형성에 기여한다(연방헌법재판소 판례집 57, 295 〔319〕; 83, 238〔295f.〕 참조; 최근의 것으로 연방헌법재판소 판례집 87 181〔197〕 — 라디오방송 3 — 결정 HR 3-Beschluss 참조). 개인의 인격적 발전은 물론이며, 또한 민주적 질서의 전제조건인 자유로운 의사의 형성은 의사소통의 과정에서 이루어지며, 이 과정은 정보와 의사를 전파하며 스스로 의사를 표현하는 언론매체가 없다면 결코 유지될 수 없을 것이다. 언론매체 중에서도 방송은 그가 지닌 전파효과, 시사성 및 암시력으로 인해 특히 중요한 매체이다. 따라서 자유로운 의사의 형성은 방송이 그 자체로 자유롭고, 포괄적이며, 진실에 기초한 정보를 제공하는 경우에만 성공할 수 있다. 따라서 현대의 대중적 의사소통이라는 여건하에서 기본법 제5조 1항의 규범목표를 달성하는 것은 방송의 중개기능을 기본권으로 보호하는 데 대부분 종속되어 있는 것이다.

방송은 자신의 중개기능을 프로그램을 통해 이행하는데, 물론 이때 프로그램이란 정치적·정보제공적 부분만을 말하는 것은 결코 아니다. 그러므로 방송의 자유는 무엇보다 먼저 프로그램의 자유를 의미한다(연방헌법재판소 판례집 59, 231〔258〕; 87, 181〔201〕 참조). 프로그램의 자유란 프로그램의 선정, 내용, 형태가 방송의 사안을 유지하고, 저널리즘적 기준을 지향하도록 보장하는 것이다. 그리하여 자신의 전문가적 척도를 근거로 삼아 저널리즘적 시각에서 볼 때 법률이 규정한 방송의 임무가 요구하는 것이 무엇인지를 결정하는 것은 방송 그 자체이다. 결국 저널리즘적 목적 이외에 방송을 이용하는 것은 방송의 자유와 합치하지 않는다(연방헌법재판소 판례집 87, 181〔201〕 참조). 이는 프로그램에 대한 제3자의 직접적 영향력 행사는 물론이며, 프로그램 자유를 간접적으로 침해할 수 있는 영향력에도 그 효력을 미친다(연방헌법재판소 판례집 73, 118〔183〕 참조).

(원문 S. 88 – 역주)

　방송을 타용도로 활용하려는 위협은 국가에 의해서뿐만 아니라 제 사회세력에 의해서도 발생할 수 있다. 이러한 이유에 비추어보면 기본법 제5조 1항 2문을 단순하게 국가를 겨냥한 방어권으로만 이해하는 것은 결코 충분하지 못할 것이다. 방송은 국가에 내맡겨서도 안 되고, 어떤 사회세력에 내맡겨서도 역시 안 된다(연방헌법재판소 판례집 12, 205〔262〕 참조). 기본법은 오히려 사회에서 중요한 역할을 하는 다양한 주제와 견해를 방송이 수용하고 반영하도록 보장하는 적극적 질서를 필요로 한다. 이 같은 목적을 위해서는 방송의 과제를 지향하며 기본법 제5조 1항이 전체적으로 달성하고자 하는 바를 성취하는 데 필요한 실질적·조직적·절차적 제 측면에서 규율하는 것이 필수적이다(연방헌법재판소 판례집 57, 295〔320〕; 83, 238〔296〕 참조).

　따라서 국가는 포괄적으로 이해해야 할 방송의 자유를 보장하는 주체로서 필수적인 존재이지만, 다른 한편으로 국가의 대표자는 그만큼 방송의 자유를 국가의 이해관계에 종속시킬 위험을 안고 있다. 국가가 의사소통매체에 대하여 간섭하지 못하게 하는 것은 의사소통의 기본권이 세웠던 목표이며, 보도에 대한 국가의 통제로부터 방어하는 것은 오늘날도 이 기본권의 가장 중요한 적용영역이다(연방헌법재판소 판례집 57, 295〔320〕 참조). 기본법 제5조 1항 2문은 방송물을 송출하는 방송사나 회사를 국가가 직·간접적으로 지배하는 것을 배제한다(연방헌법재판소 판례집 12, 205〔263〕 참조). 그러나 이와 같은 지배를 금지하는 것으로 국가에 대한 방송의 자유의 보장이 끝나는 것은 아니다. 오히려 방송을 정치의 도구화하는 것은 어떤 형태이든 배제되어야 한다.

　이와 같은 보호는 방송을 직접 조종하거나 모종의 응징조치를 가한다는 따위의 명백한 위험에 관련되는 데 그치지 아니한다. 보호는 오히려 국가기관이 프로그램에 대한 영향력을 행사하거나, 방송종사자에게 압력을 가하는 등 보다 교묘한 간접적인 영향력을 행사하는 것도 포괄해야 한다(연방헌법재판소 판례집 73, 118〔183〕). 국가는 이와 같은 수단을 보유하고 있는데, 국가는 기본법 제5조 1항의 규범목적이라는 이익을 확보하기 위해 방송을 조직하고, 인허하며, 전송대역을 할당하고, 감독하며, 부분적으로 재원까지 조달하는 일을 담당하기 때문이다. 이로 인해 국가는 저널리즘적 활동에 대한 영향력을 행사할 가능성을 갖게 되는데, 이 같은 영향력 행사는 가능한 한 넓게 배제되어야 한다.

(원문 S. 89 – 역주)

이는 형성행위 및 설립행위와 같이 일회적인 경우보다 각개 설비나 감독과 같이 반복적인 조치에 대해서는 더욱 타당한 지적이다.

이 같은 이유에서 연방헌법재판소는 국가의 인허관청이 민영방송사에 대하여 면허를 부여할 때 사안에 맞지 않는 배려가 결정에 영향을 미칠 수 있게 하는 행동이나 가치평가의 여지를 부여해서는 안 된다고 판시한 바 있다. 그와 같이 자유롭게 가치평가할 여지가 준비단계에서 이미 압력수단으로 작용할 수 있고, 그에 따라 "자기검열"이 더욱 격화될 수 있다면, 이런 경우 특히 재량의 여지를 부여해서는 안 된다. 따라서 프로그램 내용의 평가를 불가피하게 하거나, 이것의 충족이 프로그램의 내용에 대해 간접적으로 효력을 미치게 하는 재량의 구성요건 또는 판단여지는 기본법 제5조 1항 2문과 합치하지 아니한다(연방헌법재판소 판례집 73, 118〔182f.〕). 이 같은 이유에서 연방헌법재판소는 주파수 배정에 관한 노르트라인-베스트팔렌 주의 규정에 대해서 이의제기의 여지가 있다고 판단했는데, 이는 그 규정이 주파수 배정과 결부되어 있는 구체적인 신청자와 이들이 공급할 프로그램 중에서 선정할 때 주정부에 재량권을 부여하고 있기 때문이다(연방헌법재판소 판례집 83, 238〔323〕 참조).

입법자가 개입했다는 점만으로 보호필요성의 요건을 충족시키는 것은 아니다. 하지만 입법자는 제3자의 저널리즘적 관계가 아닌 기타 이해관계로부터 방송의 자유를 보호할 의무를 부담하게 되고, 그에 따라 기본법 제5조 1항의 규범목적을 달성할 것을 보장하는 적극적 질서를 창출해야 한다. 그러나 이 점과 상관없이 입법자 자신이 방송의 자유를 위협하는 원천이 될 수 있는데, 그 이유는 방송을 도구화하려는 성향은 정부에만 있는 것이 아니라 의회에 진출한 정당에도 있기 때문이다. 국가권력의 일부로서 의회도 공공의 통제하에 종속되어 있다. 공공의 통제는 근본적으로 언론의 자유에 종속되어 있으므로, 의회에 대해서도 방송의 기능을 담보할 법률적 프로그램 기준을 넘어

서면, 마찬가지로 방송사의 프로그램의 내용과 형식에 대한 어떤 영향력을 행사할 가능성도 허용해서는 안 된다(연방헌법재판소 판례집 73, 118[182]; 83, 238[323f.]).

(원문 S. 90 — 역주)

b) 이들 기본원칙은 공영방송의 재원을 조달하는 경우에도 준수해야 한다. 민영방송 프로그램에 의한 방송공급의 확대과정에서 입법자는 방송이 자신의 고전적 임무를 여전히 충족할 수 있도록 보장해야 하는데, 이 고전적 임무에는 어떤 의사나 의도의 형성에 대한 역할과 함께, 오락과 정보제공은 물론이고, 문화적 책임까지 포함된다(연방헌법재판소 판례집 73, 118[158]). 공영방송이 이 임무를 성공적으로 수행해내면서, 민영방송사와 경쟁관계를 유지할 수 있을 경우에만 광고로 재원을 조달하는 민영 프로그램에 대해서는 공영방송 프로그램보다 덜 엄격한 요구조건을 제기하는 현행의 이원적 방송체제가 기본법 제5조 1항 2문과 합치한다고 볼 수 있다(연방헌법재판소 판례집 73, 118[158f.]; 74, 297[325]; 83, 238[297] 참조). 물론 이 규범이 공방송에 대해 특별한 재원조달규정을 지정한 것은 아니다. 그러나 전술한 바에 의하면, 공영방송으로 하여금 이원적 방송체제하에서 자신에게 부여된 임무를 수행할 수 있게 하면서, 그와 동시에 재원확보에 관한 결정이 프로그램에 대한 정치적 영향력 행사의 방편으로 이용되는 것으로부터 공영방송을 효과적으로 보호하는 재원조달 방식이 요청된다.

aa) 공영방송의 기능에 걸맞은 재원조달의 필요성은 연방헌법재판소가 이미 초기에 제시한 요구이다. 재원의 확보는 그 종류와 규모에 있어 공영방송의 과제에 부합되는 것이어야 한다. 이에 따르면 공영방송에 적합한 재원조달의 종류는 수신료에 의한 것이다(연방헌법재판소 판례집 73, 118[158]; 87, 181[199] 참조). 수신료에 의한 재원조달은 공영방송으로 하여금 시청률이나 광고의 수주와는 무관하게 대상이나 의사의 다양성이라는 측면에서 헌법상의 요구사항에 부응하는 프로그램을 공급할 수 있는 여건을 마련해준다. 시청료에 의한 재원조달은 공영방송이 이원적 체제에서 방송프로그램으로 이 기능을 흠결 없이 수행하는 것과, 주민에 대한 기본적 방송공급을 담보하는 것에서 그 정당성을 갖는다(연방헌법재판소 판례집 73, 118[1058] 참조). 대상의 폭이나 주제의 다양성이라는 면에서 현재 민영방송이 지니고

연방헌법재판소 제7차 방송판결: BVerfGE 90, 60ff.

있는 결함은 공영방송이 제 기능을 충분히 발휘하고 있는 한도 내에서만 감수할 수 있는 것이기 때문에 수신료 납부의무가 수신자의 이용습관은 고려하지 않고, 단지 수신기기의 보유 여부만을 근거로 결정되는 방송참가자의 지위와 연계시키는 것도 정당화되는 것이다(연방헌법재판소 판례집 87, 181 〔201〕 참조).

(원문 S. 91 – 역주)

시청료에 의한 재원조달 이외에 다른 재원조달 방식도 허용되며, 이는 나아가 공영방송의 독립성을 강화시킬 수도 있다. 광고에 의한 재원조달이 여기에 속한다. 그러나 광고는 프로그램과 다양성을 더욱 협소하게 하는 경향이 있기 때문에, 광고를 빌미 삼아 시청료에 의한 재원조달의 비중을 지나치게 낮추어서는 안 된다(연방헌법재판소 판례집 87, 181〔200〕 참조). 물론 현재로서는 이와 같은 한계를 넘어섰다고 볼 수 없다.

재원조달의 규모라는 측면에서 역시 결정적으로 중요한 기준은, 공영방송이 얼마나 제 기능을 수행하느냐에 이원적 방송체제의 헌법상 허용 여부가 달려 있다는 점이다. 이로부터 연방헌법재판소는 일단 입법자가 이원적 방송질서를 채택하기로 매체정책상 기본적인 결정을 내린 이상 공영방송의 존속과 발전을 보장해야 한다는 결론을 도출했던 것이다(연방헌법재판소 판례집 73, 118〔158〕; 74, 297〔324f.〕; 83, 238〔298〕 참조). 공영방송의 존속과 발전을 보장하려면 방송수탁임무를 이행하기 위해 소요되는 재원수단도 확보해주어야 할 필요가 있다. 존속 및 발전의 보장은 동시에 재원조달의 보장인 것이다. 그와 마찬가지로 기본법 제5조 1항 2문에서 도출되는 공영방송의 권리, 즉 자신의 기능을 수행하는 데 소요될 재원을 확보할 권리도 이 같은 보장에 부응하는 것이다(연방헌법재판소 판례집 87, 181〔198〕 참조).

기능을 수행하는 방식에 있어서 공영방송은 원칙적으로 자유롭다. 헌법에서 미리 규정되고, 법률에서 좀더 세세하게 재규정된 기능이 저널리즘적 관점에서 무엇을 요구하는지를 특정하는 것은 오로지 공영방송의 몫이다. 이것이 바로 기본법 제5조 1항 2문의 기본권 보장이 지닌 의미이다. 기본권의 보장은 우선 프로그램의 내용과 형식에 관련된 것이다. 그러나 필요한 것으로 간주되는 내용과 형식에 대한 결정에는 이를 실현하기에 필요한 시간, 그리고 프로그램의 수와 규모에 관한 결정 역시 포함되어 있다.

(원문 S. 92 - 역주)

따라서 원칙적으로 이들 결정도 마찬가지로 방송의 자유의 보호대상으로 파악되는 것이고, 그러므로 이는 일차적으로는 공영방송의 관할사항인 것이다(연방헌법재판소 판례집 87, 181〔201〕 참조).

그러나 이는 프로그램에 대하여 법률에서 한계를 설정하는 것이 처음부터 헌법과 합치되지 않는다거나, 역으로 공영방송이 프로그램에 관하여 결정하면 그것이 무엇이든 재원을 확보해주어야 한다는 것을 의미하지는 않는다. 공영방송은 이원적 방송체제하에서 고전적 방송수탁임무에 부응하는 프로그램이 전체 주민에게 공급되도록 조치해야 하는데, 이 같은 프로그램은 민영방송과 경쟁할 수 있어야 한다. 공영방송은 이 같은 기능을 위해 요구되지 않는 프로그램을 실현할 헌법차원의 청구권을 보유한 바 없다. 오히려 공영방송을 위해 무엇보다도 재원조달 역할을 하는 방송참여자를 동원하는 것도 이 기능충족에 필요한 정도에 한해서만 정당화될 수 있을 뿐이다(연방헌법재판소 판례집 87, 181〔201〕 참조).

그러나 프로그램의 자유와 재원확보 사이의 긴밀한 연관관계는 또한 수신료를 확정할 때 입법자의 자유에 맡기는 것을 금지한다. 이렇게 하지 않을 경우 입법자는 재원조달에 제한을 가하는 방식으로 프로그램에 대해 영향력을 행사할 수 있는데, 이는 헌법이 금지하는 바이다(연방헌법재판소 판례집 74, 297〔342〕 참조). 그렇다고 공영방송 스스로 재원조달의 윤곽을 특정할 수는 없는데, 그 이유는 이들이 언제나 그 기능에 필수적인 범주를 벗어나지 않고, 방송참여자의 이 재원에 관한 이해관계를 충분히 배려한다고 보증할 수 없기 때문이다(연방헌법재판소 판례집 87, 181〔202〕 참조). 연방헌법재판소는 이로부터 입법자는 공영방송에 어떤 프로그램을 송출하는 것이 이들의 특수한 기능에 부합하는 것은 물론이고, 이 기능을 보존하는 데 필요한 경우 이 같은 프로그램의 재원조달을 가능하게 해야 한다는 결론을 내렸다(연방헌법재판소 판례집 74, 297〔342〕; 87, 181〔202〕).

이 간결한 내용의 공식에 의해 기본권으로 보장된 공영방송의 프로그램에 관한 자율성과 입법자가 수행해야 할 방송참가자의 보호할 가치 있는 이익 사이에 적절한 조정이 이루어진다.

연방헌법재판소 제7차 방송판결: BVerfGE 90, 60ff.

(원문 S. 93 - 역주)

이 공식으로 말미암아 또한 그때마다 필요한 적응조치도 허용된다. 왜냐하면 이 기능을 수행할 때 개별적 상황에서 요구되는 것은 끊임없이 변화하는 주변여건에 따라 달라지는데, 이 여건의 예로 기술적 발전과 민영방송의 태도를 들 수 있으며, 특히 이들 민영방송에 대하여는 이원적 방송체제 하에서 공영방송이 경쟁력을 갖추고 있어야 하는데, 이는 공영방송이 기본법 제5조 1항 2문의 요구사항을 전체적으로 충족시킬 수 있어야 하기 때문이다(연방헌법재판소 판례집 87, 181〔203〕참조).

bb) 국가에 의한 수신료 확정을 통해 발생할 수 있는 프로그램의 자율성에 대한 침해로부터 보호하기 위해 방송의 자유가 어떤 사전조치를 취할 것을 요구하는가 하는 문제는 연방헌법재판소 판례에서 아직 규명된 바 없다. 제청결정으로 말미암아 이제 그에 대한 답변을 회피할 수 없게 되었다.

(1) 재원의 확보는 면허의 발급과 전송대역의 배정과 유사하게(연방헌법재판소 판례집 73, 118〔182ff.〕; 83, 238〔322ff.〕참조), 방송의 자유를 행사하기 위한 기본적 전제조건 가운데 하나이다. 기본권으로 공영방송에게 부여된 프로그램 형성권한이 국가의 재원확보에 종속되어 있기 때문에, 재원조달에 관한 결정, 즉 수신료를 방송사의 주수입원으로 확정한 것은 공영방송의 방송수탁임무의 수행과 경쟁력에 대하여 간접적인 영향력을 행사할 수 있는 특히 효과적인 수단이다. 공영방송 측에서 보면 이 수단을 위협적으로 사용하는 것은 수신료 결정에 참여하는 사람들의, 저널리즘적 자유에는 결손이 발생할 수 있는 유형무형의 기대에 적응하는 결과를 초래할 수 있다.

방송의 자유에 대한 이 같은 위협을 저지하려면 국가에 의한 방송의 재원조달을 그 목적에 엄격하게 기속시키는 수밖에 없다. 그렇게 해서 공영방송으로 하여금 그의 기능을 수행하는 데 필요로 하는 프로그램을 구현할 수 있도록 하고, 그리하여 이와 같은 방식으로 주민에 대한 기본적 방송공급을 담보할 수 있도록 해야 한다. 이에 반해서 수신료 확정은, 특히 이원적 방송체제에서는 프로그램의 조종이나 매체정책적 목적으로 이용되어서는 안 된다.

(원문 S. 94 - 역주)

이는 입법자에게 매체정책적 또는 프로그램 유도적 성격의 결정을 전면적으로 금지하였다는 의미는 결코 아니다. 이와 반대로 오히려 입법자는 기본법 제5조 1항에서 설정된 헌법상 목적을 존중하면서 광범위한 형성의 여지를 향유하고, 그에 따라 그는 다양한 모델의 방송질서를 선정하고, 조합하는 것은 물론이고, 일단 어떤 모델을 선정했다고 할지라도 다시 이를 다양한 방식으로 형성할 수 있다. 이 점을 연방헌법재판소는 항상 강조해왔다(연방헌법재판소 판례집 12, 205〔262〕; 57, 295〔321f.〕; 83, 238〔296, 315f., 324〕 참조). 그와 마찬가지로 그는 또한 기본법 제5조 1항 2문이 규정해둔 그 틀 안에서 방송사의 프로그램에 대하여 다양한 요구사항을 구성할 수 있다(연방헌법재판소 판례집 12, 205〔263〕; 57, 295〔325f.〕; 83, 238〔316〕 참조).

그러나 이와 같은 종류의 목적을 달성하기 위해 입법자는 일반적인 방송법률의 정립이라는 수단을 원용하고 있다. 한편 입법자는 수신료 확정이라는 수단을 통해 이 같은 목적을 추구한다든지, 이러한 방식으로 수신료 인상의 시기, 규모, 유효기간 등에 관한 결정으로 이 같은 목적을 은폐시킬 권리는 보유한 바 없다. 수신료 확정에 대해서는 오히려 프로그램에 관한 중립성과 프로그램에 대한 부수성 등의 원칙이 그 효력을 미친다. 그리하여 공영방송이 헌법에 의해 제시되었으며, 법률에 의해 구체화된 방송수탁임무라는 틀 안에서 경제성과 절약성이라는 원칙을 고려해 내린 프로그램에 관한 결정이 수신료 확정의 기초가 되어야 한다. 입법자는 자신이 적절한 프로그램이라고 독자적으로 구상한 바를 기초로 공영방송의 결정으로부터 벗어나는 일을 행해서는 안 된다. 이에 반해 입법자가 그와 같이 결정할 때 공영방송이 충분히 구현할 수 없었던 수신자의 정보접근 이익이나 재산적 이익을 고려할 수 있는데, 그것까지 금지되는 것은 아니다.

(2) 물론 일반적인 미디어정책적 결정과 수신료에 관한 결정을 구분해야 한다는 원칙은 그 자체로 충분히 효과적인 것은 아니다.

(원문 S. 95 – 역주)

이는 방송정책 또는 프로그램 조종과 같은 종류의 것으로서 목적에 위반되는 고려사항일지라도 수신료 확정시 일반적으로 외부로 드러나지 않는 것과 연계되어 있다. 모든 주가 주간국가조약을 합의하는 체제하에서는 이미 개별 주정부수반들은 목적에 위배되는 고려사항으로 그 결정에 대하여 상당한 영향력을 행사할 수 있는데, 그와 같은 오류는 통상의 예에 따르면 발견되지도 않거니와 증명될 수도 없는 것이다.

연방헌법재판소 제7차 방송판결: BVerfGE 90, 60ff.

　수신료 결정의 결과를 보면 이 같은 결정이 헌법상 요구에 부응하는지, 또는 추구해서는 안 될 목적에 의해 결정된 것인지를 알아내기 힘들다. 하지만 수신료에 관한 결정은 결코 자유로운 것이 아니라 기속된 결정이므로, 이는 공영방송으로 하여금 그 기능의 구현에 요구되는 프로그램의 재원조달을 가능하게 해야 한다(연방헌법재판소 판례집 87, 181〔202〕참조). 그러나 이 같은 기준은 수신료의 액수를 이로부터 도출할 수 있을 정도로 세세하게 구체화될 수는 없다. 공영방송의 기능을 수행하는 데 어떤 규모의 프로그램이 요구되는지 정확히 결정을 내릴 수 없으며, 그리고 필요한 프로그램의 재원조달을 위해 어떤 재원수단이 요구되는지도 정확하게 확정할 수는 없다. 이는 공영방송이 자신의 기능을 이행하는 데 훼손되지 아니하는 범위 내에서 가능한 모든 합리화 가능성을 소진되도록 활용했는가 하는 문제에도 해당한다(연방헌법재판소 판례집 87, 181〔206〕참조).

　이보다 훨씬 더 정확한 기준을 개발하는 것은 그 자체로 불가능한데, 이는 이와 같은 딜레마가 구조적인 조건을 이루고 있기 때문이다. 기능수행에 필요한 재원수단을 외부에서 정의한다는 것은 배제되는데, 이는 기능수행이 바로 공영방송의 내부적 자유영역에 속하는 것이기 때문이다. 하지만 기능을 추상적으로 확정하고, 이에 따라 동시에 소요재원의 외곽한계를 설정할 가능성은 여전히 남아 있다. 물론 필요한 재원수단을 계산해낼 정확한 척도는 그 밖에도 여러 가지 있겠지만, 특히 기능수행의 방식을 확정한다는 것을 그 전제로 세우고 있다. 이 경우 기능의 수행은 더 이상 자유의 행사가 아니고, 이미 사전에 규정되어 있는 프로그램을 집행하는 것이며, 따라서 이는 기본법 제5조 1항 2문의 자유의 보장과는 모순될 것이다.

(원문 S. 96 – 역주)

　이 같은 여건하에서는 목적에 위배되는 권한의 행사에 대하여 그밖의 예방조치는 충분하지 아니하다. 그래서 사후적인 통제만 행하기로 확정할 수도 있는데, 이는 어떤 오류가 법적 형태의 절차를 거쳐 확인될 수 있고 교정될 수 있어야 한다는 것을 전제로 한다. 그러나 수신료 결정에 관한 한 이와 같은 가능성은 매우 한정된 범위에 그친다. 본래의 목적과는 거리가 먼 영향력의 경우 발견되지도 않거니와 결정한 결과에서 포착해낼 수도 없기 때문에, 결국 사후에 이를 교정하는 것 역시 불가능하다. 따라서 수신료에 관한 권한을 분명히 남용했는데도 이에 대하여 통상적인 권리구제수단으로 다툴 수 없다면, 이는 방송의 자유가 요구하는 바에 부응하는 것이 아니다. 그리하여 위험에 대해 원천적으로 대처하고 위법한 권한의 행사를 가능한 한 넓게 배제하는 법적 구조를 마련해야 한다. 이러한 점에서 방송의 재원조달에 대해서도 면허발급이나 주파수 배정의 경우와 다를 바 없는 것이다.

이에 부응하는 구조는 그 대상에 적합한 절차규정의 형태로만 나타날 수 있을 뿐이다. 전술한 종류의 상황은 기본권의 효력이 확장되어 절차적 보호에 이르게 되었다(연방헌법재판소 판례집 53, 30〔65f.〕와 여기에서 벗어나는 소수견해는 같은 곳, S. 71ff. 참조). 특히 이 영역에서 절차적인 기본권보호가 요구되는데, 이는 기본권이 자신의 실질적인 보호기능을 충분히 수행할 수 없는 그 영역이기 때문이다. 예컨대 어떤 기본권이 기본권에 중요한 특정한 국가적 조치에 대하여 전혀 실질적 기준을 제공할 수 없고, 그에 따라 기본권을 척도로 한 결과통제의 기능을 결하고 있는 경우가 바로 여기에 해당된다. 나아가 실질적인 척도에 비추어 결과의 통제가 아직 가능하다고 하더라도, 기본권에 대한 침해가 더 이상 교정될 수 없는 시점에 와서야 비로소 통제행위가 이루어진 경우도 역시 이에 해당된다. 이 두 가지의 경우에는 기본권의 보호를 결코 결정의 결과에 연계시킬 것이 아니라, 결정의 모색단계에까지 끌어내야 할 필요가 발생하는 것이다. 국가에 의한 방송의 재원조달의 경우 역시 이와 같은 조건을 요구받고 있다.

2. 지금까지 행해진 수신료 확정절차는 절차에 관한 기본권보호라는 요구를 전면적으로 충족시키지 못하고 있다.

(원문 S. 97 – 역주)

a) 현행 수신료 확정의 절차는 공영방송에 대하여 방송수탁 임무를 이행하는 데 필요한 재원수단을 충분하게 담보해 주지도 못하며, 공영방송의 프로그램 형성에 대한 국가의 영향력을 효과적으로 배제하지도 못하고 있다.

aa) 원심절차에 대하여 기준으로 삼았던 기간 중에는 수신료 확정에 대하여 상대적으로 상세한 법규정 자체가 결여되었다. 방송에 대한 입법권을 보유하고 있는 각 주[12]는 단지 공영방송이 일차적으로는 방송참여자의 수신료로 재원을 조달해야 하며, 수신료는 연방 전역에 걸쳐 통일적으로 그 효력

연방헌법재판소 제7차 방송판결: BVerfGE 90, 60ff.

을 미쳐야 한다는 것에서 출발하고 있다. 이에 따라 1974년 방송수신료에 관한 주간국가조약 제3조 1항에 수신료의 수준은 각 주가 주간국가조약으로 확정해야 한다고 규정한 바 있다. 수신료를 확정할 때 그 기준이나 절차에 관하여 좀더 세세하게 규율해야 하는데, 주간국가조약은 그렇게 하지 않았다. 실무를 살펴보면 이 조약을 체결하기 이전에 주수상간에 협상이 선행된 바 있다. 이 조약은 바이에른 주에서는 승인의결을 통해서, 그밖의 주에서는 주의회의 승인법률을 통해서 주법으로 전환되었다.

이들 주수상들이 수신료를 조정한다고 결정할 때 공영방송소요재원조사위원회의 심사결과 보고서를 판단의 근거로 삼았다. 공영방송소요재원조사위원회의 심사결과 보고서는 다시 공영방송이 소요재원에 관하여 신고한 바를 기초로 삼은 것이므로, 이는 프로그램 기획에 관한 평가는 자제한 것이다. 주수상의 견해에 따르면 물론 공영방송은 소요재원에 관하여 계획을 수립할 때 공영방송소요재원조사위원회가 권고한 재원규모의 대강을 이미 고려했어야 한다는 것이다. 공영방송소요재원조사위원회는 이 규모의 대강을 기반으로 하여 심사하며 조사한다. 공영방송이 프로그램의 확대 및 개선과 관련하여 설정한 구상과 희망은 공영방송소요재원조사위원회의 견해에 의하면 그에게 부여된 법률에 의한 과제의 범위 내의 어딘가에 자리잡은 것이라고 해도 그것 자체로 소요재원을 확대하도록 인정하는 것은 아니다. 조사위원회가 권고한 재원의 범주를 넘어서는 프로그램의 변경은 오히려 주수상, 그리고 경우에 따라서는 주의회의 미디어 정책적인 결정에 근거가 있어야만 고려될 수 있을 뿐이었다.

(원문 S. 98 - 역주)

그러나 조사위원회는 프로그램 형성에 대한 내용적 영향력 행사가 배제되도록 재원의 범주를 폭넓게 획정할 것을 약속했다(대강의 것에 관해서는, 1985년 11월 20일자 조사위원회의 제5보고서, S. 89 참조).

그렇지만 공영방송소요재원조사위원회를 투입한다고 해서 그것만으로 방송의 자유를 충분하게 담보했다고 할 것은 아니다. 이때 역시 공영방송소요재원조사위원회의 인적 구성이 사안의 객관화라는 목적에 충분히 배려한 것인지 여부, 공영방송소요재원 조사위원회가 자신의 과제를 파악하되, 공영방

---

12) 연방과 주는 입법권한을 독자적으로, 경합적으로, 중복적으로 보유한다. 방송의 경우 원칙적으로 주가 독자적인 권한을 보유한다 - 역주

송의 프로그램에 관한 자유를 충분하게 보장하는 방식으로 행한 것인지 여부 등에 대해서 전혀 확정하지 않은 상태일 수 있다. 이들 전제조건이 충족된 경우라고 하더라도, 이 절차는 주수상과 주의회가 헌법상 요구에 부응하는 결정을 내린다는 점을 보장해주지 못할 것이다.

공영방송소요재원 조사위원회는 그 자체로 독립적 전문가를 투입한 것이라고 하지만, 결국 주수상회의의 단순한 보조기구로서 설립된 것이었다. 이들의 권고사항은 주정부와 주의회 등의 판단을 보조하는 데 기여했다. 그리하여 수신료에 관한 결정 그 자체는 각 주의 주정부수반과 주의회 등이 순수하게 정치적으로 행하는 결정으로서 형성된 것이다. 수신료 결정은 보다 세세한 실체법상 또는 절차법상의 기속에도 종속되지 않았고, 그 시기나 규모와 관련하여서도 역시 각 주의 주수상과 주의회 등이 자유롭게 처분하도록 맡긴 것이다. 연방소속 여러 주는 연방 전역에 통일된 수신료를, 즉 주간국가조약을 통해서만 변경할 수 있도록 확정한 바 있기 때문에, 어떤 주 하나만 거부권을 행사해도 결정을 지연시키거나 저지하는 것이 가능했는데, 이로 말미암아 공영방송의 기능수행능력을 유지하기 위해 수신료를 상향조정할 필요가 있는데도 이에 관하여 전혀 배려하지 못한 결과를 초래했던 것이다.

bb) 그 사이에도 이러한 법적 상태는 심지어 1987년자 방송에 관한 주간국가조약에서 일단 행해졌으며, 현재 효력을 미치고 있는 1991년자 통일독일의 방송 분야에 관한 주간국가조약에서 대부분 수용된 상당히 세세하게 규율한 작업에 의해서도, 그리고 1988년과 1992년의 주수상결정에서 공영방송소요재원조사위원회가 새로 규율한 작업에 의해서도 근본적으로 변경된 것 없이 그대로 유지되고 있다.

(원문 S. 99 - 역주)

물론 방송에 관한 주간국가조약(방송조약) 제10조 1항에서 공영방송의 재원확보는 헌법과 법률에 의해 그에게 부과된 과제의 수행이 반드시 가능하도록 해야 하며, 그의 존속과 발전을 반드시 보장해야 한다고 규정하고 있으며, 이로써 이원적 방송질서라는 여건하에서 공영방송이 차지해야 할 지위와 관련하여 기본법 제5조 1항 2문에서 도출되는 원칙을 수용하고 있다(연방헌법재판소 판례집 73, 118[158]; 74, 297[324f.]; 83, 238[298]; 87, 181[199f.] 참조). 그밖에도 방송조약 제12조 1항부터 3항까지 공영방송의 소요재원을

연방헌법재판소 제7차 방송판결: BVerfGE 90, 60ff.

조사할 때 고려해야 할 다양한 관점을 규정하고 있으며, 그와 함께 고도의 객관성을 요구하고 있다. 하지만 이 같은 규정들은 방송수탁임무의 수행에 필요한 재원의 규모를 충분하고 정확하게 결정할 수 없거나, 적어도 HR-3-결정[13]에서 발전시킨 척도를 넘는 수준에서 제한할 수 있다.

방송에 관한 주간국가조약 제12조 1항부터 3항까지의 조항이 각 주의 주수상과 주의회가 행한 수신료 결정에 대하여 과연 효력을 미치는지의 여부에 대해서 이때 굳이 판단하지 않더라도 논의를 계속할 수 있다. 이 규정이 효력을 미친다고 하더라도, 이 규정은 공영방송의 프로그램 자유와 국가의 재정보장의무 사이의 관계가 긴밀하게 연관되어 있으므로, 이로부터 일어나는 딜레마를 해소할 능력이 없는데, 이는 수신료를 결정하기 위한 충분히 특정할 만한 내용적 기준이 결여되어 있기 때문이다. 그렇다고 해서 이 규정에 관한 규범적 내용을 전면적으로 부정할 수는 없다. 이 규정은 오히려 기존의 허용된 방송프로그램들이 문제시되지 않아야 하고, 조사작업에 기초를 제공함으로써 이들 방송프로그램들이 경쟁력을 갖추고 계속 유지될 수 있게 하는 것이 심사대상이 되는 경우에 한해서만 소요조사를 유도한다(1호). 나아가 공영방송이 새로운 방송기술의 활용에 참여할 때 투입될 비용도 역시 고려해야 한다(2호). 게다가 일반적인 것 그리고 방송에 특수한 것 등을 불문하고 비용의 변천추세와(3호) 광고수입의 추세(4호) 역시 중요하다.

그러나 방송에 관한 주간국가조약 제12조 2항의 배려의 원칙과 제12조 3항의 객관화의 목적도 불가피하게 원칙적인 것의 범주 안에 머물러 있으며, 재원조달에 척도를 제공하는 필요성의 기준(연방헌법재판소 판례집 74, 297〔342〕; 87, 181〔202〕 참조)을 폭넓게 객관화하고 구체화할 수는 없기 때문에 결국 이를 근거로 수신료를 결정할 정도는 되지 아니한다는 것이다.

(원문 S. 100 - 역주)

방송에 관한 주간국가조약 제12조에서 획정하고 있는 범주에서는 오히려 조사방법과 그에 기초가 되는 변수들은 물론이고, 고려의 대상이 되는 제 요인에 대하여 비중을 부여하는 것이 조사자들에게 허용되고 있다.

이와 같이 — 세세한 사항까지 철저하게 변경하기는 불가능한 — 실체법의 상

---

13) 원문 S. 87 참조 - 연방헌법재판소 판례집 87, 181 - 역주.

황을 감안할 때 방송에 관한 주간국가조약에서는 방송의 자유를 보호하기 위해 필요로 하는 절차상의 예방조치를 전혀 취하지 아니하였음이 드러난다. 주수상과 주의회 등에 의한 수신료 액수의 결정에 관해서도 공영방송의 프로그램에 관한 자율성을 존중하면서 그 기능에 적정한 재원확보를 충분하게 보장하는 절차와 어떤 방식으로든 결합시켜야 할 것인데, 그렇게 하지 않았다.

공영방송소요재원 조사위원회의 개입은 단지 제한적으로만 이 같은 보장을 제공해준다. 한편으로 공영방송소요재원조사위원회의 설립 자체가 과거나 현재나 오직 이들 주수상의 결정에 근거를 두고 있는데, 주수상들은 이 같은 결정을 다시 폐기할 수 있다. 공영방송소요재원조사위원회의 구성, 과제, 절차는 물론 그 구성원의 독립성조차 전혀 법률에 의해 규정된 바 없다. 개정규정에서도 공영방송소요재원조사위원회는 이들 주수상들의 보조기관이라는 지위가 사라진 것은 결코 아니다. 따라서 주수상들에 의해 제시된 공영방송소요재원조사위원회의 구성 및 절차가 그밖의 사항도 있겠지만 여하튼 방송의 자유를 절차법적으로 보장해야 하는데, 그 과제에 충분히 적정하게 배려했는지 여부에 관하여 더 상세하게 살펴볼 필요조차 없게 된다. 다른 한편으로 공영방송소요재원조사위원회가 개입해도 이들의 권고가 후속 절차에서 그렇게 비중을 가지지 못하는 실정이므로 방송의 자유를 효과적으로 보장하지 못하는 것이다. 그러나 현행법에 따르면 이들 주수상과 주의회 등은 정치적인 관점에서 수신료를 조정하여 확정하거나 또는 결정 자체를 연기할 수 있는데, 그러면서도 과연 기본법 제5조 1항 2문으로부터 도출되는 기속사항을 준수했는지 여부에 관하여 전혀 확인할 가능성조차 없는 것이다.

(원문 S. 101 - 역주)

방송의 자유를 위협하는 요인들이 사실관계가 변화함으로 인하여 축소되었다고 해서, 이 같은 흠결이 그 중요한 의미를 상실하는 것은 결코 아니다. 이들 흠결은 오히려 이원적 방송체제가 근거를 확보하고 전개되어가면서 더욱 악화되었다. 한편으로 이들 공영방송의 수신료 재원에 대한 의존성은 경쟁상황으로 인하여 더욱 심화되었다. 왜냐하면 공영방송은 현행 법규에 따르면 보다 장시간의 매력적인 시간대에 광고시간을 제공할 수 있는 민영방송사들과의 경쟁에서 공영방송 자신의 기존 광고수입의 거의 절반이 감소하게 되었는데, 이 금액은 제1공영방송(ARD)의 경우에는 전체 수입의 20%, 제2공영방송

(ZDF)의 경우에는 전체 수입의 40%에 해당하는 규모이다. 이들 공영방송은 법률에서 광고를 제한하고 있기 때문에 이 같은 상황진전에 대하여 자력으로 극복할 방안이 없다. 이들은 동시에 상당한 비용증가를 감수해야 했는데, 이는 경쟁의 결과 각종 권리와 출연료에 대한 비용이 급격히 상승했기 때문이다. 다른 한편으로 이원적 방송체제하에서 수신료 결정은 공영방송이 독점적 지위를 누리던 시기와 비교해볼 때 미디어정책상 상당한 중요성을 얻게 되었다. 수신료 결정은 공영방송의 재원의 규모만 결정하는 데 그치는 것이 아니라, 민간 경쟁자에 대한 공영방송의 경쟁력에도 영향을 미친다. 의회나 정부 등의 편에서 보면 결국 이러한 사실로부터 수신료 확정이라는 수단을 통해 미디어 정책상의 목표를 추구할 수 있는 가능성이 더욱 확대된 셈이다.

b) 위에서 지적한 이들 절차상의 흠결을 정당화하는 논거로서, 다른 헌법상 요청과 갈등관계에 빠지지 않으면서 현행 규정보다 방송의 자유를 보다 잘 배려하는 다른 대안이 없다고 주장하는데, 이것 또한 허용할 수 없다. 오히려 입법자는 방송의 자유를 기존의 절차보다 좀더 효과적으로 보장하면서, 그 자체로 헌법상 우려의 소지가 없는 절차를 형성할 여지를 지니고 있다. 그리하여 이 같은 상황하에서는 입법자에게 헌법상 이론의 여지가 없는 절차를 도입할 것을 더욱 기대하게 된다.

수신료의 확정절차에 관하여 그 세부사항을 어떻게 형성해야 하는지는 입법자가 판단할 사항이다.

(원문 S. 102 - 역주)

헌법을 근거로 해서 보장되어야 할 사항은 공영방송이 자신의 과제를 수행하기 위해 필요한 재원을 확보하게 해야 하며, 수신료에 의한 재원조달을 수단으로 프로그램 형성에 가해질 수 있는 정치적 영향력을 효과적으로 배제해야 한다는 것이다.

이때 방송사의 프로그램에 관한 자율권과 국가의 재원보장에 관한 의무 사이에 밀접한 관련성이 존재한다는 점을 전제로 세워두어야 한다. 프로그램에 관한 결정은 재원에 관한 여건을 전제로 하며, 재원에 관한 결정에 따라 프로그램은 결과적으로 확정된다. 그리하여 재정의 대강에 관하여 결정하는 자가 상대적으로 강력한 관철기회를 부여받는 것이다. 하지만 이로부터 — 제청법원도 같은 취지인데 — 이들 공영방송이 수신료 수준을 스스로 결정할 권리를 가져야만 비로소 방송의 자유를 담보할 수 있다는 결론이 도출되는 것은 아니다(연방헌법재판소 판례집 87, 181〔201f.〕). 그러나 기본법 제5조 1항 2문으로부터 도출되는 국가에 대한 기속사항이 수신료 확정의 경우에도 그 효과를 발휘하도록 하는 예방조치가 필요하다. 각 부분단계의 특성에 부응하며 정치적 영향력 행사 가능성을 제한하는 단계적이며 협력적인 절차가 이에 가장 적합할 것이다.

국가의 재원보장의무는 방송수탁임무의 실현에 요구되는 프로그램에 관련되어 있는 반면에, 방송수탁임무가 프로그램이라는 측면에서 요구하는 바가 무엇인지를 규정하는 것은 원칙적으로 공영방송의 관할사항이므로, 공영방송이 이 절차에서 수동적인 역할로 제한될 수는 없다. 오히려 공영방송의 프로그램 결정에 기초한 소요재원의 신청사항이 소요재원을 심사할 때와 이에 따른 수신료를 확정할 때 그 판단의 기초가 되도록 보장되어야 한다. 수신료를 확정할 때 공영방송의 자율권의 범위 안에서 내려진 프로그램에 관한 결정을 간과해서는 안 되며, 그로부터 도출되는 재원에 관한 결론을 무시해서도 안 된다.

물론 이는 소요재원의 신청이 심사할 수 없는 접근금지의 대상이라는 의미는 결코 아니다. 수신료의 경우 시장가격의 교정(矯正)이라는 요소가 누락되어 있으므로, 오히려 수신료의 부담을 지는 방송참가자의 이익을 확보하기 위하여 외부에서 통제할 필요가 생긴다.

(원문 S. 103 – 역주)

그러나 이 같은 통제가 공영방송이 프로그램에 관하여 결정한 바가 합리적인지 또는 합목적적인지에 관련시켜서는 안 되고, 이들 프로그램에 관한 결정이 법적으로 한정된 방송수탁 임무의 범위를 벗어난 것은 아닌지, 그리고 프로그램에 관한 결정에서 도출해낸 소요재원의 결과가 타당하게, 경제성과 절약성이라는 원칙에 합치되게 산출된 것인지에만 국한되어야 한다. 그러므로 이들 통제는 결코 정치적 과제가 아니라, 오로지 전문사항적 과제일 뿐이다.

심사 및 조사 과제가 전문사항적 성격을 띠고 있다는 점에 특히 잘 부응되는 것이 바로 전문가들로 인적 구성을 갖춘 위원회에 위임한다는 방안인데, 이는 공영방송소요재원조사위원회를 형성할 때부터 이미 추구해왔던 목표였다. 물론 여기에 입법자가 관여하게 될 경우 그는 방송의 자유라는 이익을 위해서 위원회의 과제, 구성, 운영절차 등에 관하여 법률로 규정해야 하며, 각 구성원의 독립성을 법률로써 담보해야 한다는 의무를 부담하게 된다(연방헌법재판소 판례집 83, 130[151ff.] 참조). 이때 이들 절차의 각 단계가 전문적인 성격을 지니고 있다는 점으로 말미암아, 이 위원회가 공영방송소요재원 조사위원회와는 달리 방송은 물론이고, 정치로부터도 자유롭게 인적 구성을 갖추어야 한다는 점이 확연히 드러난다. 따라서 의회나 정부로부터 자유로운 각 주의 회계감사원의 구성원을 이 위원회에 포함시킬 가능성도 배제되지 않을 것이다.

헌법적 시각에서 보면 일반적인 그리고 방송에 특수한 비용의 변천추세를 고려하기 위해서 일정한 변동지수에 기초하여 계산하는 방법을 사용한다고 해도, 이것 역시 문제될 소지는 없다. 독일연방중앙은행 역시 구두변론에서 수신료 자체에 대하여 변동지수를 설정한다는 데 대하여 통화정책상 우려가 있다고 하지만, 특정한 비용요소에 대하여 변동지수를 설정하고 이를 기초로 하여 계산하는 방법에 대해서는 우려할 바 없다고 자신의 견해를 밝혔다.

수신료에 관해서는 공영방송이 제출한 소요재원 신청을 심사하고, 그 결과를 기초로 결정해야 한다. 누가 결정하며 어떻게 결정하게 되는지에 관한 것은 역시 법률로 규정해야 할 사항이다. 헌법상 담보해야 할 사항은 수신료를 결정할지라도 프로그램에 관하여 중립적 성격과 부수적 성격을 벗어나서는 안 된다는 것이다. 물론 이는 소요규모를 확인하는 범위에서 벗어나는 것을 전면적으로 배제하는 것은 아니다. 하지만 그렇게 벗어날 때에는 근거를 확보해야 하며, 그것도 오직 방송의 자유에 비추어 유지될 수 있는 것에 한한다. 프로그램에 관한, 또는 미디어정책적인 목적은 이미 지적했다시피, 여기에 해당되지 않는다. 본질적으로 이같이 벗어날 수 있는 근거는 방송참여자가 정보에 접근하는 것과 이에 대하여 적절하게 부담을 진다는 관점에서만 확보하는 데 그치게 될 것이다.

(원문 S. 104 - 역주)

그러나 이 같은 한계설정은 그와 같은 이탈에 대하여 사후에 심사할 수 있는 근거를 제시한 경우에만 비로소 이를 효과적으로 담보할 수 있다. 따라서 수신료 액수에 관한 결정은 이 경우 그와 같은 종류의 근거를 확보해야 한다. 그렇지 않을 경우 국가가 기본법 제5조 1항 2문에서 도출되는 재원의 보장의무를 이행했는지 여부에 관하여 통제하는 것 자체가 불가능하게 될 것이다. 이는 결국 공영방송의 기본권적 청구권에 대해서 헌법상 절차적으로 관철할 가능성을 박탈하는 것이 될 것이다.

프로그램에 대하여 중립적으로 적당한 시기에 수신료를 조정하도록 담보하기 위해서 과연 그밖의 다른 예방조치가 필요하다고 보아야 할 것인지에 대하여 심사하는 것은 입법자의 관할사항이다. 주간국가조약을 체결할 때 채택하고 있는 전원일치 원칙으로 인한 잠재적 거부권이 수신료 확정의 특별한 경우 저지될 수 있도록 할 것인가 하는 고려사항이 이에 속한다. 연방에 소속된 모든 주가 전원일치로 합의한 현행의 수신료 조정의 의결정족수에 대해서는 어쨌든 각 주가 지닌 독립적 국가성에 비추어 처음부터 대처하는 것이 불가능할 것이다.

수신료를 확정한다는 것은 일종의 기속된 결정이라고 할 것이고, 그에 따라 이는 일반 미디어정책적 고려로부터 자유로워야 하기 때문에 헌법 역시 의회가 수신료 액수를 그때마다 스스로 결정하라고 강요하지 않는다. 오히려 하나의 대표적 조직체를 세워서, 그로 하여금 법치국가적 특정성의 요구를 충족시키며, 본질적으로 중요한 문제에 관해서는 법률을 통해서 규율하는 방안이 고려의 대상으로 떠오른다. 물론 이 방안으로 인하여 연방헌법재판소가 항상 강조한 바 미디어정책의 기본사항에 대한 결정은 의회에 유보되어 있다는 원칙(연방헌법재판소 판례집 57, 295〔320ff.〕참조) 훼손되는 것은 아니다.

3. 수신료 확정에 관한 현행 절차가 기본법 제5조 1항 2문에 합치하지 않는다고 해서 이에 관한 규정이 무효라는 것은 아니다. 규범의 무효로 인하여 초래될 상태가 기존의 상태보다 기본법에서 더욱 벗어나게 될 경우 헌법위반의 법적 효과는 발생하지 아니한다(연방헌법재판소 판례집 83, 130〔154〕; 85, 386〔401〕그밖의 전거와 함께 참조).

(원문 S. 105 — 역주)

이 사건의 경우가 이에 해당된다고 하겠다. 현행 규정이 무효인 경우 수신료를 징수하기 위한 법적 근거가 사라지게 될 것이다. 가까운 장래에, 그리고 특히 과거에 대해서는 교정이 불가능하므로, 이런 상태로는 오히려 현행 상태보다 기본법 제5조 1항 2문에서 도출되는 헌법상 요구조건으로부터 더욱 멀어지게 되는데, 그렇게 할 경우 심지어 기본적 방송공급까지도 위협받을 수 있기 때문이다. 그러나 각 주는 지체없이 헌법상 방송재원의 조달에 관하여 합헌적으로 규율할 의무를 부담하게 된다. 그때까지는 현행 규정이 그대로 적용될 수 있는 상태로 남게 된다. 이는 원심절차에 대해서도 마찬가지로 그 효력을 미친다.

III.

허용되지 않은 특별공과금이라는 관점에 비추어보아도, "유선방송요금(Kabelgroschen)"의 부과는 기본법에 위반되지 않는다. 여기에서는, "유선방송요금"이 특별공과금의 특성을 지니고 있는지 여부에 대해서 판단하지 않고도 논의를 전개할 수 있다(연방헌법재판소 판례집 67, 256〔275〕; 81, 256〔186f.〕 왜냐하면 본래 연방헌법재판소는 헌법상 보호법익을 확보하기 위해서 특별공과금의 부과에 대하여 특수한 요구사항을 부과한 것인데, 이 경우 어쨌든 이와 같은 헌법상 보호법익이 훼손된 바 없기 때문이다. 이에 따르면 특별부과금은 연방국가적 재정질서라는 헌법상 기본원칙과 모든 주민의 공공부담 균등의 원칙을 위반하지 않는 근거를 확보할 수 있어야만 비로소 개인의 추가부담으로 부과되는 것이 허용되고 있다(연방헌법재판소 판례집 55, 274〔303f.〕 참조).

1. 연방국가적 재정질서는 이 "유선방송요금"에 의해 침해당한 바 없다. 방송에 대한 입법권한은 기본법 제70조 1항에 따르면 각 주의 관할사항이다. 이 입법권한에는 방송의 재원조달에 관하여 규율할 권한 역시 포함되어 있다. 공영방송에 적합한 재원조달의 종류는 수신료에 의한 것이다. 따라서 기본법 제104a조 이하 여러 조항에 따른 연방국가적 권한배분의 붕괴는 배제된다.

(원문 S. 106 – 역주)

2. 기본법 제3조 1항은 침해된 바 없다.

방송수신료는 수신기기를 보유하고 있는 사람들에게 부과할 수 있으며, 반면 수신기기를 보유하지 않은 사람에 대해서는 이를 청구할 수 없다. 이와 같이 구분하는 근거는 실질적인 이유에서 발생하는 것이다. 왜냐하면 방송수신료는 공적 부담이라는 체계에 편입되는 것이기는 하지만, 이는 어쨌든 공영방송의 재원조달에 기여하는 것이기 때문이다. 평등이라는 관점에서 보아도 수신기기를 보유함으로써 이를 이용할 가능성을 획득하게 된 사람을 기준으로 하기 때문에 이에 대하여 이의를 제기할 수 없다.
"유선방송요금"에 대해서도 다를 바 없다. 왜냐하면 "유선방송요금"이 텔레비전 요금 중에서 따로 분리해낼 수 있는 부분인지 또는 단일 수신료 산정요인에 지나지 않는지에 상관없이, 이는 일반적인 국가과제의 재원조달에 기여하는 것이 아니라, 방송사의 재원조달을 위해 정해진 것이기 때문이다. 이는 새로운 전송기술과 새로운 프로그램 형태 등을 시험하는 데 기여한다. 이같은 시험을 통해 획득한 경험이 계기가 되어 방송질서를 개편할 수 있다는 가능성으로 인해 "유선방송요금"이 방송과의 관련성을 분리시키지 못하게 하는 것이다.
평등이라는 관점에서 또한 "유선방송요금"이 공영방송과 조직적으로 관련되게 사용되지 아니했다는 점은 결코 중요하다고 할 수 없다. 이들 공영방송은 스스로 공법적으로 창설된 케이블 프로젝트에 참여할 가능성을 갖고 있었으며, 그 경험을 활용할 수 있었다. 수신료로 마련된 재원을 가지고 전적으로 민영방송을 지원하는 것이 기본법 제3조 1항에서 요구한 사실관련성을 해체한 것은 아닌지의 여부에 대해서는 판단을 요하지 않는데, 왜냐하면 문제되고 있는 프로젝트에서는 그와 같은 목적이 있다고 볼 것은 아니기 때문이다. 이 프로젝트에서 얻은 경험을 나중에 실제로 활용할 것인지 하는 점은 프로젝트의 목적을 평가하는 데 전혀 의미가 없다.
마지막으로 수신료의 인상으로 부담을 지게 된 방송참여자 중 극히 일부만 케이블을 통해 전파된 방송물을 수신할 수 있었다고 비판하는데, 이 점에 대해서도 평등의 원칙을 위배했다고 할 수는 없다.

(원문 S. 107 - 역주)

방송물은 그 시험적 성격으로 인해 전송영역이 한정되어 있었다. 그러나 이 프로젝트에서 축적된 경험은 방송을 개선하는 데 전체적으로 사용될 것이며, 일단 시험단계가 지난 뒤에는 모든 방송참가자에게 이익이 될 것이다.

(서명재판관)

	헤어초크	헨셸	자이들
	그림	죌너	디이터리히
	퀼링	자이베르트	

(부록)

연방헌법재판소 방송재판[1)]
BVerfGE 59, 231ff. - 방송종사자 사건

제12건(Nr. 12)[2)]

결정요지[3)]

일반적인 법률의 한계 내에서(기본법 제5조 2항) 기본법 제5조 1항 2문에 의해 보장된 방송의 자유의 헌법적 보호는, 방송물의 편성에 협력하는 방송종사자들을 선정하고 임명하며 고용할 때에도, 전달대상이 되는 방송물 내용의 다양성을 확보해야 한다는 원리를 고려해야 하는 방송사의 권리에도 확대된다. 법원은 바로 이 점을, 공영방송사와 방송물 편성 분야 종사자들간에 체결한 법적 관계를 무기한의 노동관계로 분류해야 하는지 여부에 관해서 판정할 때, 존중해야 한다.

(원문 S. 232 - 역주)

1982년 1월 13일자 연방헌법재판소 제1재판부 결정
—1 BvR 848, 1047/77, 916, 1307/78, 350/79 und 475, 902, 965, 1177, 1238, 1461/80—

---

1) 이 판례는 1982년 1월 13일자 연방헌법재판소 제1재판부 결정문인데, 연방헌법재판소 판례집 제59권 231쪽부터(BVerfGE 59, 231ff.) 274쪽까지 44쪽에 걸쳐 수록되어 있다. 이 결정문 원문의 쪽수는 역주로 표시해두었다.
* 이 결정문은 실체적인 측면에서 사건주제의 성격, 사건의 비중 등으로 보아 방송판결이라는 반열에서 제외시켜야 된다는 논란이 있다. 따라서 여기에서도 이 결정문을 차수표시에서 제외하고 부록으로 게재한다— 역주.
2) 연방헌법재판소 판례집 제59권에 실린 12번째 판례란 뜻이다— 역주.
3) 원문에는 "결정요지"라는 제목이 없다. 편의상 역자가 붙인 것이다. 여기에서 "판결요지"가 아닌 "결정요지"인 것은 재판과정에서 구두변론을 실시하지 않고 서면심사로 재판절차를 종료한 경우이기 때문이다— 역주.

이 헌법소원 절차는, 쾰른 소재 서부독일방송이, 즉 그의 대표인 사장 프리드리히 폰 셀러, 주소: 아펠호프플라츠, 쾰른 1, −소송대리인으로: 교수 프리츠 오센뷜 박사, 주소: 빈게르트 12, 메켄하임−하여금 제기하게 한 것으로, 그 심판대상은 1. a) 연방노동재판소의 1977년 6월 22일자 판결−5 AZR 134/76−, b) 연방노동재판소의 1977년 6월 22일자 판결−5 AZR 498/76, −1 BvR 848/77−, 2. 연방노동재판소의 1977년 6월 22일자 판결−5 AZR 753/75−1 BvR 1047/77−, 3. a) 뒤셀도르프 소재 주노동재판소의 판결− 쾰른 소재 제3재판부−1978년 6월 22일자−3 Sa 112/76−, b) 연방노동재판소의 1978년 3월 15일자 판결−5 AZR 818/76−1 BvR 916/78−, 4. 연방노동재판소의 1978년 9월 20일자 판결−5 AZR 1101/77−1 BvR 1307/78−, 5. 연방노동재판소의 1978년 12월 13일자 판결−5 AZR 487/77 −1 BvR 350/79−, 6. 연방노동재판소의 1979년 12월 12일자 판결−5 AZR 1102/77−1 BvR 475/80−, 7. 연방노동재판소의 1980년 4월 23일자 판결−5 AZR 426/79−1 BvR 902/80−, 8. 연방노동재판소의 1980년 5월 7일자 판결−5 AZR 593/78−1 BvR 965/80−, 9. 연방노동재판소의 1980년 7월 13일자 판결−5 AZR 339/78−1 BvR 1177/80−, 10. 뒤셀도르프 주노동재판소의 1980년 9월 9일자 판결−19 Sa 102/80−1 BvR 1238/80 −, 11. 뒤셀도르프 주노동재판소의 1980년 10월 27일자 판결−22(19) Sa 400/770−1 BvR 1461/80− 등이다.

주문:

I. 1. 연방노동법원의 제 판결, 즉 1977년 6월 22일자 판결−5 AZR 134/76, 5 AZR 498/76, 5 AZR 753/75−, 1978년 9월 20일자 판결−5 AZR 1101/77−, 1978년 12월 13일자 판결−5 AZR 487/77−, 1979년 12월 12일자 판결−5 AZR 1102/77−, 1980년 4월 23일자 판결−5 AZR 426/79 −, 1980년 7월 16일자 판결−5 AZR 339/78 따위는 기본법 제5조 1항 2문을 위반했다. 이들을 파기한다. 사건을 연방노동법원으로 환송한다.

2. 뒤셀도르프 주노동법원의 1978년 6월 22일자 판결과−3 Sa 112/76−

(부록) 연방헌법재판소 방송재판: BVerfGE 59, 231ff.

연방노동법원의 1978년 3월 15일자 판결 – 5 AZR 818/76 – 등은 기본법 제5조 1항 2문을 위반했다. 이들을 파기한다. 사건을 연방노동법원에 환송한다.

(원문 S. 233 – 역주)

3. 독일연방공화국은 청구인에게 필요한 비용을 보상해야 한다.

II. 1. 뒤셀도르프 주노동법원의 1980년 9월 9일자 판결 및 – 19 Sa 102/80 – 1980년 10월 27일자 판결은 – 22(19) Sa 400/770 – 기본법 제5조 1항 2문을 위반했다. 이들 판결을 파기한다. 사건은 뒤셀도르프 주노동법원에 환송한다.

2. 노르트라인-베스트팔렌 주는 청구인에게 필요한 비용을 보상해주어야 한다.

III. 연방노동법원의 1980년 5월 7일자 판결에 대한 헌법소원은 – 5 AZR 593/78 – 기각한다.

이유:

A.

여러 헌법소원을 병합한 이건 심판의 대상은 지금까지는 "자유로운 종사자, 즉 프리랜서"로 지칭하던 공영방송의 종사자를 이제는 임시직이 아닌 정규직 노동자로 분류한 노동법원의 재판척도에 대하여 기본법 제5조 1항 2문 (방송의 자유)은 어떤 의미를 부여해야 하는지에 대한 문제이다.

I.

1. 고용계약에 관한 민법의 제 조항(독일민법 제611조 이하)에 따르면, 피고용자는 약속한 내용의 근로를 이행하여야 할 의무를, 다른 상대방은 그에 대하여 이미 합의한 보수를 지급해야 할 의무를 각각 부담한다(제611조 1항).

고용계약의 대상은 어떤 종류의 근무이든 상관없다(제611조 2항). 고용계약에는 원칙적으로 기간을 설정해야 한다. 그런 기간에 관해 합의한 경우 고용기간이 지나가면 고용관계는 종료한다(제620조 1항).

(원문 S. 234-역주)

그렇지 않은 경우 제621조, 제622조 등의 기준에 따라 정식해고의 가능성도 남아 있다(제620조 2항).

2. 고용계약법에서는 고용계약을 두 가지 기본유형으로 구별한다. "종속되지 아니한" 또는 "독립적인" 고용계약은 노동관계의 합의(즉 노동계약)와 대치된다. 일반법원의 확립된 실무관행에 따르면, 복무의무자가 고용권리자에게 "개인적으로 종속되어" 있을 경우를 가리킨다. 고용관계가 노동관계로 편입되어 분류하면, 상당히 커다란 법적 효과가 발생한다. 민법 보호조항의 범위를 훨씬 넘는 특별한 해고보호의 조항(1969년 8월 25일자로 공시한 해고보호법으로서-KSchG[연방법률공보 I, S. 1317], 이는 다시 1974년 10월 29일자 재택노동에 관한 개정법률에 따라 개정되었다[연방법률공보 I, S. 1323]), 그리고 경영조직법 또는-공법상 사용자의 경우-피고용인대표법, 그리고 끝으로 노동보호법 따위를 적용받게 된다. 노동관계하에서 근로에 종사하면 그밖에도 통상 사회보장의 개별 분야에서 의무적 보험관계에 들어가야 할 근거가 확보된다.

해고보호법 제1조 1항에 따르면 6개월 넘게 존속했던 노동관계에 대한 정식의 해고는, 만약 그 해고가 "사회적으로 정당화할 수 없는" 경우-이 개념에 대하여 해고보호법 제1조 2항과 3항에 보다 상세히 규정되어 있는데-, 법적 효력이 없다. 이런 해고보호에 관한 강행규정을 회피하는 것을 방치하기 위해서 노동법원의 실무관행은 여기로부터 더 나아가-민법 제620조 1항에 따라 원칙적으로 존속하고 있는-노동계약의 기간설정에 관하여 상당히 제한을 가하고 있다. 노동계약에 단 한 번 기간을 설정하더라도, 그리고 기간을 여러 번 설정하더라도(사슬연결형 노동계약), 그에 관하여 객관적으로 정당화할 수 있는 사유가 있을 경우에만 유효하다.

(부록) 연방헌법재판소 방송재판: BVerfGE 59, 231ff.

(원문 S. 235 – 역주)

II.

1. 독일연방공화국의 공영방송은, 기간을 설정하지 아니한 채 임용한 정규직 노동자와는 별도로 수많은 "자유로운 종사자, 즉 프리랜서"를 특채해왔는데, 이들은 노동자 지위를 전혀 누릴 수 없었으며, 그에 따라 노동법상 해고보호에 관한 보호도 전혀 누리지 못했다. 기간을 설정함이 없이 임용한 정규직 종사자는 방송물 편성 분야에서 무엇보다도 제작의 기획과 감독을 맡고 있었다. "자유로운 종사자"의 명칭을 가진 사람의 범주는 매우 다양한 종류의 사람으로 구성되어 있다. 작업장의 운영과정이나 제작과정 자체에 전혀 융합되지 않거나 거의 융합되지 않는 작가와 작곡가로부터 시작하여, 언론-편집 분야에서 함께 팀을 짜서 일하는 예가 많은 리포터와 사회자, 기록물·특집물·기타 방송물 따위의 제작자, 감독, 배우, 아나운서, 연출가, 그리고 제작 분야에 분류해야 할 카메라맨, 화상감독 등을 거쳐, 마지막에는 분장전문가, 의상전문가, 필름편집자뿐만 아니라 영업-조직부문에서 활동하는 제작감독자, 녹화감독자, 소품조달자 등을 들 수 있다. 자유직 종사자의 활동은 기존의 정규직 종사자가 이미 행하고 있던 그것과 동일하게 또는 유사하게 상당히 중복되어 있다. 자유직 종사자들의 작업 정도 역시 극단적으로 다양하다. 가끔 동원되는 것부터 시작해서, 정기적으로 되풀이하여 일부만 활용하는 수준을 거쳐, 작업장체계에 상당히 편입시켜 노동력을 전면적으로 이용하는 단계까지 그 폭은 넓다.

공영방송은 방송물을 다양하게 그리고 정보를 널리 제공해야 하며, 동시에 방송물의 수준을 가능한 한 높게 유지해야 한다는 과업을 수행해야 하는데, 바로 이에 대한 기본조건 중의 하나가 자유직 종사 제도라고 보았다. 개별 방송물에 정치, 경제, 학문, 예술 등 각 부문의 현장을, 그리고 스포츠, 오락 등을 묘사해야 하는데, 이때 자유직 종사자를 동원하면, 상근직 내지 정규직으로 확보되어 있는 종사자만으로 이루어낼 수 있는 것보다, 결정적으로 월등한 수준에 이를 수 있다는 것이다.

(원문 S. 236 – 역주)

그밖에도 자유직 종사자를 동원해야 그때마다 달라지는 요구사항을 올바르게 충족시킬 수 있다는 것이다. 공영방송 측에서는 이들의 상상력, 아이디어, 전문지식, 다양한 능력 등을 더욱 큰 잠재적인 자원으로 활용할 수 있고, 그래서 질적으로 더욱 향상된 방송물을 제공할 수 있게 되는데, 이런 가능성을 확보하고 있는 셈이다.

이런 점을 바탕으로 한다면, 인사영역에서 적지 않은 탄력성과 교체성 역시 확보해야 한다는 것을 전제로 하고 있다. 공영방송은 장기적으로 보면 각 종사자에게 기속될 수는 없다. 물론 오직 한 번 동원된 종사자에 대해서는 법적인 문제가 생길 여지는 전혀 없다. 하지만 반복해서 어떤 급부를 얻어내야 할 경우, 게다가 그런 급부가 정규직 종사자들의 급부내용과 비슷할 때, 이런 자유직 종사자들, 다시 말해서 "상시적인 자유직 종사자" 범주에 들어가는 자들의 상황은 다르다고 할 수 있는데, 바로 그 점이 이 헌법소원의 본안에 해당되는 문제인 것이다.

독일연방공화국 공영방송연합체(ARD) 측에서 밝힌 바에 따르면 1978년 각 공영방송에서 정규직으로 총인원 20,532명이 고용되어 있다. 그중에서 방송물편성에 관여하는 활동영역에 ─ 대개 편집인, 기자, 감독 따위로 ─ 3,854명이 종사하고 있다. 이에 대해서 같은 해에 동원된 자유직 종사자의 숫자를 보면 약 8만 3,000명, 독일제2텔레비전방송(ZDF)을 포함시키면 약 9만 명에 이르고, 이들과 체결한 명예보수지급계약도 약 80만 건에 달한다. 이 중에서 상시적 자유직 종사자는 연수입 1만 6,800마르크 이상 수령하는 사람이 2,273명이며, 6,000마르크에서 1만 6,800마르크 미만 수령하는 사람은 5,517명이다.

2. 상시적 자유직 종사자의 법적 지위는 1970년대 초기까지 전혀 논란의 대상이 되지 않았다. 그 시기부터 자유직 종사자에 대한 보호장치를 사회보험법영역뿐만 아니라 노동법영역에서 개선하려는 노력이 더욱 강력하게 추진되기 시작했던 것이다.

(원문 S. 237 ─ 역주)

수많은 자유직 종사자들이 공영방송을 위한 어떤 내용의 활동에 반복해서 동원될 경우, 이들 사이에 노동법상 해고보호를 받는 노동관계가 발생하게 된다는 점을 법원의 도움으로 인정받기에 이르렀다. 이런 노력은 그동안 상당한 수준에서 성과를 올린 바 있다. 연방노동법원이 다루었던 많은 사건에

(부록) 연방헌법재판소 방송재판: BVerfGE 59, 231ff.

서 (해고보호를 받는) 노동관계의 존재를 확인한다는 인용재판을 내렸던 것이다. 그 결과 확인을 구하는 소의 숫자가 더욱 늘어나게 되었다. 그리하여 독일연방공화국 공영방송연합체의 영역에서 1974년 이래로 550건의 소가 제기되었고, 그중에서 450건을 승소했다.

이들 재판에서 공영방송은, 즉 독일연방공화국 공영방송연합체를 이루고 있는 공영방송은 자유직 종사자들에 대하여 진일보한 추론을 도출했다. 자유직 종사자와 계약을 체결할 경우 그때마다, 혹시 정규직으로 고용해야 할 위험은 없는지 검토해야 한다는 것이다. 그런 검토대상에 해당되지 않는 경우는 오직 (불규칙하게) 한 달에 2-3일 정도 그때마다 체결한 개별적인 합의를 근거로 하여 이루어진 것이거나, 개별적 기획을 위해서 전체 기간이 1년에 5개월을 넘지 않는 경우이다. 제작과 편집 등에 관한 요구사항을 충족시키기 위해서 수립한 인사처분권 이외에도, 특정한 과업에 필요하더라도 그중 어떤 종사자를 동원해야 그와 같은 법적 위험이 가장 적게 줄일 수 있는지를 고려한 것이다.

공영방송이 우려하는 것은 이런 방향의 사태진전이 적어도 장기적인 안목으로 보아 방송물에 불리한 영향력을 미친다는 것이었는데, 이는 정작 방송의 과업을 수행하거나 방송물의 질적 수준에 거의 본질에 해당될 만큼 중요한 요소임을 인정하지 않을 수 없는, 언론 및 방송물 편성에 관한 자질이라는 잠재력을 지녔는데도, 그런 자유직 종사자를 전면적으로 활용한다는 것에 걸림돌이 되고, 결국 어쩔 수 없이 이들을 다른 사람으로 대체하거나 새로 기용하게 되기 때문이다.

노동조합과 자유직 종사자 측에서는 어떻게든 정규직을 얻고자 노력하면서, 상시적 자유직 종사자 역시 사회적 보장을 필수적으로 누리게 해야 한다는 점을 지적한다.

(원문 S. 238 — 역주)

이런 요구는 오늘날 일반적으로 정당성을 인정받고 있다. 사회보험 분야에서 상시적 자유직 종사자를 "비상시적으로 종사하는 노동자"에 포함시키고 (다만 실업자보험에는 해당되지 않는 예외로 처리한다), 그 결과 공영방송이 노후보조금계정에서 이를 보완해주도록 한 것이, 이렇게 인정받게 하는 데 기여했다(독일국보험법 제441조; 연방사회법원 판례집 36, 292〔265f.〕). 단체교섭법률에 제12a조를 신규로 삽입함으로써 1974년 가능성의 길을 열었는데, 이로써 노동자에 유사한 사람 역시 단체협약을 체결할 수 있게 되었다. 이때 입법자는 바로 이 자유직 방송종사자의 상황 역시 그 대상으로 포괄시키고 있었다. 모든 공영방송은 그 사이에 그와 같은 단체협약을 체결한 바 있고, 그에 따라 이 범위의 사람에 대한 사회적 보장도 개선될 수 있었다. 예나 지금이나 문제로 남은 분야는 노동법적 존속보호이다. 좀더 분명하게 지적하자면, (노르트라인-베스트팔렌 주처럼) 그에 해당될 직원대표법에 노동자의 해직이 직원평의회의 승인이 필요한 경우, 더욱 그렇다.

III.

1. 소송청구인은 쾰른에 자리잡고 있는 - 공영방송인 - 서부독일방송이다. 원심절차의 원고들의 일부는 과거에 한때, 그리고 일부는 오늘날에도, 그리하여 여하튼 오랜 기간 동안 헌법소원 청구인을 위해 근무했거나 근무하고 있으며, 그때 거기서 자유직 종사자라는 지위를 차지하고 있었다.

a) 1 a)에 관한 헌법소원 원심절차의 원고는 1962년 이래로 거의 중단 없이 헌법소원 청구인을 위해 텔레비전 분야 감독으로서 근무했다. 그는 연속방송물을 몇 번이나 맡은 바 있다. 〈오늘 여기〉라는 방송물을 그는 8주일 간격으로 그때마다 14일 동안 이른바 "임시감독"으로 근무했다. 이 시기 동안 그때마다, 늦은 오후부터 이 방송물이 끝날 때까지, 반드시 스튜디오에서 대기상태로 있어야 했다. 〈스펙트럼〉이라는 방송물은 격주로 일요일에 방송되었는데, 이때에도 그와 똑같이 해야 했다. 그밖에도 원고는 헌법소원 청구인 자체의 제작물에 대해 감독직을 수행한 바 있다. 평균적으로 그는 통틀어 한 달에 16일에서 18일 정도 그리고 그때마다 약 8시간씩 일했다.

(원문 S. 239 - 역주)

작업시작, 작업과정, 작업종료 등에 관해서는 헌법소원 청구인이 확정했으며, 방송물의 제작에 필요한 시간과 재원 역시 그가 지시했다. 특히 원고는 반드시 헌법소원 청구인의 정규직 종사자와 함께 작업해야만 했다. 방송물 〈스펙트럼〉을 맡았을 때 확정된 금액의 보수를 지급받았다. 하지만 그가 행한 작업에 대해서는 그때마다 사후에 명예보수표에 따라 보수를 지급받고, 그는

(부록) 연방헌법재판소 방송재판: BVerfGE 59, 231ff.

자유직 종사자로서 활동했고, 그곳에 확인했던 것이다. 통틀어 그는 헌법소원 청구인에게서 일 년 수입 평균 약 4만 3,000마르크를 획득하였던 것이다.

 b) 1 b)에 대한 헌법소원 원심절차의 원고는 1964년 이래로 헌법소원 청구인을 위하여 텔레비전 부문에서 그리고 "정치"담당국에서 근무했다. 이 분과는 여러 개의 편집집단으로 나누어져 있었고, 이들의 위탁을 맡아 원고는 일년에 약 3편 정도의 영화를 제작했다. 영화주제 중 일부는 그가 스스로 제안했고, 일부는 편집위원들이 그에게 부여해왔다. 그러면 다음 단계로 그가 계획의 초안을 잡고, 준비작업과 조사작업을 진행시키면서, 필요한 자료를 수집했다. 그에 이어 영화촬영을 지휘하고 필름편집의 작업을 실시했다. 한 건 제작에 대개 3개월 내지 5개월 걸렸다. 한 작품마다 명예보수표에 따라 지급되었다. 원고가 자신의 이런 활동을 근거로 얻어낸 일년 총수입은 대개 1만 8,000마르크에서 약 4만 5,000마르크 사이를 오갔다.

 c) 2)에 대한 헌법소원 원심절차의 원고는 1961년 이래로 헌법소원 청구인을 위하여 근무해왔다. 첫해에 그는 다른 무엇보다도 텔레비전방송물〈오늘 여기〉의 팀에서 일했다. 그 뒤에 그는 방송물〈과학과 교육〉부문에서 여러 가지 편성에 관한 일을 맡았고, 그 부문에서 작품을 제작했다. 작품의 주제는 그 자신이, 또는 그때마다 담당하고 있던 편성자 측에서 채택했다. 원고는 그 뒤에 트리트먼트(treatment)를 구성하며 대본 부분을 작성했다. 필름을 촬영할 때, 헌법소원 청구인은 그에 필요한 공간, 인원, 기기, 장비 등을 지원해주었는데, 그는 감독직을 수행했다.

(원문 S. 240 - 역주)

모든 비용은 헌법소원 청구인이 부담했다. 또한 헌법소원 청구인이 필름촬영의 세세한 부분에 관해 확정했다. 그 다음 단계에 가서 원고는 필름의 편집작업을 감독해야 했다. 원고의 활동에 대해서는 명예보수계약의 기준에 따라 지급했다. 그가 자유직 종사자로서 활동했다는 내용으로, 당사자 사이에 합의가 있었다는 선언이 명예보수계약에 포함되어 있다.

 d) 3)에 대한 헌법소원 원심절차의 원고는 헌법소원 청구인을 위하여 1966년 이래로 먼저 라디오방송 부문에서, 나중에는 텔레비전 부문에서 근무해왔다. 초기에 그는 여기에서 문화특집〈스펙트럼〉용 필름을 제작했다. 1972년말 이래로 그는〈오늘 이 시간 여기 이 자리〉편성을 맡아 일하면서,

그 편성범위 내에서 오로지 지역담당 문화특집을 전담했는데, 이는 일주일에 한 번씩 방영되었다. 주제는 통상 종사자 스스로 채택했는데, 일주일에 한 번씩 열렸던 편성회의에서 논의되었다. 1973년 원고는 통틀어 9건, 1974년 초부터 9개월 동안 13건의 비교적 짧은 작품을 공급했다. 그밖에도 몇 건의 제법 규모가 큰 작업이 있었다. 그가 맡은 업무를 살펴보면, 자료를 조사하고, 헌법소원 청구인의 팀과 함께 필름을 촬영하면서 감독직을 수행하는 것이었다. 이어 그는 필름편집을 점검해야 했고, 대본을 완성하고, 그리하여 담당 편성자와 함께 필름을 인수해야 했다. 팀, 자재, 기기, 공간 등은 헌법소원 청구인이 지원했다. 원고의 활동내용에 대해서는 명예보수계약에 따라 지급되었는데, 그가 자유직 종사자로서 활동한다는 점을 그 계약에서 적시하고 있다.

e) 4)에 대한 헌법소원 원심절차의 원고는 먼저 헌법소원 청구인을 위한 아나운서로 몇 년 동안 근무하다가, 1971년 가을부터 라디오방송물〈진정 축하합니다〉의 사회를 맡아서, 평일 9시부터 10시까지 방송했다. 주 단위로 여성사회자와 교대하면서 격주로 월요일부터 금요일까지 근무했다. 마지막에 그는 방송 1건당 150마르크씩 지급받았다. 그밖에도 그는 아나운서로 일했다.

(원문 S. 241 – 역주)

그의 월소득은 조세납부하기 이전 기준으로 평균총액이 2,000마르크 정도였다. 〈진정 축하합니다〉 방송물을 1974년 가을에 중지한 이래로 원고는 매월 한 번씩 무용음악 방송의 사회를 맡아왔다.

f) 5)에 대한 헌법소원 원심절차의 원고를 소원제기자가 1973년부터 고용했다. 그는〈독일연방공화국 공영방송연합체 – 상담하세요: 법 분야〉와〈현장에서〉 등의 편성을 맡아 일하면서, 1975년까지 상당한 건수의 필름을 완성했다. 그밖의 두 개 방송 분야에서 각각 그는 필름편성에 관한 대본을 작성했다. 두 건에서 모두 조사작업을 맡았고, 첫번째 건에서는 감독직도 위탁받았다. 그밖에도 그는 건 단위로 헌법소원 청구인의 다른 편성부문에서 일했다. 〈독일연방공화국 공영방송연합체 – 상담하세요: 법 분야〉는 1975년까지 16편을, 〈현장에서〉는 1975년에 11편의 필름을 완성했다.

g) 6)에 대한 헌법소원 원심절차의 여성원고는 1972년까지 헌법소원 청구인으로부터 라디오방송과 텔레비전방송의 다양한 분야에서 편성작업을 맡아 일해왔다. 그때부터 이미 그녀는 주로 "음악 분야의 오락" 담당분과에서

(부록) 연방헌법재판소 방송재판: BVerfGE 59, 231ff.

작업했는데, 그러면서 연속방송물을 여러 건 함께 다루었다. 그녀가 활동한 주요 영역은 자주 바뀌었다. 대본을 쓰기도 하고, 음악선정의 책임을 지기도 하고, 녹화연출자에 대한 조수역을 맡기도 했다. 그녀가 쓴 대본의 내용은 뉴스, 평론, 인터뷰에 이른다. 한동안 그녀는, 마침 병으로 나오지 못하는 편성담당자의 대리인으로 일하기도 했다. 1974년 4월부터 그녀는 종전보다 상당히 축소된 규모의 시간을 할당받게 되었다.

　h) 7)에 대한 헌법소원 원심절차의 원고는 1970년 이래로 헌법소원 청구인을 위하여 "학문과 교육" 방송분과에서 대본작가, 공동작가, 감독 등으로 일해왔다. 한동안 그는 – 헌법소원 청구인이 권고하는 바에 따라 – 다른 필름을 제작하는 작업에도 참여하여, 헌법소원 청구인이 위탁한 대로 필름방송분을 제작한 바 있다. 자신의 작품을 제작하기도 하고, 수탁작품을 제작하기도 했는데, 필름제작의 과정에서 헌법소원 청구인의 편성부와 논의하기도 하며, 때에 따라서는 그로부터 변경명령을 받기도 했다.

(원문 S. 242 – 역주)

　편성에 관한 감독을 행하는 주체는 헌법소원 청구인이 정규직으로 고용한 종사자였다. 이는 위탁제작의 경우에도 마찬가지였다. 원고는 헌법소원 청구인으로부터 자유직 종사자라는 처우를 받았으며, 그때마다 명예보수 기준에 따라 업무를 수행했다.

　i) 8)에 대한 헌법소원 원심절차의 여성원고는 바이올린 연주자인데, 1973년 여름부터 헌법소원 청구인의 교향악단에서 근무해왔다. 처음에 그녀는 기회가 생겼을 경우에만 동원되었다. 그러다가 1975년 5월부터 더욱 집중적으로 종사하게 되었다. 1975년 그녀가 국립음악대학 졸업시험에 합격한 뒤에 헌법소원 청구인에게 정규직 자리를 얻고 싶다고 지원했다. 곧 그녀는 시험적으로 한번 연주해달라는 초청서를 받았다. 그렇게 정해진 날 공교롭게 그녀는 앓아 눕게 되었다. 관현악단 측에서는 그녀에 대해 긍정적인 결정을 내리지 않았다. 두번째 정규직지원 시험연주에서 첫 과정을 실시한 뒤 모든 지원자에 대해 평가가 중단되었다. 그리하여 더 적은 범위에서 선정하는 단계의 절차는 아예 실시되지도 않았던 것이다. 그리고 난 뒤에도 여성원고는 계속해서 동원되었다. 1976년 1월부터 1977년 1월까지 그녀는 최소한 158회의 연주에 참여했다. 이 오락관현악단의 정규직 음악가는 같은 기간에 233

회의 연주에 참여해야 했다. 관현악 연주에 참여할 때마다 매번 보수를 지급받았는데, 월평균 수입은 대개 2,500마르크 수준이었다. 1977년 2월, 세번째 정규직지원 시험연주의 경우 그녀는 초대장조차 받지 못했다. 그리고 그후로 전혀 일을 얻지 못하였다.

k) 9)에 대한 헌법소원 원심절차의 원고는 늦어도 1958년 초부터 헌법소원 청구인을 위해 업무에 종사해왔다. 그는 대부분 오락방송물에 대한 감독으로 투입되었다. 처음부터 그는 헌법소원 청구인이 방송물이나 연속방송물의 기본적인 성격과 때에 따라서는 영향력 강도 등을 결정하는 데 참여해왔다. 1967년부터 1970년까지 그 기간 동안 양 당사자는 서면으로 계약을 체결한 바 있는데, 그에 따르면 원고는 특정한 감독의 활동으로 급부를 제공하며, 이에 대하여 헌법소원 청구인은 확정된 명예보수를 지급하기로 되어 있었다. 그후에는 그와 같은 계약체결은 이루어지지 않았다.

(원문 S. 243 – 역주)

원고가 특정한 방송물이나 연속방송물에 대해 책임자로 선정되면 – 상당한 기간을 앞두고 미리 선정하는 경우가 자주 있었는데 – 각개 감독업무를 수행할 예정시간표가 확정되었다. 작업에 들어가면 원고는 헌법소원 청구인이 그에게 할당한 종사자들의 도움에 의존하지 않을 수 없었으며, 이들을 선정할 때 전혀 영향력을 행사할 수 없었다. 카메라팀, 장비, 각종 기기 등에 관해서도 역시 헌법소원 청구인이 결정했다. 원고에 대한 보수는 그때마다 사후에 명예보수 기준에 따라 지급되었다. 계약을 보면, 일정한 내용의 고정양식을 갖춘 유인물에 원고는 자유직 종사자로 활동했다는 점에 관해 동의한다는 기록이 포함되어 있었다. 노동법원에서 확인한 바에 따르면, 그는 헌법소원 청구인으로부터 1973년 10만 마르크의 소득을 얻었으며, 1974년에는 11만 7,000마르크 이상을, 그리고 1975년 1월부터 11월 중반까지는 거의 6만 4,000마르크 가까운 수입을 얻었다. 이 명예보수는 원고의 총 연수입의 약 90%에 해당된다.

l) 10)에 대한 헌법소원 원심절차의 원고는 1971년부터 중단했던 기간 없이 계속해서 감독으로 헌법소원 청구인을 위해 종사해서, 연간 225일부터 231일까지 일해왔다. 최근에 그는 거의 전속된 상태로 〈아이들〉 편집부문에서 일했는데, 그 필름에 쓸 책을 집필했다. 또한 그는 정기적으로 어떤 자료

(부록) 연방헌법재판소 방송재판: BVerfGE 59, 231ff.

를 대본으로 바꾸는 작업을 맡았으며, 편성부문에서 결정하면 그에 따라 이를 감독으로서 촬영까지 담당한 바 있다. 배우, 카메라맨, 작업팀 따위를 그가 스스로 선정해야 했다. 촬영할 때 그는 단독책임을 부담했다. 그와 병행해서 그는 개인 필름회사를 운영했는데, 거기에서는 지금까지 오로지 헌법소원 청구인의 위탁작품만을 제작해왔다. 이런 활동의 비중은 별로 크지 않았다. 1978년 원고는 헌법소원 청구인으로부터 명예보수 총액 약 3만 2,000마르크의 수입을 얻었다. 현재 소송상 공방중인 마지막 제작건에 관하여 결정한 시기(1979년 1월부터 5월까지)에 헌법소원 청구인은 그에게 명예보수로 총액 약 1만 7,000마르크를 지급했다.

m) 11)에 대한 헌법소원 원심절차의 원고는 1966년 이래로 지속적으로 그리고 거의 전속상태로 헌법소원 청구인을 위해 업무에 종사해왔다.

(원문 S. 244-역주)

처음에 그는 라디오방송 부문에서 일했다. 1974년 초부터 그는 텔레비전 방송물 〈오늘 여기〉에 리포터로 참여하게 되었는데, 이 방송물은 평일 지역 프로그램으로 방송되었고, 시사문제에 대한 필름작품 따위를 포함하고 있었다. 그가 밝힌 바에 따르면, 그는 평균 한 달에 대개 22일에서 28일까지 헌법소원 청구인을 위해 일했으며, 그에 대해 평균 한 달에 4,500마르크 정도를 일괄보수로 지급받았다. 주제는 편성회의에서 결정되었다. 그때 어떤 리포터가 어떤 업무를 맡을 것인지 확정되었다. 개별적인 작업과정도 헌법소원 청구인이 확정했는데, 이때 리포터에게도 카메라팀이 배정되었다. 필름은 헌법소원 청구인의 필름편집실에서 위의 정해진 기간에 이어 마무리되었다. 원고는 그밖에도 또한 그에 관해 헌법소원 청구인 쪽에서 작성한 원고를 읽어 넣었다.

2. 원심절차의 각 원고는 노동법원에서 권리구제절차를 밟아 나아가, 이들이 헌법소원 청구인에 대하여 기간 없는 노동관계에 있음을 확인해달라고 청구했다. 이 청구에 관하여 이들은 승소한다. 1 a), 1 b), 2), 4)부터 9)까지 등에 관한 헌법소원의 원심절차에서 연방노동법원은 확인의 소를 인용하거나, 전심의 확인판결을 다시 인정했다. 3), 10), 11) 등에 관한 헌법소원의 원심절차에 대해서도 이에 상응한 결과에 이른다. 그런데 주노동법원이 -3)과

11) 등에 관한 절차의 사건에서 연방노동법원으로부터 환송받은 뒤-원고에게 유리하게 재판했다. 3)에 관한 헌법소원의 원심절차에서 새로 제기된 상고에 대해서는 아직 재판이 나오지 않았다.

노동법원 재판의 이유는 중요한 점만 보면 다음과 같이 요약된다.

과반수를 차지하는 재판에서 이미 확인된 바 있거니와, 헌법소원 청구인과 원고 사이에는 계속적 법적 관계가 존재한다는 것이요, 그래서 이는 오직 지위에 관한 판단의 문제였다. 이에 관해서는 당사자들이 실제로 어떻게 계약관계를 실현하고 형성했는지 그 척도에 따라 결정될 것이거니와, 양 당사자가 명백하게 밝힌 바를 살피면 비록 서로 배치되는 형편인데도, 여하튼 노동관계는 존재한다는 결론을 추출할 수 있다.

(원문 S. 245 - 역주)

종사자가 공영방송에 대하여 개인적으로 종속되어 있는 경우가 거기에 해당된다고 한다.

이런 표지를 기준으로 삼아 자유직 종사자의 법적 관계로부터 노동관계의 한계선을 확보해야 한다고 하는데, 현재 소송상 공방의 대상인 재판에서는, 비록 각각 다른 비중을 부여하여 그 폭을 상당히 넓게 잡고 있지만, 그에 대하여 일련의 논거를 동원하고 있는데, 이는 노동법원, 특히 연방노동법원이 각개 재판을 거쳐 발전시켜온 것이다. 그에 따르면 공영방송이 종사자의 참여를 그때마다 이루어지는 개별제작의 범위를 넘어서, 그로부터 중단 없이 급부를 제공해야 할 준비상태를 갖추어야 한다고 할 정도로 기대하고 있다면, 이는 개인적인 종속성이 있다고 해야 한다. 나아가 종사자가 개별적인 위탁을 거부한다고 결정하는 데 자유스럽지 못하다면, 그리하여 종사자가 자신의 위탁을 객관적으로 설득력있는 사유가 없이는 거부할 수 없을 것이라고 공영방송이 전제할 수 있다든지, 그렇게 전제하고 있었다면 더욱더 개인적 종속성을 인정해야 한다고 할 수 있다. 그와 같은 종류의 사안이라고 할 경우 공영방송은 종사자의 노동력을 마치 사용자처럼 처분할 수 있었던 것이다. 이는 높은 정도의 개인적 종속성이 존재했다고 긍정해야 할 근거가 된다 (1 a, 1 b, 2, 4, 6, 9, 11 등에 관한 헌법소원의 원심절차). 만약 종사자가 공영방송의 시간배정 처분권이나 지시에 기속되어 있다고 한다면, 또는 그의 활동내용이 그와 비교할 만한 정규직 종사자와 본질적으로 구분될 바 없다고

(부록) 연방헌법재판소 방송재판: BVerfGE 59, 231ff.

한다면(1 a, 1 b, 2부터 7까지, 11 등에 관한 헌법소원의 원심절차), 그럴 경우에도 마찬가지라고 한다. 공영방송이 종사자를 집중적으로 일을 시켰다는 점에 관해서 개별사건에서 다투지 않는다고 할 경우라도, 양 당사자가 모두 좀더 느슨한 형태의 공동작업을 원했을 수도 있지만, 이에 심각하게 배려할 만한 계기는 전혀 되지 못한다고 한다(1 a, 1 b 등에 관한 헌법소원의 원심절차). 종사자가 오직 정기적으로 되풀이해서 일정 기간 동안에만 공영방송을 위해 일했을 경우, 이는 부업적 노동관계라고 할 것이다(1 a에 관한 헌법소원의 원심절차).

(원문 S. 246 – 역주)

공영방송이 종사자를 장기적으로 동원하는 한, 이에 대하여 결코 방송물의 다양성을 확보해야 할 필요 때문에 자유직 종사자관계로 합의해야 한다는 논거를 그 바탕에 깔고, 자신의 논의를 펼 수는 없을 것이라고 한다(1 a와 1 b에 관한 헌법소원의 원심절차).

이런 평가는 여기 이 사건에서도 공방대상이 아닌 연방노동법원의 1978년 3월 15일자 기본원칙적인 판결과 – 5 AZR 819/76 – (EzA §611 BGB, 노동자개념 Arbeitnehmerbegriff Nr. 17 = RdA 1978, S. 266) 일부는 겹치고, 일부는 대체되었는데, 리포터, 감독, 편집인, 영화제작자 등은 영조물 측에서 제공하게 될 기술적 보조수단에, 그리고 이들이 이들의 작품을 제작하면서 한 부분으로 편입해 들어가게 되는 공영방송의 팀에 어차피 종속될 수밖에 없다는 특수한 성격을 지녔다고 보는 태도가 바로 그것이다(3, 5부터 7까지, 9, 11 등에 관한 헌법소원의 원심절차). 9)에 관한 헌법소원의 원심절차에서 연방노동법원은 이 가능성을 수용하고, 이에 따라 한계선을 긋고, 다시 이를 바탕으로 자유직 감독은 더 이상 존재할 수 없다고 인정했다. 나아가 개인적인 종속성을 추론할 때에도 종사자는 자신의 노동력을 공영방송에 제공하고 이로써 공영방송의 계획을 실현할 목적으로, 즉 타인의 이익을 위해 이바지한다는 논거를 동원하는데, 이런 빈도가 점점 높아지고 있다(6부터 9까지 등에 관한 헌법소원의 원심절차). 라디오방송과 텔레비전방송에서 종사자가 사회적으로 생존하는 근거를, 이들이 어떤 계획을 실현하는데 자신의 노동력을 투입한다는 데에 두고 있다는 이유로, 그리고 그 한도 안에서, 이들은 노동법이 비독립적으로 활동하는 자에 대하여 부여하는 보호, 특히 존속보호가 필요하다고 한다(7과 9에 관한 헌법소원의 원심절차). 그에 반해서 종전에 개발된 한계기준을 포기해야 한다고 하면서, 그와 같은 종전의 기준으로 종사자가 개별적인 위탁의 범위를 넘어서 시간적으로 기속되어 있는지 여부, 또는 공영방송이 그에게 통상 자유직 종사자에게 전형적인 결정의 자유를 자신의 인력을 활용할 때 인정해주었는지 여부를 들 수 있다고 한다(3과 7 등에 관한 헌법소원의 원심절차).

(원문 S. 247 – 역주)

6)에 관한 헌법소원의 원심절차에서 연방노동법원은 방송의 자유에 관해 노동법의 범위 안에서도 전면적으로 실현될 수 있도록 파악해야 한다고 보았다. 그렇다고 해서 이 사건에서 다투고 있는 종류의 종사자가 그런 종류의 존속보호에서 예외로 배제하라고, 그리하여 기간설정이나 계약해지 등에 관해서 오직 공영방송의 이익에 비추어 그 사태에 객관적으로 적합한 정도까지만 보호수준을 결정하라고 기본법 제5조 1항 2문이 요청하는 것은 아니라고 한다. 그밖에도 또한 – 이 맥락에서 연방노동법원은 1978년 3월 15일자 기본원칙적 재판(위를 보라)을 원용하면서 – 방송물 형성에 참여하는 종사자의 일자리를 법적으로 확실하게 확보해주어야 한다고 하면서, 이는 방송물의 자유를 확보해야 한다는 이유를 바탕으로 헌법이 명한 바라고 하고, 이들 종사자는 자신의 의사를 표현한다는 측면에서 진정한 자유를 누리고, 방송의 자유의 실현이라는 측면에서 자신이 맡은 부분적 과업을 이행하자면, 오직 이들의 특채관계에 대해 존속보호가 부여되어야 한다는 것이다.

IV.

헌법소원 청구인은 헌법소원을 제기하면서 기본법 제5조 1항 2문, 제9조 3항, 제2조 1항 등에서 나오는 기본권이 침해되었다고 비난했다.

1. 헌법소원은 허용된다고 한다. 헌법소원 청구인은 청구권한을 보유했다고 한다. 아무리 공법상 영조물일지라도 그가 기본법 제5조 1항 2문(방송의 자유)의 주체라는 점은 의심할 여지가 없으며, 연방헌법재판소 역시 이를 인정했다고 한다. 기본법 제9조 3항 1문과 제2조 1항에 대해서도 달리 볼 바

(부록) 연방헌법재판소 방송재판: BVerfGE 59, 231ff.

없다고 한다. 이런 기본권의 보호에 관하여 헌법소원 청구인은 자신에게 헌법상 부여된 과업, 곧 방송물의 형성과 실현에 관하여 국가로부터 자유로워야 한다는 데 필요한 최소한의 범위 안에서는 이에 참여하며 누려야 한다는 것이다. 3), 10), 11) 등에 대한 헌법소원이 허용된다는 바에 대해서, 이들 사건의 경우 권리구제절차가 아직 소진되지 아니했다는 점 역시 장애가 되지 않는다고 한다.

(원문 S. 248 - 역주)

2. 본안문제에 관하여 헌법소원 청구인은 교수 오셴빌 박사의 「방송의 자유직 종사에 관한 법적 문제」(방송법 분야 논문, 제17권, 1978)라는 법적 평가서를 자신의 견해로 제출했다. 그가 주장한 바를 주요한 사항만 보면 다음과 같다.

자유직 종사자에 대한 사회적 보호를 방송의 방송물 분야의 인적인 동원필요성과 일치시켜야 한다는 것이 바로 본 사건의 핵심문제라고 한다. 헌법소원 청구인은 지금까지 한 번도 자유직 종사자의 사회적 보호의 필요성에 관해 의심을 표한 적도 없거니와, 오히려 반대로 ― 구체적으로 지적하자면 지난 몇 해 동안 ― 사회적 보호의 구조를 건설하기 위해 상당히 기여한 바 있다고 한다. 노후보조기금을 개설하고, 노후보조, 유가족보조, 장애자보조 등에 관한 지원금을 지급하고, 사회보험 부담금을 지급했으며, 단체협약법 제12a조를 근거로 단체협약을 체결하였다는 것을 지적할 수 있다고 한다. 이런 조항들은 스스로 제정한 것으로, 자유직 종사자를 위해서 이들이 경제적으로 광범위하게 종속되어 있기 때문에 "노동자 유형에 비교할 수 있을 정도"에 이른다고 할 수 있는 범위 안에서 단체협약을 체결할 가능성을 열기 위한 것이었다. 이 목적을 달성하기 위하여 입법자는 달리 오해될 여지가 없도록 분명하게 표현했는데, 그에 따르면 자유직 종사자의 노동조건은 그 범위 안에서 단체협약법의 규율기구에 맡겨야 한다고 했다. 이로써 자유직 종사자의 법적 지위가 침해되어서는 안 된다는 점을 그와 동시에 분명하게 밝힌 것이라고 한다.

연방노동법원의 재판은 이를 무시해왔고 그래서 헌법소원 청구인의 인사계획에 심대하게 결정적인 영향을 끼쳤는데, 이는 연방노동법원이 방송자유의 의미가 본 사건에서 다루는 문제에 어떤 의미를 지니는지에 대하여 아예 배려하지 않고 있다는 점에서 확연히 드러난다고 한다. 그에 덧붙여 지적해야 할 것으로 현재 소송상 공방중인 재판은 전혀 예측가능성을 갖추지 못했는데, 이는 그 바탕에 깔린 기준이 전혀 미래에 대한 예측적 가치를 지니고 있지 않기 때문이라고 한다. 무엇보다도 이 재판은 기본법 제5조 1항 1문을 침해했다고 한다.

(원문 S. 249 – 역주)

방송의 자유의 본질적인 요소라고 하면 이는 프로그램의 자유인데, 이는 다시 말하자면 공영방송의 권한 있는 기관의 자유라고 바꾸어 표현할 수 있거니와, 그는 방송프로그램의 내용과 규모에 관한 한, 제3자로부터 영향받지 않고 스스로 결정할 수 있어야 한다는 것이다. 이로부터 직접 도출할 수 있는 추론이 인사문제와 같은 종류의 것에 대해서도 적용된다고 한다. 프로그램의 주체라고 한다면, 그는 방송관계의 인사문제에 관한 처분권을 가진 자라고 한다. 연방헌법재판소가 그동안 발전시켜온 방송의 자유라는 기본개념이 전혀 의심할 여지없이 분명하게 요구하는 바는 다원적으로 구성된 기관에 의해서 통제되며 심의되는 방송사 사장이야말로 프로그램에 대하여 책임져야 한다는 것이라고 한다. 이 공영방송사의 사장이라는 기관이야말로 방송의 자유를 제도적인 자유로서 맡긴 주체라고 한다. 이 점의 구체적인 의미는 물론 오직 직접 방송물을 창출하는 인사에 대해서만, 직접적인 또는 단지 간접적이기만 해도 역시 어떤 종류의 것이든 영향력은 바로 헌법상 이유로 배제되어야 한다는 것이라고 한다. 나아가 방송물의 균형성, 다양성, 개방성, 최적성 등의 원칙에 대해 배려해야 한다고 한다. 사회적인 현실을 반영해야 한다는 이들의 과업을 방송이 전면적으로 정당하다고 할 정도로 실현할 수 있으려면, 방송이 적어도 부분적으로는 자신의 종사자를 사회로부터 직접 동원해야 한다는 것이다. 그렇게 하기 위해서 자유직 종사자란 무조건적으로 필요한 존재라고 한다. 이들은 방송의 자유의 요소이자 기둥이며, 그렇기 때문에 방송의 자유의 구성 부분으로서 원칙적으로 헌법에 의해 명해진 바이며 보호되는 것이라고 한다.

이렇게 정의된 방송의 자유에 대하여 사회국가원리는, 바로 이 원리로부터 노동법상 보호조항이 도출되는데, 이를 실제적 조화의 방법으로 적용해야 한

(부록) 연방헌법재판소 방송재판: BVerfGE 59, 231ff.

다고 한다. 그때 한편으로 헌법상 두 가지 원리의 동등서열성을 전제로 받아 들여야 하며, 다른 한편으로는 그러나 사회국가원리의 규범적 범위가 넓기 때문에 그 원리가 명한 바를 충분히 확실하게 특정하는 일이 지금까지 성공 한 적이 거의 없다는 점이 반드시 고려되어야 한다고 한다. 연방노동법원은 이렇게 헌법으로 명해진바, 적용체계 내에 편입시키면서 그 기초단계에서 오 류를 범했다고 한다. 자유직 종사라는 제도를 방송물 형성의 본질적 요소로 서 활용할 수 있게 하며, 그에 따라 임시계약의 대상이 될 수 있게 한다는 바로 그 방송의 기능영역을 어디에 어떻게 특정하는지에 따라 달라질 것이라 고 한다.

(원문 S. 250 - 역주)

이에 관해서 납득할 수 있는 재판원칙을 개발해야 하며, 이에 대해서는 4 단계 재판모형을 구상할 수 있다. 제1단계에서 각 활동이 방송물에 얼마나 중요한 관련성을 지녔는지 또는 방송물에 긴밀한 관련을 지녔는지 등을 조사 하는데, 이는 한계선을 이룰 주된 기준이 될 것이라고 하며, 제2단계에서는 보조기준을 구성해야 한다고 하면서, 그 활동의 방송물 형성의 강도, 여론형 성에 비추어 평가해야 할 그 의미, 그의 창조적 내용, 대체가능성의 수준 등 을 들고 있으며, 제3단계에서는 자유직 종사업무에 다툼 없이 또는 아주 전 형적으로 활용할 수 있다고 할, 그리고 이미 위에서 서술한 기준을 적용한다 는 점을 설명할 수 있는 그런 복합적 활동이나 직업형상을 예시적 목록화의 방향으로 발전시킨다는 따위이며, 제4단계에서는 마지막으로 이전의 단계에 서 일의적으로 해명하지 못했던 의문이 있는 사례에 대해 결정한다는 것이 다. 이때 반드시 공영방송에 판단여지라는 범주와 관련하여 평가특권을 부여 해야 한다. 자유직 종사자를 사회적으로 보호해야 한다고 명한 바를 이런 맥 락에서도 또한 보장하도록 해야 한다. 그리하여 연방노동법원이 종전의 재판 에서 조심스럽게 발전시켜온 단서인 점진적 소멸기간이라는 명제가 사안에 적절하며 장차 발전시켜나갈 기본적 능력을 갖추었다고 노동법 문헌에서 여 러 번에 걸쳐 평가한 바 있다고 한다.

연방노동법원의 개별논거 역시 유지될 수 없는 정도가 상당히 커졌다고 한 다. 방송물을 창출하는 종사자가 특정된 기간에 기속된다는 사정으로 보아서 는 의미가 있겠지만, 이들이 노동자의 특성을 지녔다는 점에 관해서는 전혀 설득력이 없다고 하는데, 그와 같은 종류의 종속성은 사물의 기본적 속성으로부터 발생하는 것이기 때문이라고 한다. 연방노동법원이 파악한 바에 따르면, 방송의 프로그램 종사자에 대한 노동법상 존속보호는 바로 방송의 자유를 근거로 명해진 바라고 하는데, 이는 타당치 않다고 한다.

기본법 제9조 3항 1문이 침해되었다고 하면서, 재판상 공방중인 재판이 단체협약법 제12a조의 배경을 이루는 입법자의 결정을 무시하고 있을 뿐만 아니라, 단체협약의 양 당사자가 이들 조항을 기반으로 하여 찾아낸 단체협약상 합의로써 내린 결정 역시 무시하고 있다고 한다.

(원문 S. 251 – 역주)

현재 공방중인 재판이 마지막으로 기본법 제2조 1항에 위배한다고 하는데, 이는 계약의 자유를 보장하는 내용이다. 연방노동법원은 당사자가 분명하게 밝혀 합의에 이른 계약내용을 간과하고 이를 모종의 가설로 대체한다고 한다.

V.

1. 헌법소원에 대하여 자신의 견해를 밝힌 이는: 2), 8), 9) 등에 관한 헌법소원 원심절차의 원고로서 독일노동조합연맹 산하 예술 분야 노동조합 내의 라디오방송-텔레비전방송-영화-연합과 독일언론인사단법인(DJV), 독일연방공화국 공영방송연합체(ARD), 독일제2텔레비전방송(ZDF) 등이다.

2. a) 위에 열거한 원심절차의 원고는 현재 공방중인 재판을 방어한다. 그 사이에 제기된 정규직임용에 관한 소는 주로 "예측-절차"에 의하여 조건이 설정되었다고 하면서, 이를 근거로 헌법소원 청구인은 1973년 이래로 자유직 종사자를 평균 한 달에 겨우 하루에서 사흘 정도만 일을 맡겼고, 그 결과 이들 범주에 속하는 사람들 대다수가 자신의 생존근거를 상실하기에 이르렀다고 한다. 종사자가 이미 수년 전부터 그리고 지속적으로 종사해온 경우, 오직 그런 경우에 한해서는 언제나 연방노동법원이 정규직 임용청구권을 인정해왔다고 한다. 하지만 종사자가 거의 유사하게 활동하면서 노동관계로 편입되어 들어갔다는 것으로 인하여, 헌법소원 청구인이 기본법 제5조 1항에서 나온다는 자신의 기본권을 얼마나 침해당했는지, 이 점에 대해서 확연히 드

(부록) 연방헌법재판소 방송재판: BVerfGE 59, 231ff.

러난 바는 없다고 한다. 연방노동법원이 나아가 적시한 바를 살펴보면, 공영 방송의 프로그램-종사자의 특채관계의 존속이 확보되어야, 이들의 의사표현도 여러 모로 자유스러워질 것이라고 하는데, 이는 타당하다고 한다. 실제로 정신적인 자유는 존속에 대한 불안으로 말미암아 길들여진다고 한다. 헌법소원 청구인이 단체협약법 제12a조를 원용하는데, 이는 오류라고 한다. 모든 작업종사자에게 가장 중요한 문제는 그가 도대체 특채된 것인지 여부인데, 이 점에 관해서 전혀 규율한 바 없기 때문이라고 한다.

(원문 S. 252 – 역주)

헌법소원 청구인이 또한 지적한 바에 따르면, 자유직 종사자들에 대하여 이미 제 모습을 갖춘 사회적 보호가 부여되었다고 하는데, 과연 그 실질적 내용이 무엇인지 알고 싶을 정도라고 한다. 자유직 종사자관계에 대한 합의가 양 당사자의 의사에 근거한 것이라고 하는데, 이는 현실을 직시하지 못한 결과라고 한다. 헌법소원 청구인이 차지하고 있는 독점적 지위에 대하여 한 번만 생각해보아도 그에 대한 논거로 충분할 것이라고 한다.

b) 독일노동조합연맹 산하 예술 분야 노동조합 내의 라디오방송-텔레비전방송-영화-연합(RFFU)과 독일 언론인-사단법인(DJV) 역시 헌법소원으로 공방중인 노동재판의 법원이 내린 재판을 방어한다. 헌법소원 청구인이 전제한 것은 여러 가지 측면에서 가설에 지나지 않아 기본법 제5조에 전혀 그 근거를 찾을 수 없다고 한다. 공영방송이 상시적으로 근무하는 자유직 종사자를 아무 제한 없이 그리하여 법으로부터 자유롭게 교체하기 위해 방송의 자유를 행사하려고 시도했는데, 이에 대하여 연방사회법원도 이미 모순이라고 판정한 바 있다. 아무리 사실상 방송사 내부에서 다양한 의사가 확보되어 있다고 하더라도, 그것 자체로서 결코 노동법상 보호가 일반적으로 방송의 자유와 어긋나는 것임에 틀림없다는 뜻은 아니라고 한다. 방송종사자가 방송사에서 일하게 되었다는 이유 하나만으로 존속보호의 수준을 낮춰야 한다는 견해는 어떤 면으로 보나 결코 타당치 않다고 한다. 헌법소원 청구인의 경우 그 효력을 유지하고 있는, 노동자에 유사한 인사에 대한 단체협약을 인정한다지만, 이는 결코 충분치 않다고 한다. 바로 그 방송의 자유가 명한 바는 이미 연방노동재판소가 설시한 바 있으며, 이는 또한 타당한 것이거니와, 방송물 종사자에 대하여 일자리를 법적으로 확보해주어야 한다고 한다. 현재 유

효한 해고보호법이 노동관계에 관해 오직 예외적인 사건에만 허용되는 해결
방식이라고 한다면, 이는 결코 마땅한 대책이 아닌 것이라고 한다. 방송물에
관해 책임진 자들은 방송물의 형성의 영역에서 지금까지 끊임없이 자신의 태
도를 관철시켜왔다고 보는 것이 오히려 정당하다고 한다.

3. 이에 대해서 독일연방공화국 공영방송연합체(ARD)와 독일제2텔레비전
방송(ZDF)은 헌법소원을 지지했다. 두 주체는 교수 오센빌 박사의 평가서에
가담했다.
  a) 독일연방공화국 공영방송연합체가 주장하는 바에 따르면, 연방노동법
원의 재판은 이들 공영방송의 이원적 인사개념에 상당히 깊이 관여하게 되었
다는 의미를 띤다고 한다.

(원문 S. 253 — 역주)

이 재판은 방송의 자유의 보호영역을 오해하여, 간접적으로 심각한 손해를
야기했다고 한다. 자격을 갖춘 종사자가 제공할 수 있는 업무기여를 사태에
아무 관련도 없는 이유로 포기했으며, 방송물 질의 저하를 감수하였으며, 적
합한 후계자의 양성을 포기했으며, 그리하여 세대를 넘어 이 분야의 자질 있
는 사람을 계속 확보해나가야 하는데 이를 포기했다고 한다. 자유직 종사자
에 대한 사회적 출연은—여러 가지 통계를 제시하면서 밝힌 바에서 자세히
드러났다시피—1969년 이래로 끊임없이 그리고 전면적이라고 할 정도로 상
당하게 상승했다고 한다. 그뿐만 아니라 단체협약의 양 당사자가 단체협약법
제12a조라는 입법자가 열어놓은 가능성을 가능한 한 최대로 활용한다는 수
준으로 실현했으며, 그러면서 또한 존속보호에 대해서도 그 의미를 점차 크
게 부여하게 되었다는 점 따위에서도 잘 드러났다고 한다. 이 모든 사항에
연방노동법원은 전혀 배려하지 않고, 자신의 재판이 가진 경향을 최근의 재
판에서 계속 고집할 뿐만 아니라, 일부는 오히려 더욱 강화하고 있다고 한다.
게다가 이 재판소가 다른 사건의 경우—성인교육대학, 일반대학, 연극 등의
관련 분야에 대해서—이들 분야의 급부사용자의 특수한 요구사항에 대해 상
당히 이해한다는 태도를 갖추고 있다는 점을 감안하면, 이런 태도는 더욱 납
득할 수가 없다고 한다.
  b) 이와 동일한 방향의 것으로 보이는 독일제2텔레비전방송(ZDF)의 견

(부록) 연방헌법재판소 방송재판: BVerfGE 59, 231ff.

해를 살펴본다. 독일제2텔레비전방송 역시 주장하기를 현재 공방중인 연방노동법원의 재판은 이미 뚜렷하게 감지할 수 있는 결과를 초래하고 있다고 한다. 현재 공방중인 재판이 방송물의 편성에 대하여 미치는 극적인 대외효과를, 하지만 현재로서는, 증명할 수는 없다고 한다. 그러나 장기적으로 보아 방송물에 대하여 미칠 부정적인 효과는 불가피하다고 한다. 왜냐하면 1975년 말 이래로 독일제2텔레비전방송은, 이렇게 사안에 모순되는 정규직 임용을 회피하기 위해서, 자유직 종사자의 투입을 대거 축소했다고 한다. 또한 자유직 종사자 개인에 대해서는 평균적으로 종전보다 훨씬 강도를 낮춰 일을 맡겼다고 한다. 이런 방식으로 자유직 종사자의 직업적 체험 역시 반드시 축소되었을 것이라고 한다. 이 영역에서 인사교체의 폭에도 강력하게 제한을 가함으로써 앞으로 독일제2텔레비전방송에서는 불이익한 영향을 감수하지 않으면 안 될 지경에 빠졌으니, 본래 방송국 자체의 연륜이 짧아 기본적 여건으로 받아들일 수밖에 없었던 것이 연령구조였고, 이를 자체 내에서는 도저히 보완할 수 없으므로, 그에 대한 모종의 대책을 마련해야 했는데, 이번 일이 계기가 되어 대책 가능성의 폭이 충분치 못할 정도로 좁혀졌기 때문이다.

(원문 S. 254 — 역주)

설상가상으로 독일제2텔레비전방송은 독일연방공화국 공영방송연합체의 주공영방송과는 대조적으로 약점을 지녔으니, 독일연방공화국 공영방송연합체 측은 라디오방송과 텔레비전방송 두 영역 사이에서 교체를 감행한다는, 그리하여 특정한 단계의 연령층의 경우 서로 보완하는 데 온전한 성과를 거둘 수 있도록 대책을 세울 수 있었는데, 독일제2텔레비전방송의 경우 전혀 그럴 가능성조차 없다고 한다. 그리고 지금까지 자유직 종사자였던 이들의 사회적 상황을 개선해준다는 목적 역시, 이를 모두 정당화할 수는 없다고 한다. 나아가 프로그램영역의 특히 더욱 큰 분업적 성향을 지닌 제작방식에 대해서는 유의해야 한다고 하면서, 이런 성격은 사안 자체의 성격으로부터 추출된다고 한다. 연방노동법원은 이 점을 오해하였다고 하면서, 특히 이로부터 생성되는 기능적 종속성을 인사 분야의 종속성과 등치시키는 경우를 지적한다.

B.

헌법소원 청구인이 기본법 제5조 1항 2문의 침해를 주장하는 범위 안에서 헌법소원은 허용된다.

I.

헌법소원 청구인인 공영방송은 공법상 법인이다. 기본법 제19조 3항에 따르면 기본권은 국내의 법인에도 효력을 미치되, 그의 본질에 비추어 이를 그에게 적용할 수 있는 범위에 한한다. 공법상 법인에 이는 원칙적으로 해당되지 않는다(연방헌법재판소 판례집 21, 362〔369ff.〕). 기본권으로 보호하는 생활영역이 그 공법상 법인에 직접 할당되어 있는 경우, 이에 대한 예외에 해당된다(연방헌법재판소 판례집, 같은 곳〔373〕). 그에 따라 연방헌법재판소도 인정한 바 있으니, 공영방송이 헌법소원으로 방송의 자유의 침해를 주장할 수 있으며, 이는 국가로부터 독립하여 스스로 행정하는, 즉 자치행정적 공법상 영조물이라는 그의 지위가 이 기본권을 실현하는 데 기여하기 때문이라고 한다(연방헌법재판소 판례집 31, 314〔322〕- 부가가치세 사건).

그에 반하여 헌법소원 청구인이 그 범위를 넘어 기본권 제9조 3항과 제2조 1항의 기본권을 침해당했다고 주장하는 한, 그것에 대하여는 헌법소원은 허용되지 않는다. 그 범위 안에서는 위에서 지적한 원칙에 대하여 어떤 예외가 있다는 점에 배려할 수 없기 때문이다.

(원문 S. 255 - 역주)

헌법소원 청구인의 특성이 사용자로서, 단체협약을 체결할 권한을 보유한 자로서 고려의 대상이 될 경우, 또한 마찬가지다. 왜냐하면 기본권능력을 공법상 법인에 확장하는 것은 본래 그 기본권 능력이 이들에게 특별히 할당한 자유영역을 보전해준다는 목적을 지녔는데, 여기에 포섭되지 않기 때문에, 그리하여 원칙적으로 기본권의 제1차적 의미에, 다시 말해서 국가적 권력의 침입으로부터 개인의 보호를 보장한다는 뜻에 일치하지 않을 것이기 때문이다. 만약 이에 거슬러서 확장해준다고 한다면, 기본권이 반대방향으로 나아가게 될 것인데, 다시 말해서 기본권 보호를 공적 주체에 유리하게 부여하여,

(부록) 연방헌법재판소 방송재판: BVerfGE 59, 231ff.

기본권이 오히려 시민에게 적대적인 보호가 될 수 있다는 위험이 발생하는 결과에 이를 수도 있는데, 여기서 다루는 이들 사건에서 헌법소원이 그 형태로 보면 법원의 재판을 직접적인 대상으로 삼고 있다고 하더라도, 본 사건에서 헌법소원 청구인이 기본권을 요구하는 경우와 다를 바 없다고 할 것이다. 공영방송이 자신의 과업을 이행한다는 이익을 추구하기 위해서 국가적 영향력을 광범위하게 배제한다고 하더라도, 이런 사정에 변경될 바는 없다(연방헌법재판소 판례집 12, 205〔261〕- 도이칠란트-텔레비전방송 사건). 이 "국가로부터 자유"라는 원칙은 오직 헌법으로 보장된 방송의 자유에서만 그 기반을 얻을 수 있다(기본법 제5조 1항 2문). 공영방송의 기본권능력을 다른 기본권에까지 확장할 때 이로부터 도출할 수는 없는 것이다.

II.

3)에 관한 헌법소원을 허용하는데, 이 헌법소원의 원심절차에서 권리구제절차가 아직 소진되지 아니했다고 해서, 이에 배치될 바는 없다(연방헌법재판소법 제90조 2항 참조).

본 사건에서 연방노동법원이 이미 밝힌 바 있거니와, 원고의 정규직 임용의 요건 그 자체는 갖추어져 있다. 그런데도 노동법원은 본안문제를 원심인 주노동법원으로 환송했는데, 이는 원고가 자신의 계속적 고용관계에 관한 청구권을 실효했을 수도 있을 여부에 관해서 사실심판사가 심판해야 하기 때문이었다.

(원문 S. 256 – 역주)

이 점을 주노동법원은 헌법소원으로 공방을 했던 판결에서는 부정한 바 있다. 이에 대하여 제기된 상고에 관해서 아직 재판이 나오지 않았다고 하더라도, 본안의 상태가 이와 같으므로, 권리구제절차가 소진되어야 한다는 요구사항에 관하여 새삼 배려하지 않을 수도 있다. 헌법소원의 대상이 된 문제에 대해서 연방노동법원은 이미 재판한 바 있다. 이는 전혀 일반적인 의미를 지닌 것이다(연방헌법재판소법 제90조 2항 2문). 게다가 이는 그밖의 공방중인 연방노동법원의 여러 판결에 대한 헌법소원을 받아 반드시 재판해야만 할 그 문제와 그대로 일치한다.

C.

1)부터 7)까지, 그리고 9)부터 11)까지 등에 대한 헌법소원은 이유 있다. 이들 헌법소원의 대상이 된 법원의 여러 판결은 기본법 제5조 1항 2문을 위반하고 있다. 8)에 대한 헌법소원은 이유 없다.

I.

이들 헌법소원은 노동법 분야에 관한 법원의 판결을 대상으로 하고 있다. 이 법영역의 법조항과 기본원칙의 해석과 적용 그 자체에 관한 한, 연방헌법재판소가 심사해야 하는 것은 결코 아니다. 단지 연방헌법재판소는 법원이 단순한 법을 해석하고 적용하면서 헌법을 위반했는지 여부, 특히 단순한 법이라는 규범과 척도에 대한 기본권의 영향력에 관하여 오해한 바는 없는지 여부 등을 통제할 의무만 지고 있을 뿐이다(대개 연방헌법재판소 판례집 18, 58[92]; 42, 143[147ff.]; 49, 304[341ff.] 참조). 헌법에 비추어 보다 집중적으로 심사해야 할(연방헌법재판소 판례집 42, 143[148f.] 참조) 계기는 여기 제기된 여러 본안사건의 경우 전혀 없다.

물론 법원들은 원심절차에서 - 넓은 의미의 - 단순한 법을 "적용"한 것만은 결코 아니다.

(원문 S. 257 - 역주)

이들 법원은 먼저 노동관계를 구성하는 제 특성을 규정함으로써 스스로 판단척도를 형성한 뒤, 이 기준에 따라 재판했던 것이다. 이런 범위 안에서 보면 이를 아무 단서도 붙이지 않은 채 통상적인 의미로 법을 적용했다고 평가할 수는 없다. 이들 척도는 오히려 법관법으로 간주될 수 있으며, 이로써 실체적 측면에서 보면 법규에 따른 규율이라는 수준에 접근하는 것이며, 이런 관점하에서는 그런 통제 이외의 다른 어떤 통제에도 종속될 수 없다. 그러나 여기에서 또한 유의해야 할 점은 방송의 자유가 어떤 법규정에 대해 제기하는 막연한 요구들은 다양한 방법으로 충족시킬 수 있다는 것이다. 입법자로서는 이에 관하여 법적으로 규율하기를 원할 경우 형성의 자유를 누릴 것인데, 이는 일반법원에 유보되어 있는 단순한 법의 해석과 적용에 대한 것보다

(부록) 연방헌법재판소 방송재판: BVerfGE 59, 231ff.

결코 적지 않을 것이며, 그리하여 이에 관한 헌법상 통제도 그 정도로 한정될 것이다. 위에서 살펴본 심사범위에 대해서도 역시 반드시 이 범위 안에 멈추어야 한다. 연방헌법재판소의 권한으로는 어떤 해결방안을 세세하게 미리 제시하여 일반법원의 자리를 대신 차지할 수는 없는 것이다.

II.

심사의 기준은 기본법 제5조 1항 2문이다. "일반법률"이라는 한계 내에서 (기본법 제5조 2항) 이 기본권에 의해 보장되는 방송의 자유라는 헌법적 보호는 기존 방송사가 방송종사자를 선정, 보직, 특채할 때 역시 전달해야 할 프로그램 내용의 다양성을 자신의 과업에 부응하도록 확보한다는 측면을 고려해야 할 권리를 보유한다는 데까지 확장되어 미친다는 것이다.

1. a) 방송의 자유는 개인과 공공의 자유로운 의사형성에 기여한다(연방헌법재판소 판례집 57, 295〔319f.〕- 자를란트 주의 민영방송 사건). 이는 의사소통(커뮤니케이션)의 과정에서 이루어지며, 그리고 이 과정에서 방송은 "매체"와 "요소"라는 과업을 부여받고 있다. 즉 방송은 가능한 한 폭넓게 그리고 완전하게 정보를 제공할 의무를 진다. 방송은 개인과 사회적 집단에 의사형성에 영향력을 행사할 기회를 제공해주며, 그리고 자신도 스스로 의사형성의 과정에 참여하고 있다(연방헌법재판소 판례집 35, 202〔222〕- 레바흐 사건 참조).

(원문 S. 258 - 역주)

이는 포괄적인 의미의 차원에서 이루어진다. 의사의 형성은 한편으로 뉴스보도, 정치논평 또는 과거, 현재, 미래의 문제에 대한 일련의 연속방송물 등을 통해서 뿐만 아니라 라디오방송극이나 TV 드라마, 음악 프로그램이나 오락 프로그램 등을 통해서도 이루어진다. 어떤 방송 프로그램이든 그의 방송물을 선정하고 편성하면서 어느 정도까지는 일정한 경향을 띠게 되며, 바로 이러한 점에서도 여론형성에 해를 끼치지 않는 범위 안에서 소홀히 할 수 있는 것이 무엇인지, 그리고 송출할 방송물을 어떤 형태로 그리고 어떤 대사로 구성할 것인지 따위에 대해 결정한다는 의미이다(연방헌법재판소 판례집 12,

205〔260〕; 31, 314〔326〕; 35, 202〔222f.〕 참조).

이에 따라 기본법 제5조 1항 2문에서 헌법이 보장하는 방송의 자유의 보호는 원칙적으로 모든 방송물을 포함한다(연방헌법재판소 판례집 35, 202〔223〕). 즉 방송의 자유는 여기 이 사건에서 가장 본질적인 의미를 지닌 것이라면 바로 프로그램의 자유를 말하는데, 이는 프로그램의 선정, 내용, 편성에 대하여 국가는 물론 어떤 외부의 세력이든 이들이 영향력을 미치는 것을 금지한다는 의미이다. 다양한 의사를 반영해야 하며 정보 역시 포괄적으로 제공해야 한다고 헌법은 명하고 있는데, 이를 무엇보다 개별 공영방송의 내부 다원적 조직을 통해 준수하려고 기도하는 현행 방송체제하에서는 프로그램의 자유가 그대로 무제한적 경향성을 누릴 자유를 의미하는 것은 아니다. 이런 점에서 방송의 자유에 대하여 헌법이 명한 바는 출판의 자유에 대한 그것과 구별되는데, 출판의 자유라고 하면 어떤 신문이든 자신의 기본노선에 관해 어떤 영향도 받지 않고 결정하여 실현할 자유를 포함하기 때문이다(연방헌법재판소 판례집 52, 283〔296〕 - 경향보호 사건). 그에 반하여 공영방송은 자신의 전체 프로그램에서 하나의 경향성을 추구해서는 안 되며, 원칙적으로 반드시 모든 경향에 대해 방송될 가능성을 제공해야 한다.

b) 전체 프로그램의 내용과 관련된 지도원칙 및 공영방송의 조직적 구조와 관련된 요구사항 등도 그것 자체로 이미 방송에 의한 이런 과업의 수행을 확보하는 데 기여한다(연방헌법재판소 판례집 12, 205〔262f.〕; 57, 295〔325f.〕 참조).

(원문 S. 259 - 역주)

하지만 이를 통해서는 "최소한의 내용적 균형성, 객관성, 상호존중성"(연방헌법재판소 판례집, 같은 곳) 이외에, 그 수준을 본질적으로 뛰어넘는 무엇인가를 더 보장할 수는 없다. 다시 말하면 법적으로 규범화된 내용적 요구사항이나 조직에 관한 규정만으로는 헌법이 명하는바, 즉 다양성을 고려하여 프로그램을 제공해야 한다는 점이 보장되지 않는다. 이를 보장하기 위해서는 물론 최우선적이라고는 할 수 없으나 전제해야 할 사항이 있는데, 방송물을 제작하는 사람들이 헌법이 명한 다양성을 프로그램에 스며들게 할 수 있어야 한다는 것이다. 그와 마찬가지로 활력, 생동감, 풍부한 아이디어, 객관성, 공정성, 예술적 격조 등 방송물의 품격을 이루는 모든 것은 그저 법적으로 명

(부록) 연방헌법재판소 방송재판: BVerfGE 59, 231ff.

령하거나 규율한다고 해서 이루어지는 것이 아니라는 것이다. 이런 점에서 보면 오히려 방송의 과업수행은 인력 면에서 전제조건을 창출하고 유지할 수 있는지 여부에 달려 있다. 그래서 — 세계적인 차원에서 정치가 그때마다 변전의 양상을 보인다는 이유로 — 새로운 정보에 대한 요구가 일어나고, 그에 반해 다른 요구는 뒷전으로 밀려나는 경우 대중의 관심이 새로운 대상에 대해 상승하면서 다른 대상물에 대해서는 이탈하는 경우, 또는 이와 관련하여 프로그램의 구조를 변경하지 않으면 안 될 경우, 그리하여 무엇인가 교체해야 할 필연성이 발생한 경우 인력관계는 문제를 일으킬 수 있을 뿐만 아니라 그만큼 또한 중요하기도 하다고 할 것이다. 위탁받은 프로그램에 관하여 제기되는 이런 요구 그리고 이와 같은 종류의 요구 등을 그때마다 수행해야 할 과업에 적절한 자질을 갖춘 종사자를 투입함으로써 적절히 충족시키는 것이야말로 공영방송의 본격적인 책무이다. 만약 공영방송 측에서 전적으로 이들 정규직 종사자에게만 의존하고 있었다면, 이들 정규직 종사자가 방송물 자체가 전달하는 내용의 다양성을 전면적으로 반영시키고 형성해나갈 수 없다는 점을 회피할 수는 없는 것이므로, 공영방송으로서는 프로그램의 수탁과업을 이행할 수 없게 될 것이다. 따라서 공영방송은 각개 상황에 적절한 종사자의 광범위한 인적 집단을 반드시 활용할 수 있어야 하며, 그에 따라 또한 공영방송 측에서는 이들 종사자를 지속적이 아니라 오직 이들이 필요한 그 시간에 한해 고용한다고, 전제할 수 있다.

그리하여 방송사에 부과된 프로그램의 다양성이 인력 측면이라는 전제조건에 따라 본질적으로 좌우된다고 본다면, 이를 침해하거나 심지어 폐기하게 될 조치에 대해서 공영방송은 프로그램의 자유를 의미하는 방송의 자유를 그 근거로 내세울 수 있다.

(원문 S. 260 — 역주)

만약 프로그램의 선정, 내용, 편성 등에 관해 외부의 영향력으로부터 보호되어 있다면, 프로그램의 형성을 맡겨야 하는 이들 인력의 선정, 고용, 특채 등에 관해서도 역시 반드시 외부의 영향력이 배제되어야 한다. 다양한 프로그램을 확보하기 위한 인력 측면의 전제조건을 창출하고 유지해야 할 의무를 공영방송이 부담하기 때문에, 이는 — 대외적으로 — 방송종사자의 선정, 고용, 특채 따위에 관하여 외부로부터, 특히 국가적 영향력으로부터 자유로운 상태에서 결정할 수 있는 권리와 결합하게 된다. 이 권리는 헌법상 방송의 자유의 보장에 포괄된다.

전술한 맥락에서 볼 때 방송인력의 결정에 대한 기본권적 보호는 라디오와 텔레비전 방송물의 내용적 형성에 참여하는 방송종사자의 범주로 제한된다. 정치, 경제, 예술 또는 기타 사안에 대한 자신의 독자적인 견해, 자신의 전문지식, 예술가로서 자신의 개인적 능력과 표현력 등을 방송물에 드러낸 경우로서 감독, 사회자, 평론가, 학자, 예술가 등이 여기에 해당된다고 할 것이다. 이러한 점에서 방송의 자유의 보호에는, 아직 규명되어야 할 한계는 유보로 남겨둔다고 하더라도, 종사자를 선정하는 것 이외에도 이 종사자를 정규직으로 고용할 것인지 여부, 또는 프로그램 기획을 근거로 특정한 기간 또는 특정한 프로젝트에 제한하여 특채할 것인지 여부, 그리고 어떤 종사자를 얼마나 자주 필요로 한다고 볼 것인지에 대하여 결정하는 것도 포함된다. 이 권한에는 종사자관계의 근거를 확보할 때 그때마다 적합한 계약유형을 선정할 권한도 포함되어 있다.

이에 반해서 공영방송의 인사에 관한 결정이더라도 전술한 연관관계에서 벗어나는 경우 기본법 제5조 1항 2문의 헌법상 보호에는 포함되지 않는다.

(원문 S. 261 — 역주)

여기에 해당되는 사례를 든다면, 어떤 결정이 종사자에 관한 것이더라도 이들이 프로그램의 내용을 직접 함께 형성하지는 않은 경우이다. 이에 속하는 이들로는 운영기술요원이나 행정요원은 물론이며, 그밖에도 그의 활동이 아무리 프로그램의 실현과 연관되어 있다고 하더라도, 그저 기술적 활용에 그치거나, 내용 측면에 영향력을 미치지 않는 종사자 등이다.

2. 기본법 제5조 1항 2문의 보호가 공영방송의 인사결정을 포함하는 경우, 기본권이 그때마다 구체적으로 미치는 범위는 그 기본권의 제한이 고려되어야 비로소 결정될 수 있다.

a) 이 제한은 헌법에서 직접 도출되는 것은 아니다.

aa) 우선 종사자의 기본권이 이에 해당된다고 할 것인데, 이는 공영방송의 기본권과 충돌하며, 따라서 양 지위를 조정할 필요가 발생될 수도 있기 때문이다.

(부록) 연방헌법재판소 방송재판: BVerfGE 59, 231ff.

 이런 관점에서 살펴보면 한편으로는 방송종사자의 기본권적 지위가 고려의 대상이 되는데, 이는 공영방송이 헌법상 기속된다는 효력이 그렇듯이 기본법 제5조 1항 2문에서 도출될 것이기 때문이다. 이와 같이 연방노동법원은 -헌법소원의 공격대상에 들어 있지 아니한- 1978년 3월 15일자 기본원칙적 판결에서- 5 AZR 819/76 - 자신의 견해를 밝혔는데, 이를 살펴보면 일자리의 법적 확보는 헌법이 방송의 자유를 근거로 명한 바라고 하면서 프로그램을 형성하는 종사자의 경우 그렇게 해야 비로소 여러 면에서 자신의 의사를 표현하는 데 자유로울 수 있기 때문이라고 한다. 즉 "정신적 자유"는 "생존차원의 불안으로 인해 길들여진다"고 한다(BAG, EzA §611 BGB, Arbeit-nehmerbegriff Nr. 17=RdA 1978, S. 266[269]). 비록 명확하게 표현된 것은 아니지만, 그 기반을 형성하는 견해를 살펴보면, 본 사건에서 판단기준을 제공하는 관계라는 맥락에서 방송종사자는 마찬가지로 기본법 제5조 1항 2문을 자신의 근거로 주장할 수 있으리라는 것이다.

(원문 S. 262 - 역주)

 하지만 그에 해당되는 경우인지의 여부에 대해서는 종사자의 그와 같은 권리가 개별적으로 어떤 범위까지 미칠 것인지의 문제와 마찬가지로 판단할 필요는 없다. 왜냐하면 어떤 경우에도 기본법 제5조 1항 2문으로부터 자유직 종사자가 아니라 정규직 고용관계를 근거로 업무를 배정해달라고 할 직접적인 헌법상 청구권을 도출해낼 수는 없기 때문인데, 이는 아무리 정규직 고용이 종사자로 하여금 보다 더 큰 독립성을 향유하게 하며, 그런 이유로 자신에게 할당된 몫의 활동내용을 형성하면서 언론적 또는 예술적 자유와 자기책임성 등에 관해 더욱 큰 지원을 누리게 한다고 하더라도 사정은 마찬가지다.
 다른 한편으로 자유로운 직업선택 및 행사와 관련한 종사자 자신의 기본권을 고려할 수 있을 것이다(기본법 제12조 1항). 하지만 이 기본권 역시 방송종사자는 정규직으로 고용해야 한다는, 구속력 있는 헌법적 위탁을 포함하고 있지는 않다. 물론 이와 같은 채용의 종류는 근로자가 직업의 자유라는 그들의 기본권을 실현하는 여건에 결코 무시할 수 없을 정도로 영향을 미치는데, 직업의 자유라는 기본권은 모든 사회계층에 대해 중요한 것이다(연방헌법재판소 판례집 7, 377[397, 398f.]). 그러나 이런 상황은 오직 입법자에 의해서 구체화되어야 할 여건과 관련시켜서야 비로소 이를 고려대상에 들여놓을 수 있다(연방헌법재판소 판례집 50, 290[349] - 공동결정법률 사건). 이런 점에서 이러한 상황은 이 사건의 경우 방송의 자유를 "일반적인 법률"(기본법 제5조 2항)에 의해 보호받는 법익의 하나로 귀속시키는 데 중요한 의미를 지니게 된다(아래 3).[4] 기본법 제12조 1항은 어쨌거나 방송의 자유에 대하여 헌법상 직접적인 제한을 포함하고 있지는 않다.

bb) 사회국가원리(Sozialstaatsprinzip)에 대해서도 동일한 것이 적용된다(기본법 제20조 1항, 제28조 1항). 헌법소원 청구인의 견해에 따르면, 이 원리가 방송의 자유와 동일한 지위를 갖고 대치되어 있으며, 이 같은 법적인 긴장상황은 두 원리의 조화를 모색하는 가운데 해소되어야 하고, 거기서 나올 결론은 때에 따라 달라질 수 있다고 하지만, 이 견해를 좇을 수는 없다.

사회국가의 원리는 기본권을 해석할 때뿐만 아니라 - 법률유보의 척도에 따라 - 기본권을 제한하는 법률을 해석하고 헌법적으로 판단할 때 어떤 의미를 부여할 수 있다.

(원문 S. 263 - 역주)

하지만 이 원리는 입법자가 자세하게 구체화하지 않은 채, 다시 말해 직접 기본권을 제한하는 데는 결코 적합한 것이 아니다. 이 원리는 공정한 사회적 질서가 이루어지도록 배려해야 할 국가의 의무에 대하여 그 근거가 된다(연방헌법재판소 판례집 5, 85[198]; 22, 180[204]; 27, 253[283]; 35, 20[235f.] 참조). 이 의무를 이행할 때 입법자에게는 넓은 형성의 여지가 부여된다(연방헌법재판소 판례집 18, 257[273]; 29, 221[235]). 사회국가원리는 국가에 과업을 부과하고 있으나, 이 과업을 세세하게 어떻게 실현해야 한다는 점에 관해서는 아무것도 말해주지 않고 있다 - 만약 그렇게 하지 않았다면 사회국가원리는 민주주의 원리와 모순에 빠지게 될 것이다. 즉 만약 정치적 의사형성에 대하여 특정한 방식으로 해야 하며 다른 방식으로 해서는 안 된다고 그 해결방법에 관하여 헌법상 의무를 미리 규정해두었다고 인정한다면, 기본법상 민주질서는 본래 자유로운 정치적 과정의 질서인데, 이로 말미암아 결정적이라고 할 만큼 제한당하거나 축소당하게 될 것이다. 이 같은 개방성으로 인해 사회국가원리로부터 기본권에 대하여 직접적인 제한을 도출

---

[4] S. 264ff.

(부록) 연방헌법재판소 방송재판: BVerfGE 59, 231ff.

할 수는 없다. 이에 따라 연방헌법재판소는 신문기업의 경우 노동자운영위원회의 공동결정에 의한 출판자유의 제한이라는 문제와 관련하여, 헌법에 의한 출판자유의 제한은 그 자체로 사회국가원리에 포함되어 있는 구속력 있는 위탁과업을 전제로 하지만, 이를 사회국가원리로부터 도출해서는 안 된다고 판시했던 것이다(연방헌법재판소 판례집 52, 283〔298〕). 방송의 자유의 경우에도 이와 다를 바 없다. 즉 사회국가원리에 의한 직접적인 제한은 공영방송이 "자유직 종사자(프리랜서)를" 얼마나 어디까지 반드시 고용해야 하는지, 이 문제에 대하여 이 사회국가원리가 구속력 있는 구체적인 위탁과업을 포함하고 있다고 인정해야 할 것이다. 하지만 사회국가원리는 이 같은 구속적이고 구체적인 위탁과업을 포함하고 있지 않다.

b) 방송의 자유에 대한 제한으로 여기에서 가히 척도라고 할 만큼 뚜렷한 형상을 지닌 것은 기본법 제5조 2항이 의미하는 "일반적인 법률"만 남았는데, 이는 법률로서 특정한 의사를 반대하는 것이 아니며, 특정한 의사와는 상관없이 보호해야 할 법익의 보호에 기여할 법률을 가리킨다(연방헌법재판소 판례집 7, 198〔209f.〕- 뤼트 사건; 28, 175〔185f.〕 참조).

(원문 S. 264 - 역주)

고용계약에 관한 민법조항과 노동법상 규정들 그러니까 해고보호법률 등이 여기에 속한다. 이와 같은 종류의 규정은 방송의 자유에 제한을 가할 수 있다.

헌법소원의 기반을 이루고 있는 원심절차에서 도대체 "일반적인 법률"을 적용해야 했는지 여부는 두말할 필요도 없이 의심을 불러일으켰을 수도 있다. 왜냐하면 이 문제와 관련해 법원이 확인한 것은 노동법 조항을 적용할 전제조건이 갖추어져 있다는 것뿐이었기 때문이다. 노동자라는 특성이 바로 그것이었다. 이 같은 판단의 척도는 어떤 법률에서 유추된 것이 아니라, 기본권의 직접적 제한을 금지한 판례에서 개발된 것이다. 그러나 이로부터 종사자의 선택, 고용, 특채 등에 관하여 자유롭게 결정할 수 있는 방송사의 권리에 대해서는 노동자의 개념이 법률에 의해 정의되어 있지 않는 한, 기본법 제5조 2항에 따른 어떤 제한도 가할 수 없다고 결론을 내리는 것(연방헌법재판소 판례집 25, 283〔298〕 참조) 너무 협소한 판단이라고 할 것이다. 입법자가 어떤 법률이 적용되어야 할 인적 범위에 대하여 좀더 상세하게 특정하지 않고, 단지 일반적으로만 규정한 경우 법률의 적용에 관한 문제에 대하여 결정하는 것은 관할 법원에게 맡겨진 과업인 것이다. 이 같은 결정은 넓은 의미로 보아 법률의 "적용"이다. 즉 이로부터 도출되는 기속성은 반드시 법률적인 기속으로 보아야 하고, 따라서 여기에서는 일반적인 법률에 기속된다고 보아야 한다. 여기 이 사건에서는 법관법으로 생성된 법규가 기본법 제5조 2항이 의미하는 "일반적인 법률"일 수 있는가(연방헌법재판소 판례집 34, 269〔292〕- 소라야 사건 참조) 하는 문제가 중요하지 않다.

3. 따라서 결정을 내려야 할 문제들의 헌법적 판단에서는 한편으로는 전술한 형태의 방송의 자유를, 다른 한편으로는 이 자유에 대하여 일반적인 법률에 의해 가해진 제한을 논의의 전제로 받아들여야 한다.

(원문 S. 265 - 역주)

위에서 밝혔듯이, 이러한 제한의 적용범위를 규정하는 데는 사회국가원리와 기본법 제12조 1항의 기본권이 중요하다(위에 2a).[5] 이와 더불어 도출되는 기본법 제5조 1항 2문의 제한은 반드시 방송의 자유라는 기본권에 비추어 파악해야 한다. 이러한 제한은 자유민주주의국가에서 이러한 기본권이 차지하고 있는 의미를 인식한다는 각도에서 해석될 수 있고, 이러한 방식으로 기본권을 제한하는 효과를 지니면서 재차 스스로를 제한할 수 있다(연방헌법재판소 판례집 7, 198〔208f.〕; 확립된 판례). 따라서 기본법 제5조 1항 2문에 의해 보호되는 방송의 자유, 그리고 여기서 "일반적인 법률"로서 적용되어야 하는 조항에 의해 보호되는 법익을 헌법적으로 일련의 질서 안에 제자리를 찾아주어야 할 필요가 생긴다. 즉 헌법상 정당성을 갖는 노동법의 존속보호에 근거를 두고 있는 기본법 제5조 1항 2문의 제한은 종사자들의 사회적 보호필요성을 고려하는 데 적합하고 필요한 것이어야 한다. 이를 통해 얻게 될 성과는 방송의 자유에 대한 제한을 의미하는 침해와 적절한 비례관계를 유지해야 한다.

a) 이 같은 헌법적 상황은 하나의 법익을 보호한다고 곧바로 다른 법익의 보호를 희생시키는 모든 무차별적인 해결책을 우선적으로 배제하게 된다.

---

5) S. 261ff.

(부록) 연방헌법재판소 방송재판: BVerfGE 59, 231ff.

그리하여 한편으로 프로그램 형성 분야에서 근무하는 방송종사자에게 노동법상 존속의 보호를 일반적으로 거부해서도 안 되고, 다른 한편으로 이런 보호에 관한 결정을 내리면서 외부의 영향력으로부터 자유롭게 프로그램 활동 종사자를 선정하고 고용하며 특채하는 것에 관하여 결정할, 헌법에 의해 보장된 공영방송의 권리에 대하여 전혀 배려함이 없이 노동법상 규정과 척도만을 이들 종사자의 임용관계에 적용해서도 안 된다.

b) 나아가 기본법 제5조 1항의 제 기본권에 부여해온 높은 서열에 유의해야 한다. 의사표현의 자유, 정보의 자유, 출판의 자유와 마찬가지로 방송의 자유 역시 자유민주주의 기본질서를 처음부터 끝까지 구성해가는 기능을 맡고 있다(연방헌법재판소 판례집 35, 202〔221f.〕 그밖의 전거와 함께 m.w.N.).

(원문 S. 266 – 역주)

노동법상 존속보호는 기본법 제5조 2항에 따라 방송의 자유라는 기본권에 제한을 가하여 헌법원리 중의 하나인 사회국가원리의 실현에 기여한다. 노동법상의 존속보호는 이 존속보호를 누리는 종사자들의 직업적 지위를 보장해주고, 이를 통해 헌법이 보장하는 직업의 자유를 보장해준다(기본법 제12조 1항). 그러나 이때에도 노동법상 존속보호는 오직 정규직 노동자에게만 유익하다는 점에 주의를 기울여야 한다. 공영방송으로서는 종사자를 무기한, 즉 정규직 노동관계의 형태로 고용해야 하는 만큼, 이를 교체할 가능성을 박탈당하기 때문에 노동법상 존속보호는 일종의 폐색효과를 야기하며, 그 결과 방송에 종사하는 것을 자신의 과업으로 삼기를 원하는 사람들, 특히 이 분야로 진출하기를 원하는 후진이라면 정규직으로 임용되지는 못한다고 하더라도 직장을 얻고 경험을 쌓으며 그와 더불어 소득도 얻을 기회로 받아들일 것인데, 이들에게 이런 기회가 돌아갈 여건 자체를 악화시킨다. 이런 영향은 모든 사람에게 사회적으로 공정한 질서를 실현하여 제공하려는, 다시 말하면 직장이 없어서 찾아 헤매는 사람들을 배려해야 할 의무가 있는 사회국가의 원리에 합치한다고 말하기는 어려울 것이다. 그와 동시에 이 범주에 속한 사람들에게는 어쨌거나 자유로운 직업선택의 권리라는 자신들의 기본권을 활용하는 것이 본질적으로 어려운 사안이 될 것이다.

따라서 노동법의 규정과 척도를 방송종사자에게 적용하는 것은 사회적 보호라는 헌법적 관점에서 보면 상반된 효과를 지닌 것이다. 게다가 이는 방송에서 방송물을 통해 전달되어야 할 내용의 다양한 요소가 폭넓게 모두 반영되고 또한 형성되지 못하게 될 위험을 내포하고 있다. 만약 그와 같은 상황이 초래되면, 이는 청취자나 시청자에게 그만큼 정보제공에 손실을 가져다 줄 것이 틀림없다. 따라서 이와 같은 희생을 "일반적인 법률"의 적용으로 인하여 방송종사자에게 유발시킬 수 있는 이익과 연계시켜보면, 이 희생이 비례관계에 미치지 못하며, 그런 까닭에 기본법에 합치되지 못할 수도 있다는 점이 분명하게 드러난다.

(원문 S. 267 – 역주)

방송의 자유가 자신의 측면에서 일반적인 법률에 대해 가하는 제한은 지켜지지 않게 될 것이다. 이로부터 그리고 방송의 자유가 지닌 특별한 의미로부터 헌법적으로 정당성을 갖는 노동법의 존속보호에 관련시켜 일련의 질서 내에 편입시킬 때 방송의 자유에 대하여 높은 비중을 할당해야 한다는 결론이 도출되는데, 이때 경우에 따라서는 노동법의 존속보호를 능가할 수도 있다는 것이다. 판단의 척도를 형성할 때에도 그리고 구체적인 사안에 대한 판단을 내릴 때에도 반드시 이 점을 고려해야 한다.

c) 이와 같이 헌법이 명한 바와 지향목표 등을 존중하면서 가능한 한 모든 당사자들의 이해관계를 고려하여 규율하는 것은 그 자체로 입법자의 관할 사항일 것이다. 이와 관련한 규정을 아직도 갖추지 못한 경우 한편으로 방송의 자유를, 다른 한편으로 헌법상 정당화된 노동법상 보호목적을 구체적인 사건에 적용하여 일련의 질서 내에 편입시키는 것은 해당 일반법원의 과업이다. 연방헌법재판소는 원칙적으로 이를 자신의 독자적인 결정으로 대치할 수는 없다. 위에서 드러난 바와 같이, 연방헌법재판소는 하나의 노동관계에서 정규직 또는 임시직 특채와 자유직 종사 사이에 경계선을 설정하는 행위를 할 수 없다(위의 I).[6]

법원은 노동법을 해석하고 적용할 때 기본법 제5조 1항과 2항에서 도출되는 전술한 헌법상 요구사항을 반드시 고려해야 한다. 그렇다고 해서 이 법영역에 대해 일반적으로 개발되어온 종속적 노동의 특성을 전제로 받아들이는 것을 처음부터 배제한다는 뜻은 결코 아니며, 또한 이런 특성에 비추어 노동

---

6) S. 256f.

(부록) 연방헌법재판소 방송재판: BVerfGE 59, 231ff.

관계임을 긍정하게 될 경우라도 방송자유의 영향력에 대하여 적절하게 부응함으로써 기간을 설정해야 한다는 데 근거를 확보해주는 이들 특성을 하나씩 개별적으로 검토하여 후퇴케 할 수 있다는 것을 처음부터 배제한다는 뜻도 결코 아니다. 그리고 또한 무기한, 즉 정규직 노동관계를 확인하는 데 표준적인 척도가 될 기준이 결과적으로는 방송종사자에 대해서는 기타의 사람과 다르게 평가되어야 할 경우라고 하더라도, 이와 같은 변형에 대해서는 헌법적 상황이 그의 조건을, 그리고 또한 그 한계선을 설정하게 되는 것이다.

(원문 S. 268 – 역주)

이와 같은 변형은 노동자의 사회적 보장에 기여하는 다른 법조항들, 특히 사회보장법의 제 규정에까지 확장해서는 안 된다. 노후연금이나 질병에 대비한 보호 등에 관한 규정들은 프로그램 형성에 참여하는 종사자들을 선발하고 고용하며 특채하는 공영방송의 결정에 제한을 가하지 않는다. 따라서 이런 규정들은 역으로 기본법 제5조 1항 2문에 의해서도 침해된 바 없으며, 결과적으로 이 보장으로 말미암아 방송종사자의 노동관계를 종속적 고용이라고 (제Ⅳ 사회법 제7조 1항) 평가하는 것을 배제해야 하는 것도 아니다. 헌법은 무기한 지속적 고용이라는 완전한 보호인 전부와 모든 사회적 보호의 포기인 전무 사이에 하나를 선택하라고 요구하는 것은 아니다. 단지 노동법상 제 조항과 공영방송으로부터 프로그램에 관한 위탁과업을 이행하려면 필수적인 자유와 탄력성을 박탈할 수도 있는 판결이 대립해 있을 뿐이다. 이는, 지금까지 살펴본 바에 따르면, 오직 정규직 노동관계에 관해 법원이 확인할 경우에만 해당될 뿐이며, 반면에 임시직 노동계약의 가능성을 배제한 것은 아니다.

III.

1)부터 7)까지, 그리고 9)부터 11)까지 등에 대한 헌법소원으로 소송상 공방중인 판결은 방송의 자유에 관한 기본권이 방송종사자의 무기한 노동관계를 확인하려면 그 기반에 깔려 있다고 인정해야 할 요건에 간섭하는 효과를 미치는데, 이에 관하여 오해한 바 있다. 이로써 이들 판결은 기본법 제5조 1항 2문을 침해하고 있다.

1. 법원이 노동법을 적용하면서 방송의 자유가 요구하는 바에 충분히 부응하지 못하고 있다. 6)에 대한 헌법소원으로 소송상 공방되고 있는 연방노동법원 1979년 12월 12일자 판결에서 방송의 자유에 대해 짧게 분석하고 있는데, 반면에 그외의 헌법소원으로 소송상 공방중인 몇 개 판결은 아직도 일반적으로 – 소송상 공방의 대상으로 잡지 않은 – 1978년 3월 15일자 판결을 – 5 AZR 819/76 – (EzA §611 BGB, Arbeitnehmerbegriff Nr. 17=RdA 1978, S. 266ff.) 원용하고 있다.

(원문 S. 269 – 역주)

그러나 이 점이 기본법 제5조 1항 2문을 유의하지 않았다는 표시로 받아들인다고 하더라도, 구체적인 사건을 판단함에 있어 방송자유의 의미를 원칙적인 측면에서 오해하고 있다고 볼 것이다.

1979년 12월 12일자 판결에서와 동일한 견해를 개진한 연방노동법원의 1978년 3월 15일자 판결에서는 방송의 자유가 방송물의 내용에 관해 자유롭게 결정하는 것을 포함하고 있으며, 그와 동시에 이는 일부이지만 인사문제를 포함한다는 점이 인정되고 있다. 이에 대해 헌법적인 사회국가원리의 구현으로서 노동법상 존속보호가 대립된다. 이 두 가지 헌법적 법규는 반드시 상호간 조율되어야만 한다고 한다. 그러나 이는 존속보호를 배제함으로써 가능한 것이 아니고, 오히려 존속보호의 틀 안에서 비로소 발생할 수 있다는 주장을 펴고 있다. 그밖에도 방송물편성에 참여하는 모든 종사자에게 일자리를 – 비교형량하는 형식이지만 – 법적으로 보장해준다는 것은 방송의 자유라는 근거에서 요청된다는 견해를 보이고 있다.

이미 서술한 바 있듯이, 방송의 자유라는 기본권으로부터 정규직 임용에 관하여 헌법상 직접적인 청구권을 도출할 수는 없다(위에 II 2 a).7) 그러므로 이 기본권으로부터 일자리를 법적으로 보장하라고 요구할 수도 없다. 연방노동법원이 방송의 자유에 대하여 오직 존속보호의 범주 안에서만 의미를 부여하고자 했다면, 연방노동법원은 명백히 기본권이 노동자의 지위에 관한 결정에는 어떤 역할도 하지 못하며, 오직 해고의 경우에야 비로소 중요성을 갖는다는 사실에서 출발하고 있다. 여기에서는 방송의 자유는 해고보호법 제1조

---

7) S. 261ff.

(부록) 연방헌법재판소 방송재판: BVerfGE 59, 231ff.

2항에 따라 기업운영의 여건을 이유로 한 해고, 그리고 민법 제626조 1항에 따른 비상적(非常的) 해고 등에 대하여 요구된 이해교량(利害較量)의 틀 속에서 고려되는 경우에만 중요성을 갖는다(vgl. auch Hiliger, *Rundfunkfreiheit und "freie Mitarbeiter"*, RdA 1981, S. 265[267]).

(원문 S. 270 – 역주)

 이와 같은 노력은 정규직 종사자의 해고를 쉽게 할 수 있도록 완화한다는 수단 하나만으로 방송의 자유가 요구하는 바를 충족하고자 배려한다는 것이지만, 이로 말미암아 우려하지 않을 수 없는 결과를 초래하게 될 것이다. 무기한적 노동관계임을 확인해줌으로써 종사자에게 일차적으로 부여해야 할 것은 바로 일자리의 확보인데, 만약 방송의 자유를 이유로 이들에게 정규직 임용은 거부하지 않으나, 해고는 실시할 수 있다고 할 경우 동시에 그 일자리에서 해고당할 수도 있게 될 것이다. 이런 방식으로 필요한 조정이 과연 가능할지 여부는 의문인데, 그 이유는 방송의 자유의 간섭적 규제를 오직 해고의 경우에만 제한하는 것은 헌법상 허용되지 않기 때문이다. 외부의 영향력으로부터 자유로운 상태에서 종사자의 선발, 임용, 특채 등을 결정할 수 있는 공영방송의 권리는 해고를 어렵게 함으로써 침해받는 것이 아니라, 제소하고 있는 종사자가 이들 양 당사자가 체결한 계약을 무시한 채, 공영방송에 대해 무기한 노동관계에 있다고 확인해줌으로써 이미 침해된 것이다. 방송의 자유가 지닌 영향력은 상당히 초기단계일지라도 거기에서 벌써 효력을 미치게 되며, 법원도 그때마다 반드시 그에 따라 재판해야 한다.

 법원이 이런 헌법적 상황을 인식하지 못했기 때문에 노동법을 기본법 제5조 1항 2문에 "비추어" 해석하지도 않았고, 적용하지도 않았다. 그에 따라 법원이 정규직 임용에 관하여 결정할 때 판단해야 할 척도가 과연 헌법이 요구하는 바에 일치하는지 여부에 대한 어떤 심사도 행해지지 않았다. 특히 정규직 임용이라는 수단이 비례원칙을 준수한 것인지에 대한 심리도 전혀 결여되어 있다. 그 결과 재판에 동원된 척도와 시각을 평가하는 데 적절함을 잃고 말았다. 그런 까닭에 재판은 공영방송의 요구와 종사자의 사회적 요구 사이에 비례원칙에 합당한 조정을 이루지 못하고, 후자의 것에 관해서만 일방적으로 배려하기에 이른다.

(원문 S. 271 – 역주)

2. 1)부터 7)까지 그리고 9)부터 11)까지 등에 대한 헌법소원으로 소송상 공방의 대상이 된 재판은 모두 이런 오류의 기초 위에 서 있다. 만약 법원이 판단해야 했던 문제에 대해서도 방송의 자유가 헌법상 그 효력을 미치는 범위에 속한다는 점을 인지하고 이에 배려했더라면, 재판이 다른 결과에 이를 수도 있었으리라는 점을 전혀 배제할 수는 없기 때문이다.

이들 헌법소원의 원심절차에서 그와 같이 배려해야 한다는 것이 헌법이 명한 바였다. 이들 원고는 라디오방송 또는 TV방송에서 각각 상당한 기간 동안, 헌법소원 청구인의 방송물에 관하여 그 내용을 형성하는 데 관여한다는 과업을 맡아 그 일에 종사하고 있었다. 4)에 대한 헌법소원 원심절차의 원고에 대해서는 물론 아나운서로서 활동하였으므로, 이 점에 관해 의심할 수도 있다. 그러나 어쨌든 그가 사회자로서 활동했으므로 방송물의 형성에 독자적으로 관여한다는 전제가 이미 서 있다고 하겠다. 11)에 대한 헌법소원 원심절차의 원고에 대해서도 사정은 동일하다. 아무리 원고가 리포터로서 상대적으로 구체적이라고 할 수탁업무를 지니고 있었다고 하더라도, 자신의 업무를 원칙적으로 자유롭게 수행해왔으며, 그 결과 방송기고물의 내용에 관해 매번 자신이 광범위하게 공동으로 결정해왔던 것이다.

원심절차의 몇몇 원고(原告)에게 아주 오랜 기간 동안 상당한 규모로 특채되었다면, 여러 점들을 고려해볼 때 연방노동법원이 위에서 적시한 헌법상 요구사항을 고려한다고 해도 상고에 대해 기각하기에 이르렀을 수도 있을 것이다. 이와 같은 상황은 공영방송으로서는 이들을 교체할 필요성이 없으며, 다른 한편으로는 이들 종사자의 사회적 보호 필요성이 시간이 지남에 따라 더욱 커질 것이라는 사실을 암시해준다. 이 점에 있어서도 역시 달리 재판했을 가능성을 배제할 수 없다.

(원문 S. 272 – 역주)

위에서 적시한 절차에서 소송상 공격대상이 되고 있는 재판은 따라서 파기되어야 한다. 이들 본안사건은 연방헌법재판소법 제95조 2항에 따라, 이들 판결을 내린 법원으로 환송한다. 3)에 대한 헌법소원의 원심절차에 대해서는 다음과 같이 특별한 조치를 부가한다. 이 사건에서 주노동법원은 연방노동법원의 환송을 받은 뒤 원고의 권리는 정규직 노동관계를 근거로 도출되었던

(부록) 연방헌법재판소 방송재판: BVerfGE 59, 231ff.

것인데, 이 권리가 실효되었는지 여부에 관해 또한 판단했어야 했다. 한편 연방노동법원은 이미 환송판결에서 정규직 노동관계를 확인하기 위한 요건은 충족되었다고 판시한 바 있다. 이 재판의 결과는 무엇보다도 우선적으로 방송의 자유가 헌법상 요구하는 바를 존중하느냐의 여부에 따라 달라질 것이기 때문에 본안문제를 연방노동법원에 환송했던 것이다. 따라서 청구인이 주노동법원의 판결에 대해 제기한 상고는 대상 자체가 없다.

IV.

8)에 대한 헌법소원으로 소송상 공격대상이 된 연방노동법원의 판결은 헌법소원 청구인의 기본법 제5조 1항 2문에 따른 기본권을 침해한 바 없다.

이 헌법소원의 원심절차에서는 헌법상 보장된 방송의 자유가 노동법상 규율한 바와 그 척도의 해석과 적용에 미치는 영향에 대하여 이를 존중하라고 명한 바 없다. 왜냐하면 위에서 살펴본 여러 사건과는 달리, 여성원고는 바이올린 연주자로서 상당한 지위를 이미 확보하지 않았다면 직접 프로그램을 형성하는 종사자에 속할 수 없기 때문이다(위에 II 1 b 참조).[8] 물론 음악연주의 예술적 수준도 방송물의 내용에 본질적으로 중요한 것이다. 그러나 이에 대해 직접 그 판단척도가 된다고 할 것은 독주자의 활동 이외에 단지 주도적 기능을 맡고 있는 오케스트라 단원의 활동이라고 볼 수 있다.

(원문 S. 273 – 역주)

따라서 연방노동법원은 오직 노동법상 규정과 척도만을 전제로 삼아 판단할 수 있는 것이다. 따라서 이 헌법소원은 이유 없다.

(서명재판관)

벤다 박사	뵈머 박사	시몬 박사
팔러 박사	헤세 박사	카젠슈타인 박사
니어마이어 박사	호이스너 박사	

---

8) S. 258ff.

1982년 1월 13일 제1재판부 결정의
— 1 BvR 848/77 u. a.—
이유에 대하여 주류에서 벗어나는 호이스너 판사의 견해

　사회국가원리에 관하여 재판부 다수가 설시한 바(C Ⅱ 3 b)[9]는 오해를 일으킬 소지를 남기고 있다.
　1. 재판부 다수가 설시한 바에 따르면, 노동법상 존속보호는 오직 정규직 종사자에게만 유익하다는 점을 또한 고려해야 한다고 한다. 공영방송 측에 대해서는 종사자를 정규직 노동관계로서 종사하게 해야 한다면, 그만한 정도에서 교체가능성을 광범위하게 박탈당하는 것이기 때문에 존속보호는 이에 대하여 일종의 폐색효과를 야기시킨다고 한다. 그리하여 존속보호는 방송 분야에 종사하기를 자신의 과업으로 삼고자 하는 사람들, 특히 후진집단에 대하여, 이들은 그렇지만 않았더라면 정규직이 아니라고 하더라도 기꺼이 일자리와 수입도 얻을 것이므로, 이들의 기회를 악화시켰다고 한다. 이런 대외적 효과는 사회국가원리에 비추어보면 적당치 않다고 할 것이라고 한다. 그리하여 헌법이 이로써 명하는 바는 모든 이에게 사회적으로 정당한 질서를 실현해야 한다는 것이라고 한다. 그에 따라 또한 의무로서 부과되는 것은 일자리가 없으며 이를 찾는 사람들에 대해서도 배려해야 한다는 것이라고 한다. 노동법이 규율하는 바와 그에 대한 척도를 방송종사자에게 적용하는 것은 이에 따라, 사회적 보호라는 헌법적 시각에서 보면 양면의 칼과 같다고 한다.

(원문 S. 274 - 역주)

　2. 재판부 다수가 이렇게 설시한 바는 논거로서 유지될 수 없는 것이다. 이는 단지 이 재판에 필요하지도 아니한 사회정책적 발언만 포함하고 있을 뿐이다.
　재판부 다수가 간과하고 있는 것은 이 사건에서 문제가 되는 쟁점은 방송의 자유를 한편으로, 그리고 기본법 제5조 2항에서 뜻하는 "일반적인 법률"을 다른 한편으로, 이들 사이에 서로 영향력을 미치는 상호효력관계라는 관점에서 과연 노동법상 존속보호가 방송의 자유에 대하여 후퇴해야만 하는가

---

9) S. 265ff.

(부록) 연방헌법재판소 방송재판: BVerfGE 59, 231ff.

여부라는 것이다. 오직 이 범위 안에서만 방송의 자유는 헌법적으로 기본법 제12조 1항과 사회국가원리 등을 통해 정당화를 획득한 존속보호와 비교형량의 대상이 되었던 것이다. 이에 관해서 어떤 영향력도 미치지 못하는 문제라고 할 것이 방송 분야에서 자신의 생계수단적 과업을 이행한다고 보는 이를 방송에 종사하지 못하게 배제할 수 있는지 판단할 때, 이에 대해서도 노동법상 보호법률이, 특히 존속보호에 관하여 규율한 바가 그 효력을 또한 미칠 수 있는지 여부의 문제라고 할 것이다. 이는 사회정책적인 문제이므로, 오직 입법자의 관할사항일 뿐이며, 법원이 관여할 것이 아니다. 이 사건에 대해서는 배타적으로 오직 하나의 쟁점만 다루는데, 즉 방송종사자의 경우 **방송자유를 이유로 하여 정규직 임용관계에서 반드시 퇴직하도록 해야 하는지 여부**이며, 다시 말하자면 연방노동법원의 정규직 임용에 관한 판례를 방송의 자유에 비추어 판단해도 유지될 수 있는지 여부인 것이다. 이때 역시 사안을 좌우하는 쟁점은 헌법적으로 정당화된 노동법상 존속보호라고 하더라도, 방송의 자유에 대하여 절대적으로 관철되는 것이라고 확정하기를 회피한다는 것이었다. 따라서 재판부의 다수 측에서 인정한 노동법상 보호가 "양날의 칼"이라는 점은 존속보호에 대하여 방송의 자유를 비교형량할 때, 결코 상당한 의미의 판단이 아니다. 이 맥락에서는 연방노동법원이 사회국가원리를 정규직 임용에 관한 재판에서 기본권으로 확보된 프로그램의 자유에 대하여 결코 일방적으로 관철될 수 있는 것은 아니라는 점을 적시하는 것만이 필수적이었던 것이다.

(서명재판관)

호이스너 박사

■ 옮긴이

전정환

한양대학교 법학과, 동 대학원 졸업
독일 쾰른 대학교 법학박사
한국방송개발원 선임연구원
현재 원광대학교 법학과 교수
논문: 「방송사업의 허가제도에 대한 위헌성 여부의 고찰」
「헌법상 방송의 개념」
「국가의 방송사업 허가권에 대한 위헌성 여부의 고찰」
「방송규제기구에 관한 헌법적 고찰」
「방송자유의 주체」 외 다수

변무웅

한양대학교 법학과, 동 대학원 졸업
독일 쾰른 대학교 법학과 박사과정
논문: 「한국과 독일의 언론자유 비교연구」

방송문화진흥총서 40
독일방송헌법판례-독일연방헌법재판소 판례

ⓒ 방송문화진흥회, 2002

옮긴이 | 전정환·변무웅
펴낸이 | 김종수
펴낸곳 | 도서출판 한울

편집 | 장우봉

초판 1쇄 인쇄 | 2002년 10월 30일
초판 1쇄 발행 | 2002년 11월 15일

주소 | 121-801 서울시 마포구 공덕1동 105-90 서울빌딩 3층
전화 | 영업 326-0095, 편집 336-6183
팩스 | 333-7543
전자우편 | newhanul@nuri.net
등록 | 1980년 3월 13일, 제14-19호

Printed in Korea.
ISBN 89-460-3027-5 93360

* 가격은 겉표지에 표시되어 있습니다.